Tomas Poledna
Staatliche Bewilligungen und Konzessionen

Dr. iur. Tomas Poledna
Rechtsanwalt
Privatdozent an der Universität Zürich

Staatliche Bewilligungen und Konzessionen

Verlag Stämpfli+Cie AG Bern · 1994

©
Verlag Stämpfli+Cie AG Bern · 1994
Gesamtherstellung:
Stämpfli+Cie AG, Graphisches Unternehmen, Bern
Printed in Switzerland

ISBN 3-7272-9546-5

Vorwort

Bewilligungen und Konzessionen zählen zum Kernbereich des Verwaltungsrechts, sind geradezu «Klassiker» verwaltungsrechtlicher Lehrmittel. Klassisch in einem weiteren Sinn ist auch ihre Herkunft, die weit in vorkonstitutionelle Verwaltungsepochen reicht. Ziel meiner Untersuchung war es, den Stellenwert der Bewilligung und Konzession im heutigen verwaltungsrechtlichen Handlungsinstrumentarium aufzuzeigen. Zudem zeigte sich, dass eine Trennung von Bewilligung und Konzession weder aus dogmatischer noch aus praktischer Sicht befriedigen kann. Dies war mein zweites Anliegen: Eine Darlegung der gemeinsamen Stukturmerkmale aus der Überzeugung heraus, dass Bewilligung und Konzession in all ihren Erscheinungsformen sich folgende und ergänzende Punkte auf einer Geraden sind.

Die vorliegende Arbeit wurde im Juni 1993 der Rechtswissenschaftlichen Fakultät der Universität Zürich als Habilitationsschrift eingereicht. Später erschienenes Schrifttum wie auch die wichtigsten Gerichtsentscheide wurden bis Ende 1993 berücksichtigt.

Die Fertigstellung dieses Buches wäre nicht ohne die Mithilfe zahlreicher Personen möglich gewesen. An erster Stelle möchte ich meinem Doktorvater, Herrn *Prof. Dr. Alfred Kölz* danken, der die Bearbeitung des Buchthemas anregte und mich immer wieder im Entschluss bestärkte, mich wissenschaftlich zu betätigen. Weiterer Dank gilt Herrn *Prof. Dr. Walter Haller* und Frau *Prof. Dr. Beatrice Weber-Dürler* für die Übernahme der Referate im Rahmen des Habilitationsverfahrens wie auch für ihre überaus wertvollen Hinweise und Anregungen. Meinen Freunden *Dr. Christine Breining-Kaufmann, Dr. Isabelle Häner Eggenberger, Dr. Christian Mäder* und *Dr. Stephan Widmer* danke ich für die Durchsicht meines Manuskripts und für die zahlreichen Anregungen und Verbesserungsvorschläge. Dem zürcherischen Fonds zur Förderung des wissenschaftlichen Nachwuchses danke ich von Herzen für die mir während zwei Jahren gewährte finanzielle Unterstützung. *Herrn Prof. Dr. Gerold Hauser* sowie Herrn *Prof. Dr. Georg Müller* danke ich für die Unterstützung meiner Gesuche um Fondsbeiträge.

Mein grösster Dank gilt meiner Mutter, die mir während der gesamten Schreibzeit ein Studierzimmer zur Verfügung stellte und die für schriftstellerische Arbeit notwendige Ruhe verschaffte, meinen Schwiegereltern für ihre Unterstützung und insbesondere meiner Ehefrau *Denise* und meinen Kindern *Julia, Joel* und *Alessia*, denen es immer wieder gelang, mich aus der Welt des Schreibens zu «befreien». Ihnen sei dieses Buch gewidmet.

Inhaltsübersicht

Vorwort	V
Inhaltsübersicht	VII
Inhaltsverzeichnis	IX
Literaturverzeichnis	XIII
Verzeichnis der Abkürzungen und Erlasse	XXXVIII

§ 1 Bewilligung und Konzession im System verwaltungsrechtlichen Handelns   1

    I. *Ein- und Überleitung*   1
    II. *Bewilligung und Konzession in der schweizerischen Verwaltungsrechtsdogmatik*   3
    III. *Ursprung von Bewilligung und Konzession*   15
    IV. *Stellung im verwaltungsrechtlichen Instrumentarium*   23
    V. *Frage nach der Rechtsnatur*   29
    VI. *Verwandte Rechtserscheinungen*   34

§ 2 Rechtsvergleichende Betrachtungen   38

    I. *Frankreich*   38
    II. *Deutschland*   42
    III. *Österreich*   46
    IV. *Auswirkungen auf die schweizerische Verwaltungsrechtsdogmatik*   47

§ 3 Wirkungen des europäischen Integrationsrechts   50

    I. *Einfluss des EU-Verwaltungsrechts auf einzelstaatliches Verwaltungsrecht*   50
    II. *Monopole und Regale*   52
    III. *Zulassungsverhältnisse im Blickfeld der EU-Freiheiten*   55

§ 4 Ansatz zu einer modifizierten Systembildung   65

    I. *Ausgangspunkt*   65
    II. *Die Ratio der Zulassung*   66

§ 5 Strukturmerkmale – ein Versuch der Systematisierung   71

    I. *Der verfassungsrechtliche Rahmen*   71

II.	Staatliche Erteilung als Zulassungsvoraussetzung	164
III.	Ausübungsvorschriften und -rechte	200
IV.	Nebenbestimmungen	230
V.	Beendigung und Bestand	242
VI.	Aufsichts- und Sanktionssystem	287
VII.	Verhältnis zu Dritten	313

§ 6 Zusammenfassende Thesen 353

I.	Rechtsdogmatisches	353
II.	Verfassungsrecht	354
III.	Entstehung, Beendigung, Rechte und Pflichten	355
IV.	Verhältnis zu Dritten	356

Sachregister

Inhaltsverzeichnis

Vorwort	V
Inhaltsübersicht	VII
Inhaltsverzeichnis	IX
Literaturverzeichnis	XIII
Verzeichnis der Abkürzungen und Erlasse	XXXVIII

§ 1 Bewilligung und Konzession im System
verwaltungsrechtlichen Handelns 1

    I.   *Ein- und Überleitung* 1

    II.   *Bewilligung und Konzession in der schweizerischen
        Verwaltungsrechtsdogmatik* 3

        A.   Die Lehre von Otto Mayer und Fritz Fleiner 3

        B.   Die neuere schweizerische Doktrin 7

        C.   Zusammenfassung 12

    III. *Ursprung von Bewilligung und Konzession* 15

    IV. *Stellung im verwaltungsrechtlichen Instrumentarium* ... 23

        A.   Grad der staatlichen Aufsichts- und Kontrollintensität   23

        B.   Alternativen 26

    V.   *Frage nach der Rechtsnatur* 29

    VI. *Verwandte Rechtserscheinungen* 34

§ 2 Rechtsvergleichende Betrachtungen 38

    I.   *Frankreich* 38

    II.   *Deutschland* 42

    III. *Österreich* 46

    IV. *Auswirkungen auf die schweizerische Verwaltungsrechtsdogmatik* ... 47

§ 3 Wirkungen des europäischen Integrationsrechts 50

    I.   *Einfluss des EU-Verwaltungsrechts auf
        einzelstaatliches Verwaltungsrecht* 50

    II.   *Monopole und Regale* 52

    III. *Zulassungsverhältnisse im Blickfeld der EU-Freiheiten* ... 55

§ 4 Ansatz zu einer modifizierten Systembildung 65

	I.			Ausgangspunkt	65
	II.			Die Ratio der Zulassung	66
§ 5	Strukturmerkmale – ein Versuch der Systematisierung				71
	I.			Der verfassungsrechtliche Rahmen	71
		A.		Kompetenzen	71
		B.		Grundrechte und verwaltungsrechtliche Grundprinzipien	77
			1.	Verwaltungsrecht und Grundrechte	77
			2.	Legalitätsprinzip	81
			3.	Öffentliches Interesse	99
				a. Begriff und Inhalt	99
				b. Öffentliches Interesse, Monopole und Bewilligungspflichten	102
				c. Interessenabwägung und -koordination	107
			4.	Verhältnismässigkeit	113
				a. Bedeutung	113
				b. Notwendigkeit	117
				c. Eignung	125
			5.	Grundrechte	126
				a. Verhältnis von Grundrechten zu den Zulassungspflichten	126
				b. Grundrechtlicher Anspruch auf Zulassung zur Nutzung öffentlichen Grundes?	129
				c. Die grundrechtliche Eigentums- und Gewerbeordnung	135
				d. Rechtsgleichheit und Verteilung knapper Ressourcen	140
				e. Vertrauensschutz, «wohlerworbene Rechte» und die Zulassungsordnung	146
		C.		Demokratische Legitimation	158
	II.			Staatliche Erteilung als Zulassungsvoraussetzung	164
		A.		Zulassungsansprüche	164
		B.		Der Zugelassene und das Zulassungsgesuch	170
		C.		Die Zulassungsvoraussetzungen	179
			1.	Überblick	179
			2.	Die Zulassungsanforderungen	182
				a. Fähigkeitsausweis	182
				b. Moralische Eigenschaften	186
				c. Wohnsitz	188
				d. Kautionspflicht	188
				e. Mindestkapital- oder Finanzierungsvorschriften	189
				f. Technische Normen und Prüfungen	190
				g. Bedürfnisklauseln und Kontingente	192
			3.	Ausnahmebewilligungen	199

XI

III.	*Ausübungsvorschriften und -rechte*	200
	A. Zweck der Ausübungsvorschriften	200
	B. Aufnahme und Dauer	201
	C. Inhaltliche Gestaltung	203
	D. Der ökonomische Aspekt: Exklusivitätsrechte und finanzielles Gleichgewicht	206
	E. Pflichten	216
	1. Betriebs- und Anpassungspflicht	216
	2. Abgaben	221
	3. Weitere Pflichten	224
IV.	*Nebenbestimmungen*	230
	A. Allgemeines	230
	B. Bedingung und Auflage	235
	C. Befristung	238
	D. Widerrufsvorbehalt	239
V.	*Beendigung und Bestand*	242
	A. Allgemeines	242
	B. Beendigung als Ergebnis eines Abwägungsprozesses	243
	C. Fristablauf	247
	D. Heimfall	254
	E. Einmalige Handlungen	260
	F. Ende der Persönlichkeit	260
	G. Übertragung und Untergang von sachbezogenen Zulassungen	262
	H. Nichtausnützung und dauerhafter Unterbruch	263
	I. Rückkauf	266
	J. Heimschlagsrecht	269
	K. Verzicht und Übereinkunft	270
	L. Willensmängel und Vertragsverletzung	273
	M. Enteignung	275
	N. Die allgemeine Widerrufslehre	276
	1. Überblick	276
	2. Subjektive Rechte	278
	3. Gebrauchmachen	280
	4. Qualifiziertes Erteilungsverfahren	283
	5. Entschädigungspflicht bei Anpassung oder Widerruf	285
VI.	*Aufsichts- und Sanktionssystem*	287
	A. Überblick	287
	B. Beizug Privater	289
	C. Staatliche Beteiligungen an der Betriebsgesellschaft	292

	D.	Markt- und Preisüberwachung	293
	E.	Kontrolle durch verwaltungsexterne Fachkommissionen	293
	F.	Aufsicht über Radio und Fernsehen	294
	G.	Legalitätsprinzip und Verhältnismässigkeit im Aufsichtsrecht	296
	H.	Mittel der Aufsicht und Kontrolle	299
	I.	Kontrolle über nichtzugelassene Dritte	302
	J.	Kosten der Aufsicht und Kontrolle	304
	K.	Durchsetzung der verwaltungsrechtlichen Ordnung	304
		1. Ersatzvornahme	305
		2. Unmittelbarer Zwang	306
		3. Administrative Rechtsnachteile	307
	L.	Disziplinarische Aufsicht	310
VII.	*Verhältnis zu Dritten*		313
	A.	Rechtsnatur der Beziehungen zu Dritten	313
	B.	Übertragung des Zulassungsverhältnisses auf Dritte	321
	C.	Haftung des Zugelassenen	325
		1. Haftungsarten	325
		2. Spezialgesetzliche Regelungen und ihre Struktur	327
		3. Öffentlichrechtliches Verantwortlichkeitsrecht	336
	D.	Nachbarrechtliche Beziehungen	338
		1. Der besondere Immissionsschutz gegenüber Konzessionären	338
		2. Zivilrechtliche Behelfe	346
		3. Umweltschutzrecht	348

§ 6 Zusammenfassende Thesen 353

I.	*Rechtsdogmatisches*	353
II.	*Verfassungsrecht*	354
III.	*Entstehung, Beendigung, Rechte und Pflichten*	355
IV.	*Verhältnis zu Dritten*	356

Sachregister

Literaturverzeichnis

Die im Verzeichnis aufgeführten Werke werden mit Namen des Autors, ggf. mit Vornamen und einem Stichwort, zitiert. In den Fussnoten finden sich weitere Literaturangaben.

ADAMOVICH LUDWIG, Handbuch des österreichischen Verwaltungsrechts, 2 Bände, 5. Auflage, Wien 1953/1954.

ADAMOVICH LUDWIG K./FUNK BERND-CHRISTIAN, Allgemeines Verwaltungsrecht, 3. Auflage, Wien/New York 1987.

ALDER ERNST, Die staatliche Lenkung der schweizerischen Futtermitteleinfuhr, Diss. Zürich, Winterthur 1956.

ARBEITSPAPIER MONOPOLE UND REGALE, Arbeitspapier zur Frage der Vereinbarkeit der kantonalen Monopole und Regale mit dem Recht der Europäischen Gemeinschaften, verfasst von K. A. VALLENDER/M. JOOS, in: Anpassung des kantonalen Rechts an das EWR-Recht. Vom Bund und den Kantonen unter der Leitung des Kontaktgremiums der Kantone ausgearbeitetes Papier, Bern 1991, 269 ff.

AUBERT JEAN-FRANÇOIS, *Traité* de droit constitutionnel suisse, Neuchâtel/Paris 1967; Supplément 1967-1982, Neuchâtel/Paris 1982.

- *Bundesstaatsrecht* der Schweiz. Fassung von 1967. Neubearbeiteter Nachtrag bis 1990, Band I, Basel/Frankfurt a.M. 1991.

- De quelques *limites* au principe de la primauté des lois, in: FS für Hans Nef, Zürich 1981, 1 ff.

AUER ANDREAS, *Droit* constitutionnel et droit administratif, in: Mélanges André Grisel, Neuchâtel 1983, 21 ff.

- Les *droits* politiques dans les cantons suisses, Genève 1978.

AUGUSTIN VINZENS, Das Ende der Wasserrechtskonzessionen, Diss., Fribourg 1983.

BACHOF OTTO, Die Dogmatik des Verwaltungsrechts vor den Gegenwartsaufgaben der Verwaltung, VVDStRL 30/1972, 193 ff.

BADURA PETER, Das Verwaltungsmonopol, Habil., Berlin 1963.

BAECHI WALTER, Verwaltungsakt auf Unterwerfung. Zweiseitiger Verwaltungsakt oder Vertrag, Diss., Zürich 1934.

BALTENSBERGER PETER, Untersuchung der luft- und verkehrspolizeilichen Befugnisse des Flughafenhalters am Beispiel des interkontinentalen Flughafens Zürich-Kloten, Diss. Basel, Basel/Frankfurt a.M. 1984.

BARBLAN MARIO, Bewilligungserfordernis und Zulässigkeitsvoraussetzungen für Zweckänderungen von Bauten ausserhalb der Bauzonen nach dem Recht des Bundes und der Kantone, Diss., St.Gallen 1991.

BAUER HANS, Von der Zunftverfassung zur Gewerbefreiheit in der Schweiz 1798-1874, Diss., Basel 1929.

BAUMELER JOSEPH, Die Neuordnung von Wasserkraftnutzungen, Diss. oec., St.Gallen 1986.

BEELER URS, Die widerrechtliche Baute, Diss., Zürich 1984.

BENDEL FELIX, Der Verwaltungszwang nach Bundesrecht, ZBJV 104/1968, 281 ff.

BERTOSSA FRANCESCO, Der Beurteilungsspielraum. Zur richterlichen Kontrolle von Ermessen und unbestimmten Rechtsbegriffen im Verwaltungsrecht, Diss., Bern 1984.

BLECKMANN ALBERT, Europarecht, 5. Auflage, Köln/Berlin/Bonn/München 1990.

BLUMENSTEIN ERNST, Die nachträgliche Abänderung erteilter Wasserrechtskonzessionen, MBVR 28/1930, 433 ff.

BODMER DANIEL/KLEINER BEAT/LUTZ BENNO, Kommentar zum schweizerischen Bankengesetz, Zürich 1976 ff.

BORER THOMAS G., Das Legalitätsprinzip und die auswärtigen Angelegenheiten, Diss. Basel, Basel/Frankfurt a.M. 1986.

BOSSHART JÜRG, Demonstrationen auf öffentlichem Grund, Diss., Zürich 1973.

BOVAY BENOÎT, Le permis de construire en droit vaudois, Diss., Lausanne 1986.

BRAIBANT GUY, Le droit administratif français, Paris 1984.

BRAUNSCHWEIG ROGER J., Die Skilifte nach dem schweizerischen öffentlichen Recht, Diss., St.Gallen 1977.

BREUER RÜDIGER, Die staatliche Berufsregelung und Wirtschaftslenkung, in: Handbuch des Staatsrechts, hrsg. von Josef Isensee und Paul Kirchhof, Band VI, Freiheitsrechte, Heidelberg 1989, 957 ff.

BRÜCKNER CHRISTIAN, Die Trennung von Privatrecht und öffentlichem Recht – ein Beispiel für die Suggestivkraft von Begriffen, in: FG zum Schweizerischen Juristentag 1985, Basel/Frankfurt a.M. 1985, 35 ff.

BRÜHWILER-FRÉSEY LUKAS S., Verfügung, Vertrag, Realakt und andere verwaltungsrechtliche Handlungssysteme, Diss., Bern 1984.

BRUNNER ANDREAS, Technische Normen in Rechtsetzung und Rechtsanwendung, Diss. Basel, Basel/Frankfurt a.M. 1989.

BRUNNER CHRISTIAN, Über die Teilnahme der Bürger an Verwaltungsentscheidungen, Diss. Basel, Basel/Frankfurt a.M., 1984.

BRUNNER URSULA, Übertragung von Umweltschutzverwaltungsaufgaben an Dritte, Bern 1989.

BÜCHLER-TSCHUDIN VERENA, Rechtsprobleme bei der Beschränkung der Einfuhr von Futtermitteln und Fleisch, in: FS für Kurt Eichenberger, Basel/Frankfurt a.M. 1982, 211 ff.

BÜHLER RICHARD, Die Fischereiberechtigung im Kanton Zürich, Diss. Zürich, Meilen 1969.

BÜHLER WERNER, Begriff und Formen der öffentlich-rechtlichen Anstalt als verwaltungsrechtliches Institut, Diss. Zürich, Aarau 1928.

BURCKHARDT WALTHER, *Kommentar* der Schweizerischen Bundesverfassung vom 29. Mai 1874, 3. Auflage, Bern 1931.

– Studien zum schweizerischen *Eisenbahnrecht*, Politisches Jahrbuch der Schweizerischen Eidgenossenschaft 25/1911, 63 ff.

– Die *Organisation* der Rechtsgemeinschaft, 2. Auflage, Zürich 1944.

BURNET OLIVIER, L'exécution de tâches publiques par un organisme privé. L'exemple du marché du fromage, Diss., Lausanne 1983.

BUSSFELD KLAUS, Zum Verzicht im öffentlichen Recht am Beispiel des Verzichts auf eine Fahrerlaubnis, DÖV 1976, 765 ff.

CARONI PIO, «Privatrecht»: Eine sozialhistorische Einführung, Basel/Frankfurt a.M. 1988.

CARRARD HENRI, Consultation sur la nature juridique des concessions de chemins de fer, Basel 1877.

CASPAR LORENZ, Konzessionen und Erlaubnisse im schweizerischen Telegraphen- und Funkrecht, Diss. Zürich, Aarau 1933.

CHAPUS RENÉ, Droit administratif général, 3. Auflage, Paris 1987 (Band 1) und 1988 (Band 2).

CHRISTEN MARC, Kantonale Regalien und Bundespolizeirecht, Diss., Bern 1950.

CLAUSNITZER MARTIN, Niederlassungs- und Dienstleistungsfreiheit der Selbständigen, in: EG Handbuch: Recht im Binnenmarkt, hrsg. von Carl Otto Lenz, Berlin 1991, 183 ff.

COTTIER THOMAS, Die Verfassung und das Erfordernis der gesetzlichen Grundlage, 2. ergänzte Auflage, Diss. Bern, Chur/Zürich 1991.

DALLO BRUNO, Das Verhältnis der privatrechtlichen und der öffentlich-rechtlichen Bestimmungen des schweizerischen Anlagefondsrechts, Diss. Basel, Basel/ Frankfurt a.M. 1989.

DAUSES MANFRED A., Freier Warenverkehr im Lebensmittelsektor, in: EWR-Abkommen. Erste Analysen, hrsg. von Olivier Jacot-Guillarmod, Zürich 1992, 149 ff.

DECURTINS GEORG, Die Aufsicht des Bundes über das schweizerische Auswanderungswesen, Diss., Zürich 1929.

DEGIACOMI FRANZ, Erfüllung kommunaler Aufgaben durch Private unter besonderer Berücksichtigung der Verhältnisse im Kanton Graubünden, Diss., Zürich 1989.

DICKE DETLEV, Der Irrtum bei der Verwaltungsmassnahme, ZSR 103/1984 I, 525 ff.

DISERENS DOMINIQUE/ROSTAN BLAISE, Cinéma - Radio et télévision, Lausanne 1984.

DREWS BILL/WACKE GERHARD/VOGEL KLAUS/WOLFGANG MARTENS, Gefahrenabwehr, 9. Auflage, Köln/Berlin/Bonn/München 1986.

DUBACH WERNER, Das *Disziplinarrecht* der freien Berufe, ZSR 70/1951 II, 1a ff.

- Die wohlerworbenen Rechte im *Wasserrecht*. Rechtsgutachten über die Zulässigkeit und die Folgen von Eingriffen in verliehene und ehehafte Wassernutzungsrechte, erstattet dem Bundesamt für Wasserwirtschaft, Bern 1979.

DUBS HANS, Die Forderung der optimalen Bestimmtheit belastender Rechtsnormen, ZSR 93/1974 II, 223 ff.

DUMERMUTH MARTIN, Die Programmaufsicht bei Radio und Fernsehen in der Schweiz, Diss. Bern, Basel/Frankfurt a.M. 1992.

DUPUIS GEORGES/GUÉDON MARIE-JOSÉ, Institutions administratives, Droit administratif, Paris 1986.

EBERLE LOUIS-CHARLES, Die Schranken der Rückwirkung im eidgenössischen Wasserrecht, Diss., Bern 1960.

ECKSTEIN YVONNE, Das Gastwirtschaftspatent im Kanton Baselland, Diss., Basel 1979.

EDELMANN BEAT, Rechtliche Probleme des Kiesabbaus im Kanton Aargau, Diss. Zürich, Aarau 1990.

EICHENBERGER KURT, Verfassung des Kantons Aargau. Textausgabe mit *Kommentar*, Aarau/Frankfurt a.M./Salzburg, 1986.

- *Verwaltungsprivatrecht*, in: FG zum Schweizerischen Juristentag 1985, Basel/ Frankfurt a.M. 1985, 75 ff.

- Zur Problematik der *Aufgabenverteilung* zwischen Staat und Privaten, ZBl 91/ 1990, 517 ff.

EMMERICH VOLKER, Die freiheitssichernde Funktion des Wettbewerbsrechts – Deregulierung durch Recht, AJP 1992, 206 ff.

ENGELI HANS-PETER, Die Einfuhrbewilligung im schweizerischen Recht, Diss. St.Gallen, Winterthur 1962.

ERICHSEN HANS-UWE/MARTENS WOLFGANG (Hrsg.), Allgemeines Verwaltungsrecht, 9. Auflage, Berlin/New York, 1992.

ERLÄUTERUNGEN EJPD/BRP, Erläuterungen zum Bundesgesetz über die Raumplanung, Bern 1981 (hrsg. vom Eidgenössischen Justiz- und Polizeidepartement/ Bundesamt für Raumplanung).

EUGSTER LUZIUS, Die Rechtsnatur der Verhältnisse konzessionierter Privatunternehmen der Daseinsvorsorge zu Dritten, insbesondere zu Abnehmern, Diss. Fribourg, St.Gallen 1975.

FABER HEIKO, Verwaltungsrecht, 2. Auflage, Tübingen 1989.

FAHRLÄNDER KARL LUDWIG, Zur Abgeltung vom Immissionen aus dem Betrieb öffentlicher Werke, unter Berücksichtigung des Bundesgesetzes über den Umweltschutz, Diss., Bern 1985.

FLEINER FRITZ, *Institutionen* des Deutschen Verwaltungsrechts, 8. Auflage, Tübingen 1928.

- Schweizerisches *Bundesstaatsrecht*, Tübingen 1923.

- Über die *Umbildung* zivilrechtlicher Institute durch das öffentliche Recht, Tübingen 1906.

– Über die *Wasserrechte* der Aluminium-Industrie-Aktien-Gesellschaft Neuhausen am Rheinfall (Rechtsgutachten), Zürich 1927.

FLEINER FRITZ/GIACOMETTI ZACCARIA, Schweizerisches Bundesstaatsrecht, Zürich 1949.

FLEINER-GERSTER THOMAS, *Grundzüge* des allgemeinen und schweizerischen Verwaltungsrechts, 2. Auflage, Zürich 1980.

– Probleme des öffentlichrechtlichen *Vertrags* in der Leistungsverwaltung, ZBl 90/ 1989, 185 ff.

FLÜCKIGER HANS, Zu den Forderungen nach Deregulierung in der Raumplanung, FS Arnold Koller, Bern 1993, 267 ff.

FORGES JEAN MICHEL DE, Les institutions administratives françaises, Paris 1985.

FORSTHOFF ERNST, Lehrbuch des Verwaltungsrechts, Erster Band: Allgemeiner Teil, München/Berlin 1950.

FRIAUF KARL HEINRICH, Das Verbot mit Erlaubnisvorbehalt, JuS 1962, 422 ff.

FRIES DAVID, Reverse in der zürcherischen Baurechtspraxis. Bd. 1, Allgemeiner Teil (ohne Grundbuchrecht), Diss., Zürich 1990.

FUNK BERND-CHRISTIAN, Allgemeines Verwaltungsrecht, 3. Auflage, Wien/New York 1987.

GADIENT ULRICH, Der Heimfall im Wasserrecht des Bundes und der Kantone, Diss. Bern, Zürich 1958.

GEISER KARL/ABBÜHL J.J./BÜHLMANN FRITZ, Einführung und Kommentar zum Bundesgesetz über die Nutzbarmachung der Wasserkräfte, Zürich 1921.

GFELLER ROLF, Die Schweizerische Genossenschaft für Getreide und Futtermittel gestern und heute, Blätter für Agrarrecht 1986, 2 ff.

GIACOMETTI ZACCARIA, Allgemeine *Lehren* des rechtsstaatlichen Verwaltungsrechts, Bd. 1, Zürich 1960.

– Über die *Grenzziehung* zwischen Zivilrechts- und Verwaltungsrechtsinstituten in der Judikatur des schweizerischen Bundesgerichts, Habil. Zürich, Tübingen 1924.

GIACOMINI SERGIO, Verwaltungsrechtlicher Vertrag und Verfügung im Subventionsverhältnis «Staat-Privater», Diss., Fribourg 1992.

GISLER MAX, Baubewilligung und Baubewilligungsverfahren, Diss., Basel 1977.

GOETSCHEL ANTOINE F., Kommentar zum Eidgenössischen Tierschutzgesetz, Bern/ Stuttgart 1986.

GOOD-WEINBERGER CHARLOTTE, Die Ausnahmebewilligung im Baurecht, insbesondere nach § 220 des zürcherischen Planungs- und Baugesetzes, Diss., Zürich 1990.

GORNIG GILBERT, Probleme der Niederlassungsfreiheit und Dienstleistungsfreiheit in den Europäischen Gemeinschaften, NJW 1989, 1120 ff.

GRAF HANS, Die Erweiterung, Erneuerung und Übertragung von Wasserrechtsverleihungen, Diss. Bern, Zürich 1954.

GRAUER DIETER, Die Verweisung im Bundesrecht, insbesondere auf technische Verbandsnormen, Diss., Zürich 1980.

GRESLY WILLY, Über die Grundlage und die rechtliche Natur der verliehenen Wasserrechte, Diss., Zürich 1923.

GRISEL ANDRÉ, *Droit* administratif suisse, Neuchâtel 1970.

- *Traité* de droit administratif, Neuchâtel 1984.

- A propos de la *succession* en droit public, in: Mélanges Henri Zwahlen, Lausanne 1987, 297 ff.

GRISEL ETIENNE, Les *monopoles* d'Etat, in: Mélanges André Grisel, Neuchâtel 1983, 399 ff.

- *Liberté* du commerce et de l'industrie, Volume I: Partie générale, Bern 1993.

GUILLOD OLIVIER, Professions libérales, professions libérées?, in: Die Europaverträglichkeit des schweizerischen Rechts, hrsg. von Dietrich Schindler/Gérard Hertig/Jakob Kellenberger/Daniel Thürer/Roger Zäch, Zürich 1990, 75 ff.

GYGI FRITZ, Neuere höchstrichterliche Rechtsprechung zu verwaltungsrechtlichen *Grundfragen*, ZBJV 102/1966, 121 ff.

- *Wirtschaftsverfassungsrecht*, Bern 1981.

- *Bundesverwaltungsrechtspflege*, 2. Auflage, Bern 1983.

- *Verwaltungsrecht*, Bern 1986.

- Rechtsgrundsätze der *Einfuhrkontingentierung*, in: Fritz Gygi, Beiträge zum Verfassungs- und Verwaltungsrecht, FG zum 65. Geburtstag des Verfassers, Bern 1986, 339 ff.

- Zum *Polizeibegriff*, in: Fritz Gygi, Beiträge zum Verfassungs- und Verwaltungsrecht, FG zum 65. Geburtstag des Verfassers, Bern 1986, 305 ff.

- Zur *Rechtsbeständigkeit* von Verwaltungsverfügungen, in: Fritz Gygi, Beiträge zum Verfassungs- und Verwaltungsrecht, FG zum 65 Geburtstag des Verfassers, Bern 1986, 237 ff.

HÄBERLE PETER, Öffentliches Interesse als juristisches Problem. Eine Analyse von Gesetzgebung und Rechtsprechung, Habil. Freiburg i. Br., Bad Homburg 1970.

HAEFLIGER ARTHUR, Alle Schweizer sind vor dem Gesetze gleich. Zur Tragweite des Artikels 4 der Bundesverfassung, Bern 1985.

HAENNI JOSEPH, Les concessions de chemins de fer en droit suisse, Diss. Bern, Fribourg 1934.

HÄFELIN ULRICH/HALLER WALTER, Schweizerisches Bundesstaatsrecht, 3. Auflage, Zürich 1993.

HÄFELIN ULRICH/MÜLLER GEORG, Grundriss des Allgemeinen Verwaltungsrechts, 2. Aufl. Zürich 1993.

HÄNER ISABELLE, Öffentlichkeit und Verwaltung, Diss., Zürich 1990.

HAILBRONNER KAY/NACHBAUR ANDREAS, Die Dienstleistungsfreiheit in der Rechtsprechung des EuGH, EuZW 1992, 105 ff.

HALLER ROLAND, Die Handels- und Gewerbefreiheit und die Gesetzgebungskompetenz des Bundes, Diss. Bern 1983.

HALLER WALTER, Das rechtliche Gehör bei der Festsetzung von *Raumplänen*, in: FS für Otto K. Kaufmann, Bern/Stuttgart 1989, 367 ff.

- *Raumplanung* im demokratisch-föderalistischen Rechtsstaat, in: FS für Werner Kägi, Zürich 1979, 161 ff.

HALLER WALTER/KARLEN PETER, Raumplanungs- und Baurecht, 2. Auflage, Zürich 1992.

HANGARTNER YVO, *Widerruf* und Änderung von Verwaltungsakten aus nachträglich eingetretenen Gründen, Diss. St. Gallen, Au 1959.

- Die *Kompetenzverteilung* zwischen Bund und Kantonen, Habil. St. Gallen, Bern/Frankfurt a.M. 1974.

- Grundzüge des schweizerischen *Staatsrecht*s, Band I: Organisation, Zürich 1980; Band II: Grundrechte, Zürich 1982.

HANHARDT MICHEL, La concession de service public. Etude de droit fédéral et de droit vaudois, Diss., Lausanne 1977.

HÄNNI PETER, Eigentumsschutz, Sozialbindung und Enteignung bei der Nutzung von Boden und Umwelt, VVDStRL 51/1992, 252 ff.

HATSCHEK JULIUS, Lehrbuch des deutschen und preussischen Verwaltungsrechts, 5./6. Auflage, Leipzig 1927.

HATZ HEINZ, Entwicklung, Aufgaben und Abgrenzung der Staatsaufsicht über die privaten Versicherungsunternehmungen in der Schweiz, Diss., Zürich 1951.

HAURI KURT, Möglichkeiten und Grenzen der Bankenaufsicht in der Schweiz, SJZ 83/1987, 321 ff.

HEER BALTHASAR, Die Ersatzvornahme als verwaltungsrechtliche Sanktion, Diss., Zürich, St.Gallen 1975.

HEINIGER THOMAS, Der Ausnahmeentscheid, Diss., Zürich 1985.

HENGGELER OSKAR, Das Disziplinarrecht der freiberuflichen Rechtsanwälte und Medizinalpersonen, Diss., Zürich 1976.

HERDENER HANS RUDOLF, Die rechtliche Behandlung der Trolleybus-Unternehmungen, Diss. Zürich, Uster 1951.

HERRNRITT RUDOLF, Grundlehren des Verwaltungsrechts, Tübingen 1921.

HERTACH RUDOLF, Das Legalitätsprinzip in der Leistungsverwaltung, Diss., Zürich 1984.

HESS HEINZ/WEIBEL HEINRICH, Das Enteignungsrecht des Bundes. Kommentar, Bern 1986.

HESS PETER, Die rechtliche Behandlung der Rohrleitungen zur Beförderung von flüssigen und gasförmigen Brenn- und Treibstoffen, Diss., Zürich 1969.

HEUSLER A(NDREAS), Rechtsgutachten betreffend die rechtliche Natur der Eisenbahnconcessionen, Basel 1877.

HILTY CARL, Rechtsgutachten betreffend die rechtliche Natur der Eisenbahnconcessionen, Basel 1877.

HIS EDUARD, *Geschichte* des neuern Schweizerischen Staatsrechts, 3 Bände, Basel 1920 (Erster Band), 1929 (Zweiter Band) und 1938 (Dritter Band).

- *Wandlungen* der Handels- und Gewerbefreiheit in der Schweiz, in: FS zum 70. Geburtstag von Carl Wieland, Basel 1934, 241 ff.

HOTZ WERNER FRIEDRICH, Zur Notwendigkeit und Verhältnismässigkeit von Grundrechtseingriffen, Diss., Zürich 1977.

HUBER ERNST RUDOLF, Wirtschaftsverwaltungsrecht, 2 Bände, 2. Auflage, Tübingen 1953/1954.

HUBER EUGEN, *System* und Geschichte des Schweizerischen Privatrechtes, Band 3, Basel 1889.

- Die Gestaltung des *Wasserrechts* im künftigen schweizerischen Rechte, ZSR 25/1906, 37 ff.

HUBER HANS, Berner *Kommentar* zum ZGB. Einleitung, Bern 1962.

- Die Zuständigkeit des Bundes, der Kantone und der Gemeinden auf dem Gebiet des Baurechts - Vom *Baupolizeirecht* zum Bauplanungsrecht, in: Rechtliche Probleme des Bauens, hrsg. von der Rechts- und Wirtschaftswissenschaftlichen Fakultät der Universität Bern, Bern 1969, 47 ff.

- *Vertrauensschutz*, in: FG aus Anlass des 25jährigen Bestehens des Bundesverwaltungsgerichts, München 1978, 313 ff.

HUBER MAX, Die Wasserrechte nach dem Entwurf des schweizerischen Zivilgesetzbuches, Diss., Zürich 1906.

HUG MARKUS, Der Ausländer als Grundrechtsträger, Diss., Zürich 1990.

HURTER EDWIN, Die Bewilligungspflicht als Mittel der Wirtschaftspolitik, Diss. oec., Zürich 1946.

HUSER MEINRAD, Die Lenkung der Fleisch- und Eierproduktion, Grüsch 1989.

IMBACH SUSANNE, Die Heilmittelkontrolle in der Schweiz, Diss., Bern 1970.

IMBODEN MAX, *Erfahrungen* auf dem Gebiet der Verwaltungsrechtsprechung in den Kantonen und im Bund, ZSR 66/1947 I, 1a ff.

- Das *Gesetz* als Garantie rechtsstaatlicher Verwaltung, Basel/Stuttgart 1954.

- Der verwaltungsrechtliche *Vertrag*, ZSR 77/1958 II, 1a ff.

IMBODEN MAX/RHINOW RENÉ A., Schweizerische Verwaltungsrechtsprechung, 2 Bände, 5. Auflage, Basel/Stuttgart 1976.

JAAG TOBIAS, Die *Abgrenzung* zwischen Rechtssatz und Einzelakt, Habil., Zürich 1985.

- *Gemeingebrauch* und Sondernutzung öffentlicher Sachen, ZBl 93/1992, 145 ff.

- Die *Enteignung* nachbarrechtlicher Abwehransprüche bei Immissionen aus öffentlichen Werken (Urteilsanmerkung), recht 1992, 104 ff.

JÄGGI THOMAS, Spendensammlungen im schweizerischen Recht, Diss. Zürich, Winterthur 1981.

JAGMETTI RICCARDO L., Demokratie im Umbruch, in: FS für Werner Kägi, Zürich 1979, 209 ff.

JARASS HANS D., Wirtschaftsverwaltungsrecht, Frankfurt a.M. 1980.

JELLINEK WALTER, Verwaltungsrecht, 2. Auflage, Berlin 1929.

JÈZE GASTON, Das Verwaltungsrecht der Französischen Republik, Tübingen 1913.

JEZLER CHRISTOPH, Der Grundsatz der Gesetzmässigkeit der Verwaltung, insbesondere im Bund, Diss., Zürich 1967.

JOST ANDREAS, Die neueste Entwicklung des Polizeibegriffs im schweizerischen Recht, Diss., Bern 1975.

JUBIN JEAN-PAUL, La notion de Service public en droit suisse. L'exemple des chemins de fer fédéraux, Diss. Lausanne, Cousset 1986.

JUNOD CHARLES-ANDRÉ, *Problèmes* actuels de la constitution économique suisse, ZSR 89/1970 II, 596 ff.

- Le contentieux des *autorisations* préalables de construire en droit genevois, RDAF 1988, 161 ff.

JURI RENÉ, Der Entzug der Bewilligung zur Ausübung der Banktätigkeit, Zürich 1983.

KÄLIN WALTER, Das Verfahren der staatsrechtlichen Beschwerde, Habil., Bern 1984.

KÄMPFER WALTER, Zur Gesetzesbeständigkeit «wohlerworbener Rechte», in: Mélanges Henri Zwahlen, Lausanne 1977, 339 ff.

KELLER ALFRED, Haftpflicht im Privatrecht, Bd. I, 4. Auflage, Bern 1979, Bd. II, Bern 1987.

KILCHENMANN FRITZ, Rechtsprobleme der Energieversorgung, BVR 1991/Sonderheft 1, Bern 1991.

KLETT KATHRIN, Verfassungsrechtlicher Schutz «wohlerworbener Rechte» bei Rechtsänderungen, Diss., Bern 1984.

KLEY-STRULLER ANDREAS, Art. 6 EMRK als Rechtsschutzgarantie gegen die öffentliche Gewalt, Zürich 1993.

KNAPP BLAISE, *Précis* de droit administratif, 4. Auflage, Basel/Frankfurt a.M. 1991.

- La *collaboration* des particuliers et de l'Etat à l'exécution des tâches d'intérêt général, in: Mélanges Henri Zwahlen, Lausanne 1977, 363 ff.

- La fin des *concessions* hydrauliques, ZSR 101/1982 I, 121 ff.

- La *relation* de droit administratif et les tiers, in: Mélanges André Grisel, Neuchâtel 1983, 447 ff.

- *Aspects* du droit boursier en Suisse, in: FS für Otto K. Kaufmann, Bern/Stuttgart 1989, 273 ff.

- Les *limites* à l'intervention de l'Etat dans l'économie, ZBl 91/1990, 241 ff.

- Les *procédures* administratives complexes, AJP 1992, 839 ff.

KOLLER HEINRICH, Wirtschaftsverwaltungsrecht, in: Handbuch des Staats- und Verwaltungsrechts des Kantons Basel-Stadt, hrsg. von Kurt Eichenberger/Kurt Jenny/René A. Rhinow/Gerhard Schmid/Luzius Wildhaber, Basel/Frankfurt a.M. 1984, 487 ff.

KÖLZ ALFRED, *Kommentar* zum Verwaltungsrechtspflegegesetz des Kantons Zürich, Habil., Zürich 1978.

- Das wohlerworbene *Recht* – immer noch aktuelles Grundrecht?, SJZ 74/1978, 65 ff. und 89 ff.

- *Ausbau* des Verwaltungsreferendums?, SJZ 77/1981, 53 ff.

- Intertemporales *Verwaltungsrecht*, ZSR 102/1983, 101 ff.

- Die kantonale *Volksinitiative* in der Rechtsprechung des Bundesgerichts. Darstellung und kritische Betrachtung, ZBl 83/1982, 1 ff.

- Die *Legitimation* zur staatsrechtlichen Beschwerde und das subjektive öffentliche Recht, in: Mélanges André Grisel, Neuchâtel 1983, 739 ff.

- Von der *Herkunft* des schweizerischen Verwaltungsrechts, in: FS für Dietrich Schindler zum 65. Geburtstag, Basel/Frankfurt a.M. 1989, 597 ff.

- Neuere schweizerische *Verfassungsgeschichte*. Ihre Grundlinien vom Ende der Alten Eidgenossenschaft bis 1848, Bern 1992.

KÖLZ ALFRED/KELLER HELEN, Koordination umweltrelevanter Bewilligungsverfahren als Rechtsproblem, URP 1990, 385 ff.

KOMMENTAR BV, Kommentar zur Bundesverfassung der Schweizerischen Eidgenossenschaft, hrsg. von Jean-François Aubert, Kurt Eichenberger, Jörg Paul Müller, René A. Rhinow und Dietrich Schindler, Basel/Zürich/Bern 1987 ff.

KOMMENTAR USG, Kommentar zum Umweltschutzgesetz, hrsg. von Kölz Alfred und Müller-Stahel Hans-Ulrich, Zürich 1989 ff.

KORRODI NIKOLA, Die Konzession im schweizerischen Verwaltungsrecht, Diss. Zürich, Aarau 1973.

KOTTUSCH PETER, Die *Niederlassungsbewilligung* gemäss Art. 6 ANAG. Eine Uebersicht, ZBl 87/1986, 513 ff.

- Das *Ermessen* der kantonalen Fremdenpolizei und seine Schranken, ZBl 91/1990, 145 ff.

KRÄHENMANN BEAT, Privatwirtschaftliche Tätigkeit des Gemeinwesens, Diss. Basel, Basel/Frankfurt a.M. 1987.

KUHN MORITZ, Die vermögensrechtliche Verantwortlichkeit des Bundes sowie seiner Behördemitglieder und Beamten auf Grund des Verantwortlichkeitsgesetzes vom 14. März 1958, mit besonderer Berücksichtigung von Art. 3 und Art. 12, Diss., Zürich 1971.

KÜNG CHRISTIAN, Die Konzessionierung von Luftseilbahnen nach Bundesrecht, Diss. Bern, Grüsch 1988.

KUTTLER ALFRED, Umweltschutz und Raumplanung, ZBl 89/1988, 237 ff.

LARGIER JÜRG, Der Fähigkeitsausweis im schweizerischen Wirtschaftsrecht, Diss. Zürich, Uster 1951.

LAUBADÈRE ANDRÉ DE/DELVOLVÉ PIERRE, Droit public économique, 5. Auflage, Paris 1986.

LAUBADÈRE ANDRÉ DE/MODERNE FRANK/DELVOLVÉ PIERRE, Traité des contrats administratifs, Bd. I, 2. Auflage, Paris 1983.

LAUBADÈRE ANDRÉ DE/VENEZIA JEAN-CLAUDE/GAUDEMET YVES, Traité de droit administratif, Band I, 10. Auflage, Paris 1988.

LEEMANN HANS, Kommentar zum Schweizerischen Zivilgesetzbuch, Band IV, Sachenrecht, I. Abteilung, 2. Auflage, Bern 1920.

LEHMANN DANIEL, Die schweizerische Ausverkaufsordnung, Diss., Zürich 1981.

LENDI MARTIN/NEF ROBERT, Erfüllung öffentlicher Aufgaben ohne Staat, DISP 54, 23 ff.

LEUCH FRITZ, Der Bedürfnisnachweis im Wirtschaftsgewerbe nach den neuen Wirtschaftsartikeln, Diss., Bern 1950.

LIVER PETER, Das Recht der *Ausnutzung* von Naturkräften und Bodenschätzen, Der schweizerische Energie-Konsument 1953, 5 ff.

LIVER PETER, Die Entwicklung des *Wasserrecht*s in der Schweiz seit 100 Jahren, ZSR 71/1952 I, 305 ff.

LÖWER WOLFGANG, Energieversorgung zwischen Staat, Gemeinde und Wirtschaft, Köln/Berlin/Bonn/München 1989.

LYK RETO A., Wirtschaftspolitisch motivierte Bewilligungspflichten im schweizerischen Recht, Diss., Zürich 1970.

MÄCHLER AUGUST, Die Erfüllung von Gemeindeaufgaben durch ausgegliederte Verwaltungseinheiten, EGV-SZ 1989, 153 ff.

MÄDER CHRISTIAN, Das Baubewilligungsverfahren, Diss., Zürich 1991.

MALAGUERRA DANIÈLE, Reconaissance des diplômes (art. 30 EEE): les mesures de formation complémentaire exigibles des avocats EEE qui souhaitent s'établir en Suisse, in: EWR-Abkommen. Erste Analysen, hrsg. von Olivier Jacot-Guillarmod, Zürich 1992, 203 ff.

MALINVERNI GIORGIO, La liberté de *réunion*, Genf 1981.

- L'exercice des *libertés* sur le domaine public, in: Mélanges André Grisel, Neuenburg 1983, 145 ff.

MANGISCH MARCEL, Die Gastwirtschaftsgesetzgebung der Kantone im Verhältnis zur Handels- und Gewerbefreiheit, Diss. Fribourg, Bern 1982.

MARBURGER PETER, Die Regeln der Technik im Recht, Berlin 1979.

MARTI HANS, Die Wirtschaftsfreiheit der schweizerischen Bundesverfassung, Basel/ Stuttgart, 1976.

MAURER HARTMUT, Allgemeines Verwaltungsrecht, 9. Auflage, München 1994.

MAYER OTTO, Deutsches Verwaltungsrecht, 1. Auflage Leipzig 1895 (Erster Band) und 1896 (Zweiter Band); 2. Auflage, München/Leipzig 1914 (Erster Band) und 1917 (Zweiter Band); 3. Auflage, München/Leipzig 1924 (soweit nicht anders erwähnt, beziehen sich die Zitate auf die 1. Auflage).

MEIER-HAYOZ ARTHUR, Berner Kommentar zum Schweizerischen Zivilgesetzbuch, Band IV: Das Sachenrecht, 1. Abteilung: Das Eigentum, 1. Teilband: Systematischer Teil und Allgemeine Bestimmungen zu Art. 641-654 ZGB, 5. Auflage, Bern 1981; 2. Teilband, Grundeigentum I, Art. 655-679, Bern 1965 und Supplement 1974; 3. Teilband, Grundeigentum II, Art. 680-701, Bern 1975.

MERK WILHELM, Deutsches Verwaltungsrecht, 2. Bd., Berlin 1962 (Erster Band) und 1970 (Zweiter Band).

MEYLAN JACQUES, L'accomplissement par des organismes de droit privé de tâches d'intérêt général et la sauvegarde de l'intérêt général, in: Mélanges Henri Zwahlen, Lausanne 1977, 419 ff.

MEYLAN JACQUES-HENRI, La coordination formelle, in: Droit de l'environnement: Mise en oeuvre et coordination, hrsg. von Charles-Albert Morand, Basel/Frankfurt a.M. 1992, 179 ff.

MÖSBAUER HEINZ, Staatsaufsicht über die Wirtschaft, Köln/Berlin/Bonn/München 1990.

MOINTINHO DE ALMEIDA DE CARVALHO JOSÉ CARLOS, La libre circulation des travailleurs dans la jurisprudence de la Cour de justice (art. 48 CEE / art. 28 EEE), in: EWR-Abkommen. Erste Analysen, hrsg. von Olivier Jacot-Guillarmod, Zürich 1992, 179 ff.

MOOR PIERRE, Droit administratif, Bd. I bis III, Bern 1988, 1991 und 1992.

MORAND CHARLES-ALBERT, La *coordination* matérielle: De la pesée des intérêts à l'écologisation du droit, URP 1991, 201 ff.

- La coordination matérielle des décisions: Espoir ultime de *systématisation* du droit des politiques publiques, in: Droit de l'environnement: Mise en oeuvre et coordination, hrsg. von Charles-Albert Morand, Basel/Frankfurt a.M. 1992, 167 ff.

MOSER CHRISTIAN, Institutionen und Verfahren der Rechtssetzung in den Kantonen, Bern 1985.

MOSER HANS PETER, Die Rechtsstellung des Ausländers in der Schweiz, ZSR 86/1967 II, 325 ff.

MOSSU CLAUDE, Les concessions dans le domaine des transports et des télécommunications en droit suisse, Diss., Fribourg 1968.

MÜHLEBACH URS/GEISSMANN HANSPETER, Lex F. Kommentar zum Bundesgesetz über den Erwerb von Grundstücken durch Personen im Ausland, Brugg/Baden 1986.

MÜHLEMANN DANIEL, Prävention von Wirtschaftsdelikten durch Berufsverbote, Diss., Zürich 1988.

MÜLLER BERNHARD, Rechtliche Probleme der Bankenaufsicht, ZBJV 115/1979, 489 ff.

MÜLLER CHRISTOPH M., Die Bewilligung zum Geschäftsbetrieb einer nach schweizerischem Recht organisierten Bank, Diss. Zürich, Bern 1978.

MÜLLER GEORG, Inhalt und Formen der *Rechtssetzung* als Problem der demokratischen Kompetenzordnung, Habil., Basel/Stuttgart 1979.

- *Privateigentum* heute. Vom Sinn des Eigentums und seiner verfassungsrechtlichen Gewährleistung, ZSR 100/1981 II, 1 ff.

- *Reservate* staatlicher Willkür – Grauzonen zwischen Rechtsfreiheit, Rechtsbindung und Rechtskontrolle, in: FS für Hans Huber, Bern 1981, 109 ff.

- Vom Einfluss dogmatischer *Erkenntnisse* auf bundesgerichtliche Entscheidungen, in: Mélanges André Grisel, Neuchâtel 1983, 761 ff.

- Die innenpolitische *Neutralität* der kantonalen öffentlichen Unternehmen, ZBl 88/1987, 425 ff.

MÜLLER HEINRICH ANDREAS, Der Verwaltungszwang, Diss., Zürich 1975.

MÜLLER JÖRG PAUL, *Elemente* einer schweizerischen Grundrechtstheorie, Bern 1982.

- Die *Grundrechte* der schweizerischen Bundesverfassung, Bern 1991.

- *Soziale Grundrechte* in der Verfassung?, 2. Auflage, Basel/Frankfurt a.M. 1981.

- *Funktion* des Rechtsanwaltes im Rechtsstaat – Mittel und Grenzen der Staatsaufsicht, Bern 1985.

MÜLLER PAUL RICHARD, Das öffentliche Gemeinwesen als Subjekt des Privatrechts, Diss. St.Gallen, Zürich 1970.

MÜLLER PETER, Funktionen und Motive einer verfassungsrechtlichen Aufgabennormierung in den Kantonen, Diss. Basel, Basel/Frankfurt a.M. 1981.

MULLER PIERRE, Le principe de la proportionnalité, ZSR 97/1978 II, 197 ff.

MÜLLER THOMAS, Die erleichterte Ausnahmebewilligung, Diss., Zürich 1991.

MÜLLER URS, Die Entschädigungspflicht beim Widerruf von Verfügungen, Diss., Bern 1984.

MÜLLER WALTER JÜRG, Ansprüche aus Fluglärmimmissionen in der Umgebung von Flughäfen nach schweizerischem Recht, Diss., Bern 1987.

MÜLLER-GRAF PETER-CHRISTIAN, Die Dienstleistungsfreiheit (Art. 36-39 EWR-A), in: EWR-Abkommen. Erste Analysen, hrsg. von Olivier Jacot-Guillarmod, Zürich 1992, 225 ff.

MÜNCH INGO VON (Hrsg.), Besonderes Verwaltungsrecht, 8. Auflage, Berlin 1988.

NICOLAYSEN GERT, Europarecht I, Baden-Baden 1991.

OFTINGER KARL/STARK EMIL, Schweizerisches Haftpflichtrecht, Zweiter Band, Erster Teilband, Zürich 1987 und Zweiter Band, Dritter Teilband, Zürich 1991.

OGOREK REGINA, Untersuchungen zur Entwicklung der Gefährdungshaftung im 19. Jahrhundert, Diss., Köln/Wien 1975.

OPPERMANN THOMAS, Europarecht, München 1991.

OSSENBÜHL FRITZ, Die Erfüllung von Verwaltungsaufgaben durch Private, VVDStRL 29/1971, 137 ff.

PANCHAUD PIERRE, Nature et contenu des rapports de distribution des services industriels dans le canton de Vaud, RDAF 44/1988, 233 ff.

PETER HANS, Die Fischereiberechtigung nach schweizerischem Recht, Diss., Zürich 1907.

PETITPIERRE ANNE, Le principe pollueur-payeur, ZSR 108/1989 II, 429 ff.

PETITPIERRE-SAUVAIN ANNE, L'application coordonnée de législations sectorielles: Une introduction, in: Droit de l'environnement: Mise en oeuvre et coordination, hrsg. von Charles-Albert Morand, Basel/Frankfurt a.M. 1992, 155 ff.

PFENNINGER PETER, Die Erteilung von Konzessionen und Bewilligungen bei Fremdenverkehrsbahnen und Skiliften, Diss., Zürich 1968.

PFISTER BÉATRICE U., Präventiveingriffe in die Meinungs- und Pressefreiheit, Diss., Bern/Frakfurt a.M./New York 1986.

PFISTERER MARTIN, Die Anwendung neuer Bauvorschriften auf bestehende Bauten und Anlagen, insbesondere die Besitzstandsgarantie, Diss. Bern, Diessenhofen 1979.

PLOTKE HERBERT, Schweizerisches Schulrecht, Bern/Stuttgart 1979.

POLEDNA TOMAS, Wahlrechtsgrundsätze und kantonale Parlamentswahlen, Diss., Zürich 1988.

POLTIER ETIENNE, Les entreprises d'économie mixte. Etude de droit Suisse et de droit comparé, Diss., Lausanne 1983.

PÜTTNER GÜNTER, Wirtschaftsverwaltungsrecht, Stuttgart 1989.

RAUSCH HERIBERT, Schweizerisches *Atomenergierecht*, Zürich 1980.

- Kleiner Versuch einer umweltrechtlichen *Standortbestimmung*, ZSR 110/1991 I, 147 ff.

REICHMUTH ALFRED, Das schweizerische Alkoholmonopol, Diss., Fribourg 1971.

REINHARD HANS, Allgemeines Polizeirecht, Bern/Stuttgart/Wien 1993.

REY HEINZ, Perspektiven des Fernwärmelieferungsvertrages, in: FG für Walter R. Schluep, Zürich 1988, 131 ff.

RHINOW RENÉ A., *Rechtsetzung* und Methodik. Rechtstheoretische Untersuchungen zum gegenseitigen Verhältnis von Rechtsetzung und Rechtsanwendung, Habil. Basel, Basel/Stuttgart 1979.

- Wesen und Begriff der *Subvention* in der schweizerischen Rechtsordnung, Diss., Basel/Stuttgart 1971.

- Ist das Verfahren zur Bewilligung des Kernkraftwerkes *Kaiseraugst* formell rechtmässig abgewickelt worden?, BJM 1976, 73 ff.

- Wohlerworbene und vertragliche *Rechte* im öffentlichen Recht, ZBl 80/1979, 1 ff.

- Vom *Ermessen* im Verwaltungsrecht: eine Einladung zum Nach- und Umdenken, recht 1/1983, 41 ff. und 83 ff.

- *Verfügung*, Verwaltungsvertrag und privatrechtlicher Vertrag, in: FG zum Schweizerischen Juristentag 1985, Basel 1985, 295 ff.

RHINOW RENÉ A./BAYERDÖRFER M., Rechtsfragen der schweizerischen Bankenaufsicht, Basel 1990.

RHINOW RENÉ A./KRÄHENMANN BEAT, Schweizerische Verwaltungsrechtsprechung. Ergänzungsband, Basel/Frankfurt a.M. 1990.

RICHLI PAUL, Zur Leitung der *Wirtschaftspolitik* durch Verfassungsgrundsätze und zum Verhältnis zwischen Wirtschaftspolitik und Handels- und Gewerbefreiheit, Habil., Bern 1983.

- Handels- und Gewerbefreiheit contra *Energiepolitik*?, ZBl 86/1985, 1 ff.

- Rechtsfragen der *Milchkontingentierung*, Blätter für Agrarrecht, 1985, 1 ff.

- *Finanzreferendum* bei Erledigung staatlicher Aufgaben durch privatrechtliche Träger, ZBl 88/1987, 145 ff.

- Zu den Gründen, Möglichkeiten und Grenzen für *Verhandlungselemente* im öffentlichen Recht, ZBl 92/1991, 381 ff.

RIVA ENRICO, Hauptfragen der materiellen Enteignung, Habil., Bern 1990.

RODUNER HERMANN, Grundeigentumsbeschränkungen zugunsten von Flughäfen, Diss., Zürich 1984.

ROHNER STEFAN, Rechtsfragen der Filmwirtschaft in der Schweiz, Diss. Zürich, Entlebuch 1987.

ROSTAN BLAISE, Le service public de radio et de télévision, Diss. Lausanne 1982.

RUCK ERWIN, Schweizerisches *Elektrizitätsrecht* im Grundriss, Zürich 1964.

- Schweizerisches *Verwaltungsrecht*, 2 Bände, Zürich 1934/38 (1. Auflage).

RÜESCH ADRIAN, Die Versammlungsfreiheit nach schweizerischem Recht, Diss., Zürich 1983.

RUEY CLAUDE, Monopoles cantonaux et liberté économique, Diss., Lausanne 1988.

RUFFY EUGÈNE, L'obligation de transporter en droit postal, ferroviaire et aérien suisse, Diss., Lausanne 1964.

RÜFNER WOLFGANG, Formen öffentlicher Verwaltung im Bereich der Wirtschaft, Habil., Berlin 1967.

SALADIN PETER, Der *Widerruf* von Verwaltungsakten, Diss., Basel 1960.

- *Grundrechte* im Wandel, 3. Auflage, Bern 1982.

- *Verwaltungsprozessrecht* und materielles Verwaltungsrecht, ZSR 94/1975 II, 307 ff.

- *Kernenergie* und schweizerische Staatsordnung, in: FS für Hans Huber zum 80. Geburtstag, Bern 1981, 297 ff.

- *Grundrechtsprobleme*, in: Die Besorgung öffentlicher Aufgaben durch Privatrechtssubjekte. Rechtsprobleme der Ausgliederung des Staates in Form von privatrechtlich organisierten Rechtsträgern ohne imperium, hrsg. von Bernd-Christian Funk, Wien 1981, 59 ff.

- *Bund* und Kantone, ZSR 103/1984 II, 431 ff.

- *Koordination* im Rechtsmittelverfahren, URP 1991, 276 ff.

- Zum öffentlichrechtlichen *Status* des Arztes, in: Arzt und Recht, hrsg. von Wolfgang Wiegand, Bern 1985, 147 ff.

SAMELI KATHARINA, Treu und Glauben im öffentlichen Recht, ZSR 96/1977 II, 289 ff.

SAXER URS, Die Grundrechte und die Benützung öffentlicher Strassen, Diss., Zürich 1988.

SCHAFFHAUSER RENÉ, *Grundriss* des schweizerischen Strassenverkehrsrechts, Bd. I, Bern 1984.

- Zur *Entwicklung* von Recht und Praxis des Sicherungsentzugs von Führerausweisen, AJP 1992, 17 ff.

SCHAFFHAUSER RENÉ/ZELLWEGER JAKOB, Grundriss des schweizerischen Strassenverkehrsrechts, Bd. 2, Bern 1988.

SCHINDLER DIETRICH, Verfassungsrecht, in: Die Europaverträglichkeit des schweizerischen Rechts, hrsg. von Dietrich Schindler/Gérard Hertig/Jakob Kellenberger/Daniel Thürer/Roger Zäch, Zürich 1990, 21 ff.

SCHLEGEL PETER, Heilmittelgesetzgebung im Bund und im Kanton Zürich, Diss., Zürich 1981.

SCHLUEP WALTER R., Revitalisierung, Deregulierung, Reprivatisierung, Wettbewerb der Systeme – was sonst noch an neuen wirtschaftsrechtlichen Delikatessen?, FS Arnold Koller, Bern 1993, 477 ff.

SCHMID GERHARD, Rechtsfragen bei Grossrisiken, ZSR 109/1990 II, 1 ff.

SCHMIDT REINER, Öffentliches Wirtschaftsrecht, Berlin 1990.

SCHMUCKLI THOMAS, Die Fairness in der Verwaltungsrechtspflege, Diss., Freiburg i.Ue. 1990.

SCHOCH CLAUDIA, Methoden und Kriterien der Konkretisierung offener Normen durch die Verwaltung, Diss., Zürich 1984.

SCHOLZ RUPERT, Artikel 12 Grundgesetz, in: Grundgesetz. Kommentar, hrsg. von Theodor Maunz/Günter Dürig/Roman Herzog/Rupert Scholz/Peter Lerche/ Hans-Jürgen Papier/Albrecht Randelzhofer/Eberhard Schmidt-Assmann, München 1993 (Lieferungen 1 bis 30).

SCHÖN MARKUS, Die Zulassung zu anstaltlich genutzten öffentlichen Einrichtungen aus verfassungsrechtlicher Sicht, Diss., Zürich 1985.

SCHORER PETER PAUL, Der Widerruf der Baubewilligung nach bernischem Recht, Diss., Bern 1976.

SCHUPPERT GUNNAR FOLKE, Die Erfüllung öffentlicher Aufgaben durch verselbständigte Verwaltungseinheiten, Habil., Göttingen 1981.

SCHÜRMANN LEO, Das Recht der gemischtwirtschaftlichen und öffentlichen *Unternehmungen* mit privatrechtlicher Organisation, ZSR 72/1953 II, 65a ff.

- *Medienrecht*, Bern 1985.

- *Wirtschaftsverwaltungsrecht*, 2. Auflage, Bern 1983.

SCHÜRMANN LEO/NOBEL PETER, Medienrecht, 2. Auflage, Bern 1993.

SCHWABE JÜRGEN, Das Verbot mit Erlaubnisvorbehalt, JuS 1973, 133 ff.

SCHWARZE JÜRGEN, Europäisches Verwaltungsrecht, Baden-Baden 1988.

SCHWARZENBACH-HANHART HANS RUDOLF, *Grundriss* des allgemeinen Verwaltungsrechts, 10. Auflage, Bern 1991.

- Die Staats- und Beamten*haftung* in der Schweiz, 2. Auflage, Zürich 1985.

SCHWEICKHARDT A., Die rechtliche Natur der Luftverkehrskonzession, Bulletin de l'Association suisse de droit aérien et spatial 1981, 17 ff.

SCHWEITZER MICHAEL/HUMMER WALDEMAR, Europarecht, 3. Auflage, Neuwied 1990.

SCHWEIZER RAINER J., Verträge und Abmachungen zwischen der Verwaltung und Privaten in der Schweiz, VVDStRL 52/1993, 314 ff.

SEILER HANSJÖRG, Das Recht der nuklearen Entsorgung in der Schweiz, Diss., Bern 1986.

SILLIG JACQUES, Contribution à l'étude du régime juridique des concessions en droit suisse, Diss., Lausanne 1946.

SINTZEL KURT, Die Sondernutzungsrechte an öffentlichen Sachen im Gemeingebrauch im Kanton Zürich, Diss. Zürich, Aarau 1962.

SPAHN MELCHIOR, Die kantonalen Regalrechte, Diss., Zürich 1956.

SPIEGEL LUDWIG, Die Verwaltungsrechtswissenschaft, Leipzig 1909.

SPÖRRI PHILIPP, Milchkontingentierung, Diss. Fribourg, Bern/Stuttgart/Wien 1993.

STAEBLIN KARL, Die Eisenbahnkonzession nach schweizerischem Recht, Diss. Zürich, Affoltern a.A. 1938.

STARK EMIL, Die weitere Entwicklung unseres Haftpflichtrechts, ZSR 100/1981 I, 365 ff.

STEINER UDO, Öffentliche Verwaltung durch Private. Allgemeine Lehren, Habil., Hamburg 1975.

STERCHI MARTIN, Kommentar zum bernischen Fürsprecher-Gesetz, Bern 1992.

STOBER ROLF, Handbuch des Wirtschaftsverwaltungs- und Umweltrechts, Stuttgart 1989.

STRATENWERTH GÜNTER, Schweizerisches Strafrecht, Allgemeiner Teil I: Die Straftat, Bern 1982.

STREINZ RUDOLF, Der Einfluss des Europäischen Verwaltungsrechts auf das Verwaltungsrecht der Mitgliedstaaten, dargestellt am Beispiel der Bundesrepublik Deutschland, in: Europäisches Verwaltungsrecht, hrsg. von Michael Schweitzer, Wien 1991, 241 ff.

SUTTER-SOMM KARIN, Das *Monopol* im schweizerischen Verwaltungs- und Verfassungsrecht, Diss. Basel, Basel/Frankfurt a.M. 1989.

- *Auswirkungen* eines Beitritts der Schweiz zum Europäischen Wirtschaftsraum (EWR) oder zur Europäischen Gemeinschaft (EG) auf die öffentlich-rechtlichen Monopole des Bundes, der Kantone und Gemeinden, AJP 1992, 214 ff.

THOMANN URS, Die staatlich gebundene Aktiengesellschaft. Eine Studie am Beispiel der Swissair mit Vergleichen, Diss., Zürich 1982.

THÜRER DANIEL, Das *Störerprinzip* im Polizeirecht, ZSR 102/1983 I, 463 ff.

- Das *Willkürverbot* nach Art. 4 BV, ZSR 106/1987 II, 413 ff.

- Die *Rechtsstellung* des Ausländers in der Schweiz, in: Jochen Abr. Frowein/ Torsten Stein (Hrsg.), Die Rechtsstellung von Ausländern nach staatlichem Recht und Völkerrecht, Berlin/Heidelberg/New York/London/Paris/Tokyo 1987, 1341 ff.

- *Kantone* und EWR-Abkommen, in: EWR-Abkommen. Erste Analysen, hrsg. von Olivier Jacot-Guillarmod, Zürich 1992, 771 ff.

THÜRER DANIEL/KAUFMANN CHRISTINE, *Ausländerrecht*, in: Die Europaverträglichkeit des schweizerischen Rechts, hrsg. von Dietrich Schindler/Gérard Hertig/Jakob Kellenberger/Daniel Thürer/Roger Zäch, Zürich 1990, 45 ff.

THÜRER DANIEL/WEBER PHILIPPE, Zur Durchführung von Europäischem Gemeinschaftsrecht durch die Gliedstaaten eines Bundesstaates, ZBl 92/1991, 429 ff.

TRÜEB HANS RUDOLF, Rechtsschutz gegen Luftverunreinigung und Lärm, Diss., Zürich 1990.

TUASON VICENTE/ROMANENS MEINRAD, Das Recht der schweizerischen PTT-Betriebe, 3. Auflage, Bern 1980.

VALLENDER KLAUS A., Unbestimmter Rechtsbegriff und *Ermessen*, in: Mélanges André Grisel, Neuchâtel 1983, 819 ff.

- *Ausnahmen* von der Nutzungsordnung – Theoretische Grundlagen, in: Rechtsfragen in der Nutzungsordnung in der Raumplanung, hrsg. von Yvo Hangartner, St. Gallen 1986, 63 ff.

- *Wirtschaftsfreiheit* und begrenzte Staatsverantwortung. Grundzüge des Wirtschaftsverfassungs- und Wirtschaftsverwaltungsrechts, 2. Auflage, Bern 1991.

VAUCHER GIL, La clause de besoin en droit public suisse et genevois, Revue genevoise de droit public 1970, 145 ff.

VOGEL CHRISTIAN, Einschränkungen der Verwaltungsgerichtsbeschwerde an das Bundesgericht. Dargestellt an den Beispielen der Streitigkeiten über Konzessionsverleihungen und Bewilligungen öffentlich-rechtlicher Zuwendungen, Diss., Zürich 1973.

VOGEL KLAUS, Öffentliche Wirtschaftseinheiten in privater Hand, Hamburg 1959.

WAGNER BEATRICE, Das Verursacherprinzip im schweizerischen Umweltschutzrecht, ZSR 108/1989 II, 321 ff.

WAGNER THOMAS, Die Voraussetzungen der Zulassung zum Arztberuf und deren verfassungsrechtliche Grundlage, Diss., Zürich 1979.

WALTHER BEAT E., Die administrativen Rechtsnachteile im System der Verwaltungssanktionen des Bundes, Diss., Basel 1977.

WEBER ROLF H., *Wirtschaftsregulierung* in wettbewerbspolitischen Ausnahmebereichen, Habil. Zürich, Baden-Baden 1986.

- *Entwicklungen* im europäischen Telekommunikationsrecht und die Schweiz, SZIER 1992, 321 ff.

WEBER-DÜRLER BEATRICE, *Vertrauensschutz* im öffentlichen Recht, Habil. Zürich, Basel/Frankfurt a.M. 1983.

- Der *Grundsatz* des entschädigungslosen Polizeieingriffs, ZBl 85/1984, 289 ff.

- *Verwaltungsökonomie* und Praktikabilität im Rechtsstaat, ZBl 87/1986, 193 ff.

- *Chancengleichheit* und Rechtsgleichheit, in: FS für Ulrich Häfelin, Zürich 1989, 205 ff.

WELTERT HANS MARTIN, Die Organisations- und Handlungsformen in der schweizerischen Elektrizitätsversorgung, Diss. Basel, Zürich 1990.

WERRA RAPHAEL VON, Fragen zum Ablauf von Wasserrechtskonzessionen mit Heimfall unter besonderer Berücksichtigung der Verhältnisse im Kanton Wallis, ZBl 81/1980, 1 ff.

WETTSTEIN BENNO, Rückkauf und Heimfall im schweizerischen Wasserrecht, Diss., Zürich 1926.

WIDMER CHRISTIAN, Die Heimfallverzicht-Entschädigung im Wasserrecht, Diss. Zürich, Baden 1990.

WIDMER LUKAS, Das Legalitätsprinzip im Abgaberecht, Diss., Zürich 1988.

WIDMER-SCHLUMPF EVELINE, Voraussetzung der Konzession bei Radio und Fernsehen, Diss. Zürich, Basel 1991.

WIELAND JOACHIM, Die Konzessionsabgaben. Zur Belastung wirtschaftsverwaltungsrechtlicher Erlaubnisse mit Abgaben, Habil. Freiburg i. Br., Berlin 1991.

WIELAND OTTO, Die Wasserrechtsverleihung im Kanton Graubünden, Diss., Zürich 1939.

WIMMER NORBERT/MEDERER WOLFGANG, EG-Recht in Österreich. Konsequenzen eines EG-Beitritts in zentralen verfassungs- und wirtschaftsverwaltungsrechtlichen Bereichen, Wien 1990.

WIRTH THEOPHIL G., Apotheker und Apotheken im schweizerischen Recht, Diss., St.Gallen 1972.

WOLF RAINER, Zur Antiquiertheit des Rechts in der Risikogesellschaft, Leviathan 1987, 357 ff.

WOLFF HANS J./BACHOF OTTO, Verwaltungsrecht I, 9. Auflage, München 1974, Verwaltungsrecht III, 4. Auflage, München 1978.

WOLFFERS FELIX, Der Rechtsanwalt in der Schweiz. Seine Funktion und öffentlichrechtliche Stellung, Diss. Bern, Zürich 1986.

WÜTHRICH WERNER, Die kantonalen Volksrechte im Aargau, Diss., St.Gallen 1990.

ZÄCH ROGER, Das Privatrecht in veränderter Umwelt – Anregungen zum Umdenken, ZSR 105/1986 I, 3 ff.

ZENGER CHRISTOPH A., Die Bedeutung der Freiheit wirtschaftlicher Entfaltung für eine freie Berufswahl, Diss., Bern 1984.

ZIMMERLI ULRICH, Der Grundsatz der *Verhältnismässigkeit* im öffentlichen Recht, ZSR 97/1978 II, 1 ff.

- Die Baubewilligung: *Ausnahmebewilligung* als Regelfall?, Baurechtstagung 1983, Tagungsunterlage 7, 28 ff.

- Die Baubewilligung: *Bedingung* und Auflage – Sinn und Unsinn, Seminar für schweizerisches Baurecht, Baurechtstagung 1983, Tagungsunterlage 6, 2 ff.

ZURBRÜGG HENRI, Aspects juridiques du régime des eaux en Suisse, ZSR 84/1965 II, 201 ff.

ZÜRCHER BEAT, Das Taxigewerbe aus verwaltungsrechtlicher Sicht, Diss., Zürich 1978.

ZWAHLEN HENRI, Le contrat de droit administratif, ZSR 77/1958 II, 461a ff.

Verzeichnis der Abkürzungen und Erlasse

a.A.	anderer Ansicht
Abs.	Absatz
AFG	Bundesgesetz über die Anlagefonds vom 1. Juli 1966 (SR 951.31)
AGVE	Aargauische Gerichts- und Verwaltungsentscheide
AJP	Aktuelle Juristische Praxis
alt GschG	Bundesgesetz über den Schutz der Gewässer gegen Verunreinigung (Gewässerschutzgesetz) vom 8. Oktober 1971 (AS 1972, 520; ersetzt durch GschG)
ALV	Verordnung über wirtschaftliche Bestimmungen des Landwirtschaftsgesetzes (Allgemeine Landwirtschaft-Verordnung) vom 21. Dezember 1953 (SR 916.01)
Anm.	Anmerkung/Anmerkungen
ArG	Bundesgesetz über die Arbeit in Industrie, Gewerbe und Handel (Arbeitsgesetz) vom 13. März 1964 (SR 822.11)
Art.	Artikel
AS	Amtliche Sammlung des Bundesrechts
AtG	Bundesgesetz über die friedliche Verwendung der Atomenergie und den Strahlenschutz (Atomgesetz; AtG) vom 23. Dezember 1959 (SR 732.0)
Aufl.	Auflage
Automobilkonzessionsverordnung	Vollziehungsverordnung II zum Bundesgesetz betreffend den Postverkehr (Automobilkonzessionsverordnung) vom 4. Januar 1960 (SR 744.11)
AVG	Bundesgesetz über die Arbeitsvermittlung und den Personalverleih (Arbeitsvermittlungsgesetz; AVG) vom 6. Oktober 1989 (SR 823.11)
AVV	Verordnung über die Arbeitsvermittlung und den Personalverleih (Arbeitsvermittlungsverordnung; AVV) vom 16. Januar 1991 (SR 823.111)
BankG	Bundesgesetz über die Banken und Sparkassen vom 8. November 1934 (SR 952.0)
BankV	Verordnung über die Banken und Sparkassen (Bankenverordnung) vom 17. Mai 1972 (SR 952.02)
BB	Bundesbeschluss
BB über die GGF	Bundesbeschluss über die Schweizerische Genossenschaft für Getreide und Futtermittel vom 5. Oktober 1984 (SR 916.112.218)
BB zum AtG	Bundesbeschluss zum Atomgesetz vom 6. Oktober 1978 (SR 732.01)
BBl	Bundesblatt der Schweizerischen Eidgenossenschaft
Bd.	Band/Bände
BEZ	Baurechtsentscheide des Kantons Zürich

XXXIX

BG	Bundesgesetz
BG über die Binnenschiffahrt	Bundesgesetz über die Binnenschiffahrt vom 3. Oktober 1975 (SR 747.201)
BGE	Entscheidungen des Schweizerischen Bundesgerichts (Amtliche Sammlung)
BGer	Bundesgericht
BJM	Basler Juristische Mitteilungen
BR	Baurecht
BtG	Beamtengesetz (BtG) vom 30. Juni 1927 (SR 172.221.10)
BV	Bundesverfassung der Schweizerischen Eidgenossenschaft vom 29. Mai 1874 (SR 101)
BVerfGE	Entscheidungen des Bundesverfassungsgerichtes (der Bundesrepublik Deutschland)
BVR	Bernische Verwaltungsrechtsprechung (Nachfolgerin von MBVR)
DISP	Dokumente und Informationen zur Schweizerischen Orts-, Regional- und Landesplanung, ORL-Institut, ETH Zürich
Diss.	Dissertation
DÖV	Die öffentliche Verwaltung
E.	Erwägung
EBG	Eisenbahngesetz vom 20. Dezember 1957 (SR 742.101)
EFK	Bundesgesetz über die Eidgenössische Finanzkontrolle vom 28. Juni 1967 (SR 614.0)
EG	Europäische Gemeinschaften
EGV-SZ	Entscheide der Gerichts- und Verwaltungsbehörden des Kantons Schwyz
EHG	Bundesgesetz betreffend die Haftpflicht der Eisenbahn- und Dampfschiffahrtsunternehmungen und der Post (SR 221.112.742)
ELG	Bundesgesetz betreffend die elektrischen Schwach- und Starkstromanlagen vom 24. Juni 1902 (SR 734.0)
EMRK	Konvention zum Schutze der Menschenrechte und Grundfreiheiten vom 4. November 1950 (SR 0.101)
ENB	Bundesratsbeschluss für eine sparsame und rationelle Energienutzung (Energienutzungsbeschluss; ENB) vom 14. Dezember 1990 (SR 730.0)
EntG	Bundesgesetz über die Enteignung vom 20. Juni 1930 (SR 711)
Erdölkonkordat	Konkordat betreffend die Schürfung und Ausbeutung von Erdöl vom 24. September 1955 (SR 931.1)
EU	Europäische Union
EuGH	Europäischer Gerichtshof
EuGRZ	Europäische Grundrechte-Zeitschrift
EuZW	Europäische Zeitschrift für Wirtschaftsrecht
EV	Verordnung über den Eiermarkt und die Eierversorgung (Eierverordnung; EV) vom 15. August 1990 (SR 916.371)
EWG	Europäische Wirtschaftsgemeinschaft

XL

EWGV	Vertrag zur Gründung der Europäischen Wirtschaftsgemeinschaft vom 25. März 1957
f./ff.	folgend(e)
FG	Festgabe
Filmgesetz	Bundesgesetz über das Filmwesen (Filmgesetz) vom 28. September 1962 (SR 443.1)
Filmverordnung	Filmverordnung vom 24. Juni 1992 (SR 443.11)
Fischereigesetz	Bundesgesetz über die Fischerei vom 21. Juni 1991 (SR 923.0)
FMG	Fernmeldegesetz (FMG) vom 21. Juni 1991 (SR 784.10)
Fn.	Fussnote/Fussnoten
FS	Festschrift
Gebührenverordnung BAV	Verordnung über die Gebühren im Aufgabenbereich des Bundesamtes für Verkehr (Gebührenverordnung BAV) vom 1. Juli 1987 (SR 742.102)
GG	Grundgesetz für die Bundesrepublik Deutschland vom 23. Mai 1949
GGF	Schweizerische Genossenschaft für Getreide und Futtermittel
Giftgesetz	Bundesgesetz über den Verkehr mit Giften vom 21. März 1969 (SR 814.80)
gl. A. /gl. M.	gleicher Ansicht / gleicher Meinung
GS	kantonale Gesetzessammlung
GschG	Bundesgesetz über den Schutz der Gewässer (Gewässerschutzgesetz; GschG) vom 24. Januar 1991 (SR 814.20)
Habil.	Habilitationsschrift
HGF	Handels- und Gewerbefreiheit
h.L.	herrschende Lehre
Höchstbestands- verordnung	Verordnung über die Höchstbestände in der Fleisch- und Eierproduktion (Höchstbestandsverordnung) vom 13. April 1988 (SR 916.344)
Hrsg.	Herausgeber
hrsg.	herausgegeben von
JG	Bundesgesetz über die Jagd und den Schutz wildlebender Säugetiere und Vögel (Jagdgesetz; JSG) vom 20. Juni 1986 (SR 922.0)
JuS	Juristische Schulung
JZ	Juristenzeitung
KHG	Kernergiehaftpflichtgesetz (KHG) vom 18. März 1983 (SR 732.44)
KV	Kantonsverfassung
LFG	Bundesgesetz über die Luftfahrt (Luftfahrtsgesetz; LFG) vom 21. Dezember 1948 (SR 748.0)
LFV	Verordnung über die Luftfahrt (Luftfahrtverordnung; LFV) vom 14. November 1973 (SR 748.01)
LGVE	Luzerner Gerichts- und Verwaltungsentscheide
lit.	litera

XLI

LKV	Verordnung über die Konzessionierung von Luftseilbahnen (Luftseilbahnkonzessionsverordnung) vom 8. November 1978 (SR 743.11)
LwG	Bundesgesetz über die Förderung der Landwirtschaft und die Erhaltung des Bauernstandes (Landwirtschaftsgesetz) vom 3. Oktober 1951 (SR 910.1)
MBVR	Monatsschrift für bernisches Verwaltungsrecht und Notariatswesen
m.E.	meines Erachtens
Milchbeschluss	Beschluss der Bundesversammlung über Milch, Milchprodukte und Speisefette (Milchbeschluss) vom 29. September 1953 (SR 916.350)
MO	Bundesgesetz über die Militärorganisation (Militärorganisation; MO) vom 12. April 1907 (SR 510.10)
MWB 1988	Milchwirtschaftsbeschluss 1988 (MWB 1988) vom 16. Dezember 1988 (SR 916.350.1)
m.w.H.	mit weiteren Hinweisen
N	Note/Noten
NBG	Nationalbankgesetz (NBG) vom 23. Dezember 1953 (SR 951.11)
NSG	Bundesgesetz über die Nationalstrassen vom 8. März 1960 (SR 725.11)
OG	Bundesgesetz über die Organisation der Bundesrechtspflege vom 16. Dezember 1943 (SR 173.110)
OGer	Obergericht
OR	Bundesgesetz vom 30. März 1911 betreffend die Ergänzung des Schweizerischen Zivilgesetzbuches (SR 220)
PBG	(Zürcher) Gesetz über die Raumplanung und das öffentliche Baurecht (Planungs- und Baugesetz) vom 7. September 1975 (GS 700.1)
Pra	Die Praxis des Bundesgerichts
PVG	Praxis des Verwaltungsgerichts des Kantons Graubünden
RB	Rechenschaftsbericht des Verwaltungsgerichts des Kantons Zürich an den Kantonsrat
RDAF	Revue de droit administratif et de droit fiscal et Revue genevoise de droit public
RJN	Recueil de Jurisprudence Neuchâteloise
RL	Richtlinie
RLG	Bundesgesetz über Rohrleitungsanlagen zur Beförderung flüssiger oder gasförmiger Brenn- und Treibstoffe (Rohrleitungsgesetz) vom 4. Oktober 1963 (SR 746.1)
RLV	Rohrleitungsverordnung vom 11. September 1968 (SR 746.11)
RPG	Bundesgesetzes über die Raumplanung (RPG) vom 22. Juni 1979 (SR 700)
RPV	Verordnung über die Raumplanung vom 26 März 1986 (SR 700.1)
RRat	Regierungsrat
RS	Aktenzeichen des Europäischen Gerichtshofs
RTVG	Bundesgesetz über Radio und Fernsehen (RTVG) vom 21. Juni 1991 (SR 784.40)

XLII

RTVV	Radio- und Fernsehverordnung (RTVV) vom 16. März 1992 (SR 784.401)
Schiffahrts-verordnung	Verordnung über die konzessions- und bewilligungspflichtige Schiffahrt vom 9. August 1972 (SR 747.211.1)
SchKG	Bundesgesetz über Schuldbetreibung und Konkurs vom 18. Dezember 1891 (SR 281.31)
SchVG	Bundesgesetz über die Direktversicherung mit Ausnahme der Lebensversicherung vom 20. März 1992 (Schadenversicherungsgesetz; SR 961.71)
SGGVP	St.Gallische Gerichts- und Verwaltungspraxis
SJIR	Schweizerisches Jahrbuch für internationales Recht (ab 1991 SZIER)
SJZ	Schweizerische Juristen-Zeitung
Slg	Sammlung der Entscheidungen des Europäischen Gerichtshofs
SR	Systematische Sammlung des Bundesrechts
StGB	Schweizerisches Strafgesetzbuch vom 21. Dezember 1937 (SR 311.0)
SuG	Bundesgesetz über Finanzhilfen und Abgeltungen (Subventionsgesetz; SuG) vom 5. Oktober 1990 (SR 616.1)
SV	Verordnung über den Schlachtviehmarkt und die Fleischversorgung (Schlachtviehverordnung; SV) vom 22. März 1989 (SR 916.341)
SVG	Strassenverkehrsgesetz (SVG) vom 19. Dezember 1958 (SR 741.01)
SZIER	Schweizerische Zeitschrift für internationales und europäisches Recht (bis 1990 SJIR)
Talsperren-verordnung	Vollziehungsverordnung zu Artikel 3bis des Bundesgesetzes betreffend die Wasserbaupolizei (Talsperrenverordnung) vom 9. Juli 1957 (SR 721.102)
TG	Bundesgesetz über den Transport im öffentlichen Verkehr (Transportgesetz; TG) vom 4. Oktober 1985 (SR 742.40)
Trolleybusgesetz	Bundesgesetz über die Trolleybusunternehmungen vom 29. März 1950 (SR 744.21)
Trolleybus-Verordnung	VV zum Trolleybusgesetz (Trolleybus-Verordnung) vom 6. Juli 1951 (SR 744.211)
TSchG	Tierschutzgesetz (TSchG) vom 9. März 1978 (SR 455)
TV	Verordnung über den Transport im öffentlichen Verkehr (Transportverordnung; TV) vom 5. November 1986 (SR 742.401)
UBI	Unabhängige Beschwerdeinstanz für Radio und Fernsehen
UeB	Übergangsbestimmungen
URP	Umweltrecht in der Praxis
USG	Bundesgesetz über den Umweltschutz (Umweltschutzgesetz; USG) vom 7. Oktober 1983 (SR 814.01)
V	Verordnung
VAG	Bundesgesetz betreffend die Aufsicht über die privaten Versicherungseinrichtungen (Versicherungsaufsichtsgesetz; VAG) vom 23. Juni 1978 (SR 961.01)
VG	Bundesgesetz über die Verantwortlichkeit des Bundes sowie seiner Behördemitglieder und Beamten vom 14. März 1958 (SR 170.32)

VGer	Verwaltungsgericht
VPB	Verwaltungspraxis der Bundesbehörden (bis 1963 Verwaltungsentscheide der Bundesbehörden; VEB)
VRG	(Zürcher) Gesetz über den Rechtsschutz in Verwaltungssachen (Verwaltungsrechtspflegegesetz; VRG) vom 24. Mai 1959 (GS 175.2)
VRV	Verkehrsregelnverordnung (VRV) vom 13. November 1962 (SR 741.11)
VStR	Bundesgesetz über das Verwaltungsstrafrecht vom 22. März 1974 (SR 313.0)
VVDStRL	Veröffentlichungen der Vereinigung der Deutschen Staatsrechtslehrer
VVG	Bundesgesetz über den Versicherungsvertrag vom 2. April 1908 (SR 221.229.1)
VwOG	Bundesgesetz über die Organisation und die Geschäftsführung des Bundesrates und der Bundesverwaltung (Verwaltungsorganisationsgesetz; VwOG) vom 19. September 1978 (SR 172.010)
VwVfG	Verwaltungsverfahrensgesetz vom 25. Mai 1976 (Bundesrepublik Deutschland)
VwVG	Bundesgesetz über das Verwaltungsverfahren vom 20. Dezember 1968 (SR 172.021)
VZV	Verordnung über die Zulassung von Personen und Fahrzeugen zum Strassenverkehr (VZV) vom 27. Oktober 1976 (SR 741.51)
WaG	Bundesgesetz über den Wald (Waldgesetz; WaG) vom 4. Oktober 1991 (SR 921.0)
Warenverkehrsverordnung	Verordnung über den Warenverkehr mit dem Ausland vom 7. März 1983 (SR 946.201.1)
WaV	Verordnung über den Wald (Waldverordnung; WaV) vom 30. November 1992 (SR 921.01)
Weinstatut	Verordnung über den Rebbau und den Absatz der Rebbauerzeugnisse vom 23. Dezember 1971 (SR 916.140)
WRG	Bundesgesetz über die Nutzbarmachung der Wasserkräfte vom 22. Dezember 1916 (SR 721.80)
WuR	Wirtschaft und Recht
z.B./Z.B.	zum Beispiel
ZBGR	Schweizerische Zeitschrift für Beurkundungs- und Grundbuchrecht
ZBJV	Zeitschrift des Bernischen Juristenvereins
ZBl	Schweizerisches Zentralblatt für Staats- und Verwaltungsrecht (bis 1988 Schweizerisches Zentralblatt für Staats- und Gemeindeverwaltung)
ZGB	Schweizerisches Zivilgesetzbuch vom 10. Dezember 1907 (SR 210)
Ziff.	Ziffer/Ziffern
ZSG	Bundesgesetz über den Zivilschutz (Zivilschutzgesetz) vom 23. März 1962 (SR 520.1)
ZSR	Zeitschrift für Schweizerisches Recht

§ 1 BEWILLIGUNG UND KONZESSION IM SYSTEM VERWALTUNGSRECHTLICHEN HANDELNS

I. EIN- UND ÜBERLEITUNG

1. Die Bemühungen, Bewilligung und Konzession als Möglichkeiten verwaltungsrechtlichen Handelns erklärbar zu machen, sie im Rahmen des verwaltungsrechtlichen Handlungsinstrumentariums systematisch zu erfassen, einzuordnen, begrifflich zu gliedern und mit Inhalt anzureichern, kurz, sie in einem widerspruchsfreien Gedankengebäude unterzubringen, sind so alt wie das moderne(re) Verwaltungsrecht selbst. Beginnend mit OTTO MAYERS Verwaltungsrechtswerken baut ihre Systematisierung auf dem *Gegensatz* von Bewilligung und Konzession und der sie begleitenden Rechtswirkungen auf. Dieser systematische Erklärungsansatz bildet *eine der Konstanten* der Verwaltungsrechtsentwicklung und ist nur vor deren Hintergrund verständlich. Andererseits muss es erstaunen, dass Bewilligungen und Konzessionen als Regelungsformen des sozialen Zusammenlebens auf eine mehrere Jahrhunderte alte Wirksamkeit zurückblicken können; eine Tradition, welche die Entwicklung vom Lehenswesen über den absolutistischen Staat bis hin zum freiheitlich-sozialen Rechtsstaat begleitete und alle Wirtschaftsformen überdauerte[1]. Bewilligung und Konzession sind wohl das beste Beispiel für OTTO MAYERS - oft missverstandene - Feststellung «Verfassungsrecht vergeht, Verwaltungsrecht besteht»[2]. In dieser Anpassungsfähigkeit erkennt man die *zweite Konstante*. Die *dritte Konstante* ist ihre Variationsfähigkeit. Bewilligung und Konzession haben - in Ergänzung und Überschneidung - im Lauf ihrer Entwicklung die unterschiedlichsten sozialen Regelungsaufgaben übernommen.

2. Die Anpassungs- und Variationsfähigkeiten von Bewilligung und Konzession vertragen sich nur bedingt mit dem Hang des Verwaltungsjuristen zur strengen Begrifflichkeit[3] und einer möglichst widerspruchslosen Systematik. Dessen Flucht in den sicheren «Hafen der Begriffsjurisprudenz» ist angesichts des eruptiven Entstehens des modernen Verwaltungsrechts und seiner raschen Entwicklung verständlich. Doch hat die verwaltungsrechtliche Begriffsbildung über ihre historische Dimension hinaus eine bis heute spürbare Wirkkraft entfaltet und das juristische Denken beeinflusst, und zwar in einer Art und Weise, welche die Rezeption verfassungsrechtlicher, gesetzlicher, politischer, wirtschaftlicher und sozialer Veränderungen in die dogmatische Gedankenwelt nur noch bedingt erlaubt[4].

---

1 J. Wieland, 19; Schweickhardt, 17 ff. sowie nachfolgend zur geschichtlichen Entwicklung N 26.
2 Vgl. dazu Bachof, 204 f.
3 Die Kritik an der Begrifflichkeit der Verwaltungsrechtsdogmatik ist nicht neu, sondern wurde bereits von Zeitgenossen *Otto Mayers* geäussert. Vgl. dazu Spiegel, 219.
4 Hierzu ein Beispiel aus der neuesten bundesgerichtlichen Rechtsprechung (BGE 118 Ib 362, E. 4 b, Hervorhebung durch den Verfasser): «Der Schweizerischen Radio- und Fernsehgesellschaft ist mit der Konzession die Erfüllung einer öffentlichen Aufgabe übertragen worden (Öffentlicher

3. Nachfolgend soll das System der Erfassung von Bewilligung und Konzession in der schweizerischen Verwaltungsrechtslehre dargestellt werden. Betrachtungen über ihren Ursprung, die Stellung im verwaltungsrechtlichen Instrumentarium, die Klärung der Rechtsnatur und eine Auseinandersetzung mit ihren Alternativen sollen weitere Zusammenhänge aufdecken. Rechtsvergleichung soll aufzeigen, inwieweit die schweizerische Rechtsentwicklung singulär ist und welchen Einflüssen sie unterliegt. Auf der Grundlage der Ergebnisse werden der gemeinsame Kern und darauf aufbauend die Unterschiede der Zulassungsregelungen festgehalten. Dies erlaubt, den Ansatz zu einer vom Begrifflichen gelösten, an konkreten Querschnittsproblemen orientierten Ordnung auszuarbeiten. Die hierbei verfolgte Systematik beruht auf der Überzeugung, dass Bewilligung und Konzession Ausdruck eines in sich geschlossenen[5], übergreifenden und begrifflich nicht klar trennbaren Verwaltungsinstrumentariums sind. Die klare Aufteilung und Gliederung von Bewilligung und Konzession, wie sie wohl noch herrschender Ansicht entspricht, wird aufgegeben zugunsten einer Darstellung der gemeinsamen Strukturmerkmale (verfassungsrechtliche Rahmenbedingungen, Entstehung, Wirkung, Untergang und Beziehungen zu Dritten). Befreit von begrifflichen Fesseln wird der rechtliche Zugang zum *konkreten* Bewilligungs- oder Konzessionsverhältnis möglich, wie er angesichts der verfassungs- und verwaltungsrechtlichen Entwicklung der letzten 50 Jahre unumgänglich geworden ist.

4. Noch eine kurze Bemerkung zur *Terminologie*: Im Bewilligungs- und Konzessionsrecht herrscht eine undurchsichtige begriffliche Vielfalt, die jedoch zumeist mit historischen Namensgebungsgewohnheiten zusammenhängt. Es ist nicht das Anliegen dieser Arbeit, diese Vielfalt mit einer besonders originellen Neuschöpfung zu bereichern. Die Rücksicht entspringt auch dem Bewusstsein, dass das Verwaltungsrecht nur sehr widerwillig neue Begriffe akzeptiert. Ich verwende deshalb in der Regel die traditionellen Benennungen, wie Polizeibewilligung, Ausnahmebewilligung, Monopol- oder Regalkonzession[6]. Zudem greife ich auf synonyme Ausdrücke, wo sich diese als geläufig eingebürgert haben. Das Rechtsanwalts- oder Gastwirtschaftspatent sind Beispiele hierfür; dagegen lässt sich die Baubewilligung nicht durch ein Baupatent ersetzen. Nach Möglichkeit sehe ich davon ab, die «Erlaubnis» als Synonym für die Bewilligung zu gebrauchen, da das schweizerische Verwaltungsrecht im Unterschied zum deutschen den Begriff der «Bewilligung» in einem weiteren Um-

---

Dienst). Für die Werbung an Radio und Fernsehen ergeben sich *hieraus* im öffentlichen Interesse Schranken: Sie kann sowohl verboten wie zeitlich und inhaltlich beschränkt werden.» Der Vollständigkeit halber ist anzufügen, dass im vorliegenden Fall noch keine gesetzliche Grundlage für das Werbeverbot oder eine Werbebeschränkung bestand. Vgl. dazu auch Dumermuth, 16 m.w.H.

5   Der Blick auf weitere Formen des Verwaltungshandelns zeigt, dass letztlich auch Bewilligung und Konzession nur Teil eines noch umfassenderen Aufsichts-, Lenkungs- und Kontrollmechanismus sind. Vgl. dazu nachfolgend N 45.

6   Zur Konzession öffentlicher Dienste vgl. nachfolgend N 19 und N 54.

fang verwendet. Beziehen sich jedoch meine Ausführungen allgemein auf alle (oder einen Grossteil der) Bewilligungs- und Konzessionsarten, so habe ich mich im Verlauf der Arbeit für den neutralen, der deutsch-schweizerischen wie auch der übrigen deutschsprachigen Verwaltungspraxis geläufigen Begriff der *Zulassung* entschieden.

II. BEWILLIGUNG UND KONZESSION IN DER SCHWEIZERISCHEN VERWALTUNGSRECHTSDOGMATIK

A. DIE LEHRE VON OTTO MAYER UND FRITZ FLEINER

5. Als Väter der «deutschen» Verwaltungsrechtslehre haben OTTO MAYER und ihm folgend FRITZ FLEINER auch massgeblich Einfluss auf die Entstehung einer modernen schweizerischen Verwaltungsrechtsdogmatik und die höchstrichterliche Rechtsprechung[7] ausgeübt. Nicht zu Unrecht wird darauf hingewiesen, dass ihre Arbeiten eine dem Privatrecht vergleichbare verwaltungsrechtliche Kodifikation entbehrlich gemacht haben[8].

6. OTTO MAYER hat in der 1. Auflage seines Deutschen Verwaltungsrechts den Begriff der Erlaubnis als *«Polizeiverbot mit Erlaubnisvorbehalt»* eingeführt, und zwar im Sinn einer Ausnahme vom Verbot[9]. Diese Rechtsfigur hatte er bereits in seiner neun Jahre früher erschienenen Darstellung des französischen Verwaltungsrechts vorgestellt[10] und konnte die dabei gewonnenen wesentlichsten Erkenntnisse auf das deutsche Recht übertragen[11]. Sinn des Erlaubnisvorbehalts war die Schaffung einer Überwachungsmassnahme. War die Erteilungsbehörde in ihrem Ermessen gebunden, so galt der Anspruch auf Erteilung als subjektives öffentliches Recht[12]. Dagegen hat er dem erlaubten Zustand zwar eine gewisse rechtliche «Gesicherheit gegenüber der öffentlichen Gewalt», aber nicht mehr die Qualität eines subjektiven Rechts zugestanden[13]. Klassisch geworden ist seine Feststellung, die Erlaubnis bedeute nur die Wiederherstellung der Freiheit und habe keinen eigenen Inhalt. Im Anschluss an die Rechtswirkungen baut MAYER das Gebäude der Erlaubnis auf, indem er personen- und sachbezogene sowie gemischte Erlaubnisse unterscheidet, die Nebenbestimmungen darlegt und deren Beendigung erläutert. In diesem Zusammenhang findet sich eine weitere Schlüsselstelle: Die Lehre von der Aufhebbarkeit

---

7   Sillig, 8 f. Meines Wissens findet sich – im Zusammenhang mit dem Thema – der letzte Hinweis auf *Fritz Fleiner* im Entscheid des Bundesgerichts vom 30. März 1984, ZBl 87/1986, 371.
8   Kölz (Herkunft), 611 f.
9   Bd. 1, 287.
10 Theorie des französischen Verwaltungsrechts, Strassburg 1886, 168.
11 Spiegel, 216; Löwer, 201.
12 Bd. 1, 113 und 290.
13 Bd. 1, 292.

der Erlaubnis, die auf der fehlenden Rechtssubjektivität aufbaut. Allerdings vermeidet es MAYER, den Widerruf als «frei» zu bezeichnen[14]. Die Rücknahme ist seinem System nach vielmehr eingeschränkt, wenn die Erlaubnis durch Urteil erteilt wurde, das Gesetz die Aufhebung ausschliesst, die gesetzlichen Gründe für die Erteilung weiterhin erfüllt sind oder die erlaubte Tätigkeit «ins Werk gesetzt» wurde[15].

7. Für sein System des öffentlichen Sachenrechts unterscheidet MAYER die Gebrauchserlaubnis von der Verleihung. Die *Gebrauchserlaubnis* rechnet er dem Grundsatz nach zu den Formen der Nutzung öffentlicher Anstalten[16], auch wenn er Berührungspunkte zur polizeilichen Erlaubnis (Polizei der öffentlichen Sache) erkennt[17]. Die Gebrauchserlaubnis begründet keine neuen Rechte und die Behörde ist in ihrem Entscheid über Erteilung oder Versagung frei[18]; im übrigen bietet sie keinen Bestandesschutz[19]. Anders als die polizeiliche Erlaubnis ist das Verbot, von dem die Gebrauchserlaubnis befreit, auch ohne gesetzliche Grundlage gestattet[20].

8. Im Anschluss an die Gebrauchserlaubnis behandelt MAYER die *Verleihung besonderer Nutzungen*, die er auch Konzession nennt. Für ihn ist der Begriff zwingend damit verbunden, dass durch den Rechtsakt «dem Unterthanen (...) rechtliche Macht gegeben werden soll über die öffentliche Verwaltung», von der ihm «ein Stück von ihr (...) ausgeliefert und in eigenen Besitz» übertragen wird[21]. Als Beispiele nennt er die Verleihung eines öffentlichen Unternehmens wie Eisenbahnen, Chaussee-, Brücken- und Fährenkonzessionen[22] wie auch allgemein das besondere Nutzungsrecht an einer öffentlichen Sache. Allerdings entfernt sich MAYER auch vom rein Begrifflichen, wenn er als Grund für die Unterscheidung der Gebrauchserlaubnis von der Nutzungskonzession das Bedürfnis nach Investitionsschutz nennt. Obschon die Verleihungsbehörde bei der Konzessionserteilung frei sein soll, anerkennt MAYER einen Anspruch auf Erteilung, wo diese nach Gleichheitskriterien (anstaltsmässig) geordnet ist und der Vorrat ausreicht[23]. Er schliesst auch nicht aus, dass das Gesetz einen Erteilungsanspruch vorsieht. Der Konzession spricht er die Wirkung eines subjektiven öffentlichen Rechts zu, dessen Inhalt «der Besitz des durch die Verleihung bestimmten Stückes der öffentlichen Sache» ist[24]. Die

---

14 Vgl. Bd. 1, 302, Fn. 24.
15 Bd. 1, 302 f.
16 Bd. 2, 139 f.
17 Bd. 2, 144.
18 Bd. 2, 142.
19 Bd. 2, 143.
20 Bd. 2, 144.
21 Bd. 2, 147.
22 Vgl. dazu die unmittelbar nachfolgenden Ausführungen.
23 Als Beispiele nennt er Grabkonzessionen und Kirchstühle. Vgl. Bd. 2, 152.
24 Bd. 2, 153.

II. Bewilligung und Konzession in der schweizerischen Verwaltungsrechtsdogmatik

Nutzungskonzession ist gegen Entschädigung widerrufbar, falls es «wichtigere(n) Verwendungen der öffentlichen Sache», vor allem der Verkehr, nahelegen[25].

9. Eine besondere Stellung kommt der *«Verleihung öffentlicher Unternehmen»* zu. Auch hier geht es MAYER um die rechtliche Macht über ein Stück staatlicher Verwaltung, aber nicht um die Nutzung einer öffentlichen Sache, sondern die Ausübung einer gewissen Tätigkeit. Gleich wie die Sachnutzung erfolgt die Tätigkeit «im eigenen Namen des Beliehenen und für eigene Rechnung»[26]. Im Unterschied zur Gewerbeerlaubnis ist die betroffene Tätigkeit nicht schon in der natürlichen Freiheit enthalten, sondern ist ein vom Staat abgeleitetes Stück öffentlicher Verwaltung[27]. Hier liegt das für die zukünftige Entwicklung Entscheidende: Anders als die Gewerbeerlaubnis ist die Verleihung grundrechtlichen Anliegen verschlossen[28].

MAYER nennt verschiedene Motive für die Entstehung einer Verleihung. Sie kann darauf beruhen, dass der Staat ein Unternehmen gründet und es hernach Privaten überlässt, wie etwa die Reichsbank. Es ist auch möglich, dass die Tätigkeit eine Zwangsgewalt gegenüber Dritten bedingt, wie etwa bei Entwässerungsunternehmen. Den wichtigsten Fall sieht er dagegen in den faktischen, auf der Strassen- und Weghoheit beruhenden Verkehrsmonopolen[29], namentlich der öffentlichen Eisenbahn. Überhaupt entwickelt MAYER seine Theorie von den konzessionierten öffentlichen Unternehmen anhand der Eisenbahnkonzession, unter anderem am Beispiel des in der schweizerischen Lehre geführten Disputs über ihre Rechtsnatur[30]. Weniger deutlich geht aus seiner Darstellung hervor, dass er sich an der französischen Figur der «concession de service public» orientierte[31]. Obschon der «service public» kein Gegenstück im deutschen Recht hatte und seine Rezeption auch nicht MAYERS Zeitgenossen entging[32], konnte dies die Übernahme von MAYERS Gedankengerüst vorderhand nicht beeinträchtigen[33].

10. FRITZ FLEINER hat die Systematik MAYERS im wesentlichen übernommen, auch wenn er, bedingt durch die veränderten konstitutionellen Umstände, teilweise andere Gewichtungen vorgenommen hat. Unverändert beibehalten hat er die Trennung von Konzession und Polizeierlaubnis. Ebenso hielt er fest an der umstrittenen

---

25 Bd. 2, 158 f.
26 Bd. 2, 294.
27 Bd. 2, 295.
28 Löwer, 202.
29 Bd. 2, 296 f. und 299 f.
30 Vgl. dazu Bd. 2, 295 Fn. 1 und 303 Fn. 13, ferner nachfolgend N 48.
31 J. Wieland, 91 f.
32 Spiegel, 216 Fn. 102.
33 Zur nachfolgenden Rechtsentwicklung in Deutschland vgl. N 64.

Feststellung, die Erlaubnis verleihe dem Bürger kein neues Recht[34]. Bei der Verleihung öffentlicher Unternehmungen stellt FLEINER stärker als MAYER auf die Anknüpfung an die Monopole ab, wobei er die bis heute gebräuchliche Differenzierung zwischen faktischen und rechtlichen Monopolen vornimmt. Jedoch führt auch für ihn der Konzessionär «ein Stück öffentlicher Verwaltung», was er ebenfalls durch Hinweise auf den schweizerischen Eisenbahndisput untermauert[35].

11. OTTO MAYERS und FRITZ FLEINERS Argumentationsmuster wurden praktisch durch die gesamte nachfolgende schweizerische Verwaltungsrechtslehre[36] (GIACOMETTI, RUCK UND SCHWARZENBACH[37]) in ihren Grundlagen übernommen[38] (Trennung von Erlaubnis und Konzession, subjektives Recht, Ermessen, Anspruch auf Erteilung, Lehren über die Beständigkeit von Verwaltungsakten und von der Übertragung einer öffentlichen Aufgabe); sie wurden in neuerer Zeit im Blick auf die schweizerische Verwaltungspraxis modifiziert[39]. Die Zunahme der Zulassungsarten, die Vielfältigkeit des schweizerischen Monopol- und Regalsystems und die zunehmende Durchdringung des Verwaltungsrechts mit Grundrechten zwangen die neuere Lehre zu weiteren Differenzierungen. In der neueren Doktrin wird allgemein zwischen polizeilichen, sozialpolitischen, wirtschaftspolitischen, aufsichtsrechtlichen und Ausnahmebewilligungen unterschieden. Die wirtschaftspolitische Bewilligung ihrerseits erscheint auch als Kontingent oder wird häufig mit der Bedürfnisklausel kombiniert. Konzessionen werden in Monopol- oder Regalkonzession aufgeteilt, wobei man hier noch weiter nach den Gründen oder der Art der Monopolisierung aufgliedert in: fiskalische, sozialpolitische, polizeiliche und historisch-grundherrliche Monopole. Teilweise verbreitet ist der Begriff der Aufsichtskonzession, geläufiger dagegen derjenige der Konzession der öffentlichen Dienste oder – nach der welschen Terminologie – der «concession de service public». Gewöhnlich in den Zusammenhang mit dem öffentlichen Sachenrecht gestellt wird die Nutzung öffentlichen Grundes, die in den Formen der Bewilligung zum gesteigerten Gemeingebrauch und Sondernutzungskonzession zugelassen wird.

---

34 Fleiner (Institutionen), 346 und 410.
35 Fleiner (Institutionen), 348 Fn. 26.
36 Anders Liver (Wasserrecht), 337.
37 An Schwarzenbach lehnt sich Weber (Wirtschaftsregulierung), 211 ff. an. Er untersucht die Bewilligung und Konzession jedoch einzig unter dem Blickwinkel der Marktzutrittsregelung, weshalb er sich auch mehr den Folgen der instrumentalen Ausgestaltung, denn den dogmatischen Unterschieden und Gemeinsamkeiten widmet.
38 Giacometti (Grenzziehung), 22; Ruck (Verwaltungsrecht), Bd. 1, 70 ff.; Giacometti (Lehren), 351 f. Bereits differenzierender Ernst Blumenstein, Das Recht der Verwaltungstätigkeit im Grundriss, posthum Bern 1969, 33 ff. und Grisel (Droit), 195 f. und 143 f. Als typischen Vertreter der aufgliedernden Methode kann man Schwarzenbach-Hanhart (Grundriss), 174 ff. aufführen, der u.a. mit den Begriffen des Rechtsanspruchs und der Begründung neuer Rechte operiert.
39 Vgl. dazu N 13.

B. DIE NEUERE SCHWEIZERISCHE DOKTRIN

12. Wie der nachfolgende Überblick zeigt, hat sich auch der Grossteil der *neueren schweizerischen Doktrin* nicht entscheidend von der aufgliedernden Methode der frühen Verwaltungsrechtslehre entfernt. Sie ruht – von einzelnen Ausnahmen abgesehen – immer noch auf der Grundlage der Unterscheidung von Konzession und Bewilligung. Gleichzeitig versucht sie, neue Erscheinungen möglichst naht- und widerspruchslos ins vorhandene Gefüge einzubauen und erklärbar zu machen. Selbst in den meisten Darstellungen des «allgemeinen Verwaltungsrechts» fehlt der Einbezug der Bewilligung und Konzession in ein umfassenderes System des verwaltungsrechtlichen Handlungsinstrumentariums. Weit geläufiger ist es, Bewilligung und Konzession im Zusammenhang mit einer besonderen und scheinbar in sich geschlossenen Verwaltungstätigkeit, wie Polizei, Wirtschaftspolitik, Zusammenarbeit Staat – Private und Verwaltung öffentlichen Grundes, zu erörtern. Das verhindert eine übergreifendere Gesamtschau.

13. Die «Schweizerische Verwaltungsrechtsprechung» von MAX IMBODEN und RENÉ A. RHINOW[40] widmet sich in verschiedenen Zusammenhängen der Bewilligung und Konzession. In Anbetracht des an der Verwaltungsrechtsprechung angelehnten Aufbaus des Werkes entwickeln die Verfasser kein umfassendes System der Zulassungsinstrumente. Trotzdem gelingt ihnen eine konzise und in sich abgerundete Darstellung der einzelnen Zulassungsarten. Die Ausnahmebewilligung wie auch die polizeiliche Erlaubnis werden einleitend dadurch gekennzeichnet, dass sie «im Unterschied zur echten Konzession» keine neuen, insbesondere keine «wohlerworbenen» Rechte begründen[41]. Die Ausnahmebewilligung gilt als Verbot mit Erlaubnisvorbehalt[42], wogegen der feststellende Charakter der Polizeierlaubnis betont wird. Konzessionen werden kurz im Zusammenhang mit dem polizeilichen Monopol und der Sondernutzung gestreift. Eine eingehendere Behandlung wird der gemischt verfügungs- und vertragsrechtlichen Natur der Konzession zuteil[43]. Den Konzessionsverträgen werden die Sondernutzungskonzession, die Monopolkonzession und die Konzession des öffentlichen Dienstes zugerechnet. Für letztere wird – in offensichtlicher Anlehnung an das französische Verwaltungsrecht[44] – zum ersten Mal in der deutschschweizerischen Literatur ein ganzes Rechtssystem aufgebaut, das auf den Merkmalen der öffentlichrechtlichen Ordnung, Bindung an öffentlichrecht-

---

40 Die Ausführungen gelten grundsätzlich auch für den Nachtragsband von *René A. Rhinow* und *Beat Krähenmann*.
41 Nrn. 37 B I und 132 B I.
42 Die Anlehnung an die deutsche Terminologie ist offenbar falsch, da diese die Ausnahmebewilligung als (repressives) Verbot mit Befreiungsvorbehalt bezeichnet. Vgl. dazu statt vieler J. Wieland, 117 f.
43 Nr. 46 B IV a.
44 Vgl. schon Imboden (Vertrag), 20a ff.

liche Grundsätze, Staatsaufsicht, Gleichbehandlung aller Bürger und Entziehbarkeit der Konzession aufbaut[45].

14. Systematischer ist der Zugang von THOMAS FLEINER-GERSTER: In seiner Darstellung über die «Grundzüge des allgemeinen und schweizerischen Verwaltungsrechts» widmet er sich im Zusammenhang mit den Verfügungsarten den «Bewilligungen», zu denen er sowohl Polizeibewilligung als auch Ausnahmebewilligung, wirtschaftspolitische Bewilligung und Konzession rechnet. Polizeibewilligungen gehören für ihn zu den feststellenden; dagegen rechnet er Verfügungen, mit denen einzelne staatliche Rechte übertragen werden, zu den Konzessionen[46]. Einen weiteren Unterschied erblickt er in der Ermessensfreiheit der zulassenden Behörde, die bei der Konzessionserteilung weiter gehen soll. Die Ausnahmebewilligung wird im Vergleich zur Polizeibewilligung durch die Vergrösserung der Ermessensfreiheit und ihren gestaltenden Charakter gekennzeichnet. Unverkennbar bleibt jedoch, dass sich die Ausnahmebewilligung auf gewissen Gebieten der Polizeibewilligung nähern kann, wenn verfassungsrechtliche Gebote das Ermessen einschränken. Bei wirtschaftspolitischen Bewilligungen sollen nicht das Interesse des Gesuchstellers, sondern die öffentlichen Interessen im Vordergrund stehen[47]. In nicht ganz widerspruchsfreier Art und Weise sieht FLEINER-GERSTER den Unterschied zu den beiden anderen Bewilligungsarten darin, dass nicht «Interessen der Allgemeinheit» geschützt werden, sondern allein ein Wirtschaftszweig vor zerstörerischer Konkurrenz. Weiter stellt er für die wirtschaftspolitische Bewilligung eine fortlaufende Ausweitung des Erteilungsermessens fest. Die Konzession hat eine rechts- und pflichtenübertragende Seite. Sie verleiht dem Konzessionär ein wohlerworbenes Recht, ist mit dem staatlichen Monopolbereich verbunden, und ihre Erteilung steht im Ermessen der Behörde. Allerdings nennt FLEINER-GERSTER auch Beispiele von Konzessionen, auf deren Erteilung ein gesetzlicher Anspruch besteht[48].

15. In LEO SCHÜRMANNS weitgehend sektoriell aufgebautem «Wirtschaftsverwaltungsrecht» fehlt eine dogmatische Darstellung des Bewilligungs- und Konzessionsrechts. Trotzdem finden sich einige Bemerkungen, die darauf hindeuten, dass der Verfasser abseits begrifflicher Dogmatik fliessende Übergänge zwischen Bewilligungs- und Konzessionverhältnissen anerkennt. So erkennt er in der Verknüpfung der ursprünglich polizeilich motivierten atomrechtlichen Bewilligung mit einer Bedürfnisklausel den Übergang zu einem «energie- und wirtschaftspolitischen Bewilligungssystem (...), das der Konzessionierung sehr nahe kommt»[49]. Die Rohrleitungs-

---

45 Nr. 157 B.
46 § 22 N 3.
47 § 22 N 22.
48 Rundfunkempfangskonzession und Rohrleitungskonzession.
49 S. 69.

II. Bewilligung und Konzession in der schweizerischen Verwaltungsrechtsdogmatik

konzession bezeichnet er umgekehrt als Bewilligung, die aufgrund von «Bedürfnisklauseln auch wirtschaftspolitischer Art» erteilt wird[50]. Das durch eine wirtschaftspolitische Bewilligung gestaltete Rechtsverhältnis wiederum rückt in die Nähe des verwaltungsrechtlichen Vertrages[51].

16. In Anlehnung an die deutsche Terminologie bettet FRITZ GYGI die Bewilligung in seinem «Wirtschaftsverfassungsrecht» in das verwaltungsrechtliche System von Verbots- und Zulassungsvorschriften[52]. Kurz gestreift werden auch die Konzessionen, die er im Anschluss an die Monopole erwähnt, wobei er das Konzessionssystem der Konzessionshoheit gegenüberstellt. Umfassender, und in vieler Hinsicht neu wie auch originell, ist die Darstellung im «Verwaltungsrecht». GYGI verwirft kurzerhand die geläufige Charakterisierung der Polizeibewilligung als feststellende Verfügung[53]. Die Begründung sieht er darin, dass «diese rechtstheoretischen Aussagen» von geringer praktischer Bedeutung und nur teilweise richtig seien. Dass eine behördliche Erlaubnis für bestimmte Unterfangen erforderlich sei, gelte auch für wirtschaftspolitische Bewilligungen und die Konzession. Konzessionen teilt er in Monopol- und Regalkonzessionen einerseits und Aufsichtskonzessionen anderseits; dazu kommen die Sondernutzungskonzessionen. Er vermeidet es – angesichts der Vielfalt der konzessionsrelevanten Rechtsverhältnisse –, ein geschlossenes Konzessionssystem errichten zu wollen, da er die Unmöglichkeit des Anliegens eingesteht[54]. Zur Untermauerung vergleicht er einige Konzessionsmerkmale, wie Erteilungsermessen, Rechtsform und Rechtsbeständigkeit. Interessant ist die Feststellung, die Konzession brauche nicht als vertragsähnliches Gebilde konstruiert zu werden, da die Verfügung hinsichtlich der Rechtsbeständigkeit vergleichbare Wirkungen aufweise[55]. Einen eigenen Abschnitt behält er dem konzessionierten öffentlichen Dienst (service public) vor, dessen Wesen er in der Betriebspflicht erblickt[56].

17. In seiner wirtschaftsverfassungs- und -verwaltungsrechtlich ausgerichteten Darstellung über «Wirtschaftsfreiheit und begrenzte Staatsverantwortung» erschliesst KLAUS A. VALLENDER die Bewilligungen und Konzessionen im Umfeld des wirtschaftsverwaltungsrechtlichen Instrumentariums. Obwohl auch er die Zulassungsarten in traditionelle Kategorien einteilt, weist er – hierin FRITZ GYGI folgend – immer wieder darauf hin, dass die sie üblicherweise begleitenden Charakte-

---

50 S. 136.
51 S. 128.
52 S. 86 ff.
53 S. 177.
54 S. 197 f.
55 S. 204 f.
56 S. 199 f.

risierungsmerkmale nicht durchwegs zutreffen: Die Erteilung der Polizeibewilligung kann sich weg vom Anspruch hin zur Ermessenshandhabung der erteilenden Behörde bewegen[57]. Umgekehrt kann der Gesetzgeber die Konzession mit einem Erteilungsanspruch ausstatten[58]. Die wirtschaftspolitische Bewilligung ist für ihn mit der Polizeibewilligung vergleichbar, wenn letztere aufgrund objektiver Voraussetzungen erteilt wird[59]. VALLENDER vermeidet es auch, in Anerkennung des konzessionsrechtlichen Variantenreichtums, von *der* Konzession zu sprechen[60].

18. Das jüngste verwaltungsrechtliche Lehrbuch deutschschweizerischer Herkunft, der «Grundriss des Allgemeinen Verwaltungsrechts» von ULRICH HÄFELIN und GEORG MÜLLER, widmet sich der Bewilligung und Konzession in längeren Kapiteln, jeweils im Zusammenhang mit der Nutzung öffentlichen Grundes, der Polizei und den Monopolen. Die Polizeierlaubnis ist danach eine Verfügung, die keine neuen Rechte begründet und feststellenden wie auch gestaltenden Charakter besitzt[61]. Die Abgrenzung zu anderen Bewilligungen kann nach dem Zweck der Bewilligungsart vorgenommen werden. So verfolgt die Bewilligung zur Nutzung öffentlichen Grundes keine polizeiliche, sondern koordinierende Anliegen[62]. Die Ausnahmebewilligung – die im übrigen als Polizeierlaubnis angesehen wird – dient der Härtefallvermeidung: Bei Vorliegen einer Ausnahmesituation wird ein Rechtsanspruch auf Erteilung bejaht[63]. Der Konzessionsbegriff wird weit gefasst: Die Konzession dient der Verleihung des Rechts zur Ausübung einer monopolisierten Tätigkeit, zur Sondernutzung einer öffentlichen Sache oder zur Ausübung bestimmter Verwaltungsbefugnisse an einen Privaten. Letzteres wird in Anlehnung an IMBODEN/RHINOW als Konzession des öffentlichen Dienstes bezeichnet, wobei aber darunter nicht die wirtschaftlichen Aktivitäten des Staates, sondern hoheitliche oder nichthoheitliche Verwaltungstätigkeiten fallen[64].

19. ANDRÉ GRISEL zeichnet in seinem «Traité» – vom deutschen wie auch französischen Verwaltungsrechts beeinflusst – ein differenziertes Bild der Bewilligungen und Konzessionen. Allerdings behandelt auch er beide in verschiedenen Zusammenhängen: Die Bewilligung als Teil der verwaltungsrechtlichen Akte, die Zulassung zur Nutzung öffentlichen Grundes im Kontext des öffentlichen Sachenrechts und die Konzession als Mittel der Zusammenarbeit von Staat und Privaten. Die Bewilli-

---

57 § 13 N 25.
58 § 13 N 47.
59 § 13 N 43.
60 § 13 N 48.
61 N 1958 ff.
62 N 1876.
63 N 1977.
64 N 2020. Vgl. auch schon Rhinow (Subvention), 271.

II. Bewilligung und Konzession in der schweizerischen Verwaltungsrechtsdogmatik

gung, zu der er die gewöhnliche Bewilligung (autorisation ordinaire) und die Ausnahmebewilligung (autorisation exceptionnelle) zählt, gibt ihrem Träger eine Möglichkeit, die er bis anhin nicht besass. Ob damit ein neues Recht oder die Aktualisierung eines latenten Rechts verbunden ist, ist für ihn einzig von theoretischem Interesse und erweist sich im Ergebnis als belanglos[65]. Für GRISEL geht es in jedem Fall um ein Recht. Daraus folgt auch, dass die geläufige Abgrenzung von Konzession und Bewilligung, die auf der *Rechts*verleihung mittels Konzession beruht, falsch ist[66]. Gleich soll es sich mit der Unterscheidung von gewöhnlichen Bewilligungen und der Bewilligung zu gesteigertem Gemeingebrauch verhalten[67]. Differenzen sieht er in der Anknüpfung der Konzession an das staatliche Monopol und der damit zusammenhängenden besonderen Rechts- und Pflichtenstellung des Konzessionärs. GRISEL verwendet im übrigen einen anderen Konzessionsbegriff als Teile der welschen Doktrin, indem er nebst die «concession de service public» auch die Aufsichts-, Monopol-, Regal- und Nutzungskonzessionen reiht[68].

20. BLAISE KNAPPs «Précis de droit administratif» folgt in der Darlegung der Bewilligungsverhältnisse und der Trennung von Bewilligung und Konzession den überlieferten Vorgaben, verbindet aber die schweizerische Gesetzgebung und französische Konzessionslehre zu einem für das schweizerische Verwaltungsrecht einzigartigen, weite Teile der welschen Lehre beeinflussenden Gebäude. Die polizeiliche Bewilligung ist für ihn – der klassischen Formel folgend – eine Präventivmassnahme, mit deren Erteilung kein neues Recht verliehen wird[69]. Diese Eigenschaft spricht er dagegen der Ausnahmebewilligung sowie den sozial- und wirtschaftspolitischen Bewilligungen zu[70]. Die Konzession beruht auf der Existenz eines Monopols. Anders als die «autorisation ordinaire» steht ihre Erteilung aus Gründen der Knappheit im Ermessen der Behörde, bewirkt sie die Verleihung eines neuen Rechts und bringt ein komplexes Rechtsverhältnis zwischen Staat und Konzessionär zur Entstehung[71]. Knapp unterscheidet «concessions de service public», die sich wiederum in die «concessions de services administratifs» und die «concessions d'activités industrielles et commerciales» teilen, und die «concession d'utilisation du domaine public»[72]. Den Kern seiner Konzessionslehre bildet die «concession de service public». Ihre Verleihung bewirkt, dass der Konzessionär das Recht und die Pflicht

---

65 S. 411.
66 S. 284 und 411.
67 S. 555.
68 S. 285.
69 N 1373.
70 N 1377.
71 N 1402 ff.
72 N 1398.

hat, auf eigenes Risiko hin, unter Gewinnerzielung und staatlicher Aufsicht einen «service public» zu betreiben[73].

21. PIERRE MOOR befasst sich in seinem dreibändigen «Droit administratif» nur am Rand mit der polizeilichen Bewilligung, deren traditionelle Definition er der überkommenen Theorie anvertraut[74]. Mehr Raum räumt er jedoch der Konzession ein, die im Zusammenhang mit dem Zusammenwirken von Staat und Privaten, der Nutzung öffentlichen Grundes und den Monopolen zur Sprache kommt. MOOR entwickelt auf der Grundlage des Begriffs der «concession de service public» auf sehr subtile Weise sein Konzessionssystem, indem er die gebräuchliche Begrifflichkeit verlässt und unter Hinweis auf die verschiedenen öffentlichen Interessen die Vielschichtigkeit des Konzessionsverhältnisses aufzeigt[75]. Darauf aufbauend widmet er sich den konkreten Konzessionsverhältnissen, wobei er sie strukturell anhand der Entstehung und Beendigung, der Rechts- und Pflichtenseite, der staatlichen Kontrolle und den Beziehungen zu den Benützern analysiert[76]. Gleich differenziert zeigt sich MOOR bei der Monopolkonzession[77] und den Formen der Nutzung öffentlichen Grundes, indem er der Verbindung von gesteigertem Gemeingebrauch und Bewilligung sowie Sondernutzung und Konzession jedwelche Logik abspricht. Entscheidend sei die Notwendigkeit des Investitionsschutzes[78]. Auch die an das Begriffliche angelehnte Unterscheidung der Bewilligung zum gesteigerten Gemeingebrauch und der gewöhnlichen Polizeibewilligung lehnt er ab[79].

C. ZUSAMMENFASSUNG

22. OTTO MAYER wie FRITZ FLEINER haben durch geschickte Verbindung der bestehenden Dogmatik und Verwaltungspraxis mit institutionellem Denken des französischen Verwaltungsrechts ein System von Zulassungsformen entwickelt, das den eigenen wie auch den Bedürfnissen der Praxis nach einer dem Zivilrecht vergleichbaren Institutionenlehre[80] entgegenkam. Zweckgerichtet haben beide mit den Begriffen des subjektiven öffentlichen Rechts, des Anspruchs auf Erteilung, der na-

---

73 N 1406 ff. Knapp verwendet den Begriff «service public» bewusst weiter und anstelle des Ausdrucks der Leistungsverwaltung. Er versteht darunter die gesamte Führungstätigkeit zum Zweck der Verwirklichung einer gesetzlich vorgesehenen Politik. Soweit umfasst der «service public» planende, leistende, lenkende, vorsorgende wie auch repressive Verwaltungstätigkeit. Vgl. dazu N 134.
74 Bd. III, 302.
75 Bd. III, 120 ff.
76 Bd. III, 125 ff.
77 Bd. III, 377 ff.
78 Bd. III, 302.
79 Bd. III, 302.
80 Vgl. dazu Spiegel, 141 ff.; J. Wieland, 99.

II. Bewilligung und Konzession in der schweizerischen Verwaltungsrechtsdogmatik 13

türlichen Freiheit und der öffentlichen Verwaltung mehrere sich abgrenzende und ausschliessende Zulassungsgefüge aufgebaut. Die deutsche Verwaltungsrechtslehre entfernte sich – am stärksten unter dem Einfluss des Grundgesetzes – immer mehr von diesen Konstruktionen, indem sie das subjektive öffentliche Recht zum einen auf die erlaubnispflichtigen Tätigkeiten ausdehnte[81], zum anderen die Verleihung zur gänzlich anders situierten Figur der «Beleihung» umformte. Damit ging auch die der hoheitlichen Gewalt beraubte Figur der Konzession im Begriff der Genehmigung auf. Zudem wurde die Polizeierlaubnis in ein umfassenderes System des «präventiven Verbots mit Erlaubnisvorbehalt und des repressiven Verbots mit Befreiungsvorbehalt» überführt[82].

23. Anders verlief die Entwicklung in der Schweiz: Bedingt durch den grösseren Einfluss der französischen Verwaltungsrechtslehre hat die Idee der Konzessionierung des «service public» hier mehr Bestand gezeigt[83]. Als belanglos erwies sich, dass die als Grundlage für das subjektive öffentliche Recht gedachte Übertragung «eines Stückes öffentlicher Verwaltung» nicht immer mit der Innehabung hoheitlicher Gewalt verbunden war. Weitaus entscheidender erschien, dass mit der Konzession – dem französischen Verwaltungsrecht gleich – Privaten eine Tätigkeit zur Ausübung in eigenem Namen und auf eigene Rechnung übertragen werden konnte, die der Staat, *aus welchen Gründen auch immer*, originär für sich beanspruchte[84]. Weniger störend war zunächst, dass mittels der Konzession nicht nur ein «service public» übertragen werden konnte, sondern auch ein ganzes Sammelsurium von unterschiedlichst motivierten Ausschliesslichkeitsrechten. Dass die Optik auf die Erweiterung der Rechtsstellung des Zugelassenen als wesentliches Merkmal des Konzessionsaktes gelenkt wurde[85], kam dem weiten schweizerischen Monopol- und Regalsystem durchaus gelegen. Überdies liessen sich durch den Hinweis auf den «service public» auch die als bloss faktisch eingestuften Monopole rechtlich legitimieren[86].

24. Erst die neuere Lehre begann, die verschiedenen Konzessionsformen zu unterscheiden[87]. Sie hat sich dabei jedoch nicht mit der einfachen Begründung der Erweiterung der Rechtssphäre des Konzessionärs begnügt, sondern die Eigenart der Konzession unter weiteren Gesichtspunkten, wie Grundrechtsbezug, öffentliches Interesse, Erteilungsermessen und Anspruch auf Erteilung, Rechtssicherheit und Wider-

---

81 J. Wieland, 91 und 110.
82 Vgl. dazu N 64.
83 Vgl. dazu Sillig, 11; Fleiner-Gerster (Vertrag), 190 Fn. 11.
84 Sillig, 10; Korrodi, 32.
85 Giacometti (Grenzziehung), 26. Vgl. auch BGE 55 I 280 unter wörtlicher Berufung auf *Fritz Fleiner*.
86 Sillig, 18.
87 Vgl. dazu bereits Sillig, 23 ff.

rufbarkeit beleuchtet. Die Mannigfaltigkeit der Klassierungsmerkmale und die zunehmende Vielfalt der Zulassungsarten haben die Dogmatik jedoch vor neue Einordnungsprobleme gestellt. Hierzu einige Beispiele: Zulassungen, die aufgrund ihrer Monopolanknüpfung als Konzessionen anzusehen waren, wurden vom Gesetzgeber mit einem Anspruch auf Erteilung ausgestattet (Rundfunkempfangskonzessionen). Ähnliche Folgen zeitigte die Ausdehnung der Grundrechte auf den Zugang zur Nutzung öffentlichen Grundes. Auch der alle Zulassungsverhältnisse erfassende Aufstieg des öffentlichrechtlichen Vertrauensschutzes, der als «wohlerworbenes Recht» im Konzessionsbereich eine historische Wurzel besitzt, hat die systematische Trennung von Konzession und Bewilligung fraglich erscheinen lassen. Schliesslich haben neuere Erkenntnisse der Ermessenslehre zum einen den Anspruch auf Erlaubniserteilung relativiert, zum anderen das «freie Ermessen» bei der Erteilung einer Ausnahmebewilligung, wirtschaftspolitischen Bewilligung oder Konzession eingeengt.

25. Auf die schleichende und stetige Veränderung der elementaren Definitionsmerkmale von Bewilligung und Konzession hat der überwiegende Teil der Doktrin und Praxis auf zwei Arten reagiert: Einerseits wird versucht, den traditionellen Pfaden folgend, Bewilligung und Konzession weiterhin als Gegensatzpaare darzustellen, wobei neuere Erscheinungen mittels einer verfeinerten Systematik und unter Rückgriff auf das Regel-Ausnahme-Schema erfasst werden. Die weiterwirkende Kraft des Begrifflichen[88] zeigte sich deutlich bei der Entstehung des Rohrleitungsgesetzes: Da die geläufigen Abgrenzungsmerkmale keinen Aufschluss über die Rechtsnatur der gesetzlichen Zulassungsregelung erlaubten, wurde die Kreation eines neuen Begriffes (Erlaubnis) in Betracht gezogen, dann jedoch verworfen. Aufgrund der Abweichung von der HGF und der Möglichkeit der Pflichtenauferlegung entschied man sich dann für den Begriff der Konzession[89]. Ähnliches konnte bei der Revision der Zulassungsregelung zur Errichtung von Atomkraftwerken aus dem Jahre 1978 beobachtet werden[90]. Die Bemühungen wie auch der Glaube, die unterschiedlichsten Zulassungsarten begrifflich klar und eindeutig abgrenzen zu können, sind nach wie vor ungebrochen[91].

Daneben werden Ansätze zu einer veränderten Systematik erkennbar und fliessen auch – mehr oder weniger konsequent – in die neueren Darstellungen des Verwaltungsrechts ein[92]. Lücken und Widersprüche in der Begriffsbildung werden auf-

---

88 Der Hang zur Begrifflichkeit wird durch die prozessuale Gesetzgebung geradezu gestärkt. Vgl. dazu Ch. Vogel, 39 ff.
89 Hess, 202 f.
90 Vgl. dazu die Ausführungen bei Weber (Wirtschaftsregulierung), 218 f.
91 Z.B. Hess, 200 ff.; Widmer-Schlumpf, 21 ff.
92 Vgl. den vorangehenden Überblick über die schweizerische Doktrin.

gedeckt[93], fliessende Übergänge zwischen wie auch innerhalb der Bewilligungen und Konzessionen erkannt[94], Unmut über das systematische Ungenügen laut[95] oder das Abstellen auf die Begrifflichkeit wird als wenig fruchtbar bzw. als überflüssig bezeichnet[96]. Was bislang jedoch fehlt[97], ist der Versuch, ein übergreifenderes System auszuarbeiten, das auf der Grundlage der in Doktrin und Rechtsprechung gewonnenen Erkenntnisse und vor dem Hintergrund des verfassungsrechtlichen und gesetzlichen Wandels eine vom Begrifflichen gelöste Erfassung (nicht Einordnung!) der verschiedenen Zulassungsarten erlaubt.

III. URSPRUNG VON BEWILLIGUNG UND KONZESSION

26. Der nachfolgende Ausschnitt aus einem bundesgerichtlichen Urteil[98] aus dem Jahre 1891 illustriert kurz und eindrücklich, welche grundlegenden, sich bis heute im Kern immer wieder stellenden Probleme dem modernen Verwaltungsrecht mit den Institutionen der Bewilligung und Konzession zur Lösung aufgegeben waren:

> «Wie (...) das Bundesgericht stets anerkannt hat, werden auch durch hoheitliche Akte, insbesondere Eisenbahnkonzessionen, (...), Privatrechte begründet; insbesondere können durch hoheitliche Akte auch steuerrechtliche Privilegien als Privatrechte begründet werden. Sofern daher den Bundesbeschlüssen vom 22. Oktober 1869 die (...) Bedeutung einer Zusage an den Konzessionär zukommt, dass er während der Konzessionsdauer eine andere als die dort normirte Abgabe für die Gewerbebewilligung nicht zu entrichten habe, so ist für die Klägerin ein Privatrecht diesen Inhalts begründet worden.»

27. Charakteristisch für die hier zum Ausdruck gelangende frühverwaltungsrechtliche Sicht ist die Betonung der *privatrechtlichen Natur der Konzession*. Das erstaunt nicht, wenn man sich den Ende des 19. Jahrhunderts ablaufenden Rechtsumbruch vor Augen führt: Auflösung weiter Bereiche des Privatrechts zugunsten des Verwaltungsrechts, verbunden mit dem Bedürfnis nach einem ähnlich stringent geordneten System, wie es das Zivilrecht bieten konnte[99]. Der raschen Ausweitung des öffentlichen Rechts stand jedoch ein nur mangelhaft ausgestattetes Rechtsschutz-

---

93 Z.B. Rausch (Atomenergierecht), 67 Fn. 103; G. Malinverni, Kommentar BV, Art. 41 N 30; Haller/Karlen, N 540; U. Müller, 110; Schoch, 99; Hotz, 29; Seiler, 351; Zürcher, 30.
94 Fries, 41; Jubin, 106.
95 Richli (Milchkontingentierung), 3.
96 Imboden (Vertrag), 167a; Saladin (Verwaltungsprozessrecht), 325 f.; Rhinow (Kaiseraugst), 75 Fn. 6; Korrodi, 87 ff.; Trüeb, 25 ff.; Reinhard, 17.
97 Am weitesten in Richtung eines übergreifenden Systems bewegen sich m.E. *André Grisel* und *Pierre Moor*. Vgl. dazu N 19.
98 BGE 17, 797 f., Gotthardbahngesellschaft.
99 Spiegel, 162 f.; Kölz (Herkunft), 598; Rüfner, 106 f.; Caroni, 105 f.; Zäch, 4 ff.; Rhinow (Rechte), 5 f.

system zur Seite. Genau auf dieser sensiblen und über Massen hochstilisierten[100] Bruchstelle von privatem und öffentlichem Recht findet sich die Konzession.

28. Der Ursprung der Konzession liegt in den als übertragbare Privatrechte verstandenen landesherrlichen «regalia minora»[101], die mittels Verleihung finanziell nutzbar gemacht wurden. Die Regalien zählten ursprünglich mehr als vierhundert Arten. Ihre Zahl reduzierte sich mit dem Aufkommen der modernen, die Hoheitsrechte absorbierenden und zugleich Privilegien beseitigenden Staatlichkeit[102] auf einige wenige, überwiegend grundherrliche und gewerbliche Regalien. Zu den grundherrlichen zählen Berg- und Salzbau, Jagd und Fischerei sowie Nutzung der Wasserkraft. Die vornehmlich der Suche nach neuen finanziellen Einkünften entsprungenen Gewerberegalien sind jüngerer Herkunft und die eigentliche Grundlage der heutigen staatlichen Monopole[103]. Der Verfassungsstaat hatte die Mehrzahl der Regale beseitigt oder im Begriff der einheitlichen Staatshoheit[104] aufgelöst; mit den wenigen Überresten blieb aber auch der Gedanke der fiskalischen Ausbeutung mittels Übertragung an Private erhalten[105].

29. Die Überführung der Regale aus dem privaten Bereich des Landesherrn unter die Staatshoheit wirkte sich nachhaltig auf Lehre und Rechtsprechung aus. Antriebsfeder für eine breite und auch recht heftige Auseinandersetzung über die Rechtsnatur der Konzession waren die aufkommende Industrialisierung, Elektrifizierung und die damit verbundene Verkehrserschliessung. Die Nutzung der Wasserkraft und der Bau und Betrieb von Eisenbahnen rückten dadurch in den Brennpunkt wirtschaftlicher Interessen[106]. Die bis in die Anfänge unseres Jahrhunderts andauernde Kontroverse[107] brachte nicht nur eine Klärung und Konzentration der Ansichten, sondern liess die Eisenbahn- wie auch die Wassernutzungskonzession zum Grundtypus der Konzession schlechthin werden.

---

100   Vgl. dazu Brückner, 36 und 43 ff.
101   Fleiner (Institutionen), 341; Giacometti (Grenzziehung), 23; Spahn, 26. Einen Überblick über das Regalwesen des präkonstitutionellen Verwaltungsrechts gibt Badura (Verwaltungsmonopol), 38 ff.
102   Vgl. dazu Caroni, 105 f.
103   Spahn, 27 f. Zu diesen zählen etwa das Pulvermonopol, das Post-, Telegraphen- und Telephonwesen, das Banknotenmonopol, das Alkohol- und das Eisenbahnmonopol des Bundes, das Brandversicherungsmonopol der Kantone sowie die (faktischen) Versorgungsmonopole der Gemeinden. Die heute zuweilen noch anzutreffende Unterscheidung von Monopol und Regal ist angesichts der qualitativen Identität der beiden Rechtsinstitute überholt. Vgl. dazu Ruey, 47 ff.
104   Dazu zählen auch diejenigen Regale, die weiterhin als solche bezeichnet werden, denen aber die Eignung zur Verleihung abgesprochen wird, wie etwa das Münzregal.
105   Vgl. dazu das schöne Beispiel eines - unter besonderer Belastung Auswärtiger - fiskalisch genutzten Jagdregals in BGE 119 Ia 123 ff.
106   Giacometti (Grenzziehung), 23.
107   Dazu eingehend Mayer, Bd. 2, 303 ff.

III. Ursprung von Bewilligung und Konzession

30. Bezeichnend für die damalige Auseinandersetzung war der Streit um die Pflicht zur Erweiterung des Zugbetriebes der konzessionierten Eisenbahngesellschaft «Suisse Occidentale» aus dem Jahre 1877. Die hierzu eingeholten drei Rechtsgutachten[108] widerspiegeln die wichtigsten und sich widersprechenden Ansichten zur Rechtsnatur der Konzession.

Nach CARRARD[109] war – in Anlehnung an die französische Auffassung – die Konzession in zwei Teile zu scheiden: den hoheitlichen Entschluss zum Bau einer Bahn sowie den privatrechtlichen Vertrag über dessen Vollzug[110]. Danach war die Konzession aus staatlicher Sicht sowohl ein hoheitlicher wie auch ein privatrechtlicher Akt; für den Konzessionär dagegen einzig eine privatrechtliche Handlung. Auch HEUSLER teilte die Konzession in zwei Teile: Ursprung und Ziel. Der Ursprung liegt in der Verfolgung der öffentlichen Interessen[111]. Der Staat erteilt mittels der Konzession ein Privileg (im Sinn der pandektistischen Lehre), das ein neues Rechtsverhältnis begründet. Dieser Rechtsübergang beruht auf einer der Rechtssetzung analogen Rechtsquelle[112]. Da der Staat qualitativ als Gesetzgeber handelt, kann er sich mittels Konzession in seinem hoheitlichen Bereich nicht binden, und ohne Bindung entsteht auch kein Vertrag[113]. Ziel der Konzessionierung ist hingegen die Verleihung eines Privatrechts; dies begründet HEUSLER damit, dass der Staat keine Hoheitsrechte, sondern nur Privatrechte übertragen kann[114]. Zur gleichen Konstruktion eines öffentlichrechtlichen Aktes mit privatrechtlicher Aussenwirkung gelangte auch HILTY, nur mit anderer Begründung. Für ihn waren die Hoheitsrechte durchaus einseitig übertragbar, wobei aber die Konzessionsbedingungen Ergebnis von Vertragsverhandlungen sind, inhaltlich somit den Verträgen gleichgestellt werden müssen[115]. Da die einzelnen Teile praktisch nicht zu trennen sind, erweist sich die Verleihung als ein gemischter Rechtsakt mit sowohl öffentlich- wie auch privatrechtlichen Elementen[116].

---

108 Die Gutachten wurden von Andreas Heusler, Carl Hilty und Henri Carrard verfasst.
109 Rüttimann vertrat in einem Rechtsgutachten aus dem Jahre 1870 noch strikter die Theorie des rein privatrechtlichen Vertrages, vgl. dazu Haenni, 26 f.
110 Carrard, 8. Die Argumentationsweise erinnert etwas an die heutige Zwei-Stufen-Theorie.
111 Heusler, 4 f.
112 Heusler, 10 f. verwirft die Anwendbarkeit der französischen Doktrin von der Vertragsnatur der Konzession mit Hinweis auf die unterschiedlichen Verhältnisse in Frankreich, wo der Staat Eigentümer der Bahnbetriebe bleibt, und der Schweiz, wo die Bahnen als Privateigentum der Gesellschaften gebaut werden.
113 Heusler, 12.
114 Heusler, 5 und 13.
115 Hilty, 15 und 23 f.
116 Hilty, 23 f.

31. Der Bundesrat vertrat demgegenüber die Ansicht, die Konzession besitze uneingeschränkt öffentlichrechtlichen Charakter. In seiner Botschaft zu einem neuen Eisenbahngesetz aus dem Jahre 1871 führte er aus, der Staat könne im Bereich der staatlichen Souveränität nicht paktieren[117]. Dieser Auffassung stand auch BURCKHARDT nahe: Die Konzession sei weder ein privatrechtlicher Vertrag, noch gebe sie dem Konzessionär ein «wohlerworbenes Recht»[118]. Das folge aus der Tatsache der Regalitätserrichtung, die deutlich mache, dass der Betrieb des konzessionierten Gewerbes im öffentlichen Interesse stehe.

32. Eine ähnliche Dreiteilung der Standpunkte kann man auch bei der Wassernutzungskonzession beobachten[119]. Noch EUGEN HUBERS Entwurf zum Zivilgesetzbuch behandelte die verliehenen Wasserrechte – in weitgehender Übereinstimmung mit der herrschenden Doktrin und der kantonalen Gesetzgebung – als Privatrechte[120]. Unter dem Eindruck des 1908 angenommenen Art. 24bis BV über die Nutzbarmachung der Wasserkräfte wurde die eingehende Regelung des Entwurfs auf den heutigen Art. 664 ZGB über die herrenlosen und öffentlichen Sachen reduziert[121]. Gestützt durch frühe Ansätze in der Rechtsprechung[122] wie auch durch die an Gewicht gewinnende verwaltungsrechtliche Lehre[123] hat die folgende *Bundesgesetzgebung* der Wasserrechtskonzession öffentlichrechtlichen Status zugesprochen.

33. Die Entstehung der heutigen Konzession lässt sich nicht einfach nur mit dem vordergründigen Ringen von Privatrecht und öffentlichem Recht, von Vertrag und Hoheitsakt, erklären. Die Konzession ist im Ergebnis der Ausdruck der Suche nach Rechtssicherheit, -beständigkeit und Vertrauensschutz. Gegen den fest verankerten Glauben an den Grundsatz von «pacta sunt servanda» war seitens der öffentlichrechtlichen Doktrin und des noch lückenhaften Legalitätsprinzips nur schwer anzukämpfen. Zum einen lastete auf dem Verwaltungsrecht noch die polizeistaatliche Vergangenheit[124]. Zum anderen war die Konzeption des Verwaltungsaktes noch zu stark auf die Eingriffsverwaltung ausgerichtet, als dass der Verwaltungsakt eine er-

---

117 Vgl. Haenni, 32.
118 Burckhardt (Eisenbahnrecht), 72 f.
119 Liver (Wasserrecht), 334 f.
120 Liver (Wasserrecht), 334. Nach Eugen Huber (System), 3. Bd., 625 und 640 machte der Staat bei den Regalien ein Privatrecht zum Hoheitsrecht, um dann aber an diesem Recht mittels Konzession wiederum Privatrechte zu gestatten. Daraus folgerte er die bekannt gewordene Definition vom «Privatrecht, das aber wie ein Hoheitsrecht gehandhabt wird».
121 Leemann, Art. 664 N 2.
122 BGE 7, 571 ff.; 8, 348 ff.; 23, 1261; 34 II 836; Pra 6 Nr. 115; ZBJV 35/1899, 219.
123 M. Huber, 146 ff.
124 Mayer, Bd. 1, 135; Rhinow (Rechte), 5 f.

III. Ursprung von Bewilligung und Konzession

folgversprechende Alternative zum Vertrag sein konnte[125]. Das hoheitlich-einseitige Vorgehen mit zweiseitiger Bindungswirkung war weder der Struktur noch den Wirkungen nach geeignet, um den Beständigkeitsbedürfnissen der Konzessionssuchenden zu genügen. Für die Konzession – wie auch für eine Reihe weiterer Rechtsinstitute[126] – wurde die Lösung im *Dualismus* von öffentlichrechtlichem Ursprung und privatrechtlicher Wirkung gefunden. Die verschiedensten, nahezu verzweifelt anmutenden Versuche zur Begründung der Rechtsnatur der Konzession sind im Ergebnis der Ausgangspunkt für die Begründung abweichender Abstufungen im Rechtsbeständigkeitsgrad. Zwischen den beiden Polen einer starren privatrechtlichen Unabänderbarkeit und der nahezu unkontrollierten staatlichen Modifikationsfreiheit entstand das moderne Institut der Konzession. Erst die Verbindung der tragenden Gedanken beider Rechtsgebiete – Rechtssicherheit bei gleichzeitiger Möglichkeit der Anpassung an ein sich wandelndes öffentliches Interesse – befriedigte private wie auch staatliche Bedürfnisse[127].

34. Das Ausscheiden eines privatrechtlichen Teils aus einem öffentlichrechtlichen Rechtsverhältnis wurde entscheidend durch das Fehlen eines besonderen verwaltungsgerichtlichen Rechtsschutzes beeinflusst[128]; der Entscheid über Administrativstreitigkeiten oblag lange Zeit entweder den Zivilgerichten oder wurde verwaltungsintern gefällt[129]. Die Funktion des verwaltungsgerichtlichen Schutzes übernahm die *Fiskustheorie*. Auf ihrer Grundlage wurde nicht nur die Zuständigkeit der Zivilgerichte begründet, sondern auch die öffentlichrechtlichen Rechtsverhältnisse dem Zivilrecht unterworfen[130]. Ansatzpunkt für den Rechtsschutz waren die «wohlerworbenen Rechte»[131]. Diese öffneten dem Konzessionär einerseits den zivilprozessualen Rechtsweg, beschränkten jedoch sein Bestandesinteresse anderseits auf einen blossen Entschädigungsanspruch bei Änderung oder Entzug der Konzession[132]. Mit

---

125 Dies ist die Folge der Umwandlung des französischen «contrat administratif» in den deutschrechtlichen Verwaltungsakt auf Unterwerfung durch *Otto Mayer*, der seiner Schöpfung die zivilrechtliche Sicherung nahm, ohne sie durch eine öffentlichrechtliche zu ersetzen. Vgl. dazu Rüfner, 112.
126 Dienstverhältnis der Beamten, Anstaltsrecht, öffentliches Eigentum, Expropriation und Abgaberecht. Vgl. dazu Fleiner (Umbildung), 10 ff.
127 Heusler, 12 ff.; Fleiner (Umbildung), 13. Burckhardt (Eisenbahnrecht), 106 führte hierzu aus: «Der Versöhnung dieses Gegensatzes dient die Rechtsform der Konzession.»
128 Im Beamtenrecht ist bis zur Einrichtung einer Verwaltungsgerichtsbarkeit eine ähnliche Entwicklung zu beobachten. Vgl. dazu statt vieler René A. Rhinow, Privatrechtliche Arbeitsverhältnisse in der öffentlichen Verwaltung, FS Frank Vischer, Zürich 1983, 432 f.
129 Kölz (Kommentar), Einleitung, N 4 ff. und 16; Imboden (Erfahrungen), 16a ff.; His (Geschichte), Bd. 3, 495 f.; Fleiner (Umbildung), 3 ff.
130 Fleiner (Umbildung), 4; Giacometti (Grenzziehung), 48.
131 Imboden (Erfahrungen), 17a; Klett, 8; BGE 5, 398.
132 Fleiner (Umbildung), 17 f. Sogar Burckhardt (Eisenbahnrecht), 73 und 106, der als pointiertester Vertreter des öffentlichrechtlichen Standpunktes den Konzessionen die Wirkung eines

dem Ausbau der Verwaltungsgerichtsbarkeit und der zunehmenden Konzentration der staatlichen Hoheit, die einer zweiten Gestalt als Fiskus entbehren konnte, stellte sich zwangsläufig auch die Frage nach der Berechtigung der Aufspaltung verwaltungsrechtlicher Institute. Unterstützung bot die junge Verwaltungsrechtswissenschaft[133], deren dogmatische Überzeugungskraft den Rückzug des Privatrechts ankündete. Privatrechtliche Reservate blieben dort erhalten, wo sie den Individualrechtsschutz durch eine unabhängige Gerichtsbarkeit sichern halfen. Zum Verständnis des Begriffs der «Zivilrechtsstreitigkeit» führte das Bundesgericht unmissverständlich aus:

> «Von dieser Auslegung abzugehen, besteht – trotz der Wandelung, die sich seither in den Anschauungen über die Ausscheidung zwischen Privat- und öffentlichem Recht vollzogen hat – (...) jedenfalls solange kein genügender Anlass, als nicht im ganzen Gebiet der Eidgenossenschaft oder doch in der überwiegenden Mehrheit der Kantone für die Entscheidung verwaltungsrechtlicher Streitigkeiten eine unabhängige Instanz gegeben sein wird»[134].

35. OTTO MAYERS emanzipatorische Hilfe im Abgrenzungsprozess zwischen Verwaltungs- und Privatrecht in der Gestalt der einheitlichen Natur der Rechtsinstitute[135] fand auch in der schweizerischen Rechtslehre Beachtung. Nebst FLEINER[136] war es jedoch insbesondere GIACOMETTI, der in seiner Habilitationsschrift über die Grenzziehung zwischen Zivilrechts- und Verwaltungsrechtsinstituten die Abhängigkeit der bundesgerichtlichen Rechtsprechung von der deutschen Verwaltungsrechtslehre aufzeigte. Er forderte konsequent die Befreiung des Verwaltungsrechts von den Fesseln des Privatrechts[137], wobei ihm bewusst war, dass eine derartige Entwicklung den Ausbau der Verwaltungsgerichtsbarkeit bedinge.

36. Die Reste der zivilrechtlichen Vergangenheit begannen mit dem Bundesgesetz über die Nutzbarmachung der Wasserkräfte[138] zu schwinden. Dieses erklärte in Art. 43 das Wassernutzungsrecht zum «wohlerworbenen Recht»[139], wodurch es in ver-

---

«wohlerworbenen Rechtes» absprach, kam nicht umhin, die Entschädigungspflicht in solchen Fällen zu bejahen.

133 Namentlich *Otto Mayer* und *Fritz Fleiner*. Näheres dazu bei Kölz (Herkunft), 610 ff. und Giacometti (Grenzziehung), 50 f.
134 BGE 41 II 162 f.
135 Mayer, Bd. 1, 145. Hier findet sich die bekannt gewordene Feststellung, wonach es nicht möglich sei, dass der Staat «zugleich als hoheitliche Macht und als gewöhnlicher Privatmann erscheine, beides in einem Atem.» Vgl. dazu etwa BGE 41 II 309, Aktiengesellschaft Kraftwerk Laufenburg.
136 So etwa in seinem Bundesstaatsrecht, 474 ff.
137 Giacometti (Grenzziehung), 45 ff.
138 Vom 22. Dezember 1916.
139 Die Formulierung ist auf Eugen Huber zurückzuführen, der Mitglied der Redaktionskommission war und die Neuerung gegen den Widerstand von Walther Burckhardt einführte. Vgl. hierzu Liver (Ausnutzung), 12; Dubach (Wasserrecht), 16 f.

III. Ursprung von Bewilligung und Konzession

mögensrechtlicher Hinsicht (Eigentumsgarantie!) den privaten Rechten gleichgestellt wurde. Überdies wurde für Verleihungsstreitigkeiten der verwaltungsgerichtliche Weg geöffnet[140]. Erst diese Entwicklung ermöglichte die Angleichung[141] der bundesgerichtlichen Judikatur an die Postulate der Lehre[142], ohne Anliegen des Vertrauensschutzes und der Rechtssicherheit aufzugeben. Die Konzession verdichtete sich in der Folge – in Abgrenzung zu anderen Verwaltungsakten – zu einem subjektiven öffentlichen Recht, das wie die historisch verstandenen Privatrechte unter dem Schutz der Eigentumsgarantie stand[143]. Der Ausschlag zugunsten des hoheitlichen Verwaltungsaktes blieb nicht ohne Auswirkungen: Gleich anderen Verwaltungsakten wurde die Konzession nunmehr als ein dem Inhalt nach einseitig bestimmter Akt auf Unterwerfung mit weitgehend zwingendem Charakter verstanden[144]. Der Vertrag wandelte sich zum Pflichtverhältnis, der Vertragspartner geriet zum Beaufsichtigten; ähnlich hatte sich bereits zwei Jahrzehnte zuvor die Eisenbahnkonzession entwickelt.

37. Volkswirtschaftliche – und mitunter wohl auch fiskalische – Überlegungen wie auch die Überwindung der liberalen «laissez-faire»-Doktrin schoben den Konzessionär in die Nähe der staatlichen Verwaltung, ohne ihn des Anspruchs auf Schutz seiner Investition zu berauben[145]. Damit wurde auch der Bedeutungswandel der Konzession sichtbar: nicht mehr allein das Privileg stand im Vordergrund. Immer mehr rückte die Pflichtenseite ins Bewusstsein.

Die starke Betonung der aus der deutschen Verwaltungsrechtsdogmatik stammenden[146] einseitig-hoheitlichen Rechtsnatur der Konzession – verbunden mit der «überscharfen Trennung von öffentlichem und privatem Recht»[147] im Sinn der Lehre OTTO MAYERS – entsprachen aber in keiner Weise der schweizerischen Rechtswirklichkeit, die zahlreiche rechtsgeschäftsähnliche[148] Vereinbarungen zum Inhalt der Konzessionen machte. Diese Abreden wurden zwar als «wohlerworbene

---

140 Nach Art. 71 WRG an das Bundesgericht als Staatsgerichtshof, vgl. dazu Geiser/Abbühl/Bühlmann, 208.
141 BGE 41 II 309; 42 II 526; 43 II 448 ff.; 47 I 226. Anders aber noch BGE 43 II 721 f.
142 Erleichtert wurde dies dadurch, dass die Eisenbahnkonzession mit dem 1898 beschlossenen Eisenbahnrückkauf entschieden an Bedeutung verlor, was die Bildung eines einheitlichen Systems erlaubte.
143 BGE 48 I 604; 49 I 584; 57 I 334; 65 I 302 f.
144 Imboden (Vertrag), 168a; Zwahlen, 579a; Ruck (Verwaltungsrecht), Bd. 1, 74; Sillig, 70 f.; BGE 43 I 448 f.; 49 I 181 f.; 50 I 403 f.
145 BGE 57 I 334.
146 So etwa in BGE 43 I 448. Vgl. weiter Imboden (Vertrag), 35a; Zwahlen, 579a. Die deutsche Doktrin und Rechtsprechung waren sich aber keineswegs so einig, wie uns Imboden und Zwahlen glauben lassen möchten. Vgl. dazu K. Vogel, 143 ff.
147 Rüfner, 123.
148 So etwa BGE 48 I 206; 57 I 335.

Rechte» geschützt[149], liessen sich aber nur schlecht mit dem autoritativ-einseitigen Charakter der Konzession in Einklang bringen. In BGE 80 I 239 ff., *Hydrocarbures S.A.*, teilte das Bundesgericht die Konzession wiederum in zwei Teile: Verfügung und Rechtsgeschäft. Die Rechtsdogmatik schuf auf dieser Grundlage die Figur der Konzession als «komplex strukturiertes Gebilde»[150] und setzte damit den Anfang zum heutigen, «modernen» Verständnis der Konzession[151].

38. Kehren wir zum Ausgangspunkt zurück: Die eingangs zitierte Passage des bundesgerichtlichen Entscheids aus dem Jahre 1891 äussert sich nicht nur zur Rechtsnatur der Konzession, sondern bezeichnet die Eisenbahnkonzession als *Gewerbebewilligung*. Die synonyme Verwendung der Begriffe «Konzession» und «Bewilligung» bzw. «Erlaubnis» ist typisch für die Rechtspraxis des ausgehenden 19. Jahrhunderts[152]. Sie lässt sich aufgrund des gemeinsamen Ursprungs der beiden Rechtsinstrumente plausibel erklären; Reste des frühen Sprachgebrauchs finden sich noch heute in der deutschen und österreichischen «Gewerbekonzession». Eine Ursache für die sprachliche Unklarheit ist in der mangelhaften Durchdringung des verwaltungsrechtlichen Apparats zu suchen. Erst der wissenschaftlich-dogmatische Ansatz von OTTO MAYER und – diesem folgend – von FRITZ FLEINER[153] ermöglichte die terminologisch präzise Trennung von Bewilligung und Konzession. Die Unterscheidung fand rasche Aufnahme in Lehre[154], Rechtsprechung[155] und Gesetzgebung[156].

39. Die Systematisierung der beiden verwaltungsrechtlichen Handlungsformen brachte aber nicht nur Klärung, sondern führte durch eine (allzu) starke Hervorhebung der Unterschiede auch zur Verwischung der gemeinsamen Wurzeln von Bewilligung und Konzession. Vorläufer der im 19. Jahrhundert weitaus wichtigsten

---

149 Vgl. etwa BGE 49 I 180 und 65 I 302 f.
150 Vgl. hierzu eingehend N 48.
151 Vgl. dazu etwa Imboden (Vertrag), 169a; Kölz (Verwaltungsrecht), 183 f.; Imboden/Rhinow, 282 f.; Grisel (Traité), 283; Häfelin/Müller, N 881.
152 Fleiner (Wasserrechte), 13. Eine vergleichbare Begriffsverwirrung ist beim Gebrauch der beiden Ausdrücke «Monopol» und «Regal» zu beobachten. Vgl. dazu Ruey, 66 ff.
153 Mayer, Bd. 1, 287 Anm. 1; Fleiner (Institutionen), 382. Anderseits hatte aber bereits *Hilty* in seinem Gutachten aus dem Jahre 1877 (S. 17) aus der Sicht der Bestandeswirkung klar zwischen Konzession und Gewerbeerlaubnis unterschieden.
154 Besonders schön sichtbar wird der Einfluss in der Kommentierung der Bundesverfassung durch *Burckhardt*. In der ersten Auflage aus dem Jahre 1905 wird noch eher beiläufig zwischen Konzession und Bewilligung unterschieden (S. 289), in der zweiten Auflage aus dem Jahre 1914 (S. 270) widmet der Kommentator der Unterscheidung bereits einen ganzen Absatz. Vgl. weiter Burckhardt (Eisenbahnrecht), 74 ff.; Ruck (Verwaltungsrecht), Bd. 1, 70; Gresly, 37 f.; W. Bühler, 261; Caspar, 17; Peter, 78; Decurtins, 55.
155 BGE 47 I 401; 48 I 604.
156 In Art. 38 ff. WRG wird die Konzession als Verleihung bezeichnet. Vgl. dazu die Bemerkung der Kommentatoren Geiser/Abbühl/Bühlmann, 33.

Bewilligung, der «Gewerbekonzession«, waren die Gewerbeprivilegien (Ehehaften)[157], welche durch die Zunftkontrolle ergänzt wurden[158]. Mit dem schubweisen Vordringen des Wirtschaftsliberalismus wurde dieses Monopolsystem zugunsten einer offeneren Wirtschaftsordnung – im Sinn freien Zugangs und einer weitgehend unreglementierten Ausübung von Handel und Gewerbe[159] – verdrängt[160]. Die staatliche und ständische Wirtschaftskontrolle reduzierte sich in der Folge vornehmlich auf die polizeiliche Aufsicht, insbesondere auf die Erteilung von Gewerbebewilligungen[161]. Während nur wenige – den heutigen Konzessionen zugrundeliegenden – Regal- und Monopolrechte im Machtbereich des Staates verblieben, wurden die meisten gewerblichen Vorrechte aus dieser Bevormundung entlassen. Zum Teil wurden auch einige der heutigen Regalrechte zunächst zur gewerblichen Nutzung freigegeben, um später aus polizeilichen oder fiskalischen Gründen wiederum der Individualsphäre entzogen zu werden[162]. Die Aufspaltung des ständisch geprägten Verwaltungsinstruments «Privileg» in eine hoheitliche und eine freiheitlich-private Sphäre musste unausbleiblich zu einem rechtlichen Umdenken führen; der Umbildungsprozess mündete Ende des 19. Jahrhunderts in die rechtswissenschaftlich fundierte Trennung von Bewilligung und Konzession[163].

IV. STELLUNG IM VERWALTUNGSRECHTLICHEN INSTRUMENTARIUM

A. GRAD DER STAATLICHEN AUFSICHTS- UND KONTROLLINTENSITÄT

40. Bewilligung und Konzession begegnen uns in zahlreichen und phantasievollen Formen und unter den unterschiedlichsten Bezeichnungen, die nur selten durch rechtliche Geschlossenheit auffallen. So verfehlt es ist, allein aus der Namenwahl des

---

157 His (Geschichte), Bd. 1, 497 Anm. 13; His (Wandlungen), 242 f.; Bauer, 4 ff.
158 Stober, 98 ff. und 764; His (Wandlungen), 242 f.; E. Grisel (liberté), 17 f. So hatten auch die «regalia minora» im Verwaltungsrecht des absolutistischen Verwaltungsstaats weitgehend polizeilichen Charakter, vgl. dazu Badura (Verwaltungsmonopol), 65 sowie Hatschek, 142: «Der Polizeistaat kannte überhaupt nur diese Form der Polizeierlaubnis und nannte sie Privilegium (...).»
159 Art. 31 BV. Vgl. dazu Saladin (Grundrechte), 219.
160 His (Geschichte), Bd. 3, 591 ff.
161 Kölz (Verfassungsgeschichte), 135; His (Geschichte), Bd. 1, 504. So bereits in Art. 2 des Gesetzes vom 19. Oktober 1798: «Handwerke, Gewerbe und Zweige der Industrie, welche auf die Sicherheit des Lebens, der Gesundheit und des Eigentums der Bürger einigen Einfluss haben», wurden unter polizeiliche Aufsicht und die Sicherheitsvorschriften bisheriger Gesetze gestellt. Vgl. dazu His (Geschichte), Bd. 1, 501 f. und Bauer, 61 f.
162 Wasserkraftnutzung, Fischerei und Jagd. Vgl. dazu Liver (Ausnutzung), 9; R. Bühler, 19 ff.; Max Kaegi, Das schweizerische Jagdrecht, Diss. Zürich, Genf 1911, 21; BGE 119 Ia 123 ff.
163 Erste Ansätze zu einer Unterscheidung im heutigen Sinn finden sich bereits im frühkonstitutionellen Verwaltungsrecht. So wurde bereits zu Beginn des 19. Jahrhunderts zwischen der (gewerblichen) Konzession ohne Anspruch auf Erteilung und dem Gewerbepatent mit Anspruch auf Erteilung unterschieden. Vgl. dazu His (Geschichte), Bd. 1, 518 und Bauer, 62.

Gesetzgebers auf den rechtlichen Gehalt des Rechtsinstituts schliessen zu wollen, so sollten auch kategorische Unterscheidungen zwischen Konzession und Bewilligung möglichst vermieden werden: Die Stellung von Konzession und Bewilligung im verwaltungsrechtlichen Instrumentarium bestimmt sich weitestgehend nach dem Zweck, der ihnen als Teil des postliberalen, sozial angereicherten Verwaltungsrechts zukommt[164]. Versucht man einen möglichst neutralen (Zweck-)Grundgedanken zu finden, der beide verbindet, so kann dieser in einer rechtlich notwendigen staatlichen Mitwirkung mit Ordnungs-, Lenkungs- oder Aufsichtswirkung im Blick auf privates Verhalten ausgemacht werden[165]. Das derart skizzierte Gemeinsame wird zugleich zum Trennenden: Die Intensität der staatlichen Mitwirkung wirkt sich zwangsläufig auf die Rechtsstellung des Privaten wie auch auf den rechtlichen Gehalt von Bewilligung und Konzession aus[166]. Die staatliche Mitwirkung beeinflusst mitunter aber reflexartig auch das Verhältnis des Privaten zur staatlichen Verwaltung. Der Zweck findet sich oft nicht nur in der staatlichen Teilnahme, sondern auch in der Einbindung des Privaten in die Erfüllung staatlicher Aufgaben; aus der einseitig-hoheitlichen Teilnahme wird ein Zusammenwirken im Sinn partnerschaftlichen Verwaltungshandelns.

41. Die Art und Intensität der staatlichen Mitwirkung, wie sie sich in Bewilligung und Konzession ausdrückt, ist nichts fest Vorgegebenes, sondern beurteilt sich primär nach der verfassungsrechtlichen Grundordnung. Die Kompetenzzuweisung und -aufteilung, die demokratischen Partizipationsrechte und die Ordnung der Grundrechte – hier insbesondere die Verhältnismässigkeit – setzen den Rahmen für Bewilligung und Konzession, genauer: für deren verfassungsadäquate Ausformung[167]. Wenn nun vom Zweck der Zulassungsarten die Rede ist, so ist damit an erster Stelle der Zweck gemeint, den die Verfassung und die ihr folgende Gesetzgebung den konkreten Verwaltungsrechtsinstituten zuweist.

42. Typologisch gesehen können Bewilligung und Konzession unter den Begriff der staatlichen Aufsicht, Ordnung und Lenkung privaten (und unter Umständen staatlichen) Verhaltens als Teil einer übergeordneten staatlichen Politik gebracht werden. Je nach Kategorisierungsansatz lassen sich im verwaltungsrechtlichen Handlungsinstrumentarium präventive und repressive Massnahmen, Gebote und Verbote, Verfügung, verwaltungsrechtlicher Vertrag und privatrechtliches Verwaltungshandeln, Plan, Abgaben und Subvention, Information, öffentliche und gemischtwirtschaftliche Unternehmen, zentrale und dezentrale Verwaltung sowie Verstaatli-

---

164 Schmidt, 342; Badura (Verwaltungsmonopol) 108 f.; Ruey, 117 f.
165 Gygi (Verwaltungsrecht), 177; Badura (Verwaltungsmonopol), 108 f.
166 Vgl. zur Intensität der Aufsicht und Kontrolle als rechtliches Unterscheidungskriterium Schmidt, 342 f.
167 Vgl. hierzu Maurer, § 2 N 15.

IV. Stellung im verwaltungsrechtlichen Instrumentarium 25

chung und Privatisierung der Verwaltungsaufgaben unterscheiden. Dieser – recht unvollständige – Überblick macht die Öffnung des ordnenden klassisch-liberalen Verwaltungsrechts hin zur Leistungs- und Lenkungsverwaltung deutlich. Auch in Bewilligung und Konzession spiegelt sich dieser Differenzierungsprozess wider. Während die Bewilligung ihre Wurzeln in der polizeistaatlich geprägten Ordnungsverwaltung hat (Polizeierlaubnis), liegt in der Konzession einer der Keime der heutigen modernen Leistungs- und Lenkungsverwaltung (Konzession der öffentlichen Dienste). Die Verfeinerung und Vervielfachung der verwaltungsrechtlichen Handlungsformen, der verstärkte staatliche Interventionismus und in dessen Gefolge eine vertiefte Verbindung privater und staatlicher Tätigkeiten[168] haben sich aber auch direkt auf die Zulassungsformen ausgewirkt. So wurde die Bewilligung in Form der wirtschaftspolitischen Bewilligung als Lenkungsinstrument (wieder)entdeckt[169]; ebenso wurde die Konzession Zwecken der Gefahrenabwehr dienstbar gemacht (Polizeimonopol)[170]. Anderswo kann ein Wandel von der Monopolkonzession (als Finanzquelle) hin zur Aufsichtskonzession beobachtet werden[171].

43. Grundsätzlich gilt, dass die staatliche Mitwirkung und Kontrolle bzw. Lenkung an Stärke gewinnt, je weiter sich der Zweck der beiden Rechtsfiguren von der reinen Gefahrenabwehr hin zur Erfüllung (weiterer) staatlicher Aufgaben bewegt. Noch zu Beginn dieses Jahrhunderts stimmte die historisch bedingte Trennung von Bewilligung und Konzession weitgehend mit der Unterscheidung der freiheitlich garantierten staatsfreien Privatsphäre und dem staatlichen Verwaltungshandeln überein. Die wirtschaftlichen Krisensituationen während der ersten Hälfte des 20. Jahrhunderts, etatistische Tendenzen[172], zunehmende Sozialausrichtung der Grundrechte[173] und das Aufkommen neuartiger Staatsaufgaben[174] führten zu einer inhaltlichen Angleichung: Insbesondere die Bewilligung verlor ihren rein abwehrenden Charakter zugunsten von Lenkungs- und Gestaltungselementen[175]. Bereits eine klassischpolizeiliche Erlaubnis – wie etwa die Berufsausübungs-[176] oder Baubewilligung[177] –

---

168 Badura (Verwaltungsmonopol), 245.
169 Diese Entwicklung wurde durch das Ausnahme- und Krisenrecht im Umfeld der beiden Weltkriege entschieden gefördert.
170 Statt vieler Reinhard, 16 f.
171 So bei der Eisenbahnkonzession. Vgl. dazu Hans Huber, Diskussionsvotum an der Deutschen Staatsrechtslehrertagung 1970, VVDStRL 29/1971, 241; Moor, Bd. III, 379.
172 Zaccaria Giacometti, Die Handels- und Gewerbefreiheit nach den neuen Wirtschaftsartikeln der Bundesverfassung, in: FG zur Jahrhundertfeier der Bundesverfassung, Zürich 1948, 178.
173 Hierzu zwei Stichworte: Soziale und sozialpolitische Einschränkungen der Handels- und Gewerbefreiheit sowie Sozialbindung des Eigentums.
174 Insbesondere Sozialpolitik, Natur-, Heimat-, Tier- und Umweltschutz sowie Raumplanung.
175 Vgl. dazu Saladin (Grundrechte), 348. Eine ähnliche Entwicklung ist im Abgaberecht bei der Lenkungsabgabe zu beobachten.
176 Z.B. der Rechtsanwalt als Mitarbeiter der Rechtspflege, vgl. dazu Wolffers, 37 ff. Ein gutes Beispiel bietet auch BGE 113 Ia 126 ff. betreffend die Bewilligungspflicht für den Verkauf von Miet-

dient heute zum Teil nebst der reinen Gefahrenabwehr auch und immer mehr der positiven Gestaltung des sozialen Lebens. Noch stärker tritt das gestaltende Element bei der wirtschaftspolitischen Bewilligung in Erscheinung. Am intensivsten ist die staatliche Mitwirkung bei der Konzession des öffentlichen Dienstes[178], die den Konzessionär nicht selten zum «quasi-staatlichen» Verwaltungsträger erhebt.

44. Art und Intensität der staatlichen Mitwirkung sind sicherlich nicht die einzigen gemeinsamen Kriterien von Bewilligung und Konzession[179]. Doch ist anhand dieses Merkmals das Wesentliche beider Rechtsfiguren besonders gut zu erkennen: *Eine bestimmte menschliche Lebensäusserung ist nicht ohne staatliche Teilnahme und Zustimmung möglich*[180]. In beiden Fällen wird die voraussetzungslose Handlungsfreiheit negiert. Die geschichtlich bedingte Aufspaltung der staatlichen Zulassung in einen hoheitlichen und einen grundrechtlich geschützten, privaten Teil hat diese Gemeinsamkeit verwischt. Die Trennung, gepaart mit einem das Zivilrecht nachahmenden Systematisierungseifer, begünstigte die Bildung in sich geschlossener Kategorien. Diese unterscheiden die beiden Rechtsfiguren nach mehreren Kriterien, so insbesondere nach Erteilungsanspruch, Abänderungssicherheit und Grundrechtsschutz. Die Vielfalt der Unterscheidungsmerkmale, das Aufkommen neuer Problembereiche, der stetige Wandel bisheriger verfassungs- und verwaltungsrechtlicher Institute und eine teils nur mangelhafte Ausrichtung an der Rechtswirklichkeit zwangen die Doktrin und Praxis, die kategorischen Unterscheidungen durch ein System von zahlreichen Ausnahmen und Abweichungen zu vervollständigen. Damit wurde zum einen das Dogma der systembedingten Gegensätzlichkeiten aufrechterhalten, zum anderen wurden auch Lösungsansätze für ein übergreifendes Gedankengebäude verbaut. Versteht man Bewilligung und Konzession jedoch als qualitativ gleichwertige Elemente einer staatlichen Ordnungs-, Lenkungs- und Aufsichtspolitik, so gelangt man zu einem *offenen System fliessender Übergänge*[181].

B. ALTERNATIVEN

45. Bewilligung und Konzession gehören nicht nur historisch gesehen zu den bedeutendsten verwaltungsrechtlichen Instrumenten. Ein Grund für die Beliebtheit der Bewilligung liegt wohl in der ihr innewohnenden Betonung der Praktikabilität

---

wohnungen mit dem Zweck der Milderung der Wohnungsnot. Vgl. dazu die Bemerkungen von Jörg Paul Müller, Baurecht 1988, 60 ff. Weitere Beispiele finden sich bei Knapp (collaboration), 369.
177 H. Huber (Baupolizeirecht), 70; Gygi (Verwaltungsrecht), 168; Barblan, 28 ff.; Reinhard, 20.
178 Knapp (collaboration), 369 f.
179 Auch Knapp (collaboration), 372 teilt die Zusammenarbeit von Staat und Privaten nach der Intensität des Zusammenwirkens ein.
180 Korrodi, 87; Hurter 25 f.
181 Hierzu N 86.

IV. Stellung im verwaltungsrechtlichen Instrumentarium

und Minimierung des Verwaltungshandelns und der Verwaltungskosten auf der einen Seite[182]. Auf der anderen Seite hat sie eine nicht zu unterschätzende Bedeutung bei der Verhinderung sozialschädlichen Verhaltens[183]. Der Anstoss zur Aufnahme einer Tätigkeit muss vom Privaten ausgehen, wobei sich der Staat auf eine rein präventive und allenfalls beaufsichtigende Kontrolle beschränken darf. Zum anderen kommt die Verteilung der objektiven Beweislast[184] denselben Bedürfnissen entgegen, da der Bewilligungssuchende den Nachweis der Gesetzeskonformität der nachgesuchten Tätigkeit zu erbringen hat. Weiter kann die Verwaltung die Bewilligung flexibel handhaben: Anpassung an veränderte Verhältnisse, Verbindung mit Nebenbestimmungen und weite Ermessensbereiche erlauben ihr ein einzelfallgemässes Vorgehen. Nicht zuletzt hat aber die bewilligungsfreundliche Praxis[185] des Bundesgerichts zu ihrer Verbreitung beigetragen. Anderseits wird die mangelnde Fähigkeit des gewerbepolizeilichen Gewerberechts zur Reaktion auf neue Gefährdungslagen diagnostiziert[186].

Die Gründe für die tragende Rolle der Konzession im Zusammenwirken von Staat und Privaten bei der Lösung «öffentlichkeitsrelevanter» Aufgaben sind anderswo zu suchen. Historisch gesehen wurde die Konzession vorzugsweise noch der Verdeckung einer aus wirtschaftsliberaler Sicht unerwünschten staatlichen Teilnahme am Wirtschaftswettbewerb dienstbar gemacht[187]. Die heutigen Motive liegen zum einen in der Gewinnung privatrechtlicher Flexibilität, Markterfahrung, Technologie, Arbeits- und Kapitalkraft für Aufgaben, die das Gemeinwesen nur schlecht angehen könnte[188]. Die oftmalige Verbindung von Konzession und gemischtwirtschaftlichem Unternehmen legt aber eine nüchternere Betrachtungsweise nahe. Die staatliche Konzessionierungsbefugnis kann dazu missbraucht werden, um Führungsorgane des Konzessionärs mit Trägern der politischen Parteien zu besetzen. Die politische Karriereleiter wird um eine privatwirtschaftsnahe Stufe erweitert[189]. In glei-

---

182 Vgl. dazu auch Häberle, 145.
183 Insbesondere die polizeiliche Bewilligung ist zuweilen effizienter als strafrechtliche Repressivmassnahmen, Mühlemann 113.
184 Vgl. dazu statt vieler Alfred Kölz/Isabelle Häner, Verwaltungsverfahren und Verwaltungsrechtspflege des Bundes, Zürich 1993, N 114.
185 Saladin (Grundrechte), 243 f.
186 Mühlemann, 119 nennt als wahrscheinlichstes Motiv die Angst vor zusätzlichem Administrativaufwand.
187 Dupuis/Guédon, 400; Chapus, 109.
188 Badura (Verwaltungsmonopol), 252; J. Meylan, 420. Vgl. auch den allgemeineren Ansatz bei Eichenberger (Aufgabenverteilung), 533 ff.
189 So etwa Georg Müller, Diskussionsvotum an der Deutschen Staatsrechtslehrertagung 1987, VVDStRL 46/1988, 261 f.

chem Zusammenhang steht das mit der Ausgliederung staatlicher Aufgaben entstehende Manko an parlamentarischer, finanzieller und rechtsstaatlicher Kontrolle[190].

46. Angesichts der Beliebtheit von Bewilligung und Konzession ist es der schweizerischen Doktrin[191] und Praxis bis anhin schwergefallen, Alternativen zu diesen Handlungsformen aufzuzeigen, obwohl sich eine Auffächerung im Sinn des Verhältnismässigkeitsprinzips durchaus aufgedrängt hätte. Namentlich bei der Bewilligung vermochte die wenig kritische höchstrichterliche Rechtsprechung zu wenig Druck auf die kantonale Gesetzgebung auszuüben, um die Suche nach milderen Kontrollmitteln in Gang setzen zu können[192]. Demgegenüber wurde in der deutschen Doktrin dem «Verbot mit Erlaubnisvorbehalt» (Bewilligung) die «Erlaubnis mit Verbotsvorbehalt» gegenübergestellt[193]. Danach kann eine Tätigkeit grundsätzlich frei aufgenommen, bei Vorliegen bestimmter gesetzlicher Voraussetzungen aber verboten werden. Obwohl auch hier – einer Bewilligung gleich – rechtstechnisch Verbot und Erlaubnis Verknüpfung finden, bestehen sachliche Unterschiede[194]. Der eine liegt in der Umkehr von Regel und Ausnahme. Der zweite Unterschied besteht darin, dass bei der Bewilligung die Tätigkeit als solche verboten wird, vorbehältlich eines Ermessensentscheides der Behörde. Bei der «Erlaubnis mit Verbotsvorbehalt» hingegen wird der Freiheitsbereich durch den Gesetzgeber und nicht die Verwaltung festgesetzt.

Eine etwas strengere Form ist die des «Verbots mit Anzeigevorbehalt». Danach ist die Aufnahme einer Tätigkeit nicht an eine Erlaubnis geknüpft, vielmehr genügt

---

190 Eichenberger (Verwaltungsprivatrecht), 85 Fn. 22.
191 Ein seltenes Beispiel findet sich in der Forderung *Imbodens* nach Ersatz der Bewilligungspflicht für Spendensammlungen durch eine blosse Meldepflicht. Vgl. dazu Max Imboden, Die staatliche Kontrolle gemeinnütziger Sammlungen, Schweizerische Zeitschrift für Gemeinnützigkeit, 84/1945, 203 ff. Anderer Meinung ist Jäggi, 119. Vgl. auch Schürmann (Wirtschaftsverwaltungsrecht), 42 mit Forderung nach Abbau der Berufsausübungsbewilligungen zugunsten einer Verbandsaufsicht und Verschärfung der Haftungsbestimmungen.
192 Entsprechend schlagen Alfred Kölz/Jörg Paul Müller, Entwurf für eine neue Bundesverfassung vom 16. Mai 1984. Zweite, überarbeitete Auflage vom 14. Juli 1990, Basel/Frankurt a.M 1990, in Art. 71 Abs. 2 unter dem Randtitel «Vereinfachung der Verwaltung» vor: «Nach Inkrafttreten dieser Verfassung sind alle bestehenden Bewilligungspflichten zu überprüfen im Hinblick darauf, ob sie soweit wie möglich durch einfache Meldepflichten, amtliche Kontrollbefugnisse und andere sachgerechte Verwaltungsmassnahmen ersetzt werden können.» In Ergänzung dieser Bestimmung müsste eine *periodisch zu wiederholende* Überprüfung stattfinden. Vgl. auch die Kritik von Mühlemann, 107 f., aus der hervorgeht, dass der kantonale Gesetzgeber bereit ist, an antiquierten Bewilligungserfordernissen festzuhalten, ohne Berufe mit einem weitaus höheren Gefährdungspotential derselben Zugangskontrolle zu unterstellen.
193 Friauf, 423 m.w.H.; Maurer, § 9 N 54; Häberle, 147 und 159. Eine Stufenfolge der polizeilichen Massnahmen hat schon Mayer, Bd. 1, 268 aufgeführt.
194 Friauf, 423.

eine einfache Anzeige bzw. Meldung[195]. Die Meldepflicht tritt auch in Form der sogenannten Kontroll- oder Aufsichtserlaubnis in Erscheinung[196]. Die Behörde kann im Anschluss an die Information zur Prüfung schreiten und die aufgenommene Tätigkeit bei Feststellung von Mängeln untersagen[197].

47. Die schweizerische Doktrin und Rechtsprechung haben den beiden Bewilligungsalternativen bis in die jüngste Zeit hinein wenig Beachtung geschenkt[198]; die Lücke zwischen bewilligungspflichtiger und -freier Tätigkeit blieb unausgefüllt. Dennoch kann man seit neuestem eine – wenn auch vorerst zaghafte – Häufung dogmatischer[199] und gesetzgeberischer[200] Ansätze (zu einer Rezeption?) beobachten. Auch das Bundesgericht hat in einem neueren Entscheid eine nach ihrer Eingriffsintensität abgestufte Stufenfolge der polizeilichen Massnahmen im Umfeld der Bewilligung skizziert, wobei es die «blosse» Meldepflicht als mildestes Mittel anführte[201].

V. FRAGE NACH DER RECHTSNATUR

48. Die Antwort auf die Frage nach der Rechtsnatur von Bewilligung und Konzession gehört zum klassischen Bestand verwaltungsrechtlicher Dogmatik und hat bereits einiges an schriftstellerischer Energie verbraucht. So hat die auf die Einzelinteressen ausgerichtete ältere Verwaltungsrechtslehre der (erteilten) Konzession aus verfahrensrechtlichen wie auch politischen Gründen[202] die Eigenschaft eines rechtsbegründenden subjektiven öffentlichen Rechts zugesprochen[203]. Für die schweizerische Doktrin war jedoch seit je weniger die verunglückte Rechtsfigur des subjekti-

---

195 Maurer, § 9 N 54; Stober, 628 f.; Püttner, 82. Zu den französischen «régimes de déclaration» vgl. Laubadère/Delvolvé, N 150.
196 Schwarzenbach-Hanhart (Grundriss), 183.
197 Vgl. etwa Art. 33 f. Filmverordnung.
198 Vgl. etwa Imboden/Rhinow, Nr. 131 B II; Schürmann (Wirtschaftsverwaltungsrecht), 50 f.; Knapp (Précis), N 1371 ff.; Grisel (Traité), 348 ff. und 410 ff.
199 Häfelin/Müller, N 1922 und 1941; Vallender (Wirtschaftsfreiheit), 121 f.; Gygi (Verwaltungsrecht), 176.
200 Eine Übersicht findet sich bei Vallender (Wirtschaftsfreiheit), 121 f. Rein zahlenmässig dürfte das baurechtliche Anzeigeverfahren am bedeutensten sein. Vgl. dazu etwa § 325 PBG und Mäder, 104 ff.
201 BGer 11. Dezember 1987, ZBl 89/1988, 328. Zu vermeiden ist die vom Bundesgericht angestellte Gleichstellung von «blosser Meldepflicht» mit der «Erlaubnis mit Verbotsvorbehalt», da die «Erlaubnis mit Verbotsvorbehalt» nicht zwingend mit einer Meldepflicht kombiniert werden muss. Vgl. dazu Maurer, § 9 N 54.
202 Dazu Kölz (Legitimation), 746 f.; Fleiner (Institutionen), 174 f.
203 Mayer, Bd. 2, 153 f.; Fleiner (Institutionen), 346 und 383 f.

ven öffentlichen Rechts[204] als vielmehr die damit verwandte Frage der Zuordnung der Konzession zum Begriffspaar Vertrag – Verfügung[205] von Interesse. Im Gefolge der ablehnenden Haltung der traditionellen deutschen Rechtslehre zum zweiseitig konzipierten Verwaltungsrechtsverhältnis hat die schweizerische Gerichtspraxis lange Zeit den einseitig-öffentlichrechtlichen Charakter der Konzession betont[206]. Dieser wurde erst unter dem Einfluss des in der eidgenössischen Wasserrechtsgesetzgebung garantierten «wohlerworbenen Rechts» zugunsten rechtsgeschäftlicher Elemente modifiziert[207], ohne dass die Qualifikation als Verwaltungsakt auf Unterwerfung aufgegeben worden wäre[208]. Die Rechtsprechung fand eine erste Parallele in der durch WALTER JELLINEK vertretenen deutschen Doktrin, die OTTO MAYERS abredefeindlichem Konzept vom einseitigen Verwaltungsakt auf Unterwerfung den zweiseitigen Verwaltungsakt entgegensetzte. Damit wurde Platz für Vereinbarungen freigemacht[209]. Im Entscheid «Hydrocarbures»[210] aus dem Jahre 1954 bekannte sich das Bundesgericht offen zur gemischten Rechtsnatur der Konzession. Die Referenten des Schweizerischen Juristentages 1958, HENRI ZWAHLEN und MAX IMBODEN, nahmen die Rechtsprechung auf und prägten – offensichtlich in Anlehnung an die französische «concession de service public» – den Begriff der Konzession als komplex strukturiertes Gebilde[211].

49. Der überwiegende[212] Teil der schweizerischen Lehre[213] hat diese Erklärung übernommen. Seitdem gilt die Konzession als Kombination vertraglicher und ver-

---

204   Diese wird von grossen Teilen der neueren Lehre in Frage gestellt oder abgelehnt. Vgl. dazu Kölz (Kommentar), § 21 N 7 m.w.H.; Weber-Dürler (Vertrauensschutz), 177; Häfelin/Müller, N 615; Gygi (Verwaltungsrecht), 164 ff.; a.A. Grisel (Traité), 578 ff.
205   Fleiner (Bundesstaatsrecht), 474; Blumenstein, 434 ff.; Giacometti (Grenzziehung), 22 ff.; Ruck (Verwaltungsrecht), 73 ff.; Haenni, 42 f.; Korrodi, 92 ff.
206   BGE 29 II 424; 34 II 837; 43 II 448; 47 I 226; 50 I 397 ff.; 53 I 83 ff.; Zwahlen, 579a; Imboden (Vertrag), 35a.
207   Zwahlen, 579a; BGE 43 I 448; 48 I 206 f.; 57 I 334 f.; 65 I 302.
208   Zwahlen, 513a f. Vgl. etwa BGE 43 I 448.
209   Jellinek, 240 ff.; Korrodi, 93; Walter Baechi, Verwaltungsakt auf Unterwerfung, zweiseitiger Verwaltungsakt oder Vertrag, Diss., Zürich 1934, 114.
210   BGE 80 I 246 ff. Vgl. ferner BGE 81 I 65; BGer 19. März 1969, ZBl 72/1971, 55.
211   Imboden (Vertrag), 169a; Zwahlen, 580a. Ähnlich bereits Liver (Wasserrecht), 336; H. Huber (Vertrauensschutz), 464. Vgl. zur Anlehnung an das französische Recht auch Mossu, 9. Erstaunlich an der Begriffsbildung ist, dass sich beide Referenten hierbei auf BGE 80 I 246 ff. berufen, dieser Entscheid den Begriff des komplex strukturierten Rechtsverhältnisses aber gar nicht erwähnt.
212   Entschiedene, rechtsstaatlich motivierte Ablehnung findet sich bei Giacometti (Lehren), 361 ff. Ebenso entschieden, diesmal aber unter Betonung verwaltungsrechtlicher Argumente, verwirft Gygi (Verwaltungsrecht), 204 f. die gemischte Rechtsnatur der Konzession.
213   Imboden/Rhinow, 282 f.; Rhinow (Subvention), 266; Fleiner-Gerster (Grundzüge), § 22 N 40; Grisel (Traité), 283 f.; Kölz (Verwaltungsrecht), 182; Knapp (Précis), N 1400 f.; Weber-Dürler (Vertrauensschutz), 63; Häfelin/Müller, N 881 und 2009; Knapp (concessions), 124; Vallender

fügungsmässiger Elemente, die zu einem «komplexen» Rechtsgebilde führt. Nahezu unbemerkt blieb, dass die moderne Konzeption mehr zufällige als gewollte Folge einer prozessualen Besonderheit ist. Der wiederholt bestätigte Entscheid *«Hydrocarbures»*[214] erging nämlich in Abgrenzung der staatsrechtlichen Beschwerde zum direkten Prozess zwischen Kanton und Privaten nach Art. 42 OG. Das Bundesgericht beurteilt im direkten Prozess «zivilrechtliche» Streitigkeiten, wobei der Begriff des «Zivilrechts» historisch, mithin unter Einschluss des *fiskalisch* verstandenen öffentlichen Rechts, zu deuten ist[215]. Wie zu Beginn seiner Rechtsprechung musste das Bundesgericht auch 1954 die Antwort auf die Frage nach der Rechtsnatur der Konzession weit mehr den prozessualen Gegebenheiten[216] als den rechtstheoretischen Erkenntnissen anpassen[217]. Die Folge war eine klare Aufspaltung des Konzessionsinhaltes[218]. Das Nebeneinander von zwei Verfahrenswegen, eines modernen verwaltungsrechtlichen und eines antiquiert-fiskusrechtlichen, prägte das moderne Bild der Konzession weit mehr, als gemeinhin angenommen wird. Die vermeintlich zeitgemässe Schöpfung eines «komplex strukturierten» Rechtsverhältnisses verhalf der Fiskustheorie zu bruchstückhaftem Wiederaufstieg[219]. Ausserhalb prozessualer Vorgaben ist die dogmatische Spaltung denn auch für das Bundesgericht – zumindest für die Wasserrechtskonzession – von untergeordneter Bedeutung, «weil Art. 43 Abs. 1 WRG alle Ansprüche des Beliehenen, ungeachtet ob sie auf Vertrag oder Verfügung beruhen, gleich behandelt und sie allesamt als wohlerworben bezeichnet»[220].

50. Wenn das heutige Verständnis von der Rechtsnatur der Konzession stark durch die frühliberale Fiskustheorie mitbeeinflusst wurde, so kommt dieser Umstand dennoch den Anliegen der modernen Dogmatik besonders entgegen. Diese versucht, den aus der Überhöhung des einseitigen Verwaltungsaktes entstandenen

---

(Wirtschaftsfreiheit), 133 f.; Moor, Bd. III, 124; Dubach (Wasserrecht), 28; Schweickhardt, 24; Klett, 102; Augustin 15 ff.; Korrodi, 94 f.

214 BGE 92 I 212; 95 I 250; 96 I 288; 109 II 80; BGer 19. März 1969, ZBl 72/1971, 55; VGer Zürich 11. März 1986, ZBl 88/1987, 137.
215 Walter Haller, Kommentar BV, Art. 110 N 12 ff.; Grisel (Traité), 112; Rhinow (Rechte), 6; BGE 80 I 245. Im gleichen Sinn bereits BGE 34 II 836.
216 Vgl. auch die rechtshistorisch parallele Entwicklung vom privatrechtlichen zum öffentlich-rechtlichen Vertrag, wie in BGE 105 II 240 im Gegensatz zu 76 II 106 schön zu beobachten.
217 Vorrang des direkten Prozesses vor der staatsrechtlichen Beschwerde nach Art. 84 Abs. 2 OG.
218 BGE 80 I 246. Das Bundesgericht beurteilt die «wohlerworbenen Rechte» gleich, unabhängig davon, ob sie auf hoheitlichen oder vertraglichen Elementen beruhen, BGer 11. Juli 1988, ZBl 90/1989, 90.
219 Soweit ersichtlich hat einzig Giacometti (Verwaltungsrecht), 362 Fn. 111 die prozessuale Bedingtheit der Rechtsprechung erkannt. Er hat hier zu Recht auch darauf hingewiesen, dass der im Entscheid *«Hydrocarbures»* eingeschlagene Weg gar nicht neu war; so hat das Bundesgericht in BGE 63 II 49 f. bereits im gleichen Sinn entschieden. Vgl. auch Liver (Wasserrecht), 337 und Gygi (Verwaltungsrecht), 37.
220 BGer 11. Juli 1988, ZBl 90/1989, 90; vgl. zur prozessualen Tragweite der Unterscheidung BGE 109 II 77.

Regelungsdefiziten[221] mittels Aufwertung zweiseitig bedingter Vertrauenslagen abzuhelfen[222]. In Zugzwang versetzt wurde die Lehre durch eine vorauseilende Gesetzgebung und Verwaltungspraxis, die immer mehr zum verwaltungsrechtlichen Vertrag griff[223]. Bei nüchterner Betrachtung zeigt sich, dass Lehre und Praxis in dieser Hinsicht lange wenig Kenntnis voneinander genommen haben; der verwaltungsrechtliche Vertrag wurde und wird pragmatisch gemäss dem Bedürfnis nach einem *kooperativ* geprägten Aushandeln eingesetzt. Dabei werden Grenzen der obrigkeitsstaatlich geprägten Verfügungsbegrifflichkeit gesprengt, wobei nicht einmal vor dem Urtypus der Verfügung, der Polizeierlaubnis, Halt gemacht wird[224]. Argumentationshilfen wurden offenbar auch in ausländischen Rechtsordnungen gefunden, insbesondere in der Rechtsfigur der französischen «concession de service public»[225], der auch die schweizerische Rechtstheorie ihre Charakterisierung als gemischte, komplex strukturierte Rechtsfigur verdankt.

51. Seit der Entstehung des modernen rechtsstaatlichen Verwaltungsrechts verband sich mit der Rechtsnatur der Konzession immer auch die Suche nach deren Beständigkeit; der Schutz eines Rechtes wurde zum Schutz einer ganzen Rechtslage ausgeweitet[226]. Die allzu löchrige Lehre von der Rechtskraftwirkung der Verfügungen konnte die Erwartungshaltung, wie sie ein rechtsgeschäftgleiches Vorgehen weckte, nicht auf Dauer befriedigen. Mit der Aufspaltung des Konzessionsinhalts wurde diesen Bedürfnissen Rechnung getragen; gleichzeitig gelang eine Aussöhnung der sich widersprechenden privaten und öffentlichen Interessen. Mit der Dualisierung der Rechtsnatur wurde aber – vorerst – auch einiges an möglicher Rechtsentwicklung verhindert. Durch Ausweichen auf privatrechtliches Vertragsgedankengut und die Figur der «wohlerworbenen Rechte» des Konzessionärs konnte die Frage umgangen werden, ob nicht auch das öffentliche Recht, aus seinem eigenen Handlungsinstrumentarium heraus, *gleichwertigen Schutz* bieten könne. Die Aufspaltung des Konzessionsinhalts in einen Verfügungs- und Vertragsteil führte zudem zur Überbetonung der sich im Verleihungsakt widerspiegelnden privaten und öffentlichen Interessen. Hier wurde oft der Versuchung nachgegeben, den korrelierenden, aber nicht direkt streitbetroffenen Teil der Konzession aus den Überlegungen auszublenden. Mit dem Verlust ihrer inhaltlichen Einheit brach auch die historische Ver-

---

221 Vgl. dazu Imboden (Vertrag), 212a f.; Eichenberger (Verwaltungsprivatrecht), 85.
222 Vgl. Rhinow (Verfügung), 307; Gygi (Verwaltungsrecht), 35.
223 Imboden (Vertrag), 32a.
224 Vgl. dazu Rolf Maegli, Gesetzmässigkeit im kooperativen Verwaltungshandeln, URP 1990, 268 ff.
225 BGE 67 I 301; 80 I 246; 81 I 260; Imboden (Vertrag), 35a f. und 169a; Zwahlen, 578a ff.; Grisel (Droit), 144. Anderer Ansicht ist Hanhardt, 76 f. Hilfreich war sicherlich auch die zunehmende Verbreitung, die der öffentlich-rechtliche Vertrag in der deutschen Lehre der Nachkriegszeit fand. Vgl. dazu Hans Peters, Lehrbuch der Verwaltung, Berlin/Göttingen/Heidelberg 1949, 153 f. und Forsthoff, 208 ff.
226 H. Huber (Vertrauensschutz), 465.

V. Frage nach der Rechtsnatur

bindung von Konzession und Bewilligung auseinander. Gerade das rechtsgeschäftliche Element wurde zu einem derart wichtigen Unterschied topoisiert, dass bewilligungsrechtliche Vertrauenslagen nur schwer Anerkennung fanden.

52. Reduziert sich die Suche nach der Rechtsnatur der Konzession vornehmlich auf den Schutz vor Entziehung einer gewährten Rechtslage, stellt sich zwangsläufig die Frage nach dem weiteren Sinn der Aufspaltung des Konzessionsinhalts. Ein Überdenken drängt sich aus dem Gesichtspunkt des Vertrauensschutzes auf: Zum Zeitpunkt der Entstehung der Theorie von der gemischten Rechtsnatur der Konzession fristete er noch ein Schattendasein[227]; im Lauf der letzten zwei Jahrzehnte ist der Vertrauensschutz im öffentlichen Recht zum grundlegenden Schutz mannigfaltiger Erwartungshaltungen[228] aufgestiegen. Auch wenn seine dogmatische Ausbildung noch keineswegs als abgeschlossen gilt, so zeigt er doch genügend Gehalt und Bestimmtheit, um die dualistische Theorie ersetzen zu können. Der grosse Vorteil dieser Substitution liegt in der rechtlichen Erfassung der Konzession als Einheit, die eine Vielheit vereint: Werden Rechtsverhältnissen zersplittert, so besteht die Gefahr, dass zufällig zur Beurteilung anstehende Aspekte überbetont werden. Die Unterstellung unter den Vertrauensschutz ermöglicht auch den Anschluss an die Entwicklung der Rechtsbeständigkeit von Verfügungen[229], nicht zuletzt zugunsten einer besseren Verzahnung von Bewilligung und Konzession[230]. Aufzugeben ist auch das mit der privatrechtlichen Natur verbundene «wohlerworbene Recht» sowie die damit zusammenhängende eindimensionale Ausrichtung auf die Eigentumsgarantie; allerdings dürfte dieses Postulat angesichts der gesetzlichen Fixierung des «wohlerworbenen Rechts»[231] vorerst im Rechtstheoretischen haften bleiben. Nicht aufzugeben ist hingegen der mit dem «wohlerworbenen Recht» verbundene Gedanke einer verstärkten Unabänderbarkeit rechtsgeschäftlich festgelegter Konzessionsteile. Mit der Entlassung der Konzession aus dem Schutz der «wohlerworbenen Rechte» unter die Obhut des Vertrauensschutzes muss – vorzugsweise durch den Verfassungs- bzw. Gesetzgeber[232] – auch die Frage der Rechtswirkungen und des Entschädigungsrechts neu überdacht werden, wobei sich hier Modifikationen in Rich-

---

227 Der Beginn der modernen Vertrauensschutzrechtsprechung liegt um 1950, fällt damit fast mit der Anerkennung der gemischt-rechtlichen Natur der Konzession zusammen. Vgl. dazu Weber-Dürler (Vertrauensschutz), 3; Haefliger, 218.
228 Auch durch Verfügungen begründete, vgl. Weber-Dürler (Vertrauensschutz), 160.
229 Weber-Dürler (Vertrauensschutz), 160.
230 Die Ausdehnung des Vertrauensschutzes auf die Verfügungen nimmt Gygi (Verwaltungsrecht), 205 zum Anlass, um Konzessionen den antrags- oder mitwirkungsbedürftigen Verfügungen zuzuordnen. Auch Aubert (Traité), N 1893 spricht von der nahezu gleichen Rechtsbeständigkeit von Polizeibewilligung und Konzession, vgl. ferner Dubach (Wasserrecht), 11 und Degiacomi, 82.
231 Art. 43 Abs. 1 WRG.
232 Die Lehre hat sich des Problems längst angenommen. Vgl. dazu Kölz (Verwaltungsrecht), 146 ff.; Weber-Dürler (Vertrauensschutz), 131 ff. und 159 f.; Rhinow/Krähenmann, 239 und 366 f.

tung eines Ausgleichs zwischen vertraglicher Starrheit und der wandelbaren Interessenlage aufdrängen[233].

VI. VERWANDTE RECHTSERSCHEINUNGEN

53. Ein kurzer Blick auf die mit der Bewilligung und Konzession verwandten Rechtserscheinungen soll die Eingrenzung des Themas erlauben. Man muss sich allerdings bewusst sein, dass eine kategorische Trennung der Zulassungen und der ihnen nahestehenden Rechtserscheinungen fragwürdig ist, da regelmässig Überschneidungen, Vermischungen und Parallelregeln anzutreffen sind. Die Zulassung zur anstaltlichen Nutzung ist mit der Erlaubnis der Nutzung öffentlichen Grundes durchaus vergleichbar[234]; ebenso kann die gemischtwirtschaftliche Unternehmung nicht losgelöst von einer allfälligen konzessionsrechtlichen Grundlage betrachtet werden. Gleichermassen zeigt sich, dass in einigen Konzessions- wie auch Bewilligungsverhältnissen die sogenannte Indienstnahme Privater und die Beleihung integriert sind. Die finanzielle Situation des Konzessionärs «de service public» wie auch die damit verbundenen Pflichten- und Rechtsstellung ist wiederum ohne Beleuchtung der subventionsrechtlichen Seite[235] nicht erfassbar. Zudem ist eine Abgrenzung des mit verwaltungsrechtlichen Aufgaben betrauten Konzessionärs vom auf Rechnung des Staates handelnden, mit delegierten Aufgaben beauftragten Privaten[236] über weite Strecken nur formeller Natur, wenn der Konzessionär erheblich durch Beiträge des Staates finanziert wird.

54. Unter einem *Beliehenen* wird eine natürliche oder juristische Person des Privatrechts verstanden, der entweder die Erledigung einer Verwaltungsaufgabe übertragen[237] oder zumindest die Zuständigkeit eingeräumt wurde, in eigenem Namen bestimmte hoheitliche Kompetenzen geltend zu machen[238]. Die sprachliche Nähe des Begriffs zur konzessionsrechtlichen «Verleihung» kann Missverständnisse aufkommen lassen. Zudem zeigt die Entwicklung der – dem deutschen Verwaltungsrecht

---

233 Kölz (Verwaltungsrecht), 148 f.
234 Jaag (Gemeingebrauch), 162. In BGE 117 Ib 394 f. hat das Bundesgericht bei der Zulassung zum gesteigerten Anstaltsgebrauch und der Sondernutzung öffentlichen Grundes Unterschiede erblickt. Die bundesgerichtliche Begründung ist nur verständlich, wenn man berücksichtigt, dass es in der Nutzung öffentlichen Grundes im Unterschied zur Anstaltsnutzung nicht zwingend eine staatliche Leistung sieht. Diese Auffassung ist kaum haltbar. Vgl. dazu N 155.
235 Dazu eingehend Rhinow (Subvention), 269 ff.
236 Vgl. etwa zur Wahrnehmung notarieller Aufgaben durch freiberuflich tätige Notare AGVE 1971 Nr. 16.
237 Gygi (Verwaltungsrecht), 57; Häfelin/Müller, N 1196; Weltert, 325.
238 In Anlehnung an das deutsche Recht P.R. Müller, 200 f. Vgl. auch Rhinow (Subvention), 269 f.

VI. Verwandte Rechtserscheinungen

entstammenden – «Beleihung», dass ihre Wurzeln in der frühen französischen «concession de service public» liegen[239].

Die Unterscheidung anhand des Merkmals der Übertragung hoheitlicher Kompetenzen bzw. der Erfüllung einer Verwaltungsaufgabe kann nur bedingt auf das schweizerische Recht übertragen werden. Auch wenn die Wahrnehmung hoheitlicher Kompetenzen und die Übernahme verwaltungsrechtlicher Aufgaben nicht typisch für die Tätigkeit des Konzessionärs sind, so können sie doch im schweizerischen Verständnis der «concession de service public» integriert werden[240]. Eine sicherere Abgrenzung ergibt sich aus Art und Zweck der übertragenen Tätigkeit. Der *Konzessionär* wird wirtschaftlich in einem staatlichen Monopolbereich, in eigenem Namen, auf eigene Rechnung und eigenes Risiko tätig[241], während der *«Beliehene»* vorab Vollzugs-, teilweise auch Rechtsetzungsaufgaben übernimmt[242] und auf Rechnung des Staates handelt[243]. Trotzdem ist eine Zuweisung zur einen oder anderen Rechtserscheinung nicht immer klar, schon deshalb, weil sich der Gesetzgeber nicht immer an dogmatische Trennlinien hält und nicht selten auch historische Gewohnheiten berücksichtigt werden müssen[244]. Die Verwirrung wird noch grösser, wenn man erkennt, dass die welsche Lehre den Begriff der «concession de service public» im Gegensatz zu Teilen der deutschschweizerischen Doktrin («Konzession des öffentlichen Dienstes»)[245] zum einen enger fasst und der Delegation von Verwaltungsaufgaben entgegensetzt, zum anderen jedoch auch auf die Monopol- und Sondernutzungskonzessionen ausdehnt[246].

Vorliegend wird in Übereinstimmung mit der herrschenden Praxis und Lehre darauf abgestellt, ob der zugelassene und mit Verwaltungsaufgaben bzw. hoheitlichen Funktionen betraute Private auf *eigene oder auf Rechnung des Staates* tätig wird. Diese – an sich sehr formale – Abgrenzung trägt immerhin dem Umstand Rechnung, dass – ungeachtet der Art der Tätigkeit – mit der konzessionsrechtlichen Stellung immer ein Mindestmass an Selbständigkeit und Selbstverantwortung assoziiert

---

239 Vgl. dazu etwa Ossenbühl, 138 ff. sowie N 66.
240 Knapp (collaboration), 376; Häfelin/Müller, N 1194; P.R. Müller, 203 f.; U. Brunner, Kommentar USG, Art. 43 N 10; Burnet, 118 f.; Hanhardt, 148 f.; Krähenmann, 21 f. Anderer Ansicht Gygi (Verwaltungsrecht), 195 f.; Weltert, 325.
241 Knapp (Précis), N 1398 und 1409; Rhinow/Krähenmann, Nr. 157 B I b; Moor, Bd. III, 121; Hanhardt, 37; Burnet, 119; Jubin, 86; U. Brunner, 130; BGE 105 Ia 129; 106 Ib 36.
242 Häfelin/Müller, N 1197 f.
243 Vgl. Knapp (collaboration), 392.
244 Rhinow/Krähenmann, Nr. 157 B I c.
245 Häfelin/Müller, N 1196. Vgl. dagegen Rhinow/Krähenmann, Nr. 157 B VII. Der Begriff geht auf Imboden zurück. Vgl. dazu Rhinow (Subvention), 269 Fn. 18.
246 Vgl. dazu Knapp (collaboration), 392; Krähenmann, 21 f.

ist, das dem auf fremde Rechnung Operierenden in der Regel fehlt[247]. Auf Rechnung des Staates Tätige[248] werden von der vorliegenden Untersuchung ausgeklammert; da unverkennbar Parallelen zum Konzessionär bestehen, wird ihre rechtliche Stellung doch nicht ganz aus den Augen verloren. Es kann abschliessend festgehalten werden, dass es meines Erachtens unwesentlich ist, ob mit der (konzessionsrechtlichen) Zulassung die Übertragung von Verwaltungsaufgaben oder die Möglichkeit hoheitlichen Handelns verbunden ist[249].

55. Die Zulassung zur *anstaltlichen Nutzung* unterscheidet sich formell von den hier untersuchten Zulassungsformen dadurch, dass sie die Zulassung zu einer Einrichtung betrifft, deren Träger der Staat ist[250]; die Abgrenzung zur Nutzung öffentlichen Grundes ist jedoch - wie noch aufgezeigt wird - nicht immer einfach oder notwendig. Die Anstalt ist eine Organisationsform der dezentralen Staatsverwaltung[251]. Das Anstaltsvermögen wird nach geläufiger Terminologie u.a. von den Sachen im Gemeingebrauch unterschieden, wobei die nähere Zuordnung aufgrund der Zweckbestimmung der öffentlichen Sache erfolgt[252]. Während die Anstalt a priori nur einem beschränkten Benützerkreis zur Verfügung steht[253], ist er bei den Sachen im Gemeingebrauch an sich offen, aber regelbar[254]. Eine klare Abgrenzung ist jedoch nicht immer möglich. Dass sich praktisch kaum je Abgrenzungsschwierigkeiten stellen, ist auch auf die gesetzliche Definition der Sachen im Gemeingebrauch in Art. 664 Abs. 3 ZGB und die darauf beruhende, aufgefächerte Kasuistik zurückzuführen. Allerdings stellt sich zuweilen die Frage, ob eine Unterscheidung oder zumindest unterschiedliche Rechtsregeln notwendig sind, wenn der Benutzer hinsichtlich der gleichen Leistung einmal in ein Anstaltsverhältnis, ein anderesmal in Beziehung zu einem privaten Konzessionär tritt[255]. Auch inhaltlich zeigt sich, dass es

---

247 Hanhardt, 37.
248 Z.B. Carbura, Schweizerische Käseunion und Butyra. Vgl. zur den weiteren Fällen Knapp (collaboration), 376; Rhinow/Krähenmann, Nr. 156 B VII; Jubin, 86; ferner auch P.R. Müller, 205 ff., der allerdings auf der Grundlage des deutschen Beliehenenbegriffs operiert.
249 Zur Relevanz der Unterscheidung «Beleihung» und «Konzession» im Hinblick auf die Einschränkung der Verwaltungsgerichtsbeschwerde an das Bundesgericht nach Art. 99 lit. d OG vgl. Ch. Vogel, 33 ff.
250 Schön, 32.
251 Jaag (Gemeingebrauch), 147.
252 Knapp (Précis), N 2890; Jaag (Gemeingebrauch), 149.
253 BGE 117 Ib 394 f.
254 Häfelin/Müller, N 1840; Schön, 10.
255 Z.B. Eisenbahnbenützung oder Strombezug. In BGE 117 Ib 394 f. ging es um die Nutzung des Flughafens Kloten Zürich. Träger der Flughafenkonzession ist der Kanton Zürich, der die konzessionsrechtlichen Befugnisse durch eine unselbständige Anstalt kantonalen Rechts erledigen lässt. Das Bundesgericht wies dabei darauf hin, dass sich seine Rechtsprechung hinsichtlich der Zulassung zur Nutzung öffentlicher Taxistandplätze (BGE 108 Ia 135 f.) nicht auf den gesteigerten Anstaltsgebrauch übertragen lasse. Die bundesgerichtliche Begründung der Nichtzulassung eines Bewerbers um ein Benützungsrecht für die Errichtung einer Flugschule unterscheidet sich je-

VI. Verwandte Rechtserscheinungen

schwer fällt, Unterschiede zu erkennen: Wird die Nutzung eines Grabplatzes nun durch Anstalts- oder Konzessionsrecht[256] geregelt? Warum soll die öffentliche Versammlung auf einem öffentlichen Platz anders beurteilt werden als eine Versammlung im Gemeindesaal[257]?

56. Die Zulassung zur anstaltlichen Nutzung und deren materielle Gestalt gleichen über weite Strecken den an öffentlichen Sachen im Gemeingebrauch bestehenden Nutzungsverhältnissen. Soweit Unterschiede bestehen, wie etwa beim Grundrechtsschutz[258], so gründen sie nicht in der Struktur der Zulassungsregelung, sondern im ursprünglichen Zweck des Nutzungsobjekts[259]. Davon zeugt auch, dass sich die Nutzungsregeln in beiden Rechtssphären der dogmatischen Separation zum Trotz auf vergleichbare Weise entwickelt haben und gemeinsame Züge aufweisen[260]. Wenn in der vorliegenden Arbeit die anstaltliche Nutzung trotzdem ausgeklammert bleibt, so allein deshalb, weil sie der Untersuchung der *traditionellen* Bewilligungs- und Konzessionsformen dient. Es ist jedoch unübersehbar, dass eine Verknüpfung in einer *breiter* angelegten Darstellung staatlicher Zulassungs- und Aufsichtsinstrumente unumgänglich wäre.

---

doch in keiner Weise von den Begründungen zur Abweisung der Nutzung (knappen) öffentlichen Grundes. Vgl. dazu eingehend N 155.

256 Etwa nach Gygi (Verwaltungsrecht), 228 zählen Friedhöfe zu den Anstalten. Das Bundesgericht und die Kantone erblicken in der Grabnutzung ein Konzessionsverhältnis, BGE 112 Ia 277.

257 Vgl. dazu Jaag (Gemeingebrauch), 164; BGer 18. Februar 1991, ZBl 93/1992, 44. Die Unterschiede ergeben sich jeweils aus der Zwecksetzung der gerade genutzten Sache im öffentlichen Eigentum. Hieraus lässt sich jedoch grundsätzlicher Unterschied zwischen Anstaltsvermögen und dem öffentlichen Grund ableiten.

258 Vgl. dazu etwa BGE 117 Ib 394 m.w.H.

259 Vgl. dazu auch Jaag (Gemeingebrauch), 162 ff.; Saxer, 306 ff.; BGer 18. Februar 1991, ZBl 93/1992, 44 sowie den instruktiven Sachverhalt in BGE 117 Ib 394 f.

260 Vgl. den Überblick bei Schön, 105 ff.

§ 2 Rechtsvergleichende Betrachtungen

I. Frankreich

57. Das französische Verwaltungsrecht kennt mehrere Arten von Konzessionen[261], die teilweise auch in der Schweiz in ähnlicher Gestalt anzutreffen sind, wie die «concessions de richesses naturelles»[262] oder die «concessions domaniales», zum Teil aber ein eigenständiges rechtliches Gepräge aufweisen, wie etwa die «concessions de service public» oder «concessions de travail public»[263].

58. Weitaus grösstes Interesse weckt die «concession de service public», dies weniger durch die spezifische Form der Konzession selber als vielmehr durch den Begriff des «service public». Der «service public» gehört zu den bemerkenswertesten und originellsten, aber auch am häufigsten untersuchten und hinterfragten wie auch verwirrendsten und wichtigsten Schöpfungen des französischen Verwaltungsrechts[264]. Der «service public» wird heute als Tätigkeit von allgemeinem Interesse verstanden, die durch Verwaltungsträger oder staatlich beaufsichtigte Privatpersonen wahrgenommen wird und Regeln folgt, die vom Privatrecht abweichen[265]. Der Begriff hat eine wechselvolle Geschichte, allerdings wohl auch seine Hochblüte hinter sich. Die klassische Zeit des «service public» liegt zwischen 1870 und dem 1. Weltkrieg. In dieser Zeitspanne wurde die gesamte Verwaltung, das Verwaltungsrecht wie auch die Verwaltungsgerichtsbarkeit auf den «service public» zurückgeführt[266]. Die Schule des «service public» erhob diesen – in Abkehr vom frühkonstitutionellen, durch die Revolutionszeiten geprägten französischen Verwaltungsrecht – gar zum einzigen Kriterium, zum «Eckstein» des Verwaltungsrechts[267]. Unter dem Einfluss

---

261 Vgl. dazu de Laubadère/Delvolvé, N 510.
262 Wie etwa die Bergwerks- und Wasserkraftkonzessionen.
263 Letztere Konzession ist mit der Vergabe des Auftrags zur Errichtung eines öffentlichen Werkes vergleichbar, wird aber oft mit dem konzessionsweisen Betrieb des Werkes gekoppelt.
264 Braibant, 131. Vgl. dazu den Überblick von Jean Dufau, La nature juridique de la concession de service public, in: Mélanges René Chapus, Paris 1992, 147 ff.; ders., Les concessions de service public, Paris 1979.
265 de Laubadère/Venezia/Gaudemet, N 1108; mit etwas anderer Gewichtung Chapus, Bd. I, N 626 ff.
266 de Forges, 26; Braibant, 132.
267 Jèze, V; Dupuis/Guédon, 398. Zu dieser Schule zählen Jèze, Bonnard, de Laubadère und Duguit. Ein anschauliches Beispiel findet sich im Inhaltsverzeichnis des Verwaltungsrechts der Französischen Republik von Jèze, das nahezu das gesamte Verwaltungsrecht unter dem Blickwinkel des öffentlichen Dienstes darstellt.

I. Frankreich

des Wirtschaftsliberalismus des ausgehenden 19. Jahrhunderts erfreute sich auch die Konzessionierung des «service public» grosser Beliebtheit[268].

59. Ihre eigentliche Daseinsberechtigung als Grundlage *des gesamten Verwaltungsrechts* verlor die Konzession mit dem Niedergang des liberalen Wirtschaftssystems und den wirtschaftlichen Erschütterungen der Zwischenkriegszeit, in deren Gefolge sich der Staat zu Unterstützungszahlungen zum Zweck der Aufrechterhaltung zahlreicher konzedierter «services publics» veranlasst sah[269]. Mit der parallel verlaufenden Vermehrung und Diversifizierung staatlicher Aufgaben wurde zwangsläufig auch der «service public» einem Wandel unterworfen. Die enge Begriffswelt der bisherigen Verwaltungstätigkeit wurde durch die Erfassung wirtschaftlicher und sozialer Komponenten gesprengt[270]; zudem wurden Private als Träger des «service public» anerkannt. Damit begann die Suche nach neuen, geeigneter scheinenden Handlungsformen, die – unter Eingrenzung des Verwaltungsrechts – im Privatrecht gefunden wurden[271]. Zugleich geriet der Begriff des «service public» in eine Krise: Mit dem Verlust der Deckungsgleichheit von Verwaltungsrecht und «service public» wurde zunehmend die Tauglichkeit des Begriffs angezweifelt oder sogar verneint[272]. Parallel zur rechtstheoretischen Verdammung und Glorifizierung hat die heutige Gerichts- und Verwaltungspraxis dem «service public» eine Schlüsselposition zugewiesen; verloren ging die Eigenschaft eines allumfassenden verwaltungsrechtlichen Überbaus[273]. Inhaltlich ist der «service public» heute eine rechtlich durchdrungene Verzahnung öffentlichen und privaten Mit- und Zusammenwirkens in durch politische Gegebenheiten vorgegebenen Bereichen. Deren Eigenheit ist eine besondere Mischung von öffentlichem und privatem Recht mit teils unsicheren, teils fliessenden Übergängen und mit je nach Rechtsgebiet unterschiedlichen Gerichtswegen.

60. Die Errichtung eines «service public» bedarf einer im allgemeinen Interesse liegenden Tätigkeit; der Entscheid über die Wichtigkeit einer Betätigung ist mehr politischer denn rechtlicher Art[274]. Führt ein Privater eine Tätigkeit im allgemeinen Interesse aus und geben die Gesetze keine Antwort über deren Rechtsnatur, so wird

---

268 Als Eisenbahn-, Transport-, Gas-, Elektrizitäts- und Wasserversorgungskonzession. Vgl. dazu Chapus, Bd. I, N 678.
269 Chapus, Bd. I, N 679.
270 Typisch ist die Ausweitung des «service public» auf den wirtschaftlichen Bereich, die sich in den drei Nationalisierungsschüben von 1936, 1945–46 und 1982 dokumentiert. Vgl. dazu Braibant, 142.
271 Braibant, 133; Dupuis/Guédon, 399.
272 Braibant, 132; Dupuis/Guédon, 399.
273 Braibant, 132 f.; Dupuis/Guédon, 399. Politische Stärkung erhielt der Begriff durch den Mehrheitswechsel des Jahres 1981, nachdem er noch in den 1960er und 1970er Jahren mit allen Nachteilen staatlicher Bürokratie verbunden wurde. Vgl. dazu Braibant, 133.
274 Dupuis/Guédon, 400.

das Vorliegen eines «service public» vom Richter bejaht, falls dem Privaten öffentlichrechtliche Vorrechte zugewiesen wurden und er der Verwaltungsaufsicht untersteht[275]. Der «service public» ist nicht monopolabhängig, doch wird dessen Ausübung häufig mit einer faktischen Monopolisierung der Tätigkeit verbunden[276]. Die Zuständigkeit zur Errichtung eines «service public» lag bis zum Jahre 1958 beim Gesetzgeber, was sich unter der Herrschaft der neuen Verfassung geändert hat[277]. Trotzdem kann heute keineswegs von einer Allzuständigkeit der Verwaltung gesprochen werden[278]. Der Gesetzgeber bleibt weiterhin zuständig, soweit Freiheitsrechte berührt sind, Verstaatlichungen durchgeführt werden oder sogenannte «grands services publics»[279] betroffen sind. Die weite Bereiche beschlagende und rechtlich wenig bestimmte, von politischen Zufälligkeiten diktierte Errichtung eines «service public» eröffnet diesem ein breites, teils aber recht zufällig wirkendes Tätigkeitsfeld[280]. Funktionell[281] lassen sich die «services publics» in solche einteilen, die der Aufrechterhaltung der öffentlichen Ordnung und der Lenkung privaten Verhaltens[282], sozialem und gesundheitlichem Schutz[283], der Erziehung und Kultur[284] und der wirtschaftlichen Ordnung[285] dienen.

61. Das Besondere am «service public» ist dessen Sonderrechtsordnung, die wiederum auf die Konzessionierung abfärbt[286]. Diese definiert sich *zum einen* als Mischung von Verwaltungsrecht und privatem Recht[287]. Verwaltungsrecht herrscht

---

275 de Laubadère/Venezia/Gaudemet, N 42 und 1108; Dupuis/Guédon, 400; Braibant, 136.
276 Chapus, Bd. I, N 671; Braibant, 160. Die Monopolisierung wird an der Benützung öffentlichen Grundes aufgehängt.
277 Art. 34 der Verfassung der Republik Frankreich vom 4. Oktober 1958. Auf lokaler Ebene beurteilt sich die Zuständigkeit nach anderen Kriterien, vgl. dazu de Laubadère/Venezia/Gaudemet, N 1117 ff.
278 de Laubadère/Venezia/Gaudemet, N 1109 ff.; Dupuis/Guédon, 412; Chapus, Bd. I., N 671.
279 Landesverteidigung, Unterricht und soziale Sicherheit.
280 So gehört die Produktion und Verteilung von Strom und Gas, nicht aber von Erdöl zum «service public», Dupuis/Guédon, 400.
281 Die klassische Aufteilung in «service public administratif» und «service public industriel et commercial» wird angesichts des starken Wandels gesellschaftlicher und staatlicher Aufgaben immer mehr aufgegeben. Vgl. dazu etwa de Laubadère/Venezia/Gaudemet, N 1159; Dupuis/Guédon, 402 ff.
282 Landesverteidigung, Polizei, Feuerwehr, Berufsverbände, Handelskammern und Verbände zum Zweck des Wirtschaftsinterventionismus.
283 Sozialer Beistand und Hilfe, soziale Sicherheit, Arbeitsvermittlung an Stellenlose und Spitaldienst.
284 Schulen und Forschung, Unterhaltung (Theater, Kino und Konzerte), Sport, Tourismus und audiovisuelle Kommunikation.
285 Noten- und Münzwesen, Sprengstoffe und Waffen, Transportwesen, Energieversorgung und Abfallbeseitigung.
286 de Laubadère/Venezia/Gaudemet, N 1135.
287 Eine detaillierte Übersicht über die Aufteilung von Verwaltungsrecht und Privatrecht geben de Laubadère/Venezia/Gaudemet, N 1166 ff.

tendenziell vor, wenn der «service public» durch eine Person öffentlichrechtlichen Charakters geführt wird. Eine Gleichgewichtslage ist bei den «services publics industriels et commerciaux» anzutreffen, sofern sie durch die öffentliche Hand besorgt werden. Schliesslich steht Privatrecht im Vordergrund, wenn eine Privatperson – ungeachtet der Art des «service public» – dessen Besorgung übernimmt. *Zum anderen* gilt es, die «lois du service public», die Prinzipien der Veränderbarkeit, der Kontinuität und der Gleichheit zu achten[288]. Dem Grundsatz der Veränderbarkeit (oder Anpassung) folgend, soll sich der «service public» laufend den wandelnden Bedürfnissen des öffentlichen Interesses angleichen[289]. Die Verwaltung darf zu diesem Zweck einseitig die Bedingungen der Führung des «service public» abändern, allerdings mit Ausnahme des vertraglichen Teils der Konzessionen[290]. Das Prinzip der Kontinuität verlangt eine unterbruchlose Führung im Rahmen der Rechtsvorschriften. Kann der Konzessionär aber wegen unvorhersehbaren Ereignissen aus eigenen finanziellen Mitteln den Betrieb nicht weiterführen, so hat er Anspruch auf staatliche Unterstützung (indemnité d'imprévision)[291]. Aus dem Gleichheitsgrundsatz werden nebst der Neutralität des «service public», die hauptsächlich in Radio und Fernsehen und Ausbildung strikt gehandhabt wird[292], der gleiche Zugang zum «service public», die Gleichbehandlung der Angestellten und der Benützer abgeleitet.

62. Der «service public» kann – soweit das Gesetz dem nicht entgegensteht – auf unzählige Weisen geführt werden, wobei gewöhnlich *drei* Hauptarten unterschieden werden: Verwaltung (en régie), öffentliches Unternehmen und Konzession. Die «concession de service public» hat ihre Wurzeln in der «concession de travail public», die sich – vorwiegend bei den Eisenbahnen und der Energieversorgung – von der Betriebserrichtung auf die Betriebsführung ausdehnte und später verselbständigte[293]. Nach ihrem Niedergang infolge der wirtschaftlichen Wirren des 1. Weltkrieges hat die Konzession in den letzten Jahren wieder stark an Bedeutung gewonnen[294]. Zudem hat die klassische Grundlegung der Konzession als vereinbarungsgemässe Übernahme und Sicherung des Betriebs eines «service public» auf Kosten und Gefahr des Konzessionärs unter Einhaltung der Bedingungen des «ca-

---

288 Vgl. zum nachfolgenden de Laubadère/Venezia/Gaudemet, N 1160 ff.; Chapus, Bd. I, N 654 ff.; Dupuis/Guédon, 414 ff.
289 Es ist zu beobachten, dass wirtschaftliche Schwierigkeiten dazu verleiten, die öffentlichen Bedürfnisse dem «service public» anzupassen und nicht umgekehrt, wodurch das Institut seiner Berechtigung beraubt wird. Vgl. dazu Dupuis/Guédon, 416.
290 Chapus, Bd. I, N 549 und 656. Die Abänderbarkeit betrifft insbesondere nichtkonzessionierte Vertragspartner, Benutzer und Angestellte.
291 Chapus, Bd. I, N 662.
292 de Laubadère/Venezia/Gaudemet, N 1163; Chapus, Bd. I, N 664.
293 de Laubadère/Venezia/Gaudemet, N 1128.
294 Etwa im Bereich der lokalen Verkehrsbetriebe, Brücken und Fähren sowie der Spitäler. Vgl. dazu Chapus, Bd. I., N 680.

hier des charges» und durch Finanzierung mittels Benützergebühren drei wesentliche Modifikationen erfahren[295]. So wird die Konzession nicht mehr nur privaten, sondern auch öffentlich- oder gemischtrechtlichen Personen erteilt. Weiter wurde sie neuerdings auch für den Bereich des «service public administratif» entdeckt. Schliesslich wird das finanzielle Betriebsrisiko des Konzessionärs zunehmend durch staatliche Ausfalldeckungen gemildert.

63. Die bis zu Beginn des 20. Jahrhunderts vorherrschende Ansicht, die Konzession sei rein vertraglicher Natur, wurde unter dem Einfluss der Lehre zugunsten der modernen Konzeption der gemischten Rechtsnatur aufgegeben[296], wonach sich die Konzession aus einseitigen (clauses réglementaires) und vertraglichen Elementen zusammensetzt. Zu den ersten zählen gewöhnlich die Organisation und die das Funktionieren des «service public» beschlagenden Konzessionsteile[297], zu den letzteren die Konzessionsdauer und die finanziellen Vorteile. Wie bei jedem anderen verwaltungsrechtlichen Vertrag zählt die Aufrechterhaltung des finanziellen Gleichgewichts zu den vertraglich wesentlichen Bestandteilen der Konzession. Die Mischung öffentlichrechtlicher und vertraglicher Elemente hat zu einer Vielzahl besonderer konzessionsrechtlicher Regeln geführt, von denen hier nur die wichtigsten überblicksweise aufgezählt werden[298]: freie Wahl des Konzessionärs, Verbindlichkeit der Schriftform für den Konzessionsabschluss, subsidiäre Verantwortlichkeit des Konzedenten, Pflicht zur persönlichen Führung des «service public», Annäherung der Rechtsstellung der Angestellten an den Beamtenstatus, Kontrollrecht der Verwaltung, Sanktionsrecht bei Nichterfüllung, Recht auf einseitige Anpassung durch Auferlegung neuer Pflichten, aber unter Achtung des finanziellen Gleichgewichts, Unabänderbarkeit vertraglich zugesicherter finanzieller Vorteile einschliesslich des Exklusivrechts, Anspruch auf Einnahmen aus dem Betrieb des «service public» und Recht zum Entzug bzw. Rückkauf der Konzession.

II. DEUTSCHLAND

64. Ihrer historischen Ableitung aus der Polizeierlaubnis[299] entsprechend misst die deutsche Verwaltungsrechtslehre der «Bewilligung»[300] – klassisch als *«Verbot mit*

---

295 Chapus, Bd. I, N 680; de Laubadère/Venezia/Gaudemet, N 1125; Dupuis/Guédon, 410.
296 Chapus, Bd. I, N 550; de Laubadère/Venezia/Gaudemet, N 1130 ff.
297 Bedingungen des Betriebs, Tarife und Angestelltenbedingungen, de Laubadère/Venezia/Gaudemet, N 1133.
298 Eingehend dazu de Laubadère/Venezia/Gaudemet, N 1137 ff.
299 Mayer, Bd. 1, 287 ff.; Fleiner (Institutionen), 405 ff.; Jellinek, 426 f.
300 Die deutsche Verwaltungsrechtslehre gebraucht den Begriff «Bewilligung» weit seltener als die schweizerische. Gebräuchlicher sind die Begriffe «Gestattung», «Genehmigung», «Erlaubnis» und (seltener und veraltet) «Konzession». Neuerdings verwendet die Novellierung der Gewerbeord-

Erlaubnisvorbehalt» definiert – im Rahmen der Systematisierung des Verwaltungsaktes grosse Bedeutung bei[301]. Ihre rechtliche Qualifikation hat im Verlauf der wissenschaftlichen Entwicklung wichtige Änderungen erfahren. In Abkehr von der Betonung des mit «Unterwerfung» gepaarten Eingriffscharakters der Erlaubnis durch die ältere Lehre[302], rechnet man sie, unter Einfluss des Gedankens des Vertrauensschutzes, übereinstimmend den antragsbedürftigen, begünstigenden Verwaltungsakten zu[303]. Unterschieden wird zwischen Erlaubnissen im engeren und weiteren Sinn (Verleihung, echte Konzession oder Bewilligung genannt), wobei der Unterschied darin liegt, dass erstere (lediglich) einen öffentlichrechtlichen Besitzstand, letztere ein volles subjektives Recht begründen soll[304]. Die tradierte besondere Behandlung der Erlaubnis in der Verwaltungsrechtsdogmatik dient heute mehr der Betonung ihrer instrumentalen Eigenart[305] und Bedeutung[306], als dass sie durch besondere rechtliche Raffinessen begründet wäre. Insbesondere hinsichtlich der wichtigen Frage von Widerruf und Rücknahme der Erlaubnis bestehen unter der vor vierzig Jahren angebrochenen Ägide des Vertrauensschutzes, spezialgesetzliche Regelungen vorbehalten, keine Unterschiede zu anderen begünstigenden Verwaltungsakten[307]. Systematisch wird das «Verbot mit Erlaubnisvorbehalt» durch verwandte Rechtsfiguren wie «Erlaubnis mit Verbotsvorbehalt», «Anzeige mit Verbotsvorbehalt» und «Verbot mit Befreiungsvorbehalt» ergänzt[308]. Grossen Wert misst man der Charakterisierung der einzelnen Instrumente zu. Es wird zwischen den präventiven (Erlaubnis) und repressiven (Ausnahmebewilligung)[309] Zwecken unterschieden, wobei die Unterscheidung auch der verschiedenartigen Ermessensbetäti-

nung aus dem Jahre 1984 in § 15 Abs. 2 den Begriff der «Zulassung» für Erlaubnis, Genehmigung, Konzession oder Bewilligung. Vgl. dazu Stober, 764.
301 Wolff/Bachof, § 48 II; Forsthoff, 161 ff.; Maurer, § 9 N 51 ff.; Erichsen, in: Erichsen/Martens (8. Auflage, 1988), 217 f.; Friauf, in: v. Münch, 271 ff.; Stober, 765 ff.; Jarass, 105 f.; E.R. Huber, 696 ff.; Merk, 1165 ff.
302 Vgl. dazu Faber, 239 f.; Mayer, Bd. 1, 97.
303 Statt vieler: Wolff/Bachof, § 48 II a; Maurer, § 9 N 47 ff.
304 Wolff/Bachof, § 48 II b.
305 So etwa als Personal-, Sach- oder gemischte Erlaubnis, freie oder gebundene Erlaubnis oder hinsichtlich der Nebenbestimmungen.
306 Wobei damit auch grundrechtliche Fragen nach der Eingriffsintensität der freiheitsbeschränkenden Massnahmen beantwortet werden. Vgl. dazu etwa Stober, 476.
307 § 48 f. VwVfG. Vgl. dazu Erichsen, in: Erichsen/Martens, 286 ff.; Wolff/Bachof, § 48 II a 7; Maurer, § 11 N 24; Friauf, in: v. Münch, 273.
308 Maurer, § 9 N 51 ff.; Wolff/Bachof, § 48 II; Stober, 1055; Schwabe, 133.
309 Das «Verbot mit Befreiungsvorbehalt» wird zuweilen noch in Ausnahmebewilligungen und Dispense oder Befreiungen eingeteilt. Als erstere werden tatbestandsmässig spezifizierte und spezielle Ausnahmen bezeichnet, als letztere gelten Generalermächtigungen des Gesetzgebers, die regelmässig an erschwerte Voraussetzungen gebunden sind. Vgl. dazu Friauf, in: v. Münch, 272 f.; Wolff/Bachof, § 48 II c 2 und 3.

gung der Verwaltung und dem Anspruch des Bürgers auf Erteilung dienstbar gemacht wird[310].

65. Ganz anders – und für den unbefangenen Schweizer Beobachter wohl etwas überraschend – verhält es sich mit der *Konzession*: Sie ist in der Verwaltungsrechtslehre praktisch nur mit der Lupe aufzufinden[311]. Es fällt auf, dass die ältere Lehre[312] der Konzession – durchaus mit der französischen Doktrin vergleichbar – noch akzentuiert Beachtung schenkte. Das neueste Schrifttum belasst sich nur kurz und eher deskriptiv mit diesem Instrument. Der von ihr diagnostizierte Verfall der Konzession kontrastiert mit der schweizerischen Rechtsentwicklung. Er erstaunt auch angesichts der Bedeutung, die OTTO MAYER und die in seiner Tradition stehende Lehre der «Verleihung öffentlicher Unternehmungen» in ihren Verwaltungsrechtsgebäuden einräumten[313].

66. Die Zäsur in der Evolutionslinie der Verleihung lässt sich nur vor dem Hintergrund des Fortgangs des gesamten deutschen Verwaltungsrechts verstehen. OTTO MAYERS Figur der «Verleihung öffentlicher Unternehmungen», die er selber als Konzession bezeichnete[314], lehnt sich deutlich an die französische «concession de service public» an[315]. Im Unterschied zur gewerbepolizeilichen Erlaubnis sollte sie die «natürliche Freiheit» des «Beliehenen» erweitern, indem diesem die Tätigkeit in einem «Stück der öffentlichen Verwaltung» geöffnet wurde[316]. OTTO MAYER hat die Figur der Verleihung etwa für die Reichsbank vorgesehen. Im Vordergrund stand aber die Verleihung von Rechten, die sich aus dem gewohnheits- oder naturrechtlich begründeten Wegregal ergaben, hierunter am wichtigsten die Eisenbahnkonzession[317]. MAYER versuchte mit der Verleihungstheorie eine Lücke im Verwaltungshandeln zu schliessen: Die intensive staatliche Aufsicht, die sich mit der Verleihung verband, konnte nicht mehr mit der polizeilichen Interessen dienenden Erlaubnis erklärt werden[318]. Das Spezifische an MAYERS Verleihungslehre war die Verbindung der Übertragung eines Stückes öffentlicher Verwaltung mit der Verleihung bestimmter Betriebsrechte[319]; von dieser Verknüpfung ist auch die Lehre

---

310 Faber, 110; Stober, 765; Wolff/Bachof, § 48 II c 1.
311 Eine Ausnahme bildet die 1991 erschienene Habilitationsschrift von Joachim Wieland.
312 Den Endpunkt markiert das frühe Schrifttum der Zeit nach 1949, darunter insbesondere E.R. Huber, Bd. 1, 548 ff. und Merk, 739 ff.
313 Mayer, Bd. 2, 294 ff.; Fleiner (Institutionen), 341 ff.; Jellinek, 507 ff.; Hatschek, 142 f.
314 Bd. 2, 294.
315 Steiner 6; K. Vogel, 51; Löwer, 201 ff.
316 Mayer, Bd. 2, 295.
317 Mayer, Bd. 2, 298 ff.
318 Steiner, 25 ff. Hauptanwendung fand die Verleihung beim öffentlichen Transport, Eisenbahnen und der Energieversorgung.
319 Steiner, 28.

II. Deutschland 45

der Zwischenkriegszeit nicht abgewichen. Die wichtigste Folge der Verleihungstheorie lag in der Errichtung einer Tätigkeitssphäre, die für *grundrechtliche* Anliegen verschlossen war.

Für die neuere Verwaltungsrechtslehre wurde die Figur des «Beliehenen Unternehmers» durch E.R. HUBER rezipiert[320], wobei er dem Begriff den ganzen Bereich der öffentlichen Verwaltung erschloss[321] und die Verbindung der Übertragung von Rechten *und* Pflichten betonte. Zugleich begann sich – unter dem Einfluss von KLAUS VOGELS Untersuchung[322] – die Einsicht Bahn zu brechen, dass die bisher wichtigsten Konzessionsverhältnisse[323] aus dem Beleihungsbegriff ausscheiden müssten. Den Anstoss gab die Überlegung, dass ihnen unter der Herrschaft des Grundgesetzes die Eigenschaft einer hoheitlichen Befugnis abgehe[324]. Der dem französischen Verwaltungsrecht entstammende Begriff des «öffentlichen Unternehmens» war dem deutschen Recht fremd[325]; die Anerkennung «natürlicher Staatsaufgaben» ausserhalb der verfassungsrechtlichen und gesetzlichen Ordnung wurde abgelehnt. Die unter dem Einfluss von Art. 12 GG strenger gehandhabte Aufteilung zwischen privaten und hoheitlichen Erwerbstätigkeiten, die eine gewohnheits- oder naturrechtlich begründete staatliche Hoheit im Sinn OTTO MAYERS verneint, führte zu einer Umwandlung der Figur der «Beleihung». Der Gesetzgeber musste es sich gefallen lassen, die Errichtung eines wirtschaftlichen Monopols verfassungsgerichtlich überprüfen zu lassen. Der hierbei angelegte Prüfungsmassstab in Form einer objektiven Zulassungsbeschränkung (Rechtfertigung durch ein überragend wichtiges Gemeinschaftsgut) ist streng[326]. Damit löst sich die verfassungsrechtlich durchdrungene Beleihung vollends von der auf präkonstitutionellem Gedankengut beruhenden Konzession als ihrer geistigen Grundlage und eröffnet sich einen weiten Anwendungsbereich, der sowohl obrigkeitliche wie auch schlicht-hoheitliche Kompetenzen zum Inhalt hat[327]. Mit der Auflösung der Verknüpfung von Konzession und Beleihung und der Ausdehnung der Theorie vom «subjektiven öffentlichen Recht» auf erlaubnispflichtige Tätigkeiten[328] verlor die Konzession im deutschen Verwaltungsrecht ihre Schlüsselstellung und nähert sich zusehends der Bedeutungslosigkeit. Eine gewisse Berechtigung geniesst sie noch in Randbereichen, wo eine Bedürfnisprüfung nötig ist oder die Möglichkeit ihrer Ausübung nur einem beschränkten Rechtsträgerkreis

---

320 Bd. 1, 533 ff. Vgl. dazu eingehend Steiner, 31 ff.
321 Einschliesslich des schlichthoheitlichen Handelns.
322 Vgl. dazu K. Vogel, 61 ff.; Steiner, 41; Badura, 258.
323 Eisenbahn, Verkehrsunternehmungen und Energieversorgung.
324 K. Vogel, 63 und 74 ff.; Steiner, 41 ff.
325 Löwer, 203.
326 Anderer Ansicht J. Wieland, 139 ff.
327 Vgl. dazu Wolff/Bachof, § 104 I b; Maurer, § 23 N 56; Ossenbühl, 138 ff.; Stober, 872 f.
328 Zur neueren Entwicklung des «subjektiven öffentlichen Rechts» vgl. J. Wieland, 108 ff.

eröffnet werden soll[329]. Ein weiterer Grund für diese Entwicklung ist auch darin zu sehen, dass die deutsche Verwaltungslehre nebst der Beleihung und der Konzession eine Reihe weiterer Instrumente für das Zusammenwirken von Privaten und Staat entwickelt hat[330]. Mit der Auflösung der Konzession verlor auch der Gegensatz von Konzession und Erlaubnis an Bedeutung: Die auf diesem Gegensatz aufbauende Kompetenzverteilung zwischen Staat und Gesellschaft, der Brückenschlag in Form der (älteren) Beleihung war funktionell auf die monarchische Exekutive ausgerichtet, der es damit gestattet war, ganze Lebensbereiche auch ohne Gesetz zu ordnen[331]. Mit dem verfassungsrechtlichen Wandel wurde die Unterscheidung bedeutungslos.

III. Österreich

67. Bewilligungen und Konzessionen nehmen im österreichischen Verwaltungsrecht eine Stellung ein, die in mancher Hinsicht dem schweizerischen System gleicht. Nebst der in verschiedensten Bereichen[332] vorkommenden, polizeilichen wie auch lenkenden Anliegen[333] dienenden Bewilligung ist die aus dem staatlichen Verkehrs- und Wegregal stammende Konzession bekannt[334], auch wenn sie angesichts der wenigen Privatbahnen praktisch bedeutungslos geworden ist. Im übrigen wird der Begriff der «Konzession» synonym für die verschiedensten Bewilligungstypen gebraucht. Die Skala reicht von der einfachen Gewerbeausübungskonzession[335] über die mit der Bedürfnisprüfung verbundene Konzessionierung[336] bis hin zur Aufsichts- und Lenkungskonzession[337]. Das Bewilligungssystem umfasst zudem Wasser- und Bergrechtsnutzungen. Besonderes gilt für die den Gemeingebrauch übersteigende Sondernutzung öffentlicher Sachen: Die Behörde kann die Bewilligung zur Sondernutzung entweder auf privatrechtlichem Weg als Miete oder Pacht oder in der Form einer öffentlichrechtlichen Befugnis erteilen[338]. Für die Übertra-

---

329 Eingehend hierzu Steiner 41, Fn. 151; Badura, 258; J. Wieland, 124 ff.; ferner Stober, 877; Wolff/Bachof, § 104 I d 2.
330 Vgl. dazu Wolff/Bachof, § 104 I d; Maurer, § 23 N 60 ff.; Stober, 876 ff.
331 Löwer, 209.
332 Einen Überblick über die Vielzahl von Bewilligungen bei der Errichtung einer Anlage gibt Heinz Mayer, Genehmigungskonkurrenz und Verfahrenskonzentration, Wien 1985.
333 So etwa im Bereich der Getreide- und Viehwirtschaft, des Aussenhandelsrechts oder der Zivilflugplatzerrichtung.
334 Adamovich, Bd. 2, 255 f.
335 Mit der neuen Gewerbeordnung aus dem Jahre 1973 wurde die Bedürfnisprüfung aus weiten Teilen der Gewerbekonzession verbannt.
336 Z.B. Apotheken-, Skischul-, Tanzschul- und Lichtspielkonzession.
337 Stromerzeugungsanlagen-, Bankgeschäfts- und Apothekenkonzession.
338 Allgemein gilt die Sondernutzung an einer öffentlichen Sache in der höchstgerichtlichen Rechtsprechung als dem Zivilrecht angehörend.

gung von Hoheitsrechten auf Privatpersonen mit der Verpflichtung, diese wahrzunehmen, hat sich in Anlehnung an die deutsche Terminologie der Begriff der Beleihung etabliert[339]. Der Beliehene erhält die Zuständigkeit zum (selbständigen) Setzen von Hoheitsakten in eigener Organkompetenz und Verantwortung[340].

68. Die praktische Bedeutung der verschiedensten Bewilligungsarten kontrastiert deutlich mit dem relativen Desinteresse, das ihnen die Rechtstheorie entgegenbringt. Noch das ältere, am klassischen deutschen Verwaltungsrecht ausgerichtete Schrifttum hat die Bedeutung von Bewilligung und Konzession bei der Systematisierung des Verwaltungsaktes stark hervorgehoben[341]. Der auf der traditionellen Unterscheidung von konstitutiven und deklaratorischen Verwaltungsakten beruhenden Einfügung von Bewilligung und Konzession ins verwaltungsrechtliche Handeln hat sich aber bereits MERKL[342] entgegengestellt; vor allem hat er die gebräuchliche Einteilung der konstitutiven Verwaltungsakte in Bewilligungen, Genehmigungen, Erlaubnisse und Konzessionen als «unfruchtbare Differenzierungskünste» gewürdigt[343]. Nachdem auch die neuere Rechtsprechung die Unterscheidung zwischen rechtsgestaltenden und -feststellenden Verwaltungsakten fallengelassen hat[344], wurde die hergebrachte Einteilung aufgegeben. Bewilligungen und Konzessionen werden nunmehr – unterschiedslos – zu den Rechtsgestaltungsbescheiden gezählt. Die fehlende Typisierung von Bewilligung und Konzession im österreichischen Recht wird durch den relativ starren Typus des Bescheids[345] und dessen Homogenität[346] geprägt.

IV. Auswirkungen auf die schweizerische Verwaltungsrechtsdogmatik

69. Es fällt nicht leicht, die genauen Auswirkungen des französischen und deutschen Verwaltungsrechtsdenkens auf die schweizerische Bewilligung und Konzession festzustellen[347]. Das hängt einerseits damit zusammen, dass sich schon die frühe

---

339 Beispiele der Beleihung finden sich bei Adamovich/Funk, 355 ff.
340 Adamovich/Funk, 328.
341 Insbesondere Herrnritt, 273 f.; Adamovich, 100 f.
342 Später auch Günther Winkler.
343 Adolf Merkl, Allgemeines Verwaltungsrecht, Wien/Berlin 1927, 189 f.
344 Der Unterschied wurde in der zeitlichen Wirkung des anzuwendenden Rechts im Berufungsverfahren gesehen. Heute ist allgemein das im Zeitpunkt des Bescheiderlasses massgebende Recht anzuwenden.
345 Eingehend hierzu Adamovich/Funk, 256.
346 Vgl. dazu Adamovich/Funk, 267: «Damals wurde der einheitliche Begriff des Bescheides an die Stelle der vorher bestehenden terminologischen und typologischen Vielfalt von (...) <Konzessionen>, <Erlaubnissen>, <Dispensen> usw gesetzt.» Der Bescheid hängt mit dem Erlass der Verwaltungsverfahrensgesetze im Jahre 1925 zusammen.
347 Einflüsse österreichischer Herkunft konnte ich nicht feststellen.

deutsche Verwaltungsrechtslehre unter MAYERS und FLEINERS Einfluss des französischen Verwaltungsrechts bediente[348]. Die genaue Urheberschaft einzelner verwaltungsrechtlicher Institute ist deshalb kaum oder nur mit grossem Aufwand ermittelbar. Auch das schweizerische Verwaltungsrecht hat in den letzten Jahrzehnten des 19. Jahrhunderts und zu Beginn des 20. Jahrhunderts aus diesen Quellen geschöpft. Zulassungsverhältnisse, die seit dem letzten Jahrhundert keine nennenswerte Entwicklung vollzogen haben[349], scheiden demnach aus der Betrachtung aus. Zum anderen scheut man sich – namentlich in der Rechtsprechung[350] – davor, den Rückgriff auf ausländisches Gedankengut offenzulegen.

Unter diesen Vorzeichen können nur die wichtigsten Rezeptionseinflüsse aufgezeigt werden; eingehendere Ausführungen finden sich an anderen Orten dieser Untersuchung[351]. Vereinfacht gesehen bewegt sich die schweizerische Doktrin im Bereich französischer und deutscher Einflüsse. Französischen Ursprungs ist die Lehre von der «concession de service public», wie sie bereits in älterer, verstärkt jedoch in neuerer Zeit in der welschen Lehre an Bedeutung gewann und mit Gewinn beigezogen werden kann[352]. Die frühe deutsche Lehre von der «Verleihung eines öffentlichen Unternehmens»[353] wirkt in ihrer Abwehrhaltung gegenüber grundrechtlichen Einflüssen weiterhin auf das Verständnis der faktischen und rechtlichen Monopolkonzessionen und die Zulassung zur Nutzung öffentlichen Grundes[354]; neuerdings ist sie zudem in gewandelter Form des – oft missverstanden – «Beliehenen» spürbar. Klassisch ist der Einfluss des deutschen Verwaltungspolizeirechts auf die Polizeibewilligung, weiter aber auch auf die Ausnahmebewilligung.

70. Es wäre verfehlt zu glauben, die neuere schweizerische Verwaltungslehre wäre hinsichtlich der Bewilligung und Konzession nicht mehr als ein «Kreuzungsprodukt» französischer und deutscher Dogmatik. Viel mehr zeigt sich, dass in der Schweiz ein Variantenreichtum an Zulassungsformen herrscht, der mit der Situation seiner Nachbarn nicht vergleichbar ist und nicht immer eine Rezeption gestattet[355]. Anleihen im französischen oder deutschen Rechtsdenken erfolgen wohl erst, wenn

---

348   Vgl. dazu Kölz (Herkunft), 603 ff.; J. Wieland, 91. Kölz spricht in diesem Zusammenhang zutreffend vom französisch-deutschen Verwaltungsrecht.
349   Insbesondere die Bodenregale.
350   Hierzu einige der nicht besonders zahlreichen Beispiele: BGE 76 I 395; 81 I 260; 88 I 310; 89 I 329 f.; BGer 17. Oktober 1980, ZBl 83/1984, 219; Justizabteilung, 8. April 1971, VPB 1970 Nr. 86. Vgl. dazu Imboden (Vertrag), 35a.
351   Vgl. dazu N 12.und N 109.
352   Vgl. dazu die Ausführungen in N 245.
353   Vgl. etwa BGE 76 I 395; Mossu, 15 f.
354   Vgl. dazu auch schon Imboden (Vertrag), 35a.
355   Z.B. Polizeiliche Monopolkonzessionen, Regalkonzessionen, wirtschaftspolitische Bewilligungen und – bedingt – Kontingente und Bedürfnisklauseln.

IV. Auswirkungen auf die schweizerische Verwaltungsrechtsdogmatik

sie ins strategische Konzept passen oder als Unterbau zur Füllung einer Lücke taugen. Beredtes Beispiel ist die «komplexe Struktur» der Konzession, wie sie von IMBODEN und ZWAHLEN in ihren Referaten über den verwaltungsrechtlichen Vertrag – unter Hinweis auf französisches Recht – dargelegt wurde[356]. Obschon sich auch im schweizerischen Recht Anleihen für die vertragliche Natur der Konzession gefunden hätten, setzten die Referenten geschickt die französische Lehre der bis anhin vorherrschenden deutschen Ansicht über die Konzession als antragsbedürftige Verfügung entgegen. Die modernere Rezeption der «concession de service public» erfolgt wiederum im Bestreben, den zahlreichen spezialgesetzlichen Konzessionsarten den rechtstheoretischen Unterbau der konzessionsrechtlichen Fundamentalgrundsätze zu erschliessen.

---

356 Imboden (Vertrag), 169a; Zwahlen, 579a.

§ 3 Wirkungen des europäischen Integrationsrechts

I. Einfluss des EU-Verwaltungsrechts auf einzelstaatliches Verwaltungsrecht

71. Im Gegensatz zur klassischen völkerrechtlichen Transformations- und Vollzugslehre ist das Recht der Europäischen Union[357] über weite Bereiche unmittelbar wirksam[358]; in allererster Linie wird davon das Verwaltungsrecht betroffen[359]. Primäres wie auch das für den Vollzug wichtigere sekundäre Unionsrecht gehen – etwas vereinfacht gesehen – dem innerstaatlichen Recht vor[360]. Allerdings muss das Primat des Unionsrechts insofern relativiert werden, als die Grundlagen und Weiterentwicklung des Unionsrechts im einzelstaatlichen Verwaltungsrecht der Mitglieder und den es tragenden Grundüberzeugungen zu suchen sind[361]. Die Wirkungen des Integrationsrechts auf die verwaltungsrechtlichen Institute der Bewilligung und Konzession sind denjenigen des schweizerischen Verfassungsrechts *vergleichbar*: Die verwaltungsrechtlichen Einrichtungen bleiben an sich unberührt, haben aber hinsichtlich Anwendbarkeit, Gestalt und Handhabung eine Fülle von besonderen, übergeordneten wie auch direkt durchsetzbaren Präliminarien zu beachten[362]. Um es am Beispiel der polizeilichen Zulassungsanforderungen aufzuzeigen: Das Unionsrecht verbietet es den Mitgliedstaaten nicht, bei Notwendigkeit von einer Zulassungsprüfung Gebrauch zu machen, soweit das Vorgehen den übergeordneten Zielen der Unionsverträge nicht widerspricht[363]. Zu diesen gesellen sich nicht direkt aus den EU-Verträgen ableitbare, durch den Gerichtshof aufgrund praktischer

---

357 Aus Gründen der Anschaulichkeit wird auch auf die (nicht direkt eingetretenen) Auswirkungen des in der Volksabstimmung vom 6. Dezember 1992 abgelehnten Abkommens über den Europäischen Wirtschaftsraum (EWR) eingegangen. Es ist längerfristig jedoch davon auszugehen, dass die Integrationswirkungen des EU-Rechts und des EWR-Abkommens substanziell – und in indirekter Form – spürbar werden. Vgl. dazu Schindler, 42 f. Aufgrund der gegenwärtigen politischen Lage kann nicht ausgeschlossen werden, dass das EWR-Abkommen erneut zur Abstimmung gebracht wird. Die Auswirkungen des Integrationsrechts zeigen sich in einer Reihe von neuen Gesetzen bzw. Gesetzesrevisionen. Diese traten im Verlauf des Jahres 1993 oder auf den 1. Januar 1994 als sogenannte Swisslex-Pakete in Kraft. Vgl. dazu die Botschaft über das Folgeprogramm nach der Ablehnung des EWR-Abkommens vom 24. Februar 1993 (Sonderdruck).
358 Nicolaysen, 33 ff.
359 Vgl. dazu Ehlers, in: Erichsen/Martens, 46.
360 Schindler, 23; Thürer/Weber, 435 ff.; Nicolaysen, 38 ff.; Oppermann, N 523 ff.; Streinz, 252 f.; Wimmer/Mederer, 40 ff.; Ehlers, in: Erichsen/Martens, 53 f. mit weiteren Hinweisen auf Rechtsprechung und Lehre.
361 Schwarze, 91; Streinz, 255 f. Zur Verzahnung von Unionsrecht und der Rechtsstruktur der Mitgliedstaaten vgl. Thürer (Kantone), 774 f.; Thürer/Weber, 438 ff.
362 Vgl. dazu die zusammenfassende Analyse bei Schwarze, 1381 ff.
363 Vgl. etwa Art. 36, 48 Abs. 3, 56 und 66 EWGV. Vgl. etwa zur Vereinbarkeit von Zulassungsbeschränkungen für Anlagen, Fahrzeuge und Geräte mit dem EG-Recht den Bericht des Bundesamtes für Justiz vom 31. Januar 1991, VPB 1991 Nr. 5.

Rechtsvergleichung gewonnene Rechtsgrundsätze des allgemeinen Verwaltungsrechts[364]. Sogar abseits einer direkten Wirksamkeit des Unionsrechts zeigt sich – wenn auch noch in recht abgeschwächter Form –, dass es das innerstaatliche allgemeine Verwaltungsrecht mittelbar zu beeinflussen vermag, wenn auf innerstaatlich unbekannte Rechtsgrundsätze gegriffen wird[365]. Der Einfluss des Integrationsrechts ist bedeutend, doch bislang auch nur bruchstückhaft geblieben. Zwar verfügt die Union über einen Bestand an Verwaltungsrechtsnormen, doch ist ein dogmatisch geschlossenes Verwaltungsrechtssystem noch im Entstehen begriffen[366]. Der Weg zu einem *gemeineuropäischen (allgemeinen) Verwaltungsrecht* scheint allerdings eingeschlagen zu sein, wie die Entwicklung der Rechtsprechung des Gerichtshofes im Umfeld der allgemeinen verwaltungsrechtlichen Rechtsgrundsätze aufzeigt[367]. Diese Entwicklung wird wohl auch dadurch beschleunigt werden, dass das hochgesteckte, aber nur mühsamst erreichbare Ziel der unionsinternen Rechtsharmonisierung zunehmend zugunsten des Vertrauens in die autonome mitgliedstaatliche Zulassungsprüfung abgelöst wird.

72. Zentrales Instrument des Integrationsrechts ist die Errichtung eines «*Gemeinsamen Marktes*»[368]. Der Errichtung selbst wird nebst der instrumentalen Seite auch normativer Ziel-Charakter zugebilligt[369]. Der «Gemeinsame Markt» soll, so der Europäische Gerichtshof, die Hemmnisse im innergemeinschaftlichen Handel beseitigen helfen, mit dem Ziel der Verschmelzung der nationalen Märkte zu einem einheitlichen Markt, dessen Bedingungen denjenigen eines wirklichen Binnenmarktes möglichst nahekommen[370]. Mittel und Eckpunkte bei dessen Realisierung sind die vier Grundfreiheiten des freien Waren-, Personen-, Dienstleistungs- und

---

364 So etwa der Gleichheitssatz, Vertrauensschutz, Widerrufbarkeit von Verwaltungsakten und Verhältnismässigkeitsgebot. Vgl. dazu die eingehende Studie von Schwarze, passim; Oppermann, N 404 ff. Ob diese beim direkten und indirekten Vollzug von Unionsrecht durch die Mitgliedstaaten anwendbar sind, ist im Schrifttum umstritten. Vgl. dazu Streinz, 275 ff. m.w.H.
365 Schwarze, 1382; Streinz, 245 f.
366 Schwarze, 1379; Streinz, 247.
367 Schwarze, 90 ff. und 1385 ff.; Bachof, 193 ff.; Streinz, 251 f.; Hans Werner Rengeling, Quellen des Verwaltungsrechts, in: Europäisches Verwaltungsrecht, hrsg. von Michael Schweitzer, Wien 1991, 45 f.
368 Art. 2 EWGV. Vgl. dazu Nicolaysen, 20 f. und 133 ff.; Bleckmann, N 21 ff. und 1514 ff.
369 Wimmer/Mederer, 51.
370 RS 15/81, Slg 1982, 1431 f.

Kapitalverkehrs[371], ergänzt durch die «fünfte Freiheit» des freien Zahlungsverkehrs sowie das Diskriminierungsverbot[372].

Nachfolgend soll im *Überblick* und anhand von *typischen Beispielen* dargelegt werden, in welchen Bereichen sich das Integrationsrecht vom schweizerischen Recht unterscheidet und wo eine nach Umständen nötig werdende Harmonisierung die verwaltungsrechtlichen Institute der Bewilligung und Konzession berühren würde. Zu berücksichtigen bleibt, dass sich das Integrationsrecht zum einen in einem stetigen Wandel befindet, zum anderen seine Wirkungen nicht restlos geklärt sind[373], weshalb der nachfolgende Abriss nicht mehr als eine vorläufige Bestandesaufnahme mit Aufweisung der Entwicklungstendenzen sein kann.

II. MONOPOLE UND REGALE

73. *Monopole und Regale* schweizerischer Ausprägung – als Vorstufen des Zulassungsaktes – können unter den integrationsrechtlichen Begriff der Handels-, Dienstleistungs- oder Finanzmonopole fallen. Staatliche *Handelsmonopole*[374] sind nach Art. 37 EWGV hinsichtlich der Versorgungs- und Absatzbedingungen derart umzuwandeln, dass keine Unterschiede zwischen den Angehörigen der Mitgliedstaaten auftreten (Diskriminierungsverbot). Betroffen sind alle Einrichtungen, durch die ein Mitgliedstaat unmittelbar oder mittelbar die Einfuhr oder Ausfuhr zwischen den Mitgliedstaaten rechtlich oder tatsächlich kontrolliert, lenkt oder merklich beeinflusst; miterfasst werden die von einem Staat auf andere Rechtsträger übertragenen Monopole[375]. Vom EU-Recht nicht erfasst sind staatliche Monopole, die einzig den innerstaatlichen Warenverkehr berühren[376]. Das Verbot bezieht sich aber auch auf Diskriminierungen zwischen eigenen Staatsangehörigen wie auf Unterscheidungen nach der Herkunft der Ware[377]. Eine Auflösungspflicht würde – so ein Teil der

---

371 Art. 8a Abs. 2 EWGV. Zu den nachfolgend nicht weiter behandelten Folgen der Freiheiten des Kapital- und Zahlungsverkehrs auf die Zulassung von Kreditinstituten und anderen finanziellen Einrichtungen vgl. Oppermann, N 1394 ff.
372 Bleckmann, N 21. Vgl. Art. 7 und 106 EWGV. Auf das Diskriminierungsverbot wird jeweils im Zusammenhang mit der einzelnen Grundfreiheit eingegangen.
373 Vgl. dazu etwa Sutter-Somm (Auswirkungen), 224.
374 Dazu wurden gerechnet: Branntweinmonopol (Deutschland); Alkohol-, Kali-, Sprengstoff-, Tabak-, Thomasschlacke- und Zeitungspapiermonopol (Frankreich); Bananen-, Chemie-, Salz-, Tabak-, Zigarettenpapier-, Feuerstein- und Feuerzeugmonopol (Italien). Vgl. dazu Bleckmann, N 1057.
375 Art. 37 Abs. 1 EWGV. Vgl. dazu Schweitzer/Hummer, 273.
376 Bleckmann, N 1052.
377 Bleckmann, N 1061.

II. Monopole und Regale

Lehre[378] – die staatlichen Handelsmonopole nur treffen, wenn eine Nichtdiskriminierung auf keinem anderen Weg erreichbar wäre[379]; praktisch steht allerdings wohl nicht mehr als die Sicherung des freien Warenverkehrs zwischen den Mitgliedstaaten im Vordergrund[380]. Vom Grundsatz der freien Konkurrenz zwischen öffentlichen und privaten Unternehmen, d.h. von den EU-Wettbewerbsregeln wie auch weiteren Vertragsvorschriften befreit[381] sind dagegen Unternehmen, die mit «Dienstleistungen von allgemeinem wirtschaftlichem Interesse betraut sind oder den Charakter eines Finanzmonopols haben»[382]. Die Befreiung erfolgt jedoch nur dann, wenn die Anwendung des Integrationsrechts nicht die Erfüllung der diesen besonderen Unternehmen übertragenen speziellen Aufgaben rechtlich oder tatsächlich verhindert[383]. Unter dem Gesichtspunkt des Monopolmissbrauchs werden gesetzliche Monopole weiter begrenzt, indem eine in Anspruch genommene, aber durch den Monopolträger nicht befriedigte Markttätigkeit gegen Art. 86 EWGV verstösst[384].

Zu den öffentlichen Monopolunternehmen zu rechnen sind auch beliehene oder konzessionierte Unternehmen wie Technische Überwachungsvereine oder private Rundfunkstationen[385]. Die Aufgaben der *Dienstleistungsunternehmen* liegen in wirtschaftlichen Aktivitäten zur Sicherung von Infrastruktur und Daseinsvorsorge[386]. Hierzu zählen: Bahn, Post[387], Elektrizitäts-[388], Gas- und Wasserwerke[389]. *Finanzmonopole* dienen der Einnahmeerzielung; da sie zumeist zugleich Handels-

---

378 Entgegen der bisherigen Rechtsprechung des Gerichtshofs, EuGH 1983, 1955 ff. – RS 78/82. Vgl. dazu den Überblick bei Sutter-Somm (Auswirkungen), 216 Fn. 21.
379 Oppermann, N 1173; Bleckmann, N 1060.
380 Sutter-Somm (Auswirkungen), 217.
381 Allerdings wird zunehmend ein Aufweichen der Sonderstellung der Dienstleistungsmonopole beobachtet. Vgl. dazu den Überblick von Bernd Jansen, 1992: Das Ende der Dienstleistungsmonopole, EuZW 1991, 609; a. M. Hailbronner/Nachbaur, 109.
382 Art. 90 Abs. 2 EWGV. Vgl. etwa EuGH 10. 12. 1991, EuZW 1992, 248 ff. zur Unvereinbarkeit des italienischen gesetzlichen Monopols für Hafenbetriebsgesellschaften mit Art. 90 Abs. 2 EWGV.
383 Oppermann, N 918; Bleckmann, N 1431; Sutter-Somm (Auswirkungen), 218 ff. Zur Vereinbarkeit nationaler Fernsehmonopole mit EG-Recht vgl. EuGH 18. 6. 1991, EuGRZ 1991, 274 ff.
384 EuGH 23.4. 1991, EuZW 1991, 349 ff. betreffend das Stellenvermittlungsmonopol der deutschen Bundesanstalt für Arbeit. Vgl. dazu Stefan Speyer, Disparität zwischen gesetzlichem Vermittlungsmonopol und Marktausfüllung als Missbrauchstatbestand, EuZW 1991, 399 ff.; Hailbronner/Nachbaur, 109.
385 Oppermann, N 920.
386 Oppermann, N 921; Weber (Entwicklungen), 323; Sutter-Somm (Auswirkungen), 221.
387 Angesichts der sich verändernden technischen und wirtschaftlichen Bedingungen wird die bevorzugte Behandlung des Post- und Telefonmonopols vermehrt in Frage gestellt. Vgl. dazu Weber (Entwicklungen), 323 ff.; Sutter-Somm (Auswirkungen), 219 und 222.
388 Zum Energierecht in den Unionsverträgen vgl. Oppermann, N 1179 ff.
389 Oppermann, N 921; weitere Beispiele bei Sutter-Somm (Auswirkungen), 219.

monopole sind, fallen sie unter das Diskriminierungsverbot von Art. 37 EWGV[390] und haben im Rahmen von Art. 90 Abs. 2 EWGV nur geringe Bedeutung.

74. Die möglichen Auswirkungen des Integrationsrechts auf das schweizerische Regal- und Monopolgefüge lassen sich in vier, sich zum Teil ergänzende Bereiche unterteilen: Zunächst nichtdiskriminierende Umgestaltung der Handelsmonopole[391], sodann Beseitigung von Nationalitätserfordernissen bei der Zulassung sowie Berücksichtigung ausländischer Diplome, Prufungszeugnisse und Befähigungsnachweise und schliesslich Einräumung eines Anspruchs auf Zulassung.

Von der *nichtdiskriminierenden Umgestaltung* der Handelsmonopole wären auf Bundesebene die Alkohol- und Pulvermonopole sowie die landwirtschaftlichen Aussenhandelsmonopole[392], auf der kantonalen Stufe das Salzhandelsregal betroffen[393]. Die Umgestaltung würde im wesentlichen zunächst dazu führen, dass das Recht auf Einfuhr und Verkauf der Handelsgüter nicht mehr allein dem Staat oder dessen Konzessionären vorbehalten wäre. Von der Änderung berührt wären konsequenterweise auch bestehende Wohnsitzerfordernisse für die Zugelassenen, nicht jedoch ein Art. 36 EWGV achtendes polizeilich motiviertes Bewilligungs- oder Auflagesystem für mit dem Handel zusammenhängende Tätigkeiten[394].

Nationalitätsunterschiede dürften bei der Erteilung von Zulassungen zu monopolisierten Tätigkeiten nicht mehr berücksichtigt werden. Daraus folgt, dass im Unionsraum ansässige bzw. niedergelassene Personen den Inländern bei der Bewerbung um Zulassung gleichzustellen wären (Grundsatz der Inländergleichbehandlung)[395]. Diese Verpflichtung würde bundesrechtliche Dienstleistungsmonopole erfassen, wie Radio und Fernsehen, Eisenbahn und weitere öffentliche Verkehrsbetrie-

---

390 Bleckmann, N 1430; Oppermann, N 921.
391 Zu den Auswirkungen auf das *Dienstleistungsmonopol* der Telekommunikation vgl. die detaillierten Ausführungen von Weber (Entwicklungen), 333 ff.
392 Bei einem Beitritt zum EWR wären die landwirtschaftlichen Aussenhandelsmonopole im Bereich Brotgetreidesaatgut, Futtermittel, Brotgetreide, Backmehl sowie die Kontingentsregelung bei der Fleischeinfuhr nicht berührt. Vgl. Art. 8 EWR und Sutter-Somm (Auswirkungen), 227; Dauses, 149 f.
393 Sutter-Somm (Auswirkungen), 224 ff.; Arbeitspapier Monopole und Regale, 284 f.
394 So etwa eine polizeiliche Bewilligung für private Verkaufsstellen von Schiesspulver oder eine (eher skeptisch beurteilte) gesundheitspolizeiliche Auflage bezüglich der Beigabe von Jod und Fluor zum importierten Salz. Vgl. dazu Sutter-Somm (Auswirkungen), 225 und 228 f.; Arbeitspapier Monopole und Regale, 284 f.
395 Arbeitspapier Monopole und Regale, 289 f.; Sutter-Somm (Auswirkungen), 220 f.; Oppermann, N 1492. Vgl. zu den Anpassungen im Rahmen des sogenannten Swisslex-Paketes die Botschaft über das Folgeprogramm nach der Ablehnung des EWR-Abkommens vom 24. Februar 1993 (Sonderdruck).

be, die Nutzung öffentlichen Grundes[396] sowie eine Reihe von kantonalen Dienstleistungs–[397] und Finanzmonopolen[398]. Vorerst unklar und nicht in allen Konsequenzen überblickbar wären die Folgen der Integrationsentwicklung auf das relative Linienmonopol, wie es Art. 103 LFG der Swissair vorbehält[399].

Soweit die Zulassung zur monopolisierten Tätigkeiten vom *Ausbildungs- oder Befähigungsnachweis* abhängig ist, müssten ausländische Zeugnisse, Diplome und Ausbildungsgänge berücksichtigt werden[400]. Aktuell könnte es gegenwärtig im Bereich der Hebammentätigkeit, der Fischerei und des Friedhofs- und Bestattungswesens werden.

Das Integrationsrecht verbietet es an sich nicht, Inländer im Vergleich zu den übrigen Unionsangehörigen schlechter zu stellen. Aufgrund von Art. 4 Abs. 1 BV müsste die aufgezeigte Beseitigung von Monopol- und Zulassungsschranken gegenüber dem grenzüberschreitenden Handel und der Erbringung von Dienstleistungen zu einer Verbesserung der rechtlichen Stellung der inländischen Bewerber um eine Zulassung führen[401]. So wäre es, um ein Beispiel zu nennen, undenkbar, ausländische Befähigungsnachweise anzuerkennen, gleiches jedoch hinsichtlich ausserkantonaler Ausweise verbieten zu wollen[402].

III. ZULASSUNGSVERHÄLTNISSE IM BLICKFELD DER EU-FREIHEITEN

75. Die Wirkungen des Integrationsrechts auf die einzelnen Zulassungsverhältnisse ausserhalb monopolisierter Tätigkeiten können überaus komplex werden und bedürften an sich einer überaus differenzierten, kaum strukturierbaren Darlegung. Da

---

396 Zu den Energie- und Wasserlieferungsmonopolen der Kantone vgl. Arbeitspapier Monopole und Regale, 286 und Sutter-Somm (Auswirkungen), 230.
397 Versicherung, Plakataushang, Autoabbruch- und Autosammelplätze, Kaminfeger, Schlachthaus, Kaminfeger, Friedhof usw. Vgl. dazu Arbeitspapier Monopole und Regale, 289 ff.; Sutter-Somm (Auswirkungen), 232.
398 Bergbau einschliesslich des Schürfens und Bohrens nach Erdöl und Erdgas, Fischerei und Jagd.
399 Vgl. dazu die eingehende Untersuchung von Jens Drolshammer/Georg Rauber, Die Liberalisierung des Europäischen Luftverkehrs EG – EWR – Schweiz, AJP 1992, 1242 ff., ferner Oppermann, N 1347 ff.
400 Vgl. dazu die nachfolgende Übersicht, N 81.
401 Sutter-Somm (Auswirkungen), 234. Zu ähnlichen Problemen bei der Zulassung ausländischer Rechtsanwälte in Deutschland vgl. die Anmerkung von Albert Bleckmann zu EuGH 25. 2. 1988, JZ 1988, 510.
402 Das Gebot der Inländergleichbehandlung schützt bei der Anerkennung von ausländischen Diplomen und dergleichen auch die Inländer vor einer Diskriminierung. Nicht vom EU-Recht erfasst ist jedoch der Bereich, in dem der Inländer zunächst einmal nur von seinem innerstaatlichen Recht erfasst wird, Oppermann, N 1429.

entsprechende Detailuntersuchungen für weite Bereiche vorliegen[403], beschränke ich mich nachfolgend darauf, vor dem Hintergrund der Angleichung der Rechtsvorschriften die generellen Aspekte der Freiheiten des Integrationsrechts, des Diskriminierungsverbots und des Weges ihrer Umsetzung im Verhältnis zu den Zulassungsverhältnissen des schweizerischen Verwaltungsrechts aufzuzeigen.

76. Die nach Art. 9 Abs. 1 EWGV errichtete *Zollunion* umfasst den gesamten unionsinternen Warenaustausch und gilt als die eigentliche Grundlage des freien Warenverkehrs[404]. Die Zollunion gilt als «Verbot, zwischen den Mitgliedstaaten Ein- und Ausfuhrzölle und Abgaben gleicher Wirkung zu erheben,» und soll «die Einführung eines Gemeinsamen Zolltarifs gegenüber dritten Ländern»[405] ermöglichen. Sie umfasst zugleich die Abschaffung mengenmässiger Beschränkungen (u.a. Kontingente) sowie aller Massnahmen gleicher Wirkung zwischen den Mitgliedstaaten[406]. Nicht ausgeschlossen ist allerdings die Festlegung von Einzel- oder Unions*kontingenten* für Waren aus Drittländern[407]. Im Rahmen seiner Verwaltungsbefugnisse kann ein Mitgliedstaat den Zugang der betroffenen Marktteilnehmer zu der ihm zugeteilten Quote regeln[408]. Er darf allerdings nicht einzelne Marktteilnehmer vom Zugang ausschliessen; zudem soll er die verschiedenen Gruppen von Marktteilnehmern sowie die Gesamtmengen, zu denen sie Zugang erhalten sollen, nicht willkürlich festlegen. Die binnenmarktähnlichen Verhältnisse innerhalb der Union stehen Einfuhrkontrollen an den Grenzen nicht entgegen, soweit diese nach der nichtwirtschaftlich verstandenen[409] «Ordre-Public-Klausel» von Art. 36 EWGV erlaubt sind. Allerdings ist zu beachten, dass Einfuhrgenehmigungen oder die Erfüllung einer Meldepflicht des Importeurs oder Exporteurs in der Regel *kostenlos* erteilt bzw. bescheinigt werden müssen[410].

---

403 Vgl. dazu die Beiträge in den beiden Sammelbänden der Schriften zum Europarecht: Die Europaverträglichkeit des schweizerischen Rechts, hrsg. von Dietrich Schindler/Gérard Hertig/Jakob Kellenberger/Daniel Thürer/Roger Zäch, Zürich 1990; EWR-Abkommen. Erste Analysen, hrsg. von Olivier Jacot-Guillarmod, Zürich 1992. Ein Kurzüberblick findet sich bei Hans-Joachim Hess/Patrick Raaflaub, Die Auswirkungen des Acquis Communautaire auf das Recht des EWR. Dargestellt am Beispiel der Schweiz, EuZW 1992, 379 ff. Zu den Auswirkungen des freien Personen- und Dienstleistungsverkehrs vgl. insbesondere Pierre Mercier/Olivier Jacot-Guillarmod, La libre circulation des personnes et des services, Basel/Frankfurt a.M. 1991.
404 Zu den Ausnahmen Oppermann, N 1136.
405 Art. 9 Abs. 1 EWGV.
406 Art. 30 ff. EWGV. Vgl. dazu Oppermann, N 1158 ff.
407 Bleckmann, N 1011.
408 EuGH 13. 10. 1982, Slg. 1982, 3583 f.; Bleckmann, N 1012.
409 EuGH 9. 6. 1982, Slg. 1982, 2187. Vgl. auch Schweitzer/Hummer, 269 f.
410 Zur Kasuistik Oppermann, N 1145; Bleckmann, N 1020 ff.

III. Zulassungsverhältnisse im Blickfeld der EU-Freiheiten 57

77. Im Rahmen des *freien Warenverkehrs*[411] hat sich das Verbot der Massnahmen gleicher Wirkung wie mengenmässige Beschränkungen als besonders bedeutend erwiesen. Die Art und Weise der Warenerzeugung verbleibt im Rahmen von Art. 36 EWGV grundsätzlich in der Regelungszuständigkeit der Mitgliedstaaten. Sie kann aber mit dem freien Warenverkehr kollidieren, wenn in- und ausländische Waren formell oder auch nur materiell[412] verschieden behandelt werden. Nach der grundlegenden «*Cassis de Dijon*» - Entscheidung[413] ist der staatliche Handlungsbereich derart eingeschränkt, dass nur zwingend notwendige, nicht willkürlich diskriminierende oder den Handel verschleiert beschränkende Regeln aufgestellt werden dürfen[414]. Im Ergebnis müssen in einem Mitgliedstaat rechtmässig hergestellte und vermarktete Erzeugnisse auch in den anderen Mitgliedstaaten zugelassen werden[415]; das Bedürfnis nach gegenseitigen gesetzlichen Harmonisierungsmassnahmen, wie sie nach Art. 100 EWGV vorgesehen wären, hat in diesem Bereich erheblich abgenommen[416]. Nicht ausgeschlossen ist jedoch, dass der einführende Staat eine besondere Zulassung fordert oder eigene Zulassungskontrollen vornimmt, wenn die Ware im Ursprungsland seiner Auffassung nach nicht umfassend kontrolliert wird. Allerdings muss er nach Möglichkeit auf die Unterlagen des anderen Mitgliedstaates zurückgreifen[417]. Die «*Cassis de Dijon*» - Rechtsprechung wurde jüngst punktuell im Bereich der grenzüberschreitenden Werbung für Warensonderverkäufe ausgedehnt, indem die Unlauterkeit der Wettbewerbsmethoden und deren Vereinbarkeit mit dem Verbraucherschutz allein nach dem Recht des Anbieter- und nicht des Konsumentenstaates zu beurteilen ist[418].

78. Zu den weiteren Grundlagen der Union gehören – zusammengefasst unter dem Begriff der *Freiheit des Personenverkehrs* – die Freizügigkeit des Unselbständiger-

---

411 Dieser bezieht sich nicht nur auf Beschränkungen beim Grenzübertritt, sondern auch auf alle Umstände, die den Absatz im Einfuhrstaat erschweren. Vgl. dazu Bleckmann, N 1036; EuGH 24. 11. 1982, Slg. 1982, 4005.
412 Vgl. dazu die Beispiele bei Bleckmann, N 1027.
413 EuGH 20. 2. 1979, Slg. 1979, 649 ff.
414 Schweitzer/Hummer, 270 ff.; Oppermann, N 1164; Bleckmann, N 1027 ff. und 1043 ff.
415 Vgl. dazu und zu den Ausnahmen Oppermann, N 1165 ff.; Bleckmann, N 1044 f.
416 Von besonderer Bedeutung verbleibt die einheitliche Normung technischer Vorschriften. Vgl. dazu Helmut Reihlen, Technische Normung und Zertifizierung für den EG-Binnenmarkt, EuZW 1990, 444 ff.; Stefan Griller, Europäische Normung und Rechtsangleichung, Wien 1990. Zum Vorgehen bei fehlenden Harmonisierungsrichtlinien vgl. Alfred Falkenstein/Uta Falkenstein, Freier Warenverkehr in der EG, Baden-Baden 1989, 74 ff.
417 EuGH 17. 12. 1981, Slg. 1981, 3277. Zur Harmonisierung der Zulassung von Telematikendgeräten vgl. Helmut Fangmann, Europa auf dem Weg zum offenen Markt für Telekommunikationsendgeräte, EuZW 1991, 585 ff. sowie Weber (Entwicklungen), 326 f. und 331 f.
418 EuGH 7. 3. 1990, EuZW 1990, 222. Vgl. dazu Wilfried Alt/Jörn Sack, Nationale Werbebeschränkungen und freier Warenverkehr, EuZW 1990, 311 ff.

werbenden sowie die Niederlassungs- und Dienstleistungsfreiheit der Selbständigerwerbenden[419].

79. Die direkt anwendbare *Freizügigkeit der Arbeitnehmer*[420] ist *zum einen* in Form der Inländergleichbehandlung (Beschäftigung, Entlöhnung und sonstige Arbeitsbedingungen) als Spezifizierung des allgemeinen Diskriminierungsverbots zu verstehen. Zulassungserfordernisse (wie Sprach- oder Rechtskenntnisse) vor Aufnahme der Berufstätigkeit dürfen nur bei unerlässlicher Notwendigkeit eingeführt werden[421]. Für Ausländer aus dem Unionsraum ist die Verwendung eines Kontingentssystems zum Zweck der zahlenmässigen bzw. anteilmässigen Beschränkung ausgeschlossen[422]. *Zum anderen* bevorteilt die Freizügigkeit Unionsangehörige gegenüber Drittstaat-Angehörigen, da jene etwa keine Arbeitsbewilligung benötigen[423]. Nach Unionsrecht bedürfen Unionsangehörige zwar einer Aufenthaltserlaubnis[424], doch hat diese nicht mehr denn deklaratorischen Charakter[425]. Die Freizügigkeitsregelung ist aus Gründen der öffentlichen Ordnung, Sicherheit und Gesundheit einschränkbar[426], zudem ist der Sektor der öffentlichen Verwaltung von ihr ausgenommen[427]. Die mit der öffentlichen Verwaltung verbundenen Tätigkeiten werden eng eingegrenzt und über alle Mitgliedstaaten hinweg einheitlich verstanden als Ausübung hoheitlicher Befugnisse zur Wahrung der allgemeinen Belange des Staates[428]. Als Faustregel gilt, dass all jene Tätigkeiten nicht-staatlicher Natur sind, die von Dienstleistungen der Privatwirtschaft nicht unterschieden werden können[429]. Im vorliegenden Zusammenhang dürfte es von Interesse sein, dass kaum eine auf der Grundlage schweizerischer Konzessions- oder Bewilligungsbestimmungen aus-

---

419 Art. 48 ff. EWGV.
420 Zum auch die in Ausbildung befindlichen Schüler und Studenten erfassenden Begriff vgl. Oppermann, N 1420 ff.; Bleckmann, N 1067 f.; Moitinho de Carvalho, 180 f. Zu den Familienangehörigen vgl. Art. 10 ff. Verordnung Nr. 1612/68.
421 Bleckmann, N 1072.
422 Art. 4 Verordnung Nr. 1612/68.
423 Oppermann, N 1411.
424 Art. 4 Abs. 2 der Richtlinie 68/360. Vgl. dazu Oppermann, N 1450; Moitinho de Carvalho, 190.
425 Moitinho de Carvalho, 190.
426 Moitinho de Carvalho, 196.
427 Art. 48 Abs. 3 und 4 EWGV. Vgl. zur neueren Entwicklung Martin Böse, Arbeitnehmerfreizügigkeit und öffentlicher Dienst, EuZW 1992, 639 ff.
428 Oppermann, N 1447; Wimmer/Mederer, 165. Die beiden Voraussetzungen der Ausübung hoheitlicher Befugnisse und die Wahrung allgemeiner Belange des Staates müssen kumulativ erfüllt sein. Ein alternatives Vorliegen, wie es EuGH 16. 6. 1987, Slg. 1987, 2639 anscheinend als ausreichend hält, genügt nicht. Vgl. dazu Bleckmann, N 1084; anderer Ansicht Wimmer/Mederer, 165 Fn. 110.
429 Wimmer/Mederer, 166.

III. Zulassungsverhältnisse im Blickfeld der EU-Freiheiten

geübte Tätigkeit dem Begriff der öffentlichen Verwaltung im Sinn von Art. 48 Abs. 4 EWGV zugerechnet werden könnte[430].

80. Der Verwirklichung einer grenzüberschreitenden *selbständigen* Erwerbstätigkeit dienen die *Niederlassungsfreiheit* sowie die *Freiheit des Dienstleistungsverkehrs*[431]. Erstere betrifft die dauernd, letztere die vorübergehend in einem Unionsstaat ausgeübte selbständige Berufstätigkeit[432]. Beide Freiheiten werden durch ein Reise- und Aufenthalts- sowie Verbleiberecht vervollständigt. Bei der Erbringung der Dienstleistung ist es indes entbehrlich, dass auch ihr Erbringer oder Empfänger die Grenze überschreitet; nur die Dienstleistung als solche soll grenzüberschreitend erfolgen[433]. Diese Erkenntnis ist im Rundfunkbereich von Bedeutung. Hier bleiben zwar nichtdiskriminierende Beschränkungen aus Gründen des Allgemeininteresses oder des Urheberrechts weiterhin gerechtfertigt, doch deuten zahlreiche Harmonisierungsbestrebungen auf eine zu erwartende Angleichung nationaler Rundfunkregelungen hin[434].

81. Vom Schutz der Freiheiten *ausgenommen* sind Tätigkeiten, die dauernd oder zeitweise mit der Ausübung öffentlicher Gewalt verbunden sind[435]. Eine weitere Schranke bildet der in den Verträgen nicht erwähnte, aus der Rechtsprechung her-

---

430 EuGH Slg. 1980, 3881 und 1982, 1845 haben bestimmte Stellen bei der belgischen Eisenbahn von Art. 48 Abs. 4 EWGV ausgenommen. Weiter rechnet ein rechtlich nicht verbindlicher Kommissionsbeschluss zu den nichthoheitlichen Aufgaben: Verkehrs-, Post- und Fernmeldewesen, Luftverkehr, Rundfunk und Fernsehen sowie die Energieversorgung, mithin weite Bereiche des traditionellen Konzessionsrechts schweizerischer Prägung. Vgl. dazu ABl 1988 C 72/2 sowie die Mitteilungen zum EG-Recht von Rolf P. Jetzer und Gaudenz G. Zindel in SJZ 88/1992, 391. Auch die Ausübung des Berufes des Rechtsanwaltes wird nicht zur öffentlichen Verwaltung gezählt, selbst wenn der Rechtsanwalt – hier in Abweichung zur schweizerischen Praxis – zum Pflichtverteidiger bestellt wird. Vgl. dazu Bleckmann, N 1124; Moitinho de Carvalho, 194 ff.
431 Der Begriff der Dienstleistungsfreiheit hat eine dynamische Ausweitungen hinter sich, vgl. dazu Oppermann, N 1483. Zum Begriff allgemein Müller-Graff, 231 ff. Zur Entwicklung und zum Stand der Niederlassungsfreiheit vgl. Rolf Wägenbaur, Inhalt und Etappen der Niederlassungsfreiheit, EuZW 1991, 427 ff.
432 Die Niederlassung zu anderen Zwecken (kulturelle, religiöse, politische oder soziale) ist nicht ausreichend, Bleckmann, N 1096.
433 Oppermann, N 1505.
434 Oppermann, N 1508 ff. Vgl. auch zu den gleichlaufenden Bestrebungen des Europarates und der EG Bernd Möwes/Monika Schmitt-Vockenhausen, Europäische Medienordnung im Lichte des Fernsehübereinkommens des Europarats und der Fernsehrichtlinie 1989, EuGRZ 1990, 121 ff., ferner Martin Seidel, Europäische Rundfunkzone für die nationalen Hörfunk- und Fernsehsysteme oder gemeinschaftseinheitliches Rundfunksystem? Zu neueren Entwicklungen der europäischen Rundfunkpolitik, in: Martin Seidel, Rechtsangleichung und Rechtsgestaltung in der Europäischen Gemeinschaft, Baden-Baden 1990, 159 ff.
435 Art. 55 und 66 EWGV. Vgl. dazu Müller-Graff, 236. Der Begriff der Ausübung öffentlicher Gewalt deckt sich nicht mit dem der öffentlichen Verwaltung nach Art. 48 Abs. 4 EWGV, da nach Art. 55 EWGV die Wahrung allgemeiner Belange nicht erforderlich ist. Vgl. dazu Oppermann, N 1540.

vorgegangene sogenannte «Immanenzvorbehalt», wonach im Allgemeininteresse liegende nichtdiskriminierende und verhältnismässige Beschränkungen wie Zulassungspflichten, Vorschriften über Organisation, Berufspflichten, Verantwortlichkeit und Kontrolle als zulässig gelten[436]. Besondere Schwierigkeiten bei der Erzielung der Inländergleichbehandlung bietet die bei Selbständigerwerbenden verbreitete Pflicht zur Vorlage von Ausbildungs- bzw. Befähigungsausweisen vor Tätigkeitsaufnahme oder Dienstleistungserbringung; das Unionsrecht verbietet es nach wie vor *nicht*, die Zulassung zu einer Berufstätigkeit generell (und formell nichtdiskriminierend) vom Nachweis einer Ausbildung oder Befähigung abhängig zu machen[437]. Es sieht zur Beseitigung solcher Zulassungsschranken indes eine *stufenweise* Anerkennung ausländischer Ausbildungen, Ausweise, Diplome, Patente usw. vor. Zunächst einmal wurde die Zulassungspraxis auf dem bisherigen Stand «eingefroren»[438], danach durch Liberalisierungs- und Harmonisierungsvorschriften in Richtung gegenseitiger Anerkennung inhaltlich anzugleichender ausländischer Titel gelenkt[439]. In analoger Anwendung des *«Cassis-de-Dijon-Prinzips»* geht man jedoch vermehrt dazu über, eine direkte Anerkennung ausländischer Titel oder eine unbeanstandete, längere Zeit im Ausland ausgeübte Tätigkeit[440] zu verlangen, selbst wenn die Harmonisierungsgrundlagen fehlen[441]. Materiell wird von den Mitgliedstaaten ein Verzicht auf einen Teil ihrer Aufsichtstätigkeit verlangt, indem sie die Aufsichtsführung der anderen Mitgliedstaaten als gleichwertig erklären[442]. Vorbehalten bleibt der Schutz gegen Umgehungspraktiken eigener Staatsangehöriger[443].

82. Zur Durchsetzung der Niederlassungs- und Dienstleistungsfreiheit hat die EG bis Ende 1969 (Übergangszeit) gegen 100 Richtlinien erlassen. Seit 1974 sind die massgeblichen Vertragsbestimmungen[444] nach der Praxis des Gerichtshofs unmittelbar anwendbar, soweit sie den Grundsatz der Inländerbehandlung regeln[445]; damit wurden weitere Richtlinien zur Verwirklichung des Grundsatzes der Inlän-

---

436 Müller-Graff, 237.
437 Oppermann, N 1494; Bleckmann, N 1129.
438 Art. 53 und 62 EWGV.
439 Oppermann, N 1493.
440 Vgl. dazu Bleckmann, N 1129; Guillod, 80 f. Nach den für zahlreiche Berufssparten geltenden Richtlinien beurteilt sich die berufliche Qualifikation zumeist allein nach der Berufserfahrung. Vgl. dazu Clausnitzer, 193.
441 Oppermann, N 1494. Vgl. dazu die nachfolgenden Ausführungen.
442 Vgl. hierzu Martin Seidel, Grundsätzliche Rechtsprobleme bei der Verwirklichung des Gemeinsamen Marktes, in: Martin Seidel, Rechtsangleichung und Rechtsgestaltung in der Europäischen Gemeinschaft, Baden-Baden 1990, 55. Vgl. etwa zur Kontrolle der Tätigkeit eines Wirtschaftsprüfers, der in mehreren Mitgliedstaaten tätig wird, EuGH 20. 5. 1992, EuZW 1992, 512 ff.
443 EuGH 27. 9. 1989, Slg. 1989, 3039.
444 Art. 52, 59 und 60 Abs. 3 EWGV.
445 EuGH 21. 6. 1974, Slg. 1974, 652 und 3. 12. 1974, Slg. 1974, 1311 ff.

III. Zulassungsverhältnisse im Blickfeld der EU-Freiheiten

derbehandlung entbehrlich[446]. Von der Rechtsprechungspraxis unberührt bleiben jedoch nach wie vor die Berufsausübungs- und -zulassungsregeln, hauptsächlich im Bereich der freien Berufe und des Bank- und Versicherungswesens. Die Anerkennung, Harmonisierung und Koordinierung der national unterschiedlichen Berufsregelungen auf dem Weg der Richtlinien gilt als höchst anspruchsvolle «Jahrhundertaufgabe»[447]. Ihre - bis heute recht unterschiedlich gelöste - Bewältigung würde ein kompliziertes, traditionell-verwaltungsrechtliche innerstaatliche Anschauungen beseitigendes Regelwerk bedingen. Statt dessen hat sich in den letzten Jahren die Ansicht durchgesetzt, diese Aufgabe lasse sich auch auf dem Weg des *gegenseitigen Vertrauens* durchsetzen[448], wonach mitgliedstaatliche Regelungen *tel quel* anzuerkennen seien. Seinen bislang wichtigsten Niederschlag fand das Prinzip des gegenseitigen Vertrauens in der Diplom-Richtlinie aus dem Jahre 1988, wonach Hochschulstudiengänge von mindestens 3 Jahren Dauer grundsätzlich gegenseitig anzuerkennen seien[449]. Anerkennt ein Mitgliedstaat ein Diplom eines Drittstaates, so bindet diese Anerkennung alle EU-Staaten. Fehlen für eine Berufsgattung die Koordinierungs- oder Harmonisierungsgrundlagen, so besteht zugunsten des Zulassungssuchenden ein unmittelbarer Anspruch auf *Äquivalenzkontrolle* seines Diploms[450]. Dagegen ist es den Mitgliedstaaten überlassen, ob sie vor der Tätigkeitsaufnahme oder Dienstleistungserbringung noch eine zusätzliche innerstaatliche Eignungsprüfung oder einen Anpassungslehrgang verlangen wollen[451]. Weiter ist es dem Zulassungsstaat erlaubt, den Berufsausübenden einer Anzeigepflicht zu unterstellen oder sein Verhalten im Herkunftsstaat (Einhalten von Rechts- und Standesvorschriften) zu prüfen[452].

83. Stellvertretend für die integrationsrechtlichen Wirkungen auf die Zulassungs- und Ausübungsregelungen der freien Berufe[453] soll der Stand bei den rechtsberatenden Berufen dargelegt werden[454]; es ist vorauszuschicken, dass hier die Harmonisie-

---

446 Oppermann, N 1523.
447 Oppermann, N 1525. Zum Stand der Liberalisierung der einzelnen Berufsarten vgl. Clausnitzer, 198 ff.
448 Vgl. dazu Hailbronner/Nachbaur, 110.
449 Richtlinie 89/48, ABl. 1989, L 19/16 ff. Vgl. auch den Vorschlag für eine zweite Richtlinie ABl. 1989, C 263/1 ff. Die erste Richtlinie erfasst gegen 100 Diplom-Studiengänge. Vgl. zu den Lücken der Anerkennung von Diplomen unterhalb der Hochschulebene Gero Leibrock, Stand und Perspektiven der gegenseitigen Anerkennung der Diplome, EuZW 1992, 465 ff.
450 EuGH 28. 6. 1977, Slg. 1977, 1199 und 15. 10. 1987, Slg. 1987, 4112. Vgl. auch zur neuesten Rechtsprechung des Gerichtshofs bei der Anerkennung ausländischer Qualifikationen und Diplome bei Ausländern Malaguerra, 204 f.; Clausnitzer, 206.
451 Oppermann, N 1534.
452 Clausnitzer, 197.
453 Vgl. dazu Gérard Berscheid/Christiane Kirschbaum, Freie Berufe in der EG, Bonn 1991.
454 Ein Überblick über die weiteren Auswirkungen, etwa für medizinische oder technische Berufe bzw. auf dem Gebiet der Finanzinstitute, Versicherungen oder Arzneimittelherstellung, findet

rung und Koordination der nationalen Vorschriften bislang nur harzig vorangekommen ist. Der enge Bezug des Berufes des Rechtsanwaltes und anderer rechtsberatender Berufe zur innerstaatlichen Rechtsordnung ist mit ein Grund für dieses Rechtsetzungsdefizit.

84. Nach der Richtlinie 77/249 [455] ist es einem Rechtsanwalt[456] erlaubt, die mit der Vertretung und Verteidigung eines Mandanten notwendigen Dienstleistungen in jedem Mitgliedstaat unter denselben Bedingungen wahrzunehmen, wie sie für die dort tätigen Rechtsanwälte verbindlich sind. Die Richtlinie selbst enthält keine Bestimmungen zur Koordination der Ausbildung oder zur Anerkennung ausländischer Diplome. Sie äussert sich lediglich zu den Modalitäten der Leistungserbringung. Der Rechtsanwalt aus dem EU-Raum ist den jeweiligen innerstaatlichen Zulassungsbestimmungen[457] und Standesregeln[458] unterworfen. Ausgeschlossen sind jedoch das Erfordernis des Wohnsitzes (Residenzpflicht)[459] und die Zugehörigkeit zu einer Berufsorganisation in diesem Staat[460]. Vorgängig der Zulassung kann eine sich über einen gewissen Zeitraum erstreckende, ununterbrochene Tätigkeit unter der Aufsicht eines inländischen Anwalts verlangt werden. Bei der Ausübung kann der zulassende Mitgliedstaat ein Zusammenwirken mit einem beim angerufenen Gericht zugelassenen Rechtsanwalt vorsehen[461]. Allerdings darf die Vorschrift nicht dahingehend verstanden werden, dass der EU-Rechtsanwalt auch dann durch einen inländischen Rechtsanwalt überwacht werden muss, wenn sich der Mandant nach innerstaatlichem Recht durch jede rechtsunkundige Person aus dem In- wie Ausland vertreten lassen könnte[462]. Bei ihrer Tätigkeit in ausländischen Unionsstaaten

---

sich in den Beiträgen in den folgenden Sammelbänden: Die Europaverträglichkeit des schweizerischen Rechts, hrsg. von Dietrich Schindler/Gérard Hertig/Jakob Kellenberger/Daniel Thürer/Roger Zäch, Zürich 1990; EWR-Abkommen. Erste Analysen, hrsg. von Olivier Jacot-Guillarmod, Zürich 1992. Vgl. auch die Übersicht bei Schweitzer/Hummer, 103 ff.; Oppermann, N 1526 ff. Zu den Rechtsanwälten vgl. auch Ulrich Zimmerli, Bundesrahmengesetz zur Ausübung des Anwaltsberufs in der Schweiz?, recht 1992, 113 ff. sowie den Zwischenbericht der Kommission SAV z.Hd. des Schweizerischen Anwaltstages 1992 vom 12./13. Juni 1992, Der Schweizer Anwalt (SAV) 140/1992, 5 ff. Einen Überblick über die Umsetzung der EG-Richtlinie ins deutsche Recht bietet Harald Dörig, Der Zugang zur Anwaltschaft nach der EG-Diplomanerkennungsrichtlinie, EuZW 1991, 243 ff.

455 ABl. 1977, L 78/17 ff.
456 Begünstigt sind Staatsangehörige der Mitgliedstaaten, also etwa auch ein in der Schweiz ansässiger französischer Rechtsanwalt.
457 Gornig, 1122.
458 Oppermann, N 1527; Gornig, 1125. Vgl. dazu auch Annette Kespohl-Willemer, Standesregeln der Rechtsanwälte der Europäischen Gemeinschaft, EuZW 1990, 88 ff.
459 Hailbronner/Nachbaur, 110.
460 Art. 4 Abs. 1 RL 77/249. Vgl. auch Gornig, 1126; Clausnitzer, 203 ff.
461 Art. 5 RL 77/249.
462 EuGH 25. 2. 1988, Slg. 1988, 1123 ff.

III. Zulassungsverhältnisse im Blickfeld der EU-Freiheiten

haben die Rechtsanwälte die Berufsbezeichnung ihres Herkunftslandes und in dessen Sprache zu führen[463]. Hat sich der Rechtsanwalt jedoch unter Anwendung der Diplomanerkennungsrichtlinie zusätzlich auch einer innerstaatlichen Eignungsprüfung unterzogen, so wird er nach dem französischen Vollintegrationsmodell auch den Berufstitel des Aufnahmelandes führen dürfen[464]. Weiter kann den Rechtsanwälten aus dem EU-Raum nicht das Recht zur Eröffnung einer Niederlassung verwehrt werden mit dem Hinweis darauf, dass er sein Berufsdomizil nur an einem Ort haben könne[465].

85. Dem Grundsatz der Inländergleichbehandlung entsprechend müssen innerstaatliche Regelungen beseitigt werden, die nur für ausländische Anwälte (aus dem Unionsraum) gelten[466]. Anders als beim Diskriminierungsverbot nach Art. 7 EWGV kann eine sachlich begründete Differenzierung zwischen In- und Ausländern nur noch aus Gründen der öffentlichen Sicherheit und Ordnung erfolgen[467]. An erster Stelle betrifft das Gleichbehandlungsgebot das Kriterium der Staatsangehörigkeit. Darüber hinausgehend sind selbst nichtdiskriminierende innerstaatliche Zulassungs- und Ausübungsvorschriften nur auf der Grundlage eines hinreichenden Allgemeininteresses statthaft[468]. Bislang fehlt eine spezielle, auf die Bedürfnisse der rechtsberatenden Berufe zugeschnittene Richtlinie im überaus wichtigen Bereich der Anerkennung der mitgliedstaatlichen Ausbildungsgänge und Fähigkeitsausweise[469], im Gegensatz etwa zu den medizinischen Berufen. Allerdings unterstehen auch die Rechtsanwälte der allgemeinen Richtlinie über die Anerkennung der Hochschuldiplome[470]. Danach ist es nicht ausgeschlossen, dass vorgängig der Aufnahme des Rechtsanwaltsberufes eine sprachliche und fachliche Zusatzprüfung verlangt wird[471]. Selbst wenn innerstaatliche Regeln für die Anerkennung fehlen, ist der

---

Nach BGE 114 Ia 40 f. kann das Anwaltsmonopol nicht mit dem Argument bekämpft werden, der rechtsunkundige Mandant hätte seine prozessualen Rechte auch selbst wahrnehmen können. Damit spricht das Bundesgericht dem Mandanten zu dessen eigenem Schutz das Recht ab, aus eigenem Entschluss einen Rechtsbeistand auswählen zu können, der keine staatliche Zulassung besitzt. Das Bundesgericht geht somit unausgesprochen vom unverzichtbaren Charakter des Treu und Glauben-Aspekts im Bereich der Handels- und Gewerbefreiheitseinschränkungen aus.

463 Art. 3 RL 77/249.
464 Clausnitzer, 204 f.
465 EuGH 12. 7. 1987, Slg. 1984, 2971. Hier besteht eine Parallele zur Rechtsprechung des Bundesgerichts bei Mehrfachdomizilen von freiberuflich Tätigen.
466 Gornig, 1121.
467 Bleckmann, N 1148, 1169 und 1221. Verdeckte Diskriminierung, wie etwa Kenntnisse des Rechts oder der Landeskunde haben nur dann Bestand, wenn sie etwa dem Publikumsschutz dienen.
468 Gornig, 1125; Oppermann, N 1527; Bleckmann, N 1142.
469 Gornig, 1122.
470 Vgl. dazu die unmittelbar vorangehenden Ausführungen.
471 Eine derartige Prüfung wird vermutlich die Regel bilden. Vgl. zu den Details und dem Stand der innerstaatlichen Umsetzung der Richtlinie Malaguerra, 205 und 206 ff., ferner Clausnitzer, 204 f. Zwar steht dem Bewerber die Wahl zwischen einem Anpassungslehrgang und einer Eignungsprü-

Mitgliedstaat nach Art. 52 EWGV im Sinn des Äquivalenzprinzips verpflichtet, ausländische Qualifikationen, Diplome und die bisherige Erfahrung beim Entscheid über die Zulassung zu berücksichtigen[472]. Wird der Rechtsanwalt jedoch einzig unter seinem angestammten Berufstitel und auf dem Gebiet des ausländischen oder internationalen Rechts tätig, so erlauben einzelne innerstaatliche Zulassungsordnungen ein formloses Tätigwerden unter dem angestammten Berufstitel und ohne Zusatzprüfung[473].

---

fung offen, doch kann der Aufnahmestaat das eine oder andere vorschreiben. Vgl. dazu Art. 4 Abs. 1 RL 89/48.
472 Diese Verpflichtung bestand bereits vor Erlass der Diplomanerkennungsrichtlinie. Vgl. dazu Malaguerra, 204 f.; Clausnitzer, 206.
473 Vgl. die Ausführungen bei Clausnitzer, 205.

§ 4 ANSATZ ZU EINER MODIFIZIERTEN SYSTEMBILDUNG

I. AUSGANGSPUNKT

86. Die Grundlage für die klassisch-frühverwaltungsrechtliche Gegenüberstellung von Bewilligung und Konzession war eine funktionsgerechte Abgrenzung staatlicher und gesellschaftlicher Kompetenzblöcke; die Abgrenzung erfolgte auf dem Boden des «Wesens» einer Tätigkeit. Damit wurde der Exekutive auch die Möglichkeit eröffnet, sich unbekümmert um gesetzliche Grundlagen besonders weitreichende Regelungszuständigkeiten vorzubehalten. Das Bild des frühkonstitutionellen monarchistisch geprägten Staates wie auch die ihm eigene Machtverteilung sind jedoch längst überholt. Das «Wesen» einer Tätigkeit wird durch Verfassung und Gesetz bestimmt. Darin eingebettet bilden Bewilligungen und Konzessionen einen kleinen, aber bedeutenden und unentbehrlichen Teil eines weit umfassenderen staatlichen Aufsichts-, Lenkungs-, Vorsorge- und Leistungssystems[474]. Weder Bewilligung noch Konzession sind mit einem bestimmten Zweig der Verwaltungstätigkeit oder einem bestimmten öffentlichen Anliegen zwingend verbunden. Sie können nahezu uneingeschränkt dienstbar gemacht werden, wie es etwa die mit wirtschaftlichen Krisensituationen verbundene Ausdehnung der gewerblich-polizeilichen Bewilligung auf die Wirtschaftslenkung[475] oder der Konzession auf polizeiliche Anliegen (Polizeimonopol) bzw. die reine Lenkungs- und Überwachungstätigkeit[476] zeigen. Bewilligung und Konzession sind nicht nur Absagen an eine «voraussetzungslose» Möglichkeit privater Betätigung, sie instrumentalisieren auch eine sinnvolle Zusammenarbeit von Staat und Privaten bzw. die Lenkung und Kontrolle der ausschliesslich privaten Tätigkeit. Sie machen im wesentlichen das gesamte sozial wirksame Lebensfeld des Zulassungssuchenden rechtlich erfassbar, sowohl dessen Tätigkeit, wie etwa Beruf und Gewerbe, als auch die von ihm geschaffenen Zustände, namentlich Bauten, Werke und Betriebe, wie auch die anbegehrten Unterlassungen, hier vor allem die Ausnahmen von einer Handlungspflicht.

87. Besonderes Interesse wird dem Zusammenwirken von Staat und Privaten in rechtlich dem Staat vorbehaltenen Bereichen zuteil. Diese Erscheinung wird im Blick auf die Konzession häufig und gern mit der Erweiterung der Rechtsbefugnisse des Privaten umschrieben. Dem wird die polizeiliche Bewilligung entgegengestellt, die lediglich die «natürliche» Handlungsfreiheit wiederherstellen soll. Diese an sich wenig nutzbringende, aber mit Hartnäckigkeit sich behauptende Charakterisierung ist irreführend. Sie beruht auf ungleichen Vergleichsgrundlagen: Wenn man schon

---

[474] Vgl. dazu aus der Sicht der Wirtschaftsaufsicht Mösbauer, 675 ff. mit weiteren Hinweisen.
[475] Vgl. dazu eingehend Hurter, 36 ff.
[476] Gygi (Verwaltungsrecht), 196; Moor, Bd. III, 379.

von einer «natürlichen» Handlungsfreiheit spricht, so darf man ihr nicht einen geregelten Zustand (verfassungsrechtliche Monopolisierung bestimmter Tätigkeiten) gegenüberstellen. Anders als im monarchistisch-konstitutionellen Verwaltungsrecht[477] besteht zudem in einer verfassungsrechtlich determinierten Rechtsordnung keine Notwendigkeit, sich auf «natürliche» Handlungsbereiche zu berufen, wenigstens nicht im Umfang der bewilligungspflichtigen Tätigkeiten. Zudem soll das Bewilligungserfordernis auch als Alternative zum vollständigen, ausnahmslosen Verbot verstanden werden, nicht nur als Eingrenzung einer unbeschrankten privaten Handlungsfreiheit. Bewilligung und Konzession erweitern demnach *gleichermassen* die Rechtsbefugnisse der Empfänger, da einzig diese die zugelassene Tätigkeit aufnehmen dürfen[478]. Wenn es in diesem Zusammenhang Unterschiede gibt, so höchstens ihrem Einsatzzweck nach. Die Bewilligungserteilung wird als Ausnahme vom Verbot die Regel bilden. Die Konzessionierung wird sich demgegenüber auf besonders gelagerte Einzelfälle beschränken.

88. Die immer wiederkehrenden Begründungen für eine kategorische Unterscheidung von Bewilligung und Konzession lassen sich im Kern darauf zurückführen, dass der Konzessionär in Bereichen tätig wird, die rechtlich dem Staat vorbehalten sind, der Bewilligungsträger in Bereichen, die an sich von jedermann ausgeübt werden können. Gleiches wird mit den Umschreibungen «Verleihung eines neuen Rechtes» und «Aktualisierung eines latenten Anspruches» ausgedrückt. Die Umschreibungen sind in dieser Verkürzung ohne Zweifel richtig, aber auch irreführend. Es stellt sich die Frage, ob sie für eine systematische Trennung genügen und ob nicht Gemeinsames unterdrückt wird. Tatsächlich zeigt sich, dass sowohl Konzession wie auch Bewilligung darauf ausgerichtet sind, dem Privaten (oder auch einem Gemeinwesen) eine Rechtsposition einzuräumen, die es ihm erlaubt, – im weitesten Sinn verstanden – tätig zu werden. Für das Tätigwerden an sich ist es ohne Belang, ob die Tätigkeit an einen verfassungsrechtlich und gesetzlich determinierten Freiheitsbereich anknüpft oder erst durch einen an die ausschliesslich staatliche Hoheitssphäre anknüpfenden Verleihungsakt begründet wird. In beiden Fällen entsteht eine neue rechtliche Situation, ein verändertes Rechtsverhältnis zwischen Staat und Zulassungsempfänger.

II. Die Ratio der Zulassung

89. Die unterste Stufe der Gemeinsamkeit von Bewilligung und Konzession liegt somit darin, dass eine sozialrelevante Handlung (Tätigkeit, Zustand und Unterlassung) aufgrund rechtlicher Vorgaben *nicht ohne vorgängige Mitwirkung und Zu-*

---

477 Vgl. dazu Mayer, Bd. 1, 292 und Bd. 2, 154.
478 Gygi (Verwaltungsrecht), 177; Häfelin/Müller, N 1961.

II. Die Ratio der Zulassung 67

stimmung des Staates angegangen bzw. erfolgreich durchgesetzt werden kann. Von dieser Erkenntnis ausgehend lässt sich ein System aufbauen, das sich an der gemeinsamen Basis orientiert, zugleich Rechnung der durch *öffentliche Interessen vorgegebenen Zwecksetzung* und der jeweils *konkreten* Ausprägung jeder Bewilligungs- und Konzessionsart trägt. Auf diesem Weg gelingt es, vergröbernde und wenig aussagekräftige Verallgemeinerungen zu vermeiden. Vielmehr soll der Blick für die Vielfalt der bewilligungs- und konzessionsrechtlichen Spielarten, ihre Strukturen, Variationen und die fliessenden Übergänge geöffnet werden. Damit ist die Abkehr von der üblichen Begrifflichkeit verbunden: Es gibt weder *die* Bewilligung noch *die* Konzession, höchstens vergleichbare Typengruppen.

90. Es soll nicht der Eindruck erweckt werden, Bewilligung und Konzession (als Rechtsaktkategorien wie auch in ihren einzelnen Ausprägungen) würden sich wenig oder gar nicht unterscheiden. Gerade das Gegenteil ist der Fall. Jedoch darf die Hervorhebung der Unterschiede nicht zu Erstarrungen führen, die in eine Regelbildung münden, die weder ein- noch durchgehalten werden kann. Zu mannigfaltig sind die Ausprägungen von Konzession und Bewilligung und der an sie gestellten Bewältigungs- und Regelungsanforderungen. Das Unterbringen in einem dogmatischen «Fertigbauhaus», wie es die frühe Verwaltungsrechtslehre – zugegebenermassen mit legitimen Zielen – versucht hat, ist kaum noch zu bewerkstelligen. Die Folgen der Aufteilung von Bewilligung und Konzession sind bis heute spürbar und stehen einer erfolgreichen Durchdringung der Rechtswirklichkeit nicht selten im Weg. Die systematische Trennung von zwei Rechtsgebilden, die sich in vielen Belangen gleichen, innerhalb ihrer Gattung aber derart viele Abweichungen und Ausprägungen aufweisen, dass ein einheitlicher Unter- und Überbau für jedes selbst nur mit Mühe und Künstelei bewerkstelligt werden kann, erweist sich oft als unfruchtbar. Zweckgebilde wie die «Popularkonzession»[479] zeugen von diesen Mühen. Eine der Systembildung dienende Begrifflichkeit ist zweifellos notwendig und hilfreich, sollte aber nicht zum Selbstzweck verkommen.

91. Bei näherer Betrachtung zeigt sich, dass Unterschiede und Gemeinsamkeiten zwischen Bewilligung und Konzession *fliessend* sind, dass sich der Fluss teilweise in Nebenarme teilt, zumeist aber klare Konturen aufweist. Dogmatisch interessanter ist es, nicht nur die Differenzen – so etwa die Rechtsbeständigkeit von Konzession und polizeilicher Bewilligung – im einzelnen zu untersuchen, sondern sich danach zu fragen, wieweit diese auch begründet sind und fortgeführt werden können. Eine polizeiliche Bewilligung kann weit mehr Berührungspunkte mit einer polizeilich motivierten Konzession aufweisen denn mit einer Bewilligung zur Benützung öffentlichen Grundes. Eine Verkehrskonzession kann einer wirtschaftspolitischen

---

479 Vgl. zu den «Konzessionen» des inzwischen revidierten Telekommunikationsrechts insbesondere Mossu, 99 ff.

Bewilligung näher stehen als einer fiskalisch begründeten Regalkonzession. Erst das Nebeneinanderstellen von Bewilligung und Konzession *in all ihren Erscheinungsformen* lässt die tragenden Strukturen, den erwähnten Fluss, begründete Abweichungen und die situationsbedingte Fortentwicklung der grundlegenden Gemeinsamkeiten erkennen.

92. Unterschiede zwischen wie auch innerhalb der beiden Zulassungsinstrumente und der auf ihnen aufbauenden Zulassungsmöglichkeiten ergeben sich weitgehend aus deren *Zwecksetzung auf der Grundlage des öffentlichen Interesses*. Sowohl Bewilligung wie auch Konzession sind die *rechtlichen Endstufen* einer übergeordneten staatlichen Aufsichts-, Kontroll-, Lenkungs- und Zusammenarbeitspolitik. Zentral sind der Zweck der staatlichen Mitwirkung bei der Zulassung und die sie ergänzende Notwendigkeit nachfolgender Kontrolle, die wiederum ihre Berechtigung und Grenzen im verfassungsrechtlichen Gefüge finden. Dabei muss unter Umständen der Zweck der Zulassung als *Verfahren* vom Zweck der Zulassung Privater zu einer *Tätigkeit* getrennt werden. Der Zweck der Zulassung als Verfahren dient der Ausrichtung der nachgesuchten Tätigkeit auf eine bestimmte staatliche Interessenverfolgung hin. Diese kann etwa in der Gefahrenabwehr, der Regelung von Mangellagen, Strukturpolitik, statistischer Kontrolle[480], Verwaltungsökonomie, wirtschaftlicher Ausnützung von Naturkräften oder der Milderung gesetzgeberischer Härten liegen. Der Zweck der Zulassung von Privaten zu einer Tätigkeit ergibt sich im allgemeinen daraus, dass der Staat diese gar – oft nur schon tatsächlich – nicht in eigener Regie ausüben darf, kann oder möchte. Die wichtigste Grenze für staatliche Eigenbetätigung liegt in den Grundrechten. Sie kann aber auch durch faktische Gegebenheiten, wie das Fehlen von betrieblichen Einrichtungen, Fähigkeiten oder Kenntnissen bedingt sein. Wiederholt ist auch die parallele Nutzbarmachung privater Ressourcen das Motiv für eine Auslagerung staatlicher Aufgaben. Zu denken ist auch daran, dass sich der Staat gewisse Tätigkeitsbereiche vorbehalten kann, ohne jemals die Absicht gehabt zu haben, sie in Regie oder zumindest nahezu ausschliesslich wahrnehmen zu wollen. Der staatliche Vorbehalt gründet dann in der Möglichkeit, die Zulassung und das Zulassungsverhältnis – unter teilweiser Ausschaltung der Grundrechte – frei(er) regeln zu können[481].

93. Die Zwecksetzung der Zulassung kann sich auch innerhalb vergleichbarer Regelungsbereiche unterscheiden, wie das Beispiel der Erzeugung von Elektrizität zeigt. Die Wassernutzungskonzession ist das Ergebnis des Umstandes, dass es den Gemeinwesen Ende des 19. Jahrhunderts aus finanziellen Gründen oft unmöglich war, das Wasserregal in kantonaler oder kommunaler Regie auszuüben. Errichtungs-

---

480 Nach Art. 40 ALV etwa kann die Ausfuhr von Nutz- und Zuchtvieh «zu Kontrollzwecken der Bewilligungspflicht» unterstellt werden.
481 Vgl. dazu nachfolgend N 151.

II. Die Ratio der Zulassung

und Betrieb atomarer Anlagen werden dagegen durch ein Bewilligungssystem geregelt, obschon die Verfassung einen staatlichen Eigenbetrieb oder eine Konzessionierung nicht verbietet[482]. Der Grund liegt in der (im Jahre 1959 vertretenen) gesetzgeberischen Überzeugung, die Nutzung der Atomenergie sei der privaten Wettbewerbswirtschaft zu überlassen[483]; davon ist man später abgerückt, indem man die Bewilligungserteilung um die Bedürfnisprüfung erweiterte. Deutlich wird, dass sich Inhalt und Rechtsnatur des Zulassungsinstruments im Lauf der Zeit ändern können, auch wenn die Anknüpfung dieselbe bleibt. Unterschiede zeigen sich auch innerhalb einer Zulassungsart, wie etwa der Verkehrskonzession: Die Situation eines konzessionierten Eisenbahnunternehmens und eines Luftverkehrsunternehmens wie der Swissair unterscheiden sich derart stark, dass sich bereits in der Handhabung eines für den Verkehrsdienst zentralen Elementes, wie dem Erbringen gemeinwirtschaftlicher Leistungen, grosse Abweichung zeigen[484]. Zum Gegenbeweis: Obschon die Zulassung zu staatlichen Ausschliesslichkeitsbereichen als Konzession angesehen wird, zeigt sich im Transportbereich, dass die Zulassung auch die Form einer Konzession minderen Ranges[485] oder einer Bewilligung annehmen kann[486]. Gewerbliche, mit Ausschliesslichkeitsrechten versehene, in ein Kontroll- und Pflichtenkorsett eingebundene Transportdienste werden konzessioniert; gelegentliche Transporte erhalten die Form einer beidseitig unverbindlicheren Monopolbewilligung.

94. Zusammengefasst erlauben es die Zulassungsinstrumente im Rahmen der öffentlichen Interessen und der damit verbundenen Zweckausrichtung, Dritten unter vorgängiger staatlicher Mitwirkung eine Rechtsposition einzuräumen bzw. zu verweigern, die sie ermächtigt, – grundsätzlich unter fortlaufender staatlicher Kontrolle – einen Zustand zu begründen, eine Tätigkeit aufzunehmen, fortzuführen, zu beenden oder zu unterlassen. Auf dieser Grundlage lässt sich ein «offenes» System entwickeln, das den Gemeinsamkeiten Rechnung trägt, die Unterschiede jedoch nicht unterdrückt. Dieses System eröffnet jedoch nicht mehr als den Zugang zu den tragenden verfassungs- und verwaltungsrechtlichen Strukturen der Zulassung. *Erst und allein* die unmittelbare Auseinandersetzung mit dem *konkreten* Zulassungsverhältnis erlaubt die Anwendung der dogmatisch ausgebreiteten Grundlagen. Zugegebenermassen beansprucht dieser Zugang zu den Zulassungsverhältnissen den Gesetzgeber wie auch den Gesetzesanwender mehr denn die übliche Begrifflichkeit. Er entlastet

---

482 Rausch (Atomenergierecht), 10; Weber (Wirtschaftsregulierung), 217.
483 Rausch (Atomenergierecht), 45 f.
484 Dazu eingehend Thomann, 86 ff.
485 Automobilkonzession I für fahrplanmässige, gewerbsmässige und regelmässige Fahrten und Automobilkonzession II für solche ohne Fahrplan (Ausflugfahrten, Pendelfahrten und Arbeiterfahrten). Vgl. dazu Art. 21 und 53 Automobilkonzessionsverordnung.
486 Schiffahrts-, Autobus- und Flugverkehr. Vgl. dazu z.B. Art. 21, 53 und 56 Automobilkonzessionsverordnung.

sie aber auch davon, mit begrifflichen Widersprüchen leben zu müssen. Sie erhalten zudem die Chance, Unbefriedigendes neu zu überdenken, differenzierende, «grenzüberschreitende» Lösungen zu treffen und gesellschaftliche, wirtschaftliche, soziale und rechtliche Entwicklungen besser in das Zulassungssystem zu integrieren.

Es ist nicht das Ziel dieser Untersuchung, die *Rechtsnatur* der Bewilligung oder der Konzession in *allgemeiner* Weise auszuleuchten. Derartige Versuche sind wiederholt angestellt worden; sie erweisen sich jedoch als wenig gewinnbringend, da es weder «die Bewilligung» noch «die Konzession» gibt[487]. Aus diesem Grunde sehe ich auch von einer allgemeingültigen Definition der einzelnen Zulassungsarten (etwa Polizeibewilligungen, Sondernutzungskonzession oder Konzession öffentlicher Dienste) ab[488]. Die Unterscheidung vertraglicher und verfügungsmässiger Teile einer Konzession[489] ist jedoch nicht ohne Relevanz: Sie hat zum einen prozessuale – hier nicht weiter verfolgte – Gründe[490]. Zum anderen hat sie materiellrechtliche Bedeutung, nämlich als Ansatz zum Schutz «wohlerworbener Rechte»[491]. Ferner kann die Rechtsnatur einzelner Zulassungselemente bei der Entstehung und Beendigung des Zulassungsverhältnisses von Bedeutung sein. Insgesamt sollten die Unterschiede jedoch nicht überbewertet werden. Es ist vielmehr im Einzelfall zu untersuchen, wie sich die verfassungs- und verwaltungsrechtliche Lage auf das jeweilige Zulassungsinstrument auswirkt und wo eine Willenseinigung dessen Gestalt beeinflusste. Davon ausgehend kann dessen «Rechtsnatur» oder besser dessen «rechtliches Wesen» ermittelt werden. Ob für derartige Abklärungen praktische Gründe bestehen, ist ebenfalls anhand des konkreten Sachverhaltes zu entscheiden. Nachfolgend sollen deshalb in erster Linie die verfassungs- und verwaltungsrechtlichen Strukturmerkmale der Zulassung untersucht werden. Aufgrund des verfassungsrechtlichen Umfeldes lassen sich querschnittartig die Rahmenbedingungen der verwaltungsrechtlichen Anwendung und inhaltlichen Ausgestaltung der Zulassung festlegen. Die darin eingebetteten verwaltungsrechtlichen Strukturen sollen aufgrund der Rechtsposition des Zugelassenen ermittelt werden. Dabei dient als Richtschnur die allgemeine Systematik zur Darstellung von Rechtsverhältnissen: Entstehung – Wirkung – Beendigung. Ergänzt wird sie durch eine Betrachtung über das Rechtsverhältnis des Zugelassenen zu Dritten.

---

487 Saladin (Verwaltungsprozessrecht), 325 f.
488 Aus Gründen der systematischen Darstellung gebrauche ich diese Zulassungskategorien dennoch, soweit ihre geläufige Charakterisierung dies erlaubt.
489 Vgl. dazu etwa Imboden (Vertrag), 169a f.; Zwahlen, 580a f.; Saladin (Verwaltungsprozessrecht), 325 f.; Knapp (concessions), 124; Dubach (Wasserrecht), 28; Korrodi, 95 ff. Allgemein zur Anwendbarkeit des Vertrags auf konzessionsrechtliche Verhältnisse Fleiner-Gerster (Vertrag), 189 ff. und 197.
490 Vgl. dazu eingehend N 49.
491 Imboden (Vertrag), 171a; Knapp (Précis), N 1400; Saladin (Verwaltungsprozessrecht), 340. Vgl. dazu eingehend N 169.

I. Der verfassungsrechtliche Rahmen 71

§ 5 STRUKTURMERKMALE – EIN VERSUCH DER SYSTEMATISIERUNG

I. DER VERFASSUNGSRECHTLICHE RAHMEN

A. KOMPETENZEN

95. Bewilligung und Konzession gelten als «Allzweckinstrumente» des allgemeinen Verwaltungsrechts. Sie sind strukturell an keine bestimmte staatliche Gliederungen oder Organisationsgefüge gebunden, sondern – aufgrund ihrer Indifferenz – ureigenste Erscheinungen sowohl des bundesstaatlichen[492] wie auch kantonalen[493] und kommunalen[494] Verwaltungsrechts. Eine Ausnahme bildet die wirtschaftspolitische Bewilligung: Ihre Verwendung ist, ausgenommen die existenzsichernde Gastwirtschaftsbewilligung[495], den Kantonen und Gemeinden verboten.

96. Die verwaltungsrechtliche Ungebundenheit der Bewilligung und Konzession wird aber durch die bundesstaatliche Kompetenzordnung überlagert, ja zuweilen wird die Frage der Zuständigkeit zum Angelpunkt ganzer Konzessions- und Bewilligungsverhältnisse[496]. Auf den ersten Blick scheint die – auch für die Ausübung von Verwaltungskompetenzen geltende[497] – subsidiäre Kompetenzvermutung zugunsten der Kantone[498] nach Art. 3 BV, verbunden mit dem System der Zuweisung von Einzelkompetenzen an den Bund, unproblematisch. Bei näherer Betrachtung zeigen sich manche Schwierigkeiten. Als heikel erweisen sich zum einen die Suche nach der im Einzelfall inhaltlich genauen Abgrenzung der Kompetenzen zwischen Bund und Kanton, zum anderen die Koordination von sich überschneidenden Zuständigkei-

---

492 Wichtigste Beispiele: *Konzessionen* in den Bereichen von Eisenbahn, Luftverkehr, Rohrleitungen, Radio und Fernsehen, gewerbsmässige Personentransporte, *Bewilligungen* für wissenschaftliche Berufsarten (Art. 33 Abs. 1 BV), gewerbepolizeiliche (Art. 31bis Abs. 2 BV), wirtschaftspolitische (Art. 31bis BV) und atomrechtliche Bewilligungen (Art. 25 ^{quinquies} BV).
493 Monopol- und Regalkonzessionen, Bewilligungen und Konzessionen im Zusammenhang mit der Benützung öffentlicher Sachen und polizeiliche Bewilligungen.
494 Bewilligungen und Konzessionen im Zusammenhang mit der Benützung öffentlicher Sachen, Monopolkonzessionen und polizeiliche Bewilligungen.
495 Art. 31ter Abs. 1 BV.
496 Insbesondere im Wirtschaftsverwaltungsrecht, wo sich vorrangig Art. 31bis Abs. 2 BV über die Befugnis des Bundes zur Regelung der Ausübung von Handel und Gewerbe ausspricht. Demgegenüber sagt Art. 31 Abs. 2 BV nichts über die Kompetenzverteilung aus, sondern beschränkt einzig die kantonalen Befugnisse auf systemkonforme Einschränkungen der HGF. Vgl. dazu Rhinow, Kommentar BV, Art. 31 N 152 und 31bis N 37 ff.
497 Aubert (Traité), N 727.
498 Hangartner (Kompetenzverteilung), 54.

ten[499]. Auch eine an sich klare Kompetenzzuweisung kann Schwachstellen[500] aufweisen, falls sie sich nicht darüber ausspricht, ob der Kompetenzträger die Befugnis in eigener Regie wahrzunehmen hat, sie mittels Konzession bzw. Bewilligung an Dritte (Kanton oder Private) delegieren darf oder sogar Privaten zur freien Ausübung überlassen muss.

97. Häufig besteht ein gewichtiges politisches Interesse an einer bundesrechtlichen Ordnung von Sachbereichen mit starkem technischem Einschlag und von landesweitem Interesse[501]. So erstaunt es nicht, wenn gerade hier unklare oder unzulängliche Kompetenzgrundlagen durch *extensive* Verfassungsauslegung der rasch fortschreitenden technischen Entwicklung angepasst werden. Typische Erscheinungen sind der bundesgesetzliche Entzug der kantonalen Eisenbahnkonzessionshoheit im Jahre 1872. Ihm fehlte es ebenso wie der frühen Ausweitung der ursprünglich postalischen Konzessionshoheit zu einer allgemeinen Verkehrskonzessionsbefugnis des Bundes[502] oder den Versuchen zu Errichtung eines eidgenössischen Gütertransportmonopols[503] an einer eindeutigen formellrechtlichen Verfassungsgrundlage[504]. Aus neuerer Zeit, und deshalb auch bekannter, ist die besonders umstrittene Befugnis des Bundes zur konzessionsrechtlichen Regelung des Radio- und Fernsehwesens[505], die als «stillschweigende Bundeskompetenz kraft Sachzusammenhangs»[506] Art. 36 Abs. 1 BV zugewiesen wurde. Klare Grenzen für eine Kompetenzausweitung sind dagegen dem Analogieschluss gesetzt, für den die abschliessende Regelung von Art. 3 BV keinen Raum lässt. So konnte die Bundeskompetenz zur Regelung der Rohrleitungsanlagen vor Erlass von Art. 26bis BV nicht analog den Zuständigkeiten zum Bau und Betrieb von Eisenbahnen oder zur Errichtung und Benützung von Nationalstrassen begründet werden[507].

98. Eine ihrem Umfang nach unbestimmte, offene oder stark konkretisierungsbedürftige Kompetenzzuweisung an den Bund trägt die Unsicherheit auch in den kantonalen Zuständigkeitsbereich. Zu regelrechten Einbrüchen in die Kompetenzordnung kann Art. 64 BV verleiten. Die Grenzziehung zwischen Bundeszivilrecht

---

499 So etwa im Bereich der verschiedenen Verkehrskonzessionen des Bundes. Vgl. dazu Peter Müller, Kann der Kanton Transportunternehmungen des öffentlichen Verkehrs Leistungsaufträge erteilen?, ZBl 90/1989, 513 ff.
500 Schwachstellen deshalb, weil das Abstellen auf die Wahlfreiheit des Kompetenzträgers grundrechtliche Gesichtspunkte zu verdrängen droht. Vgl. dazu Sutter-Somm (Monopol), 44.
501 Öffentlicher Verkehr, Radio, Fernsehen und Telefon, Energieverteilung.
502 His (Geschichte), Bd. 3, 1168.
503 Aubert (Traité), N 626.
504 Fleiner (Bundesstaatsrecht), 467.
505 J. P. Müller, Kommentar BV, Art. 55bis N 2 ff.
506 Hangartner (Kompetenzverteilung), 77.
507 Saladin (Kompetenzverteilung), 83.

I. Der verfassungsrechtliche Rahmen

und (kantonalem) öffentlichen Recht ist immer wieder ungeklärt, zum Teil schwankend oder von den Ansichten einer bestimmten Epoche abhängig[508]. Der zur Trennung der beiden Rechtsbereiche angewandte Methodenpluralismus[509] macht klare Entscheidungen schwierig, teils gar unmöglich[510]. Damit wird die Kohärenz der Kompetenzausscheidung empfindlich gestört, und die Doktrin sieht sich zur Bemerkung veranlasst, Art. 64 habe weithin an Justiziabilität verloren[511]. So darf der Bund nach stark bestrittener Auffassung[512] unter Abstützung auf Art. 64 BV jegliche Veräusserung nichtlandwirtschaftlicher Grundstücke zeitlich befristet sperren bzw. von einer Bewilligung abhängig machen[513]. Umgekehrt sind kantonale öffentlichrechtliche Bestimmungen – vor allem gewerbepolizeilich oder sozialpolitisch motivierte Bewilligungspflichten – erst statthaft, soweit der Bundesgesetzgeber nicht eine abschliessende Ordnung geschaffen hat, die kantonalen Bestimmungen einem schutzwürdigen öffentlichen Interesse entsprechen und nicht gegen Sinn und Geist des Bundeszivilrechts verstossen[514]. Ähnliche Abgrenzungsschwierigkeiten treten auf, wo eine ausdrückliche Zuweisung in der Bundesverfassung – in aller Regel im Sinn einer Ausnahmebestimmung – eine kantonale Kompetenz begründet, ohne deren Umfang näher zu bestimmen. Prominenteste Beispiele[515] finden sich im Wirtschaftsverwaltungsrecht, darunter die dogmatisch höchst strittigen Fragen nach

---

508 Knapp, Kommentar BV, Art. 64 N 11 ff., insb. 27.
509 Hangartner (Kompetenzverteilung), 99; Moor, Bd. I, 116; BGE 109 Ib 146. Vgl. zum ganzen auch Georg Müller, Zur Rechtsnatur der Vereinbarung über die Sorgfaltspflicht der Banken bei der Entgegennahme von Geldern und über die Handhabung des Bankgeheimnisses, SJZ 80/1984, 349 ff.
510 Hangartner (Kompetenzverteilung), 99.
511 Hans Huber, Das Verhältnis des kantonalen öffentlichen Rechts und des Bundeszivilrechts in der Gegenwart, in: Rechtstheorie, Verfassungsrecht, Völkerrecht. Ausgewählte Aufsätze 1950-1970, Bern 1971, 423.
512 Vgl. dazu die kritische Stellungnahme und die Hinweise auf weitere Kritik bei Alexander Ruch, Zur raumplanungsrechtlichen Natur von Verfügungsbeschränkungen, ZBl 91/1990, 318 ff.
513 Bundesbeschluss über eine Sperrfrist für die Veräusserung nichtlandwirtschaftlicher Grundstücke und Veröffentlichung von Eigentumsübertragungen von Grundstücken vom 6. Oktober 1989 (SR 211.437.1).
514 BGE 98 Ia 495; 99 Ia 626; 110 Ia 113; 113 Ia 142; Knapp, Kommentar BV, Art. 64 N 55. Gestattet ist insbesondere die Bewilligungspflicht für den Umbau und Abbruch von Wohnungen an Orten mit grosser Wohnungsnot (BGE 101 Ia 502) oder für die Veräusserung von Mietwohnungen, an denen ein Mangel besteht (BGE 113 Ia 146). Unzulässig ist hingegen die Bewilligungspflicht für die Veräusserung eines Mietobjektes, die davon abhängig gemacht wird, dass das Mietverhältnis nicht gekündigt ist, BGE 113 Ia 143 f.
515 Von Interesse ist auch die kantonale Kompetenz zur Verfügung über die Wasservorkommen (Art. 24bis Abs. 3 BV). Genügend klar ist hingegen etwa die Zuweisung des Gesetzesvollzugs nach Art. 27ter Abs. 3 BV, wonach die Kantone zur Erteilung der Bewilligung zur Eröffnung oder zur Umwandlung von Betrieben der Filmvorführung zuständig sind.

der Verfassungskonformität kantonaler Einschränkungen der HGF und die Suche nach dem Umfang der vorbehaltenen kantonalen Regalrechte[516].

99. Nebst der Zuständigkeitsabgrenzung ist es vor allem die Koordination paralleler, abgestufter, sich ergänzender bzw. überschneidender (Bereichs) Kompetenzen[517] von Kanton und Bund, die Probleme aufwirft. Ausgeprägt können derartige Kompetenzkonflikte dort beobachtet werden, wo Bundesrecht mit kantonalem Polizei-[518], Gewässerschutz- und Raumordnungsrecht[519] bzw. der Verfügung über öffentliche Sachen[520] unter kantonaler Hoheit kollidiert oder es tangiert. Bei solchen Konflikten behilft man sich[521] mit der im Einzelfall recht schwierig zu handhabenden Formel, wonach das kantonale öffentliche Recht weder die Anwendung des Bundesrechts verhindern noch dessen Sinn und Geist zuwiderlaufen dürfe, sondern mit ihm in Einklang stehen müsse[522]. Eine Ergänzung findet sich im aus dem bundesstaatlichen Treueprinzip fliessenden Verbot rechtsmissbräuchlichen Kompetenzgebrauchs[523], wobei gerade der Streitpunkt, in welchem Masse kantonale Bewilligungsverfahren rechtsmissbräuchlich verwendet werden, im einzelnen kaum befriedigend beantwortet werden kann[524].

---

516   Art. 31 BV. Siehe auch N 125.
517   Vgl. dazu Hangartner (Kompetenzverteilung), 176 ff.; Aubert (Bundesstaatsrecht), N 700 ff.
518   In der Regel Bau- und Gewerbepolizei. Zur Bindung der kantonalen Gewerbepolizei durch eidgenössische Fähigkeitsausweise vgl. BGE 103 Ia 265; 114 Ia 164.
519   Errichtung von Atomkraftwerken oder Einrichtungen für die Lagerung oder Unschädlichmachung von radioaktiven Kernbrennstoffen oder Rückständen. Vgl. dazu eingehend Rhinow (Kaiseraugst), 77 ff.; Rausch (Atomenergierecht), 99 ff.; Seiler, 263 ff. je mit weiteren Hinweisen auf die Lehre sowie BGE 99 Ia 257; 102 Ia 135 f.; 103 Ia 341 f.; 111 Ia 306 ff.; 111 Ib 105 ff. Zu den Schwierigkeiten einer gerichtlichen Überprüfung der vorgebrachten kantonalen Gründe für die Verweigerung einer Bewilligungserteilung vgl. Haller (Raumplanung), 179.
520   Die Kantone sind ohne Verletzung von Art. 37bis BV befugt, das Taxigewerbewesen zu regeln (BGE 99 Ia 391 f.). Sie dürfen auch das Enteignungsrecht für den Bau und Betrieb von Wasserwerken erteilen (BGE 104 Ib 341). Hingegen ist es ihnen nicht gestattet, auf dem Weg der Erteilung einer Sondernutzungskonzession für Eisenbahnen bundesrechtliche Haftpflichtbestimmungen zu verschärfen (BGE 92 II 357).
521   Nebst weiteren Hilfsformeln, die je nach Sachgebiet (Volksinitiative, Zivil- oder Strafrecht, Baurecht) teils abweichende Wortlaute aufweisen. Vgl. dazu Saladin, Kommentar BV, Art. 2 Ueb N 29. Zum Baurecht: Mäder, 21.
522   BGE 101 Ia 580; 114 Ia 457 f.
523   Dazu Alfred Kölz, Bundestreue als Verfassungsprinzip?, ZBl 81/1980, 168 ff.; Saladin, Kommentar BV, Art. 3 N 35 und 216; Rausch (Atomenergierecht), 110; Seiler, 280.
524   Dies liegt daran, dass es in der Regel um die Bewilligung von Grossprojekten geht, deren Errichtung nur auf dem Weg der Ausnahmebewilligung(en) erreicht werden kann. Aufgrund des den Behörden zur Verfügung stehenden weiten Ermessensspielraumes dürfte ein Rechtsmissbrauch nur schwer nachzuweisen sein. Vgl. dazu Seiler, 273.

I. Der verfassungsrechtliche Rahmen 75

100. Der Bund ist grundsätzlich an das kantonale Planungs- und Baurecht gebunden, soweit ihn das Bundesrecht hiervon nicht befreit[525]. Zur Verminderung der kantonalen Einflussnahme auf die Erstellung grösserer, durch den Vollzug von Bundesaufgaben bedingter Werke, hat der Bundesgesetzgeber die Errichtung bzw. den Betrieb einer Reihe von grösseren Bauten und Anlagen von der kantonalen Bewilligungszuständigkeit[526] ausgenommen. Damit ist der Bund nur zur Beachtung kantonaler Normen verpflichtet, soweit es sich mit der jeweiligen Zweckverfolgung vereinbaren lässt[527]. Im einzelnen sind unter anderem folgende Bauten dem kantonalen Baubewilligungsverfahren entzogen[528]: Bahnbetriebe[529] der Bundesbahnen wie auch der privaten Konzessionäre ohne Nebenbetriebe[530], Nationalstrassen einschliesslich der Nebenbauten[531], flugtechnische Einrichtungen von Flughäfen[532], ober- und unterirdische Telegrafen- und Telefonleitungen[533], Schwach- und Starkstromanlagen[534] und Militärbauten[535]. Angesichts des bloss programmatischen[536] Pauschalverweises in Art. 1 Abs. 1 ZSG, wonach der Zivilschutz Teil der Landesverteidigung sei, sieht die Gerichtspraxis – entgegen der herrschenden Lehre – zu Recht davon ab, die Dispensierung nach Art. 163 Abs. 3 MO auch auf Zivilschutzbauten auszudehnen[537].

101. Die Zuweisung von Kompetenzen sagt als solche noch wenig aus über die Art der Zuständigkeit. Verwaltungskompetenzen können dem Bund direkt zugewiesen

---

525 Jagmetti, Kommentar BV, Art. 22^{quater} N 9 und 143; BGer 19. August 1992, ZBl 94/1993, 173 f.
526 Die Verdrängung kann sowohl in materieller wie auch in formeller Hinsicht (Verfahren) erfolgen. Vgl. dazu die detaillierte Übersicht in EJPD/BRP, Einleitung, N 79 ff.
527 Art. 22^{quater} Abs. 3 BV; Haller/Karlen, N 84. Anderer Meinung ist Jagmetti, Kommentar BV, Art. 22^{quater} N 9 und N 143; BGE 111 Ia 306 ff.; 111 Ib 105.
528 Hierzu eingehend: Fries, 278 ff.; Mäder, 23 ff.; EJPD/BRP, Einleitung N 80 ff., ferner Moor, Bd. I, 281 und Haller/Karlen, N 84 ff.
529 Zu Bauten und Anlagen, die dem Luftseilbahnbetrieb dienen, vgl. Küng, 105 ff.
530 Art. 18 und 39 Abs. 4 EBG. Zur Praxis: BGE 111 Ib 38 ff.; 115 Ib 166 f.; RB 1989 Nr. 81. Vgl. auch Alexander Ruch, Eisenbahnrecht des Bundes und Raumordnungsrecht der Kantone, ZBl 90/1989, 523 ff.
531 Art. 10, 13, 21 und 28 Abs. 1 NSG. Zur Praxis: RB 1984 Nr. 114.
532 Art. 37 Abs. 1 LFG. Zur Praxis: BGE 102 Ia 358 ff.; BGer 27. Oktober 1982, ZBl 84/1983, 368 f.; BGer 25. Juni 1986, ZBl 89/1988, 69 f.; RB 1980 Nr. 125. Vgl. auch Botschaft über eine Änderung des Luftfahrtgesetzes vom 20. November 1991, BBl 1991 I 625 f. und 629 mit Ausdehnung auf die gesamten Flugplatzanlagen.
533 Art. 5 ff. ElG. Zur Berücksichtigung kantonaler Interessen vgl. BGE 97 I 524 ff.
534 Art. 5 ff. und 15 ElG.
535 Art. 164 Abs. 3 MO; BGE 101 Ia 314; 110 Ib 260 ff. Nicht zu den militärischen Anlagen gehören solche, die dem ausserdienstlichen Schiessbetrieb dienen, Pra 77/1988 Nr. 197.
536 Vgl. den Randtitel von Art. 1 ZSG: Zweck.
537 RB 1989 Nr. 80. Der Entscheid des Verwaltungsgerichtes Zürich wurde durch das Bundesgericht bestätigt, BGE 118 Ib 569. Vgl. zur Problematik auch Mäder, 25 f. und Fries, 280.

werden[538], sind daneben aber bereits in dessen Gesetzgebungszuständigkeit enthalten[539]. Bekanntestes Beispiel ist das Eisenbahnmonopol des Bundes, das sich auf dessen Gesetzgebungszuständigkeit beim «Bau und Betrieb der Eisenbahnen» stützt[540]. Anders verhält es sich, wenn die Bundesverfassung die Bundeskompetenz auf die Gesetzgebungstätigkeit begrenzt und in negativem Sinn die Organisationshoheit ausschliesst. Der Bund darf etwa den Kantonen eine (Ausnahme-) Bewilligungspflicht für Bauen innerhalb wie ausserhalb der Bauzone vorschreiben[541], ist hingegen nicht direkt zur Festlegung der Nutzungszonen – und damit für den räumlichen Anwendungsbereich der Ausnahmebewilligung – zuständig[542]. Gleiches muss gelten, wenn die Bundesverfassung die Monopolisierung ausdrücklich auf einen Teilbereich der Verwaltung beschränkt[543]. Ob der Weg der Monopolisierung überhaupt zulässig ist, braucht nach verbreiteter Rechtspraxis nicht einmal *implizit* in der Bundesverfassung festgehalten zu sein. Dieser – zu Recht stark bestrittenen[544] – Ansicht zufolge soll bereits die (umfassende) Gesetzgebungs- und Vollzugszuständigkeit des Bundes genügen, um dem Gesetzgeber die Möglichkeit einer Monopolisierung zu eröffnen[545]. Klarheit besteht zumindest in folgender Hinsicht: Sowohl

---

538   Z.B. Art. 23bis (Brotgetreide), 24bis Abs. 3 (Wasserrechtskonzession bei internationalen Verhältnissen), 24[quater] Abs. 2 (Abgabe von Energie aus Wasserkraft ins Ausland), Art. 34 Abs. 2 (Aufsicht über Auswanderungsagenturen und private Versicherungsunternehmungen), Art. 37 Abs. 2 (Ausnahmebewilligung zur Gebührenerhebung auf öffentlichen Strassen) und Art. 41 Abs. 2 BV (Waffenherstellungs- und -vertriebsbewilligung).

539   Fleiner/Giacometti, 105; Hangartner (Kompetenzverteilung), 111; Aubert (Traité), N 728. Nicht geklärt ist hingegen, ob der Entscheid für eine Monopolerrichtung bereits durch die Bundesverfassung vorgegeben oder erst aufgrund einer Interessenabwägung auf dem Weg der Gesetzgebung und unter Beachtung der Wirtschaftsfreiheit zu treffen ist. Eingehend zu den verschiedenen Stellungnahmen in der Lehre Sutter-Somm (Monopol), 170 ff.

540   Art. 26 BV. Vgl. dazu statt vieler Sutter-Somm (Monopol), 169 f. Weitere Beispiele finden sich im Post- und Telegrafenwesen sowie in der Luftschiffahrt, vgl. dazu Lendi, Kommentar BV, Art. 36 N 17 und 37[ter] N 9.

541   Jagmetti, Kommentar BV, Art. 22[quater] N 116. Die Pflicht wurde in Art. 22 und 24 RPG aufgenommen. Vgl. dazu BGE 117 Ib 48.

542   Jagmetti, Kommentar BV, Art. 22[quater] N 122.

543   Art. 23[bis] Abs. 3 BV nennt nur das Backmehleinfuhrmonopol, nicht hingegen die Einfuhr von Brotgetreidesaatgut. E contrario fehlt es dem gesetzlich vorgesehenen Monopol zum Import von Brotgetreidesaatgut an einer Verfassungsgrundlage. Vgl. dazu Sutter-Somm (Monopol), 97 f.

544   Bedeutsam, wenn auch praktisch noch nicht relevant geworden, ist die Frage, ob eine ausdrückliche Monopolgrundlage in der Bundesverfassung notwendig sei, im Rahmen der polizeilichen, sozial- und wirtschaftspolitischen Monopole des Bundes gestützt auf Art. 31bis Abs. 2 BV. Vgl. dazu die differenzierte Stellungnahme bei Sutter-Somm (Monopol), 102 ff. sowie die Zweifel an der Zulässigkeit sozialpolitischer Bundesmonopole bei Rhinow, Kommentar BV, Art. 31bis N 52 und Ruey, 201 ff. und 221.

545   Vgl. dazu J.P. Müller (Grundrechte), 372 Fn. 106; J.P. Müller (Soziale Grundrechte), 92; Gygi (Wirtschaftsverfassungsrecht), 55; E. Grisel (monopoles), 406; Marti, 170; Sutter-Somm (Monopol), 173 f.

I. Der verfassungsrechtliche Rahmen

kantonale wie auch Bundesmonopole mit fiskalischer Motivation bedürfen einer ausdrücklichen Grundlage in der Bundesverfassung[546].

102. In wenig differenzierter Weise beinhaltet die Kompetenzzuweisung nach der herrschenden Ansicht oft auch die – grundrechtlich eingebundene[547] – Freiheit in der Wahl zwischen privater, staatlich ungebundener Tätigkeit, Aufsicht und Lenkung durch Bewilligung[548] oder Konzession oder Ausübung in staatlicher Regie[549]. Gebräuchlich sind auch Mischsysteme, bei denen der Bund Teile seiner Kompetenz in der Gestalt des Verwaltungsmonopols wahrnimmt und zugleich Privaten oder Kantonen Konzessionen erteilt[550]. Ebenso kann der Bund eine monopolisierte Tätigkeit sektoral jeweils einer Konzessions- und einer Bewilligungspflicht unterstellen[551]. Ausnahmen im Sinn einer klaren instrumentalen Verpflichtung auf ein Konzessions- oder Bewilligungssystem sind selten und ohne besonderen Rückhalt in der Kompetenzmethodik[552].

B. GRUNDRECHTE UND VERWALTUNGSRECHTLICHE GRUNDPRINZIPIEN

1. VERWALTUNGSRECHT UND GRUNDRECHTE

103. Bewilligung und Konzession als Ausdruck des staatlichen Ordnungs-, Lenkungs- und Aufsichtssystems beeinflussen mit unterschiedlicher Intensität die private Lebensführung und -gestaltung. Da beide Zulassungsformen vornehmlich unter verwaltungsrechtlichen Aspekten betrachtet werden, besteht die Versuchung, ihre Gestalt rein final verstehen zu wollen[553]. Diese Tendenz wird – zulasten grundrechtlicher Gehalte – dadurch verstärkt, dass Bewilligung wie auch Konzession dem

---

Fleiner/Giacometti, 299 f.; Vallender (Wirtschaftsfreiheit), 59; Christen, 312; Grisel (Traité), 202 und E. Grisel (monopoles), 403 f. begnügen sich mit einer stillschweigenden Erwähnung der Monopolisierung in der Bundesverfassung.
546 Gygi (Wirtschaftsverfassungsrecht), 56; Rhinow, Kommentar BV, Art. 31 N 231; Sutter-Somm (Monopol), 48 f.
547 Sutter-Somm (Monopol), 44 ff.
548 Sutter-Somm (Monopol), 18 f.
549 Bezeichnendes Beispiel ist die Kompetenz des Bundes auf dem Gebiet der Atomenergie (Art. 24^{quinquies} BV). Danach hat der Bund aufgrund seiner Gesetzgebungszuständigkeit das Recht, ein Staatsmonopol zu errichten oder Konzessionen, wirtschaftspolitische oder polizeiliche Bewilligungen zu erteilen. Vgl. dazu Rausch (Atomenergierecht), 10; Gygi (Wirtschaftsverfassungsrecht), 67; J.P. Müller (Grundrechte), 367.
550 So etwa bei Luftseilbahnen, Kursautomobilen und Eisenbahnen.
551 Z.B. Binnenschiffahrt und Luftfahrt.
552 Beispiele finden sich in Art. 24bis Abs. 3 (Wasserrechtskonzession bei internationalen Verhältnissen), 24^{quater} Abs. 2 (Bewilligungspflicht für Abgabe von Energie aus Wasserkraft ins Ausland), Art. 27ter Abs. 3 (Bewilligung für Eröffnung und Umwandlung von Betrieben der Filmvorführung) und Art. 32bis Abs. 3 BV (Alkoholkonzession).
553 Dazu Bachof, 220 ff.

präkonstitutionellen Verwaltungsrecht entnommen sind und aufgrund der dem Verwaltungsrecht innewohnenden Beharrungstendenz[554] nur unvollständig und langsam an neue verfassungsrechtliche Gegebenheiten angepasst wurden. Solche Harmonisierungsdefizite äussern sich in «weissen Flecken»[555] auf der Karte der Grundrechte. Die Zulassungsformen werden in Zukunft anhand der Deregulierungsbestrebungen beurteilt werden; hiervon sind insbesondere die Baubewilligungsverfahren betroffen[556]. Die Deregulierungsbestrebungen wirken sich nicht direkt auf die Zulassungen aus, können aber mittelbar deren Anwendungsbereich, Form und Inhalt bestimmen. Deregulierungspostulate haben keinen feststehenden Inhalt[557], sondern sind in erster Linie rechtspolitische Anliegen; ihre Umsetzung kann mittels geltender verfassungsrechtlicher Prinzipien direkt verfolgt werden[558]. Dies setzt jedoch voraus, dass die Rechtsprechung teilweise ihre Zurückhaltung aufgibt[559]. Zu denken ist in erster Linie an eine strengere Handhabung des öffentlichen Interesses, die Erstellung eines Inventars an alternativen und milderen Kontroll- und Lekungsmassnahmen sowie den vermehrten Rückgriff auf «offene Normen». Eine Ergänzung findet sich in der Beschleunigung der Zulassungsverfahren und der nachfolgenden Rechtsmittelzüge, unter Umständen mit einem Ausbau der Verwaltungsgerichtsbarkeit verbunden. Bei der Umsetzung des Postulates ist sorgfältig zwischen erwünschter und unnötiger Regulierung zu differenzieren[560]. Besonders im kritisierten Baubewilligungsverfahren kann der Gesuchsteller zudem auch ohne staatliche Schützenhilfe viel zur raschen Erledigung seines Gesuches beitragen[561].

104. Die Verfassungsabhängigkeit des Verwaltungsrechts ist keine Erkenntnis unserer oder jüngerer Zeit. Bereits OTTO MAYER hat die Abhängigkeit aufgezeigt und, insbesondere die Bindung an die Rechtsstaatlichkeit, in den einleitenden Kapiteln seines «Verwaltungsrechts» mit entsprechender Klarheit hervorgehoben[562].

---

554 Bachof, 204. Otto Mayers bekannt gewordene Feststellung «Verfassungsrecht vergeht, Verwaltungsrecht besteht» ist auf das Beharrungsvermögen des Verwaltungsrechts gemünzt, und nicht, wie zum Teil verkannt wird, auf eine mangelnde Einsicht in die Verfassungsabhängigkeit des Verwaltungsrechts. Vgl. dazu Bachof, 204 f.
555 Saladin (Grundrechte), 247.
556 Flückiger, 278 ff.; Botschaft über das Folgeprogramm nach der Ablehnung des EWR-Abkommens vom 24. Februar 1993 (Sonderdruck), 26 f.
557 Schluep, 484 f.
558 Emmerich, 207 betont, dass die Deregulierungsanliegen bereits im Rahmen der geltenden Rechtsordnung verfolgt werden können, falls die vorhandenen Spielräume konsequent genutzt werden.
559 Emmerich, 207 f.
560 Schluep, 485; Flückiger, 285.
561 Vgl. die Übersicht bei Flückiger, 283 f.
562 Insbesondere in Bd. 1, 3 f., 65 und 75. Vgl. dazu auch die Fussnote 11 auf Seite 75, in der er ausführt: «(...) die Neuordnung des Staats ist, wie wir gesehen haben (...), nur auf die Verwaltung gemünzt».

I. Der verfassungsrechtliche Rahmen

FLEINER, der auch hierin den Spuren MAYERS folgte, zeigt die verfassungsrechtlichen Rahmenbedingungen noch deutlicher, wobei auch er das Augenmerk mehr auf den Gesetzesvorbehalt denn auf die Grundrechte richtet. Bei beiden findet die grundsätzliche Einsicht in die Verfassungsabhängigkeit des Verwaltungsrechts jedoch kaum oder nur vereinzelt Niederschlag, sobald es um die institutionell ausgerichtete Behandlung von Bewilligung und Konzession geht. Mit einem dogmatischen Kunstgriff[563] gar ist es MAYER gelungen, die Nutzung öffentlichen Grundes dem Verleihungsverhältnis zu unterstellen[564]. Nur weil die auf Abwehr staatlicher Eingriffe ausgerichteten Freiheitsrechte nach MAYERS Verständnis keine subjektiven öffentlichen Rechte zu begründen vermögen[565], musste er behelfsmässig zur Rechtsfigur der Konzession greifen[566], um der *Sondernutzung* öffentlichen Grundes die angestrebte Rechtsschutzwirkung eines subjektiven öffentlichen Rechts zu geben[567]. Sein System war unzweideutig auf den Investitionsschutz ausgerichtet:

> «Umgekehrt enthalten andere Vorrichtungen einen so schwer wiegenden Eingriff in die öffentliche Sache und sind mit solchem Aufwand von Mitteln fest mit ihr verbunden, dass sie wohl nur auf Grund einer Verleihung unternommen werden können: (...) (sie) werden niemals auf den unsicheren Rechtsgrund einer blossen Gebrauchserlaubnis gestellt werden.»[568]

105. Die frühe deutsche, wie auch die ihr nachfolgende schweizerische Verwaltungsrechtslehre haben sich diesem Konzept angeschlossen[569], ebenso fand es Eingang in die Rechtsprechung[570]. Das Verständnis der Sondernutzung als Konzessionierung im Sinn der *Übertragung eines Stücks öffentlicher Verwaltung* färbte

---

563 Vgl. dazu K. Vogel, 50 f.; Stern, 154; Badura, 253 Anm. 63; Steiner 20 f.; Wolff/Bachof, § 59 I.
564 Bd. 1, 114 f. und Bd. 2, 148. Vgl. etwa BGE 76 I 395, wo das Bundesgericht die Konzeption *Mayers* übernimmt.
565 Bd. 1, 109.
566 Bd. 1, 115 und Bd. 2, 153 ff.
567 Bd. 2, 155.
568 Bd. 2, 148. Auffällig ist die inhaltliche Ähnlichkeit des Zitats mit der Feststellung von Rhinow/Krähenmann, Nr. 119 B II: «Angesichts der Tragweite der Rechtsübertragung erfordert die Sondernutzung eine Konzession (LGVE 1988 II Nr. 26).»
569 Fleiner (Institutionen), 381; Giacometti (Grenzziehung), 22; Ruck (Verwaltungsrecht), Bd. 1, 73 f.; Aubert (Traité), N 1957; Imboden/Rhinow, Nr. 119; Grisel (Traité), 654 f.; Knapp (Précis), N 3046; Gygi (Verwaltungsrecht), 239 und 246; Häfelin/Müller, N 1893 ff.; Gresly, 113 ff.; Friedrich Iten, Die Wasserrechtsverleihung als selbständiges, dauerndes Recht, Diss. Fribourg, Linz 1916, 89; Julius Binder, Die rechtliche Stellung des Aargauischen Elektrizitätswerkes, Aarau 1951, 113. Differenzierend Knapp (concessions), 125 f., der hinsichtlich der Rechtsnatur der Wasserrechtskonzession klar die Zulassung zur Sondernutzung von der Verleihung im Sinn der «concession de service public» unterscheidet.
570 So bei Walther Burckhardt, Bundesrecht II, Nr. 424; BGE 43 II 721; 75 I 15; 81 I 86; 95 I 249; BGer 30. März 1984, ZBl 87/1986, 371. Auffallend ist die häufige Berufung des Bundesgerichts auf *Mayer* und *Fleiner*. Sogar der letztgenannte Entscheid aus dem Jahre 1984 stützt sich in seinen Ausführungen zum öffentlichen Sachenrecht noch auf die 8. Auflage der Institutionen von Fleiner!

sich entscheidend auf ihre Rechtsgestalt ab. Verdrängung grundrechtlicher Anliegen, Lückenhaftigkeit des Legalitätsprinzips und die Einflussnahme des verleihenden Gemeinwesens über die Grenzen der Sachherrschaft hinaus[571] (faktisches Monopol) sind nur vor diesem entstehungszeitlichen Hintergrund verständlich[572].

106. Die neuere Verwaltungsrechtslehre schenkt der Verfassungsabhängigkeit des Verwaltungsrechts zunehmend Beachtung[573]; den literarischen Niederschlag findet man unter den Begriffen der Verfassungs- oder Grundprinzipien des schweizerischen Verwaltungsrechts[574]. Zum Fundus der Grundprinzipien gehören nebst der Gesetzmässigkeit und der Verhältnismässigkeit der Verwaltung, dem öffentlichen Interesse bei der Erfüllung von Verwaltungsaufgaben auch spezifisch grundrechtliche Belange. Solche erhalten in der Regel aber nur ein Echo, wenn sich ihr grundrechtlicher Gehalt – überwiegend – auf verwaltungsrechtliche Komplexe beschränkt[575]. Bestehen bei der Konzession zumeist nur einzelne Berührungspunkte zu den Grundrechten, verhält es sich bei der Bewilligung grundsätzlich anders. Kaum ein anderes verwaltungsrechtliches Instrument kann die Lebensführung Privater derart umfassend und intensiv beeinflussen wie die Bewilligung; ihr ordnender und lenkender Charakter muss zwangsläufig mit grundrechtlichen Anliegen in Konflikt geraten. Mit anderen Worten: Die Bewilligung ist nicht nur ein Mittel zur Erreichung verwaltungsrechtlicher Ziele, sondern – aus grundrechtlicher Optik – ein wichtiger verwaltungsrechtlicher Weg zur Grundrechtseingrenzung.

107. Bewilligung und, in beschränktem Umfang, Konzession sind klassische Hilfsmittel einer polizeilich motivierten Verwaltungsführung, die eng mit dem sub-

---

571 So erachtet es etwa Panchaud, 238 als zulässig, dass mittels der Nutzung öffentlichen Grundes auch Lieferungsbedingungen für die Verteilung von Strom, Gas und Wasser geregelt werden können. Vgl. ferner Sutter-Somm (Monopole), 155 ff.; Kilchenmann, 14, 19 und 23 f.
572 Anders verlief die Entwicklung in Deutschland. Hier setzte sich in der neueren Verwaltungsrechtswissenschaft der Gedanke durch, wonach die Verleihung eines öffentlichen Unternehmens strukturell zu verschieden sei, um mit der Sondernutzung an einer öffentlichen Sache zu einem einheitlichen Rechtsinstitut verbunden zu werden. Vgl. dazu Steiner, 20; Badura, 253, Anm. 63; Wolff/Bachof, § 59 I.
573 Auer (Droit), 27 ff. Vgl. auch Giacometti (Lehren), 283 ff.
574 Ein schönes Beispiel bietet der Vergleich der beiden Standardwerke von *André Grisel*. Im ersten aus dem Jahre 1970 finden sich verstreut Ausführungen zur Verfassungsbedingtheit des Verwaltungsrechts. Das zweite Werk, der vierzehn Jahre später aufgelegte «Traité», umfasst eine nahezu hundert Seiten beschlagende Darstellung der «limites constitutionnelles de l'activité administrative». Ähnliche Ausführungen finden sich auch in den Werken von Imboden/Rhinow, Nrn. 57 ff., Knapp, N 83 ff. und Häfelin/Müller, N 63 ff. Eine vergleichbare Darstellung fehlt im «Verwaltungsrecht» von Gygi, ohne dass er deswegen die verfassungsrechtlichen Rahmenbedingungen unterdrücken würde. Die weitaus umfassendste, etwa vierhundert Seiten beschlagende Synthese von Verfassungs- und Verwaltungsrecht findet sich im ersten Band des «Droit administratif» von Moor. Vgl. auch den Überblick bei Auer (Droit), 27 ff.
575 Z.B. Vertrauensschutz, Expropriationsrecht und Wirtschaftsfreiheit.

I. Der verfassungsrechtliche Rahmen

jektiv-defensiven Grundrechtsverständnis verschränkt ist. Frühliberale, polizeirechtliche Wurzeln wirken sich bis heute nachhaltig aus, indem neueres Grundrechtsverständnis[576] nur zögernd und unvollständig Eingang in Bewilligungsverhältnisse findet. Der Rezeptionsunwille erhält dadurch Auftrieb, dass weite Bereiche des Bewilligungs- und Konzessionsrechts in herkömmlicherweise nahezu «grundrechts- und gesetzesfreien» Räumen[577] anzutreffen sind. Konstitutives Grundrechtsverständnis als Grundlage der gesamten staatlichen Grundordnung[578] tut sich schwer, wo dieselbe Grundordnung die Ausstrahlungskraft der Grundrechte einschränkt. Dennoch: Gänzlich ist der Staat von der Grundrechtsbindung auch dort nicht befreit, wo ihm die Verfassung Freiräume verschafft. Als letzte Schranken verbleiben regelmässig das Willkürverbot, Gleichbehandlungsprinzip, Vertrauensschutz und Eigentumsgarantie sowie die allgemeinen, aus den Grundrechten abgeleiteten Grundsätze der Gesetzmässigkeit der Verwaltung, der Verhältnismässigkeit und des öffentlichen Interesses.

2. LEGALITÄTSPRINZIP

108. Doppelte Bedeutung für die vorliegende Untersuchung hat das Legalitätsprinzip im Sinn einer staatlichen Bindung an ein (vor-)bestimmtes Normsetzungsverfahren[579] mit vorgegebenem Norminhalt. In einem umfassenden Sinn soll sich zum einen die (gesamte)[580] Staats- und Verwaltungstätigkeit auf Gesetze stützen können (Allgemeinvorbehalt des Gesetzes), zum anderen bedürfen gerade Eingriffe in die Grundrechte einer gesetzlichen Grundlage (Sondervorbehalt des Gesetzes)[581]. Die Lehre von der Gesetzmässigkeit der Verwaltung wie auch ihre heutigen Artikulationsschwierigkeiten können nur richtig verstanden werden vor dem Hintergrund der Verfassungsentwicklung[582]. Die Figur des Gesetzesvorbehaltes ist eng mit dem

---

576 Bekenntnis zum konstitutiven bzw. institutionellen Grundrechtsverständnis, Auflösung der Unterscheidung von staatlichen Eingriffen und Leistungen.
577 Z.B. Monopol, wirtschaftspolitische Bewilligung und (umstritten) öffentlicher Grund.
578 J.P. Müller, Kommentar BV, Einleitung zu den Grundrechten, N 22; J.P. Müller (Elemente), 8; Saladin (Grundrechte), 292 ff. und LVI.
579 Vorbehalt des formellen Gesetzes. Zu diesem zählen nebst den Gesetzen im formellen Sinn auch die durch die Bundesversammlung genehmigten Staatsverträge, Gewohnheitsrecht der Verfassungs- und Gesetzesstufe und unter Umständen Verfassungsrecht. Als Surrogat wird auch die Rechtsverordnung anerkannt. Vgl. dazu G. Müller (Rechtssetzung), 56 und 71 ff.; Grisel (Traité), 313; Cottier 12 ff. und 40 ff.; Borer, 52. Zu den Anforderungen an kommunale Gesetze vgl. Hertach, 162 ff.
580 Die Tragweite des Legalitätsprinzips wird unterschiedlich beurteilt, je nachdem, ob die Lehre vom Eingriffsvorbehalt, vom Totalvorbehalt oder die Wesentlichkeitstheorie vertreten wird. Vgl. dazu Borer, 56 ff.
581 J.P. Müller (Elemente), 111; Borer, 59.
582 Fritz Ossenbühl, in: Erichsen/Martens, 104; Giacometti (Lehren), 250; Imboden (Gesetz), 10 ff.; Cottier, 248 ff.; Borer, 62; Hertach, 3 ff.

monarchistischen Konstitutionalismus[583] Deutschlands verbunden, der seinerseits das Ergebnis der Auflösung landesherrlicher Machtkonzentration auf mehrere Gewaltträger war[584]. Ziel war der Schutz der Individualsphäre der Bürger (Freiheit und Eigentum) vor Übergriffen der Verwaltung; das Tor für Exekutivmassnahmen war die Zustimmung des Parlaments in Form eines Gesetzes. Auch wo die Verfassungen den Gesetzesvorbehalt über die Individualsphäre hinaus auf die gesamte Staatstätigkeit auszudehnen suchten, wurde dieser weite Ansatz mittels der Lehre vom dualistischen Gesetzesbegriff in seine Schranken gewiesen[585]. Die vorab politisch motivierte Lehre vom Gesetz im materiellen Sinn engte das Legalitätsprinzip wiederum auf die bürgerliche Individualsphäre ein[586]:

«Das Gesetz k a n n Motiv für das Handeln der Verwaltungsbehörden sein. Aber es gibt Gebiete, in denen die Tätigkeit der Verwaltungsorgane durch rein politische und wirtschaftliche Erwägungen bestimmt und geleitet wird und nicht durch eine Gesetzesvorschrift.»[587].

109. Institutionell wird der Freiraum der Verwaltung durch Ermessensfreiheit, Verwaltungsverordnungs- und Notverordnungsrecht, besondere Gewaltverhältnisse und ein weite Verwaltungsbereiche beschlagendes Anstaltsrecht[588] gesichert. Der dualistische Gesetzesbegriff grenzt den monarchistischen Machtbereich vom bürgerlichen Freiheitsbereich ab, bleibt aber inhaltlich, und zwar auch nach dem Untergang des monarchistischen Konstitutionalismus[589], auf die Eingriffsverwaltung fixiert[590]. Das liberal-monarchistisch geprägte dualistische Gesetzesbild wurde unter Berufung auf die frühliberale deutsche Staatsrechtslehre und später auf die «Institutionen» FLEINERS durch die schweizerische Verwaltungsrechtslehre praktisch

---

583 Zu den politischen und ideengeschichtlichen Wurzeln des Gesetzesvorbehalts in Deutschland vgl. Borer, 62 ff.; Cottier, 248 ff.
584 Grundlegend: Dietrich Jesch, Gesetz und Verwaltung, Tübingen 1961. Vgl. weiter Fritz Ossenbühl, in: Erichsen/Martens, 104; Borer, 64; Hertach, 3 ff.
585 Dazu Cottier, 248 ff.; Borer, 67 ff.
586 Wo eine über das Gesetz im materiellen Sinn hinausgehende - vorerst nur punktuelle - Teilhabe des Gesetzgebers vorgesehen ist, behilft man sich mit dem Begriff des Gesetzes im formellen Sinn. Vgl. Cottier, 250.
587 Fleiner (Institutionen), auf S. 121 der 4. Auflage aus dem Jahre 1919. In der achten (letzten) Auflage seines Standardwerkes, das weit mehr durch die Verfassungsumwälzungen der Nachkriegszeit geprägt ist, wurde diese Passage auf S. 130 (vorsichtiger) wie folgt formuliert: «(...) und ebenso werden die bestimmten politischen und wirtschaftlichen Grundanschauungen, auf denen der konkrete Staat aufgebaut ist, zu ungeschriebenen Leitsätzen seines Verfassungs- und Verwaltungsrechts.»
588 Mayer, Bd. 2, 320: «Bei der öffentlichen Anstalt der Verwaltung dagegen greift Gesetz und Verordnung nur spärlich ein.» Vgl. auch Imboden (Gesetz), 14.
589 Zum Stand der Versuche zur Begründung einer neuen Lehre vom Gesetzesbegriff und -vorbehalt vgl. Fritz Ossenbühl, in: Erichsen/Martens, 106 ff.
590 Imboden (Gesetz), 18 ff.; Giacometti (Lehren), 249.

I. Der verfassungsrechtliche Rahmen

vorbehaltlos[591] und ohne Rücksicht auf die weit demokratischere Staatsstruktur der schweizerischen Gemeinwesen rezipiert[592]. Besonders folgenreich war die Übernahme der Figur der «Verleihung eines öffentlichen Unternehmens», die funktional darauf ausgerichtet war, dem konstitutionellen Monarchen den gesetzlich nicht zugelassenen Zugang zur Regelung ganzer Lebensbereiche zu ermöglichen. Während die deutsche Lehre die Lücke erkannte und die «Verleihung» deshalb aus ihrer Dogmatik verbannte, sind die Folgen der Rezeption in der Schweiz teilweise noch spürbar: Nebst anderen wurden die Bereiche der öffentlichen Sachen[593], deren Gemeingebrauch und Sondernutzung, die Ordnung der Monopole[594], das besondere Gewaltverhältnis[595] und wohlfahrtsstaatliche öffentliche Dienste in den gesetzesfreien Raum gesetzt[596].

110. Das Legalitätsprinzip wird funktional in mehrere, teils zusammenhängende, teils völlig selbständige Bereiche gegliedert. Generell wird dem Legalitätsprinzip die Verfolgung und Sicherung demokratischer, gewaltenteilender, rechts- und sozialstaatlicher Ziele als Sinn unterlegt. Über die allgemein formulierten, deshalb auch vielschichtigen und ambivalenten, Ziele herrscht an sich weitgehende Einigkeit. Trotzdem sind die Stellungnahmen – namentlich der deutschen Lehre – zur Tragweite des Legalitätsprinzips manchmal verwirrend, uneinheitlich und auch entgegengesetzter Natur[597]. Die Positionen des Schrifttums bewegen sich in einer Bandbreite, die vom klassischen Eingriffsvorbehalt, über den Spezialvorbehalt, über vermittelnde Lösungen bis hin zum Total- bzw. Allgemeinvorbehalt reicht[598]. Weit weniger polarisiert ist die schweizerische Doktrin, die, wenn auch mit etwelchen gewichtigen Modifikationen und Einbrüchen, für einen differenziert anwendbaren

---

591 Ein, wenn auch unvollkommener, Ausgleich wurde im Gleichheitsprinzip gesucht, das der Freiheit der Verwaltung Grenzen setzt. Vgl. hierzu Imboden (Gesetz), 17. Ähnliches ist in Deutschland zu beobachten, Fritz Ossenbühl, in: Erichsen/Martens, 110.
592 Näheres bei Imboden (Erfahrungen), 80; Kölz (Herkunft), 607 ff.; Borer, 74 f. Diese Rezeption hat Imboden (Gesetz), 15 zur leidvollen Bemerkung veranlasst: «Kaum je ist ein Bereich unseres einheimischen Rechtes in diesem Masse in die Abhängigkeit einer fremden Lehre – der deutschen Theorie – geraten wie das moderne schweizerische Verwaltungsrecht.»
593 Vgl. dazu Cottier, XXV und 33 f.
594 Für den Radio- und Fernsehbereich stellte das Bundesgericht jüngst fest, solange gesetzliche Regeln fehlten, «hätten sich die Bestimmungen in der Konzession und in den Weisungen auf die Wahrung des öffentlichen Interesses im Rahmen verfassungsmässiger Rechte zu beschränken.» Vgl. dazu BGE 118 Ib 362 unter Hinweis auf 111 Ib 60.
595 Hangartner (Staatsrecht), Bd. I, 206; Jezler, 43; BGE 68 I 81 f. (Bewilligung zur Eheschliessung für Internierte); 73 I 289 ff. (Disziplinarstrafen für Rechtsanwälte).
596 Giacometti (Lehren), 251; Imboden (Gesetz), 15 f.; Jezler, 42 ff. Resistent erwies sich einzig das Finanz- und Steuerrecht.
597 So wird etwa aus dem Demokratieprinzip sowohl die Allzuständigkeit des Parlaments wie auch die Aufteilung des Gesetzgebungsmonopols auf Verwaltung und Parlament abgeleitet.
598 Vgl. dazu den ausführlichen Überblick bei Borer, 103 ff. und 153 ff.

Allgemeinvorbehalt eintritt. In neuerer Zeit wird von mehreren Seiten[599] – unter Einfluss der deutschen *Wesentlichkeitslehre* – ein kasuistisch geprägter Zugriff auf das Kriterium der «Wichtigkeit einer Regelung» als Lösungsweg für Konflikte zwischen dem Gesetzgebungsprimat des Parlaments und der Flexibilität der Verwaltung befürwortet. Ihr Einfluss auf die neueren kantonalen Definitionen des Gesetzesbegriffes ist offensichtlich[600].

111. Für Bewilligungen und Konzessionen sind dogmatische Auseinandersetzungen über die Tragweite des Legalitätsprinzips jedoch – soweit zumindest nicht die konkrete Erteilung zur Diskussion steht[601] – ohne grossen Belang. Unabhängig von der dogmatischen Position wird nahezu einhellig[602] und seit langem eine Verminderung «gesetzesfreier» Räume gefordert[603]. Diese Forderungen gelten insbesondere für Bewilligungs- und Konzessionsverhältnisse, die Nutzung öffentlicher Sachen im Gemeingebrauch[604] und die hier anschliessende Konzession öffentlicher Dienste[605]

---

599   Kurt Eichenberger, Gesetzgebung im Rechtsstaat, VVDStRL 40/1981, 26; Eichenberger (Kommentar), § 78 N 13 ff.; G. Müller (Rechtsetzung), 107 ff.; Rhinow (Rechtsetzung), 195 ff.; Häfelin/Müller, N 317 ff.; Borer, 291 ff. und 315 ff.; kritisch: Cottier, XXI und LVIII und 168 ff. Auf kantonaler Ebene scheint sich der Begriff in neuerer Zeit totalrevidierter Kantonsverfassungen durchzusetzen. Vgl. hierzu § 78 KV Aargau; § 63 KV Basel-Landschaft; Art. 71 Abs. 1 KV Solothurn; § 36 KV Thurgau.

600   Vgl. den Überblick bei Andreas Auer, Carrefour du fédéralisme et de la démocratie suisse, in: Das Gesetz im Staatsrecht der Kantone, hrsg. von Andreas Auer/Walter Kälin, Chur/Zürich 1991, 27.

601   Die Frage der demokratischen Legitimation einer individuell-konkreten Konzessions- bzw. Bewilligungserteilung wird nachfolgend dargestellt, N 179. Vgl. auch Moor, Bd. I, 176 ff.

602   An die bundesgerichtliche Rechtsprechung zur Entbehrlichkeit der gesetzlichen Grundlage für die Zulassungsregelung zur Nutzung öffentlicher Sachen im Gemeingebrauch knüpfen an: Knapp (Précis), N 474, 2946, 3021 und 3046; Gygi (Verwaltungsrecht), 80; Fleiner-Gerster (Grundzüge), § 40 N 35; Hangartner (Staatsrecht), Bd. I, 207; Häfelin/Müller, N 340; Zimmerli (Verhältnismässigkeit), 69.

603   Imboden (Gesetz), 16; Giacometti (Lehren), 269; Imboden/Rhinow, Nr. 59 B II a; Rhinow/Krähenmann, Nr. 59 B II k 5; Gygi (Verwaltungsrecht), 237; G. Müller (Rechtsetzung), 75 f.; G. Müller (Reservate), 120 ff.; G. Müller (Erkenntnisse), 762 f.; Saladin (Grundrechte), L und 248 ff.; J.P. Müller (Grundrechte), 192 ff.; Knapp (Précis), N 1440; Jagmetti, Kommentar BV, Art. 22quater, N 92; Cottier, XXV und 33 f.; Saxer, 244 ff.; Ruey, 265 ff., 318 ff., 361 ff. und 389 f.
      Zum Erfordernis der *gesetzlichen* Grundlage im formellen Sinn bei der Übertragung von staatlichen Aufgaben auf Private vgl. das Gutachten des Bundesamtes für Justiz vom 10. November 1989, VPB 1990 Nr. 36 sowie Grisel (Traité), 300; Rhinow, Kommentar BV, Art. 32 N 77; Rhinow/Krähenmann, Nr. 157 B II a; U. Brunner, 131; BGE 104 Ia 446; VGer Bern 12. Juli 1991, BVR 1992, 45 f.; PVG 1986 Nr. 62. Nach Art. 42 Abs. 2 VwOG bleibt die «gesetzliche Zuweisung von Verwaltungsaufgaben» an privatrechtliche Organisationen vorbehalten. Nach abweichender Meinung ist sogar eine *verfassungsrechtliche* Grundlage notwendig, vgl. dazu Justizabteilung, 4. Mai 1971, VPB 1970 Nr. 3; Bundesamt für Justiz 10. November 1989, VPB 1990 Nr. 36 (S. 234) und Botschaft über eine Änderung des Luftfahrtgesetzes vom 20. November 1991, BBl 1991 I 627 mit Hinweisen auf ein Gutachten von Thomas Fleiner.

604   Cottier, XXV und 33 f.

605   Vgl. dazu Marti, 168; E. Grisel (monopoles), 402; G. Müller (Erkenntnisse), 762; Panchaud, 243; Krähenmann, 171; Sutter-Somm (Monopole), 154 ff. Ein schönes Beispiel bietet BGE 118 Ib 362.

I. Der verfassungsrechtliche Rahmen 85

sowie die Regelung der Kontingentszuteilung[606]. In all diesen Bereichen sind vorderhand gewichtige Einbrüche festzustellen[607]. Eine andere, wenn auch nur schwache Ausformung der Wesentlichkeitslehre ist bei der Ausdehnung des demokratischen Mitspracherechte auf wichtige Einzelakte (wichtige Konzessionen oder Bewilligungen) festzustellen[608]. Klarheit besteht zumindest soweit, als die Ableitung eines Wohlfahrtsmonopols aus der Hoheit über eine öffentliche Sache ohne gesetzliches Fundament nicht möglich ist[609]. Einen eigenständigen Problemkomplex bildet der gesetzgeberische Verweis auf technische Normenwerke Privater, über dessen Zulässigkeit und Gestalt noch gerungen wird[610].

112. Differenziert wird überdies bei den einer Konzession oder Bewilligung beigefügten Nebenbestimmungen. Fehlt ihnen die grundsätzlich notwendige gesetzliche Grundlage, so sind sie dennoch zulässig, wenn sie aus dem Gesetzeszweck, genauer aus einem mit der Bewilligung oder Konzession verfolgten öffentlichen Interesse hervorgehen[611]. Diese «Gesetzestreue» der Nebenbestimmungen kann selbst durch vertragliche Abrede nicht umgangen werden[612]. Ähnliches wird aus dem Verhältnismässigkeitsprinzip abgeleitet: Könnte eine Bewilligung verweigert werden, so kann sie auch bei fehlender gesetzlicher Grundlage unter Resolutivbedingung erteilt werden[613]. Die diesen Standpunkt vertretende herrschende Ansicht[614] ist nicht unbedenklich. Sie beruft sich auf FLEINER[615], der hierzu anführte:

---

606 Gygi (Einfuhrkontingentierung), 345; Büchler-Tschudin, 216.
607 BGE 105 Ia 91 ff.; 107 Ia 226 ff.; 109 Ia 210 f.; 111 Ib 60; 118 Ib 362 sowie BGer 17. Oktober 1980, ZBl 81/1982, 221 f. Ein Beispiel bietet die Nutzung öffentlichen Grundes oder öffentlicher Gewässer: Die Konzessionspflicht gilt gemäss Bundesgericht, gleich wie die Bewilligungspflicht für den gesteigerten Gemeingebrauch, auch ohne gesetzliche Grundlage, (kritisch) Jagmetti, Kommentar BV, Art. 24 N 31.
608 Vgl. dazu N 186.
609 Koller, 529 ff.; BGE 98 Ia 54.
610 Vgl. dazu Grauer, 191 ff.; A. Brunner, 86 ff. Für Deutschland vgl. Marburger, 379 ff.; Wolff, 357 ff.
611 Imboden/Rhinow, Nrn. 39 B III b und 59 B II c; Grisel (Traité), 408 f.; Häfelin/Müller, N 721; Mäder, 239; BGE 117 Ib 176; RB 1990 Nr. 103. Zum deutschen Recht vgl. Martens in Erichsen/Martens, § 13 N 10 f.
612 BGE 81 I 85 f.
613 BGE 99 Ia 485 ff.; 109 Ia 131.
614 Hangartner (Widerruf), 161; Imboden/Rhinow, Nrn. 39 B III a und b sowie 59 B II c; Rhinow/Krähenmann, Nr. 39 B III b; Grisel (Traité), 408 f.; Häfelin/Müller, N 721; BGE 99 Ia 485 ff.; 109 Ia 131. Anderer Ansicht Giacometti (Lehren), 412 f. Fn. 49; Regierungsrat Aargau 6. September 1976, ZBl 78/1977, 129 und VGer Bern 7. November 1977, BVR 1984, 141. Zu beachten ist, dass sich Hangartner, auf den sich das Bundesgericht stützt, an anderer Stelle (S.157) insoweit widerspricht, als er einen Widerrufsvorbehalt ausschliesst, «wenn der Verwaltungsakt überhaupt nicht erlassen werden darf.»
615 (Institutionen), 202 Anm. 65.

«(...) Einen Abänderungsvorbehalt pflegen die Polizeibehörden der Polizeierlaubnis (...) beizufügen (...), sofern sich zur Zeit der Erteilung der Polizeierlaubnis noch nicht überblicken lässt, wieweit das neue Unternehmen auf das Publikum schädlich einwirken wird. (...) Derartige Vorbehalte sind nur zulässig, sofern sie dazu dienen, gesetzliche Anforderungen zur Geltung zu bringen»[616].

Formell wurde demnach eine Bewilligung erteilt, ohne dass jedoch über die künftige Gefährung entschieden wurde. Inhaltlich ging es FLEINER demnach um die Umwandlung einer präventiv wirkenden Bewilligung in eine repressiv ausgerichtete *Anzeige mit Verbots- bzw. Abänderungsvorbehalt.* Die erlaubte Tätigkeit wurde inhaltlich nur zum Teil überprüft, wobei hier die Bewilligungserteilung die Funktion einer Anzeige übernahm. Der Grund hierfür lag in der objektiven Unmöglichkeit einer *Prognose* über die künftige Entwicklung. Demgegenüber erachtet das Bundesgericht und die sich ihm anschliessende Lehre den Widerrufsvorbehalt auch *ausserhalb* prognostischer Unsicherheiten als angebracht, «wenn ernsthafte Zweifel bestehen, dass der Bewerber alle Erfordernisse erfüllt, weshalb die anbegehrte Polizeierlaubnis sogar ganz verweigert werden könnte»[617].

113. Drei Bemerkungen hierzu[618]: Ernsthafte Zweifel rechtfertigen nur ausnahmsweise eine Verweigerung der Bewilligung. Vielmehr ist aufgrund einer umfassenden Sachverhaltsermittlung grundsätzlich nachvollziehbare Sicherheit zu verlangen, ansonsten die Bewilligung eben zu erteilen ist[619]. Sodann fragt es sich, wieso überhaupt eine Bewilligungspflicht gesetzlich vorgesehen ist, wenn tatsächlich ein Repressivverbot (Widerrufsvorbehalt) genügt. Die Nebenbestimmung dient dazu, die Zulassung unter eingeschränkten Vorgaben im Sinn einer Mängelbeseitigung[620] zu ermöglichen. Hierzu ist der Widerrufsvorbehalt gerade nicht geeignet. Schliesslich besteht die Gefahr, dass die Vollzugsorgane die gesetzliche Ordnung aufweichen, indem sie in Überdehnung des Verhältnismässigkeitsgrundsatzes Nebenbestimmungen in die Bewilligung aufnehmen, wo aufgrund der öffentlichen Ordnung eine vorbehaltlose Verweigerung gefordert ist. Angebracht ist ein gesetzlich nicht vorgesehener Widerrufsvorbehalt in Anschluss an FLEINER bei objektiven Prognoseschwierigkeiten bzw. bei Unsicherheiten über die konkrete Realisierung des Verweigerungsgrundes[621]. Weiter kann er auch dann angefügt werden, wenn zwischen dem Verbot und den Zulassungsvoraussetzungen eine Lücke klafft, die zu unbefriedigenden,

---

616 Vgl. dazu Hangartner (Widerruf), 161 Anm. 61.
617 BGE 109 Ia 131 E. 5d.
618 Vgl. hierzu auch Gygi (Verwaltungsrecht), 294; Regierungsrat Aargau 6. September 1976, ZBl 78/1977, 129 und VGer Bern, 7. November 1983 BVR 1984, 141.
619 Vgl. auch Gygi (Verwaltungsrecht), 294; Fries, 87; Drews/Wacke/Vogel/Martens, 478.
620 Vgl. BGE 103 Ib 32.
621 Dazu auch Fries, 83.

I. Der verfassungsrechtliche Rahmen

stossenden Ergebnissen führt und mit der vorläufigen Zulassung keine wesentlichen Drittinteressen verletzt werden. Darin zeigt sich, dass Nebenbestimmungen – ähnlich der Ausnahmebewilligung – zur Vermeidung von Härtefällen eingesetzt werden können[622].

114. Aus dem *Verfassungsrecht*[623] ergeben sich – teilweise bereits gestufte – Anforderungen an die gesetzliche Grundlage staatlichen Handelns (institutionelle Gesetzesvorbehalte[624]). Dazu gehört etwa[625], dass besonders schwere Eingriffe in die Eigentumsgarantie[626] wie auch wirtschaftspolitische Massnahmen des Bundes[627] nur auf ausdrücklicher gesetzlicher Grundlage möglich sind oder dass dem Bundesrat im Bereich des Schiesspulverregals[628] ein selbständiges Verordnungsrecht zukommt. Generell fordert das Bundesgericht – in konsequenter Verwirklichung des liberalen Legalitätsgrundsatzes – für schwere Grundrechtseingriffe eine klare[629], in einem

---

622 Good-Weinberger, 67.
623 Eingehend Cottier, 149 ff.
624 G. Müller (Rechtssetzung), 126.
625 Weitere Beispiele: Art. 27ter Abs. 1 (Betriebsbewilligung für Filmvorführungen); Art. 31ter und 32[quater] Abs. 1 (Gastwirtschaftsgewerbe) sowie Art. 33 Abs. 2 BV (Fähigkeitsausweis). Zum Gastwirtschaftsgewerbe vgl. Schürmann (Wirtschaftsverwaltungsrecht), 85. Wirtschaftspolitisch motivierten Fähigkeitsausweisen für Gastwirte fehlt es in den meisten Fällen an einer genügenden gesetzlichen Grundlage im hier umschriebenen Sinn, vgl. Mangisch, 129.
Weitere, wenn auch nicht so eindeutige Vorbehalte finden sich in den Formulierungen wie «Das nähere regelt das Gesetz», «Der Bund ist befugt, gesetzliche Bestimmungen ... zu erlassen», «Die Gesetzgebung über ... ist Bundessache» oder «auf dem Wege der Gesetzgebung».
626 Art. 22ter Abs. 2 und 22[quater] Abs. 1 BV. Vgl. auch G. Müller, Kommentar BV, Art. 22ter BV, N 27 ff. und BGE 109 Ia 190.
627 Art. 32 Abs. 1 BV.
628 Art. 41 Abs. 4 BV.
629 Ob die gesetzliche Grundlage hinreichend klar ist, beurteilt sich nach dem Ergebnis der *Auslegung* des Gesetzes. Allgemeines Ziel der Auslegung ist es, den Sinn einer rechtlichen Vorschrift zu ermitteln bei unklarem Wortlaut, oder bei klarem Wortlaut, wo Zweifel bestehen, ob dieser den wahren Sinn der Vorschrift wiedergibt. An Auslegungsmethoden bieten sich die grammatikalische, die systematische, die historische, die zeitgemässe und die teleologische (zweckgerichtete) Auslegung an. Keine der Regeln hat Vorrang, sondern es ist im Einzelfall zu ermitteln, welche Auslegung den wahren Sinn der auszulegenden Norm wiedergibt. Abweichungen vom klaren Gesetzeswortlaut sind nur ausnahmsweise gestattet; dies nur dann, wenn sachliche Gründe für die Annahme sprechen, der Gesetzestext gebe nicht den wahren Willen des Gesetz- bzw. Verfassungsgebers wieder (BGE 115 Ia 137). Der wahre Wille des Gesetzgebers ergibt sich u.a. aus den gesetzgeberischen Vorbereitungsarbeiten, aus dem Ziel und Sinn der fraglichen Bestimmung sowie aus der Systematik des Gesetzes bzw. der Verfassung. Vgl. dazu neuestens Tobias Jaag/Thomas Hippele, Redaktionsversehen des Gesetzgebers, AJP 1993, 261 ff.
Bei der Beurteilung der Anwendbarkeit von Normen, die aus *Gesetzesinitiativen* hervorgegangen sind, spielt das Kriterium der verfassungskonformen Auslegung eine entscheidende Rolle; ihm kommt die Aufgabe der Normerhaltung zu. Die Initiativen sind in der für die Initianten günstigsten Weise auszulegen. So hat das Bundesgericht in BGE 111 Ia 305 f. ausgeführt: «Für die Beurteilung der materiellen Rechtmässigkeit einer Initiative ist deren Text nach den anerkannten Interpretationsgrundsätzen auszulegen. Grundsätzlich ist vom Wortlaut der Initiative auszugehen und

§ 5 *Strukturmerkmale - ein Versuch der Systematisierung*

formellen Gesetz verankerte Grundlage⁶³⁰, ohne dass bis anhin klar geworden ist, wo eigentlich die Grenzlinie zwischen schweren und weniger schweren Grundrechtseingriffen verläuft⁶³¹. Zudem wird die Unterscheidung von eingreifenden und leistenden staatlichen Handlungen im Grundrechtsbereich immer mehr überwunden, indem auch existentielle staatliche Leistungen, die in den Grundrechtsbereich ausstrahlen, einer formellen gesetzlichen Grundlage bedürfen⁶³². Im Einzelfall kann auch mit Gesetzgebungsaufträgen, Zielbestimmungen oder Kompetenzzuweisungen das Regelungsverfahren dem Parlament vorbehalten werden. Wann und ob ein Gesetzesvorbehalt vorliegt, ist in der Regel durch Auslegung zu ermitteln⁶³³.

---

nicht auf den subjektiven Willen der Initianten abzustellen. Eine allfällige Begründung des Volksbegehrens und die Meinungsäusserungen der Initianten dürfen allerdings mitberücksichtigt werden (BGE 105 Ia 154 E. 3a; 105 Ia 366 E.4). Es ist von verschiedenen Auslegungsmöglichkeiten jene zu wählen, welche einerseits dem Sinn und Zweck der Initiative am besten entspricht und zu einem vernünftigen Ergebnis führt und welche andererseits im Sinne der verfassungskonformen Auslegung mit dem übergeordneten Recht von Bund und Kanton vereinbar erscheint (BGE 105 Ia 154 E. 3a, 105 Ia 366 E. 4, 104 Ia 250 oben, 103 Ia 426 oben)». Bei der verfassungskonformen Auslegung einer Initiative ist darauf zu achten, dass ihr kein Sinn zugewiesen wird, der zu einer eigentlichen Normkorrektur oder -umdeutung führt. Dabei ist der Sinnzusammenhang zwischen dem Gesetzgebungsverfahren und der Wahl- und Abstimmungsfreiheit zu berücksichtigen. Die Interpretation soll nicht dazu verleiten, der Initiative einen Sinn zu verleihen, der nicht dem wahren und unverfälschten Willen der Stimmenden entspricht. Eine nachträgliche Umdeutung einer Initiative, die dem ursprünglichen Textverständnis und die durch sie geweckten Erwartungen zuwiderläuft, ist abzulehnen. Führt auch der Weg der Interpretation zu keinem Ergebnis, so wird der mit höherrangigem Recht unvereinbare bzw. faktisch undurchführbare Teil der Initiative aufgehoben.

630   J.P. Müller (Elemente), 106 f.; Saladin (Grundrechte), XLVII ff.; Cottier, 55 ff. sowie dessen kritische Stellungnahme zur Untauglichkeit des Kriteriums, 204 ff.

631   Als schwere Eingriffe gelten die Errichtung eines Monopols (BGE 93 I 47), das Erfordernis eines Fähigkeitsausweises für Coiffeure (BGE 104 Ia 200 f.), das Verbot selbständiger Berufsausübung für eine Dentalhygienikerin (BGE 116 Ia 122) oder die Bewilligungspflicht für die selbständige Berufsausübung als Psychotherapeut (VGer Zürich 21. August 1991, ZBl 93/1992, 78 f. und 86 ff.). Die Frage der Eingriffsschwere ist auch für die Kognition des Bundesgerichts von Bedeutung. Nur bei schweren Eingriffen überprüft das Bundesgericht die Auslegung eines kantonalen Gesetzes frei, bei weniger schweren Eingriffen lediglich unter dem Gesichtspunkt der Willkür. Vgl. dazu die kritische Stellungnahme von Kälin, 185 ff. Vgl. auch zur Problematik der formellen gesetzlichen Grundlage im Bereich der Bewilligungspflicht für Strassenreklamen Manfred Küng, Strassenreklamen im Verkehrs- und Baurecht unter besonderer Berücksichtigung der Bestimmungen und der Praxis im Kanton Zürich, Bern/Stuttgart 1991, 114 ff.

632   Grundlegend: BGE 103 Ia 383, bestätigt in 104 Ia 309; 108 Ib 165; 112 Ia 254. Vgl. weiter G. Müller (Rechtssetzung), 113; Häfelin/Müller, N 335; Rhinow/Krähenmann, Nr. 59 B II a; Hertach, 58 ff.; Borer, 320.

633   G. Müller (Rechtssetzung), 127 f.; Aubert (Traité), N 1536; Cottier, 156; Borer, 316. Klar ist, dass Formulierungen wie «Das Nähere regelt das Gesetz», «Der Bund ist befugt, gesetzliche Bestimmungen ... zu erlassen», «Die Gesetzgebung über ... ist Bundessache» oder «auf dem Wege der Gesetzgebung» die Konkretisierung der Verfassungsvorschrift dem Gesetzgeber vorbehält, ohne ihn in der Möglichkeit der Delegation einzuschränken. Vgl. dazu G. Müller (Rechtssetzung), 127 f. Anm. 55; Aubert (Traité, Supplément), N 1536, ferner Justizabteilung, 24. Februar 1975, VPB 1975 Nr. 108.

I. Der verfassungsrechtliche Rahmen

Kantonale Verfassungsbestimmungen sind ähnlich punktuell und unsystematisch wie die Bundesverfassung gehalten[634]. In den neueren, totalrevidierten Kantonsverfassungen spürt man die von der Totalrevisionsdiskussion der letzten zwanzig Jahre wie auch der neueren Rechtsprechung ausgehenden Impulse. Dies äussert sich im Vorbehalt eines formellen Gesetzes für schwere Grundrechtseingriffe und den Versuchen, die Gesetzgebungszuständigkeit anhand der Wesentlichkeitstheorie[635] zu definieren. Gleichzeitig werden die meisten übrigen Verfassungsbestimmungen von Hinweisen auf das Normsetzungsverfahren entlastet[636].

115. Das Bedürfnis nach rascher Anpassung des Handlungsvorrats seitens der Verwaltung und die damit verbundene Flexibilität und Aktualisierung[637] der Verwaltungsmittel wird nicht nur durch «gesetzesfreie» Räume, sondern in starkem Mass mittels Gesetzesdelegation[638], Schaffung von Ermessensbereichen und – in Ausnahmesituationen – durch die polizeiliche Generalklausel[639] erreicht. Da im letzten Fall in aller Regel direkt Gebote oder Verbote formuliert werden, bleibt für die auf Dauer angelegten Bewilligungen wenig Raum. Immerhin kann sich ein solches Gebot oder Verbot direkt auf ein bereits bewilligtes Verhalten beziehen[640]. In allen Fällen verlagert sich das Entscheidungsgewicht von der Legislative hin zur Exekutive; als verfassungs- und verwaltungsrechtliche Grenzen der Verlagerung dienen die

---

634 Cottier, 149 ff.
635 Vgl. N 110.
636 Beispiel einer Ausnahme: Der Kanton Aargau kann laut § 55 Abs. 2 KV die Regalbefugnisse durch Gesetz oder Konzession auf Dritte übertragen. Ob nun wichtige Konzessionen im Gesetzgebungsverfahren zu regeln sind oder nicht, beurteilt sich nach der Wesentlichkeitslehre von § 78 Abs. 1 KV.
637 Cottier, 173 ff.
638 Auf die Gesetzesdelegation wird nicht weiter eingegangen, da sie im Bewilligungs- und Konzessionsverhältnis kaum Besonderheiten aufweist. Immerhin wird gefordert, dass die Delegation von Rechtsetzungsbefugnissen an Dritte (auch mittels Konzession) einer Verfassungsgrundlage bedarf, Bundesamt für Justiz 30. Oktober 1986, VPB 1988 Nr. 6. Nach anderer Ansicht genügt für die Delegation öffentlicher Aufgaben an Dritte eine gesetzliche Grundlage, BGE 88 I 312; SGGVP 193 Nr. 2. Zur Regelung der Bewilligungsvoraussetzungen auf dem Verordnungsweg vgl. BGer 9. Juli 1982, ZBl 84/1983, 308 ff.
639 Vgl. dazu J.P. Müller (Elemente), 110; Gygi (Polizeibegriff), 317 ff.; Philippe Abravanel, La protection de l'ordre public dans l'Etat régi par le droit, ZSR 1980 II, 35 ff.; BGer 18. Februar 1991, ZBl 93/1992, 44; VGer Basel-Stadt 14. April 1978, BJM 1978, 209.
Die Grenzen des Polizeinotverordnungsrechts überschreitet der Bundesratsbeschluss betreffend die politischen Reden von Ausländern, der Reden von nichtniedergelassenen Ausländern einer Bewilligungspflicht unterstellt. Vgl. dazu Häfelin/Haller, N 1009; J. P. Müller (Grundrechte), 102 f. Die Regelung ist nicht nur hinsichtlich der gesetzlichen Grundlegung in Zweifel zu ziehen, sondern vermag auch kaum dem Verhältnismässigkeitsgebot standzuhalten. Ein rein repressives, aussenpolitisch oder sicherheitspolizeilich motiviertes Vorgehen (unter Umständen als Folge einer Anzeigepflicht) würde genügen. Vgl. dazu Hug, 285 ff.
640 Vgl. dazu etwa RB 1984 Nr. 109.

§ 5 Strukturmerkmale – ein Versuch der Systematisierung

Grundsätze zur Bestimmtheit[641] einer Norm, Zulässigkeit einer Delegation und der Verletzung von Ermessensspielräumen. Weit mehr als von den «gesetzesfreien» Bereichen droht dem Legalitätsprinzip im Bewilligungsrecht von dieser Seite her Gefahr[642]. Technische Sachverhalte, rasche Änderung der Gegebenheiten, bessere Kenntnis und Sachnähe der Verwaltung und nicht zuletzt die Unmöglichkeit, abschliessende Regelungen zu treffen, sind für zahlreiche Bewilligungsverhältnisse typisch und zwingen oftmals zu einer optimierten Balance zwischen Gesetzgebungs- und Rechtsanwendungsverfahren[643].

116. Das *Bestimmtheitsgebot*[644] folgt aus dem Grundsatz der Vorhersehbarkeit staatlichen Handelns für den Bürger sowie der Sicherung rechtsgleicher Behandlung im Einzelfall. Das Bestimmtheitsgebot hat keinen feststehenden Inhalt, sondern ist differenziert je nach Regelungsgegenstand[645] im Sinn einer Richtlinie zu handhaben. Grundrechtsbezug verpflichtet zu höherer Normdichte als rein organisationsrechtliche Bestimmungen[646] oder die Gewährung von Leistungen[647]. Unterscheidet man «zwischen Materien, die zur Bestimmtheit, und solchen die zur Unbestimmtheit tendieren»[648], so gehören die polizeilichen und wirtschaftspolitischen Bewilligungen zu den letzteren[649]. Demgegenüber – und teils in offensichtlichem Widerspruch – wird erst bei schweren Eingriffen in ein Grundrecht eine klare und eindeutige gesetzliche Grundlage verlangt[650]. Gleich verhält es sich – nur mit umgekehrten Vorzeichen – bei der Ausnahmebewilligung[651]. Entsprechend zweideutig ist auch die

---

641 Das Bestimmtheitsgebot lässt sich auch aus der Europäischen Menschenrechtskonvention ableiten. Vgl. dazu Cottier, 68 ff.; BGE 109 Ia 273 ff. Ebenso steht das Bestimmtheitsgebot mit dem Prinzip der Rechtssicherheit in Zusammenhang. Dazu Weber-Dürler (Vertrauensschutz), 265; Cottier, 193.
642 G. Müller (Rechtssetzung), 91 f.
643 Gygi (Verwaltungsrecht), 155; Häfelin/Müller, N 369.
644 BGE 102 Ia 141; 109 Ia 283.
645 G. Müller (Rechtssetzung), 90; Dubs, 246; Borer, 312. Zu den einzelnen Kriterien, welche die nähere Festlegung des Bestimmtheitsgebots erlauben, vgl. Rhinow (Rechtssetzung), 262 ff.; G. Müller (Rechtssetzung), 90 ff.; Rhinow/Krähenmann, Nr. 59 B II i.
646 Cottier, 194; Moor, Bd. I, 302 ff.
647 G. Müller (Rechtssetzung), 113; Rhinow (Rechtssetzung), 264 f. mit dem berechtigten Hinweis darauf, dass auch begünstigende Normen den Bürger zu einer einschneidenden Ausrichtung oder zu Dispositionen veranlassen können.
648 G. Müller (Rechtssetzung), 92.
649 Sogenannte Fixierung des Norminhalts ex post mittels Einzelfallkonkretisierung (Verfügung oder Urteil) im Gegensatz zur Realisierung des Bestimmtheitsgebots ex ante in der Norm selbst. Vgl. dazu Rhinow (Rechtssetzung), 267; G. Müller (Rechtssetzung), 91; Cottier, 195 f.
650 BGE 113 Ia 440; 114 Ia 355; J.P. Müller (Elemente), 106; Häfelin/Müller, N 313; Borer, 321 f. Die gesetzliche Grundlage kann je nach Umstand auch durch die polizeiliche Generalklausel bzw. Gewohnheitsrecht ersetzt werden. Vgl. dazu Rhinow, Kommentar BV, Art. 31 N 161; Saladin (Grundrechte), 158; Marti, 73; Gygi (Wirtschaftsverfassungsrecht), 78; Häfelin/Haller, N 1427.
651 Statt vieler Imboden/Rhinow, Nr. 37 B II.

I. Der verfassungsrechtliche Rahmen

Rechtsprechung. Als besonders schwere Grundrechtsbeeinträchtigung[652] gilt der Entzug einer Berufsausübungsbewilligung[653] oder eines Führerausweises[654], das Erfordernis eines Fähigkeitsausweises[655] oder die Monopolisierung eines Wirtschaftszweiges[656] bzw. ein Polizeimonopol[657], hingegen *nicht* die Verweigerung des Ausbaus eines zweiten Dachgeschosses[658] oder eine vollständige Bauverweigerung aus Gründen des Landschafts- oder Ortsbildschutzes[659]. Statuiert das Gesetz eine Bewilligungspflicht ohne ausdrückliche Nennung der einzelnen Zulassungsvoraussetzungen, so können sich diese – rechtsstaatlich nicht unbedenklich – aus der gesetzlichen Zwecksetzung und Systematik ergeben[660]. Die Grenze für deren Ermittlung liegt auch hier im rechtsstaatlich unabdingbaren Bestimmtheitsgebot[661]; der Bewilligungsadressat soll sein Handeln bereits und abschliessend anhand des Gesetzesganzen ausrichten können. Zu nachsichtig ist das Bundesgericht, wenn es seit neuestem zulässt, dass die Verwaltung, und nicht ein Rechtssatz, die Verhältniszahl für eine gesundheitspolizeilich motivierte Bedürfnisklausel frei festlegt inner-

---

652   Weiterer Überblick über die Kasuistik findet sich bei Kälin, 188 ff.; Rhinow/Krähenmann, Nr. 60 B II; Rhinow, Kommentar BV, Art. 31 N 158 ff.; G. Müller, Kommentar BV, Art. 22ter N 55 f.
653   BGE 106 Ia 106.
654   BGer 19. September 1980, ZBl 82/1981, 135.
655   104 Ia 199 f.
656   Schweizer, 318, der darauf hinweist, dass ein staatliches Monopol auch nicht durch Abrede begründet werden kann.
657   BGE 93 I 47 f.; BGer 11. Dezember 1987, ZBl 89/1988, 327 f.; VGer Aargau 17. Dezember 1992, ZBl 94/1993, 423; E. Grisel (monopoles), 410; J.P. Müller (Grundrechte), 374; Knapp (Précis), N 2701; Gygi (Wirtschaftsverfassungsrecht), 56 f.; Schürmann (Wirtschaftsverwaltungsrecht), 216; Ruey, 236, 318, 362 und 389; Krähenmann, 168. Anderer Ansicht Marti, 172; Schürmann (Wirtschaftsverwaltungsrecht), 60 zu den Polizeimonopolen; Rhinow, Kommentar BV, Art. 31 N 233. Die differenzierte Stellungnahme von Sutter-Somm (Monopol), 118 ff., die nur für die historischen, rein fiskalischen Monopole eine formelle gesetzliche Grundlage fordert, sich im übrigen mit einer gesetzlichen Grundlage im materiellen Sinn begnügt, beruht auf einem Zirkelschluss. Gemäss ihrem Ansatz sind polizeiliche oder sozialpolitische Monopole mit der HGF vereinbar, weshalb für sie, wie auch für die übrigen Massnahmen, eine gesetzliche Grundlage im materiellen Sinn genügen soll. Ob ein derart motiviertes Monopol zulässig, d.h. mit der HGF vereinbar ist, beurteilt sich nach den gesamten Anforderungen, die an eine Grundrechtseinschränkung gestellt werden. Die Anwendbarkeit der HGF ist in Gebieten, die von polizeilichen oder sozialpolitischen Interessen tangiert werden, nicht ausgeschlossen, sondern eben nur eingeschränkt. Ob und in welchem Mass die HGF nun eingeschränkt ist, muss – zumindest bei schweren Eingriffen – einem Gesetz im formellen Sinn entnommen werden.
658   BGer 6. Oktober 1988, ZBl 90/1989, 535.
659   BGE 101 Ia 218 f.
660   Vgl. dazu BGE 98 Ia 599; 111 Ib 238 f.; LGVE 1977 II Nr. 2, 17 ff. sowie das Beispiel der Materialentnahmebewilligung nach Art. 32 Abs. 1 alt GschG bei Edelmann, 48. Anderer Ansicht ist Grisel (Traité), 316, der auch die Bedingungen der Bewilligungserteilung gesetzlich geregelt sehen möchte. Vgl. auch Dubs, 227 f.; Jäggi, 103.
661   Vgl. BGE 111 Ib 239. Zu beachten ist, dass sich bei schweren Eingriffen in verfassungsmässige Rechte weitergehende Anforderungen an die Bestimmtheit der Bewilligungserfordernisse ergeben können, BGE 109 Ia 293 ff.

halb der Grenzen des Willkürverbots⁶⁶². Verständnis kann man aufbringen, wenn das Bundesgericht für Rechtsanwälte Vertrauenswürdigkeit als selbstverständliches Erfordernis verlangt⁶⁶³. Nur, ob man das auch ohne gesetzliche Grundlage fordern kann, einzig damit «beispielsweise auch der schwer Vorbestrafte oder Geisteskranke» von der Anwaltstätigkeit abgehalten wird, ist angesichts der hierzu vorhandenen zivil- und strafrechtlichen Mittel zu bezweifeln.

Eine im Vergleich mit den schweizerischen Rechtsprechungsorganen strengere Praxis verfolgt der Europäische Gerichtshof für Menschenrechte, der vom Gesetz offenbar eine genaue Definition der Genehmigungskriterien verlangt⁶⁶⁴.

Weniger bedenklich ist zuletzt die Ansicht, ein Bewilligungsentzug brauche gesetzlich nicht vorgesehen zu sein, wenn eine wesentliche Erteilungsvoraussetzung nachträglich wegfalle⁶⁶⁵. Dass das Bundesgericht allerdings auch noch den *gesetzlich nicht geregelten* Widerruf wegen Wegfalls einer *gesetzlich nicht vorgesehenen* Zulassungsvoraussetzung in einem Einzelfall tolerierte⁶⁶⁶, ist – vorsichtig ausgedrückt – kaum verallgemeinerungsfähig⁶⁶⁷. Es gilt jeweils zu beachten, dass erst aufgrund einer konkreten Interessenabwägung beurteilt werden kann, ob der Entzug wegen nachträglichen Dahinfallens einer Erteilungsvoraussetzung zulässig ist⁶⁶⁸. Die Zulassungsprüfung erfolgt in der Regel aufgrund eines engen Beurteilungsschemas; dieses vermag bei der Abklärung der Widerrufsberechtigung nicht zu genügen: Da sich die Situation des Zugelassenen regelmässig von der des Zulassungssuchenden unterscheidet, soll diesem Unterschied bei der Entzugsregelung, sei sie nun gesetzlich geregelt oder nicht, gebührend Rechnung getragen werden. Diesen Umstand sollte in erster Linie der Gesetzgeber berücksichtigen.

117. Ermessensspielräume und unbestimmte Rechtsbegriffe, ausserhalb verfahrensrechtlicher Zwänge⁶⁶⁹ treffend und anschaulich als *offene Normen* charakte-

---

662 BGE 111 Ia 32 f. Vgl. die Kritik bei Alfred Kölz, Rechtsprechungsbericht 1985, ZBJV 123/1987, 350 und Rhinow/Krähenmann, Nr. 59 B II i 3. Man muss sich generell fragen, ob derartige Rücksichtnahme auf den kantonalen Gesetzgeber nicht zur Aushöhlung des – erst in letzter Zeit an Kontur gewinnenden – Bestimmtheitsgebots verleitet.
663 BGE 98 Ia 599, bestätigt in 106 Ia 107.
664 Urteil vom 22. Mai 1990, Autronic AG, EuGRZ 1990, 263.
665 BGE 98 Ia 601. Vgl. dazu nachfolgend N 280.
666 BGE 98 Ia 597 ff. betreffend Rechtsanwaltspatent.
667 Vgl. auch die Kritik bei Cottier, 62 und nachfolgend N 338.
668 Vgl. dazu nachfolgend N 280.
669 Dazu Saladin (Verwaltungsprozessrecht), 344 f. Ermessensräume und unbestimmte Rechtsbegriffe können nicht ohne ihre Verschränkung mit der Verwaltungsgerichtsbarkeit verstanden werden. Das nahezu krampfhafte Bemühen, die Beschränkung der verwaltungsgerichtlichen Überprüfungsbefugnis in ein logisch strukturiertes Normauslegungs- und -anwendungssystem einfügen zu wollen, muss scheitern, wenn man sich nicht eingesteht, dass die Beschränkung vorwiegend

I. Der verfassungsrechtliche Rahmen

risiert⁶⁷⁰, finden in Bewilligungs- und Konzessionsverhältnissen ihre eigentliche Domäne⁶⁷¹. Diese Beliebtheit kann wichtige Folgen zeitigen: Die grundrechtlich beherrschten Bewilligungsverhältnisse können auf diesem Weg einer wirksamen

politisch motiviert ist. Der Gesetzgeber, welcher der Verwaltung «Freiraum» schafft, sorgt zugleich dafür, dass dieser «Freiraum» nur beschränkt gerichtlich überprüfbar ist. *Sachlich* gesehen gibt es nur wenig Gründe, auf eine gerichtliche Kontrolle zu verzichten, wie das Beispiel der Zivilgerichtsbarkeit – die kein vorgeschaltetes, entscheidfällendes Staatsorgan kennt und demnach ohne den Filter eines fremden Ermessens entscheiden *muss* – nachdrücklich aufzeigt. Im Zivilprozess ist der Richter «geeignet» genug, *alle Lebenssachverhalte* abschliessend und in Alleinzuständigkeit entscheiden zu können. Sowohl der Zivilrichter wie auch der Verwaltungsrichter haben sich aber an die politischen, in den Gesetzen zum Ausdruck gelangten Grundentscheide zu halten; von dieser Warte aus sind die Grenzen richterlicher Rechtsfindung zu suchen. Vgl. auch G. Müller (Reservate), 124; Moor, Bd. I, 329 ff.; Vallender (Ermessen), 825 ff.; Schoch, 106 ff., 120 ff. und den traditionellen Argumentationsansatz bei Werner Dubach, Regiert bei uns das Verwaltungsgericht?, in: Mélanges André Grisel, Neuchâtel 1983, 653 ff.
Die Abgrenzung von unbestimmten Rechtsbegriffen und Ermessen spielt insbesondere bei der Prüfung des Erteilungsanspruchs eine grosse Rolle. Ist der Anspruch aufgrund unbestimmter Rechtsbegriffe zu beurteilen, so ist die Anwendung Rechtsfrage und unterliegt der verwaltungsgerichtlichen Kontrolle, Bertossa, 31; BGE 112 Ib 428; 115 Ib 135; 117 Ib 117 und 165.

670 Schoch, 43; Häfelin/Müller, N 345. Vgl. auch Gerold Steinmann, Unbestimmtheit verwaltungsrechtlicher Normen aus der Sicht von Vollzug und Rechtssetzung, Diss., Bern 1982, 57 ff.

671 Z.B. in der Form des Entschliessungsermessens für die Bewilligung zum gesteigerten Gemeingebrauch, Ausnahmebewilligung, Wasserrechts- und Eisenbahnkonzessionen, als unbestimmte Rechtsbegriffe des «Bedürfnisses» oder «berechtigten Interesses» als Voraussetzung(en) für eine Bewilligungs- bzw. Konzessionserteilung. Vgl. dazu Gygi (Verwaltungsrecht), 146 f., 154; Häfelin/Müller, N 349; Rhinow/Krähenmann, Nr. 66 B II c und IV; Moor, Bd. I, 326 f. In Anlehnung an Imboden/Rhinow, Nr. 66 B II f und g lassen sich folgende typische Ermessensbereiche unterscheiden:
1. Wahl zwischen Ausübung einer Tätigkeit in Regie oder (der gesetzlich vorgesehenen) Konzession einschliesslich Freiheit der Erteilung und Ausgestaltung der Konzession. Vgl. dazu Grisel (Traité), 286 f.; Knapp (Précis), N 1403; Moor, Bd. I, 322; Häfelin/Müller, N 854 und 2013; Weltert, 324; BGE 71 I 199; 94 I 504; 100 Ia 177; 103 Ia 34, 551; BGer 2. Juni 1976, ZBl 78/1977, 37; BGer 20. November 1973, ZBl 75/1974, 271; Bundesrat, 15. Februar 1951, VPB 1951 Nr. 143; Bundesamt für Justiz 30. Oktober 1986, VPB 1988 Nr. 6. Hiervon ist die Frage der Delegation von Verwaltungsaufgaben zu unterscheiden, die immer einer klaren formellen gesetzlichen Grundlage bedarf, Rhinow/Krähenmann, Nr. 157 B II a; Moor, Bd. I, 315; U. Brunner, Kommentar USG, Art. 43 N 2; Mächler, 169; BGE 104 Ia 446; SGGVP 1983 Nr. 2; VGer Bern 24. August 1981, BVR 1982, 214. Vgl. auch Art. 42 Abs. 2 VwOG: «Vorbehalten bleibt die gesetzliche Zuweisung von Verwaltungsaufgaben an eidgenössische Anstalten und Betriebe sowie an gemischtwirtschaftliche und privatrechtliche Organisationen.»
2. Die Ausnahmebewilligung. Hierzu N 119 und N 220.
3. Ermächtigung ohne Verpflichtung (sogenannte «Kann»-Klauseln). Vgl. zur neuesten Rechtsprechung BGE 103 Ib 299 f.; 104 Ib 101; 112 Ib 16 f.
4. Individualisierende, einzelfallbezogene Begriffe wie Zutrauenswürdigkeit, Eignung, Unbescholtenheit, Fähigkeit, genügende Prüfung, Bedürfnis und besondere Verhältnisse. Dazu BGE 97 I 134; 103 Ib 33; 108 Ib 63; VGer Zürich 5. März 1982, ZBl 83/1982, 212.
5. Fälle des prospektiven Ermessens. Vgl. dazu BGE 108 Ia 305 f.; RB 1986 Nr. 1 zur Beurteilung der von einer beantragten Versammlung auf öffentlichem Grund ausgehenden Gefahr.
6. Fälle des technischen Ermessens. Vgl. BGE 112 Ib 439; 115 Ib 137; 117 Ib 117 und Art. 104 lit. a OG.

Justiziabilitätskontrolle entzogen werden; damit nähern sie sich den nur beschränkt gerichtlich überprüfbaren Konzessionsverhältnissen. So hat die Aufsichtspraxis etwa eine Bestimmung, welche den Rechtsanwälten «aufdringliche Empfehlungen» untersagt, in Richtung eines vollständigen Reklameverbots ausgelegt[672].

Die Gründe für die ausserordentliche Beliebtheit offener Normen im Bewilligungs- und Konzessionsrecht liegen in der Flexibilität beider Zulassungsarten als Mittel zur systemgerechten, optimierten[673] Konkretisierung legislatorischer Rahmen- und Zielsetzungen[674] und ihrer Eignung, differenzierte wie auch unvorhergesehene Lebenssachverhalte auf vereinfachte Rechtsregeln zu reduzieren[675]. Ferner ermöglichen sie es, den Mitteleinsatz einer im Lauf der Zeit veränderten oder anders zu gewichtenden Zielsetzung anzupassen[676]. Offene Normen kommen aber auch den begrenzten legislatorischen Möglichkeiten entgegen, bestimmte Begriffe näher determinieren zu können und stützen auch die Zurückhaltung des Gesetzgebers, ihm mangels Sach- oder Ortsnähe unvertraute Bereiche regeln zu wollen. Offene Normen dienen aber – was oftmals in Vergessenheit zu geraten droht – auch der Erzielung von sachgerechten und zweckmässigen Einzelfalllösungen[677]. Eine allzu strikte Bindung der Verwaltung kann *in concreto* dem Verhältnismässigkeitsgebot zuwiderlaufen[678]. Offene Normen können auch Deregulierungsbestrebungen umsetzen helfen[679]. Andererseits begünstigen offene Normen Rechtsmittelverfahren und verzögern oder verhindern im Ergebnis die Durchsetzung gesetzgeberischer Anliegen[680]. Zudem sieht sich der «frei entscheidende», keinen gesetzlichen Rückhalt findende Rechtsanwender gelegentlich dem Druck interessierter Kreise ausgesetzt[681].

118. Offene Normen geben der Verwaltung keinen «freien», sondern einen rechtlich gebundenen Raum, dessen Grenzen durch die – prozessual geprägten – Begriffe

---

672 Henggeler, 86; Wolffers, 147; Sterchi, Art. 14 N 1 mit Hinweisen auf eine Lockerung der Praxis.
673 Schoch, 112.
674 Moor, Bd. I, 319; Rhinow (Ermessen), 44.
675 Häberle, 145 ff.; Moor, Bd. I, 326; Schoch, 108.
676 Häberle, 159 ff.; Schoch, 57.
677 Imboden/Rhinow, Nr. 66 B II g.
678 BGE 101 Ia 221; 106 Ia 32; 111 Ia 218 f.; 113 Ia 134; 116 Ia 118; Zimmerli (Verhältnismässigkeit), 50; Gygi (Verwaltungsrecht), 153. Vgl. auch zur rigiden Regelung des Familiennachzugs Daniel Thürer, Familientrennung durch Staatsgrenzen?, in: FS für Cyril Hegnauer, Bern 1986, 586; Kottusch (Ermessen), 152.
679 Vgl. dazu etwa Georg Müller, Bewältigung der Konflikte von Grundeigentums- und Bodenfunktionen durch Raumplanung, ZSR 110/1991 I, 144.
680 So wurde das Bünder Treuhändergesetz bereits sieben Jahre nach seiner Inkraftsetzung 1985 aus den genannten Gründen aufgehoben, Mühlemann, 122.
681 H.P. Moser, 412.

I. Der verfassungsrechtliche Rahmen

des Ermessensmissbrauchs sowie der Ermessensüber- und -unterschreitung[682] festgelegt sind. Unbestimmte Rechtsbegriffe unterliegen demgegenüber der Rechtskontrolle, wobei diese mitunter ähnlich stark wie die Ermessenskontrolle eingeschränkt werden kann[683]. Innerhalb dieser Begrenzungen ist der Rechtsanwender *frei, rechtsschöpferisch* tätig zu werden[684]. Aus verfassungsrechtlicher Sicht werden die vorab Justiziabilitätsgründen dienenden[685] Schranken durch weitere ergänzt[686]: als wichtigste das Verhältnismässigkeitsprinzip[687], dann aber auch das Gleichheitsgebot[688], das Willkürverbot[689], der Vertrauensschutz[690], das öffentliche Interesse und die Freiheitsrechte[691].

119. Eine doppelte Bedrängung erfährt das Legalitätsprinzip durch die *Ausnahmebewilligung*. Zum einen ist sie die gesetzliche[692] Grundermächtigung der Verwaltung, im Einzelfall von gesetzlichen Verboten abweichen zu können. Zum anderen werden die Voraussetzungen zur Erteilung einer Ausnahmebewilligung oftmals in offenen Normen festgehalten. Die *echte* Ausnahmebewilligung[693] dient der Durchsetzung von Gerechtigkeitspostulaten ausserhalb der Vorhersehbarkeit legislato-

---

682 Bei Bewerbung um ein Jagdrevier gestattet das st.gallische Recht den Gemeinden, die Zuteilung unter mehrere gleichwertige Bewerbergruppen durch Entscheid oder Los zu treffen. Das kantonale Verwaltungsgericht entschied, die Zuteilung sei einzig durch Los zu treffen. Das Bundesgericht wiederum hob den Entscheid wegen Ermessensunterschreitung auf (BGE 96 I 551). Der Entscheid des Bundesgerichts steht in Einklang mit verwaltungsrechtlicher Begrifflichkeit, kollidiert aber mit dem Willkürverbot. Jedwelche Auswahl zwischen «gleichwertigen» Gruppen durch Entscheid kann nicht mehr sachlich unterlegt werden. Es empfiehlt sich deshalb, den Entscheid der *Willkür der Behörde* zu entziehen und ihn der akzeptableren *Willkür des Schicksals* anzuvertrauen. Vgl. dazu nachfolgend N 167.
683 Vgl. dazu N 188.
684 Rhinow (Ermessen), 50.
685 Kölz (Kommentar), § 50 N 29.
686 Vgl. hierzu Gygi (Bundesverwaltungsrechtspflege), 314 f.; J.P. Müller (Elemente), 77 ff.; Vallender (Ermessen), 831.
687 Einschränkung des Zweckmässigkeitsentscheids. Vgl. dazu Rhinow (Ermessen), 85; Gygi (Verwaltungsrecht), 153; Moor, Bd. I, 324 f.; BGE 98 Ib 469; 103 Ib 23; 105 Ib 112 ff.; 115 Ib 137.
688 Moor, Bd. I, 324; BGE 107 Ib 123; 112 Ib 54.
689 BGE 112 Ib 481.
690 Vgl. etwa den Überblick bei Kottusch (Ermessen), 166.
691 Rhinow (Ermessen), 50 und 85; Kottusch (Ermessen), 170 ff.
692 Richtigerweise wird für die Ausnahmebewilligung eine ausdrückliche formelle gesetzliche Grundlage gefordert, Knapp (Précis), N 1387; Imboden/Rhinow, Nr. 37 B II; Gygi (Verwaltungsrecht), 86; Häfelin/Müller, N 1972; Vallender (Ausnahmen), 65 f. Zum gleichen Ergebnis der Einzelfallgerechtigkeit gelangt die gesetzesanwendende Behörde unter Umständen, wenn sie unter Beizug des Willkürverbots eine Abweichung von einer gesetzlichen Vorschrift gestattet. Vgl. auch BGE 116 Ib 417 zur Frage des ungeschriebenen Rechts auf Ausnahmebewilligung.
693 Zum Unterschied zur unechten Ausnahmebewilligung nachfolgend N 220. Vgl. dazu auch Fries, 50 ff. und Barblan, 99 ff.

rischer Verallgemeinerungen[694]. Nach geläufiger Argumentation soll sie die Absicht des Gesetzgebers weiterführen und im Hinblick auf die Besonderheit des Einzelfalles gestalten[695]. Weiter soll sie Härten, Unbilligkeiten, Unzulänglichkeiten und Unzweckmässigkeiten vermeiden helfen[696], wo sich die Regelbefolgung nach Abwägung sich entgegenstehender Interessen[697] als ungeeignet oder unzweckmässig erweist[698]. In Abweichung von der strikten Grundregel soll die Anwendung «flexibler und weniger formalistisch»[699] erfolgen. Hierin zeigt sich, dass sich die Ausnahmebewilligung mit Anliegen des *Willkürverbots* überschneiden kann, soweit *Unbilligkeiten* vermieden werden sollen oder der *Sinn und Zweck* der Regel durch eine Abweichung auch oder besser erreicht werden kann. Die gesetzlich aufgestellte Ausnahmebewilligung wird anscheinend entbehrlich, wenn man das gleiche Ziel mittels einer – verfassungsrechtlich garantierten – willkürfreien Gesetzesanwendung in der Form einer Abweichung vom Gesetz erreichen kann[700]. Doch besitzt die Ausnahmebewilligung einen erzieherischen Sinn, wenn sie den «gesetzesgläubigen» Rechtsanwender zur Abweichung von besonders detaillierten[701] oder durch technische Gegebenheiten eingegrenzten Regelungen[702] anhält oder wenn dieser den im öffentlichen Recht

---

694 Dazu ein Beispiel: Die Erteilung einer Gastwirtschaftsbewilligung setzt u.a. aus hygienischen Gründen eine bestimmte Raumhöhe und Grundfläche zum Zweck der genügenden Belüftung voraus. Durch technische Hilfsmittel kann eine genügende Belüftung auch auf anderem Weg erreicht werden. Aus diesem Grund sehen die meisten kantonalen Gastgewerbeordnungen eine entsprechende Ausnahmeklausel vor, vgl. Mangisch, 143.
695 Imboden/Rhinow, Nr. 37 B III c; Häfelin/Müller, N 1976; RB 1975 Nr. 110.
696 Gygi (Verwaltungsrecht), 86; Rhinow/Krähenmann, Nr. 37 B I; Haller/Karlen, N 709; Vallender (Ausnahmen), 66; BGE 95 I 298; 112 Ib 53; 116 Ib 417; 117 Ib 320; RB 1985 Nr. 103.
697 Die sich entgegenstehenden Interessen können private und öffentliche wie auch ausschliesslich öffentliche sein. Vgl. zum letzteren etwa Art. 22 Abs. 2 NHG und BGer 17. April 1985, ZBl 87/1986, 401. Ferner BGE 114 Ia 136 f. und Erziehungsdirektion Bern 5. Februar 1992, ZBl 93/1992, 284.
698 Grisel (Traité), 410; Knapp (Précis), N 1390; Gygi (Verwaltungsrecht), 86; BGE 95 I 548; 99 Ia 138; 107 Ia 216; 107 Ib 119; 114 Ib 193.
699 BGE 117 Ib 320 betreffend die Umwandlung einer Saison- in eine Jahresbewilligung für Ausländer.
700 Vgl. dazu Thürer (Willkürverbot), 520 f.; G. Müller, Kommentar BV, Art. 4 N 52 und 57; J.P. Müller (Grundrechte), 248 f. Vgl. auch den Ausweg des Bundesgerichts in BGE 116 Ib 417 und Pra 1992 Nr. 216. Dies zeigt etwa auch der Wortlaut von § 220 Abs. 2 des Zürcher PBG deutlich: «Ausnahmebewilligungen dürfen nicht gegen Sinn und Zweck der Vorschrift verstossen, von der sie befreien (...).». Umgekehrt liesse sich auch aus dem Blickwinkel des Willkürverbots sagen: Von einer Vorschrift kann (und soll) abgewichen werden, soweit dies Sinn und Zweck der Vorschrift gebieten.
701 Vgl. Fritz Gygi (Grundfragen), 129; RB 1981 Nr. 125.
702 Etwa die Vorschriften über den Gebäudeabstand oder die Geschosszahl.

I. Der verfassungsrechtliche Rahmen

noch keineswegs selbstverständlichen Weg der Lückenfüllung[703] nicht beschreiten möchte.

120. Die echte Ausnahmebewilligung weist noch einen weiteren Bezug zum Verfassungsrecht auf. Gesetze, die kein Abweichen von der starren Ordnung erlauben, können im Einzelfall dem Verhältnismässigkeitsprinzip und der Rechtsgleichheit zuwiderlaufen[704]; die Ausnahmebewilligung wird zur Pforte für die Verfeinerung allgemein gehaltener Bestimmungen[705]. Die Grenze des Dispositionsbereiches der Verwaltung liegt dort, wo im Ergebnis das Gesetz selbst geändert würde[706] oder wo die Auswirkungen einer Zulassung nur in einer umfassenderen planerischen Einbettung angemessen erfasst werden könnten[707]. Zumindest hinsichtlich des ersten Vorbehaltes gilt es, in Abweichung von der herrschenden Doktrin[708], zwei Fälle zu unterscheiden. Vorweg ist festzuhalten, dass eine Prüfung der Ausnahmesituation auch dort vorzunehmen ist, wo sich die Überlegungen zur Erteilung einer Aus-

---

703 Vgl. dazu Ernst Kramer, Analogie und Willkürverbot, in: Beiträge zur Methode des Rechts, St.Galler Festgabe zum Schweizerischen Juristentag 1981, Bern/Stuttgart 1981, 99 ff.; J.P. Müller (Grundrechte), 248 f.; Häfelin/Haller, N 118 ff.
Im Zivilrecht ist der Richter aufgrund von Art. 1 ZGB gehalten, den Besonderheiten eines Einzelfalls durch die Schaffung von Ausnahmeregelungen zur Vermeidung von Rechtsmissbräuchlichkeiten oder groben Unbilligkeiten Rechnung zu tragen, Arthur Meier-Hayoz, Berner Kommentar, Kommentar zum schweizerischen Privatrecht, Einleitung, Bern 1962, Art. 1 N 251 ff. Im öffentlichen Recht wird nach wie vor am Dogma des Verbots des Schliessens von unechten Lücken festgehalten, obschon es dem Willkürverbot zuwiderläuft, vgl. dazu kritisch Ulrich Häfelin, Zur Lückenfüllung im öffentlichen Recht, FS für Hans Nef, Zürich 1981, 93 und 100 ff. sowie Fritz Gygi, Vom Anfang und vom Ende der Rechtsfindung, recht 1983, 80 f., ferner Giovanni Biaggini, Verfassung und Richterrecht, Diss., Basel/Frankfurt a.M. 1991, 438 f.
704 Zimmerli (Verhältnismässigkeit), 50; Moor, Bd. I, 276; Vallender (Ausnahmen), 64; Maurer, § 9 N 55; Fries, 178; Augustin Macheret, La dérogation en droit public de la construction. Règle ou exception, in: Mélanges André Grisel, Neuchâtel 1983, 566; BGE 90 I 344; 106 Ia 32; 111 Ia 218 f.; 113 Ia 134; 115 Ia 211; 116 Ia 118 und 386; RB 1981 Nr. 125; 1985 Nr. 102; 1988 Nr. 74. Gleiches lässt sich aber wiederum aus dem Willkürverbot ableiten: Ungeeignete Gesetzesdurchsetzung ist zweck- und sinnlos, damit auch willkürlich, Thürer (Willkürverbot), 448. Das Bundesgericht hat am 7. Juli 1984 hinsichtlich der Frage, welche Bestandteile eine Wirtefachprüfung zu enthalten habe, festgehalten, der Gesetzgeber müsse nicht nach Lösungen suchen, die allen denkbaren Einzelfällen gerecht würden (ZBl 1985, 119). Diese Aussage erscheint vor dem Hintergrund der individualistisch ausgerichteten Grundsätze der Willkürfreiheit und Verhältnismässigkeit staatlichen Handelns problematisch, dies um so mehr, als die Lösung in der Form einer Ausnahmebewilligung leicht hätte gefunden werden können. Im übrigen ist es zweifelhaft, ob das zum Entscheid vorgelegene Führen eines Beherbergungsbetriebs ohne Abgabe von Speisen und Getränken wirklich nur ein «Einzelfall» ist. Vgl. zu dieser Problematik auch BGE 112 Ia 326.
705 Rhinow/Krähenmann, Nr. 37 B I.
706 BGE 107 Ia 216; 107 Ib 119; 112 Ib 53; VGer Bern 13. September 1982, BVR 1983, 67. Bezeichnend ist die folgende Auffassung: «Die rechtsanwendenden Behörden – Verwaltung wie Gerichte – müssen sich streng an den ihnen durch den Gesetzgeber vorgegebenen Rahmen halten. Rechtsfortbildung durch die Praxis ist nur in diesem abgesteckten Bereich statthaft.», RB 1985 Nr. 103.
707 BGE 117 Ib 278; 116 Ib 53 f., 139; 115 Ib 513; 114 Ib 315 ff.
708 Imboden/Rhinow, Nr. 37 B III b; RB 1963 Nr. 100; 1975 Nrn. 110 und 111.

nahmebewilligung für eine Vielzahl von Fällen anstellen liessen[709]. Hat der Gesetzgeber eine Regelung getroffen, die sich in der praktischen Handhabung über weite Bereiche als *willkürlich* erweisen soll, so hat der Gesetzesanwender ihr die Anwendung zu versagen und mittels Ausnahme für Korrektur zu sorgen, ungeachtet dessen, ob er damit gesetzesändernd wirkt oder nicht. Dem Gesetzesanwender können durch hohe Anforderungen an den Nachweis der Unzumutbarkeit Schranken gesetzt werden; eine allgemeinere Grenze zieht das Willkürverbot, das nur bei krassen Mängeln zur Anwendung gelangt[710]. Von der Ausnahmebewilligung soll jedoch dann Abstand genommen werden, wo der Gesetzgeber Instrumente oder Verfahren vorsieht, die einer Vielzahl von besonders gelagerten Fällen gerecht werden[711] oder wenn die Ausnahme eine umfassende Interessenabwägung im Sinn materieller Koordination bedingt[712]. Hält sich der Gesetzgeber jedenfalls innerhalb der weiten Schranken des Willkürverbots, so darf der Rechtsanwender auch bei Härten oder Sonderfällen den legislatorischen Grundentscheid nicht durch einen *Masseneinsatz* der Ausnahmebewilligung umstossen[713]; die «Kombination enger Kasuistik mit weiter Ausnahmekompetenz»[714] darf nicht zur Auflösung des Ordnungsgefüges führen[715]. Ebensowenig soll mit einer freizügig gehandhabten Ausnahmeerteilung ein anderweitiger, mit der Bewilligung nicht zusammenhängender Nachteil ausgeglichen werden[716].

---

709 Haller/Karlen, N 732 ff.; Fries, 179; RB 1981 Nr. 126.
710 Vgl. RB 1981 Nr. 126, der durch hohe Anforderungen an den Nachweis der Unzumutbarkeit Schranken setzen möchte. Die gleich hohen Anforderungen an die Dispensanwendung stellt auch das Willkürverbot, das sich auf krasse Gesetzesmängel beschränkt. Vgl. neuerdings BGE 116 Ia 118.
711 Etwa Sonderbauvorschriften oder Gestaltungspläne, die ein gesetzlich determiniertes Abweichen von der Regelbauweise erlauben. Vgl. RB 1985 Nr. 103.
712 Vgl. dazu etwa BGE 113 Ib 374; 114 Ib 315; 115 Ib 151; 116 Ib 54.
713 Vgl. etwa BGE 113 Ib 374; 115 Ib 151; RB 1990 Nr. 58. Ein bekanntes Beispiel findet sich in der Handhabung des Bundesgesetzes über den Erwerb von Grundstücken durch Personen im Ausland vom 16. Dezember 1983 (SR 211.412.41). Hier unterlaufen die touristisch ausgerichteten Kantone die Kontingentierung des Erwerbs von Ferienwohnungen nach Art. 11 durch eine grosszügige Ausnahmepraxis, BBl 1981 III 595.
714 Gygi (Grundfragen), 129. Vgl. auch Good-Weinberger, 34 ff.
715 Good-Weinberger, 34 ff. Zu beachten ist, dass eine bestimmte Ausnahmebewilligungspraxis bei gleichgelagerten Fällen Ansprüche auf Gleichbehandlung auslösen kann. Vgl. dazu Fleiner-Gerster (Grundzüge), § 22 N 14; Zimmerli (Ausnahmebewilligung), 33; Heiniger, 156 f.; Good-Weinberger, 45; BGE 99 Ia 470 ff.; 116 Ia 454; BGer 17. April 1985, ZBl 87/1986, 403; RB 1985 Nr. 99. Das Bundesgericht sieht sich allerdings nur dann gebunden, wenn die Ausnahmepraxis bundesrechtskonform ist, BGE 116 Ib 235; 117 Ib 270.
716 Vgl. RB 1975 Nr. 111.

I. Der verfassungsrechtliche Rahmen

3. ÖFFENTLICHES INTERESSE

a. Begriff und Inhalt

121. Öffentliches Interesse bildet einerseits in seiner – zumeist durch die Verfassung vorgegebenen, teils auch ungeschriebenen[717] – abstrahierten Form das Gegenstück zum privaten Interesse[718]. Anderseits ist es auch die Schnittsumme einer je nach Gegebenheit unterschiedlichen, inhaltlich qualifizierten, grösseren Zahl von Privatinteressen[719], deren Verfolgung aufgrund vorwiegend ausserrechtlicher Gegebenheiten[720] dem Staat auferlegt ist. Das öffentliche Interesse ist Motivation und Legitimation für jedes[721] staatliche Handeln wie auch dessen Bezugspunkt zur Verhältnismässigkeit[722]. Inhaltlich kann das öffentliche Interesse praktisch kaum definiert werden. Das hängt damit zusammen, dass es weitgehend von zeitlichen, sozialen und politischen Einflüssen bestimmt wird[723] und aufgrund der Vervielfachung der staatlichen Aufgabenbereiche heute nur noch undeutliche Konturen aufweist[724]. Bereits die klassischen «polizeilichen» Interessen lassen sich kaum noch vernünftig von den übrigen, «nicht-polizeilichen» öffentlichen Interessen abgrenzen[725].

---

717 Die polizeilichen Interessen finden keine ausdrückliche Grundlage in der Bundesverfassung, werden aber unbestrittenermassen aus der Achtung der öffentlichen Sicherheit und Ordnung abgeleitet. Vgl. dazu Gygi (Polizeibegriff), 306; BGE 102 Ia 544.
718 Moor, Bd. I, 333.
719 Häberle, 161; Moor, Bd. I, 343; Gygi (Polizeibegriff), 316; Grisel (Traité), 340. Vgl. BGE 104 Ia 476, wo die standesrechtlichen Gepflogenheiten als Ausdruck des öffentlichen Interesses an einem Werbeverbot gewertet wurden. Eine unkritische Identifizierung öffentlicher Interessen mit standespolitischen Ansichten ist abzulehnen, da diese oftmals im Kern sehr egoistische, strukturprotektionistische oder ordnungspolitische Ziele verfolgen, die nicht mit den Interessen des Publikums identisch sein müssen. Vielmehr ist die jeweilige Gepflogenheit den öffentlichen Interessen gegenüberzustellen und auf ihren Allgemeinnutzen hin zu untersuchen. Vgl. auch Bois, Kommentar BV, Art. 33 N 19.
720 Moor, Bd. I, 334.
721 Auch privatrechtliches Handeln des Staates oder die Wahrnehmung öffentlicher Aufgaben durch Subjekte des Privatrechts. Vgl. dazu BGE 109 Ib 155 und BGer 10. Juli 1986, ZBl 88/1987, 208. sowie Saladin (Grundrechtsprobleme), 72 ff.; Georg Müller, Zur Rechtsnatur der Vereinbarung über die Sorgfaltspflicht der Banken bei der Entgegennahme von Geldern und über die Handhabung des Bankgeheimnisses, SJZ 80/1984, 349 ff.
722 J.P. Müller (Elemente), 122.
723 BGE 106 Ia 271 f.
724 J.P. Müller (Elemente), 124 ff.; J.P. Müller, Kommentar BV, Einleitung zu den Grundrechten, N 128. Die Ausdehnung wurde durch das Aufkommen neuer Gefahrenlagen, eine zunehmende Technisierung, intensive und umweltbelastende Lebensführung und die Ausdehnung des staatlichen Vorsorge- und Leistungsbereiches stark begünstigt. Bezeichnend für diese Ausdehnung ist, dass die neuere Praxis etwa das Interesse des dienstleistungsorientierten Grossraumes Zürich an einer ausreichenden und sicheren Fernmeldeverbindung und das Interesse der Bevölkerung an Versorgung mit Fernsehen als gewichtig einstuft, BGE 115 Ia 138 ff.
725 Vgl. etwa Grisel (Traité), 599.

122. Öffentliches Interesse bindet und verpflichtet die staatliche Verwaltung[726]. Eingriffe in Grundrechtspositionen wie auch staatliche Leistungen, Förderungen, Leitziele und Programme müssen sich aus dem Blickwinkel des öffentlichen Interesses als tragfähig erweisen. So sollen Gesetzeslücken bei der konkreten Regelung der Konzession des öffentlichen Dienstes unter Achtung der Grundrechte und der öffentlichen Interessen gefüllt werden[727]. Die Universalität des Begriffs des öffentlichen Interesses bedingt zugleich dessen Einschränkung. Je nach Verwaltungssektor, der Art der öffentlichen Aufgabe, dem betroffenen Grundrecht und der Schwere des Eingriffs werden an Gehalt und Intensität des öffentlichen Interesses unterschiedliche Anforderungen gestellt[728]. Öffentliches Interesse besitzt eine weitere Dimension: Es dient in Einzelfällen auch der Aufteilung der Gesetzgebungszuständigkeiten zwischen Bund und Kantonen[729].

123. Öffentliches Interesse verpflichtet nicht nur die staatliche Verwaltung, sondern auch den privaten Konzessionär, teils auch den Bewilligungsträger[730], soweit diese staatliche Aufgaben übernehmen[731].

124. Ursprung und Nährboden der Theorie vom öffentlichen Interesse sind die *klassischen polizeilichen Interessen*, wie sie sich namentlich in der Polizeibewilligung niederschlagen. Sie dienen, so impliziert ihre Herkunft aus dem liberalen Rechtsdenken, der Gefahrenabwehr. Dass die Abwehr von Gefahren das einzige die Polizei von der sonstigen Verwaltungstätigkeit trennende Merkmal ist, wird zu Recht bezweifelt[732]. Nicht nur dass Gefahrenabwehr auch ausserhalb des Polizeirechts betrieben wird[733], ebensowenig erschöpft sich die polizeiliche Handlung in vielen Fällen in Abwehr: Sie verfolgt nicht selten – zuweilen sogar unter dem Deckmantel

---

726 Imboden/Rhinow, Nr. 57 B I d; BGE 94 I 548. Die Verpflichtung zum staatlichen Handeln ist allerdings nur in den seltensten Fällen justiziabel, sondern verpflichtet in aller Regel einzig den Gesetzgeber. Vgl. dazu Moor, Bd. I, 337.
727 BGE 111 Ib 60.
728 J.P. Müller, Kommentar BV, Einleitung zu den Grundrechten, N 133; Moor, Bd. I, 337.
729 So im Bereich der Wirtschaftsgesetzgebung und des Zivilrechts (Art. 6 ZGB). Vgl. dazu Gygi (Polizeibegriff), 308 f.
730 So kommt der Ausübung des Rechtsanwaltsberufs auch rechtspflegerische Funktion zu. Vgl. BGE 106 Ia 104 f.; 116 Ia 241; Wolffers, 37 f.
731 Dies wird insbesondere dort klar sichtbar, wo einem Konzessionär das Recht der Enteignung übertragen wird.
732 Gygi (Polizeibegriff), 313 ff.; Jost, 123 ff.
733 Nebst dem überzeugenden und mit Standhaftigkeit vertretenen Hinweis Gygis, wonach auch die Wirtschaftspolitik der Gefahrenabwehr dient, kann man auch auf das Recht der Monopole hinweisen. Ebenso verfolgen die als fiskalisch verstandenen Monopole wie Jagd und Fischerei traditionelle Anliegen des Natur- und Tierschutzes, die (überwiegend) als polizeiliche Aufgaben verstanden werden. Vgl. dazu etwa Jost, 36 f.

I. Der verfassungsrechtliche Rahmen

des Schutzes polizeilicher Güter[734] – gestaltende Anliegen. So ist die Baubewilligung, ein beliebtes Lehrbuchbeispiel einer Polizeibewilligung[735], in der heutigen Form Sammelbecken und Endpunkt von zahlreichen staatlichen Zielvorgaben[736], die weit über rein polizeiliche Anliegen hinaus das soziale Leben des Bauwilligen und dessen Umgebung regeln[737]. Ob nun als polizeilich oder anderswie qualifizierte öffentliche Interessen Gegenstand eines Bewilligungs- und Konzessionsverfahrens sind, ist in den meisten Fällen ohne Belang. Ausnahmen finden sich immerhin bei der Handels- und Gewerbefreiheit[738], wo kantonale Bewilligungen und (bestimmte) Konzessionen nicht zu wirtschaftspolitischen Zwecken eingesetzt werden dürfen. Erlaubt ist demnach die Verfolgung polizeilicher, seit dem Entscheid *Griessen*[739] auch sozialpolitischer und anderer Interessen.

---

734   Ein aufschlussreiches Beispiel: Die auf Art. 32^{quater} BV (bzw. dessen Vorläufer, Art. 32bis und 31 lit. c BV) gestützte Bedürfnisklausel für Alkoholwirtschaften dient nach herrschender Ansicht und dem vom Verfassungsgeber angeführten Motiven der Bekämpfung des Alkoholismus. Wie die Entstehungsgeschichte dieser Bestimmung aber aufzeigt, ging es im wesentlichen weniger um die Eindämmung des Alkoholismus als um die staatlich gelenkte Bereinigung des nach der Lockerung früherer Restriktionen überbordenden Wettbewerbes im Gastwirtschaftswesen. Vgl. dazu Mangisch, 67 ff. und 162 ff. sowie Jost, 101. Ein weiteres Beispiel findet sich im Ausverkaufswesen, das weit mehr als den «ahnungslosen» Käufer das mittelständische Gewerbe schützt. Vgl. dazu Jost, 42.

735   Statt vieler: Häfelin/Müller, N 1959. Ein weiteres Beispiel ist die forstpolizeiliche Bewilligung, die nebst polizeilichen Anliegen auch die nutz- und wohlfahrtsrechtlichen Aspekte beachten soll. Vgl. dazu etwa BGer 18. Februar 1987, ZBl 88/1987, 500.

736   Hierzu einige Stichworte: Raum- und Nutzungsplanung, Ortsbildschutz, Erschliessung, Versorgung, Lenkung der Wohnstruktur (Wohnanteilsplan) und Umweltschutz (Art. 9 USG). Vgl. dazu BGE 99 Ia 35 ff.; 112 Ia 65 ff.; 113 Ia 132 ff.; 117 Ia 143 f.

737   So spricht Gygi (Verwaltungsrecht), 168 von einer gemischt polizeilich-planungsrechtlichen Bewilligung. Ebenso H. Huber (Baupolizeirecht), 70; Haller/Karlen, N 540; Barblan, 28 ff. Zuweilen wird auch der Begriff der polizeilichen Gefahrenabwehr recht stark strapaziert. So erscheint die Unterstellung der Bauästhetik unter die Polizeigüter, zumindest soweit der Bereich des Heimat- und Naturschutzes verlassen wird, gekünstelt; tatsächlich handelt es sich um staatliche Einflussnahme auf bauliche und architektonische Kultur. So auch BGE 108 Ia 147, der hier von gesellschafts-politischer Bedeutsamkeit spricht. Vgl. dazu die Kritik von Jean-François Aubert, Quelques mots sur la garantie de la propriété foncière, ZBGR 43/1962, 14 sowie Lyk, 7, ferner Yvo Hangartner, Besonderheiten der Eigentumsgarantie, in: FS für Dietrich Schindler, Basel/Frankfurt a.M. 1989, 716.

738   Eine gewisse Bedeutung spielen polizeiliche Interessen zudem im Recht der Enteignung, wo polizeilich motivierte Einschränkungen für die Frage der Entschädigungspflicht von Interesse sind. Vgl. dazu Weber-Dürler (Grundsatz), passim.

739   BGE 97 I 504 ff. Soziale und sozialpolitische Interessen konnten bereits vor dem Entscheid Griessen mittels Polizeibewilligung und -konzession durchgesetzt werden, nur geschah dies auf dem Weg einer extensiven Auslegung des Begriffs «Polizei». Vgl. dazu etwa Saladin (Grundrechte), XLII f.; Gygi (Verwaltungsrecht), 170 f.; Rhinow, Kommentar BV, Art. 31 N 198.

§ 5 *Strukturmerkmale - ein Versuch der Systematisierung*

b. *Öffentliches Interesse, Monopole und Bewilligungspflichten*

125. Monopole dienen und folgen öffentlichen Interessen, wobei mit der Monopolisierung auch die Art der Wahrnehmung festgelegt wird. Wird das Monopol mittels Konzession (oder Bewilligung) Dritten zur Ausübung übertragen, so muss auch die *Übertragung* durch ein öffentliches Interesse gedeckt sein. Dabei gilt es zu beachten, dass sich der Dritte (Private wie auch Gemeinwesen) gleichermassen wie der Staat zur Aufgabenerfüllung eignet[740] und der Zweck der Monopolisierung nicht vereitelt wird.

126. Die hinter der Monopolisierung stehenden öffentlichen Anliegen können einem *Wandel* unterliegen, ohne dass damit das Monopol hinfällig würde[741]; vorausgesetzt wird allerdings, dass das öffentliche Interesse am Monopol nicht gänzlich schwindet[742]. Allgemein wird[743] zwischen sozialpolitisch (wohlfahrtsstaatlich) motivierten Monopolen[744], wirtschaftspolitischen Lenkungs- und Kontrollmonopolen[745], polizeilichen[746] und fiskalischen[747] Monopolen unterschieden. Häufig vereint

---

740 Bundesamt für Justiz 30. Oktober 1986, VPB 1988 Nr. 6.

741 So hat das Pulvermonopol seinen gemischt fiskalisch-sicherheitspolitischen- und polizeilichen Zweck verloren in Richtung protektionistisch-polizeilicher Anliegen wie auch das Alkoholmonopol seit seiner Einführung mit fiskalischen, sozialpolitischen und wirtschaftspolitischen Zielen angereichert wurde. Vgl. Sutter-Somm (Monopol), 74 f. und 78 f.

742 Es gilt jeweils zu prüfen, ob öffentliches Interesse an der *Monopolisierung* der Tätigkeit besteht und der gleiche Zweck nicht mittels anderer Kontrollmassnahmen erreicht werden kann (Bewilligung, Anzeige, Berichterstattung usf.). Tatsächlich ist festzustellen, dass Monopole eher errichtet denn aufgegeben werden, auch wenn sie ihre Daseinsberechtigung verloren haben. Vgl. auch BGE 95 I 148 und Sutter-Somm (Monopol), 164.

743 Vgl. zum nachfolgenden Sutter-Somm (Monopol), 48, 65 ff. und 110 ff.; Ruey, 99, 210 f., 268 ff., 318 ff., 363 ff. und 390 f.

744 *Bund:* Post-, Telefon- und Telegrafenwesen (Art. 36 BV); Eisenbahnwesen (Art. 26 BV); Luftschiffahrt (Art. 37ter BV); Alkoholwesen (Art. 32bis Abs. 2 und 9 BV). Ob der Bund gestützt auf Art. 31bis Abs. 2 BV weitere sozialpolitisch orientierte Monopole einführen kann, ist nicht gänzlich geklärt, Rhinow, Kommentar BV, Art. 31bis N 52 und Ruey, 201 ff. und 221. *Kantone:* Wasser-, Gas- und Stromversorgung sowie Schulunfall- und Gebäudeversicherung. Vgl. hierzu Sutter-Somm (Monopol), 162 ff.

745 *Bund:* Import von Brotgetreide, Futtermitteln und Butter, Sutter-Somm (Monopol), 89 ff. Nur das Backmehleinfuhrmonopol kennt in Art. 23bis Abs. 3 BV eine ausdrückliche Grundlage in der Bundesverfassung. *Kantone* dürfen keine grundsatzwidrig (wirtschaftspolitisch) motivierten Monopole einführen.

746 Polizeiliche Anliegen verfolgen im *Bund* das Eisenbahn- und Luftschiffahrtsmonopol, das Pulverregal wie auch das Alkoholmonopol. Weitere Polizeimonopole könnte der Bund nach umstrittener Ansicht auch aufgrund von Art. 31bis Abs. 2 BV einführen. *Kantone:* Kaminfegertätigkeit (BGE 96 I 204; 109 Ia 193); Kehrichtabfuhr (BGer 21. März 1979, ZBl 80/1979, 301 ff.); Autoabbruch (BGer 2. Juni 1976, ZBl 78/1977, 30; Regierungsrat Aargau 11. Februar 1981, ZBl 82/1981, 172 ff.); Rebeneinfuhr (BGE 91 I 182 ff.); Bestattungs- und Friedhofswesen (BGE 82 I 217 ff.); Schlachthausbetrieb (BGE 41 I 252 ff.); Hebammentätigkeit (BGE 59 I 181 ff.); Plakatanschlag (BGE 100 Ia 450 f.); Kirschfliegenbekämpfung (BGer 2. Dezember 1959, ZBl 61/1960, 161 ff.) und Wasserversorgung (BGE 102 Ia 400 f.). An einem Hausinstallationsmonopol besteht nur un-

I. Der verfassungsrechtliche Rahmen

ein einziges Monopol mehrere öffentliche Interessen[748]. Mit den öffentlichen Interessen wechseln auch die Anforderungen an die Rechtsgrundlage des Monopols. Fiskalische und wirtschaftspolitische Monopole finden noch regelmässig eine verfassungsrechtliche Grundlage, Polizeimonopole ein aus föderalistischen Gründen wohlgesonnenes Bundesgericht[749]. Weitaus unsicherer ist jedoch das Rechtsfundament der tatsächlichen, auf der Benützung öffentlichen Grundes beruhenden Versorgungsmonopole, deren als sozialpolitisch verstandener Wirkungsbereich oft über die reine Bodennutzung hinaus in den Privatbereich ausgedehnt wird. Diese Ausdehnung soll damit gerechtfertigt werden, dass nur eine umfassende, vollständige und möglichst weitreichende Monopolisierung eine preiswerte Versorgung der Bevölkerung ermöglicht[750]. Hinter dieser Begründung verbergen sich im Grunde genommen die Monopolisierung ausschliessende[751] fiskalische Anliegen[752], indem sich der Versorgungsbetrieb zusätzliche Beschäftigungs- und Einnahmebereiche verschafft[753], um Sozialpolitik betreiben zu können. Fiskalpolitik wird betrieben, wenn das Versorgungsmonopol durch konzessionierte Dritte ausgeübt wird, die zur Gewinnerzielung und -ablieferung an das Gemeinwesen verpflichtet sind[754]. Fiskalische Beweggründe im Hintergrund sind zu vermuten, wenn die Monopolisierung mit einem unzumutbaren administrativen Aufwand begründet wird[755]. Die

---

ter besonderen Umständen ein öffentliches Interesse. Vgl. dazu J.P. Müller (Grundrechte), 375 Fn. 119 und BGE 95 I 144 ff.; BGer 2. April 1982, ZBl 84/1983, 360 ff.; BGer 29. April 1983, ZBl 85/1984, 123 ff.

747 *Bund:* Post-, Telefon- und Telegrafenmonopol; Pulvermonopol und Alkoholmonopol. *Kantone:* historische Regalrechte aufgrund von Art. 31 Abs. 2 BV. Vgl. etwa zum Jagdregal BGE 119 Ia 123 ff.

748 Marti, 212; Ruey, 115.

749 Das Bundesgericht bejaht äusserst selten die Verfassungswidrigkeit eines kantonalen Polizeimonopols. Vgl. dazu den Überblick bei Ruey, 282 Fn. 141; Reinhard, 16; ferner Grisel (monopoles), 412; Hotz, 100; Zimmerli (Verhältnismässigkeit), 58 f.; BGE 101 Ia 128 und RB 1979 Nr. 107 = ZBl 80/1979, 224 ff.

750 BGE 95 I 151 f.; 101 Ia 24 ff.; Bundesrat 6. März 1978, VPB 1978 Nr. 61; kritisch hierzu Sutter-Somm (Monopol), 164; Ruey, 319 f. und Hotz, 127 f. Sutter-Somm (Monopol), 164 verweist das Gemeinwesen auf Subventionen und Preiskontrollen, die als *mildere* Massnahmen das Monopol ersetzen helfen. Vgl. demgegenüber Kilchenmann, 24.

751 Grisel (Traité), 203; Knapp (Précis), N 542; Rhinow, Kommentar BV, Art. 31 N 201; Ruey, 348 f.; BGE 95 I 150 f.; 96 I 207; 100 Ia 451; 101 Ia 129.

752 Gl. M. Saladin (Grundrechte), 258.

753 Was das Bundesgericht aber in BGE 95 I 150 *ausdrücklich* bestreitet, was allein schon zur Vorsicht mahnt!

754 Marti, 172; Weltert, 243 ff. Es verhält sich nicht anders, wenn der Staat eine Tätigkeit aufgrund seiner Sachherrschaft faktisch monopolisiert und dieses Monopol direkt durch eine Anstalt oder indirekt durch die Erteilung einer Konzession fiskalisch nutzt.

755 Zimmerli (Verhältnismässigkeit), 58; Schürmann (Wirtschaftsverwaltungsrecht), 64; Weber-Dürler (Verwaltungsökonomie), 208; Sutter-Somm (Monopol), 154; VGer Zürich 31. März 1978, ZBl 80/1979, 224 ff. In BGE 101 Ia 128 erblickt das Bundesgericht in der Erleichterung der Kontrolle hingen einen zulässigen Grund für die Monopolisierung der Schülerversicherung, in 100 Ia 451

Tarnung der fiskalischen Beweggründe kann zuweilen absonderliche Formen annehmen[756]: Behält sich das Gemeinwesen in der Wassernutzungskonzession das Recht vor, vom Konzessionär Strom zu Vorzugspreisen zum Zweck des Weiterverkaufs zu beziehen, so soll es auch die faktische Monopolisierung der Stromverteilung rechtfertigen können. Das öffentliche Interesse wird darin gesehen, dass das Gemeinwesen nur auf diesem Weg Profit aus der vertraglich zugesicherten Vorzugslieferung ziehen könne, da es sonst dem Preiswettbewerb ausgesetzt wäre. Allfällige Ausfälle – bedingt wohl durch eine unüberlegte Ausgestaltung der Abnahmebedingungen in der Konzessionsabrede – müssten in diesem Fall «auf dem Steuerwege» (!) ausgeglichen werden.

127. Wie gesehen sind fiskalisch motivierte kantonale oder kommunale Monopole ausserhalb der historischen Regalrechte – zumindest der Theorie nach – ausgeschlossen. Bereits die Frage, ob eine bestimmte Monopolisierung (auch) fiskalische Anliegen verfolgt, ist schwierig zu entscheiden. Ungleich komplizierter wird der Entscheid, wo Verdacht besteht, das Gemeinwesen erschliesse unter dem Deckmantel polizeilicher oder wohlfahrtsstaatlicher Interessen neue Einnahmequellen. Dabei gilt es, nicht nur die Intention des Gesetzgebers[757] zu ermitteln, sondern sich auch der tatsächlichen Umsetzung und Anwendung des Monopols zuzuwenden[758]. Dieser Vorgang ist wichtig und unentbehrlich; er wird jedoch mühsam, wenn das Monopol mehrere Ziele zugleich verfolgt oder sich die Zwecksetzung im Lauf der Zeit verändert hat.

128. Die *Bewilligungspflicht* darf gleichfalls nur bei Vorhandensein eines öffentlichen Interesses eingeführt und unter dessen Prämisse gehandhabt werden, wobei sich die damit verbundenen öffentlichen Anliegen grundsätzlich nicht von der Monopolisierung und Konzessionierung unterscheiden. Soweit es hingegen gilt, einen übermässigen Verwaltungsaufwand einzuschränken, besteht bei der Bewilligungserteilung eine restriktivere Tendenz zulasten des Zulassungssuchenden[759]. Bei unüberwindbaren beziehungsweise finanziell oder personell schwer lösbaren Über-

---

ein (zusätzliches) Motiv für ein Plakatmonopol. Im übrigen gilt die Einsparung von öffentlichen Mitteln als öffentliches Interesse. Vgl. dazu Knapp (Précis), N 542; BGE 101 Ia 447; 104 Ib 42.

756 Vgl. dazu PVG 1979 Nr. 65.
757 Auch hier besteht die Aufgabe darin, die tatsächlichen gesetzgeberischen Motive aufzudecken. Vgl. dazu David Jenny, Der Einfluss des Rechtssetzers auf das weitere Schicksal seiner Erlasse: Bemerkung zur subjektiv-historischen Auslegung, in: Das Parlament – «Oberste Gewalt des Bundes»?, hrsg. von den Parlamentsdiensten, Bern/Stuttgart 1991, 140; Rhinow, Kommentar BV, Art. 31 N 206. Anderer Ansicht ist Knapp (limites), 265.
758 Marti, 172; Ruey, 117.
759 Eine Ausnahme bilden die Grundrechte, die sich einer präventiven Kontrolle grundsätzlich entziehen, wie etwa die Pressefreiheit, Meinungsäusserungsfreiheit oder Religionsfreiheit. Vgl. dazu BGE 107 Ia 297 ff. und nachfolgend N 153.

I. Der verfassungsrechtliche Rahmen

wachungsaufgaben darf die Erteilung einer Bewilligung verweigert werden[760]. Hingegen rechtfertigt eine lediglich erschwerte Kontrollmöglichkeit keine schwerwiegenden Grundrechtseinschränkungen[761]. Richtigerweise sollte die Frage der Bewilligungsverweigerung nicht mittels des – hier an sich zweifelhaften – öffentlichen Interesses gelöst werden, sondern auf der Ebene der Verhältnismässigkeit[762]. Wenn der Bewilligungszweck zu unterlaufen werden droht und weder eine staatliche Kontrolle noch Auflagen es verhindern können, darf die Erteilung verweigert werden[763]. Näher betrachtet ist das Argument der finanziellen Schwierigkeiten belanglos, soweit diese durch eine erhöhte Kontrollgebühr ausgeglichen werden können.

129. Öffentliches Interesse gilt *subsidiär*[764]: Werden öffentliche Interessen durch Private genügend abgedeckt, ist der Staat zur Zurückhaltung aufgefordert. Tatsächlich ist zu beobachten, dass manche der Monopole[765] ebenso wie die wirtschaftspolitischen Bewilligungen erst aus Markterschütterungen und -versagen heraus entstanden sind[766]. Ausnahmen bestehen bei den verfassungsrechtlich festgelegten Fiskalmonopolen wie auch bei der präventiven Gefahrenabwehr (Polizeibewilligung)[767]. Aus dem Grundsatz der Subsidiarität lässt sich auch die Forderung ableiten, dass die staatlich vereinnahmte Verfolgung öffentlicher Interessen, soweit als möglich und mit dem öffentlichen Interesse vereinbar, auf private Strukturen und Ressourcen zurückgreifen soll. Dabei wird vorausgesetzt, dass damit keine Schmälerung der grundrechtlichen und verfahrensrechtlichen Position der Privaten verbunden ist. Die Subsidiaritätsregel wird in der Praxis – hier vor allem bei den Versorgungsmonopolen – gerne durchbrochen, indem dem Monopol auch Randbereiche unterworfen werden, die an sich dem Privatverkehr überlassen werden könnten[768]. Die Subsidiaritätsregel soll auch in einem weiteren Sinn verstanden werden: Nach dem Übermassverbot soll das private Interesse möglichst geschont werden[769]. Das führt dazu, dass private Interessen durch den Gesetzgeber näher und klarer zu definieren

---

760 BGE 99 Ia 398; 101 Ia 345; RB 1975 Nr. 100 und 116; 1980 Nr. 91; Imboden/Rhinow, Nr. 58 B IV b; Weber-Dürler (Verwaltungsökonomie), 206 ff.; Rhinow/Krähenmann, Nr. 57 B III d; Rhinow, Kommentar BV, Art. 31 N 200. Vgl. zur Praktikabilität und den Teilbewilligungen BGE 116 Ia 124 f.
761 Vgl. BGE 113 Ia 42 zum Verbot, eine zweite Zahnarztpraxis zu führen.
762 Vgl. etwa BGE 117 Ia 451 f.
763 Weber-Dürler (Verwaltungsökonomie), 206; Schaffhauser (Grundriss), 102.
764 Grisel (Traité), 341; Knapp (Précis), N 135; Saladin (Grundrechte), 357 f.; Rhinow, Kommentar BV, Art. 31 N 61; Hotz, 49 ff.; Ruey, 213. Zum Subsidiaritätsprinzip im Wirtschaftsverwaltungsrecht vgl. Gygi (Wirtschaftsverfassungsrecht), 154 f.; Marti, 143 f.
765 Insbesondere das Eisenbahnmonopol.
766 Krähenmann, 174.
767 Gygi (Wirtschaftsverfassungsrecht), 82 f.
768 Vgl. dazu Sutter-Somm (Monopol), 164.
769 Häberle, 160.

sind und grösseres Gewicht auf einen schonungsvollen Einsatz der Zulassungsformen zu setzen ist[770].

130. Ein Abweichen von der Bindung an das öffentliche Interesse wird dort vermutet, wo vorerst ein Polizeimonopol errichtet, dessen Ausübung aber in der Folge Privaten mittels Konzession überlassen wird[771]. Tatsächlich erscheint es widersprüchlich, zunächst eine Tätigkeit vollumfänglich dem Privatbereich entziehen zu wollen, um die Ausübung anschliessend konzessionierten Privaten zu überlassen. Hieraus wird denn auch gefolgert, es würde genügen, den betroffenen Bereich einer Bewilligungspflicht zu unterstellen. Der Widerspruch löst sich scheinbar auf, wenn man die instrumentale Seite von Konzession und Bewilligung vergleicht: Im Gegensatz zur Bewilligung lässt die Konzession bei der Verfolgung polizeilicher Anliegen dem Staat weit mehr Gestaltungsspielraum, insbesondere was die Zulassungszahl betrifft. Da eine polizeilich motivierte, auf einer Bedürfnisklausel aufbauende Bewilligungspflicht der herrschenden Ansicht[772] nach verboten[773] ist, entsteht zwischen dem Anspruch auf Erteilung einer Polizeibewilligung und dem völligen Ausschluss privater Betätigung durch ein Polizeimonopol eine erhebliche rechtsgestaltende Lücke. Die Lückenfüllung mittels Monopolisierung mit anschliessender Konzessionserteilung an eine geschlossene Zahl Dritter wird von einem Teil der Lehre[774] als zulässig erklärt. Ihre Begründung liegt darin, dass der Staat, dem es zustehe, eine Tätigkeit selbst auszuüben oder einer Bewilligung zu unterstellen, auch den Mittelweg der Konzessionierung soll beschreiten können. Die instrumentale Sicht offenbart aber das tatsächliche Hindernis. Wird nämlich mit der Konzessionierung die Zulassungszahl gesteuert, so wird zugleich das Verbot der Bedürfnisklausel seinem Wesen nach umgangen[775]; dieses schliesst es aus, dass der Zugang zu einer Berufs-

---

770 Häberle, 160 f.
771 Kritisch dazu Imboden/Rhinow, Nr. 133 B II; Burckhardt (Kommentar), 232; Saladin (Grundrechte), 258 f.; Zimmerli (Verhältnismässigkeit), 59; Reinhard, 17. Die Rechtsprechung bejaht ungeachtet der Kritik die Zulässigkeit der Polizeimonopolkonzession, vgl. dazu Rhinow/Krähenmann, Nr. 133 B II.
772 Marti, 53; Saladin (Grundrechte), 244 f.; Häfelin/Haller, N 1415; Rhinow, Kommentar BV, Art. 31 N 167; Lyk, 18; Mangisch, 35 und 148 f.; BGE 103 Ia 401; 107 Ia 342. Anderer Ansicht ist Richli (Wirtschaftspolitik), 9 und 11; Zenger, 79 und 374 f., der nur strukturpolitisch motivierte Bedürfnisklauseln verbieten möchte.
773 Eine Ausnahme bildet die Bedürfnisklausel für Alkoholwirtschaften nach Art. 32^{quater} Abs. 1 BV. Auch die Bedürfnisprüfung für die Rahmenbewilligung zur Erstellung und Betrieb einer Atomanlage verfolgt u.a. polizeiliche Ziele, Schoch, 98. Nach Rausch (Atomenergierecht), 67 f. handelt es sich um eine gemischte Bewilligung, wobei die Bedarfsfrage offenbar der Wirtschaftspolitik zuzurechnen ist. Zu den weiteren Fällen vgl. Lyk, 19 sowie Richli (Energiepolitik), 11.
774 Schürmann (Wirtschaftsverwaltungsrecht), 63; Richli (Energiepolitik), 11; Sutter-Somm (Monopol), 20.
775 Hans Marti, Handels- und Gewerbefreiheit nach den neuen Wirtschaftsartikeln, Bern 1950, 230 f.; Aubert (Traité), N 1956; a. A. Degiacomi, 138. Vgl. auch Moor, Bd. III, 379 zur Aufsichtskonzession. Deutlich in BGer 2. Juni 1976, ZBl 78/1977, 36: hinsichtlich der Monopolisierung von

I. Der verfassungsrechtliche Rahmen

tätigkeit aus polizeilichen Gründen zahlenmässig eingeschränkt wird[776]. Bejaht man jedoch die Zulässigkeit der polizeilich motivierten Steuerung der Zahl der Zugelassenen, so muss man auch die polizeilich begründete Konzessionierung zulassen[777].

c. Interessenabwägung und -koordination

131. Öffentliches Interesse soll ein ihm entgegenstehendes privates Interesse überwiegen[778]. Die Güterabwägung steht in enger Berührung mit dem Aspekt der Verhältnismässigkeit[779], da sich jedes staatliche Handeln der Prüfung der Eignung und Erforderlichkeit mit Blick auf die Erreichung des öffentlichen Interesses unterziehen muss[780]; umgekehrt ist zu beachten, dass eine den angestrebten Zweck überschreitende oder verfehlende Massnahme durch kein öffentliches Interesse gedeckt wird[781]. Das gelangt dort zum Ausdruck, wo es um geringfügige Verletzungen der Bewilligungs- oder Konzessionspflicht bzw. der erlaubten Vorhaben geht[782]. In solchen Fällen wird ein Untersagen der rechtswidrigen Betätigung oder die Wieder-

---

Altauto-Sammelplätzen: «Das soll dadurch geschehen, dass statt der rund 430 vorhandenen Ablagerungen bloss ein nach Massgabe des Bedürfnisses auszugestaltendes Netz von regionalen Sammelstellen (...) zugelassen wird (...).»

776 Burckhardt (Kommentar), 233 f.; Fleiner/Giacometti, 285; Marti, 53 und 133; Mangisch, 36; Lyk, 18. Aus polizeilichen Gründen darf die Tätigkeit inhaltlich geregelt werden. Ausgeschlossen ist nach herrschender Ansicht die zahlenmässige Beschränkung des Zugangs, da es dem Bewilligungssuchenden dadurch verwehrt wäre, die Bewilligungserteilung aus eigener Kraft zu erreichen. Vgl. dazu nachfolgend N 215.

777 Vgl. dazu meinen Aufsatz «Bedürfnis und Bedürfnisklauseln im Wirtschaftsverwaltungsrecht», Festschrift zum Schweizerischen Juristentag 1994, Zürich 1994 (im Erscheinen) sowie die Ausführungen bei N 215.

778 Zur Methode und Sinn der Güterabwägung vgl. Ulrich Häfelin, Wertung und Interessenabwägung in der richterlichen Rechtsfindung, in: FS für Dietrich Schindler, Basel/Frankfurt a.M. 1989, 585 ff.

779 Methodisch besteht überhaupt wenig Klarheit, ob die Güterabwägung bei der Frage der Verhältnismässigkeit oder im Rahmen des öffentlichen Interesses zu behandeln ist. Vgl. dazu J.P. Müller (Elemente), 121.

780 Daraus folgt, dass die Güterabwägung überall dort vorzunehmen ist, wo dem Gesetzgeber bzw. der vollziehenden Behörde ein Abwägungsspielraum offensteht. Die Ansicht von Zimmerli (Verhältnismässigkeit), 58, wonach bei kantonalen Polizeimonopolen eine Güterabwägung nicht vorgenommen werden könne, da diese als rechtliche Monopole Ausnahmen von der Handels- und Gewerbefreiheit bildeten, ist formalistisch und trägt den Anliegen und Möglichkeiten der Interessenabwägung zu wenig Rechnung. Stehen einem Polizeimonopol es übersteigende private Interessen entgegen, so soll solange nach milderen Mitteln (Bewilligung) gesucht werden, bis eine Konkordanz zwischen öffentlichen und privaten Interessen erzielt wird. Anders verhält es sich dort, wo die Bundesverfassung ein (polizeiliches) Monopol direkt errichtet. Gleicher Ansicht auch Ruey, 278 f.

781 J.P. Müller (Elemente), 123.

782 Z.B. BGE 104 Ib 303; RB 1973 Nr. 70; 1978 Nr. 114; 1980 Nr. 129. Auch der Bösgläubige kann sich auf das Verhältnismässigkeitsprinzip berufen, BGE 104 Ib 77; 108 Ia 218; BGer 15. März 1978, ZBl 79/1978, 393. Zur Rolle des bösen und guten Glaubens bei der Güterabwägung vgl. Mäder, 344.

herstellung des bewilligten Zustandes kaum erforderlich sein, um öffentliche Interessen zu wahren.

132. Die Güterabwägung ist primär «Aufgabe der Gesetzgebung»[783], was aber nicht heisst, dass das Gesetz eine Güterabwägung im Einzelfall verunmöglichen darf. Die bewilligungserteilende Behörde soll bei überwiegenden privaten Interessen die Möglichkeit haben, die Bewilligung auch dort zu erteilen, wo der Gesetzgeber eine Verweigerung als Regelfall ansieht[784]. Die Zulassungsbehörde ist in gleichem Sinn gebunden: Sie soll die Interessenabwägung nicht dadurch erschweren, dass sie – ohne gesetzlichen Rückhalt – vorweg ein öffentliches Interesse als besonders gewichtig ansieht[785]. Die Güterabwägung ist nicht nur beim Aufstellen des Bewilligungserfordernisses vorzunehmen, sondern auch dann, wenn in bestehende, rechtlich gefestigte Bewilligungs- und Konzessionsverhältnisse eingegriffen wird[786]. Dabei ist zu beachten, dass bei derartigen Eingriffen in aller Regel das mit dem Vertrauensschutz widerstreitende Legalitätsprinzip das öffentliche Interesse absorbiert.

133. *Drittinteressen* sind in die Güterabwägung miteinzubeziehen, wenn es um die Benützung öffentlichen Grundes geht, eine private Interessen berührende Ausnahmebewilligung[787] erteilt werden soll oder das Gesetz auf die Bedürfnissituation abstellt[788]. Eine verstärkte Stellung erfahren die sich um die politische und ideelle Betätigung gruppierenden privaten (Grundrechts-) Interessen[789], deren Verwirklichung auf die Benützung öffentlichen Grundes angewiesen ist. Der bedingte, in einem Minimalrahmen unaufhebbare Anspruch auf die Benützung öffentlichen

---

783 J.P. Müller (Elemente), 120.
784 BGE 113 Ia 132 ff.; BGer 18. Juni 1993, ZBl 95/1994, 33 ff., ferner 114 Ia 137 f. Die Güterabwägung wird durch die Möglichkeit der Erteilung von Ausnahmebewilligungen oder durch «Kann-Vorschriften» ermöglicht. Vgl. auch H.P. Moser, 416.
785 BGer 6. Februar 1992, ZBl 94/1993, 182 f.
786 Die Güterabwägung knüpft bei Konzessionsverhältnissen an die Figur der «wohlerworbenen Rechte» an, bei den Bewilligungen an den Vertrauensschutz oder Art. 4 BV. Diese Differenzierung mit Folgen für die Entschädigungsregelung wird in Frage gestellt. Vgl. dazu Weber-Dürler (Vertrauensschutz), 65 ff.; Kölz (Verwaltungsrecht), 181; Gygi (Verwaltungsrecht), 205 und hinten, N 169. In die Güterabwägung können auch intertemporalrechtliche Überlegungen einfliessen, vgl. dazu BGE 103 Ia 275; 106 Ia 195 und 260. Kölz (Verwaltungsrecht), 130 ff. verwirft das Vorgehen des Bundesgerichts, welches hier den Grundsatz der Verhältnismässigkeit beizog. Eine nähere Analyse der Entscheide bestätigt die Kritik, zeigt aber auch auf, dass das Bundesgericht – dogmatisch umstritten – unter dem Titel der Verhältnismässigkeit eine Interessenabwägung vornahm.
787 Good-Weinberger, 39 f. Es ist anderseits möglich, dass eine Ausnahmebewilligung nur dann erteilt wird, wenn öffentliche Interessen dies erfordern, wobei private Interessen nicht in die Güterabwägung einbezogen werden dürfen. Vgl. etwa Art. 22 Abs. 2 NHG und BGer 17. April 1985, ZBl 87/1986, 401.
788 So bei der Konzessionierung von Luftseilbahnen, Pfenninger, 106 ff.
789 Saladin (Grundrechte), XXIII; J.P. Müller (Grundrechte), 196 ff.; BGE 100 Ia 402 ff.; 105 Ia 94 f.

I. Der verfassungsrechtliche Rahmen

Grundes reduziert die Bedeutung der öffentlichen Interessen und präjudiziert zugleich den Abwägungsvorgang[790]. Anders ist eine Güterabwägung nach herrschender Ansicht entbehrlich, wenn private Interessen nicht Gegenstand des behördlichen Entscheids sind. So verhält es sich bei Konzessionen, auf deren Erteilung kein Anspruch besteht. Die gesetzliche Umschreibung der öffentlichen Interessen, die bei der Konzessionserteilung nicht verletzt werden dürfen, verpflichtet den Konzedenten weder zu einer Güterabwägung[791] noch ist es ihm verwehrt, strengere Anforderungen an die Achtung des öffentlichen Interesses zu stellen[792]. Hierzu gilt es zwei Vorbehalte anzubringen: Schranken ergeben sich aus dem Gebot der Willkürfreiheit und der rechtsgleichen Behandlung[793], wobei auf diesem Umweg wiederum private Interessen Eingang in den Entscheid finden[794]. Zu einer Interessenabwägung ist der Konzedent aber auch dort gezwungen, wo die Konzessionserteilung im öffentlichen Interesse liegt[795].

134. Öffentliches Interesse wird nicht nur dem privaten gegenübergestellt, vielmehr können auch mehrere, teils gleichgeordnete öffentliche Interessen untereinander kollidieren, ohne dass private Interessen hiervon betroffen wären. Die Kollision kann sich zum einen direkt aus der gesetzlichen Umschreibung der Erteilungsvoraussetzungen ergeben, die allgemeine oder näher definierte, entgegenstehende öffentliche Interessen zu Verweigerungsgründen erheben[796].

---

790 Saxer, 282 und 296; BGE 100 Ia 402 ff. Aus diesem Grund ist eine Anzeige- bzw. Anmeldepflicht der Bewilligung zur Benützung öffentlichen Grundes vorzuziehen, da eine als *Alternative* zum Bewilligungsverfahren verstandene Anzeige- bzw. Anmeldepflicht die Interessenabwägung auf gesetzlicher Stufe vorwegnimmt.

791 Eine Güterabwägung muss hingegen wiederum dort vorgenommen werden, wo der Konzessionär öffentliche Aufgaben wahrnehmen soll. Dabei wird zwischen den sich entgegenstehenden öffentlichen Interessen abgewogen. Vgl. RB 1986 Nr. 108.

792 RB 1986 Nr. 108 m.w.H.; VGer Zürich 19. Mai 1988, BEZ 1988 Nr. 17.

793 BGE 114 Ia 8 ff.

794 Saxer, 257; BGE 73 I 215; 76 I 296; 77 I 285; RB 1971 Nr. 10; 1975 Nr. 124; 1986 Nr. 108.

795 So verhält es sich etwa bei der zweckmässigen und wirtschaftlich sinnvollen Nutzung der Wasserkraft. Vgl. hierzu BGE 112 Ib 429.

796 Vgl. Art. 5 EBG; Art. 22 und 39 WRG. Zur Berücksichtigung der Konkurrenzierung öffentlicher (oder konzessionierter) Verkehrsunternehmen bei der Erteilung von Postkonzessionen vgl. Pfenninger, 109 ff. Auch bei wirtschaftspolitischen Bewilligungen sind regelmässig die verschiedensten öffentlichen Interessen zu berücksichtigen. So wird bei der Getreidesammelstelle die Erteilung einer Bewilligung vom Beibehalt der Wirtschaftlichkeit der bestehenden Sammelstellen abhängig gemacht, wobei als Ziel die Förderung des Getreideanbaus dient. Vgl. hierzu und zu den weiteren öffentlichen Interessen im Rahmen der wirtschaftspolitischen Bewilligungen Schoch, 50 ff.; Vallender (Wirtschaftsfreiheit), 132; Schürmann (Wirtschaftsverwaltungsrecht), 125 ff. Ebenso kann die Erteilung von Ausnahmebewilligungen *allein* von einem überwiegenden öffentlichen Interesse an der Ausnahme abhängig gemacht werden, so bei der Beseitigung der Auenvegetation, BGE 110 Ib 117; 112 Ib 429 f.; Edelmann, 51.

Höhere Anforderungen an Inhalt und Vorgehen der Interessengewichtung setzt die Kombination mehrerer unterschiedlicher Bewilligungen und Konzessionen als Vorstufen der endgültigen Zulassung einer äusserlich einheitlichen, sozial aber sehr komplexen und weite, interessenmässig unverbundene Kreise berührenden Tätigkeit[797]. Die Aufteilung der Zulassungsprüfung beruht zumeist auf der historisch gewachsenen einzelfallorientierten Gesetzgebung, der damit verbundenen Spezialisierung der Rechtsanwender und der hierauf aufbauenden Verfahren[798]. Verschärft wird sie durch das Nebeneinander glied- und gesamtstaatlicher sowie kommunaler Entscheidungsbefugnisse und -verfahren. Aus dem isoliert-segmentiellen Regelungszugangs folgt, dass die gesetzlichen Zulassungsanforderungen nur einen Teil der Interessenabwägung erfassen können und wollen; dabei wird über die Tatsache hinweggesehen, dass die Aufnahme der Tätigkeit von einer Vielzahl weiterer Zulassungsentscheide abhängt. Das Aufeinandertreffen mehrerer öffentlicher und privater Interessen kann kaum nach traditionellen Abwägungs- und Verfahrensmustern bewältigt werden, wenn gesetzlich eine globale Interessenabwägung gefordert ist[799]. Im Planungs- und Baurecht, am pointiertesten bei der Erstellung grösserer, konzessionsbedürftiger Werke, wurden die Unzulänglichkeiten der Verfahrensaufsplitterung erstmals deutlich[800]. Dieser Zustand hat sich mit Inkrafttreten des Umweltschutzgesetzes, das dem modernen Raumplanungsrecht gleich[801] eine möglichst frühe und umfassende (globale) Interessenabwägung fordert, weiter verschärft. Ein typisches Beispiel aus der neueren bundesgerichtlichen Rechtsprechung[802] verdeutlicht es: Zur Erstellung eines Wasserkraftwerkes in einem Auenwald bedarf es nebst der Wassernutzungskonzession und der wasserbaupolizeilichen Bewilligung überdies einer fischerei- und naturschutzrechtlichen Bewilligung für technische Eingriffe in den Wasserlauf, einer forstpolizeilichen Rodungsbewilligung sowie einer raumplanungsrechtlichen Ausnahmebewilligung. Weiter ist - hier im Rahmen der Konzessionierung - eine umweltschutzrechtliche Verträglichkeitsprüfung durchzuführen.

135. Die Besonderheit der schweizerischen Lösung der Koordination mehrerer Zulassungsverfahren liegt darin, dass sie nicht vom Gesetzgeber, sondern vom *Bundesgericht* angegangen wurde. Zwar hat der Gesetzgeber bereits seit längerem in einzelnen Erlassen die Berücksichtigung weiterer, mit der Zulassung zusammenhängender

---

797 Vgl. dazu Moor, Bd. II, 128; Knapp (procédures), 840.
798 Kölz/Keller, 390; Morand (systématisation), 168 ff.; BGE 114 Ib 230.
799 Rausch, Kommentar USG, Art. 9 N 3; Moor, Bd. II, 130; Morand (coordination), 202; Trüeb, 41; Petitpierre-Sauvain, 155.
800 Vgl. Kölz/Keller, 388 ff. zur Entwicklung der Koordinationsrechtsprechung des Bundesgerichts.
801 Haller/Karlen, N 846; Kuttler, 242 f.
802 BGer 16. 9. 1987, ZBl 89/1988, 273 ff.; BGE 115 Ib 224 ff. sowie 113 Ib 340 ff. Vgl. auch Petitpierre-Sauvain, 155.

I. Der verfassungsrechtliche Rahmen

öffentlicher Interessen, namentlich des Gewässer- und Umweltschutzes, wie auch das Ergebnis weiterer zulassungsrelevanter Verfahren oder die Stellungnahme interessierter Amtsstellen zur Beachtung auferlegt bzw. empfohlen[803]; er hat sich jedoch erst mit dem Raumplanungsrecht zu einer globalen Betrachtungsweise bekannt und mit der Umweltverträglichkeitsprüfung ein umfassenderes Koordinationsinstrument geschaffen[804]. Auch die Praxis, in erster Linie die baurechtliche, hat mittels des Vorbehalts der Erteilung weiterer Bewilligungen (Zulassungsseparation) die Probleme zu lösen versucht[805]. Dieser Weg ist sinnvoll und unproblematisch, soweit klar abgegrenzte, sich nicht präjudizierende, vorwiegend technische Sachverhalte eine Trennung erlauben[806]; der – allerdings durch planerische und umweltrechtliche Motive zurückgedrängte – «Normalfall» der Baubewilligung zeugt(e) hiervon. Der Koordination ist unter dieser Prämisse Genüge getan, wenn eine inhaltlich und zeitliche sinnvolle Entscheidungsreihenfolge, allenfalls mit Vorbehalten gekoppelt, bestimmt wird[807]. Berühren, ergänzen, überschneiden oder beeinflussen sich die Interessenabwägungen der einzelnen Zulassungsentscheide, so kann eine Separation nicht genügen[808]. Die Gefahr isolierter Abwägungsergebnisse, sich widersprechender Entscheide, unterschiedlicher Rechtsmittelverfahren, der Verfahrensverlängerung und -unübersichtlichkeit sowie von Kostenanhäufung oder gar nutzloser Aufwendungen[809] ist offenbar[810]. Erst das Bundesgericht hat in einer überaus schöpferischen Rechtsprechung Eckpunkte für eine übergreifendere, vorerst raumplanerisch und umweltrechtlich relevante Koordinationsdogmatik gesetzt, und zwar sowohl in materieller wie formeller Hinsicht.

136. Das Gebot *materieller Koordination* bezweckt, dass alle in engem Sachzusammenhang mit der zulassungspflichtigen Tätigkeit oder Anlage stehenden öffentlichen Interessen Eingang in den Entscheidungsprozess finden[811]. In *formeller Hin-*

---

803 Vgl. etwa Art. 39 Abs. 5 lit. h LFV zur Flugplatzkonzession; Art. 30 Abs. 3 Schiffahrtsverordnung hinsichtlich der Plan- und Baubewilligung für Schiffahrtsanlagen oder Art. 31 RLV zum detaillierten Vernehmlassungsverfahren bei der Konzessionserteilung für Rohrleitungsanlagen.
804 Vgl. Art. 3 UVP sowie Kölz/Keller, 391; Haller/Karlen, N 862; Petitpierre-Sauvain, 157. Eine umfassende Interessenabwägung verlangt auch Art. 24 Abs. 1 lit. b RPG, nur ist diese Bestimmung auf die Fälle des Bauens ausserhalb der Bauzone, also auf eine eigentliche Ausnahme ausgerichtet.
805 Vgl. die weiteren Beispiele bei Morand (systématisation), 171.
806 Vgl. dazu die Beispiele bei Mäder, 290 ff.
807 BGE 114 Ib 230. Vgl. auch Haller/Karlen, N 851; Moor, Bd. II, 130 f.; J.-H. Meylan, 189.
808 Kölz/Keller, 410; Haller/Karlen, N 851; Petitpierre-Sauvain, 156 f.
809 Vgl. Kuttler, 245.
810 Morand (systématisation), 175; J.- H. Meylan, 179; Petitpierre-Sauvain, 157.
811 Kölz/Keller, 397 ff.; Moor, Bd. II, 134; Morand (coordination), 203 ff.; Petitpierre-Sauvain, 159; BGE 113 Ib 230; 114 Ib 129; 116 Ib 57; 117 Ib 48; BGer, 19. August 1992, ZBl 94/1993, 173. Vgl. auch die gesetzliche Pflicht zur umfassenden Interessenabwägung in Art. 1, 3 und 24 RPG sowie Art. 3 RPV, weiter in Art. 25 Abs. 2 Fischereigesetz und Art. 39 WRG.

sicht[812] verlangt das Bundesgericht nach einer – möglichst frühen bzw. erstinstanzlichen[813] – Konzentration der Zulassungsentscheide bei einer einzigen Behörde. Nötigenfalls soll eine Koordination der Entscheide mehrerer Behörden genügen, wobei die Koordination im Ergebnis der Konzentration gleichkommen müsse. Allerdings stellt das Bundesgericht derart hohe Anforderungen an die formelle Koordination, dass man angesichts der gesetzten Prioritäten wohl treffender nur noch von einer *formellen Konzentration* sprechen sollte. Bundesstaatliche Grenzen sind der Koordination von kantonal- und bundesrechtlichen Zulassungsverfahren gesetzt[814]; das Bundesgericht würde sich mit einem zeitlich gestaffelten Vorgehen, einer auf dem Zusammenwirken von Bund und Kanton beruhenden Kombination bundesrechtlicher Vorentscheide und kantonaler Endentscheide begnügen (Kooperation mit Priorität kantonaler Entscheide).

137. Die rechtlichen Grundlagen der materiellen Koordination finden sich im Raumplanungs- und Umweltschutzrecht[815]. Umstrittener ist die Rechtsgrundlage der formellen Koordination. Sie wird vom Bundesgericht im föderalistisch motivierten, an die Kantone gerichteten Verbot der Vereitelung von Bundesrecht erblickt[816]. Näher besehen erweist sich dieses dogmatische Fundament allerdings als brüchig[817]. Sollten jedoch die Kantone weiterhin zögern, effiziente Verfahrensinstrumente zur Realisierung der materiellen Koordination zur Verfügung zu stellen, so wäre aus rechtsstaatlicher Sicht eine bundesgesetzliche Lösung, wie etwa teilweise im neuen Waldgesetz durchgeführt[818], der einzig gangbare Weg. Das Bundesgericht[819] wie

---

Zur Interessenabwägung im einzelnen Morand (coordination), 214.

812 Das Verfahren der Konzessions- oder Bewilligungserteilung gehört eigentlich nicht zum vorliegenden Thema. Es soll aber interessenhalber und aufgrund des engen Zusammenhangs mit koordinationsrechtlichen Problemen dennoch kurz erörtert werden. Vgl. dazu auch Petitpierre-Sauvain, 160.

813 Vgl. dazu Morand (systématisation), 176 f.

814 BGE 116 Ib 58. Vgl. auch Knapp (procédures), 844.

815 Kölz/Keller, 398 ff.; Morand (coordination), 201; Kuttler, 244. Vgl. auch die Pflicht zur materiellen Koordination im neuen Waldgesetz, Art. 4 und 5 Abs. 2 lit. c WaG oder Art. 6 Abs. 3 Weinstatut.

816 BGE 116 Ib 56 f.

817 Kölz/Keller, 403 ff.; Moor, Bd. II, 134 f.; Saladin (Koordination), 278 ff. und 290 ff.; Haller/Karlen, N 856; Knapp (procédures), 842 f.; Petitpierre-Sauvain, 162. Anderer Ansicht Morand (coordination), 202; Morand (systématisation), 175; J.-H. Meylan, 183 und 190 ff.

818 Art. 11 Abs. 2 WaG legt fest, dass eine raumplanerische Ausnahmebewilligung nur im Einvernehmen mit der kantonale Forstbehörde erteilt werden kann.

819 Von besonderem Interesse ist hier die Figur des Leitverfahrens, soweit mehrere umfassende (globale) Interessenabwägungen in einem einzigen Grossprojekt, insbesondere bei Wasserkraftwerken, zusammentreffen. Vgl. dazu Morand (coordination), 174; J.-H. Meylan, 188 f.; BGE 116 Ib 57; ferner 113 Ib 152 ff.; 114 Ib 230. Wegleitend ist der Entscheid Egg/Chrüzlen, BGE 116 Ib 50 ff., bestätigt in 116 Ib 181; 117 Ib 30 f. und 48 ff.

I. Der verfassungsrechtliche Rahmen 113

auch die Lehre[820] haben hierzu bereits Lösungsvorschläge ausgearbeitet; neue kantonale Lösungsansätze[821] sollten die gesetzgeberische Arbeit erleichtern.

4. VERHÄLTNISMÄSSIGKEIT

a. Bedeutung

138. Der Grundsatz der Verhältnismässigkeit allen staatlichen Handelns ist für das Bewilligungs- und, etwas eingeschränkter, Konzessionsrecht von absolut *zentraler Bedeutung*. Der Grund liegt darin, dass der Begriff des öffentlichen Interesses sehr unbestimmt und offen ist und nur wenige greifbare Ansatzpunkte für die Beurteilung der Zulässigkeit und Intensität staatlicher Lenkung und Kontrolle aufweist[822].

---

820 Kölz/Keller, 409 ff. und 413 ff.; Morand (systématisation), 177 f.; Kuttler, 246 f.; Trüeb, 41 ff.; Petitpierre-Sauvain, 162 ff.; Arnold Marti, Verfahrensrechtliche Möglichkeiten der Koordination bei der ersten Instanz, URP 1991, 226 ff.; Beat Keller, Die raumplanerische Verträglichkeitsprüfung (RVP), ZBl 89/1988, 437 ff. Am interessantesten, wenn auch nicht ohne Tücken, scheint mir der Vorschlag von Knapp (procédures), 843 ff. in Richtung einer einzigen verfahrensleitenden Instanz. Das neue Waldgesetz regelt die formelle Koordination zu anderen Erlassen ebenfalls unvollständig.

821 Vgl. dazu Kölz/Keller, 407 ff.; Knapp (procédures), 842; Luc Recordon/Eric Brandt, Quelques exemples de mesures cantonales destinées à assurer la coordination formelle, in: Droit de l'environnement: Mise en oeuvre et coordination, hrsg. von Charles-Albert Morand, Basel/Frankfurt a.M. 1992, 197 ff.

822 Der Grundsatz der Verhältnismässigkeit vermag allerdings dort keinen Schutz zu bieten, wo die Bundesverfassung die Bewilligungs- oder Konzessionspflicht (implizit oder explizit) als Instrument staatlichen Handelns vorsieht. So verhält es sich, nach allerdings nicht unbestrittener Ansicht, mit Bewilligungen, die auf Fähigkeitsausweisen nach Art. 33 Abs. 1 BV beruhen (VGer Obwalden 26. Oktober 1988, ZBl 90/1989, 442), der Konzession zur Herstellung gebrannter Wasser (Art. 32bis Abs. 3 BV) oder der Bedürfnisbewilligung für Alkoholwirtschaften, die aufgrund von Art. 32[quater] Abs. 1 BV der gerichtlichen Kontrolle entzogen ist, und an deren Eignung als Mittel zur Eindämmung des Alkoholismus heute wohl zu Recht gezweifelt wird. Vgl. hierzu eingehend BGE 108 Ia 226 und RB 1988 Nr. 97 sowie Häfelin/Haller, N 1501 und 1520; Marti, 163; Schürmann (Wirtschaftsverwaltungsrecht), 74 Fn. 113; Bois, Kommentar BV, Art. 33 N 9; Largier, 60 f.; Mangisch, 163 ff.; ferner BGE 109 Ia 139. Dass die Massnahme keiner gerichtlichen Kontrolle unterworfen ist, soll die rechtsetzenden Organe nicht hindern, von einer Bewilligungspflicht abzusehen, wo Zweifel an deren Tauglichkeit bestehen und der Verzicht verfassungsrechtlich möglich ist. Vgl. dazu J.P. Müller (Elemente), 133 f.; Moor, Bd. I, 350 f.; RJN 1990, 266; 1988, 235; RDAF 1984, 224. Die kantonalen Gesetzgeber konstatieren zunehmend die Untauglichkeit der alkoholpolizeilichen Bedürfnisklausel, vgl. dazu Vortrag der Volkswirtschaftsdirektion (des Kantons Bern) an den Regierungsrat zuhanden des Grossen Rates betreffend Gastgewerbegesetz (Totalrevision) vom 28. Januar 1993. Im Kanton Zürich läuft zurzeit (Januar 1994) das Vernehmlassungsverfahren zum (undatierten) Revisionsentwurf. Vgl. aber die Stellungnahme der Eidgenössischen Kommission für Alkoholfragen (EKA) vom 15. Februar 1994, wonach das Festhalten an der alkoholpolizeilichen Bedürfnisklausel nach wie vor notwendig sei, Neue Zürcher Zeitung vom 16. Februar 1994, S. 23 sowie Bulletin de l'Office fédéral de la santé public No. 5, 14. Februar 1994. Zur Begründung führt die EKA an, der starke Alkoholkonsum trete mit Vorliebe in Gaststätten auf, jugendliche Verursacher von Verkehrsunfällen hätten ihren Alkohol zu mehr als 50% in Gaststätten konsumiert. Zudem bestehe ein enger

Verstärkt wird diese Konturenlosigkeit durch die Zurückhaltung des Bundesgerichts, das öffentliche Interesse wie auch die Güterabwägung justiziabel zu gestalten[823]. Die Vorrangigkeit des Verhältnismässigkeitsprinzips als Schranke der staatlichen Aufsicht reflektiert sich in einer differenzierten Rechtsprechung, die allerdings weniger die Institutionen der Bewilligung und Konzession an sich[824] als vielmehr deren konkrete rechtliche Ausformung und Anwendung in Frage stellt. Dem Bundesgericht genügt es, wenn die Tauglichkeit einer Einschränkung abstrakt und ohne empirischen Nachweis begründet werden kann[825]. Für die Zurückhaltung lassen sich zwei Gründe[826] anführen: Zum einen beruhen beide Instrumente auf einer langen, ununterbrochenen verwaltungsrechtlichen Tradition mit präkonstitutionellen Wurzeln und können sich auf einen hohen Grad von Akzeptanz stützen[827]. Zum anderen verringern sie vielfach den Verwaltungsaufwand[828], indem die Erteilung ins freie Ermessen der Behörde gestellt oder der Nachweis der Gesetzeskonformität der anbegehrten Tätigkeit praktisch dem Privaten auferlegt und die Verwaltung von einer besonders intensiven laufenden Kontrolle entlastet wird. Unter

statistischer Zusammenhang zwischen der Dichte alkoholführender Gaststätten und der Anzahl alkoholbedingter tödlicher Verkersunfälle. Schliesslich habe die Schweiz eines der dichtesten Ausschank- und Verkaufsnetze für Alkohol in Europa.

823 Rhinow, Kommentar BV, Art. 31 N 210; BGE 108 Ia 198 ff.; 111 Ia 187.

824 Seltene Beispiele der Auseinandersetzung mit milderen Alternativen finden sich in BGE 92 I 100; 96 I 208; 103 Ia 597 f.; 109 Ia 200 f. Bekannt geworden ist der Entscheid des Zürcher Verwaltungsgerichts, welcher ein Polizeimonopol für den Plakataushang auf privatem Grund als zu weitgehend erklärt und es bei einer Bewilligungspflicht bewenden lässt, RB 1979 Nr. 107 = ZBl 80/1979, 224 ff. In BGE 93 I 309 hat das Bundesgericht ausgeführt, anders als bei der Vorzensur (die inhaltlich nichts anderes als ein Bewilligungsverfahren ist) von Kinoaufführungen genüge bei Theaterstücken deren Lektüre. Dagegen hat es in der Visitationspflicht für Kosmetikerinnen keinen praktikablen Ersatz für einen Fähigkeitsausweis gesehen, BGE 103 Ia 259 ff.
Die Lehre beschäftigt sich intensiver mit den Alternativen, vgl. dazu Saladin (Grundrechte), 242 f.; Imboden/Rhinow, Nr. 131 B II; Zimmerli (Verhältnismässigkeit), 50 f.; Schürmann (Wirtschaftsverwaltungsrecht), 50 f.; Knapp (Précis), N 1371 ff.; Grisel (Traité), 348 ff. und 410 ff.; Vallender (Wirtschaftsfreiheit), 121 f.

825 BGE 109 Ia 39.

826 Weitere Gründe werden bei der Notwendigkeit der Bewilligungspflicht erwähnt. Vgl. dazu N 144.

827 Dies zeigt sich dort mit bestechender Klarheit, wo das Bundesgericht minuziös die Verbreitung der Bewilligungspflicht in den Kantonen aufzeigt, mit dem – unausgesprochenen – Anliegen, die Legitimität der eigenen Entscheidung zu erhöhen. Vgl. etwa 103 Ia 262 f.

828 Zur Verwaltungsökonomie als Grenze der Suche nach der verhältnismässigen Verwaltungsmassnahme vgl. Weber-Dürler (Verwaltungsökonomie), 198 f. und 206 ff.; Zimmerli (Verhältnismässigkeit), 52; Gygi (Verwaltungsrecht), 173 f.; BGE 78 I 309; 99 Ia 393; 103 Ia 598. In BGE 113 Ia 42 wurde das Interesse an der Reduzierung des Verwaltungsaufwands angesichts des damit verbundenen Eingriffs (Verbot des Führens von mehr als zwei Zahnarztpraxen) als ungenügend angesehen. In BGE 112 Ia 325 f. und 116 Ia 124 wurde der Gesetzgeber verpflichtet, Teilbewilligungen vorzusehen, wenn in klarer und *praktikabler* Weise einzelne Zweige einer beruflichen Tätigkeit bezeichnet werden können, für die es sich aufdrängt, geringere Anforderungen an die notwendige Fachkunde zu stellen.

I. Der verfassungsrechtliche Rahmen

diesen Gesichtspunkten wird die Zurückhaltung bei der Prüfung von milderen Alternativen zu Bewilligung und Konzession für den Privaten von Nachteil. Dennoch sollte nicht verkannt werden, dass der staatliche Zulassungsakt im Gegensatz zu einer repressiven Kontrolle, der Anzeige- oder Meldepflicht, ein erheblich gesteigertes Mass an Rechtssicherheit und -beständigkeit aufweist. Unter diesem Gesichtspunkt sind die – im Vergleich zur nachträglichen Kontrolle – Freiheit stärker einschränkenden Bewilligungen und Konzessionen dann das geeignete Mittel, wenn der Private für ihn bedeutende Dispositionen treffen will und gleichzeitig hohe Ansprüche an deren Sicherung stellt[829].

139. Das Verhältnismässigkeitsgebot gilt für das gesamte Verwaltungshandeln, erfährt aber eine spezifische Umbildung, falls zugleich Grundrechtspositionen berührt sind[830]. Besonders hervorzuheben ist die Erweiterung der Verhältnismässigkeitsprüfung um die grundrechtlich geschützten persönlichen Verhältnisse[831], welche die Kontrolle der Verfassungsmässigkeit zu einer auf den Einzelfall ausgerichteten Betrachtungsweise verpflichtet. Der Anspruch an den Individualisierungsgrad steigt mit der Annäherung an den Kernbereich des Grundrechts[832]. Hält eine rigide gesetzliche Regelung den Rechtsanwender von der Berücksichtigung besonderer Einzelverhältnisse ab, so kollidiert das Legalitätsprinzip mit der Verhältnismässigkeit. Der

---

829   Das gleiche Mass an Sicherheit lässt sich bei der Anzeige- und Meldepflicht bzw. bei der repressiven Aufsicht nur durch eine ausdrückliche Zusicherung der Verwaltungsbehörde erreichen, es bestünden keine Anhaltspunkte, die erwünschte Tätigkeit nach ihrer Aufnahme zu verbieten. Damit würde die laufende, repressive Kontrolle aber qualitativ der Bewilligungspflicht gleichgestellt.
830   J.P. Müller (Elemente), 134 ff. und J.P. Müller, Kommentar BV, Einleitung zu den Grundrechten, N 151 ff.; ferner zu Einzelaspekten: Zimmerli (Verhältnismässigkeit), 25; Hotz, 95; BGE 94 I 397 ff.; 103 Ib 130.
831   BGE 106 Ia 32. Vgl. VGer Zürich vom 17. Januar 1984, ZBl 86/1985, 74, bestätigt in RB 1989 Nr. 72: «Allerdings vermag gerade dort, wo der Staat besonders stark in persönlichkeitsnahe Grundrechtsbereiche eingreift, die allgemeine und abstrakte Regelung den im Einzelfall gerechten Entscheid nicht vorwegzunehmen. Es ist darüber hinaus für jeden einzelnen Fall zu prüfen, ob der Grundrechtseingriff im öffentlichen Interesse liege und verhältnismässig sei. (...) Aus dem Wesen der Informationsfreiheit als Grundrecht ergibt sich zudem, dass auch bei Anwendung einer für sich genommenen verfassungsmässigen Regelung die Verhältnismässigkeit des Grundrechtseingriffs geprüft werden muss (...), und zwar insbesondere unter Berücksichtigung der persönlichen Verhältnisse des Betroffenen (...).»
832   J.P. Müller, Kommentar BV, Einleitung zu den Grundrechten, N 151; J.P. Müller (Elemente), 136.

§ 5 Strukturmerkmale – ein Versuch der Systematisierung

Konflikt ist zugunsten des Verhältnismässigkeitsprinzips aufzulösen[833], bei besonders stossenden Ergebnissen kann auch das Willkürverbot Hilfe leisten[834].

140. Gerichte schränken ihre Prüfung der Verhältnismässigkeit der Zulassungsanforderungen ein, wenn Ermessensbereiche berührt sind[835]. Darüber hinaus wird in Teilen der Rechtsprechung deutlich, dass sich die Gerichte mit der abstrakten Vermutung der Tauglichkeit und Notwendigkeit einer freiheitseinschränkenden Massnahme begnügen, ohne vom Staat hierfür einen strikt empirisch untermauerten und objektiv nachvollziehbaren Nachweis zu verlangen[836]. Die richterliche Zurückhaltung ist angebracht, wenn hochrangige öffentliche Interessen auf dem Spiel stehen[837], dagegen abzulehnen, wenn starke, rational fassbare Zweifel an der Erforderlichkeit und Tauglichkeit der Einschränkung bestehen[838]. Hier soll der Staat ebenso wie beim Schutz untergeordneter Polizeigüter mehr als blosse Vermutungen für die

---

833 J.P. Müller, Kommentar BV, Einleitung zu den Grundrechten, N 159; J.P. Müller (Elemente), 137 f.; Rhinow/Krähenmann, Nr. 58 B IV b; BGE 96 I 232; 100 Ia 81; 116 Ia 117. Anderer Ansicht ist Zimmerli (Verhältnismässigkeit), 50, der aber vom Gesetzgeber hinreichend flexible, einzelfallorientierte Regelungen fordert. Vgl. dazu BGE 113 Ia 134.

834 Thürer (Willkürverbot), 521.

835 Vgl. BGE 112 Ib 439; 115 Ib 137 und N 188. Diese Einschränkung fällt in jenen Fällen weg, wo die Verhältnismässigkeit eines Grundrechtseingriffs überprüft werden soll. Dem Richter obliegt es, den Ermessensbereich auf seine grundrechtskonforme Ausübung hin zu überprüfen. Vgl. dazu J.P. Müller (Elemente), 138 f.

836 Vgl. zu den Problemen der Justiziabilität der Verhältnismässigkeit von staatlichen Eingriffen Zimmerli (Verhältnismässigkeit), 118 ff.; Pierre Muller, 266 ff. Zur Situation in Deutschland vgl. Breuer, 969 ff.; Scholz, Art. 12 N 320 ff. Deutlich wird die Problematik etwa in BGE 109 Ia 38 f. betreffend die Preisparität zwischen alkoholfreien und alkoholhaltigen Getränken: «Die Prognose über Eignung und Wirksamkeit der angefochtenen Bestimmung ist unsicher. Selbst nach einigen Jahren praktischer Erfahrung mit der vorgeschriebenen Preisparität wird es einen eigentlichen Erfolgsnachweis kaum geben. (...) Diese Unsicherheit besteht aber mehr oder weniger bei allen Massnahmen gegen den Alkoholismus. (...) Es gibt insgesamt nur bescheidene Mittel gegen Alkoholismus und Alkoholmissbrauch: die wenigen, die es gibt, dürfen nicht verschmäht werden.» Anders das Verwaltungsgericht Zürich 18. Mai 1984, ZBl 86/1985, 70 betreffend Verkauf von Arzneimitteln: «Wenn aber (...) ernsthafte Anhaltspunkte dafür bestehen, dass Produkte der Liste D ohne Bedenken zum Verkauf in allen Geschäften freigegeben werden können, so darf diese Freigabe nur unterbleiben, wenn die entsprechende Gefährdung öffentlicher, insbesondere polizeilicher Interessen mit stichhaltigen Gründen dargetan wird.» Vgl. auch RB 1973 Nr. 57 und BGE 111 Ib 240, wo das Genügen einer abstrakten Gefahr allgemeiner Art als Grund für eine Bewilligungsverweigerung verneint wurde. Aus dem Urteil des Bundesgerichts vom 12. Juni 1992 betreffend das bewilligungspflichtige Führen einer ärztlichen Apothek geht wiederum hervor, dass das Erfordernis der Bewilligungspflicht vom Bundesgericht nur aufgrund allgemeiner Plausibilitätsüberlegungen kontrolliert wurde. Vgl. dazu die Kritik von Yvo Hangartner, AJP 1993, 78 f. Weitere Beispiele finden sich bei Ruey, 274, Fn. 97 und 275.

837 Vgl. etwa VGer Zürich 18. Mai 1984, ZBl 86/1985, 69; RB 1973 Nr. 57.

838 Vgl. etwa die intensive Prüfung der Verhältnismässigkeit der Errichtung einer Richtstrahlantenne in BGE 115 Ib 131 ff., die vermutlich durch die fundierte Beweisführung des beschwerdeführenden Verbandes bedingt war. Nur unter diesem Gesichtspunkt lässt sich erklären, dass das Bundesgericht in einem ähnlich gelagerten Fall (Energieversorgung des Münstertales) die Prüfung der Alternativen nur sehr summarisch vornahm, BGE 112 Ib 439 f.

I. Der verfassungsrechtliche Rahmen

Verhältnismässigkeit der Bewilligung und Konzession aufbringen. Der gesetzgeberische Prognoseentscheid soll sich jedenfalls auf «eine plausible und vertretbare Ermittlung der vorgefundenen Anhaltspunkte, Erfahrungen und Einsichten stützen»[839]. Erweist sich eine gesetzgeberische Prognose nachträglich als falsch, so ist der Gesetzgeber zur *Nachbesserung* verpflichtet[840]. Um dieser Verpflichtung Nachdruck zu verleihen, wird die verfassungsrechtliche Verankerung einer institutionalisierten, periodischen Prüfung der Verhältnismässigkeit gefordert, vor allem der Notwendigkeit von Zulassungsmassnahmen und -schranken[841].

b. Notwendigkeit

141. Der Grundsatz der Verhältnismässigkeit gliedert sich in drei Teilgehalte: Notwendigkeit (Erforderlichkeit), Eignung und Verhältnismässigkeit im engeren Sinn (Zumutbarkeit)[842]. Die *Notwendigkeit* soll den Privaten vor allzu weitgehenden staatlichen Eingriffen und Regelungen bewahren; umgekehrt verpflichtet sie den Staat zur Suche nach der im Einzelfall mildesten[843], gleichwohl die Zielerreichung garantierenden Massnahme. Stellt man eine nach dem Grad der Freiheitseinschränkung abgestufte Skala staatlicher Aufsichts- und Lenkungsmittel auf, so zeigt sich, dass Bewilligung und Konzession hierin ein breitgestrecktes «Mittelfeld» einnehmen: Geboten[844] und eng begrenzten Verboten, gekoppelt mit Strafandrohung und Register-, Kontroll- und Anmeldemassnahmen folgen die Meldepflicht mit der Möglichkeit eines repressiven Einschreitens der Behörde, Entzug

---

839 Breuer, 972. Allerdings vermag die Plausibilitätskontrolle nicht mehr zu genügen, wenn die Bewilligungspflicht etwa mit einer Bedürfnisklausel kombiniert wird. Angesichts der damit verbundenen Einschränkung des Kerngehalts der HGF sind die Gerichte zu einer vertieften Auseinandersetzung mit den Verhältnismässigkeitserfordernissen gehalten, Yvo Hangartner, Bemerkungen zum Urteil des Bundesgerichts vom 12. Juni 1992, AJP 1993, 79.
840 Breuer, 973.
841 Vgl. dazu Alfred Kölz/Jörg Paul Müller, Entwurf für eine neue Bundesverfassung vom 16. Mai 1984. Zweite, überarbeitete Auflage vom 14. Juli 1990, Basel/Frankurt a.M 1990, in Art. 71 Abs. 2 unter dem Randtitel «Vereinfachung der Verwaltung»: «Nach Inkrafttreten dieser Verfassung sind alle bestehenden Bewilligungspflichten zu überprüfen im Hinblick darauf, ob sie soweit wie möglich durch einfache Meldepflichten, amtliche Kontrollbefugnisse und andere sachgerechte Verwaltungsmassnahmen ersetzt werden können.» In Ergänzung dieser Bestimmung müsste im Anschluss an die Erstprüfung eine periodisch zu wiederholende Überprüfung stattfinden.
842 Die Verhältnismässigkeit im engeren Sinn ist identisch mit der Abwägung zwischen den öffentlichen und den privaten Interessen, Häfelin/Müller, N 514; Zimmerli (Verhältnismässigkeit), 16.
843 Ob es eine mildere Massnahme gibt, beurteilt sich nach den sachlichen, zeitlichen, örtlichen und persönlichen Gegebenheiten. Vgl. statt vieler Häfelin/Müller, N 499 ff.
844 Haftungsbestimmungen verbunden mit Versicherungspflichten und Verbandsaufsicht. Vgl. dazu auch Schürmann (Wirtschaftsverwaltungsrecht), 42. Ob Haftungsregeln wirklich eine Alternative zur Berufsausübungsbewilligung bilden können, ist kritisch zu untersuchen. Keinesfalls sollte Privaten das Risiko einer Prozessführung (und allfälliger Insolvenz des Schädigers) auferlegt werden als Ersatz für eine notwendige staatliche Präventivmassnahme.

einer polizeilichen Bewilligung[845], Erteilung einer polizeilichen Bewilligung, wirtschaftspolitische Bewilligungen, Verbote mit der Möglichkeit der Erteilung einer Ausnahmebewilligung und Monopole mit und ohne Konzessionierungsmöglichkeit. Den Abschluss bildet das Staat wie Private bindende, ausnahmslose Verbot. Eine derartige Intensitätsskala ist von systematischem und abstrahierendem Nutzen, löst aber nicht immer die Suche nach dem verhältnismässigsten Mittel. Dieses kann erst durch Rückgriff auf dessen gesetzliche Ausgestaltung und praktische Handhabung ermittelt werden. So kann eine Polizeibewilligung, die aufgrund strenger Zugangsvorschriften und einer auf Ermessensausübung beruhenden, restriktiven Praxis nur selten erteilt wird, für den Privaten weit einschränkender wirken denn ein Verbot, das mittels grosszügiger Handhabung der Ausnahmen praktisch aufgehoben wird. Weiter ist zu beachten, dass eine staatliche Massnahme durch Nebenbestimmungen gemildert werden kann und soll, wo die strikte Durchsetzung der Massnahme entbehrlich erscheint[846].

142. Die Schranke der Notwendigkeit gilt umfassend sowohl für den Entscheid über die Monopolisierung[847] (einschliesslich der Konzessionserteilung) wie für die Bewilligungspflicht als solche. Sie erfasst sowohl deren Voraussetzungen, Inhalt, und Wirkungen wie auch den Entzug[848]. Überlässt die Rechtsordnung die Wahl zwischen *Monopol* und «freier» Betätigung dem Gesetzgeber, so soll der Entscheid nach dem Kriterium der Notwendigkeit gefällt werden. Gleich verhält es sich, wo das Monopol verfassungsrechtlich vorgesehen ist. Ob und in welchem Umfang Private zur monopolisierten Tätigkeit zuzulassen sind, beurteilt sich danach, inwieweit der staatliche Ausschliesslichkeitsanspruch ohne Gefährdung öffentlicher Interessen aufgegeben werden kann. Dabei gilt es, sich vom überkommenen Dualismus Monopol - Konzession zu lösen, da die monopolisierte Tätigkeit auch mittels der «den Freiheitsraum vergrössernden» Bewilligung Privaten zugänglich gemacht werden kann[849]. Bei Polizeimonopolen wird der Vorbehalt angebracht, dass eine

---

845 Vgl. BGer 6. Januar 1983, ZBl 85/1984, 177.
846 Imboden/Rhinow, Nr. 39 B III c; Zimmerli (Verhältnismässigkeit), 54; BGE 104 Ib 189; RB 1983 Nr. 112.
847 BGE 95 I 155 ff.
848 Zimmerli (Verhältnismässigkeit), 50 ff.
849 Sutter-Somm (Monopol), 18 f., die als Beispiele die Radioempfangskonzession I und die kantonalen Jagd- und Fischereipatente erwähnt. Die Möglichkeit der Bewilligungserteilung im monopolisierten Bereich ergibt sich aus der unterschiedlichen Zwecksetzung der Monopole, die in den angeführten Fällen eben auch polizeilicher Natur sein kann. Anhand der konkreten Zwecksetzung ist nach der für den Privaten günstigsten Möglichkeit der Betätigung zu suchen. Anliegen von Lenkungsmonopolen dürften mit einer anspruchbegründenden Bewilligung kaum zu vereinbaren sein. Anders kann es sich bei sozialpolitischen und - wie gesehen - polizeilichen Zwecken verhalten. Dabei gilt es zu beachten, dass derart motivierte *kantonale* Monopole nicht zur Umgehung der ansonsten verbotenen Bedürfnisklausel missbraucht werden dürfen. Vgl. dazu N 215.

I. Der verfassungsrechtliche Rahmen

Konzessionierung gegen die Erforderlichkeit des Monopols spreche[850]. Das ist insofern nicht richtig, als der Staat mit der milderen Bewilligungspflicht nicht dasselbe Mass an Ermessensfreiheit und Lenkung erreicht wie mit einer Konzessionierung[851].

143. Die Zulässigkeit von *Polizeimonopolen* misst sich primär am Kriterium der Notwendigkeit[852], wird in der Rechtsprechung aber kaum je[853] verneint. Deren Zurückhaltung folgt hier den Spuren der Polizeibewilligung, was um so kritischer ist, als der Zugang zu einer Tätigkeit nicht nur reglementiert, sondern sogar verschlossen wird[854]. Untersucht man den breitgefächerten Katalog der monopolisierten Tätigkeiten und die geringe Dichte der monopolbegründenden Argumente, so kann man sich eigentlich nur wenige Tätigkeiten vorstellen, die einer Monopolisierung überhaupt verschlossen wären[855]. Um dieser Entwertung des Verhältnismässigkeitsprinzips zu begegnen, sollte das Bundesgericht den Begriff der Notwendigkeit justiziabler gestalten, indem es seine Zurückhaltung bei der Überprüfung der tatsächlichen (technischen und wirtschaftlichen) Verhältnisse dort aufgibt, wo es mit diesen nicht weniger als der Kanton vertraut ist[856] und zudem vom Kanton den klaren Nachweis fordert, dass polizeiliche Interessen einzig auf dem Weg der Monopolisierung verfolgt werden können[857].

144. Die Notwendigkeit der *Bewilligungspflicht* wird erfahrungsgemäss nur indirekt erörtert, und zwar im Zusammenhang mit der Unverhältnismässigkeit eines absoluten Verbots oder eines Monopols. Selten sind die Fälle, in denen die Bewilligungs-

---

850 Zimmerli (Verhältnismässigkeit), 39.
851 Entscheidend ist, dass mit der Polizeikonzession nicht das nach der herrschenden Ansicht bestehende Verbot einer Bedürfnisbewilligung umgangen wird.
852 Zimmerli (Verhältnismässigkeit), 58.
853 Als unzulässig erklärt wurde ein sicherheitspolizeiliches Installationsmonopol, BGE 95 I 149 f. und nach der Praxis des Zürcher Verwaltungsgerichts das Plakatanschlagmonopol auf Privatgrund, RB 1979 Nr. 107 = ZBl 80/1979, 224 ff. Dieser Praxis hat sich auch der Regierungsrat des Kantons Basel-Landschaft mit dem Entscheid vom 26. Mai 1992, ZBl 3/1992, 520 ff. angeschlossen. Vgl. dazu auch VGer Aargau 17. Dezember 1992, ZBl 94/1993, 424 und die daran anschliessende redaktionelle Bemerkung von Georg Müller.
854 Ruey, 274 ff.
855 Die Problematik wird dadurch verschärft, dass das wahre öffentliche Interesse an der Monopolisierung nur beschränkt als Zulassungskriterium taugt. Vgl. dazu N 127. Das Problem stellt sich in gleicher Schärfe bei den sozialpolitischen Monopolen und den Monopolen des öffentlichen Wohls, vgl. dazu Paul Richli, Kantonale Monopole – Die offene Flanke der Handels- und Gewerbefreiheit. Besprechung der Dissertation von Claude Ruey, ZBl 90/1989, 479 f. M.E. sollte die Frage der Zulässigkeit derart motivierter Monopole nicht auf der wenig scharfen Ebene des öffentlichen Interesses als vielmehr anhand des Verhältnismässigkeitsgrundsatzes gelöst werden.
856 Vgl. dazu Zimmerli (Verhältnismässigkeit), 58 f.
857 Ruey, 275.

pflicht mit milderen (repressiven) Massnahmen verglichen wird[858]. Dies rührt daher, dass sich das Problem der Erforderlichkeit bei Verboten oder Monopolen in weit schärferer Weise stellt[859]. Zudem verspricht die Anfechtung einer Bewilligungspflicht für einen Betroffenen angesichts der bundesgerichtlichen Rücksichtnahme auf den kantonalen Gesetzgeber[860] mehr Aussicht auf Erfolg, wenn er die Verhältnismässigkeit einer *konkreten* sachlichen oder persönlichen Zulassungs*voraussetzung* in Frage stellt[861]. Auch wenn das Bundesgericht in seiner Bewilligungsrechtsprechung immer mehr die Bedeutung der Verhältnismässigkeit hervorhebt, so ist es noch einiges vom systematischen Vorgehen des deutschen Bundesverfassungsgerichts entfernt, das nach der Dreistufentheorie die Verhältnismässigkeit zum Kontrollmassstab jeder Berufswahl- und -ausübungsregelung[862] macht[863]. Danach wird zwischen Berufswahl und Berufsausübung unterschieden, wobei als Grundsatz gilt: Die Regelungsbefugnis des Staates ist um so freier, je mehr sie nur eine reine Berufsausübungsregelung ist, und um so begrenzter, je mehr sie die Berufswahl berührt[864]. Inhaltlich soll sich der Gesetzgeber in drei Stufen einer Regelung nähern dürfen, wobei er die Stufe des geringsten Eingriffs wählen soll[865]. Auf der ersten Stufe wird die Berufsausübung geordnet, auf der zweiten die subjektiven Zulassungsvoraussetzungen und auf der letzten Stufe folgen die Regelungen der objektiven Zulassungsbedingungen der Berufswahl[866]. Innerhalb der Stufen ist wiederum das

---

858 Marti, 130; Saladin (Grundrechte), 243; Zimmerli (Verhältnismässigkeit), 50 ff. Vgl. etwa BGer 15. Dezember 1976, ZBl 78/1977, 360.

859 Oft handelt es sich um überhaupt die einzige Möglichkeit, den Ausschluss von Privaten von einer Tätigkeit gerichtlich überprüfen zu lassen.

860 Kälin, 205; BGE 100 Ia 128; 106 Ia 106 und 269 f.; 111 Ia 187; 115 Ia 122; 116 Ia 123; BGer 2. Juni 1976, ZBl 78/1977, 36. Das Bundesgericht hält sich zurück, wenn sich bei der Prüfung des öffentlichen Interesses und der Verhältnismässigkeit ausgesprochene Ermessensfragen stellen oder besondere örtliche Umstände zu beurteilen sind.

861 Insbesondere Domizilklauseln und zunehmend auch Fähigkeitsanforderungen werden vom Bundesgericht tendenziell streng beurteilt. Vgl. dazu Grisel (Traité), 354; Marti, 119 ff.; BGE 67 I 12 ff.; 70 I 140 ff.; 100 Ia 175 f.; 103 Ia 262; 112 Ia 324 ff.

862 Die Rechtsprechung erging zu Art. 12 GG, ist aber angesichts der generellen Tragweite der Frage der Beschränkbarkeit von Grundrechten von allgemeinem Interesse.

863 Vgl. dazu Saladin (Grundrechte), 243 ff.; Gygi (Wirtschaftsverfassungsrecht), 84 f.; Stober, 473; Mangisch, 111 f., Fries, 226. Grundlegend: BVerfGE 7, 377 (Apothekenurteil).

864 BVerfGE 7, 403; Stober, 472; Schmidt, 123; Scholz, Art. 12 N 318 ff.; Breuer, 961. Die tragende Unterscheidung von Berufswahl und -ausübung ist nicht unbestritten und als solche problematisch. Gehört der Verkauf von apothekenpflichtiger Ware durch Drogisten zur Berufswahl oder zur -ausübung? Vgl. dazu BVerfGE 9, 77 ff.; 16, 163 ff. sowie Scholz, Art. 12 N 325; Schmidt, 124 f., je mit weiteren Hinweisen auf Rechtsprechung und Lehre.

865 BVerfGE 13, 95; Schmidt, 123.

866 Stober, 473; Schmidt, 125 ff. Die objektiven Regelungen sind nicht mit den sachbezogenen Bewilligungen zu verwechseln. Erstere beziehen sich auf Umstände, auf die der Betroffene keinen Einfluss nehmen kann (Bedürfnis, wirtschaftliche Lage), letztere auf beeinflussbare bauliche oder betriebliche Zustände.

I. Der verfassungsrechtliche Rahmen

Verhältnismässigkeitsprinzip zu beachten[867], ohne dass ihm auf jeder Stufe das gleiche Gewicht zukommt[868]. Auf der zweiten Stufe kann die Berufsaufnahme durch verschieden intensiv wirkende Gesetzesvorbehalte[869], wie Anzeigevorbehalt, Erlaubnisvorbehalt und Befreiungsvorbehalt eingeschränkt werden. Auf der dritten Stufe werden die Bedürfnisprüfung und die Kontingentierung als bekannteste Beispiele objektiver Zulassungsbedingungen angeführt[870].

145. Die Dreistufentheorie ist – bedingt im wesentlichen durch den als starr empfundenen Schematismus – nicht unbestritten geblieben[871]. Sie weist aber den eindeutigen Vorteil auf, dass sie Gesetzgeber und Richter anhält, in engen Grenzen die im Einzelfall schonendste Regelung zu suchen. Seit dem grundlegenden «Apothekenurteil» ist die Theorie zudem derart verfeinert worden, dass sie «den Zugang zu typisierten und zugleich differenzierten Kategorien verschiedener Fall- und Problemlagen eröffnet»[872]. Damit kommt sie der Quadratur des Kreises nahe: Ob eine staatliche Zulassungsregelung ein Tiefstmass an zweckgerechter Intensität aufweist, ist nicht nur aufgrund eines begrifflichen Rasters zu beurteilen, sondern entscheidet sich anhand der näheren Umstände[873]. Zu diesen zählt nebst den Voraussetzungen der Tätigkeitsaufnahme auch deren inhaltliche Ausgestaltung und die Rechtsbeständigkeit. Erst die auf den Einzelfall ausgerichtete Konkretisierung der Rechtsinstitute offenbart das Ausmass der Einschränkung. Die Erteilung einer Bewilligung etwa darf nicht mit Hinweis auf nicht beweisbare Zweifel verweigert werden, wenn sie bei Dahinfallen der Zulassungsvoraussetzungen entzogen werden kann[874]. Eine Anmelde- bzw. Anzeigepflicht kann erst dann als milder bezeichnet werden[875], wenn die Interessenabwägung eingeschränkt wird auf einen eng gezogenen Kreis von Verweigerungsgründen und die Anzeige auch das Recht[876] zur

---

867 Breuer, 964 f.
868 Breuer, 965.
869 Scholz, Art. 12 N 345; Stober, 476.
870 Schmidt, 127; Stober, 477.
871 Vgl. dazu statt vieler den Überblick bei J. Wieland, 139 ff.; Breuer, 961 und 963 f.; Scholz, Art. 12 N 319.
872 Breuer, 964.
873 Breuer, 965 f.
874 BGer 6. Januar 1983, ZBl 85/1984, 175 ff.
875 In Teilen der Doktrin und Rechtsprechung wird die Ansicht vertreten, die Anzeige- bzw. Anmeldepflicht unterscheide sich materiell nicht von der Bewilligung. Vgl. dazu BGE 96 I 232; 97 I 898; Bosshart, 148; Malinverni (réunion), 88; Malinverni, Kommentar BV, Versammlungsfreiheit, N 55 Anm. 86. Anderer Ansicht sind Rüesch 284 f. und 295; Saxer, 237 f. und aus der Perspektive der Bewilligung vermutlich auch Zenger, 451. Neuerdings hat das Bundesgericht eine nach dem Intensitätsgrad abgestufte Skala von präventiven Kontrollmassnahmen aufgestellt, allerdings ohne die Kontrollinstrumente inhaltlich zu qualifizieren. Vgl. dazu BGer 11. Dezember 1987, ZBl 89/1988, 328; ähnlich bereits BGE 92 I 103.
876 Auf eine Bewilligungspflicht kann zugunsten der Anzeigepflicht auch dann verzichtet werden, wenn faktische Gegebenheiten den Zugang zur anbegehrten Tätigkeit verhindern. So wird die

(sofortigen) Aufnahme der angezeigten Tätigkeit begründet. Entscheidend bleibt, dass die Anmelde- bzw. Anzeigepflicht der gesetzliche Ausdruck der Rechtmässigkeit des Tuns ist, wobei bei einer Bewilligungspflicht der Ersuchende die Rechtmässigkeit erst nachzuweisen hat. Eine bewilligungspflichtige Tätigkeit kann bei behördlicher Untätigkeit gar nicht aufgenommen werden. Verhält sich die Behörde nach Anzeige bzw. Anmeldung passiv, so spricht die Vermutung für die Gesetzeskonformität des Tuns.

146. *Inhaltlich* ist die Bewilligung(spflicht) soweit als möglich den Anforderungen der Erforderlichkeit anzupassen. Beispielsweise sollte der Nachweis der Fachkenntnisse unter Umständen auch auf anderem als dem von der Prüfungsinstanz vorgeschriebenen Weg erbracht werden können[877]. Diese «Austauschmöglichkeit» soll entfallen, falls das Gesetz selbst eine an sich verhältnismässige Art der Fachprüfung vorschreibt[878] oder die Gefahr des Rechtsmissbrauchs besteht[879]. Entbehrlich ist die Domizilpflicht, wenn Vorlagepflichten oder der Rechtshilfeverkehr unter den Kantonen den Kontrollbedürfnissen genügen[880]. Insbesondere darf die Bewilligung nicht verweigert werden, wenn die Gefährdung mittels einer Nebenbestimmung beseitigt werden kann[881], wobei auch hier anhand der Notwendigkeitsprüfung zwischen Auflage und Bedingung zu wählen ist[882]. Unter Umständen genügt auch die Erteilung einer befristeten Bewilligung[883]. Ähnlich verhält es sich bei Teilbewilligungen. Entgegen gesetzlicher Vorschrift[884] ist die Behörde gehalten, eine Teilbewilligung zu

---

Genfer Börse anders als die Zürcher und Basler Börsen durch eine *private* Organisation geführt, die im Rahmen ihrer Statuten über die Aufnahme der Mitglieder entscheidet. Demnach konnte der Genfer Gesetzgeber von einer Bewilligungspflicht absehen; dagegen haben die anderen Börsenkantone ein Bewilligungssystem eingeführt. Vgl. dazu Knapp (Aspects), 286 f.

877 Zimmerli (Verhältnismässigkeit), 53; Jost, 89 f.; BGE 103 Ib 43.
878 Zimmerli (Verhältnismässigkeit), 53. Vgl. meine Bedenken in N 209.
879 BGE 116 Ib 415 ff.
880 BGE 99 Ia 398; 106 Ia 129 sowie RB 1983 Nr. 21. Domizilpflichten wurden verneint für gewerbsmässige Vertreter von Gläubigern nach Art. 27 SchKG (BGE 106 Ia 126 ff.), Architekten (BGE 116 Ia 355), Rechtsanwälte (BGE 80 I 152), Ärzte (BGE 67 I 198), Zahnärzte (BGE 83 I 254), Chiropraktoren (BGE 80 I 15), Installateure (BGE 88 I 68), Hersteller von Grabmälern (BGE 80 I 127), Taxichauffeure (BGE 99 Ia 394) und Geschäftsagenten (BGE 71 I 254).
881 Zimmerli (Verhältnismässigkeit), 54; Mäder, 231 ff.; BGE 99 Ia 489. Vgl. etwa BGE 109 Ia 130 ff. zum resolutiv erteilten Gastwirtschaftspatent.
882 Fries, 223.
883 Eine befristete Bewilligung ist dort angebracht, wo eine sofortige Beseitigung oder Unterlassung nicht notwendig sind und sich eine angemessene Übergangsfrist aufdrängt oder wo die Änderung der Rechtslage absehbar ist.
Wird eine befristete Ausnahmebewilligung zur Berufsausübung erteilt und bewährt sich der Bewilligungsempfänger in der Zwischenzeit, so kann sich daraus aufgrund der HGF ein Anspruch auf Beibehalt der Bewilligung ergeben. Vgl. dazu VGer Obwalden 26. Oktober 1988, ZBl 90/1989, 443 f.

I. Der verfassungsrechtliche Rahmen

erteilen, wenn in klarer und praktikabler Weise die nachgesuchte Tätigkeit in einzelne Zweige gegliedert werden kann, für die es sich aufdrängt, verschiedene Zulassungsbedingungen vorzusehen[885]. Gleich vorzugehen ist, wenn sich verschiedene von einem Erlass erfasste Tätigkeiten derart unterscheiden, dass sich eine einheitliche Bewilligungsregelung nicht rechtfertigen liesse[886]. Schliesslich soll auf die Beseitigung des bewilligungswidrigen Zustandes verzichtet werden, wenn durch eine in Kürze erfolgende Gesetzesänderung die Bewilligungsfähigkeit herbeigeführt wird[887]. Ähnlich verhält es sich, wenn dem unterbliebenen Bewilligungsgesuch Folge gegeben worden wäre und die strafrechtlichen Konsequenzen der Unterlassung eine genügende Sanktion darstellen[888].

147. Die Suche nach der mildesten Massnahme belastet nicht nur die Zulassungsbehörde, sondern kann ihr den Entscheid auch wesentlich erleichtern. Die Verhältnismässigkeitprüfung sollte jedoch nicht dazu verleiten, eine mit Nebenbestimmungen versehene oder nur teilwirksame Bewilligung zu erteilen, wo die gesetzlichen Voraussetzungen für eine unbelastete Bewilligung erfüllt sind[889]. Nebenbestimmungen können auch nicht zur Heilung von wesentlichen Mängeln eingesetzt werden, welche die bewilligungspflichtige Tätigkeit in ihren Grundzügen verändern[890]. Die-

---

884 Diese Verpflichtung ergibt sich aus dem Willkürverbot, denn wo es der Gesetzgeber unterlassen hat, eine klare und praktikable, sich aufdrängende Gliederung ins Gesetz zu übernehmen, hat er willkürlich gehandelt. Vgl. auch RB 1975 Nr. 105 für Alkoholverkaufsbewilligungen.
885 Vgl. BGE 103 Ia 600; 112 Ia 325 f.; 116 Ia 124 f.; 117 Ia 449 f.; RB 1975 Nr. 105. Zurückhaltender BGer 7. Juli 1984, ZBl 86/1985, 118 ff.; RB 1983 Nr. 119. Der in BGE 114 Ia 39 angesprochene Ausschluss von nichtpatentierten Steuer- und Treuhandexperten von der Vertretung im Verwaltungsjustizverfahren kann wohl am sachlichsten unter dem Aspekt der Teilbewilligung gelöst werden. Vgl. in dieser Richtung auch BGE 105 Ia 78. Mit der Teilbewilligung verwandt ist die Verpflichtung zur Gruppenbildung innerhalb der Gastwirtschaftsbetriebe bei der Abklärung des wirtschafts- oder gesundheitspolizeilich motivierten Bedürfnisses, BGE 108 Ia 153.
Generell ist darauf hinzuweisen, dass die Teilbewilligung nicht «expansiv» eingesetzt werden soll, indem bewilligungsfreie Randbereiche von der Pflicht erfasst werden. Vgl. dazu auch den Sachverhalt in RB 1970 Nr. 64.
886 Vor allem im Gastwirtschaftsgewerbe ist eine derart starke Ausübungsdifferenzierung und -spezialisierung zu beobachten, dass die Unterschiede die Gemeinsamkeiten bei weitem überwiegen können. Unter solchen Umständen ist eine nach Tätigkeitsart abgestufte Unterscheidung der Zulassungsanforderungen unumgänglich. Im Kanton Basel-Stadt etwa wird zwischen zehn Gastwirtschaftsbetrieben unterschieden, Koller, 514. Das Bundesgericht hat in BGE 108 Ia 151 ff. die Prüfung des (wirtschaftsstrukturellen oder gesundheitspolizeilich motivierten) Bedürfnisses auf verschiedene Untergruppen von Gastwirtschaftskategorien beschränkt.
887 Zum gleichen Ergebnis führt auch die Interessenabwägung. Vgl. dazu RB 1986 Nr. 102.
888 BGE 108 Ib 4.
889 Zum Widerrufsvorbehalt vgl. N 277.
890 Mäder, 241 f. Werden etwa Grenz- oder Gebäudeabstände um rund 3,5 m überschritten, so kann dieser Mangel nicht mittels einer Nebenbestimmung behoben werden, da er das Bauprojekt wesentlich verändert, RB 1983 Nr. 112.

ser Grundsatz ist – zulasten der Verwaltungsökonomie – dann streng zu beachten, wenn die Bewilligungserteilung Rechtsschutzinteressen Dritter berührt[891].

148. Akzentuiert stellt sich das Problem der Notwendigkeit beim Entzug einer Bewilligung sowie beim generellen, ausnahmslosen Verbot[892]. Der *Entzug* kann sich aus einer der Bewilligungserteilung beigefügten Resolutivbedingung ergeben[893]; selbst dann ist er nur statthaft, wenn stichhaltige Gründe vorliegen[894]. Auch wenn sich ein gesetzlich geregelter Entzugsgrund verwirklicht oder nachträglich eine Voraussetzung der Bewilligungserteilung dahinfällt, kann der Entzug – unhaltbare bzw. unaufschiebbare Zustände[895] oder objektiv ausschliessbare Verbesserungen vorbehalten – nur als «ultima ratio» durchgesetzt werden[896]; zudem sind seit der Zulassung begründete Vertrauenspositionen zu achten[897]. Dem Entzug soll eine Ermahnung zur Beseitigung des gesetzwidrigen Zustandes vorausgehen, wobei die Behörde – unter Ansetzung einer genügenden Verbesserungsfrist – vorzugsweise die Möglichkeiten und die Art der Beseitigung aufzuzeigen hat[898]. Ebenso ist auf einen unbefristeten Entzug zu verzichten, falls eine Befristung den öffentlichen Interessen genügt[899].

---

891 Das Anfechtungsobjekt soll sich abschliessend und hinreichend klar aus der Bewilligungserteilung ergeben; im übrigen ist die verfahrensrechtliche Stellung Dritter bei der Durchsetzung der Nebenbestimmungen oftmals stark geschwächt.
892 Das Verhältnismässigkeitsprinzip wird hier in besonderem Mass durch das Störerprinzip ergänzt, indem nur der Verursacher allein Ziel der verwaltungsrechtlichen Massnahme sein darf. Vgl. dazu Rüesch, 269; Saxer, 264.
893 Gygi (Verwaltungsrecht), 294; Imboden/Rhinow, Nrn. 39 B III a und b sowie 59 B II c; Rhinow/Krähenmann, Nr. 39 B III b; Grisel (Traité), 408 f.; Häfelin/Müller, N 721; BGE 99 Ia 485 ff.; 109 Ia 131.
894 Gygi (Verwaltungsrecht), 294; BGE 101 Ia 191.
895 Dazu zählen auch die Fälle, in denen das Gesetz einen Aufschub ausschliesst, wie etwa beim Warnungsentzug, BGE 104 Ib 197 und 398; 107 Ib 47.
896 So kann bei bewilligungspflichtigem Verkauf von Lebensmitteln oder Medikamenten ein klarer Hinweis auf der Verpackung, der auf den genauen Verwendungszweck hinweist, ein Verbot durchaus ersetzen. Vgl. BGE 52 I 234 (Eutersalbe); 100 Ib 305 (Diätbier). Gleich verhält es sich, falls ein Reklameverbot bzw. eine Kontrolle der Werbung genügt, VGer Zürich 18. Mai 1984, ZBl 86/1985, 70.
897 So muss ein Wegfall der Voraussetzungen nicht einmal bei der Polizeibewilligung zwingend zum Entzug führen, wenn dem Vertrauenspositionen entgegenstehen, Hangartner (Widerruf), 124; Weber-Dürler (Vertrauensschutz), 190. Vgl. weiter auch U. Müller, 161 und BGE 106 Ia 260, ferner 108 Ia 4.
898 Rhinow/Krähenmann, Nr. 56 B II e; Plotke, 470 f.; RB 1988 Nr. 19.
899 VGer Zürich 28. Februar 1985, ZBl 86/1985, 374 f.

I. Der verfassungsrechtliche Rahmen

c. Eignung

149. *Ungeeignete* Massnahmen verletzen die Gebote der Zwecktauglichkeit und Zielkonformität der Massnahme[900]. Berührt ein ungeeigneter Eingriff Grundrechte, so wird die Verhältnismässigkeitskontrolle durch das Willkürverbot überlagert[901]: Ein ungeeignetes Mittel erscheint im Hinblick auf die Zweckverfolgung als sinn- und zwecklos. Die Eignungsprüfung setzt zwar «ein besonders feines Unterscheidungsvermögen (...) und sorgfältige(r) Abklärungen»[902] voraus, kann – aufgrund der richterlichen Zurückhaltung – in aller Regel jedoch nur gröbste Rechtsverletzungen erfassen. Einzig Regelungen, die überhaupt nichts zur Herbeiführung des angestrebten Erfolges beizutragen vermögen, gelten als ungeeignet[903]. Erweisen sich dagegen schwach ausgestaltete Zulassungsanforderungen als untauglich, so stellt sich die Frage nach deren Stärkung oder Ergänzung durch weitere kontrollierende und lenkende Massnahmen.

150. Da das Kriterium der Eignung einzig vor eklatanten gesetzgeberischen Fehlgriffen schützt, kann die Rechtsprechung bloss selten untaugliche Massnahmen konstatieren[904]. Immerhin scheiden Zulassungs- oder Ausübungsanforderungen aus, die nicht notwendigerweise mit der ausgeübten Tätigkeit im Zusammenhang stehen[905]. Gleich verhält es sich mit der sachlich ungerechtfertigten Verknüpfung personenbezogener Eigenschaften mit einer Sachbewilligung[906], der Domizilpflicht zur

---

900 Zimmerli (Verhältnismässigkeit), 13; J.P. Müller (Elemente), 133; Grisel (Traité), 348 ff.; Pierre Muller, 210 ff.; BGE 96 I 242; 112 Ia 79; 115 Ia 31.
901 Kölz (Verwaltungsrecht), 133; Zimmerli (Verhältnismässigkeit), 24 f.; J.P. Müller (Elemente), 134; Rhinow, Kommentar BV, Art. 31 N 210; Pierre Muller, 218; Hotz, 95.
902 Zimmerli (Verhältnismässigkeit), 25.
903 Rhinow/Krähenmann, Nr. 58 B IV a; Bundesrat 22. September 1975, VPB 1976 Nr. 21. Vgl. auch Rohner, 153 ff., zur Untauglichkeit der Kontingentierung, um die schweizerischen Filmverleiher vor der Abhängigkeit von ausländischen Produktionen zu schützen.
904 Teils hängt dies wohl auch mit dem Rügeprinzip zusammen. So ist m.E. das vom Bundesgericht aufgrund einer Interessenabwägung als zulässig erklärte Verbot von nicht-rätoromanischsprachigen Reklameschildern nicht *geeignet*, die heute noch bestehenden rätoromanischen Sprachregionen zu erhalten, was aber offenbar nicht Gegenstand der staatsrechtlichen Beschwerde in BGE 116 Ia 345 ff. war.
905 Nichtzulassung von Militärdienstverweigerern zu einem für die Erteilung eines Patentes vorausgesetzten Bergführerkurs. Richtigerweise sollte auf die (abstrakte) Militärdiensttauglichkeit bzw. -pflichtigkeit abgestellt werden. Vgl. dazu BGE 103 Ia 552 ff.; Häfelin/Müller, N 494. Gleich verhält es sich, wenn die Gastwirtschaftspatenterteilung von einem angemessenen Mietzins für die Wirtschaftslokalität abhängig gemacht wird, da hierin keine Gewähr für die angestrebte ordentliche Wirtschaftsführung liegt, VGer Zürich 26. Januar 1978, ZBl 79/1978, 211 ff.
Dagegen gilt der polizeilich motivierte Fähigkeitsausweis für eine Vielzahl von Berufen durchaus als geeignet, das Publikum vor den aus der Berufsausübung ausgehenden Gefahren zu schützen, vgl. dazu den Überblick in BGE 103 Ia 262 f.
906 Ein in der Person des Wirtes eingetretener Patenterlöschungsgrund soll nicht zur Schliessung einer Wirtschaft führen, wenn diese im Eigentum eines Dritten steht, BGE 94 I 654 f.

Erreichung von Kenntnissen im kantonalen Recht[907] oder der Verweigerung einer Aussenantennenbewilligung, wenn aufgrund der örtlichen Verhältnisse keine Anhaltspunkte vorliegen, dass solche Anlagen überhandnehmen werden[908]. Teils wird – zu Recht, aber aufgrund der klaren Verfassungslage ohne direkte Wirkung – auch die Tauglichkeit der wirtschaftspolizeilichen Bedürfnisklausel nach Art. 32^{quater} Abs. 1 BV in Frage gestellt[909].

5. GRUNDRECHTE

a. Verhältnis von Grundrechten zu den Zulassungspflichten

151. Die Rechtsfiguren der Bewilligung und Konzession stehen in einem engen, aber nicht immer gleich intensiven Verhältnis zur grundrechtlichen Ordnung. Ihre Zulässigkeit, Inhalt, Ausübung, Bestand und Beendigung werden über weite Bereiche durch grundrechtliche Vorgaben und Rahmen (mit)bestimmt. Das zeigt sich eindrücklich bei der Polizeibewilligung: Diese ist derart eng mit der Entwicklung der Handels- und Gewerbefreiheit und – etwas weniger weitgehend – mit der Eigentumsgarantie verbunden, dass ihr eine rein verwaltungsrechtliche Betrachtungsweise nicht gerecht werden könnte.

152. Anwendungsbereich und Wirkkraft der Grundrechte unterscheiden sich je nach Art der Bewilligung oder Konzession. Tendenziell, aber nicht ausschliesslich, herrschen bei polizeilich und wirtschaftspolitisch ausgerichteten Bewilligungen (und Konzessionen) freiheitsrechtliche Gesichtspunkte vor, während bei Konzessionen die Rechtsgleichheit[910] und der ihr nahestehende Gedanke des Vertrauensschutzes im Vordergrund stehen. Die Wirkung der Grundrechte auf Bewilligungs- und Konzessionsverhältnisse kann – grob eingeteilt – auf drei Grundlinien reduziert werden: Nebst der traditionellen, auf dem *defensiven* Grundrechtscharakter aufbauenden Linie, wie sie seit je gegenüber den Polizeibewilligungen vertreten wird, finden sich im öffentlichen Sachenrecht vorderhand noch unbewältigte Durchbrüche zu einem im *konstitutiven* Grundrechtsverständnis wurzelnden Leistungs- und Gestaltungsanspruch[911] (zweite Grundlinie). Die Verwischung der Grenzen zwischen Eingriff und Leistung, die vielbeobachtete Einbindung des Bürgers in den

---

907 BGE 116 Ia 357 ff.
908 RB 1989 Nr. 72.
909 RB 1988 Nr. 97.
910 BGE 114 Ia 8 ff. Vgl. auch statt vieler Hangartner (Staatsrecht), Bd. II, 135.
911 Saladin (Grundrechte), XXI ff. und LVI f.; J.P. Müller (Elemente), 47 f. und 59 ff.; J.P. Müller, Kommentar BV, Einleitung zu den Grundrechten, N 23; G. Müller (Privateigentum), 26; Saxer, 7 f.

I. Der verfassungsrechtliche Rahmen

modernen Eingriffs-, Leistungs- und Lenkungsstaat[912] führten nicht nur zur Anpassung und Dehnung der Grundrechtsdogmatik, sondern legten auch Lücken im Schutz des stark zunehmenden Stabilitätsvertrauens offen. Diese wurden durch eine im frühen Konzessionsrecht wurzelnde[913], in den letzten dreissig Jahren stark ausgebaute *Vertrauensschutzdogmatik* gefüllt[914]. Auf sie greift man zurück, wenn freiheitsrechtliche Gesichtspunkte versagen (dritte Grundlinie).

153. Die generelle Einschränkbarkeit der Grundrechte gestattet ein weitgehendes Bewilligungs- bzw. Konzessionssystem[915]. Nur in wenigen, auf präventive Massnahmen besonders sensibel reagierenden Grundrechtsbereichen ist eine staatliche Zulassungskontrolle a priori ausgeschlossen. Klassisches Beispiel[916] ist das Verbot, die Verbreitung von Meinungen einer präventiven, materiellen wie formellen Kontrolle – in der Form von Zensur oder als vorgängige Bewilligung – zu unterstellen. Die Zurückhaltung hat ihren Ursprung im Verbot der Pressezensur[917], bezieht sich aber auf alle Grundrechte der freien Kommunikation[918]. Der eigentliche Geltungsanspruch des Verbots ergibt sich aus der staatlichen Verpflichtung, sich gesellschaftli-

---

912 Statt vieler: Weber-Dürler (Vertrauensschutz), 23 ff.; J.P. Müller (Soziale Grundrechte), 142 ff.; Gygi (Verwaltungsrecht), 22 ff.
913 Vgl. hierzu N 24.
914 Weber-Dürler (Vertrauensschutz), 30 f.; J.P. Müller (Soziale Grundrechte), 190.
915 So ist etwa die in der Eigentumsgarantie wurzelnde Institutsgarantie nicht verletzt, wenn der Abbruch oder Umbau von Wohnraum einer Bewilligungspflicht unterstellt wird, BGE 101 Ia 513; 103 Ia 419; J.P. Müller (Grundrechte), 332. Auch die persönliche Freiheit ist durch Bewilligungspflichten regelmässig nicht berührt, BGE 114 Ia 290 zur Waffenhandelsbewilligung und BGE 101 Ia 347; 106 Ia 195 sowie BGer 13. Juli 1977, ZBl 79/1978, 81 zur Regelung des Spielsalonwesens.
916 Weiter ist nach heute unbestrittener Ansicht ein Bewilligungs- bzw. Konzessionssystem für die Gründung von Vereinen, wie es dem liberal-monarchistischen Verwaltungsrecht bekannt war, unzulässig. Vgl. dazu Aubert (Traité), N 2157; Malinverni, Kommentar BV, Art. 56 N 39; J.P. Müller (Grundrechte), 173; BGE 96 I 229. Anderer Ansicht war noch Burckhardt (Kommentar), 525.
917 Dass eine Pressezensur mit der Pressefreiheit unvereinbar ist, kann heute als herrschende Doktrin angesehen werden, Aubert (Traité), N 2099; Saladin (Grundrechte), 68 ff.; J.P. Müller (Grundrechte), 128 f.; J.P. Müller, Kommentar BV, Art. 55 N 24 ff. Wie die Entwicklung der Pressefreiheit und die sie begleitende bundesgerichtliche Rechtsprechung aber aufzeigen, wurde das Zensurverbot je nach politischer Lage mehr oder weniger durchbrochen, Saladin (Grundrechte), 33 ff.
918 Insbesondere die der politischen Willensbildung dienende Kommunikation. Vgl. dazu BGE 105 Ia 94; 106 Ia 21; 107 Ia 231; 108 Ia 300 ff. Dagegen steht die Religionsfreiheit grundsätzlich einer präventiven, der Pressezensur vergleichbaren Überwachungsmassnahme in Form eines *placetum regium* nicht entgegen, wobei dieses heute generell als unverhältnismässig anzusehen ist. Vgl. dazu Burckhardt (Kommentar), 469; Peter Karlen, Das Grundrecht der Religionsfreiheit in der Schweiz, Diss., Zürich 1988, 317. Dagegen genügt für die Durchführung von Prozessionen traditioneller kirchlicher Gemeinschaften in aller Regel eine Anmeldepflicht. Vgl. dazu Saxer, 252 und BGE 108 Ia 41 ff. Zur Bewilligung von religiös motivierten Spendensammlungen vgl. Jäggi, 111 f.

chen Vorgängen gegenüber neutral zu verhalten[919]. Danach ist es verboten, Meinungen und Ansichten zum Inhalt staatlicher Kontrolle und Lenkung zu machen[920].

154. Nach nicht unbestrittener Meinung kann die freie Kommunikation einer Bewilligungspflicht unterstellt werden, wenn sie auf öffentlichem Grund in Überschreitung des Gemeingebrauchs ausgeübt wird[921]. Obwohl das Bundesgericht auch hier von der Bewilligungsbehörde Wertungsfreiheit verlangt[922], hat es die Möglichkeit einer inhaltlichen Kontrolle nicht gänzlich ausgeschlossen: Nebst der historisch bedingten Einschränkung, wonach eine Vorzensur bei unmittelbarer Gefährdung der öffentlichen Ordnung und Sicherheit zu Zeiten politischer Unruhe ausnahmsweise gestattet ist[923], hat es das Zensurverbot in jüngerer Zeit noch weiter relativiert. Die Meinungsveröffentlichung kann danach präventiv auf die Beachtung strafrechtlicher Schranken hin überprüft werden[924]. Mit diesem Einfallstor für Zensurmassnahmen verdeutlicht sich die bereits angesprochene Tendenz, die Sachhoheit des Gemeinwesens als Legitimation für ansonsten nicht statthafte Aufsichtsmassnahmen zu verwenden. Dies ist in mehrfacher Hinsicht problematisch. Zum einen wird das umfassend geltende Verbot präventiver Zensur bei der Benützung öffentlichen Grundes ausgeschaltet. Zum anderen kann die bewilligungsfreie Benützung öffentlichen Grundes, wie etwa das Verteilen von Flugschriften[925], inhaltlich nicht kontrolliert werden. Bei näherer Betrachtung zeigt sich, dass weniger die Strafbarkeit der Meinungsäusserung als vielmehr die – im einzelnen nicht immer klar abgrenzbare – Art der Nutzung öffentlichen Grundes entscheidend ist. Überdies versucht das Bundesgericht den Zusammenhang zu seinem Grundsatz wertneutralen Verhaltens der Bewilligungsbehörden zu wahren, indem es am Verbot einer *politischen* Zensur festhält[926]. Allerdings legt es auch nicht fest, wie sich eine Rechtskontrolle von einer politischen Kontrolle unterscheiden soll[927]. Als gesichert gilt allein, dass nicht zu Straftaten aufgerufen werden darf[928]. Damit verschüttet das

---

919 Vgl. dazu Saxer, 106 f.; Poledna, 152 ff.
920 BGE 105 Ia 94; 107 Ia 66. Nicht ausgeschlossen sind Massnahmen zum sofortigen Schutz vor offensichtlichen und schweren Verletzungen elementarer Rechtsgüter, die aber mittels repressiver Mittel wie Verbot oder Beschlagnahme durchgesetzt werden. Vgl. dazu Saladin (Grundrechte), 70 f.; J.P. Müller (Grundrechte), 130.
921 Alfred Kölz, (Volksinitiative), 7 ff.; J.P. Müller, Kommentar BV, Meinungsfreiheit, N 96 ff.; Malinverni (libertés), 158 f.
922 BGE 96 I 589; 106 Ia 21; 107 Ia 66 und 231 f.; 108 Ia 300 ff.; BGer 15. Dezember 1976, ZBl 78/1977, 357 ff.
923 BGE 60 I 121 f.; 96 I 589 f.; BGer 27. Januar 1977, ZBl 78/1977, 359.
924 BGE 105 Ia 22; BGer 21. März 1979, ZBl 81/1980, 44. Vgl. dazu die Kritik bei Malinverni (libertés), 154; Saxer, 107 ff.; Pfister, 221.
925 BGE 96 I 589 f.; 110 Ia 47 ff.
926 BGE 105 Ia 22.
927 Vgl. dazu Saxer, 107 Fn. 34.
928 BGE 105 Ia 15 ff.; 108 Ia 300 ff.

I. Der verfassungsrechtliche Rahmen

Bundesgericht die mit der Pressefreiheit seit je verbundene Erkenntnis, dass aufgrund der *nicht durchführbaren* Unterscheidung von politischer Zensur und Rechtskontrolle *allein das Verbot* präventiver Kontrollmassnahmen den Missbrauch des Bewilligungserfordernisses verhindern kann[929]. Einzig bei Abwehr unmittelbarer und schwerer Gefahr kann präventiv eingeschritten werden[930].

b. *Grundrechtlicher Anspruch auf Zulassung zur Nutzung öffentlichen Grundes?*

155. Ob ein *Anspruch* auf Bewilligungs- bzw. Konzessionserteilung besteht, ergibt sich gewöhnlich erst aus der gesetzlichen Regelung[931], einer Zusicherung oder Abrede. Das Bundesgericht hat es über mehrere Rechtsprechungsperioden hindurch unbeirrt abgelehnt, aus grundrechtlichen Anliegen heraus einen Anspruch auf die zustimmungsbedürftige Benützung *öffentlichen Grundes* abzuleiten[932]. Dabei hat es sich in diskutabler Weise auf den Gegensatz Leistungsanspruch – Abwehrrecht gestützt. Genauer besehen taugt die Anknüpfung an den Zulassungs*akt* nicht, da damit verdeckt bleibt, dass bereits die Zulassungs*regelung* eine Grundrechtseinschränkung mit sich bringen kann[933]. Dogmatisch richtiger wäre es, zunächst die Zulassungsregelung als solche auf ihre Verfassungskonformität hin zu untersuchen; die Frage der staatlichen «Leistung» stellt sich hier gar nicht. In einem zweiten Schritt wäre die

---

[929] Zur Entwicklung des Zensurverbots in der Schweiz vgl. Saladin (Grundrechte), 34 ff.; Pfister, 163 ff.

[930] Eingehend dazu Pfister, 180 ff., ferner Saladin (Grundrechte), 70 f.; J.P. Müller (Grundrechte), 130.

[931] So ergibt sich etwa aus Art. 53 RTVG, wonach kantonale Aussenantennenverbote nur unter bestimmten Umständen grundrechtlich tragbar sind, dass in der Regel ein Anspruch auf die Erteilung einer Antennen(bau)bewilligung besteht. Für die den Gemeingebrauch überschreitende Nutzung öffentlichen Grundes fehlt es in der Regel an einem gesetzlich umschriebenen Anspruch auf Zulassung.

[932] Cottier, XXV und 33 f.

[933] Ist es nicht eher so, dass der individualistisch verstandene Freiheitsbereich an sich *eingeschränkt* wird, wenn sich der Staat des unvermehrbaren Gutes «Boden» annimmt und es ins Öffentliche überführt, unabhängig davon, ob der Staat nun mit der Bereitstellung von Strassen und Plätzen eine infrastrukturelle Leistung erbringt? Immerhin ist es mit der Eigentumsgarantie unvereinbar, wenn der Staat ein Bodenmonopol errichtet, vgl. G. Müller, Kommentar BV, Art. 22ter N 13 Fn. 42 unter Hinweis auf ZBl 61/1960, 218 ff. Wieso sollte es sich bei einem mit der Bodennutzung verbundenen «Kommunikationsmonopol» anders verhalten? Aus dieser Sicht erscheint der *Anspruch* auf Benützung öffentlichen Grundes als die verfassungsrechtlich notwendige *Minimierung der Freiheitsbeschränkung*, indem ein auf die konkrete Situation angepasster Anspruch auf Grundrechtsausübung anerkannt wird. Der Anspruch ist insbesondere dort zu bejahen, wo die Grundrechtsausübung eng mit der Benützung des Grundes (privaten oder öffentlichen) verbunden ist. Es zeigt sich auch hier, wie wenig fruchtbar eine streng polarisierende Begrifflichkeit bei der Beurteilung von Grundrechtseinschränkungen ist. Vgl. auch Saxer, 147 ff., der zu Recht einen situationsbezogenen, plurifunktionalen Zugang fordert. Zur durchaus vergleichbaren Lage beim gesteigerten Anstaltsgebrauch vgl. BGE 117 Ib 394 f.

Übereinstimmung des Zulassungsaktes (als «Leistung») mit den Grundrechten (insbesondere Rechtsgleichheit und Willkürverbot) zu prüfen[934].

Erst die Hinwendung zum konstitutiven Grundrechtsverständnis hat dem «bedingten Anspruch»[935] auf Benützung öffentlichen Grundes[936] zum Durchbruch verholfen. Gleich wie der gesetzlich oder durch Zusicherung oder Abrede festgelegte Anspruch ist auch der grundrechtliche an die Erfüllung bestimmter Rahmenbedingungen, die Konformität mit der öffentlichen Ordnung und den positiven Ausgang einer Interessenabwägung gebunden. Der bedingte Anspruch verdichtet sich nahezu zu einem unbedingten, je existentieller die konkrete Grundrechtsausübung auf Benützung öffentlichen Grundes angewiesen ist[937]. Diesen Parallelen zum Trotz prallen die Ansätze zu einer *umfassenden* grundrechtlichen Durchdringung der Benützung öffentlichen Grundes noch an der verwaltungsrechtlichen Dogmatik[938] ab. Die Nutzung ist hier in eine im obrigkeitsstaatlichen deutschen Verwaltungsrecht verwurzelte Begrifflichkeit eingebettet[939], die sich nur bedingt mit Grundrechtsansprüchen in Einklang bringen lässt.

156. Das schweizerische Verwaltungsrecht ist in doppelter Weise gebunden. Es hat sich nicht nur dem Dualismus von Gemeingebrauch und Sondernutzung verpflichtet, sondern erblickt – in Anlehnung an das künstliche Gedankengebäude OTTO MAYERS[940] – in der Gestattung besonders intensiver Nutzungsarten eine Konzession, die auf dem Gedanken der Übertragung eines Stücks öffentlicher Verwaltung (Verleihung) beruht[941]. Diese Verbindung obrigkeitsstaatlicher Elemente mit der im Konzessionsverhältnis angesiedelten, nur bedingt überprüfbaren Ermessensfreiheit

---

934 Vgl. dazu BGE 117 Ib 395.
935 So ein durch Lehre und Rechtsprechung übernommener Ausdruck von Hans Peter Moser, Urteilsanmerkung zu BGE 100 Ia 392 ff. (Komitee für Indochina) = ZBl 76/1975, 270 f.
936 Dieser umfasst in diesem Zusammenhang auch kommunale Einrichtungen, wie Gemeindesäle. Vgl. dazu BGer 18. Februar 1991, ZBl 93/1992, 44.
937 Vgl. dazu Saxer, 123 und 286 f. und BGer 18. Februar 1991, ZBl 93/1992, 44 zum Anspruch auf Benützung eines Gemeindesaales sowie Regierungsrat Zug 7. Dezember 1992, ZBl 94/1993, 323 zum Anspruch auf Nutzung eines Kirchen- und Begegnungszentrums durch eine politische Partei.
938 Vgl. etwa die Argumentation bei Knapp (Précis), N 3033. Lücken bestehen insbesondere hinsichtlich der Tragweite des Legalitätsprinzips und der Sondernutzungskonzession. Zu den vehementesten Kritikern zählen Saxer, 61 ff. und J.P. Müller (Grundrechte), 188 ff. Vgl. auch Sutter-Somm (Monopol), 156 ff. und Häfelin/Müller, N 1896. Es zeigt sich erneut, dass *Otto Mayers* Bemerkung über die Widerstandsfähigkeit verwaltungsrechtlicher Begrifflichkeit nichts an Aktualität eingebüsst hat.
939 Cottier, XXV und 33 f.
940 Vgl. hierzu N 104.
941 Vor diesem rechtshistorischen Hintergrund wird verständlich, dass Knapp (concessions), 125 f. die Rechtsnatur der Wasserrechtskonzession aufgrund der Unterscheidung der Konzessionierung öffentlicher Dienste und dem staatlichen Monopol der Nutzung öffentlichen Grundes untersuchen muss, will er den Nutzungsberechtigten nicht zum Träger eines «service public» machen.

I. Der verfassungsrechtliche Rahmen

der Behörden[942] hat dazu geführt, dass die Sondernutzungskonzession bis heute den Geist eines «Gnadenaktes» in sich trägt[943]. Es ist kein Zufall, dass das Bundesgericht bei rechtsstaatlichen Bedenken über die Rechtfertigung eines Konzessionssystems auf die Figur der Sondernutzungskonzession verweist, um die Lücken per Analogieschluss zu füllen[944].

157. Die Zulassung zur Nutzung öffentlichen Grundes erfolgt nach bundesgerichtlicher Vorstellung innerhalb eines nach administrativen Zweckmässigkeitsüberlegungen strukturierten Rasters, der auf der Begriffstrias Gemeingebrauch – gesteigerter Gemeingebrauch – Sondernutzung beruht[945]. Jedem dieser Begriffe werden unterschiedliche Elemente und Rechtsfolgen zugewiesen: Der schlichte Gemeingebrauch ist eng mit dem Verbot einer präventiven Kontrolle verbunden; der gesteigerte Gemeingebrauch impliziert hingegen eine Bewilligungspflicht, und die Zustimmung zur Sondernutzung schliesslich wird als ein grundrechtlich nur mangelhaft durchdrungenes Konzessionsverhältnis aufgefasst. Die Prärogative der Grundrechte ist zugunsten verwaltungsökonomischer und pseudo-freiheitsrechtlicher Aspekte zurückgedrängt, und zwar in einer Art, die zu geradezu kuriosen Folgerungen veranlasst. Der individuell-grundrechtliche Anspruch des Nutzungssuchenden auf eine den konkreten Verhältnissen angepasste Zulassung kann sich nach bundesgerichtlicher Anschauung allein im Rahmen dieser starren Nutzungskategorien durchsetzen. Ansonsten sei zu befürchten, die Verwaltung würde das ihr zur konkreten Individualisierung der Zulassung zustehende Ermessen missbrauchen[946].

158. Der grundrechtlich geschützte[947] «*bedingte Anspruch*» auf Benützung öffentlichen Grundes hat die vorhin beschriebene, verwaltungsrechtlich geprägte Nut-

---

942 Diese Praxis wird zu Recht von der Lehre kritisiert, vgl. dazu statt vieler Kölz (Legitimation), 739 ff. und Thürer (Willkürverbot), 466.
943 Vgl. etwa VGer Zürich, 31. März 1978, ZBl 80/1979, 227; Knapp (Précis), N 3047; Cottier, XXV und 33 f.
944 So beim «service public» von Radio und Fernsehen, BGer 17. Oktober 1980, ZBl 83/1982, 221.
945 Grisel (Traité), 543; Knapp (Précis), N 2998; Gygi (Verwaltungsrecht), 232 ff.; Imboden/Rhinow und Rhinow/Krähenmann, Nrn. 116–119; Häfelin/Müller, N 1851 ff.; BGE 105 Ia 93. Die französische Lehre hingegen unterscheidet einzig zwischen «usage collectif» und «usage privatif». Vgl. dazu BGer 30. März 1984, ZBl 87/1986, 370 und BGE 105 Ia 93.
946 Vgl. dazu BGer 15. Dezember 1976, ZBl 78/1977, 360.
947 Je nach Art des Grundrechtes schwankt die Anspruchsberechtigung zwischen einem nahezu unbedingten bis hin zu einem durch Ermessensfreiheit der Behörden beschränkten, bedingten Anspruch. Die Anspruchsberechtigung ist bei «ideellen» Grundrechten stärker, bei der HGF schwächer ausgeprägt, vgl. dazu Saxer, 98 und 262. Eine kategorische Abstufung nach dem Grad der einem Grundrecht innewohnenden Gemeinnützigkeit ist nicht sachgerecht, da sie die Umstände des Einzelfalles vernachlässigt. Die Anspruchsberechtigung sollte nach dem Kriterium der Abhängigkeit der Grundrechtsausübung von der Benützung öffentlichen Grundes beurteilt werden, wobei sich der Anspruch verdichtet, je existentieller die Grundrechtsausübung auf öffentlichen Grund angewiesen ist. Vgl. hierzu Saxer, 286 f. und BGer 18. Februar 1991, ZBl 93/1992, 44.

zungstrias jedoch nachhaltig aufgeweicht. Aus dem «bedingten Anspruch» folgt zunehmend, dass die Frage des Nutzungsanspruchs ausserhalb bestimmter Kategorien in einem Prozess der Güterabwägung gelöst werden muss. Dabei gewinnt die grundrechtliche Position an Gewicht, je existentieller die Grundrechtsausübung auf die Benützung öffentlichen Grundes angewiesen ist. Mit dem Vorrang der nach Ort, Zeit und Inhalt individualisierten[948] Güterabwägung ist die kategorische wie auch überaus *statische* Unterscheidung zwischen gemeinverträglicher und nichtgemeinverträglicher Nutzung fraglich geworden, zumindest soweit sie von einer konkreten Beurteilung der Interessenlagen abhält. Vielmehr ist von der *Elastizität des öffentlichen Eigentums* auszugehen: Ob eine Nutzung die Grenzen der Gemeinverträglichkeit überschreitet, entscheidet sich nicht mehr allein anhand der generalisierenden Widmung. «Gemeinverträglich» ist auch eine intensivere Nutzung, die im *Einzelfall* als Folge einer Interessenabwägung zugelassen werden muss. Das öffentliche Eigentum soll eine je nach individueller Lage des Gesuchstellers, Zeitpunkt und Ort, den entgegenstehenden öffentlichen Interessen und der Art des in Anspruch genommenen Grundrechtes *adäquate Nutzung* gestatten. Die starre Subordination der Sondernutzungsarten unter den Gemeingebrauch muss einer Koordination der Nutzungstypen weichen. Dies würde bereits eine rein verwaltungsrechtliche Sicht nahelegen: Instrumental bestehen wenig Unterschiede zwischen Widmung und Zulassung zur Sondernutzung. Beide sind Ergebnis einer Interessenabwägung und gestatten den Gebrauch öffentlichen Grundes. Gleich wie die Zulassung zur Sondernutzung dient auch die Widmung präventiven Anliegen: Erst aus dem Widmungszweck ergibt sich der Gemeinverträglichkeitsrahmen. Nutzung öffentlichen Grundes ist ohne Widmung ebenso verboten wie die Sondernutzung ohne Zulassung. Verfehlt ist auch die Ansicht, der bewilligungsfreie Gemeingebrauch unterliege keiner staatlichen Kontrolle oder Aufsicht; im Gegenteil verlangt die Aufrechterhaltung der Gemeinverträglichkeit der Nutzung regelmässig eine recht aufwendige laufende sowie begleitende Kontrolle[949]. Der Unterschied zwischen Widmung und Zulassung zu einer den Gemeingebrauch übersteigenden Sondernutzung liegt darin, dass die Widmung eine generalisierende, weite Benutzerkreise und ganze Benutzungsarten umfassende «Unbedenklichkeitsbescheinigung» enthält, die Notwendigkeit der Bewilligungserteilung erst aufgrund einer konkreten Gefährdungs- oder Knappheitslage entsteht. Die Erteilung der Bewilligung ist mithin die verfeinernde, dynamisierende *Fortsetzung* der mit der Widmung begonnenen Güterabwägung, mittels welcher die bei

---

948 J.P. Müller (Grundrechte), 196 ff.; Häfelin/Müller, N 1883 ff.; Rhinow/Krähenmann, Nr. 118 B b 2; BGE 105 Ia 21 f.; 107 Ia 230 ff. und 294; 108 Ia 302 f.; 111 Ia 322 f. Eine eingehende Darlegung über den Individualisierungsprozess findet sich bei Saxer, 95 ff., 218, 229 ff. und 271.

949 Gygi (Verwaltungsrecht), 232 ff. Die Kontrolle und Lenkung des «gemeinverträglichen» Strassenverkehrs ist wohl die intensivste aller Kontroll- und Lenkungsmassnahmen bei der Nutzung öffentlichen Grundes.

I. Der verfassungsrechtliche Rahmen

der Nutzung kollidierenden Interessen *einzelfallgerecht* einem Ausgleich zugeführt werden.

159. Das Verlassen der auf die Bewilligung und Konzession ausgerichteten Nutzungskategorien zugunsten einer *Abfolge* von generellen und individuellen Interessenabwägungen hat mehrere Konsequenzen[950]. Die erste betrifft die Verfeinerung des Handlungsinstrumentariums. Grundrechtliche Anliegen werden in einem ersten Schritt bereits bei der Widmung berücksichtigt[951], was je nach Umstand zur Ausdehnung der Gemeinverträglichkeit führen kann. Als nächstes muss – dies folgt aus dem Proportionalitätsprinzip[952] – die starre Formel aufgegeben werden, wonach eine Überschreitung des Gemeingebrauchs «eo ipso» eine Bewilligungspflicht auslöst. Je nach Ort, baulicher Lage, Zeitpunkt, Gefährdungspotential und Knappheitslage kann auf eine breite, sich ergänzende wie auch ablösende Skala von Lenkungs-, Koordinations- und Abwehrformen zurückgegriffen werden, die dem Einzelfall gerecht(er) werden[953]. Erst wenn die *konkrete* Nutzung *typischerweise* ein bestimmtes Mass an Intensität annimmt oder hochrangige öffentliche Interessen tangiert, soll eine generelle Erlaubnispflicht gesetzlich statuiert werden[954]. Aus Gründen der Rechtssicherheit empfiehlt sich, für die generell voraussehbaren Grauzonen zwischen freier und kontrollierter Tätigkeit eine Meldepflicht einzuführen. Damit wäre auch den bundesgerichtlichen Befürchtungen, wonach eine individualisierte Zulassung, bedingt durch das behördliche Ermessen, Rechtssicherheits- und -gleichheitsstörungen auslösen würde[955], genügend Rechnung getragen. Das Aufstellen von Ständen zum Zweck der Sammlung von Unterschriften innerhalb von Fussgängerzonen oder auf Plätzen etwa könnte einer blossen *Anmeldepflicht* unterstellt werden; im Vorfeld von Abstimmungen und Wahlen, bei der Durchführung von Märkten, Umzügen oder Sportveranstaltungen wäre ein *Bewilligungs*verfahren ange-

---

[950] Auf die Notwendigkeit der Achtung des Legalitätsprinzips wurde bereits hingewiesen. Das Erfordernis der gesetzlichen Grundlage ergibt sich bereits aus dem grundrechtlichen Anspruch auf Benützung öffentlichen Grundes, unabhängig davon, ob man nun an der verwaltungsrechtlichen Nutzungstrias festhält oder nicht.
[951] J.P. Müller (Grundrechte), 193; Saxer, 124 ff. und 140.
[952] Saxer, 143 und 276.
[953] Dazu zählt nebst den generellen Nutzungsnormen, der Raum- und Nutzungsplanung und der vorausschauenden Widmung insbesondere die Meldepflicht. Am anderen Ende der Skala findet sich das Verbot, das aber erst dann einzusetzen ist, wenn mittels Nebenbestimmungen versehene Bewilligungen bzw. eine Ausnahmebewilligungsklausel einer Koordination nicht genügen. Vgl. dazu eingehend Saxer, 140 ff., 236 ff.; 252 f. sowie J.P. Müller (Grundrechte), 191.
[954] Vgl. den kritischen Überblick über die bundesgerichtliche Rechtsprechung bei J.P. Müller, Kommentar BV, Meinungsfreiheit, N 96 ff. Aufgrund der hier vertretenen Systematik müssten viele gegenwärtig der Bewilligungspflicht unterstehenden Nutzungsarten im Begriff des Gemeingebrauchs aufgehen bzw. der Meldepflicht unterstellt werden. Die von den Nutzungsarten losgelöste Erlaubnispflicht müsste den konkreten Einzelfallverhältnissen gerecht werden, weshalb nur bedingt auf die heute übliche Kategorisierung zurückgegriffen werden könnte.
[955] BGer 15. Dezember 1976, ZBl 78/1977, 360.

bracht. Dagegen liesse sich im Umkreis von Parlamentsgebäuden und Abstimmungslokalen sogar ein *Verbot* rechtfertigen.

Zuletzt führt die Interessenabwägungsformel auch zur Aufgabe der Unterscheidung «gesteigerter Gemeingebrauch – Sondernutzung». Abgesehen davon, dass sich eine klare Trennungslinie gar nicht finden lässt[956], dem kantonalen Recht die Art der Nutzungsbestimmung, und damit auch die Anwendbarkeit der Grundrechte, vorbehalten bleibt[957], bestehen zwischen den beiden Nutzungsarten weniger rechtlich-qualitative als eher quantitative Unterschiede[958]. Beide sind Ergebnis einer Koordination unterschiedlicher Nutzungsarten infolge einer Interessenabwägung. Bei der Sondernutzung wird die Interessenabwägung regelmässig durch Knappheitsprobleme und eine Erhöhung des Gefahrenpotentials erweitert. Das allein rechtfertigt es jedoch nicht, grundrechtliche Interessen aus der Abwägung zu verbannen[959]; vielmehr ist der Abwägungsprozess der Sachlage anzupassen. Entsprechend ist auch der einen Grundrechtsausschluss implizierende Begriff der «Sondernutzungskonzession» aufzugeben. Die Gestattung der Sondernutzung braucht auch nicht deshalb als Konzession aufgefasst zu werden, weil die Nutzung besonders intensiv ist und seitens des Empfängers erhebliche Investitionen erfordert[960]. Die mit der Sondernutzungskonzession verknüpfte Rechtsfigur des «wohlerworbenen Rechtes» kann ohne Substanzverlust in der Vertrauensschutzdogmatik untergebracht werden[961].

160. Nicht zuletzt wird mit der Herauslösung der Sondernutzung aus dem konzessionsrechtlich geprägten Denken die Sicht frei auf das stark kritisierte[962] Phänomen des *faktischen* Monopols. Dieses stützt sich auf die Beherrschung des öffentlichen Grundes[963] und wurde recht expansiv auch in Randbereichen der Bodennutzung

---

956 Imboden/Rhinow, Nr. 119 B I; Saladin (Grundrechte), 249; Sutter-Somm (Monopol), 157; Fries, 22; BGE 93 I 645; 101 Ia 476.
957 Vgl. BGE 104 Ia 178.
958 Vgl. dazu Saladin (Grundrechte), XLIV; J.P. Müller (Grundrechte), 376; Häfelin/Haller, N 1395; Häfelin/Müller, N 1896; Junod (Problèmes), 735; E. Grisel (monopoles), 415; Saxer, 61 ff.; Krähenmann, 169 f.; Sutter-Somm (Monopol), 156 ff.; Ruey, 344. Anderer Ansicht wohl Grisel (Traité), 565 und RB 1978 Nr. 111 = ZBl 80/1979, 224 ff. betreffend Plakataushangmonopol.
959 Ein Ansatz hierzu findet sich in BGE 101 Ia 481, wonach allein die Qualifikation als öffentlicher Grund nicht ausreicht, um die Anwendbarkeit von Art. 31 BV auszuschliessen.
960 So Knapp (Précis), N 3046; Rhinow/Krähenmann, Nr. 119 B II. Diese Vorstellung beruht auf der heute entbehrlichen Konstruktion *Otto Mayers*. Vgl. dazu N 104.
961 Vgl. hierzu N 177.
962 G. Müller (Erkenntnisse), 761; Saladin (Grundrechte), 248 ff. und XLIV; Peter Saladin, Unerfüllte Bundesverfassung, ZSR 93/1974 I, 322 f.; E. Grisel (monopoles), 414 f.; Marti, 115 ff.; J.P. Müller (Grundrechte), 376; Rhinow, Kommentar BV, Art. 31 N 88; Sutter-Somm (Monopol), 151 ff.
963 Grisel (Traité), 564; Knapp (Précis), N 3050. Wichtigste Beispiele: Energieherstellung und -verteilung sowie Wasserversorgung, ferner Plakatanschlag auf öffentlichem Grund sowie Verlegung und Betrieb von Rundfunkkabelnetzen. Letztere waren besonders umstritten, werden jedoch

I. Der verfassungsrechtliche Rahmen

angewandt (Installationsmonopol, Energielieferungsmonopol). Der *Zugang* zu Tätigkeiten (ebenso wie deren Ausübung) kann *nicht allein* unter Berufung auf die Hoheit über den öffentlichen Grund eingeschränkt werden[964], sondern ist im Sinn der eben aufgezeigten Güterabwägung unter Rücksichtnahme auf Grundrechtspositionen zu lösen. Die *Ausübung* der mit der (Sonder)Nutzung öffentlichen Grundes verbundenen Tätigkeit hingegen kann *bewilligungs- oder konzessionsrechtlich* geregelt werden. Zudem soll zusätzlich die zulassungspflichtige Tätigkeit rechtlich und unter Achtung der verfassungsrechtlichen Grenzen[965] monopolisiert sein. Anders verhält es sich in Fällen, wo mit der Sondernutzung kein «service public» verbunden ist[966]: Die abseits konzessionrechtlicher Ermessensräume stehende Befugnis kann nur die Koordination der sich entgegenstehenden Interessen, das Vorbeugen von Gefährdungszuständen und die rechtsgleiche Auflösung von allfälligen Knappheitslagen regeln.

c. *Die grundrechtliche Eigentums- und Gewerbeordnung*

161. Statistisch wie auch substantiell am stärksten von Bewilligungklauseln betroffen sind die Eigentumsgarantie und die Handels- und Gewerbefreiheit. Sie teilen nicht nur diese Gemeinsamkeit, sondern auch die mangelnde Resistenz gegenüber Bewilligungspflichten. Die beide Grundrechte eingrenzende allgemeine Schrankenordnung[967] – oder umgekehrt der weite gesetzgeberische Spielraum zur Gestaltung einer Eigentums- und Handels- und Gewerbeordnung[968] – verlagert die Problematik der Zulässigkeit einer Bewilligungspflicht vom Schutzbereich auf die Ein-

---

durch das neue Radio- und Fernsehgesetz hinsichtlich Programmangebot, Übernahme- und Betriebspflichten eingehend geregelt. Vgl. dazu BBl 1987 III 742 und Art. 39 ff. RTVG.

964 Vgl. dazu Rhinow, Kommentar BV, Art. 31 N 88; Sutter-Somm (Monopol), 151 ff.; anders Grisel (Traité), 563; Vallender (Wirtschaftsfreiheit), 46; Peter Küttel, Das Strassenrecht des Kantons St.Gallen, Diss., St.Gallen 1969, 93 ff.; BGE 95 I 148; VGer Zürich 31. März 1978, ZBl 80/1979, 226 f.

965 Es ist interessant zu beobachten, dass es jeweils nur die Sachhoheit ist, die dazu führt, dass kantonale oder kommunale Güterverteilungsmonopole (Elektrizität, Gas und Wasser) errichtet werden. Andere lebenswichtige Güter wie etwa Lebensmittel oder Dienstleistungen werden weit seltener monopolisiert. Eine ähnliche Überdehnung der Regelungsherrschaft war nach altrechtlicher Regelung im Bereich des Rundfunk- und Fernsehwesens zu beobachten, dessen inhaltliche Kontrolle auf eine reine technische Kompetenz (Art. 36 BV) gestützt wurde. Zu den Interessen an einer rechtlichen Monopolisierung der Energieverteilung vgl. Kilchmann, 19 und 23 ff.

966 Z. B. Seeaufschüttung, Wärmegewinnung, Kiesausbeutung, Installation von Zeitungsautomaten, ständiges Stationieren von Booten.

967 Vgl. dazu Saladin (Grundrechte), IL; G. Müller (Privateigentum), 42 ff.; BGE 103 Ia 382. Zur polizeilichen Bewilligung Hotz, 76 ff.

968 Insbesondere die Eigentumsgarantie wird – so die treffende Charakterisierung von G. Müller (Privateigentum), 44 – durch die Rechtsordnung nicht eingeschränkt, sondern konkretisiert. Die aus der Eigentumsgarantie abgeleitete «Baufreiheit» vermag nur noch kleine Restbereiche zu besetzen. Vgl. etwa RB 1986 Nr. 105 sowie BGE 105 Ia 143, ferner G. Müller (Privateigentum), 87 ff.; Haller/Karlen, N 109 ff.; Mäder, 14 f.

schränkbarkeitsstufe. Hier sind hauptsächlich der Grundsatz der Verhältnismässigkeit und das öffentliche Interesse betroffen. Bekannt ist die unauflösbare wie auch dogmatisch unfruchtbare Differenzierung zwischen wirtschaftspolitisch motivierten Massnahmen einerseits und wirtschaftspolizeilichen sowie sozialpolitischen Massnahmen andererseits[969]. Daneben gibt weitere, nachfolgend dargelegte *typische* Wechselbeziehungen von Bewilligungs- und Konzessionsverhältnissen zur grundrechtlichen Handels-, Gewerbe- und Eigentumsordnung.

162. Auffällig ist zunächst die besondere Behandlung von *Ausländern* bei der Berufsausübung, die aufgrund angeblich *gewerbepolizeilicher* Motive[970] vom Zugang zur Bewilligungserteilung ferngehalten werden[971]. Ob nun die Staatsangehörigkeit überhaupt ein taugliches Kriterium ist, um Gefahrenlagen zu erkennen, wird in der neueren Lehre zu Recht bezweifelt[972]. Das Bundesgericht hatte sich dieser Ansicht lange Zeit – zumindest für die Ausübung des Rechtsanwaltsberufes – nicht angeschlossen[973]. Die neueste bundesgerichtliche Rechtsprechung lässt indessen einen Meinungswandel erkennen[974]: Danach kann sich ein ausländischer Staatsangehöriger, der ein kantonales Anwaltspatent besitzt, auf Art. 5 Ueb BV berufen und hat demnach grundsätzlich Anspruch auf Zulassung in allen Kantonen. Nach wie vor hält das Bundesgericht jedoch daran fest, dass das Bürgerrechtserfordernis ein taugliches (ergänzendes) Kriterium sein kann, um die Vertrautheit mit den gesellschaft-

---

969 Diese *motivations*orientierte Schrankensystematik wird in der neueren Lehre verworfen zugunsten einer *wirkungs*orientierten Schrankenbildung, welche die *Wettbewerbsneutralität* zum Massstab nimmt (sogenannte System- bzw. Grundsatzkonformität der Massnahmen). Vgl. dazu eingehend Gygi (Wirtschaftsverfassungsrecht), 104 f.; Richli (Wirtschaftspolitik), 72 ff.; G. Müller (Privateigentum), 76 ff.; Rhinow, Kommentar BV, Art. 31 N 139 ff. und 190 ff.; Häfelin/Haller, N 1463 ff.; J.P. Müller (Grundrechte), 365 ff.; Sutter-Somm (Monopol), 33 ff.; Ruey, 190 ff. Zur Kasuistik vgl. Marti, 119 ff. und Rhinow, Kommentar BV, Art. 31 N 164 ff. und 190 ff. Das Bundesgericht hat sich im wesentlichen, wenn auch nicht ausdrücklich, diesem Wechsel in der Schrankenbildung angeschlossen. Vgl. dazu Richli (Energiepolitik), 2 ff.

970 Wichtiger für die Berufsausübung sind die fremdenpolizeilichen, (auch) wirtschaftspolitischen Zielen dienenden Aufenthalts- und Niederlassungsbewilligungen, die sich auf Art. 69ter BV stützen und den Schutzbereich der HGF nicht berühren. Vgl. dazu Thürer (Rechtsstellung), 1400 ff.; Thürer/Kaufmann, 53 ff.; Malinverni, Kommentar BV, Art. 69ter N 20 ff.; Hug, 77 ff. und 248 ff.

971 Hug, 210 ff.; Wolffers, 68 ff. Vgl. die wirtschaftspolitische Motivation bei den Rechtsanwälten in BGer 18. Februar 1984, ZBl 85/1984, 458. Diese wurde in BGE 116 Ia 241 als Rechtfertigungsgrund aufgegeben.

972 Aubert (Traité), N 1005; Rhinow, Kommentar BV, Art. 31 N 94; J.P. Müller (Grundrechte), 360 f.; Wolffers, 68 ff.; Hug, 250 ff. Anders BGE 108 Ia 148; BGer 24. Februar 1984, ZBl 85/1984, 458. Mit BGE 116 Ia 237 ff. ist die letzte Stufe der prozessualen Schranken für die Geltendmachung einer Verletzung der HGF gefallen, sofern nicht fremdenpolizeiliche Anordnungen in Frage stehen.

973 Als polizeilich geschütztes Rechtsgut ging es um Treu und Glauben im Verkehr zwischen Anwalt und Klient. Danach wird vom Rechtsanwalt die enge Vertrautheit mit den Verhältnissen des Landes erwartet.

974 BGE 119 Ia 35 ff.

I. Der verfassungsrechtliche Rahmen

lichen und politischen Verhältnissen festzustellen⁹⁷⁵. In der früheren Rechtsprechung hielt das Bundesgericht den Kantonen mit höchst fragwürdiger Begründung eine Hintertür für die Fernhaltung ausländischer Juristen von der Advokatur offen: Da der Rechtsanwalt als «Mitarbeiter der Rechtspflege»⁹⁷⁶ galt, mithin dessen Tätigkeit in die Nähe eines öffentlichen Dienstes rückte⁹⁷⁷, konnten die Kantone aufgrund der Verfahrensorganisationsautonomie nach Art. 64 Abs. 3 und 64bis Abs. 2 BV weiterhin auf das Erfordernis des Bürgerrechts abstellen⁹⁷⁸.

Erwerb von Grundeigentum durch nichtniedergelassene Ausländer⁹⁷⁹ wird durch eine Bewilligungspflicht beschränkt, die teils mit einer Kontingentierung verbunden ist⁹⁸⁰. Darüber hinaus sind Ausländer oder ausländisch beherrschte Gesellschaften verschiedentlich vom Erwerb von Konzessionen oder Bewilligungen ausgeschlossen, erschwerten Voraussetzungen unterstellt oder mit erleichtertem Entzug

---

975 BGE 119 Ia 40.
976 Es ist abgesehen von der Fragwürdigkeit des Abstellens auf die Nationalität als Zulassungskriterium darauf hinzuweisen, dass diese Organnähe, die nicht mehr als ein Teil anwaltschaftlicher Tätigkeit ist, dazu führt, die Handels- und Gewerbefreiheit ihres Gehalts völlig zu entleeren.
977 Vgl. dazu Rhinow, Kommentar BV, Art. 31 N 72 ff.; Vallender (Wirtschaftsfreiheit), 45 f.
978 Dem Rechtsanwalt als «Mitarbeiter der Rechtspflege» kommen folgende Aufgaben zu: Partizipation an der Rechtsfindung, Garantie der Waffengleichheit, Kontroll- und Entlastungsfunktion. Vgl. dazu Wolffers, 37 ff. Diese Aufgaben können – einschliesslich der aus der Meinungsfreiheit abgeleiteten, auch schweizerischen Rechtsanwälten nur mit Zurückhaltung zugestandenen Kontrollfunktion – nationalitätsneutral von jedem die Bewilligungserfordernisse erfüllenden Rechtsanwalt wahrgenommen werden. Wieso ein in der Schweiz aufgewachsener, die hiesigen Schulen und Universitäten besuchender Jurist den (durch das Bundesgericht formulierten) staatlichen Erwartungen, wonach er vor den Gerichten das Recht für die Klienten erstreiten soll, sich als Bürger in die Rechtsordnung einfügt und sich an deren Fortbildung beteiligt, nicht nachkommen könnte, ist nicht ersichtlich. Ist es nicht so, dass er als Rechtsanwalt viel mehr zur (gerichtlichen) Fortbildung des Rechts beitragen könnte denn als Stimmbürger? Noch «bedenkenswerter» ist die bundesgerichtliche Unterstellung, wonach der «Klient erwartet, dass der Anwalt, den er mit der Wahrung seiner Interessen beauftragt, dem Richter oder (im Verwaltungsverfahren) dem Beamten als Bürger mit den gleichen Rechten und Pflichten gegenübertreten kann.» Bis anhin wurde die (Gleich)Stellung des Rechtsanwaltes aus den verfassungsrechtlich garantierten prozessualen Mindestgarantien und der Prozessordnung abgeleitet, und nicht etwa aus dem Bürgerrecht und dem damit zusammenhängenden Rechten und Pflichten. Ist es nicht ein Zirkelschluss, wenn man den Ausländerausschluss damit begründet, der Ausländer habe nicht die gleichen Rechte und Pflichten wie ein Schweizer, ihm diese aber umgekehrt *eben deshalb* gar nicht zubilligen möchte? Wie verhält es sich wohl mit der «Erwartung» des Bundes, wenn ein ausländischer Beamter des Bundes (von denen es nicht wenige gibt) mit einem schweizerischen Rechtsanwalt in Kontakt tritt? Vgl. dazu Thürer (Rechtsstellung), 1403 und die Kritik an der starren Regelung des Zugangs zum öffentlichen Dienst bei Yvo Hangartner, Ausländer und schweizerische Demokratie, ZSR 93/1974 I, 129.
979 Der herrschenden Ansicht nach handelt es sich um eine Beschränkung der Eigentumsgarantie, vgl. dazu G. Müller, Kommentar BV, Art. 22ter N 21 Anm. 56; J.P. Müller (Grundrechte), 329; a.A. Hug, 271 f.
980 Thürer (Rechtsstellung), 1404; Hug, 56 ff.

bedroht[981]. Teilweise wird nicht nur die ausländische Beherrschung ausgeschlossen, sondern gar eine qualifizierte Mehrheit an schweizerischem Eigentum verlangt[982]. Im Aussenwirtschaftsrecht wird die Zulassung zur Ein-, Aus- oder Durchfuhr von Waren an die Niederlassung im schweizerischen Zollgebiet geknüpft, wobei nicht weiter nach Staatsangehörigkeit unterschieden wird[983]. Allerdings wurden im Rahmen der sogenannten Swisslex-Pakete zahlreiche Diskrimierungen von Ausländern fallengelassen, unter dem Vorbehalt reziproker Behandlung[984].

163. Besonders lohnenswert ist die Untersuchung des Verhältnisses von Monopol(konzession) zur Handels- und Gewerbefreiheit (HGF). Nach tradierter Ansicht sind Monopole Grundlage der öffentlichen Wirtschaft[985] und entziehen ganze Wirtschaftsbereiche dem spezifischen Schutz der HGF[986]. Dieser seinem Kern nach richtige, auch für weitere verstaatlichte oder parastaatliche Tätigkeiten ausserhalb der Monopole[987] zur Geltung gebrachte Grundsatz muss – zumindest für nicht durch Art. 31 Abs. 2 Satz 2 BV gedeckte Monopole – mehrfach relativiert werden. Eine erste, wichtige Einschränkung wurde bereits bei der Nutzung öffentlichen Grundes dargelegt[988]: Auf der Herrschaft über öffentlichen Grund aufbauende Monopole entbinden nach richtiger Ansicht nicht vom Grundrechtsschutz. Verzichtet der Gesetzgeber weiter auf eine verfassungsrechtlich mögliche Monopolisierung und

---

981　Einige *Beispiele*: Wasserrechtskonzession (Art. 40 Abs. 2 WRG); Rohrleitungskonzession (Art. 4 RLG); Bewilligungen nach Art. 4 AtG (Art. 5 Abs. 3 AtG sieht einen fakultativen Ausschluss nach Ermessen des Bundesrates vor); Bewilligung für gewerbsmässige Ausführung von Flügen (Art. 33bis LFG); Bewilligung zur Aufnahme der Bankgeschäftstätigkeit (Art. 3 Abs. 2 lit. d, Art. 3bis und 3ter BG); Ausschluss von der vereinfachten Aufsicht über Lebensversicherungseinrichtungen (Art. 6 und 7 VAG; vgl. jedoch die Änderungen vom 18. Juni 1993 in Richtung Gegenrechtsvorbehalt, AS 1993, 3204) sowie Verschärfung der Aufsicht für ausländische Versicherungseinrichtungen (Art. 14 VAG); Bewilligungen im Bereich des Filmverleihs und der Eröffnung und Umwandlung von Betrieben der Filmvorführung (Art. 18 Filmgesetz und Art. 31 Abs. 1 lit. a sowie 35 Filmverordnung); Veranstaltung von Radio- und Fernsehprogrammen sowie anderen internationalen Radio- und Fernsehprogrammen (Art. 10 Abs. 1 lit. b und 35 Abs. 1 RTVG). Vgl. auch Aubert (Traité), N 1007; Thürer (Rechtsstellung), 1404.
982　Nach Art. 3 Abs. 2 Erdölkonkordat müssen sich drei Viertel des Aktienkapitals in schweizerischem Eigentum befinden.
983　Vgl. etwa Art. 3 lit. a Warenverkehrsverordnung; Art. 29 ALV; Art. 18 Abs. 1 Weinstatut.
984　Vgl. hierzu Botschaft über das Folgeprogramm nach der Ablehnung des EWR-Abkommens vom 24. Februar 1993 (Sonderdruck), 31 ff.
985　Schürmann (Wirtschaftsverwaltungsrecht), 220.
986　Vgl. dazu Aubert (Traité), N 1949; Saladin (Grundrechte), 255; Gygi (Wirtschaftsverfassungsrecht), 51 ff.; Grisel (Traité), 201 ff.; Marti, 40 ff.; J.P. Müller (Grundrechte), 372 ff.; Rhinow, Kommentar BV, Art. 31 N 75, 195, 201 und 229 ff.; Vallender (Wirtschaftsfreiheit), 58 f.; Knapp (limites), 260; Sutter-Somm (Monopol), 23 ff. und 44 ff.
987　Öffentliche Ämter und Aufgaben wie Spitalärzte, Notare, Hebammen sowie Beamte. Vgl. dazu statt vieler Gygi (Wirtschaftsverwaltungsrecht), 50 f. sowie die differenzierende Kritik bei Zenger, 377 ff. und 459 ff.; ferner R. Haller, 240.
988　Vgl. oben N 155.

I. Der verfassungsrechtliche Rahmen

richtet ein polizeilich motiviertes Bewilligungssystem ein, so untersteht die genehmigungspflichtige Tätigkeit dem Schutz der HGF[989]. Ähnlich verhält es sich, wenn eine bestimmte Betätigung zugelassen wird. Kann ein Fernsehveranstaltungskonzessionär während der Sendedauer grundsätzlich werben, so müssen sich die Werbeeinschränkungen am Grundsatz der HGF messen[990]. Zudem können auch im konzessionsrechtlichen Verhältnis ungeregelte Restbereiche einer Handlungsfreiheit bestehen, in welchen sich die HGF entfalten kann[991]. Die Wirkung der HGF reicht aber noch weiter. So kann nicht genug betont werden, dass bereits die Errichtung von Monopolen den verfassungsrechtlichen Vorgaben folgen soll[992]. Überdies muss auch die Ausübung, Innehabung und Fortdauer der monopolisierten Tätigkeit den gleichen Anforderungen entsprechen. In der Gestaltungszone zwischen privatwirtschaftlicher Freiheit und staatlichem Monopol gibt es eine Vielzahl von Handlungsformen, die – als Folge des Verhältnismässigkeitsprinzips – eine mehr oder weniger grundrechtsnahe Ausformung der Monopoltätigkeit erlauben. Die Skala der Ausübungsmöglichkeiten reicht von der staatlichen Regie über ein Mischsystem staatlicher und privater Betätigung bis hin zur ausschliesslich privaten Betätigung auf Grund einer mehr oder weniger intensiv gelenkten und kontrollierten Konzessionierung oder Bewilligung. Der Entscheid über die *konkrete Ausübungsform* kann nicht nur reinen Zweckmässigkeitsüberlegung folgen, sondern soll auch das Ergebnis einer den Gehalt der HGF achtenden Abwägung sein[993]. Zudem ist der oft aufgrund einer historischen Situation ergangene Entscheid der Monopolerrichtung keineswegs endgültig, auch wenn die bisherige Innehabung der Monopole einen anderen Schluss nahelegen würde. Sobald die Voraussetzungen für die Monopolisierung dahinfallen, ist der Staat gehalten, der HGF wiederum zum Durchbruch zu verhelfen[994]. Diesem berechtigten Postulat setzt die zurückhaltende oder gar nicht bestehende Verfassungsgerichtsbarkeit Schranken. Einem anderen Ansatz folgend gelangen Teile der neueren Lehre unter Betonung menschenrechtlicher Aspekte der HGF (*Freiheit der wirtschaftlichen Entfaltung*) zu ähnlichen Schlüssen[995].

---

989   BGE 39 I 195 ff.; 81 I 260; 88 I 64 ff. Beachtenswert ist das Anliegen des Bundesgerichts, nicht auf den Wortlaut der Genehmigung (Bewilligung oder Konzession), sondern die Art der Wahrnehmung und der Aufsicht abzustellen.
990   BGE 118 Ib 362, ferner 117 Ib 395.
991   Knapp (limites), 261.
992   Sutter-Somm (Monopol), 45; Ruey, 264 ff., 361 und 371 ff.
993   Gl. M. J.P. Müller (Grundrechte), 373.
994   R. Haller, 240; Sutter-Somm (Monopol), 44.
995   Wegweisend Zenger, 459 ff.; vgl. ferner Rhinow, Kommentar BV, Art. 31 N 77; J.P. Müller (Grundrechte), 356; R. Haller, 240. Die im konstitutiven Grundrechtsverständnis wurzelnde Lehre von der Freiheit der wirtschaftlichen Entfaltung soll dem Privaten den Zugang zu den in staatlicher Verfügung beruhenden Erwerbsmöglichkeiten eröffnen und deren andauernde Nutzung erlauben. Die Freiheit wirtschaftlicher Entfaltung soll die berufliche Existenz des Konzessionärs und eine nach strengen Auswahlkriterien erfolgende, grundrechtlich kontrollierte Aus-

d. Rechtsgleichheit und Verteilung knapper Ressourcen

164. Rechtsgleichheit, Vertrauensschutz[996] und Willkürverbot ergänzen den freiheitsrechtlichen Schutz von Bewilligungs- und Konzessionsverhältnissen in zwei Richtungen. Zum einen vervollständigen sie den grundrechtlichen Schutz hinsichtlich des Anspruchs, der Erteilung, des Bestandes und des Entzugs von Bewilligungs- oder Konzessionsverhältnissen. Zum anderen bilden sie auch eine Art grundrechtliches Auffangnetz für diejenigen Bewilligungs- und Konzessionsverhältnisse, denen die Praxis die freiheitsrechtliche Obhut entzieht[997]. Nachfolgend sollen einige die Bewilligung und Konzession im Kern berührende Gesichtspunkte herausgegriffen werden[998].

165. *Rechtsgleichheitsgrundsätze* sind in besonderem Mass berührt, wenn es um die Zuteilung knapper Güter oder Ressourcen geht, wie bei der Zuteilung von öffentlichem Grund[999], bei einer beschränkten Zahl von wirtschaftspolitischen Bewil-

---

wahl unter Bewerbern sichern. Damit grenzt sie sich vom tradierten Schutz ab, der auf der rechtsgleichen und willkürfreien Handhabe des Monopols beruht. In aller Regel verneint auch die neuere Lehre einen Anspruch auf Zugang, mit Ausnahme besonderer Verhältnisse (vorhandene freie Plätze und Erfüllung der Voraussetzungen durch den Bewerber). Vgl. hierzu Zenger, 459 f. und als illustrative Beispiele die Beschwerden betreffend die Zürcher Klinikdirektoren, BGE 111 II 151; 112 Ib 314 ff. und 113 Ia 101. Der letztgenannte Entscheid weist im übrigen einen missverständlichen zweiten Leitsatz auf: Die Berufung der Klinikdirektoren auf die HGF scheitert nicht darum, weil die Aufnahme einer privaten nebenberuflichen Tätigkeit einer Bewilligung bedürfte, sondern weil die Direktoren diese Bewilligung aufgrund einer öffentlich-rechtlichen Dienststellung benötigen.
Aufgrund der menschenrechtlichen Komponente kann die Befristung einer Ausnahmebewilligung zur Berufsausübung dahinfallen, falls sich der Empfänger in der Zwischenzeit bewährt hat. Vgl. dazu VGer Obwalden 26. Oktober 1988, ZBl 90/1989, 443 f. sowie die zutreffende Kritik von Hans Peter Moser am Entscheid des Aargauer Regierungsrates vom 28. Mai 1984, ZBl 86/1985, 315.
Die vorliegende Arbeit orientiert sich mehr am traditionellen Begriff der Handels- und Gewerbefreiheit, gelangt aber unter Rückgriff auf weitere Grundrechte (Vertrauensschutz und Rechtsgleichheit) und unter besonderer Betonung des Verhältnismässigkeitsprinzips zu ähnlichen Ergebnissen.

996 Beziehungsweise die Eigentumsgarantie unter dem Aspekt der «wohlerworbenen Rechte».
997 Vgl. etwa BGE 114 Ia 8 ff. zur rechtsgleichen Zulassung von Ausländern zur Erteilung eines Jagdpatentes.
998 Eine vollständige und in sich ausgewogene Darstellung würde den Rahmen der Arbeit weit überschreiten; überdies wurden bereits einige Bereiche einlässlich behandelt, insbesondere durch Beatrice Weber-Dürler zum Vertrauensschutz, Alfred Kölz, René A. Rhinow und Kathrin Klett zu den «wohlerworbenen Rechten» sowie Daniel Thürer zum Willkürverbot.
Zur Rechtsgleichheit bei Planungs- und Verkehrsberuhigungsmassnahmen vgl. Tobias Jaag, Verkehrsberuhigung im Rechtsstaat, ZBl 87/1986, 304 ff.
999 Vgl. Jaag (Gemeingebrauch), 159.

I. Der verfassungsrechtliche Rahmen

ligungen oder Kontingenten[1000], bei Verknappung durch Bedürfnisklauseln oder eine beschränkte Zahl von Ausnahmebewilligungen[1001] wie auch bei der Konzessionserteilung. Unabhängig von Art und Grund der Verknappung ist der Zuteilungsentscheid immer aufgrund sachlicher und willkürfreier Kriterien vorzunehmen. Das Gleichheitsgebot steht in enger Verbindung mit dem Grundsatz staatlicher Neutralität[1002], der – mit je nach Wirkungsgebiet unterschiedlicher Strenge – von staatlichen Massnahmen verlangt, dass sie das vorgefundene soziale, politische, kulturelle, religiöse oder wirtschaftliche[1003] Leben nicht antasten. Das Neutralitätsgebot kann aber nur selten ohne Abweichung durchgesetzt werden, denn auch sachlich gerechtfertigte, d.h. rechtsgleiche Unterscheidungen sind nicht ohne Wirkung. Immerhin reduziert die Pflicht zur sachlichen Unterscheidung die Auswirkungen auf ein Mindestmass, richtet die Zuteilung auf das öffentliche Interesse aus und erhöht nicht zuletzt die Akzeptanz und Nachvollziehbarkeit des Entscheides für den Ausgeschlossenen. Das grundsätzliche Dilemma bleibt aber bestehen: Wenn es um die Verteilung knapper Güter geht, wird es immer Ausgeschlossene und «beati possidentes» geben. Verschärft stellen sich Gleichbehandlungs- und Neutralitätsprobleme zudem dort, wo Ansprüche von Neubewerbern mit dem status-quo der Ausübenden kollidieren.

166. Die verwaltungsrechtliche Bewältigung der Verteilung knapper Güter hat zur Ausbildung eines differenzierten Instrumentariums geführt, das je nach Art des Gutes, den öffentlichen Interessen und der verfassungsrechtlichen Lage anzuwenden

---

1000 Vgl. dazu Richli (Wirtschaftspolitik), 244 ff.; Weber-Dürler (Chancengleichheit), 215; Büchler-Tschudin, 217 ff. sowie BGE 99 Ib 175.
1001 Vgl. etwa BGE 100 Ia 47 ff.
1002 In diesem Zusammenhang wird auch der Begriff der Chancengleichheit verwendet. Im folgenden wird vom Gebrauch dieses mit Vorurteilen verknüpften Begriffs, der nebst der Neutralitätsverpflichtung auch ein *Egalisierungsgebot* umfasst, abgesehen. Soweit sich Egalisierungsgebote aus der Verfassung ableiten lassen, können diese als Modifikationen des Neutralitätsgebotes angesehen werden. Vgl. dazu auch Weber-Dürler (Chancengleichheit), 221. Demgegenüber hat der Begriff der Chancengleichheit seine Berechtigung bei den politischen Rechten, da hier aus dem Grundsatz der Wahl- und Abstimmungsfreiheit (reine und unverfälschte Willenskundgabe) direkt eine Egalisierungspflicht des Staates abgeleitet werden kann. Vgl. dazu Poledna, 160 ff. und Stephan Widmer, Wahl- Abstimmungsfreiheit, Diss., Zürich 1989, 271 ff. und den «leading-case» BGE 113 Ia 291 ff.
1003 Hier findet es seinen bekanntesten Ausdruck in der Gleichbehandlung von Gewerbegenossen, vgl. dazu Weber-Dürler (Chancengleichheit), 210 ff.
   Im Wirkungsbereich der Wirtschaftspolitik (Kontingente) kann eine vollständige Wettbewerbsneutralität per definitionem gar nicht erreicht werden. Hier reduziert sich das Neutralitätsgebot auf die Pflicht, die Wirtschaftsfreiheit im Rahmen der Lenkung nicht übermässig einzuschränken und den Zugang zur gelenkten Tätigkeit nicht erstarren zu lassen, BGE 91 I 462; 99 Ib 169 f. Vgl. zur Wirkung der HGF im Bereich der Kontingente Gygi (Einfuhrkontingentierung), 340 ff.; Richli (Wirtschaftspolitik), 239 und 256 f.; Richli (Milchkontingentierung), 4.

ist[1004]. Das Verfassungsrecht setzt der Auswahl jedoch eine besondere Grenze: In auf staatliche Zuteilungen besonders sensibel reagierenden Bereichen sind die Bewerber möglichst *strikt* gleich zu behandeln. Dies gilt in erster Linie dann, wenn die Zuteilung politische Rechte oder die Ausübung kommunikativer Grundrechte betrifft. Plakatanschläge, Bereitstellung öffentlichen Grundes oder von Gemeindesälen für Wahl- und Abstimmungsveranstaltungen sind nicht nach Parteistärke oder inhaltlichen Kriterien[1005] zu verteilen. Knappheit soll jedenfalls nicht zum Ausschluss einzelner führen, vielmehr ist die Zuteilung soweit zu kürzen, bis eine Gleichbehandlung erzielt werden kann[1006]. Eine nach formalen Kriterien vorgenommene proportionale Verteilung kann sich auch dann rechtfertigen, wenn eine inhaltliche Abwägung praktisch undurchführbar würde. Soll bei erheblicher Kontingentsüberschreitung eine fremdenpolizeiliche Bewilligung für Geistliche erteilt werden, so kann praktisch nur auf das Zahlenverhältnis von Geistlichen und Gläubigen abgestellt werden. Eine Berücksichtigung der Eigenheiten einer religiösen Gemeinschaft wäre kaum praktikabel und würde die Gefahr rechtsungleicher, subjektiv geprägter Unterschiede in sich bergen[1007].

167. Eine weniger stringente Durchsetzung der absoluten Gleichbehandlung ist bei der wirtschaftlichen Nutzung[1008] öffentlichen Grundes oder der Zuweisung wirtschaftspolitischer Kontingente zu beobachten[1009]. Doch kann auch hier aus der Rechtsgleichheit ein weitgehender Anspruch auf Zulassung abgeleitet werden, soweit noch Ressourcen zur Verfügung stehen[1010]. In aller Regeln tritt bei der wirt-

---

1004 Vgl. dazu Saxer, 291 ff., der die Kriterien in eine generell-abstrakte und eine individuelle Ebene teilt. Zur ersten gehören Kontingente und sachlich oder personell bestimmte Prioritätsregelungen (Wohnsitz, Anwohnervorteile). Zur zweiten Ebene zählt er: Anciennitäts- und Leistungsprinzip, Warteschlange- und Losverfahren, anteilmässige Kürzungen, eine Pro-Kopf-Verteilung und Zuteilung nach dem angemeldeten Bedürfnis.
Auch bei der Kontingentszuteilung wird eine Güter- und Interessenabwägung vorgenommen, die sich – im Rahmen gewisser Schematismen – anhand der individuellen Lage der Importeure beurteilt, BGE 104 Ib 114 ff. Vgl. ferner Weber-Dürler (Chancengleichheit), 215; Büchler-Tschudin, 217 ff.
1005 Unbeachtlich ist das Einverständnis mit der verbreiteten politischen Ansicht, BGE 100 Ia 399 ff.; 105 Ia 94; BGer 25. März 1981, ZBl 82/1981, 459.
1006 Weber-Dürler (Chancengleichheit), 218; Poledna, 163 f. m.w.H. In aller Regel wird eine Rotation vorzusehen sein, wobei die Behörden mit Vorteil Raumreserven vorbehalten können, um neu Auftretenden eine Teilnahme zu ermöglichen, Saxer 279 f.
1007 Bundesamt für Justiz 2. März 1990, VPB 1991 Nr. 8.
1008 Vgl. dazu Saxer, 280 f. Der Unterschied ist unter anderem auch dadurch bedingt, dass wirtschaftliche Nutzungen öffentlichen Grund weit mehr beanspruchen als ideelle und das Bundesgericht der HGF bei der Interessenabwägung im Vergleich zu den ideellen Grundrechten der Kommunikation weniger Gewicht beimisst, BGE 100 Ia 481; Saxer, 262 f.
1009 Zu den Verteilungsmechanismen bei der Verteilung knapper Güter vgl. eingehend Weber (Wirtschaftsregulierung), 250 ff.
1010 Jaag (Gemeingebrauch), 158 f. sowie Zenger, 462 mit Herleitung aus der Freiheit wirtschaftlicher Entfaltung. Gleich verhält es sich mit der Zuteilung von Sendefrequenzen für Rundfunkunter-

I. Der verfassungsrechtliche Rahmen

schaftlichen Entfaltung auf öffentlichem Grund oder auf der Grundlage von Kontingenten eine veränderte Interessenlage auf, da beide oft die gesamten Kapazitäten in Anspruch nehmen, auf Dauer ausgerichtet und mit grösseren Investitionen verbunden sind. Interessen von Neubewerbern auf Zugang kollidieren mit den Amortisations-, Vertrauensschutz- und Bestandesinteressen[1011] der Bisherigen; derartige Interessenkonflikte sind unter Einbezug der öffentlichen Interessen[1012] einzelfallgerecht[1013] aufzulösen. Das Bundesgericht hat hier einer monopolartigen Marktverfestigung zugunsten eines Bewilligungsinhabers Einhalt geboten, indem es eine nach objektiven Kriterien vorgenommene breite Streuung von Bewilligungen in den Vordergrund schob[1014]. Das Vorgehen des Bundesgerichts bewirkt eine nach Neutralitätsprinzipien ausgerichtete und reduzierende – darum zwangsläufig auch vergröbernde – Projektion der gesellschaftlichen Wirklichkeit, in der Interessenkollisionen unter Privaten und zwischen staatlichen und privaten Anliegen ausgeglichen werden. Sind lineare Kürzungen[1015] und örtliche[1016] oder zeitliche[1017] Verschie-

---

nehmen. Eine Regelung, welche erhebliche Teile der Bevölkerung vom Empfang von Sendungen in ihrer Sprache ausschliesst, verletzt Art. 14 in Verbindung mit Art. 10 EMRK. Vgl. dazu Europäische Kommission für Menschenrechte 16. Oktober 1986, VPB 1987 Nr. 90.

1011 Weber-Dürler (Chancengleichheit), 215 f.; BGE 102 Ia 448 ff.; 108 Ia 139. Dabei ist zu beachten, dass je nach Art der Bewilligung bzw. Konzession «wohlerworbene», Eingriffe ausschliessende bzw. Entschädigungsfolgen auslösende Rechte begründet werden. Auch wenn die Zulassung im einzelnen keine «wohlerworbene Rechte» begründen, können aus dem Vertrauensschutz Ansprüche auf Fortsetzung der Tätigkeit abgeleitet werden. Vgl. dazu 102 Ia 448; BGer 22. März 1978, ZBl 1978, 275 ff.

1012 Im einzelnen dazu Saxer, 285 ff. Zu den öffentlichen Interessen kann, nach allerdings nicht unbestrittener Ansicht, die Förderung von Frauen (Frauenquoten) gehören. Vgl. dazu Tomas Poledna/Christine Kaufmann, Die parteiinterne Kandidatennomination – ein demokratisches Defizit?, ZBl 90/1989, 286 ff. sowie (skeptischer) Georg Müller, Quotenregelungen – Rechtssetzung im Spannungsfeld zwischen Gleichheit und Verhältnismässigkeit, ZBl 91/1990, 313 ff. Zur Frauenförderung bei der Vergabe staatlicher Stellen in den Vereinigten Staaten vgl. Walter Haller, «State action» und «Affirmative Action» in der Rechtsprechung des amerikanischen Supreme Court zum Gleichheitssatz, in: FS für Ulrich Häfelin, Zürich 1989, 106 ff. und Andreas Auer, Les «mesures positives» en faveur des femmes en droit américain, in: Charles-Albert Morand (Hrsg.), L'égalité entre hommes et femmes, Lausanne 1988, 229 ff.

1013 Zenger, 466; Saxer, 293. So kann die Bootsplatzkonzessionskürzung nicht zu Lasten von Auswärtigen vorgenommen werden, da diese generell von der Nutzung kantonaler Gewässer ausgeschlossen wären, RB 1978 Nr. 113 = ZBl 79/1978, 557 ff.

1014 Jaag (Gemeingebrauch), 159; BGE 102 Ia 444; 108 Ia 138; BGer 22. März 1978, ZBl 79/1978, 276. Auch wo aufgrund einer beschränkten Anzahl von Ausnahmebewilligungserteilungen Zuteilungsprobleme entstehen, fordert das Rechtsgleichheitsgebot die Einführung eines Turnus, BGE 100 Ia 47 ff. Auf nichtwirtschaftlichen Gebieten kann der faktische Ausschluss vieler Bewerber aufgrund eines grossen Gefälles zwischen Angebot und Nachfrage ebenso zu Kürzungen veranlassen, wie etwa das Beispiel des Turnusverfahrens bei der Zuteilung von Bootsplatzkonzessionen zeigt. Vgl. dazu RB 1979 Nr. 104.

1015 In örtlicher, zeitlicher oder sachlicher Hinsicht.

1016 In BGE 104 Ia 178 wurde die Aufteilung des Gemeindegebietes unter mehrere Fernseh-Gemeinschaftsanlagenbetreiber als verfassungsrechtlich zulässig erklärt, wobei das Bundesgericht auch die Errichtung von Raumreserven zu Gunsten von Neubewerbern positiv wertete.

bungen undurchführbar, muss eine materielle Interessenabwägung erfolgen. Dabei sollen die gesetzlich verankerten öffentlichen Interessen[1018], die wirtschaftlichen Lage des Gesuchstellers und der Bisherigen, die Substitutionsfähigkeit, die Wichtigkeit der sich entgegenstehenden Interessen berücksichtigt werden, wobei allfällige Vertrauenslagen miteinbezogen werden sollen. Generell suspekt sind starre, den Interessenlagen wenig gerecht werdende Zuteilungskriterien, die den status-quo bevorzugen[1019] oder der Vereinfachung der Verwaltungsführung dienen. Sachgerechte Entscheidungen können nicht nur anhand formaler Kriterien erzielt werden[1020]. Eine langandauernde Ausübung (Anciennität)[1021] etwa kann sowohl wertvolle Erfahrung wie auch Abstumpfung oder Abschottung von der laufenden Entwicklung bedeuten. Insgesamt kann die zeitliche Priorität nur als Übergangslösung oder zum Schutz besonderer Vertrauenspositionen befriedigen[1022]. Dagegen erscheint mir der Losentscheid als formales Entscheidungsinstrument dann angebracht, wenn die sachlich-konkrete Auswahl noch nicht zur notwendigen Einschränkung des Kreises der Zulassungswilligen geführt hat[1023]. Die Bevorzugung

---

1017 Ein Turnus- oder Rotationsprinzip wäre etwa denkbar bei der Zuteilung von Betriebsflächen für Banken in Flughäfen.
1018 Dabei ist zu beachten, dass je nach Bewilligungs- oder Konzessionsart öffentliche Interessen mehr oder weniger zum Zug gelangen können. So tritt bei der Rundfunkkonzession deren gestaltender Charakter stark in Erscheinung. Vgl. Art. 11 Abs. 2 RTVG: «Werden für ein Versorgungsgebiet gleichzeitig mehr Bewerbungen eingereicht als Sendefrequenzen vorhanden sind, so werden jene Bewerber bevorzugt, deren Programme den grössten Anteil an Eigenproduktionen aufweisen und am meisten zur Vielfalt der Information oder Kultur beitragen und den stärksten Bezug zum Versorgungsgebiet haben.»
1019 Anciennitätsprinzip, Anmelde- oder Warteschlangeverfahren.
1020 So billigt das VGer Zürich in einem Entscheid vom 11. März 1986, ZBl 88/1987, 138 die Bevorzugung des bisherigen Konzessionärs bei der Vergabe der Jagd- und Fischpacht, da damit dem bisherigen Konzessionär Anreiz geboten werde, in seinen Bemühungen um die sachgerechte Nutzung nicht nachzulassen, und die Verwaltung nicht das Risiko einer Enttäuschung eingehen solle, wenn es nach guten Erfahrungen mit dem bisherigen Konzessionär einen neuen auswähle. Der erstgenannte Grund ist kaum verständlich; viel eher ist von einem Konzessionär, der ohne Chancenvorteil um die Zuteilung ringen muss, zu erwarten, dass er insbesondere gegen Ende der Konzessionsdauer hin nicht nachlässig wird, da er ansonsten kaum zu einer Verlängerung der Konzession gelangen würde. Hinter dem zweitgenanntem Grund verbergen sich Praktikabilitätsgründe, die in dieser allgemeinen Formulierung kaum beachtlich sind, würden doch gute Erfahrungen mit einem Konzessionär zu einer wohl langfristigen Blockade führen.
1021 Das Anciennitätsprinzip kann höchstens Vertrauensschutzbedürftigkeit ins Bewusstsein rücken, vgl. dazu BGE 99 Ia 399; 102 Ia 442; 108 Ia 137.
1022 Weber (Wirtschaftsregulierung), 255 f.
1023 Der Losentscheid wird etwa im Wahlverfahren verwendet, wenn zwei Kandidaten die gleiche Stimmenzahl erreicht haben. Das Los scheint mir für den Betroffenen tragbarer und willkürfreier als ein nach sachfremden Kriterien (Alter, unter Umständen Wohnsitz, Staatsangehörigkeit) gefällter oder nicht näher begründbarer, «freier» Entscheid. Unter diesem Gesichtspunkt hätte der in BGE 96 I 550 ff. vorgelegene Sachverhalt anders entschieden werden müssen. Das St.Galler Jagdgesetz wies die Behörde an, bei gleichwertigen Bewerbern um ein Jagdrevier die Zuteilung durch Los oder Entscheid vorzunehmen. Die Anweisung des kantonalen Verwaltungsgerichtes, in jedem Fall das Los anzuwenden, wurde vom Bundesgericht als Verletzung des Ermessensspiel-

I. Der verfassungsrechtliche Rahmen

hauptberuflich Tätiger erscheint ebenfalls geboten, da sie ein Ausschluss in der Regel eher berührt als Nebenerwerbstätige*1024*. Versteigerungen oder andere Preismechanismen als Auswahlkriterium sind einzig zur Verteilung nicht-existenznotwendiger Nutzungsrechte*1025* oder im Rahmen von wirtschaftspolitischen Lenkungsmassnahmen*1026* zuzulassen, wobei zumindest im erstgenannten Fall das Privilegierungsverbot*1027* gebietet, nicht mehr als nur einen Teil der Nutzung dem «Markt» zu öffnen. Bevorzugung Einheimischer vor Ortsfremden vermag einzig bei besonderen Verhältnissen, wie etwa bei finanzieller Überlegenheit der Auswärtigen bei der Steigerung zu überzeugen*1028*; dagegen kann ein generelles Abstellen auf das Domizil als Auswahlhilfe, entgegen der bundesgerichtlichen Praxis*1029*, kaum als sachgerecht bezeichnet werden.

168. Auch ein wohlabgewogener, sachlichen Kriterien folgender Zulassungsentscheid wird *Härtefälle* nicht vermeiden können. Es werden sich immer Situationen ergeben, in denen aufgrund örtlicher oder sachlicher Verhältnisse eine sehr eingegrenzte Auswahl getroffen werden muss, zudem bereits stark gefestigte Vertrauenslagen einem Wechsel im Weg stehen*1030*. Folge ist eine stark erstarrte, die wenigen «beati possidentes» um so mehr privilegierende Ordnung, die sich im Ergebnis kaum noch mit dem Gebot staatlicher Neutralität in Einklang bringen lässt. Was bleibt? Zwischen dem kaum gangbaren Weg des Verbots jeder Nutzung*1031* und der

---

 raumes gewürdigt, obschon der gesetzlich vorgeschriebene Entscheid – im Gegensatz zum Los – kaum willkürfrei gefällt werden kann. Zu den möglichen Nachteilen eines Losentscheides vgl. Weber (Wirtschaftsregulierung), 257 ff.

1024 BGer 20. November 1973, ZBl 75/1974, 270.

1025 Saxer, 293.

1026 Zur Versteigerung von Kontingenten vgl. Richli (Wirtschaftsfreiheit), 251 ff., 281 und 284; Gfeller, 13 f.; skeptischer Gygi (Einfuhrkontingentierung), 344 und Büchler-Tschudin, 221.

1027 In BGE 114 Ia 13 f. wurde eine Privilegierung von Schweizern gegenüber niedergelassenen Ausländern bei der Gebührenerhebung für ein Jagdpatent als unzulässig erklärt. Es wäre nicht einzusehen, wieso ein gänzlicher Ausschluss nicht finanzkräftiger Bewerber als eine ebenso unzulässige Privilegierung gelten sollte. Im übrigen soll die Gebührenerhebung auch bei der Ausübung eines fiskalischen Monopols die verfassungsrechtliche Vorgaben wie Äquivalenz- und Kostendeckungsprinzip achten. Vgl. dazu BGE 114 Ia 14 m.w.H.

1028 Regierungsrat Aargau 27. Januar 1975, ZBl 77/1976, 166.

1029 BGE 99 Ia 399 ff.; BGer 20. November 1973, ZBl 75/1974, 270.

1030 Z.B. bei einer begrenzten Zahl von Taxiplätzen ohne Monopolstellung eines Betriebs, Erstellung und Betrieb von Kabelantennenanlagen sowie von Energieversorgungseinrichtungen, Betrieb von Hotels und Restaurants an touristisch begehrten Standorten. Die erwähnten Vertrauenslagen lassen sich anscheinend vermeiden, indem man die Bewilligung oder Konzession von vornherein befristet. Damit wird die Härte nicht vermieden, sondern nur vorangekündigt bzw. bei langen Fristen verschoben.

1031 Dazu Saxer, 279. Nach der von Krähenmann, 170, vertretenen Ansicht, wonach ein staatliches Nutzungsmonopol durch das öffentliche Interesse an der Vermeidung eines privaten Monopols gerechtfertigt werde, kann nur unter Vorbehalt der nachfolgenden Ausführungen beigepflichtet werden.

monopolistischen Glückseligkeit weniger scheint die bisherige Praxis und Doktrin bislang noch keine praktikablen Alternativen gefunden zu haben. Hier lässt die bundesgerichtliche Rechtsprechung einen Lösungsansatz erkennen: allgemeine Öffnung des Zugangs unter Kürzung der individuellen Nutzungsrechte. Seitens der Lehre wird denn auch eine Aufteilung der Berechtigung auf alle qualifizierten Interessenten vorgeschlagen, was sich jedoch nicht immer verwirklichen lasse[1032]. Kann die Nutzungsausübung an sich nicht gekürzt werden, weil sinnvoll nur ein oder wenige Berechtigte zugelassen werden können, so muss die Kürzung nicht bei der *Berechtigung*, sondern beim *Berechtigten* selbst ansetzen. Modellhaft wäre wie folgt vorzugehen: Die gesamte Nutzungsberechtigung wird einer Betriebsgesellschaft[1033] zugewiesen. Der Beitritt zur Gesellschaft sollte *in Konkretisierung des Neutralitätsgebotes und zur Verbreiterung der wirtschaftlichen Ausübungsmöglichkeit* nach dem Prinzip der offenen Türe[1034] möglich sein. Zutrittsberechtigt wäre jedermann, der auch aufgrund der bereits skizzierten Interessenabwägung *potentiell* zur Nutzung zugelassen werden könnte, aber unter Berücksichtigung der Umstände bisher keinen Zugang fand[1035]. Die Errichtung einer solchen Betriebsform findet ihre Grenze, wenn eine *Abstimmung* grundrechtlicher Positionen der Betreiber nicht möglich ist, wie es etwa beim gemeinsamen Betrieb eines Rundfunkunternehmens auftreten könnte[1036].

e. *Vertrauensschutz, «wohlerworbene Rechte» und die Zulassungsordnung*

169. Von besonderer Bedeutung für das Konzessionsrecht ist der *Vertrauensschutz*. Die Lösung des Konzessionsrechts aus der privatrechtlichen Vertragsdogmatik und die sich damit auftuende Lücke im Investitions- und Bestandesschutz des Konzes-

---

1032 Jaag (Gemeingebrauch), 160; BGE 104 Ia 172 ff.
1033 Leo Schürmann, Rechtsfragen der Organisation von Rundfunkunternehmen, Festschrift Arnold Koller, Bern 1993, 554 schlägt für den Betrieb einer 4. Fernsehsenderkette eine gemischtwirtschaftliche Aktiengesellschaft vor. Dabei sei «der Wettbewerb nach innen zu verlagern und durch Zusammenarbeit fruchtbar zu machen.» Vgl. zu den Motiven und der Art der Einflussnahme des Staates auf Monopol- und Sondernutzungskonzessionäre auf dem Weg des Gesellschaftsrechts Michael Stämpfli, Die gemischtwirtschaftliche Aktiengesellschaft, Diss., Bern 1991, 7 f. und 193 f.
1034 Damit würde die Nutzungsausübung wieder eher in Richtung einer *genossenschaftlichen* Konzeption verschoben, die in der Schweiz mit Einzug des modernen Verwaltungsrechts zu Gunsten einer obrigkeitsstaatlichen Nutzungsdoktrin verdrängt wurde. Vgl. dazu Saxer, 48. Gleich auch schon Otto Mayer, Bd. 2 (2. Aufl.), 140.
1035 In welcher Form die Errichtung zu erfolgen hätte, müsste in einer weiteren Untersuchung abgeklärt werden. Generell wäre wohl ein gemischtwirtschaftliches Unternehmen vorzuziehen, um die Wirtschaftsfreiheit der Beteiligten wie auch die staatliche Kontrolle über die Einhaltung öffentlicher Anliegen und der Zugangsgleichheit in Einklang zu bringen. Orientierungshilfen könnten den Organisationsformen in der Elektrizitätswirtschaft entnommen werden. Vgl. dazu Schürmann (Unternehmungen), 109a ff. und 126a ff.; Weltert, 92 ff.; Schürmann (Wirtschaftsverwaltungsrecht), 212 ff.; Vallender (Wirtschaftsfreiheit), 162 ff.; Gygi (Verwaltungsrecht), 59 ff.
1036 Vgl. dazu den Entscheid der Europäischen Kommission für Menschenrechte vom 16. Oktober 1986, VPB 1987 Nr. 85 und Art. 3 Abs. 2 RTVG.

I. Der verfassungsrechtliche Rahmen

sionärs wurde durch die frühe Verwaltungsrechtslehre mittels der Rechtsfigur des «*wohlerworbenen Rechts*» gefüllt[1037]. Das «wohlerworbene Recht»[1038] wurde – der wissenschaftliche Disput über die Rechtsnatur der Konzession war kaum verhallt – bereits 1916 positiv-rechtlich mit der Wasserrechtskonzession verbunden[1039]. Dies erklärt auch die Resistenz dieser ebenso überholten wie starren Rechtserscheinung. Unter «wohlerworbenen Rechten» werden besonders verfestigte Rechtspositionen verstanden, die dem Zugriff der Verwaltung wie auch des Gesetzgebers entzogen sind und unter dem Schutz der Eigentumsgarantie[1040] sowie – neuestens – des aus Art. 4 BV abgeleiteten Vertrauensschutzes stehen[1041]. Die Befürworter der Anknüpfung an die Eigentumsgarantie führen ins Feld, die Eigentumsgarantie schütze vertragliche Positionen, zu welchen auch die Konzessionsabreden zählen. Diese an sich bestechende Argumentation erweist sich jedoch als formalistisch. Richtigerweise muss man einen staatlichen Eingriff in ein Vertragsverhältnis von *Dritten* dogma-

---

1037 Vgl. dazu N 34.

1038 Die verschiedene Rechtserscheinungen umfassende Gruppe der «wohlerworbenen Rechte» zählt nebst vorbestandenen, «ehehaften» Rechten, Konzessionen, Beamtenansprüche sowie Ansprüche aus weiteren öffentlich-rechtlichen Verträgen oder besonders qualifizierten Zusicherungen oder Rechtslagen. Vgl. dazu Saladin (Verwaltungsprozessrecht), 337 ff.; Kölz (Recht), 65 ff.; Kölz (Verwaltungsrecht), 179 ff.; Rhinow (Rechte), 2 ff.; Weber-Dürler (Vertrauensschutz), 63; Jaag (Rechtssatz), 169 f.; G. Müller, Kommentar BV, Art. 4 N 70 und 22ter N 2. Ein differenzierter Überblick findet sich bei Klett, 9 ff. Nicht zu den «wohlerworbenen Rechten» zählen Kontingente, Richli (Milchkontingentierung), 5.

1039 Art. 43 WRG: «Die Verleihung verschafft dem Beliehenen nach Massgabe des Verleihungsaktes ein wohlerworbenes Recht auf die Benutzung des Gewässers» (Abs. 1). «Das einmal verliehene Nutzungsrecht kann nur aus Gründen des öffentlichen Wohles und gegen volle Entschädigung zurückgezogen oder geschmälert werden» (Abs. 2).

1040 Die Anknüpfung des Schutzes an die Eigentumsgarantie wurde in letzter Zeit stark kritisiert. Vgl. dazu Saladin (Verwaltungsprozessrecht), 338 f.; Kämpfer, 360; Kölz (Recht), 90 ff.; Kölz (Verwaltungsrecht), 178 f.; Weber-Dürler (Vertrauensschutz), 64; Richli (Milchkontingentierung), 4 f.; G. Müller, Kommentar BV, Art. 22ter N 2; Moor, Bd. II, 17; Klett, 129 ff.; U. Müller, 114 f.
Nach der bundesgerichtlichen Rechtsprechung geht der Schutz der «wohlerworbenen Rechte» nicht weiter als die Eigentumsgarantie, BGE 107 Ib 140; 117 Ia 38 f.; 119 Ia 162; Das Bundesgericht nimmt neuestens im Rahmen der Eigentumsgarantie eine Interessenabwägung vor, die einem Rückgriff auf den in Treu und Glauben angesiedelten Gedanken der Rechtssicherheit gleichkommt, auch wo die direkte Berufung auf diesen Grundsatz mangels rechtsgültiger Zusicherung nicht möglich ist. Damit werden die Unterschiede zwischen der Eigentumsgarantie und dem Vertrauensschutz erheblich reduziert, vgl. BGE 115 Ia 356.

1041 Saladin (Verwaltungsprozessrecht), 338; Kölz (Recht), 66; Kölz (Verwaltungsrecht), 178; Rhinow (Rechte), 8 f. und 18 f.; Rhinow (Rechtsetzung), 269; Weber-Dürler (Vertrauensschutz), 63 ff.; G. Müller, Kommentar BV, Art. 22ter N 2; Häfelin/Müller, N 773; Rhinow/Krähenmann, Nrn. 74 B XV und 122 B III; Moor, Bd. II, 14 und 216 f. und differenzierend Klett, 115 ff.
Das Bundesgericht behilft sich mit der Formel, wonach die Eigentumsgarantie anzuwenden ist, wenn die sachenrechtliche Fixierung im Vordergrund steht, umgekehrt gelangt der Gedanke des Vertrauensschutzes zum Zug, wenn die vertrauensbildende Beziehung zwischen Bürger und Staat dominiert. Der Gehalt des anderen Verfassungsgrundsatzes ist jedenfalls sekundär zu berücksichtigen. Vgl. dazu BGE 106 Ia 103; 118 Ia 255; BGer 18. April 1985, ZBl 86/1985, 500 f.

tisch von einer *direkten Vertragsverletzung* durch den Vertragspartner unterscheiden, da im letzteren Fall vorrangig das Vertrauen in das «vertragskonforme» Verhalten des *Staates* erschüttert wird.

170. Der eigentliche Geltungsgrund für den Vertrauensschutz liegt nicht in der «Wohlerworbenheit», sondern in der vertraglichen Natur der Konzessionsabrede[1042]. Interessant ist zu wissen, dass das Wassernutzungsrecht vorab deswegen als «wohlerworben» gilt, weil es in bezug auf den Rechtsschutz einem Privatrecht gleichgestellt werden musste[1043]. Diese historisch wie auch dogmatische erhärtete Erkenntnis[1044] klärt zwar die Sicht auf die konzessionsimmanente Vertrauenslage, vermag jedoch nicht durchwegs zu überzeugen. Klärend ist die Hervorhebung der vertraglichen Fundierung, des rechtsgeschäftlich-autonomen «Erwerbes»[1045] bestimmter konzessionsrechtlicher Vertrauenspositionen[1046]. Dabei sollte man sich hüten, den auch im Privatrecht nicht lückenlos geltenden, aber sehr verfänglichen Grundsatz «pacta sunt servanda» unbesehen auf das Konzessionsrecht zu übertragen[1047], nur um die Figur des «wohlerworbenen Rechts» der Rechtsgeschichte anzuvertrauen. Ebenso sollte die Betonung der vertraglichen Elemente nicht davon abhalten, die Verfügungsteile der Konzession auf ihre Vertrauensschutzwirkung hin zu untersuchen[1048]. Die Spaltung der Konzession hat nur dann einen Sinn[1049], wenn man sich bewusst bleibt, dass vertragliche wie auch publizistische Konzessionsteile Vertrauenselemente und -wirkungen je *eigener Art* enthalten[1050], sich in Bestandeswirkung aber in nichts zu unterscheiden brauchen, wenn die konkrete Interessen-

---

1042 Laut Bundesgericht ist die dogmatische Aufspaltung von vertraglichen und hoheitlichen Elementen in der Wasserrechtskonzession von untergeordneter Bedeutung, weil Art. 43 Abs. 1 WRG alle Ansprüche des Beliehenen, ungeachtet ob sie auf Vertrag oder Verfügung beruhen, gleich behandelt und sie allesamt als «wohlerworben» bezeichnet werden, BGer 11. Juli 1988, ZBl 90/1989, 90. Die angesprochene Aufspaltung der Konzession ist einzig vor dem prozessualen Hintergrund der Geltendmachung konzessionsrechtlicher Ansprüche zu verstehen; wichtiger als eine dogmatische Trennung ist die Erkenntnis, dass Vertrauenspositionen ungeachtet ihres vertraglichen oder publizistischen Entstehungsgrundes geschützt werden. Vgl. hierzu N 34. und N 169.
1043 Liver (Wasserrecht), 338.
1044 Vgl. dazu Saladin (Verwaltungsprozessrecht), 339 f.; Kölz (Recht), 93; Kölz (Verwaltungsrecht), 181 f.; Rhinow (Rechte), 8 f.; Weber-Dürler (Vertrauensschutz), 63 ff. und 220.
1045 Rhinow (Rechte), 8; BGE 113 Ia 361; BGer 10. April 1985, ZBl 86/1985, 500 f.
1046 Vgl. dazu Grisel (Traité), 594; Knapp (concessions), 124; Dubach (Wasserrecht), 28 f.; Augustin, 15 f.
1047 Vgl. dazu die differenzierenden Betrachtungen von Weber-Dürler (Vertrauensschutz), 219 f.
1048 Weber-Dürler (Vertrauensschutz), 66.
1049 Das vertrauensauslösende Moment für vertragliche Abreden wird in der Abrede selbst gesehen, bei Verfügungen wird überdies eine Disposition erwartet. Vgl. dazu Kölz (Verwaltungsrecht), 182; Weber-Dürler (Vertrauensschutz), 220. Ihren eigentlichen Grund besitzt die Theorie vom komplex strukturierten Gebilde in der Spaltung des Rechtsschutzes. Vgl. dazu N 34 34.und N 169.
1050 Kölz (Verwaltungsrecht), 182.

I. Der verfassungsrechtliche Rahmen

lage eine rigide Rechtsposition fordert. Vollends überholt ist dagegen die auf dem Gegensatz von zweiseitigem Vertrag und einseitig-hoheitlicher Verfügung aufbauende Ansicht, die Behörde könne ausserhalb der «wohlerworbenen Rechte» frei auf die Konzessionsregelung zurückkommen[1051].

171. Zentrales Problem ist die Gesetzesbeständigkeit der konzessionsrechtlichen Vertragsposition[1052]. Werden vertragliche Abreden unter den Schutz der Eigentumsgarantie gestellt, so sind sie grundsätzlich[1053] einschränkbar[1054]; eine Entschädigung ist nur geschuldet, wenn die Schmälerung die geforderte Intensität erreicht. Selbst der im Zusammenhang mit Wasserrechtskonzessionen aufgestellte Grundsatz, wonach diese durch spätere Gesetze grundsätzlich nicht aufgehoben oder eingeschränkt werden dürften, ist nicht mehr als ein Lippenbekenntnis[1055]. Der Unabänderbarkeitsanspruch reduziert sich gemäss der Rechtsprechung auf eine dem Enteignungsrecht vergleichbare Entschädigungspflicht[1056]. Die Bestandesgarantie kann sich zwangsläufig nur dort durchsetzen, wo eine staatliche Geldleistung oder ein Abgabeprivileg berührt sind[1057]. Dieser Schutz gilt nicht schrankenlos: Zwischen der starren konzessionsrechtlichen Wert- und Bestandesgarantie und den wandelnden öffentlichen Interessen hat das Bundesgericht einen Mittelweg beschritten, indem es die neuen gesetzlichen Regelungen ihrer Eingriffsintensität nach unterscheidet. Nur den Kern, die Substanz oder den Wesensgehalt der Konzession berührende Gesetze verletzen die «wohlerworbenen Rechte» des Konzessionärs und führen zur Entschädigungspflicht[1058]. Die Scheidelinie zwischen eigentlichen Substanzverletzungen und den weniger intensiven neuen gesetzlichen Regelungen wird anhand der *wirtschaftli-*

1051 Wie etwa noch von Augustin, 18 vertreten. Auch bei Küng, 66 f. tönt diese Ansicht an, wenn er aufgrund der unzweifelhaften Prädominanz des Verfügungscharakters einer Luftseilbahnkonzession die Geltendmachung von «wohlerworbenen Rechten» ausschliesst.
1052 Vgl. dazu auch N 340.
1053 Bei Vorliegen einer gesetzlichen Grundlage, eines überwiegenden öffentlichen Interesses und Achtung der Verhältnismässigkeit. Vgl. dazu BGE 112 Ia 278; 113 Ia 362; BGer 10. April 1985, ZBl 86/1985, 500 f.
1054 So etwa Grabkonzessionen, BGE 112 Ia 278; 113 Ia 362; BGer 10. April 1985, ZBl 86/1985, 500 f.; Kämpfer, 355. Für die Wasserrechtskonzessionen besteht eine ähnliche gesetzliche Regelung in Art. 43 Abs. 1 und 2 WRG, vgl. dazu Kölz (Verwaltungsrecht), 180 f.; Dubach (Wasserrecht), 123; Rhinow/Krähenmann, Nr. 122 B III; BGE 107 Ib 145; 110 Ib 164; BGer 16. September 1987, ZBl 89/1988, 279 ff. und BGer 11. Juli 1988, ZBl 90/1989, 90 f.
1055 Vgl. dazu Kämpfer, 360 f.; Klett, 205.
1056 Vgl. etwa Kämpfer, 340 und 357 ff.; Dubach (Wasserrecht), 39; Kölz (Verwaltungsrecht), 180; Rhinow (Rechte), 17 ff.; Weber-Dürler (Vertrauensschutz), 67; Riva, 240 f.; BGE 107 Ib 145; 110 Ib 164; 112 Ia 278; 117 Ia 39; 119 Ia 145; BGer 11. Juli 1988, ZBl 90/1989, 90 f. Auch im Luftverkehrsrecht besteht die (indirekte) Möglichkeit des Entzuges, indem der Bund den Träger der allgemeinen Betriebskonzession gegen Entschädigung erwirbt, Art. 35 LFG.
1057 BGE 106 Ia 168; BGer 10. April 1985, ZBl 86/1985, 500 f.
1058 BGE 107 Ib 145 f.; 110 Ib 164. Ähnlich bereits BGE 49 I 584; 65 I 322 und 80 I 264.

chen Tragbarkeit der Änderung ermittelt[1059]. Neues, substanz*erhaltendes* Recht ist somit auch dann zu beachten, wenn es ausserhalb einer Verleihung oder Erneuerung angeordnet wurde. Es ist selbst dann verbindlich, wenn in der bisherigen Konzession ein ausdrücklicher Vorbehalt neuen Rechtes fehlt[1060]. Schutz für den Konzessionär bietet auch das Verbot widersprüchlichen Verhaltens[1061]: Weder *formelhaft* noch *gezielt* angebrachte Vorbehalte neuen Rechts vermögen die Substanz des «wohlerworbenen Rechts» zu schmälern[1062]. Immerhin bleibt abzuklären, inwieweit sich der Konzessionär selbst treuwidrig verhält. Bestand nämlich ein enger und ausschlaggebender Zusammenhang zwischen der Konzessionierung und dem Vorbehalt, so muss zusätzlich untersucht werden, ob sich der Konzessionär seinerseits nicht widersprüchlich verhält, wenn er den Vorbehalt nicht gelten lassen möchte und *zugleich* auf eine *unveränderte* Durchsetzung des konzedierten Rechts drängt[1063]. Umgekehrt kann die Vorgeschichte der Konzessionserteilung auch zeigen, dass sich der Konzessionär auf einen Vorbehalt nur deshalb eingelassen hat, um die Konzessionserteilung als solche nicht zu gefährden. Eine Grenze findet die «Wohlerworbenheit» nach der neuesten Rechtsprechung des Bundesgerichts dann, wenn die ursprüngliche Konzession wiederholt verlängert und durch Projektänderungen derart verändert wurde, dass inhaltlich von einer Neukonzessionierung zu sprechen sei[1064].

172. Der Gesetzgeber zögert – ungeachtet des Wandels in Rechtsprechung und Lehre – offenbar (noch?), die «wohlerworbenen» Wassernutzungsrechte aus dem eigentumsrechtlichen Zusammenhang zu lösen[1065]. Dadurch wird die dem Vertrauens-

---

1059 Imboden (Vertrag), 101a f.; Kämpfer, 355 f.; Rhinow (Rechte), 18; Moor, Bd. II, 270; Dubach (Wasserrecht), 123; Klett, 29; BGE 110 Ib 164 f.; BGer 11. Juli 1988, ZBl 90/1989, 90 f.
1060 BGer 16. September 1987, ZBl 89/1988, 280; BGer 11. Juli 1988, ZBl 90/1989, 91.
1061 Dieses findet seine eigentliche Grundlage im Grundsatz von Treu und Glauben, Sameli, 315 ff.
1062 BGE 107 Ib 146; 110 Ib 164; 119 Ib 268; BGer 16. September 1987, ZBl 89/1988, 277. Die Substanz nicht berührende Vorbehalte sind dagegen zulässig.
1063 Vgl. dazu BGer 26. März 1985, BGer 26. März 1985, BVR 1985, 326, fernerBGE 112 II 111 ff.
1064 BGE 119 Ib 254. Dieser Grundsatz darf jedoch nicht unüberprüft schematisch angewandt werden. Es ist für jeden Fall aufgrund einer Interessenabwägung einzeln zu untersuchen, welches die Gründe für die Verlängerung waren, ob eine Ausnützung der Konzession in der ursprünglichen Form für die öffentlichen Interessen nicht nachteilhafter wäre und welche Investitionen der Konzessionär bis anhin für die Projektierung aufgewandet hat.
1065 Vgl. Art. 43 f. des Vernehmlassungsentwurfes für ein Bundesgesetz über die Bewirtschaft und Nutzung der Gewässer vom 1. November 1993. Nach dem begleitenden Erläuternden Bericht soll nach Abschluss der Vernehmlassung überprüft werden, ob das «wohlerworbene Recht» nicht gestrichen werden sollte. Dies wäre nach Auffassung des Bundesamtes für Justiz ohne weiteres möglich, da der Enteignungsweg gleichwertigen Schutz bieten würde, Vernehmlassungsentwurf vom 1. November 1993, 13 f. Dies stimmt nur bedingt, da «wohlerworbene Rechte» insbesondere bei der materiellen Enteignung weit besseren Schutz bieten. Besser erscheint mir ein Ersatz durch den Anspruch auf Achtung des finanziellen Gleichgewichts des Konzessionärs. Vgl. dazu die Ausführungen in N 172 f. und N 235 ff.

I. Der verfassungsrechtliche Rahmen

schutzgedanken innewohnende Dynamik der *Gegenseitigkeit* des Vertrauens, die Interessenbalance, ausgeblendet zugunsten einer weitgehend unveränderbaren, auf den Zeitpunkt des Zustandekommens der Konzession fixierten Interessenlage[1066]. Die Begründung findet sich darin, «dass der Gesetzgeber die Gesetzesbeständigkeit des verliehenen Rechts selbst gewollt hat (Art. 43 Abs. 2 WRG)»[1067]. Eine kürzliche Bestätigung hat diese Ansicht im revidierten Gewässerschutzgesetz erfahren, das die erteilten Konzessionen in ihrer Substanz von einer Sanierungspflicht und Anpassung an die Restwassermengen ausnimmt bzw. der Entschädigungspflicht unterstellt[1068]. Das «wohlerworbene Recht» wird unter Betonung des Erwerbes eines unentziehbaren subjektiven Rechtes zur «Barriere gegen die Massgeblichkeit veränderter öffentlicher Interessen»[1069]. Diese Betrachtungsweise ist solange richtig, als sie sich allein gegen vertrauenszerstörende ex-post-Korrekturen richtet. Sie sollte angesichts der ansteigenden Unmöglichkeit, künftige Risikopotentiale über längere Perioden hinaus beurteilen zu können, in Richtung «Rechtssicherheit auf Zeit»[1070] überdacht, wenn nicht gar – durch eine Regelung auf Verfassungsstufe – aufgegeben und ersetzt werden durch den den Interessen des Konzedenten wie auch des Konzessionärs besser Rechnung tragenden Grundsatz vom Anspruch auf finanzielles Gleichgewicht des Konzessionärs[1071]. Das mit der Industrialisierungswelle verbundene, rechtlich abgefangene privatunternehmerische Risiko ist durch die umweltrelevanten, immer noch um gleichwertige Anerkennung ringenden Risiken in seiner Bedeutung eingeholt worden[1072]; dem investitionsschonenden und zugleich zukunftsausgerichteten Ausgleich wird sich die künftige Rechtsentwicklung widmen müssen.

173. Aus dogmatischer Sicht liesse sich hierfür ein Ansatz finden, der nicht mit bisherigen Anschauungen brechen müsste: Die Rechtsfigur der «Wohlerworbenheit» vermittelt noch den Eindruck eines zwingenden Automatismus, wonach *nur Rechte des Konzessionärs*[1073] – einmal als «wohlerworben» erklärt – als unabänderbar gelten. Diese auf dem einseitig-negatorischen Charakter der Eigentumsgarantie be-

---

1066 Kölz (Verwaltungsrecht), 180 f.; Weber-Dürler (Vertrauensschutz), 65 ff.
1067 BGE 110 Ib 164, bestätigt in 119 Ib 267 und BGer 11. Juli 1988, ZBl 90/1989, 90.
1068 Art. 80 und 83 GschG.
1069 Rhinow (Rechte), 9.
1070 Wolf, 387; Rausch (Standortbestimmung), 147 ff.; ferner Jörn Ipsen, Die Bewältigung der wissenschaftlichen und technischen Entwicklungen durch das Verwaltungsrecht, VVDStRL 48/1990, 178 ff. m.w.H.
1071 Vgl. dazu die unmittelbar folgenden Ausführungen; anderer Ansicht Rhinow (Rechte), 21.
1072 Wolf, 384 ff.
1073 Vgl. Klett, 101 zu den vertraglichen, «wohlerworbenen» Rechten des Konzessionärs nach Art. 43 WRG. Dem Staat als Konzedenten stehen keine «wohlerworbenen Rechte» zu, BGE 65 I 317 f. und 322.

ruhende, von frühkonstitutionellen Rechtsschutzbedürfnissen[1074] getragene Ansicht verdeckt, dass «wohlerworbene Rechte» als historisch bedingte Surrogate des Vertrauensschutzes vor allem Ausdruck einer besonders qualifizierten (zweiseitigen) Interessen- und Erwartungslage sind. Eben hierin liegt die *ratio* der «Wohlerworbenheit»: Weil der Konzessionär seine Lebensführung im Hinblick auf die Konzessionsausübung ausgestalten will *und* er sich durch Abrede die wirtschaftliche Risikolosigkeit seines Vorgehens hat zusichern lassen, wird er rechtlich geschützt[1075]. Oder anders gesagt: Nicht das «wohlerworbene Recht» als dogmatische Konstruktion ist schützenswert, sondern erst die ihm zugrunde liegende Interessenlage[1076]. Umfang, Art und Wirkkraft, mithin die konkrete Schutzwürdigkeit dieser gefestigten Rechtsposition(en) können erst aufgrund der gesetzlichen Regelung, des einzelnen Verleihungsaktes und der gesamten Interessenlage ermittelt werden, denn die «Verleihung verschafft dem Beliehenen *nach Massgabe* des Verleihungsaktes ein wohlerworbenes Recht»[1077]. Die «Wohlerworbenheit» kann zum einen durch einen genügend klaren Anpassungsvorbehalt eingeschränkt werden[1078], der aber zumindest im Bereich der Wasserrechtsnutzung aufgrund der gesetzlichen Fixierung der wirtschaftlichen Ausnutzung der Konzession[1079] enge Schranken findet[1080]. Zum anderen folgt aus dem *beide* Konzessionspartner verpflichtenden[1081] Grundsatz von Treu und Glauben, dass sich der Konzessionär und vice versa der Konzedent Änderungen oder eine Aufhebung gefallen lassen müssen, wenn sie der *Erhaltung* der in der Konzession festgelegten Interessenbalance dienen[1082]. Zur Rechtfertigung wird auf die

---

1074 Fleiner (Institutionen), 34 f.
1075 Rhinow (Rechte), 20 f.
1076 Saladin (Verwaltungsprozessrecht), 339; Dubach (Wasserrecht), 31; Kölz (Recht), 93 f.; Weber-Dürler (Vertrauensschutz), 63 f.; Klett, 202 f. Vgl. auch die grundlegende Unterscheidung von Gunter Kisker, Vertrauensschutz im Verwaltungsrecht, VVDStRL 32/1974, 151 ff.
1077 Art. 43 Abs. 1 WRG. Hervorhebung durch den Verfasser.
1078 Vgl. BGE 49 I 583. Nach Art. 54 lit. d WRG soll die Verleihung die dem Beliehenen auferlegten wirtschaftlichen Leistungen bestimmen. Diese Festlegungspflicht steht einem Anpassungsvorbehalt nicht entgegen. Vgl. hierzu Dubach (Wasserrecht), 109 f.; Kölz (Verwaltungsrecht), 180 f.
1079 Art. 39 und 41 WRG.
1080 BGer 16. September 1987, ZBl 89/1988, 277 ff. Die neueste Bundesgerichtspraxis relativiert die Tragweite solcher Vorbehalte stark, indem sie vorbehaltene Schmälerung an der «Nutzung der Wasserkraft zu wirtschaftlich tragbaren Bedingungen» abprallen lässt.
1081 Kölz (Verwaltungsrecht), 183; Rhinow (Rechte), 22; Weber-Dürler (Vertrauensschutz), 226; Grisel (Traité), 453; Häfelin/Müller, N 595 und 599.
1082 Kölz (Verwaltungsrecht), 181 f.; Moor, Bd. II, 272. Eine Berufung des Konzessionärs auf «wohlerworbene Rechte» im von Kölz, 181 f. angeführten Beispiel der Anpassung der Wasserzinse an die Geldentwertung müsste nur schon deshalb scheitern, weil eine Anpassung an stark veränderte Verhältnisse die Substanz der Nutzung, d.h. die Möglichkeit der wirtschaftlichen Ausbeutung, gar nicht berühren würde.
Als Lösungsweg wird ein modifizierter Rückgriff auf das zivilrechtliche Institut der «clausula rebus sic stantibus» vorgeschlagen. Für die Konzessionsabrede erscheint mir aufgrund der erheblich unterschiedlichen Ausgangslage ein flexibleres Anpassungsrecht angebracht.

I. Der verfassungsrechtliche Rahmen

privatrechtliche «clausula rebus sic stantibus»[1083] verwiesen, die im öffentlichen Recht einen erweiterten Umfang besitzt[1084]. Der Rückgriff auf diese Regel ist allerdings zumeist entbehrlich, denn für die Konzessionen der öffentlichen Dienste hat sich die Dynamisierung der Interessenlagen in eigenen, der hier herrschenden Interessenlage gerechter werdenden Grundsätzen niedergeschlagen[1085]. Hierzu zählen die Pflicht des Konzessionärs zur Anpassung und Kontinuität wie auch sein Anspruch auf ein finanzielles Gleichgewicht[1086]. Äusserstenfalls kann die Berufung auf die «wohlerworbenen Rechte» sogar scheitern, wenn das Vorgehen des Konzessionärs konkret rechtsmissbräuchlich erscheint, indem er sich einerseits die Unveränderlichkeit der Rechtslage zusichern lässt, andererseits aber ungebührlich und ohne nachvollziehbaren Anlass lange zögert, die Konzession auszunutzen («Konzession auf Vorrat»)[1087].

174. Nach tradierter verwaltungsrechtlicher Ansicht können sich aus *Bewilligungen* nur ausnahmsweise «wohlerworbene Rechte» ergeben[1088]. Umgekehrt wurde die Bewilligung unter Hinweis auf ihren Verfügungscharakter bei rechtlichen oder tatsächlichen Veränderungen einer erleichterten Anpassung oder Rücknahme unterstellt (sogenannte «freie Widerruflichkeit»)[1089]. Doch hat bereits die frühe Verwaltungsrechtswissenschaft die Abhängigkeit der Verfügung von der laufenden Gesetzgebung oder der Stabilität der tatsächlichen Verhältnisse in wesentlichen Punkten stark eingeschränkt[1090], und damit die Grundlage für die heutige, sich um das Prin-

---

1083 Vgl. dazu BGE 93 II 290; 113 II 209.
1084 Kölz (Verwaltungsrecht), 181 f.; Moor, Bd. II, 272; BGE 67 I 301 ff.; 103 Ia 37; Bundesrat 20. Dezember 1978, VPB 1979 Nr. 79.
1085 Vgl. auch Moor, Bd. II, 272 f.
1086 Dazu N 235.
1087 Kölz (Verwaltungsrecht), 181; Knapp (concessions), 150; Moor, Bd. II, 269; Augustin, 29. Vgl. BGE 110 Ib 164, ferner 113 Ib 321. Für die Ermittlung der Rechtsmissbräuchlichkeit könnte auf die Vorgeschichte der Konzessionsabrede, mithin auf die gesamten, nicht zwingenderweise in der Konzession zum Ausdruck gelangenden Rahmenbedingungen zurückgegriffen werden (BGE 115 Ia 356). Dabei wäre in Betracht zu ziehen, wieweit sich die Interessenlage seit der Konzessionserteilung verändert hat, ob der Konzessionär bereits einen Teil des Risikos umgesetzt hat (Investitionen, Vorplanungen) und wem die Verzögerung anzulasten ist. Ins Gewicht dürfte auch die «Sozialpflichtigkeit des Eigentums» fallen, welche einer Unterlassung der möglichen Nutzung entgegensteht. Vgl. dazu auch Georg Müller, Baupflicht und Eigentumsordnung, in: FS für Ulrich Häfelin, Zürich 1989, 181.
1088 Die Rechtsprechung lässt hier keine klare Linie erkennen. Vielfach werden «wohlerworbene Rechte» den subjektiven Rechten gleichgesetzt, teils wird die «Wohlerworbenheit» auch aus dem Gebrauchmachen einer Bewilligung abgeleitet. Vgl. dazu Kölz (Verwaltungsrecht), 197; Weber-Dürler (Vertrauensschutz), 175 ff.; Klett, 36 ff.; U. Müller, 59 ff., 66 und 107 ff.; BGE 87 I 424; 89 I 335; 92 I 235; 93 I 675; 102 Ia 448; 108 Ia 139.
1089 Vgl. dazu Hangartner (Widerruf), 81 ff.; Saladin, (Widerruf), 105; U. Müller, 57 f.
1090 Nach *Fritz Fleiner* (Institutionen), 196 ff. und 413 f. ist der Widerruf nicht frei, da er nur im öffentlichen Interesse erfolgen darf. Weiter stehen dem Widerruf Treu und Glauben, ein eingehendes Ermittlungs- und Einspruchsverfahren, die Errichtung eines Baus und eine ausdrückliche Zu-

zip des Vertrauensschutzes gruppierende Widerrufspraxis[1091] gelegt. Die Durchsetzung des Legalitätsgrundsatzes auf dem Weg des Widerrufs oder der Anpassung kollidiert mit dem Vertrauensschutz und der Rechtssicherheit. Ungeachtet dessen, ob der Bewilligungsmangel ein ursprünglicher ist oder erst aufgrund einer nachträglichen Rechts- oder Sachverhaltsänderung eintrat, wird der Interessenwiderstreit durch eine konkrete Abwägung aufgelöst. Auf die Interessenabwägungsformel wird aber erst dann zurückgegriffen, wenn das positive Recht lückenhaft erscheint[1092]. Ähnlich den «wohlerworbenen Rechten» haben sich auch im Bewilligungsrecht – vorab bei der Bau- und der Berufsausübungsbewilligung – typische, einem Widerruf entgegenstehende Interessenkonstellationen herausgebildet, die im wesentlichen bereits durch die frühe Verwaltungsrechtswissenschaft kategorisiert wurden. Damit hat sich die Erkenntnis durchgesetzt, dass nicht der Vertrag allein schützenswert sei, sondern auch weitere Arten der Vertrauensbegründung. Es ist vermutlich kein Zufall, dass die frühe französische Verwaltungsrechtsdoktrin, der wir diese Ansichten verdanken, das Gebrauchmachen von der Bewilligung der Rechtskategorie der «droits acquis» zuweist[1093].

Der aus dem Baurecht stammende Begriff des Gebrauchmachens von der Bewilligung wie auch ein förmliches (besonders qualifiziertes) Ermittlungs- oder Einspracheverfahren bilden bis heute die Hauptpfeiler der allgemeinen Widerrufslehre[1094]. Beide sind Ausdruck einer bestimmten, an verschiedene Auslösungsmomente anknüpfenden Vertrauenslage, die sich dem Interesse an der Abänderung der Bewilligung entgegenstellt. Ihren Geltungsanspruch entnehmen sie nicht einer ausdrücklichen Zusicherung der Unabänderlichkeit der Rechtslage. Entscheidend ist hier vielmehr das Vertrauen in die Beständigkeit einer aus einem eingehenden Interessenabwägungsverfahren hervorgegangenen Verfügung bzw. der im Anschluss an eine Bewilligung getätigten Investition (Dispositions- und Amortisationsinteresse)[1095]. Eine «Spielart» des Dispositionsvertrauens findet sich in der *Besitzstandsgarantie*[1096].

---

sicherung der Beständigkeit im Sinn eines subjektiven Rechts entgegen. *Walther Burckhardt* (Organisation), 73 ff. schliesst sich dieser Kategorienbildung an, betont aber als übergreifendes Element die Abwägung zwischen den entgegenstehenden Interessen. Vgl. hierzu Weber-Dürler (Vertrauensschutz), 179.
1091 U. Müller, 37. Das Bundesgericht hat in BGE 56 I 194 die Interessenabwägungsformel von *Burckhardt* übernommen. Vgl. dazu Weber-Dürler (Vertrauensschutz), 179.
1092 Differenzierend Weber-Dürler (Vertrauensschutz), 169 ff.; ferner Gygi (Rechtsbeständigkeit), 244 f.; U. Müller, 49; BGE 100 Ib 299 ff.; 102 Ib 298; 107 Ib 36.
1093 Dieses wird als Widerrufshinderungsgrund bereits von *Otto Mayer* in der Theorie des Französischen Verwaltungsrechts, 171 f. beschrieben.
1094 Statt vieler Häfelin/Müller, N 777 f.
1095 Aus diesem Gesichtswinkel sind auch die Bewilligungen mit Dauerwirkung zu beurteilen, die sich mithin nicht in einem einmaligen Gebrauch erschöpfen. Da hier das Ausmass der gutgläubigen

I. Der verfassungsrechtliche Rahmen

175. Die in den Kategorien der allgemeinen Widerrufslehre hervortretende Konsolidierung verschiedener Vertrauenslagen weist einige Unebenheiten auf. Qualifizierte Verfahren können weder künftige Rechtsänderungen mitberücksichtigen[1097], noch ist eine praktikable Abgrenzung von umfassend interessenabwägenden und nichtabwägenden Verfahren möglich[1098]. Dem Begriff des Gebrauchmachens wird angelastet, sein Beginn lasse sich kaum genau festsetzen[1099] und berge die Gefahr der einseitigen Ausrichtung auf ausschliesslich vermögenswerte Dispositionen in sich[1100]. Auch der Vorwurf, rechtmässige, vertrauensbegründende Dispositionen seien unabhängig von der Anknüpfung an eine Verfügung zu berücksichtigen[1101], ist hier anzusiedeln. Mehr als ein Ausloten der Grenze der Vertrauensdisposition ist dagegen die Erkenntnis zu werten, dass Bewilligungen einer dauernden Tätigkeit kaum anhand des Gebrauchmachens erfasst werden können[1102]. Befreit man die Widerrufskasuistik von den erwähnten Unebenheiten, wozu sich auch das Bundesgericht nicht selten gezwungen sieht, so wird die Sicht auf ihr tragendes Element frei: Es geht um die *konkrete* Berücksichtigung einer *besonderen vertrauensschutzwürdigen Interessensituation*[1103] des Bewilligungsadressaten, die zwar behelfmässig, aber keineswegs umfassend oder gar abschliessend mittels einer kategorischen Umschreibung erfasst werden kann[1104], und die als Ausgangspunkt für eine über die Beständigkeit der Bewilligung *entscheidende Interessenabwägung* dient.

176. Vergleicht man Konzession und Bewilligung in ihrer Widerstandskraft nachträglichen Aufhebungs- oder Abänderungsversuchen gegenüber, so verbleiben nur

---

Investition ausschlaggebend ist, kann die Behörde den Vertrauensschutz mit dem Entzug der Bewilligung pro futuro zerstören; im Rahmen der üblichen Amortisation dauert der Bestandesschutz an. Vgl. dazu Weber-Dürler (Vertrauensschutz), 132 f.; BGE 118 Ib 257.

1096 Vgl. dazu Kölz (Verwaltungsrecht), 191 ff.; Weber-Dürler (Vertrauensschutz), 19 f.; Grisel (Traité), 398 und 701 f.; G. Müller, Kommentar BV, Art. 22ter N 17; Peter Karlen, Das abgebrannte Badehäuschen, Urteilsanmerkung öffentliches Recht, 1991, 99 ff. Das Bundesgericht leitet die Besitzstandsgarantie aus der Eigentumsgarantie ab, BGE 113 Ia 122. Art. 32bis Abs. 4 in fine BV sieht einen Bestandesschutz für Hausbrennereien vor mit einer behördlichen Verpflichtung zur Konzessionserteilung. Die Hausbrennereikonzession ist allerdings weniger eine Monopolkonzession als eine mehrere öffentliche Interessen wahrende Bewilligung.
1097 Hangartner (Widerruf), 145; Saladin (Verwaltungsprozessrecht), 336 f.; Kölz (Verwaltungsrecht), 197; Moor, Bd. II, 226; U. Müller, 63 ff.; BGE 101 Ib 321; 103 Ib 209 f.
1098 Fleiner-Gerster (Grundzüge), § 26 N 8; U. Müller, 64.
1099 Saladin (Widerruf), 43; U. Müller, 67.
1100 Weber-Dürler (Vertrauensschutz), 19.
1101 Kölz (Verwaltungsrecht), 198.
1102 Weber-Dürler (Vertrauensschutz), 185; BGE 100 Ib 303 f.; 101 Ib 321; 106 Ib 256.
1103 Dies wird dann deutlich, wenn man berücksichtigt, dass auch die im Rahmen einer befristeten Bewilligung getätigten Investitionen bei der Verlängerung der Bewilligung zu berücksichtigen sind, sofern ein Missverhältnis zwischen der Bewilligungsdauer und der Amortisation der Investitionen besteht, BGE 102 Ia 448; ferner 108 Ia 139.
1104 Gygi (Rechtsbeständigkeit), 245.

wenige Unterschiede. Auch die vermeintlich besonders beständigen «wohlerworbenen Rechte» sind keineswegs gegen Entzug oder Anpassung gefeit, soweit gewichtige öffentliche Interessen vorgehen. Der Umfang der Resistenz gegenüber nachfolgenden Staatsakten bemisst sich bei Bewilligung wie Konzession nach einem vergleichbaren Abwägungsprozess[1105]. Das erstaunt auch nicht weiter, da in beiden Fällen strukturell das Prinzip des Vertrauensschutzes den Entscheid trägt. Auch die aus der Art der Anknüpfung (Verwaltungsakt oder vertragliche Abrede) abgeleiteten Unterschiede reduzieren sich bei näherem Hinsehen. So schützt das «wohlerworbene Recht» den Konzessionär bereits vor Aufnahme der konzessionierten Tätigkeit, doch werden auch ausserhalb autonomer rechtsgeschäftlicher Vereinbarungen liegende Rechtsverhältnisse gleichwertig geschützt, sofern sich die Rechtslage nicht ändert. Immerhin kann die gegenüber der Bewilligung besser geschützte Nichtausnützung der Konzession als Argument für die erhöhte Geltungskraft der Abrede ins Feld geführt werden. Allerdings ist zumindest zweifelhaft, wie dies die neueste bundesgerichtliche Rechtsprechung anzudeuten scheint[1106], ob die «Wohlerworbenheit» hier noch schutzwürdig ist; jedoch darf man beim Entscheid nicht schematisch auf die blosse Nichtausnützung der Konzession abstellen, sondern hat (unter anderem) das Ausmass der bisher getätigten Investitionen und die Zumutbarkeit des Bauens zu berücksichtigen.

177. Entscheidend ist somit weniger die *Art* der Vertrauensbegründung als die *Intensität* der Vertrauensberechtigung; diese muss sich im Bereich des Konzessions- und Bewilligungsrechts gleichermassen nach dem Mass der Investition und der Veränderung der Lebensgestaltung beurteilen. Es ist in der Tat kaum einzusehen, dass verfassungsrechtlich generell gesicherte Rechts- und Freiheitsbereiche (Bewilligungen) *a priori* weniger Schutz geniessen sollen denn eine konkrete Rechtsübertragungen des Staates auf den Privaten (Konzessionen). Es ist dem Gesetzgeber durchaus nicht verwehrt, berechtigte Interessenlagen von Bewilligungsträgern in einem den «wohlerworbenen Rechten» vergleichbaren Mass zu schützen[1107]. Die Beständigkeit von Bewilligung und Konzession sollte nach vergleichbaren Gesichtspunkten beurteilt werden, wobei gesetzlichen Rahmenbedingungen sowie Art und Ausmass der

---

1105 Am Beispiel des Investitionsschutzes zeigt sich dies deutlich. Bei der Wasserrechtskonzession bildet die wirtschaftliche Ausbeutbarkeit der Wasserkraft den Kern der «Wohlerworbenheit»; als Eckpunkte der näheren Festlegung dienen die Abgabepflichten, die Festlegung der Restwassermenge, die Höhe des Wasserzinses und die Konzessionsdauer. Eine ähnliche Stellung geniesst der Bewilligungsinhaber, der *im Vertrauen auf die Fortdauer der gesetzlichen Lage* zu erheblichen Investitionen veranlasst wurde, BGE 101 Ib 318 ff.
1106 BGE 110 Ib 164.
1107 Weber-Dürler (Vertrauensschutz), 277; Rhinow (Rechte), 4. BGE 67 I 187 ff.; 77 I 144 ff.; 87 I 424; 101 Ia 450; 102 Ia 336; 106 Ia 196. Vgl. auch Art. 9 Abs. 5 AtG, der eine den «wohlerworbenen Rechten» gleichzustellende Wertgarantie gibt sowie die im Anschluss an Art. 24 Abs. 2 RPG ergangene kantonale Ausführungsgesetzgebung.

I. Der verfassungsrechtliche Rahmen

Vertrauensbegründung regelmässig entscheidende, aber keineswegs abschliessende Bedeutung zukommen wird. Die vertragliche Abrede, die häufig als Wesensmerkmal der Konzession wie auch als Nährboden der «wohlerworbenen Rechte» verstanden wird, verliert damit ebenso an Bedeutung wie die Unterscheidung von Konzession und Bewilligung überhaupt. Dies entspricht durchaus dem Wandel des Verwaltungsinstrumentariums, in dem sich die *Grenzen* zwischen den autonom-rechtsgeschäftlichen und den hoheitlich-einseitigen, auf Eingriff ausgerichteten Verwaltungsakt immer mehr verwischen, ja unter dem Gesichtspunkt der Vertrauensbegründung zu Fiktionen werden[1108]. Je eher man erkennt, dass eine Bewilligungserteilung ihrem hoheitlichen Charakter zum Trotz auch kooperative Elemente aufweist, je klarer die Verhandlungselemente als Vorstufe einer Verfügung hervortreten[1109], um so leichter fällt es, Ähnlichkeiten der konzessions- wie auch bewilligungsrechtlichen Vertrauensbegründung zu erfassen[1110]. Zugunsten einer vertraglichen Regelung lässt sich zwar vorbringen, dass sie die Erfüllung von Pflichten des Zugelassenen besser absichert[1111], wogegen der Verfügungsträger eher frei ist, die Zulassung in Anspruch zu nehmen. Doch verblasst auch dieser Vorteil, wenn sich anhand der gesetzlichen und konkreten Zulassungslage herausstellt, dass das Verhalten des Bewilligungsempfängers rechtsmissbräuchlich ist.

178. Entscheidend bleibt somit die konkrete Schutzwürdigkeit und -bedürftigkeit des angerufenen Vertrauens, die sich unabhängig von der Anknüpfung an Verfügung oder Vertrag aus der gesamten «Vorgeschichte»[1112] ergibt. Ein systemwidriger Unterschied verbleibt: Im Gegensatz zu den «wohlerworbenen Rechten» hat sich der Entschädigungsanspruch als Folge einer Vertrauensverletzungen - ungeachtet

---

[1108] Gygi (Verwaltungsrecht), 204 f.; U. Müller, 106 ff.; Trüeb, 26. Damit soll nicht gesagt sein, Verfügung und Vertrag seien dasselbe. Der im einzelnen nicht leicht zu erkennende Unterschied liegt richtig besehen darin, dass sich der Private durch den Vertragsabschluss «zu einer Leistungszusage hergibt, zu welcher ihn die Verwaltung auf einseitigem Wege unmittelbar nicht zwingen könnte», Rhinow (Verfügung), 307; Moor, Bd. II, 243.

[1109] Richli (Verhandlungselemente), 386; Schweizer, 315, je mit Hinweisen auf die Baubewilligung oder die Bewilligung einer Demonstration. Vgl. ferner Rhinow (Rechte), 12, der von einer inhaltlichen Mitbeteiligung des Bürgers bei der Gestaltung einer Baubewilligung ausgeht, um aber hernach deren hoheitliche Natur hervorzuheben, sowie Moor, 243, der die Mitwirkung aus dem Anspruch auf rechtliches Gehör ableitet. Zum Verständigungsprinzip im Verfahren der Baubewilligung vgl. Mäder, 174 f.

Auch wo Aspekte des Umweltschutzrechts den Bewilligungsentscheid prägen, ist die Eingriffstätigkeit faktisch zugunsten eines vorgeschalteten Verständigungsverfahrens zurückgedrängt worden, Wolf, 364 f.

[1110] Vgl. zur vertrauensbegründenden Gleichstellung von Verwaltungsakt und verwaltungsrechtlichem Vertrag Weber-Dürler (Vertrauensschutz), 220, ferner Saladin (Verwaltungsprozessrecht), 340.

[1111] Vgl. BGE 111 II 111 ff.; BVR 1985, 326.

[1112] BGE 115 Ia 356; 108 Ib 385.

aller Bemühungen der Lehre - noch keineswegs mit der rechtsstaatlich erforderlichen Klarheit durchsetzen können.

C. DEMOKRATISCHE LEGITIMATION

179. Bewilligungs- und Konzessions*erteilungen* als auf den Einzelfall ausgerichtete, gesetzeskonkretisierende Verwaltungsakte verstanden, entziehen sich der Teilnahme der Bürger ausserhalb eines Einsprache- oder Rechtsmittelverfahrens[1113]. Ihre demokratische Legitimation entnehmen sie - der übrigen Verwaltungstätigkeit gleich - vorwiegend dem Gesetzgebungsverfahren[1114]. Dieses weist aber mehrere Lücken auf[1115], namentlich bei den Konzessionsabreden *extra legem* und der einzelfallgerechten Umsetzung weiter Ermessensbereiche. Dazu kommt ein weiteres: Die auf das Gesetzgebungsverfahren ausgerichteten politischen Mitwirkungsrechte der Bürger greifen bei wichtigen, aber immer häufiger werdenden Einzelakten nicht[1116], obwohl diese ihre Lebensgestaltung nicht minder berühren können[1117]. Bei Konzessionserteilungen ist der Ausschluss besonders gravierend, da die Rechte des Konzessionärs nach herrschender Lehre als «wohlerworben» und somit - vielfach für beträchtliche Dauer! - als gesetzesbeständig gelten. Zur Lückenfüllung greift man auf das Finanzreferendum[1118], das aber zum Teil nicht anwendbar ist oder nicht immer befriedigenden Ersatz bieten kann[1119]. Diese Partizipationsdefizite[1120], die sich in der Tendenz zur Exekutivstaatlichkeit ausdrücken, haben zu Forderungen nach einem qualitativen Ausbau der Volksrechte in Richtung Verwaltungsinitiative und -referendum sowie nach stärkerem Einbezug der betroffenen Bevölkerung in der Planungsphase geführt.

1113 Vgl. dazu Haller (Raumpläne), 370 ff.
1114 G. Müller (Rechtsetzung); 6; Ch. Brunner, 12. Weiter ist eine demokratische Linie bei der Wahl der Exekutivorgane festzustellen, die aber sehr abgeschwächt in Erscheinung tritt, insbesondere dort, wo die Konzessions- oder Bewilligungserteilung nicht Sache des gesamten Regierungsrates ist, sondern einem einzelnen Departement obliegt. Vgl. Jagmetti, 213.
1115 So etwa bei der Benützung öffentlichen Grundes oder bei der Zubilligung von Ermessensräumen.
1116 Vgl. dazu den Überblick bei Moor, Bd. I, 254 ff.
1117 Kölz (Ausbau), 57; Kölz (Reform), 36 f.; Moor, Bd. I, 257 ff.
1118 Kölz (Ausbau), 56. Vgl. Richli (Finanzreferendum), 145 ff.
1119 Abgesehen davon, dass es nur auf *kantonaler* Stufe greift, sind folgende Gründe zu bedenken: Zum einen ist es verfahrensrechtlich unflexibel und destruktiv, da mittels des Finanzreferendums nur - als letztes Glied in der Entscheidungskette - die Finanzierung eines Projektes aufgeworfen wird. Zum anderen unterstehen von privater Seite finanzierte Projekte dem Referendum nicht. Überdies kann das Finanzreferendum keinen Ersatz für eine fehlende Verwaltungsinitiative bieten. Vgl. Max Imboden, Helvetisches Malaise, in: Staat und Recht. Ausgewählte Schriften und Vorträge, Basel/Stuttgart 1971, 291; Kölz (Ausbau), 57 ff.; Moor, Bd. I, 247 f. Bedeutsam wird das Finanzreferendum insbesondere bei der Konzessionierung von Flughäfen (Errichtung und Erweiterung), da deren Betrieb ohne Verwendung öffentlicher Mittel praktisch nicht möglich ist.
1120 Vgl. dazu und zu neuen Lösungsmustern Peter Uebersax, Betroffenheit als Anknüpfung für Partizipation, Diss., Basel/Frankfurt a.M. 1991, 158 ff.

I. Der verfassungsrechtliche Rahmen 159

180. Wenn nachfolgend die demokratische Legitimation von Bewilligungen und Konzessionen untersucht wird, so geschieht es unter Ausschluss des Gesetzgebungsverfahrens[1121] und der – nicht immer klar abgrenzbaren – Möglichkeiten eines Rechtsmittelverfahrens[1122]. Einbezogen werden dagegen die als indirekt-demokratisch einzustufenden Mitwirkungsrechte von Parlament, Regierung und Gemeinden, wie sie bei der Konzessionsbegründung und der Mitwirkung an konzessionierten, gemischt-wirtschaftlichen Unternehmungen anzutreffen sind, wie auch die – als Scharnier zwischen prozessualer und demokratischer Teilhabe – mehr oder weniger informellen Teilnahme- und Einwirkungsmöglichkeiten Dritter im Vorverfahren der Entscheidbildung.

181. *Gesetzesreferendum und -initiative* können nur in bescheidenem Mass den konkreten Erteilungsentscheid beeinflussen. Ausgehend von seiner traditionellen Anknüpfung an den dualistischen Gesetzesbegriff[1123] spricht das Bundesgericht Gesetzesinitiativen mit individuell-konkretem Gehalt die Rechtmässigkeit ab, soweit das kantonale Recht vorsieht, dass Gesetze generell-abstrakte Regeln enthalten müssen. Auch Kantone, die ein Initiativrecht ausserhalb des Gesetzgebungsverfahrens eingerichtet haben (Beschlussesinitiative), beschränken dieses oft auf Gegenstände, die in parlamentarische Entscheidungskompetenz fallen; zu diesen gehören nur selten Verwaltungsakte[1124]. Eine Ausweichmöglichkeit dürfte die Verfassungsinitia-

---

[1121] Auch mittels der Wesentlichkeitstheorie können Konzessionen oder Bewilligungen in das Gesetzgebungsverfahren implantiert werden und einer verstärkten demokratischen Kontrolle unterstellt werden, N 110. Vgl. auch Eichenberger (Kommentar), § 78 N 7 ff. und Wüthrich, 124 ff. zu den Schwierigkeiten, die sich bei der Konkretisierung der Wesentlichkeitstheorie ergeben können.

[1122] Dazu Häner, 112 ff. Es wird bewusst auf eine Definition des Begriffs «Demokratie» verzichtet. Vgl. hierzu eingehend die Referate von Andreas Auer und René A. Rhinow in ZSR 103/1984 II, 1 ff. Vielmehr werden zweckgerichtet und kasuistisch Verfahren untersucht, welche Dritten die Möglichkeiten bieten, ausserhalb verfahrensrechtlicher Gegebenheiten im Rahmen rechtlicher Vorgaben Einfluss auf Entstehung, Inhalt und Bestand von Bewilligungs- und Konzessionsverhältnissen nehmen zu können. Vor einer undifferenzierten Gleichstellung der Erzeugung demokratischer Legitimation mittels prozessualer oder politischer Mitwirkungsrechte muss gewarnt werden, da beide Verfahren grundsätzlich verschiedene Anliegen verfolgen. Vgl. dazu Jagmetti, 222; Kölz (Ausbau), 58; Häner, 122 f.; Schoch, 114.
Zur Beschwerdelegitimation von Dritten im Bereich von Bewilligungen und Konzessionen vgl. Gygi (Bundesverwaltungsrechtspflege), 158 f.; Kölz (Kommentar), § 21 N 38 ff.

[1123] Auer (droits), 135; Kölz (Ausbau), 58; Kölz (Volksinitiative), 8; Moor, Bd. I, 254 f. Vgl. etwa BGE 73 I 108; 89 I 375; 98 Ia 642 f.; 102 Ia 138; 111 Ia 315 f. Vgl. dazu den Überblick bei Ch. Moser, 48 und Wüthrich, 360 ff.

[1124] Auer (droits), 55 f.; Kölz (Volksinitiative), 8; Moor, Bd. I, 255 f.; René A. Rhinow, Volksrechte, in: Handbuch des Staats- und Verwaltungsrechts des Kantons Basel-Stadt, hrsg. von Kurt Eichenberger/Kurt Jenny/René A. Rhinow/Gerhard Schmid/Luzius Wildhaber, Basel 1984, 142 f.; BGE 104 Ia 418; BGer 2. Juni 1976, ZBl 78/1977, 210; 7. März 1984, ZBl 85/1984, 553; 29. Mai 1985, ZBl 87/1986, 181. Im Kanton *Genf* entscheidet das Parlament über Wasserrechtskonzessionen und Sondernutzungskonzessionen, Moor, Bd. I, 193.

tive anbieten[1125], wobei allerdings zu beachten bleibt, dass der bundesverfassungsrechtlich gewährleistete Vertrauensschutz einem (kantonalen) Zurückkommen auf einen Verwaltungsentscheid entgegenstehen bzw. zu Schadenersatzpflichten führen kann[1126].

182. Ein *allgemeines* (fakultatives) *Konzessionsreferendum* ist bislang selten; immerhin zeigt die neuere kantonale Verfassungsentwicklung, dass eine Ausdehnung möglich ist: Die neue Solothurner Verfassung und die hieran anschliessende neue Berner Kantonsverfassung vom 6. Juni 1993 sehen vor, dass die Kompetenz zur Verleihung, Änderung, Erneuerung und Übertragung von wichtigen Konzessionen dem Parlament übertragen wird; gegen dessen Beschluss steht das Referendum zur Verfügung[1127]. Eine singuläre Erscheinung ist auch die im Kanton Waadt bestehende Möglichkeit, das Referendum gegen Verleihungsakte des *Regierungsrates* ergreifen zu können[1128].

183. Dem geltenden Recht geläufiger sind *Spezial*verwaltungsreferenden in einzeln bezeichneten Materien. Im Bund untersteht der Erwerb weiterer Eisenbahnen oder der Bau neuer Linien dem Beschlussesreferendum[1129]. Fallweise reaktiviert wird das Parlamentsbeschluss-Referendum nach Art. 89 Abs. 2 BV, neulich beim Widerruf der Rahmenbewilligung für ein Kernkraftwerk und der damit verbundenen Entschädigung[1130]. Wasserrechtskonzessionen unterliegen in drei Kantonen dem Referendum: Der Kanton Graubünden kennt ein obligatorisches Referendum für (alle) Wasserrechtsverleihungen und interkantonale Verträge über Wassernutzungen[1131]. Ein fakultatives, auf grössere Wasserrechtsverleihungen beschränktes Referendumsrecht besteht in den Kantonen Bern[1132] und Uri[1133]. Indirekte Ein-

---

1125 Gleich wie hier Andreas Auer, Problèmes et perspectives du droit d'initiative à Genève, Lausanne 1987, 21; Moor, Bd. I, 256 f.; a. A. Kölz (Volksinitiative), 8 mit weiteren Hinweisen auf die Lehre. Bekanntestes Beispiel ist die «Rheinau-Initiative», vgl. dazu Aubert (Traité), N 337 f.
1126 Kölz (Volksinitiative) 28 f.; BGE 100 Ia 383.
1127 Art. 36 i.V. mit 76 Abs. 3 KV *Solothurn*; Art. 62 Abs. 1 lit. d i.V. mit 79 Abs. 2 *Berner* KV. Vgl. dazu Luzian Odermatt, Gesetzesbegriff und Rechtsetzungskompetenzen im Kanton Solothurn, in: Das Gesetz im Staatsrecht der Kantone, hrsg. von Andreas Auer/Walter Kälin, Chur/Zürich 1991, 259; Urs Bolz, Die Volksrechte im Berner Verfassungsentwurf vom 31. Januar 1992, ZBl 93/1992, 440.
1128 Moor, Bd. I, 251.
1129 Art. 2 des Bundesgesetzes über die Schweizerischen Bundesbahnen vom 23. Juni 1944 (SR 742.31).
1130 Vgl. dazu Alfred Kölz, Rechtsgutachten über die Gültigkeit der Volksinitiative «40 Waffenplätze sind genug – Umweltschutz auch beim Militär», ZBl 93/1992, 428 sowie G. Müller/J.-F. Aubert, Kommentar BV, Art. 89 N 3; Fleiner (Bundesstaatsrecht), 404.
1131 Art. 2bis KV.
1132 Art. 6a i.V. mit 26 Ziff. 21 KV. Beschränkung auf Entscheide über die Verleihung, Abänderung und Übertragung von Wasserrechtskonzessionen zur Erzeugung von mehr als 1000 Brutto-PS Leistung durch Ausnutzung der Wasserkraft oder zur Entnahme von mehr als 500 Sekundenlitern Gebrauchswasser.

I. Der verfassungsrechtliche Rahmen

wirkungsmöglichkeiten auf Bewilligungs- bzw. Konzessionserteilungen sind dann gegeben, wenn verbindliche Planungsbeschlüsse von grundsätzlicher Bedeutung der Abstimmung unterstehen[1134] oder sich die Frage der Beteiligung an einer gemischtrechtlichen Unternehmung stellt[1135]. Eine mittelbare Mitwirkung bei Verwaltungsentscheiden des Bundes besteht, soweit bundesrechtlich vorgesehene[1136], kantonale Stellungnahmen (Vernehmlassungen) dem Referendum unterstehen. Von dieser Möglichkeit wurde bei der Wünschbarkeit der Errichtung von Atomanlagen Gebrauch gemacht[1137]; eine originelle Variante kennt das Waadtländer Recht, das den Regierungsrat zu einer ablehnenden Haltung gegenüber jedem Flugplatzprojekt verpflichtet, falls sich alle Standortgemeinden gegen dieses aussprechen[1138]. Eine plebiszitär angehauchte Gelegenheit zur Mitentscheidung eröffnet sodann das frei-

---

[1133] Art. 25 Abs. 2 lit. e KV. Die Beschränkung bezieht sich auf nicht näher bezeichnete «grössere Wasserrechtsverleihungen des Kantons.»

[1134] § 31 Abs. 1 lit. a KV *Basel-Landschaft*; § 63 Abs. 1 lit. a KV *Aargau*; Art. 78 lit. e KV *Jura*.

[1135] Art. 78 lit. d KV *Jura*.

[1136] Z.B. Art. 32 Abs. 2 BV; Art. 5 RLG; Art. 4 Abs. 1 Trolleybusgesetz; Art. 18 Abs. 1 Automobilkonzessionsverordnung; Art. 12 LKV; Art. 28 Abs. 3 und 37 Abs. 3 LFG. Das Anhörungsrecht bei der Erteilung von Flugplatzkonzessionen und -bewilligungen soll nach dem bundesrätlichen Revisionsvorschlag auf Gemeinden und weitere Betroffene ausgedehnt werden, Botschaft über eine Änderung des Luftfahrtgesetzes vom 20. November 1991, BBl 1991 I 625 f. Vgl. auch BGE 89 I 338 zur kantonalen Stellungnahme zur Aufhebung einer Milchsammelstelle.
Die Kantone können sich in diesem Rahmen mittels Parlament oder Volksbefragung vernehmen lassen, vgl. Saladin (Bund), 512; Rhinow, Kommentar BV, Art. 32 N 36. Das Bundesrecht kann den *Adressaten* der Anhörung auch vorschreiben. So sind vor dem Entscheid über ein Konzessionsgesuch für die gewerbsmässige Beförderung von Personen und Gütern auf regelmässig beflogenen Luftverkehrslinien die *Regierungen* der interessierten Kantone anzuhören, Art. 28 Abs. 3 LFG. Gleiches gilt für die Flugplatzkonzession, Art. 37 Abs. 3 LFG und die Trolleybuskonzession. Allerdings ist damit noch nicht gesagt, auf welchem Weg sich die kantonale Regierung ihre Meinung gebildet hat; eine kantonalrechtlich geregelte Einflussnahme durch das Parlament oder eine Volksabstimmung ist nicht ausgeschlossen. Anders dagegen Art. 18 Abs. 2 Automobilkonzessionsverordnung, wonach das Anhören von andern Behörden im Kanton Sache der Kantonsregierung ist. Zum Verfahren der Vernehmlassung bei der Konzessionierung von Luftseilbahnen vgl. Küng, 84 sowie allgemein Jürg Geiger, Konsultation der Kantone im Vernehmlassungsverfahren des Bundes, Diss. Zürich, Winterthur 1986, 104 ff.

[1137] Saladin (Bund), 511 f. Obligatorisches Referendum in den Kantonen *Zürich* (Art. 30 Abs. 1 Ziff. 4 KV), *Nidwalden* (Art. 52 Abs. 3 Ziff. 5 KV), *Schaffhausen* (Art. 42 Abs. 1 Ziff. 5 KV), *Waadt* (Art. 27ter KV) und *Neuenburg* (Verfassungsdekret vom 21. Januar 1979, angenommen in der Volksabstimmung vom 18. Februar 1979), fakultatives Referendum im Kanton *Bern* (Art. 6d Abs. 1 KV; nach Art. 62 Abs. 1 lit. f der neuen Kantonsverfassung vom 6. Juni 1993 können 80 Mitglieder des Grossen Rates in Sachbeschlüssen des Grossen Rates, zu denen auch Vernehmlassung gehören, die fakultative Abstimmung verlangen). Zum Inhalt und den gesetzlichen Grundlagen der Vernehmlassung vgl. Rausch (Atomenergierecht), 76 und Seiler, 246 ff.

[1138] Art. 27bis KV.

willige, ausserordentliche Verwaltungsreferendum[1139], das eigentlich weniger ein Volksrecht als eher der Reflex eines Parlamentsrechtes ist[1140].

184. Demokratische Partizipation in abgeschwächter Form findet sich in der Genehmigungs- bzw. Erteilungszuständigkeit des Parlaments. Im Bund zählt die Erteilung und Erneuerung der Eisenbahnkonzessionen[1141], die Genehmigung der bundesrätlichen Erteilung der Rahmenbewilligung für die Erstellung von Atomanlagen[1142] und die Erneuerung der Übertragung des Notenausgaberechts an die Schweizerische Nationalbank[1143] hierzu. Entgegen dem bundesrätlichen Entwurf ist die Erteilung einer Radio- und Fernsehprogrammkonzession für unverschlüsselte Sendungen weiterhin der Genehmigung der Bundesversammlung entzogen[1144]. Auch die Kantone[1145] kennen für Wasserrechts-[1146] und Bergwerkskonzessionen[1147] ähnliche parlamentarische Rechte. Die Konzessionierung der kommunalen Wasserverteilung untersteht im Kanton Waadt der Zustimmung der Gemeindelegislative[1148]. Dagegen ist die Abordnung von Vertretern in gemischt-wirtschaftliche Unternehmungen, die auf der Innehabung einer Konzession aufbauen, nur selten Angelegenheit des Parlamentes[1149]; hier verbleibt die allgemeine oder spezialgesetzliche Finanzkontrolle als wichtigstes Kontrollmittel[1150].

185. An der vermeintlichen Schnittstelle zwischen politischen und prozessualen Rechten finden sich sogenannte «Jedermann-Einwendungen», wie sie das Verfahren der Erteilung einer Rahmenbewilligung für Atomanlagen und die Konzessionierung von Rohrleitungen kennen[1151]. Tatsächlich ist der demokratische Gehalt der Ein-

---

1139 Dieses ist in der Mehrzahl der Kantone bekannt, Ch. Moser, 73. Vgl. dazu Philipp Stähelin, Wegweiser durch die Thurgauer Verfassung, Weinfelden 1991, § 24 N 1 bis 5.
1140 Kölz (Reform), 41.
1141 Art. 5 Abs. 2 EBG. Dazu zählen auch Zahnradbahnen und Standseilbahnen, Küng, 35.
1142 Art. 8 Abs. 2 BB zum AtG. Vgl. dazu Schmid, 21.
1143 Art. 1 Abs. 1 NBG; Junod, Kommentar BV, Art. 39 N 22.
1144 Vgl. zum Entwurf BBl 1987 III 738 sowie Art. 31 Abs. 5 des Gesetzesentwurfes.
1145 Zu den gemeinderechtlichen Konzessionen vgl. Hanhardt, 91.
1146 Der Kanton *Schaffhausen* sieht ein Genehmigungsrecht vor für durch den Regierungsrat erteilte Wasserrechtskonzessionen, deren Ausnützung 50 PS übersteigt und Stellungnahmen zu den bundesrechtlichen Konzessionen an schaffhauserischen Grenzgewässern, Art. 41 Ziff. 16 KV. Im Kanton *Basel-Stadt* bleibt die Verleihung der Wasserrechtsnutzung dem Grossen Rat vorbehalten, Koller, 533.
1147 Im Kanton *Wallis* werden Bergwerkskonzessionen vom Grossen Rat erteilt, Art. 44 Ziff. 11 KV.
1148 Panchaud, 241.
1149 Poltier, 282 ff. mit Beispielen sowie Lendi/Nef, 32.
1150 Zum Ausbau der parlamentarischen Kontrolle im Bund vgl. Alexander Ruch, Die parlamentarische Kontrolle der mittelbaren Verwaltung im Bund, ZBl 93/1992, 241 ff., insb. 251 ff.
1151 Vgl. dazu Ch. Brunner, 125 ff.

I. Der verfassungsrechtliche Rahmen

wendungen recht klein und sollte nicht überbewertet werden[1152]. Ähnlich verhält es sich mit der in letzter Zeit vermehrt in Erscheinung getretenen «Konsultativ-Abstimmung». Diese wurden zunächst von Lehre und Rechtsprechung mit verhaltener, teils skeptischer Zustimmung begrüsst, doch haben neuere Untersuchungen ernstzunehmende Zweifel an ihrer Brauchbarkeit ergeben[1153].

186. Wie der Überblick gezeigt hat, werden Konzessions- und Bewilligungserteilungen nur punktuell demokratisch verstärkt. Das Ungenügen der auf den Gesetzgebungsstaat ausgerichteten Volksrechte-Konzeption der schweizerischen Demokratien ist offensichtlich und wurde wiederholt diagnostiziert. Dass Forderungen nach einem Ausbau des demokratischen Fundaments von Verwaltungsentscheiden bei Konzessionen und Bewilligungen ansetzen[1154], ist nicht zufällig. Zunächst entspricht es durchaus dem historischen Bewusstsein und der bisherigen Handhabung des Verwaltungsreferendums, wichtige Einzelakte der Abstimmung zu unterstellen[1155], sodann prädestiniert der weite Ermessensspielraum bei der Konzessions- und (je nach gesetzlicher Regelung) Bewilligungserteilung[1156] diese für einen breit(er) abgestützten demokratischen Entscheid. Schliesslich zeigt sich hier die Verbindung zur Wesentlichkeitslehre des Legalitätsprinzips: Wichtige, alle berührende Akte, seien sie nun generell-abstrakter oder individuell-konkreter Natur, sind im gleichen Verfahren zu erlassen[1157].

1152 Jagmetti, 230; Seiler, 250; zum prozessualen Charakter der Einwendung vgl. Rausch (Atomenergierecht), 85; Saladin (Kernenergie), 299.
1153 Jörg Paul Müller/Peter Saladin, Das Problem der Konsultativabstimmung im schweizerischen Recht, in: Berner Festgabe zum Schweizerischen Juristentag 1979, Bern 1979, 405 ff.; Regine Sträuli, Die konsultative Volksabstimmung in der Schweiz, Diss., Zürich 1982.
1154 Vgl. die im Zürcher Kantonsrat am 7. Januar 1991 eingereichte Parlamentarische Initiative Markus Notter und Mitunterzeichner betreffend Neuregelung des Referendumsrechts. Diese sieht für die Erteilung der vom Gesetz bezeichneten wichtigen Konzessionen und Bewilligungen die Form eines allgemeinverbindlichen Kantonsratsbeschlusses vor, der dem fakultativen Referendum untersteht. Weiter sollen die Erteilungen in der Form des allgemeinverbindlichen Kantonsratsbeschlusses auch der Volksinitiative zugänglich sein.
1155 Besonders bei Eisenbahn- und Wasserrechtskonzessionen, vgl. Moor, Bd. I, 250.
1156 Kölz (Ausbau), 57 ff.
1157 Walter Kälin, Das Gesetz im Staatsrecht der Kantone: Ein Überblick, in: Das Gesetz im Staatsrecht der Kantone, hrsg. von Andreas Auer/Walter Kälin, Chur/Zürich 1991, 3 f. und 7 f. Zum zürcherischen Recht findet sich im gleichen Sammelband der Beitrag von Tobias Jaag, Der Gesetzesbegriff im zürcherischen Recht, 365 f. Vgl. weiter Müller (Rechtsetzung), 100; Rhinow (Rechtsetzung), 195 ff.; Moor, Bd. I, 176 ff.; Cottier, 127 f.

II. STAATLICHE ERTEILUNG ALS ZULASSUNGSVORAUSSETZUNG

A. ZULASSUNGSANSPRÜCHE

187. Allen Bewilligungs- und Konzessionsarten ist eine grundlegende Gemeinsamkeit eigen: Ohne eine inhaltlich vorgegebene Erteilung kann eine zum voraus definierte Tätigkeit nicht oder nicht umfassend aufgenommen oder beendet werden bzw. kann ein gewisser Zustand nicht beibehalten werden[1158]. Allgemein gesprochen negieren alle Zulassungsprüfungen[1159] den individuellen Freiheitsbereich. Unterschiede bestehen hingegen bei den Motiven[1160] der Zulassungsprüfungen[1161]: Bei polizeilichen Bewilligungspflichten wie auch bei polizeilich motivierten Monopolkonzessionen wird eine gefahrengeneigte Tätigkeit präventiv kontrolliert. Wirtschaftspolitische Bewilligungspflichten und Lenkungskonzessionen sollen das Marktgeschehen beeinflussen helfen. Kontroll- oder Aufsichtsbewilligungen wiederum sind nicht auf Gefahrenlagen ausgerichtet, sondern ermöglichen die laufende Kontrolle der zugelassenen Tätigkeit zum Zweck der Ausrichtung staatlicher Politik[1162]; ihrem Inhalt nach handelt es sich um Anzeigepflichten. Die Zulassung zur Sondernutzung dient der Koordination mehrerer sich entgegenstehender Benutzerinteressen unter Berücksichtigung der öffentlichen Interessen. Konzessionen des öffentlichen Dienstes und Aufsichtskonzessionen wiederum sind auf eine zweckmässige Einbindung des Konzessionärs in eine umfassendere staatliche Politik ausgerichtet. Bei Regalkonzessionen steht die fiskalische Nutzung im Vordergrund[1163]. Eine Ausnahmebewilligung kann demgegenüber als einzelfallgerechte Milderung von Härtefällen verstanden werden. Nicht immer treten die Motive der Zulas-

---

1158 Gygi (Verwaltungsrecht), 176 f.; Mangisch, 102.
1159 Herkömmlicherweise wird zwischen der Zulassungs- und Ausübungsprüfung unterschieden. Diese – nicht immer schlüssig nachvollziehbare – Unterscheidung ist entbehrlich, wenn es darum geht, die nicht weiter eingeschränkte *Aufnahme* einer Tätigkeit zu beurteilen; in diesem umfassenderen Sinn ist die Zulassung nachfolgend zu verstehen. Vgl. auch Gygi (Verwaltungsrecht), 177.
1160 Ein anschauliches Beispiel: Die Einfuhrbewilligung kann Kontrollzwecken dienen, polizeiliche oder protektionistische Anliegen verfolgen, aussenhandelspolitisch-preisüberwachend bedingt, zur Kriegsvorsorge vorgesehen, neutralitätspolitisch motiviert oder der Lenkung der Handelsmenge gewidmet sein. Vgl. dazu Engeli, 13 f. Für Kinofilme bestehen wiederum u.a. kulturpolitisch motivierte Einfuhrbewilligungen, Diserens/Rostan, 29 f.
1161 Vallender (Wirtschaftsfreiheit), 131.
1162 Vgl. die Beispiele bei Lyk, 4 Fn. 3.
1163 Vgl. dazu die Ausführungen in BGE 119 Ia 123 ff.

sungsprüfung rein in Erscheinung; so kann eine Regalkonzession oder eine wirtschaftspolitische Bewilligung durchaus auch polizeiliche Anliegen mitverfolgen[1164].

188. Das Motiv der Zulassungsprüfung wirkt sich auf die Zulassungserfordernisse aus. Je nachdem ob sachlich oder persönlich geprägte, in oder ausserhalb der Möglichkeiten des Zulassungssuchenden liegende (subjektive und objektive) Anforderungen eintreten sollen, kann sich ein *Anspruch auf Zulassung* ergeben. Die Erfüllung gesetzlicher (formeller und materieller) Anforderungen genügt nach herrschender Ansicht[1165] zur Begründung eines Anspruchs auf die Erteilung einer Polizeierlaubnis sowie einer Kontroll- oder Aufsichtsbewilligung[1166]. Faktisch kann der Anspruch in seiner Substanz ausgehöhlt werden, wenn die Erteilungsbehörde bei der Beurteilung der Erfüllung weites, *nur beschränkt justiziables* Ermessen besitzt[1167] oder der Zugang zum Beruf nur über staatliche oder private, in ihrer Kapazität beschränkte Ausbildungsgänge möglich ist[1168]. Das Ermessen ist letztlich nicht nur für die Frage der Zulassung, sondern auch für die inhaltliche Ausgestaltung der zugelassenen Tätigkeit entscheidend[1169]. Darin zeigt sich, dass die Beurteilung des Erteilungsanspruchs weniger verwaltungsrechtlichen Kategorien als eher der Möglichkeit verfahrensrechtlicher Durchsetzbarkeit folgt. Im Ergebnis wird der Bewilligungssuchende weitgehend dem Konzessionär gleichgestellt[1170].

1164 Das Gastwirtschaftspatent ist oft wirtschaftspolizeilich wie auch wirtschaftspolitisch motiviert, Mangisch, 102. Gleich verhält es sich bei den Bewilligungen im Zusammenhang mit der Inverkehrsetzung von Milch und Milchprodukten, Schoch, 86.
1165 Fleiner (Institutionen), 346; Giacometti (Lehren), 351; Imboden/Rhinow, Nr. 132 B II; Grisel (Traité), 413; Gygi (Wirtschaftsverfassungsrecht), 87; Knapp (Précis), N 1375; Pfenninger, 70; Küng, 84 f.; Zenger, 420; Mäder, 225; BGE 109 Ia 130; 110 Ib 365 f.; 111 Ib 238.
Zum Anspruch auf die verschiedenen fremdenpolizeilichen Bewilligungen vgl. Kottusch (Ermessen), 155 ff. und derselbe (Niederlassungsbewilligung), 521 ff. mit Kritik an der ungenügenden Publikation der Niederlassungsvereinbarungen.
1166 So etwa der Verleih von nicht kontingentierten Spielfilmen, Schürmann (Wirtschaftsverwaltungsrecht), 208; Lyk, 130 f. Tatsächlich handelt es sich hier oft um reine Anzeige- oder Meldepflichten. Vgl. auch Diserens/Rostan, 31 zum Anspruch auf eine Einfuhrbewilligung im Rahmen des Kontingentes.
1167 So etwa bei den im Baurecht verbreiteten Ästhetikklauseln, im Ausländerrecht oder beim Bestehen von Fachprüfungen. Vgl. dazu Kölz (Kommentar), § 50 N 45; Bertossa, 44; Reinhard, 19; BGE 105 Ia 192; 106 Ia 4; BGer 16. Dezember 1988, ZBl 90/1989, 313 f. Gl. M. Gygi (Verwaltungsrecht), 178; Kilchenmann, 15 f.
1168 Dazu detailliert Zenger, 424.
1169 Vgl. etwa zur Werbung von Rechtsanwälten Henggeler, 86.
1170 Reinhard, 19 stellt fest, dass die Polizeibewilligung in der Rechtswirklichkeit ihre Bedeutung als besondere Bewilligungskategorie eingebüsst habe. Zum Ermessen der Konzessionsbehörde vgl. Hanhardt, 91 f.; Küng, 84 f.; Herdener, 60.

189. Ein Zulassungsanspruch *fehlt* in der Regel, wenn die Zulassung keine grundrechtlich, gesetzlich[1171] oder staatsvertraglich[1172] gesicherte Anspruchsberechtigung berührt, hauptsächlich wenn die Erteilung auf einer Bedürfnisprüfung[1173] beruht, der Markt- oder Verhaltenslenkung dient, den Empfänger in die Nähe staatlicher Verwaltung[1174] rückt oder fiskalischen Zwecken[1175] dienstbar gemacht werden soll. Einen Wandel hat die Erfassung von Ausnahmesituationen erfahren: Die ältere Lehre[1176] hat einen Anspruch auf Erteilung einer Ausnahmebewilligung noch durchwegs abgelehnt. Die neuere Doktrin geht richtigerweise differenziert vor[1177], indem die Voraussetzungen der Erteilung als justizmässig kontrollierbare Rechtsfrage, der Inhalt der Anordnung, mithin die Ausnahme selbst, als Ermessensfrage angesehen werden. Vorausgesetzt wird, dass das Gesetz überhaupt ein Ermessen zubilligt, was etwa gerade bei Art. 24 RPG nur für einzelne Aspekte zutrifft. In Anpassung an die gewandelte Auffassung wandelte auch der Zürcher Gesetzgeber die Erteilung einer baurechtliche Ausnahmebewilligung unlängst aus einer «Kann»- in eine «Ist»- Regelung um[1178].

1171 Ob sich ein Anspruch aus dem Gesetz ableiten lässt, kann nicht immer eindeutig anhand des Gesetzeswortlauts ermittelt werden. So besteht nach übereinstimmender Ansicht kein Anspruch auf Erteilung einer Gastwirtschaftsbewilligung, wenn die der Bedürfnisprüfung als Grundlage dienende Verhältniszahl überschritten wird, Schürmann (Wirtschaftsverwaltungsrecht), 87; Mangisch, 153. Vgl. auch Gygi (Verwaltungsrecht), 198 f. zum Rechtsfolgeermessen bei der Konzessionserteilung. Eine interessante Kombination kennt das zürcherische Gesetz vom 30. Juni 1974 über die Erhaltung von Wohnungen für Familien (WEG). In § 5 WEG wird bestimmt, wann die Bewilligung zur Zweckänderung einer Familienwohnung zwingend zu erteilen ist, in § 6 WEG werden die Voraussetzungen für eine Erteilung «nach Ermessen» der Bewilligungsbehörde genannt. Vgl. dazu BGer 6. Februar 1992, ZBl 94/1993, 180 ff.
1172 Z.B. für den gewerbsmässigen Luftlinienverkehr, Art. 103 LFV oder - nicht unbestritten - die Bewilligung für italienische Grenzgänger, Ralph Scheidegger, Die rechtliche Erfassung der ausländischen Grenzgänger, Diss., Zürich 1987, 152 f. sowie Kottusch (Ermessen), 157 ff. und 163.
1173 Umgekehrt kann sich auch eine grundsätzlich anspruchsbegründende Konstellation tatsächlich am unbeeinflussbaren Nachfragebedürfnis orientieren, wie etwa die Bewilligung zur Eröffnung und Umwandlung von Betrieben zur Filmvorführung, Diserens/Rostan, 68; Schürmann (Wirtschaftsverwaltungsrecht), 210.
1174 Konzession des «service public», Imboden (Vertrag), 167a; Knapp (Précis), N 1403; Sillig, 38 f.; Hanhardt, 91; Eugster, 4; Degiacomi, 151.
1175 Vgl. etwa BGE 119 Ia 128 zum fiskalisch genutzten Jagdregal.
1176 Vgl. dazu Fleiner (Institutionen), 138 Fn. 20; Kölz (Kommentar), § 50 N 57 f.; Fries, 184; BGE 99 Ia 471 je mit Hinweisen auf die ältere Praxis.
1177 Vgl. dazu Zimmerli (Verhältnismässigkeit), 57; Zimmerli (Ausnahmebewilligung), 46; Gygi (Bundesverwaltungsrechtspflege), 303; Gygi (Verwaltungsrecht), 87; Vallender (Ausnahmen), 68; Häfelin/Müller, N 1977; Haller/Karlen, N 712 ff.; Rhinow/Krähenmann, Nr. 37 B IV; Fries, 184 f.; Barblan, 101 ff.; Good-Weinberger, 44; BGE 97 I 140; 104 Ib 112 f.; 107 Ib 121; 110 II 218; BGer 18. Dezember 1980, ZBl 82/1981, 534; 18. Dezember 1985, ZBl 87/1986, 397 f.; RB 1978 Nr. 88.
1178 § 220 Abs. 1 PBG in der Fassung vom 1. September 1991.

190. Umgekehrt kann sich aber auch *ausserhalb normativer Festlegung* ausnahmsweise ein Anspruch auf Zulassung aufgrund des Gleichbehandlungsprinzips[1179], des Diskriminierungsverbotes[1180] oder des Willkürverbots[1181] ergeben[1182]. Eine Sonderstellung hat der «bedingte Anspruch» auf eine den schlichten Gemeingebrauch übersteigende Nutzung öffentlichen Grundes; dieser konkretisiert sich abseits dogmatischer Schematismen erst aufgrund einer konkreten Interessenabwägung[1183] und unter besonderer Beachtung von Mangellagen. Über die Anspruchsberechtigung entscheiden somit die konkreten verfassungsrechtlichen[1184] und gesetzlichen[1185] Umstände. Bei einer Ermessensausübung sollen alle Kriterien berücksichtigt werden, die sich aus Sinn und Zweck der gesetzlichen Regelung ergeben; dies bedingt eine Berücksichtigung und Abwägung der erheblichen Interessen[1186]. Dabei darf die Zulassungsbehörde nicht – abseits der gesetzlichen Regelung – ein Interesse von vornherein als besonders stark gewichten[1187]. Allerdings wird der Entscheid dadurch erschwert, dass die gesetzliche Umschreibung der Erteilungsvoraussetzungen sowohl bei Bewilligungen wie auch bei Konzessionen nach gesetzestechnisch vergleichbarem Regelungsraster[1188] erfolgt. Er zeichnet sich oft dadurch aus, dass er für

---

1179 Grisel (Traité), 287. So kann eine zur Fortsetzung bestimmte Ausnahmebewilligungspraxis bei gleichgelagerten Fällen Ansprüche auf Gleichbehandlung auslösen. Vgl. dazu Fleiner-Gerster (Grundzüge), § 22 N 14; Zimmerli (Ausnahmebewilligung), 33; Haller/Karlen, N 714; Heiniger, 156 f.; Good-Weinberger, 45; BGE 99 Ia 470 ff.; 116 Ia 454; BGer 17. April 1985, ZBl 87/1986, 403; RB 1985 Nr. 99.
1180 Eine Regelung, welche bei Zuteilung von Sendefrequenzen für Rundfunkunternehmen erhebliche Teile der Bevölkerung vom Empfang von Sendungen in ihrer Sprache ausschliesst, verletzt das Diskriminierungsverbot von Art. 14 in Verbindung mir Art. 10 EMRK. Vgl. dazu Europäische Kommission für Menschenrechte 16. Oktober 1986, VPB 1987 Nr. 90.
1181 Hanhardt, 95; Herdener, 60.
1182 Vgl. BGE 114 Ia 136 ff. betreffend Dispensation vom Schulunterricht aus religiösen Gründen. Der Anspruch wurde aus Gründen der Verhältnismässigkeit bejaht, eigentlich ging es aber um die Gleichbehandlung verschiedener Dispensationsadressaten.
1183 Vgl. N 155. Gleich verhielt es sich mit der Materialentnahmebewilligung über nutzbaren Grundwasservorkommen nach Art. 32 Abs. 2 alt GschG, vgl. dazu Edelmann, 45 ff.; BGE 103 Ib 301.
1184 Vgl. N 158. Auch Art. 8 Abs. 1 EMRK beschränkt das der zuständigen Behörde in Art. 4 ANAG grundsätzlich eingeräumte freie Ermessen bei der Erneuerung von Anwesenheitsbewilligungen, BGE 109 Ib 183.
1185 Auch bei wirtschaftspolitischen Bewilligungen kann das Gesetz Erteilungsansprüche vorsehen, Lyk, 35 und 103. Vgl. auch Art. 17 Abs. 2 ANAG über den Anspruch der Familienangehörigen eines niedergelassenen Ausländers auf Einbezug in die Bewilligung, hierzu etwa BGE 115 Ia 99. Der gesetzliche Anspruch kann über den verfassungsrechtlichen hinausgehen. Dies zeigt die Bewilligung zum Geschäftsbetrieb einer Bank, auf deren Erteilung bei Erfüllung der gesetzlichen Voraussetzungen auch jene Ausländer Anspruch hatten, die sich – nach der inzwischen überholten Praxis – nicht auf die HGF berufen konnten, Ch. Müller, 52.
1186 BGE 98 Ia 463 f.; 99 Ib 136; 99 Ia 44; 104 Ia 212; 107 Ia 204; BGer 6. Februar 1992, ZBl 94/1993, 182 f.
1187 BGer 6. Februar 1992, ZBl 94/1993, 183.
1188 Aufstellen eines Katalogs mit Aufzählung der Voraussetzungen sowie Umschreibung des Ermessens der Erteilungsbehörde.

sich allein nicht immer abschliessend Aufschluss über die Anspruchsberechtigung geben kann, oder sogar einen irreführenden, die ratio der Erteilung verbergenden Wortlaut aufweist[1189]. Die Abklärung eines Zulassungsanspruchs kann in solchen Fällen erschwert werden. Keinesfalls soll im Zweifelsfall allein auf die – nicht selten historisch bedingte oder auch nur zufällige – Benennung des Zulassungsinstruments abgestellt werden[1190]. Zudem ist zu berücksichtigen, dass es dem Gesetzgeber nicht verwehrt ist, selbst die Ausübung einer monopolisierten Tätigkeit durch ein *anspruchbegründendes* Bewilligungs[1191] – oder Konzessionssystem[1192] zu regeln.

Der Gesetzgeber kann – was an sich eine elegante Lösung ist – die Interessenabwägung im behördlichen Ermessensbereich derart vorweg bestimmen, dass er die

---

1189 Massgeblich ist die Umschreibung der Ermessensräume der Erteilungsbehörde und die Formulierung des Rechtsfolgeermessens. Letztere wird anhand von «Muss-, Soll-, Darf- und Kann-Formeln» vorgenommen. Vgl. das Beispiel bei Küng, 84 f.

1190 Bekannte Beispiele sind die Rohrleitungskonzession, die Rundfunkempfangskonzession (nach Art. 55 Abs. 1 RTVG nunmehr als Bewilligung bezeichnet) und die Installationskonzession, auf deren Erteilung das Gesetz einen Anspruch gibt. Diese Konzessionsarten werden deshalb auch als Bewilligungen oder Popularkonzessionen bezeichnet, vgl. Schürmann (Wirtschaftsverwaltungsrecht), 136; Gygi (Verwaltungsrecht), 198. Bei der Rundfunkempfangsbewilligung handelt es sich im Kern weder um eine Konzession noch um eine Bewilligung, sondern – genau besehen – um eine verdeckte Meldepflicht. Der Anspruch auf die Erteilung einer Rundfunkempfangskonzession ist bereits durch die Informationsfreiheit gewährleistet, vgl. dazu J.P. Müller, Kommentar BV, Art. 55bis N 23 und Art. 52 RTVG i.V. mit Art. 2 FMG sowie BBl 1987 III 719 ff. Auch Art. 10 Abs. 1 Satz 2 EMRK sieht nur für die Rundfunkunternehmen, jedoch nicht für den Empfang ein «Genehmigungsverfahren» vor, wobei es sich nach schweizerischer Ansicht (Art. 55bis Abs. 3 BV) auch in diesem Fall nur um ein Aufsichts- und Kontrollverfahren handelt, nicht um die Übertragung einer primär staatlichen Tätigkeit.
Auch bei der Konzession zur gewerbsmässigen Herstellung gebrannter Wasser nach Art. 32bis Abs. 3 BV wird angenommen, es handle sich um eine «echte» Konzession, Reichmuth, 56. Da der Bund eine «monopolisierte» Tätigkeit gar nicht selbst wahrnehmen darf, sondern aufgrund der Bundesverfassung hierzu Dritte zulassen *muss*, ist es angebracht, von einer Bewilligung zu sprechen, die Lenkungs-, Aufsichts- und Gesundheitspolizeianliegen in sich vereinigt. Sutter-Somm (Monopol), 77 spricht hier richtigerweise nicht vom Monopol, sondern nur von einer Konzessionshoheit.

1191 Grisel (Traité), 286; Braunschweig, 67 ff.; Sutter-Somm, 18. Solche Zulassungsregelungen bestehen vor allem bei den grundrechtlichen Regalarten, was sich etwa in der Unterscheidung Jagdpacht und Jagdpatent ausdrückt.

1192 Vgl. etwa im Bereich des Fernmeldemonopols den Anspruch auf Erteilung einer Konzession für das Erstellen und den Betrieb von leitungsungebundenen Fernmeldenetzen nach Art. 27 Abs. 1 FMG: «Eine Konzession erhält, wer die Voraussetzungen der Konzessionsvorschriften erfüllt». Bei den Alkoholbrennereien gibt es zwei Arten von Konzessionen: die Konzession für die Gewerbebrennerei und diejenige für die Hausbrennerei. Auf die erstgenannte Konzession besteht im Unterschied zur zweitgenannten kein Erteilungsanspruch, Aubert, Kommentar BV, Art, 32bis N 80. Art. 99 lit. d OG schliesst die Verwaltungsgerichtsbeschwerde aus, sofern sie die Erteilung oder Verweigerung von Konzessionen betrifft, auf die «das Bundesrecht keinen Anspruch einräumt». E contrario wird damit die Existenz von Konzessionen, auf die ein bundesrechtlicher Anspruch besteht, zugestanden. Vgl. dazu Saladin (Verwaltungsprozessrecht), 327; Grisel (Traité), 286.

II. Staatliche Erteilung als Zulassungsvoraussetzung

Zulassung in zwei Teile gliedert: «zwingende» Zulassung und Zulassung «nach Ermessen»[1193]. Die Erteilung «nach Ermessen» kann zudem durch eine beispielhafte Aufzählung von Zulassungsgründen ergänzt sein, wobei die Meinung besteht, diese seien grundsätzliche geeignet, eine Zulassung zu rechtfertigen. Bei Vorliegen besonderer Umstände kann jedoch auch eine Verweigerung angezeigt sein[1194].

191. Die Anspruchsberechtigung ist somit losgelöst von einer verwaltungsrechtlichen Kategorisierung zu betrachten[1195]. Zwar lässt sich jeder Bewilligungs- oder Konzessionsart eine *typische* Anspruchsintensität zuordnen[1196], doch kann auch eine solche Regelbildung nicht ohne Ausnahme durchgehalten werden. Wie bereits erwähnt lässt sich über den Erteilungsanspruch erst aufgrund der konkreten verfassungsrechtlichen und gesetzlichen Lage entscheiden[1197]. Daneben ist auch das Ausmass der Durchsetzbarkeit des Anrechts praktisch entscheidend[1198]. Eine normative Verpflichtung zur Erteilung, die sich nur an die Erteilungsbehörden richtet und keine Möglichkeit zu einer (umfassenden) Justizkontrolle der Verweigerung bietet, vermittelt nur das Trugbild eines Anspruchs. Zur vorab verfahrensrechtlich bedingten Abgrenzung des Ermessensbereichs vom unbestimmten Rechtsbegriff besteht keine «unité de doctrine»[1199]. Dennoch ist festzuhalten, dass die Verwaltungsgerichte[1200] das Mass der Kognitionsbeschränkung kasuistisch angehen[1201], und zwar auch bei der Überprüfung der Verwirklichung unbestimmter Rechtsbegriffe[1202], wo sie eigentlich zur Rechtskontrolle aufgerufen wären. Wie weit sich das Verwaltungsge-

---

1193 Vgl. dazu BGer 6. Februar 1992, ZBl 94/1993, 181 f.
1194 BGer 6. Februar 1992, ZBl 94/1993, 182.
1195 Imboden (Vertrag), 167a f.
1196 Mit der Polizeibewilligung auf der einen Seite der Anspruchsberechtigung und der Konzession der öffentlichen Dienste auf der anderen Seite.
1197 So besteht für Ausländer nach der innerstaatlichen gesetzlichen Lage kein Anspruch auf Erteilung einer Aufenthaltsbewilligung. Dieser Grundsatz wurde jedoch unter dem Blickwinkel von Art. 8 EMRK stark relativiert. Vgl. dazu BGE 109 Ib 183 ff.; 115 Ib 4 ff. und 99 ff.
1198 Grisel (Traité), 413 f. Vgl. dazu auch Fleiner-Gerster (Grundzüge), § 22 N 19, der aus dem politischen Charakter der Erteilung der Rahmenbewilligung bei Atomkraftwerken durch die Bundesversammlung auf die Nähe zur Konzession schliesst, ferner Rausch (Atomenergierecht), 67, Fn. 103 m.w.H.; Fries, 185. Siehe auch Seiler, 351 ff., der bei der Bewilligung für vorbereitete Handlungen zur Erstellung eines Lagers für radioaktive Abfälle angesichts der normativen Lücken bei der Festlegung der Bewilligungsvoraussetzungen von einer Bewilligung zur Ausübung von politischem Druck spricht.
1199 Vgl. die Übersichten bei Schoch, 28 ff. und Bertossa, 17 ff.
1200 Auch die Verwaltungsbehörden halten sich bei der Ermessenskontrolle teilweise zurück, ohne dass sie hierzu gesetzlich verpflichtet wären. Vgl. dazu Gygi (Bundesverwaltungsrechtspflege), 316; Häfelin/Müller, N 386; Schoch, 124.
1201 Kölz (Kommentar), § 50 N 107.
1202 Dies entspricht auch der neueren Lehre, die Ermessensbereiche und unbestimmte Rechtsbegriffe unter dem Begriff «offener Normen» zusammenfasst, vgl. N 117.

richt hierbei zurückhält, hängt nebst der zu beurteilenden gesetzlichen Regelung[1203] und der Stellung des Justizorgans im Instanzenzug auch von dessen (politischem) Selbstverständnis und der Einschätzung der eigenen Entscheidungskompetenz[1204] ab. Im Ergebnis werden Ermessensbereiche und unbestimmte Rechtsbegriffe in ihrer Handhabung durch Verwaltung und die sie kontrollierenden Gerichte gleichgeschaltet[1205]. Damit verliert sich unverkennbar auch der Unterschied zwischen den Zulassungsarten mit und ohne Erteilungsanspruch, und zwar um so deutlicher, je mehr die anspruchsbegründenden Voraussetzungen an normativer Differenzierung[1206] und Bestimmtheit verlieren und je eher sich die Gerichte zur Zurückhaltung veranlasst sehen.

192. Eine andere Seite der Wirksamkeit «offener Normen» sollte nicht übergangen werden. Die Umsetzung «offener Normen» wirft zwar vornehmlich aus der Sicht der *Freiheitseinschränkung* Probleme auf. Dabei ist unverkennbar, dass «offene Normen» ebenso Freiheits*räume* schaffen können[1207]. Die Zulassung steht in der Mitte zwischen Verbot und voraussetzungsloser Betätigungsaufnahme. Eine zu enge gesetzliche Umschreibung der Zulassungsvoraussetzungen kann die erteilende Behörde zu einer restriktiven Handhabung anhalten, was dazu führt, dass die ersuchte Tätigkeit regelmässig verboten bleibt oder einzig unter besonderen Umständen gestattet wird. Dagegen erlauben Ermessensbereiche und unbestimmte Rechtsbegriffe eine dem Verhältnismässigkeitsgrundsatz genügende Ausdehnung der Anwendbarkeit auf Fälle, die ein striktes Verbot nicht rechtfertigen würden[1208].

B. DER ZUGELASSENE UND DAS ZULASSUNGSGESUCH

193. Der *Zugelassene* kann eine natürliche oder juristische Person des privaten wie auch öffentlichen Rechts sein. Nur in wenigen Fällen behält das Gesetz die Ertei-

---

1203 Kölz (Kommentar), § 50 N 107; Gygi (Bundesverwaltungsrechtspflege), 303; Häfelin/Müller, N 361.
1204 Gygi (Bundesverwaltungsrechtspflege), 305 f.; Häfelin/Müller, N 369; Hotz, 111 zum Fähigkeitsausweis. Mit Bertossa, 85 ff. lässt sich eine Zurückhaltung bei der Würdigung persönlicher, örtlicher oder sachlicher Verhältnisse unterscheiden. Vgl. auch Schoch, 44.
Zu den Grenzen der Justiziabilität des Begriffes «Stand von Wissenschaft und Technik» und ähnlicher Verweise auf die Technikwissenschaften vgl. die scharfsinnige Analyse von Wolf, 357 ff. passim, insb. 379 ff., ferner A. Brunner, 3. Vgl. auch Art. 99 lit. e OG, der die Erteilung oder Verweigerung von Bau- und Betriebsbewilligungen für technische Anlagen oder für Fahrzeuge von der Verwaltungsgerichtsbeschwerde ausnimmt.
1205 Schoch, 126.
1206 Schürmann (Wirtschaftsverwaltungsrecht), 127; Rausch (Atomenergierecht), 68 Fn. 108.
1207 Vgl. auch G. Müller (Reservate), 121.
1208 Vgl. dazu das Beispiel der Einschränkung der Spendensammlungsbewilligung auf gemeinnützige Sammlungen, Jäggi, 120 f.

II. Staatliche Erteilung als Zulassungsvoraussetzung

lung einer juristischen Person vor[1209]; häufiger anzutreffen ist die ausdrückliche Gleichstellung von natürlichen und juristischen Personen (sowie Personengemeinschaften) als Zulassungsberechtigte[1210]. Gemeinwesen sind an Verkehrs-, Energieerzeugungs- und -verteilungskonzessionen traditionell stark beteiligt[1211], indem sie entweder direkt als Konzessionär auftreten oder die Konzession einer gemischtwirtschaftlichen Unternehmung bzw. einer öffentlichrechtlichen Anstalt[1212] übertragen wird. Im Wassernutzungsrecht besteht die Möglichkeit, dass das Nutzungsrecht einem Gemeinwesen «auch in anderer Form als der der Verleihung eingeräumt»[1213] wird. Gemeinwesen bedürfen selbstredend gleich wie Private einer Bewilligung, falls das Gesetz keine Ausnahme vorsieht[1214].

194. Die Zulassung kann auf natürliche oder juristische Personen beschränkt bleiben, wenn dies die Kontrolle der Einhaltung der Zulassungsvorschriften notwendig macht. Die Beschränkung der Berechtigung auf juristische Personen kann auch dadurch begründet sein, dass der Staat eine gesellschaftsrechtliche Beteiligung[1215] sucht oder die Verbreiterung der Trägerschafts- und Kapitalbasis möglich sein soll. Hängt die Zulassung von besonderen persönlichkeitsbezogenen Eigenschaften ab (fachliche und/oder moralische Eigenschaften, Bürgerrecht), so werden damit umgekehrt juristische Personen ausgeschlossen. Ein Ausschluss rechtfertigt sich unter Umständen nicht mehr, wenn nebst der reinen Tätigkeit auch die dazugehörenden *Betriebseinrichtungen* bewilligungspflichtig sind. Kann die juristische Person als Eigentümerin – ohne Verletzung der ratio der Zulassungspflicht – einen verantwortlichen, die per-

---

1209 Erteilung der Luftverkehrskonzession nach Art. 103 LFG an eine «gemischtwirtschaftliche(n) schweizerische(n) Luftverkehrsgesellschaft», einer Konzession für die Veranstaltung von Radio- und Fernsehprogrammen nach Art. 10 Abs. 1 lit. b RTVG nur an «eine juristische Person (...), deren Sitz in der Schweiz liegt und die wirtschaftlich und personell schweizerisch beherrscht ist», einer Konzession für die Veranstaltung anderer internationaler Radio- und Fernsehprogramme nach Art. 35 Abs. 1 RTVG an eine «wirtschaftlich und personell schweizerisch beherrschte Aktiengesellschaft» oder einer Bewilligung zum Betrieb einer Versicherungseinrichtung nach Art. 11 Abs. 1 VAG, welche «die Rechtsform einer Aktiengesellschaft oder Genossenschaft» haben muss. Auch das Erdölkonkordat setzt implizit die Errichtung einer Aktiengesellschaft voraus.
1210 Vgl. etwa Art. 40 Abs. 1 WRG; Art. 10 Abs. 2 lit. a LKV; Art. 4 Abs. 1 RLG; Art. 1 Abs. 1 BankG.
1211 Vgl. dazu Krähenmann, 33 und 71 ff.
1212 Die Konzession für den Flughafen Kloten ist dem Kanton Zürich übertragen. Die Flughafendirektion als unselbständige Anstalt des Kantons Zürich verwaltet die Konzession, Kölz (Kommentar), § 1 N 33.
1213 Art. 3 Abs. 2 WRG.
1214 Bekanntester Fall ist die Ausnahme der Baubewilligungspflicht für bestimmte Bundesbauten, vgl. dazu N 100. Hinzuweisen ist auch noch auf die besondere Stellung der Kantonalbanken, die keiner bankenrechtlichen Geschäftsaufnahmebewilligung bedürfen, Art. 3 Abs. 4 BankG. Diese Bestimmung steht allerdings in Revision und soll zur Aufhebung des Sonderstatus der Kantonalbanken führen.
1215 So regelt Art. 8 Erdölkonkordat detailliert die Beteiligung der Konkordatskantone an den konzessionierten Aktiengesellschaften.

sönlichen Zulassungsvoraussetzungen erfüllenden Betriebsleiter einsetzen[1216], so ist eine Einschränkung nicht erforderlich. Gleiches gilt natürlich auch dann, wenn das Gesetz schweigt, die Aufnahme der zugelassenen Tätigkeit jedoch zweckmässigerweise die Errichtung einer juristischen Person bedingt. Umgekehrt kann für den eine umfassendere personelle Organisation bedingenden Betrieb, der formell durch eine Einzelperson begründet wird, verlangt werden, dass mit der Verwaltung und Geschäftsführung Betraute bestimmten persönlichen Anforderungen genügen[1217]. Unter diesen Gesichtspunkten erscheint es nicht ausgeschlossen, dass etwa eine Arztpraxis in der Form einer Aktiengesellschaft betrieben wird. Es ist dabei jeweils zu untersuchen, ob das kantonale Gesundheitsrecht die unmittelbare Eigenverantwortung des Arztes oder lediglich die persönliche Führung der Praxis verlangt[1218].

195. Bewilligungen und Konzessionen werden nur auf *Anstoss und Zustimmung* des Erteilungssuchenden[1219] hin erteilt und bedürfen dessen Teilnahme bei der Sachverhaltsfeststellung, weshalb sie auch zu den antrags- und mitwirkungsbedürftigen Verwaltungsakten gezählt werden[1220]. Beides ergibt sich zwangsläufig aus der verwaltungsrechtlichen Zwecksetzung: Der Antrag dient der Anmeldung und verlangt zugleich die Beseitigung des Verbotes, das je nach Zwecksetzung (Prävention, Aufsicht, Kontrolle, Lenkung, Überlassung staatlicher Aufgaben oder Monopole, Verhinderung von Härtefällen) auf seinen konkreten Weiterbestand hin überprüft wird. Die Mitwirkungsbedürftigkeit[1221] ist Folge der dem Antragsteller zufallenden Last, die Übereinstimmung der aufzunehmenden Tätigkeit mit den gesetzlichen Vorga-

---

1216 Z.B. Betrieb einer Apotheke. Vgl. dazu Wirth, 95; BGE 91 I 306. Im Gegensatz hierzu ist bei den Rechtsanwälten allein die reine Berufsausübung bewilligungspflichtig. Allerdings würde sich beim Betrieb eines Advokaturbüros *contra legem* durch eine juristische Person die Frage nach der Unabhängigkeit des Anwalts stellen. Vgl. dazu Wolffers, 57 ff.
Vgl. auch Art. 13 Abs. 2 AVG zu den Voraussetzungen für die Leitung eines Personalverleihbetriebes und Knapp (Aspects), 285 sowie Hans-Dieter Vontobel, Kritische Betrachtungen zum Recht der schweizerischen Effektenbörse, Diss., Zürich 1972, 108 ff. zur Börsenbewilligung.
1217 Vgl. etwa Art. 3 Abs. 1 lit. d BankG.
1218 Vgl. dazu eingehend Lukas S. Brühwiler-Frésey, Die Arztpraxis als Aktiengesellschaft, Ärzte 1988, 928 ff.
1219 Ist der Gesuchsteller nicht zugleich der (allein) Verfügungsberechtigte, so ist unter Umständen die Teilnahme bzw. Zustimmung eines Dritten erforderlich, der dadurch aber nicht zum Verfahrensbeteiligten wird. Vgl. zur Situation im Baubewilligungsverfahren Mäder, 50 f.; Fries, 314 ff.; VGer Zürich 18. Mai 1984, ZBl 86/1985, 124 ff. Zur Rechtsmittelbefugnis des Eigentümers vgl. Fries, 315; BGE 107 Ia 26 ff.
1220 Imboden/Rhinow, Nr. 35 B II b; Kölz (Kommentar), § 7 N 55; Grisel (Traité), 402; Knapp (Précis), N 1380; Gygi (Verwaltungsrecht), 127 und 205; Häfelin/Müller, N 716 ff. und 2009; Vallender (Wirtschaftsfreiheit), 133; Moor, Bd. II, 119; Bodmer/Kleiner/Lutz, Art. 3 - 3ter N 7; Brühwiler-Frésey, 258; Degiacomi, 72 und 82; Eidgenössische Kommission für Forschungsförderung 12. Juni 1986, VPB 1987 Nr. 9. Vgl. auch Giacometti (Lehren), 357 ff.
1221 Zuweilen wird ungenau von einer Mitwirkungs*pflicht* gesprochen. Im wesentlichen geht es um eine *Obliegenheit*, bei deren Verletzung einzig die Nichterteilung, aber kein Rechtsverlust droht.

II. Staatliche Erteilung als Zulassungsvoraussetzung

ben nachzuweisen[1222]; anders als bei der blossen Melde- bzw. Anzeigepflicht kann sich der Antragsteller zur Begründung der Rechtmässigkeit seines Tuns nicht auf die Untätigkeit der Behörde berufen[1223]. Die Antragsbedürftigkeit kann auch nicht zulasten beschwerdeberechtigter Dritter dadurch umgangen werden, dass der nicht Zugelassene das formelle Verfahren nicht einhält und die Zulassungsbehörde hernach aus Verhältnismässigkeitsüberlegungen von der Wiederherstellung des rechtmässigen Zustands absieht und das Zulassungsverfahren von sich aus nachholt[1224]. Enthält die Zulassung vertragliche Elemente[1225], ergibt sich die Mitwirkungsbedürftigkeit zudem aus der Verhandlungs- und Zustimmungsposition des Antragstellers[1226].

196. Ergeht die *Ablehnung* eines Zulassungsantrags in Verfügungsform, so stellt sich die Frage nach deren Verbindlichkeit[1227]. Verneint man sie, so ist es dem Antragsteller möglich, jederzeit ein identisches Begehren zu formulieren und die Zulassungsbehörde zu neuer Auseinandersetzung zu veranlassen. Bejaht man die Rechtsbeständigkeit eines negativen Zulassungsbescheides, so ist ein neues Gesuch nur möglich bei Vorliegen von *Revisions- oder Nichtigkeitsgründen*, nachfolgenden *wesentlichen Änderungen der Tatsachen- oder Rechtslage* sowie bei Einreichung eines vom abgelehnten Begehren *inhaltlich abweichenden Gesuches*[1228]. In der Lehre und der immer wieder schwankenden bundesgerichtlichen Praxis fehlt es jedoch an einer klaren «unité de doctrine» zur Beständigkeitswirkung einer negativen Verfügung[1229]. Das Bundesgericht vertritt vereinzelt die Ansicht, die Abweisung eines Gesuchs stehe einer erneuten Einreichung in der Regel nicht entgegen; vorbehalten bleibt eine abweichende gesetzliche Regelung[1230]. Anderseits nimmt es von dieser Praxis Abstand, indem es die Wirkung der negativen Verfügung der Wiedererwägungsdoktrin anpasst[1231]. Die angemessenste Lösung ergibt sich wohl, wenn man – soweit keine gesetzliche Lösung besteht – die beiden möglichen Wirkungspole untersucht: Es gibt keinen

---

1222 Vgl. dazu Peter Sutter, Die Beweislastregeln unter besonderer Berücksichtigung des verwaltungsrechtlichen Streitverfahrens, Diss., St.Gallen 1988, 186 ff. passim. Es gibt aber auch hier Ausnahmen. So wird etwa der gute Leumund bei der Prüfung der persönlichen Zulassungsvoraussetzungen vermutet, Wolffers, 73. Zur bankenrechtlichen Bewilligung vgl. Bodmer/Kleiner/Lutz, Art. 3 – 3ter N 7.
1223 Die Anzeige- bzw. Anmeldepflicht ist die verwaltungsrechtliche Ausformung des gemeinrechtlichen Grundsatzes «qui tacet consentire videtur». Vgl. auch Grisel (Traité), 406.
1224 BGE 108 Ia 220.
1225 Sillig, 43 ff. Auch bei Bewilligungen, insbesondere im Umweltschutzbereich, werden zunehmend Verhandlungselemente beobachtet, Wolf, 361 f.; Schweizer, 317.
1226 Vgl. auch Generaldirektion PTT 27. November 1985, VPB 1987 Nr. 12.
1227 Vgl. dazu Rhinow/Krähenmann, Nr. 42 B I und II.
1228 Gygi (Rechtsbeständigkeit), 249; Gygi (Verwaltungsrecht), 311.
1229 Vgl. dazu Mäder, 210 Fn. 1; RB 1983 Nr. 108.
1230 BGE 60 I 52; 67 I 72; 98 Ib 495; BGer 14. November 1975, ZBl 77/1976, 257. Gl. M. VGer Basel-Stadt 18. April 1986, BJM 1988, 99.
1231 Vgl. BGE 100 Ib 371 f.; 109 V 264. Noch strikter LGVE 1977 II Nr. 53 und 1980 II Nr. 5.

ersichtlichen Grund, eine *schrankenlose* Antragswiederholung im Anschluss an eine Abweisungsverfügung zuzulassen, zumindest soweit der Erstantrag und die nachfolgenden Ersuchen identisch sind[1232] und das Verhalten des Antragstellers gegen Treu und Glauben verstösst. Allerdings dürfte diese Abgrenzung mehr theoretischer Natur sein[1233]. Der Gesuchsteller wird nämlich versuchen, die Hinderungsgründe zu beseitigen oder zumindest deren Beseitigung zu behaupten, und damit die Zulassungsinstanz auch zu einer zumindest indirekten Befassung mit seinem Begehren zwingen[1234]. Umgekehrt geht es zu weit, die negative Verfügung als Sperre gegen neue Gesuche aufrechterhalten zu wollen, solange sich die Tatsachen- oder Rechtslage nicht wesentlich verändert hat. Damit wird ihre Wirkung zu stark der Lehre von der Widerrufbarkeit *begünstigender* Verfügungen angepasst, ungeachtet dessen, dass die Interessenlage im Anschluss an eine abschlägige Verfügung anders liegt. Die Bindung an eine negative Verfügung ist vornehmlich durch verwaltungsökonomische Aspekte und weniger durch Rechtssicherheitsinteressen bedingt[1235]. Jedenfalls wäre es unhaltbar, sich im Anschluss an eine «blosse» Praxisänderung auf eine früher ergangene Ablehnung berufen zu wollen zum Vorteil späterer Gesuchsteller. Zweifelhaft ist auch, ob die Veränderung der Tatsachen- und Rechtslage «wesentlich» sein muss. Da dem Gesuchsteller nicht immer bekannt sein dürfte, mit welcher rechtlichen und tatsächlichen Überzeugung und argumentativen Intensität die ablehnende Stellung eingenommen wurde, sollte es ihm auch nicht verwehrt sein, auf den ersten Blick «unwesentliche» Änderungen vorzubringen. Ausscheiden dürften einzig Änderungen, denen von vornherein jedwelcher Bezug zur ablehnenden Verfügung fehlt.

197. Der *Antrag* auf Erteilung ist grundsätzlich an keine *Form* gebunden, sondern kann auch durch konkludentes Handeln gestellt werden. Umstritten ist die Frage, ob eine Ausnahmebewilligung ausdrücklich verlangt werden müsse oder bereits in einem ordentlichen Bewilligungsgesuch mitenthalten sei[1236]. Dem Verhältnismässigkeitsgrundsatz würde es am ehesten entsprechen, wenn eine Gesuchsabweisung durch die Erteilung einer Ausnahme abgewendet werden könnte. Die «Gesuchsrettung» stösst jedoch rasch an ihre Grenzen, wenn das Gesetz den Nachweis des Ausnahmetatbestandes dem Gesuchsteller auferlegt[1237]. Das Dulden einer Tätigkeit kann – besondere Umstände[1238] und Vertrauensbegründung vorbehalten – nicht als

---

1232 BGer 14. November 1975, ZBl 77/1976, 257.
1233 Vgl. Mäder, 210, der ein praktisches Interesse an der Behandlung dieses Problems verneint.
1234 Vgl. BGE 109 V 264; ferner Knapp (Précis), N 1287.
1235 Gygi (Rechtsbeständigkeit), 248; BGE 109 V 264.
1236 Vgl. dazu Heiniger, 142 ff.; Fries, 50.
1237 So verlangt etwa das Zürcher Bauverfahrensrecht vom Bauwilligen die Begründung des Ausnahmebewilligungsgesuches, vgl. Fries, 50 Fn. 92. Immerhin sollte dem Gesuchsteller die Möglichkeit gegeben werden, die Begründung nachzureichen.
1238 Drews/Wacke/Vogel/Martens, 446.

II. Staatliche Erteilung als Zulassungsvoraussetzung 175

Einwilligung verstanden werden, da nur bei einer Anzeige- oder Anmeldepflicht die behördliche Untätigkeit für die Rechtmässigkeit des Tuns spricht. Nicht selten sind aber detaillierte Formerfordernisse gesetzlich vorgesehen, indem der Ersuchende verpflichtet wird, das Gesuch schriftlich und begründet einzureichen unter Begleitung von Unterlagen, welche die Gesetzeskonformität der Tätigkeit belegen[1239]. Antrag und Mitwirkung werden damit zusammengefasst. Diese Konzentration dient der Einheit des Verfahrens und des Entscheides, kann dem Gesuchsteller aber ein erhebliches Risiko nutzloser Aufwendungen[1240] im Falle des Scheiterns auferlegen[1241]. Im Baubewilligungsrecht hat sich angesichts der stark gestiegenen rechtlichen und tatsächlichen Komplexität des Bauens in jüngerer Zeit das Institut des Vorentscheids[1242] etabliert; danach können grundlegende Fragen auch ohne Ausarbeitung eines Detailprojekts vorweg behandelt werden[1243]. Gültigkeit, Verbindlichkeit[1244] und Anfechtbarkeit der vorentscheidsweise behandelten Fragen unterscheiden sich nicht von der Endbewilligung[1245]. Vorentscheide können auch ohne gesetzliche Grundlage mittels einer Feststellungsverfügung herbeigeführt werden[1246], sofern der Gesuchsteller ein schutzwürdiges (rechtliches oder tatsächliches[1247]) Interesse an der Klärung einer konkreten Rechtsfrage besitzt[1248] und dieses nicht

---

1239 Vgl. etwa Art. 10 LKV; Art. 3 lit. a Warenverkehrsverordnung. Für das Baubewilligungsverfahren vgl. Bovay, 53 ff.
1240 Junod (autorisations), 162; Haller/Karlen, N 835; Mäder, 270.
1241 So etwa im Fall der Berufsausübungsbewilligung, wo der Gesuchsteller erst nach einem langjährigen Ausbildungsgang zugelassen werden kann, die Erteilung sodann am fehlenden «guten Leumund» scheitert.
1242 Nach der Terminologie des Zürcher Planungs- und Baurechts. Zur Namenswahl in den anderen Kantonen vgl. Mäder, 170 Fn. 13. In Deutschland ist der Terminus «Vorbescheid» gebräuchlich, Maurer, § 9 N 63; Drews/Wacke/Vogel/Martens, 445.
1243 BGer 6. Januar 1987, ZBl 89/1988, 85; PVG 1984 Nr. 21.
1244 Es ist zwischen externer und interner Verbindlichkeit zu unterscheiden, je nachdem ob Dritte zur Anfechtung des Vorentscheides zugelassen sind oder nicht, Mäder, 268. Das Bundesgericht hat die Übereinstimmung des internen Vorentscheides mit dem Raumplanungsgesetz in einem bislang unveröffentlichten Entscheid in Frage gestellt.
1245 Es besteht aber wohl nach – kritisierter – bundesgerichtlicher Praxis insofern ein Unterschied, als der Vorentscheid als Zwischenentscheid ohne nicht wiedergutzumachenden Nachteil mittels staatsrechtlicher Beschwerde angefochten werden kann, BGer 6. Januar 1987, ZBl 89/1988, 84 ff. Vgl. dazu die anschliessende Kritik von Hans Peter Moser sowie grundlegend Junod (autorisations), passim, ferner Kölz/Keller, 411 f. Negative (ablehnende) Vorentscheide gelten als Endentscheide; sie können demnach mit der staatsrechtlichen Beschwerde dem Bundesgericht unterbreitet werden, Haller/Karlen, N 1025.
1246 Heinz Aemisegger, Worauf haben Behörden und Verwaltung im Planungs- und Bewilligungsverfahren zu achten?, Schriftenfolge Nr. 29 der Schweizerischen Vereinigung für Landesplanung (VLP), Bern 1981, 13; Mäder, 269; PVG 1986 Nr. 26; 1984 Nr. 21.
1247 BGE 114 V 203 m.w.H.
1248 Imboden/Rhinow und Rhinow/Krähenmann, Nr. 36 B II; Kölz (Kommentar), § 19 N 36 ff.; Grisel (Traité), 867; Gygi (Bundesverwaltungsrechtspflege), 144; Moor, Bd. II, 109 f.; BGE 99 Ib 276; 108 Ib 546; 112 V 81; 114 V 203; Obergericht Schaffhausen 25. Oktober 1988, ZBl 90/1989, 482.

durch den Endentscheid selbst gewahrt werden kann[1249]. Zur Feststellung eignet sich nebst den einzelnen Voraussetzungen der Bewilligungs- oder Konzessionserteilung vor allem auch die Frage, ob eine Tätigkeit überhaupt der Bewilligungs- oder Konzessionspflicht unterliegt[1250]. Fehlt es an einer der Voraussetzungen, so kann der Gesuchsteller noch immer um Auskunft begehren[1251], die zwar unter dem Vertrauensschutz stehen kann[1252], aber bei negativem Inhalt nicht die Möglichkeit einer Anfechtung eröffnet.

198. Die skizzierten verfahrensrechtlichen Möglichkeiten der Aufteilung des Genehmigungsganges werden oft durch Zweckmässigkeitsüberlegungen und Erledigungsinteressen des Ersuchenden gesteuert. Dies ist die Ursache dafür, dass in der Praxis Zulassungsblöcke entstehen, die keinen gesetzlichen Rückhalt finden[1253]. Solche Aufsplitterungen sollten sich zumindest insoweit an den gesetzlichen Anforderungen orientieren, als die vorweggenommene Teilfrage auf die endgültige Zulassung ausgerichtet ist und einen (in aller Regel grundlegenden) in sich abgeschlossenen Komplex verbindlich regelt, ohne Lücken für das Rechtsschutzverfahren und die Stellung Dritter aufzureissen. Auch wenn die stufenweise Zulassung der Flexibilisierung und Übersichtlichkeit des Verfahrens sowie der Rechtssicherheit dienen soll, so sollen darob die Schwierigkeiten einer Einpassung in den Gesamtentscheid

---

1249 Gegen die Subsidiarität der Feststellungsverfügung zu Recht Kölz (Kommentar), § 19 N 41. Bei der Bewilligungs- und Konzessionserteilung wird es in der Regel darum gehen, die Erfüllung der Voraussetzungen näher zu ermitteln, was oftmals erst durch eine Erklärung der zuständigen Behörde über die Richtung der Ermessensbetätigung ermöglicht wird. Bei komplexeren Verhältnissen wird es dem Gesuchsteller kaum zuzumuten sein, über die Art der Ermessensausübung spekulieren zu müssen, auch wenn er die Frage über den Entscheid klären könnte. Sinnvollerweise wird man sich hier auf die Regelung und Praxis zum gesetzlich vorgesehenen Vorentscheid stützen, vgl. dazu Mäder, 272 f.
In Deutschland ist vorab bei komplizierten technischen Verfahren die Aufteilung des Bewilligungsverfahrens auf mehrere sukzessive Teilgenehmigungen zulässig, DÖV 1972, 757; Drews/Wacke/Vogel/Martens, 445.
1250 Im Kanton Zürich liegt in § 43 Abs. 1 VRG, wonach über die Pflicht zur Einholung einer Konzession oder Bewilligung ein gesonderter Entscheid zu treffen ist, die Wurzel für den in der Praxis herausgebildeten Anspruch auf eine gesetzlich nicht vorgesehene Feststellungsverfügung, Kölz (Kommentar), § 43 N 1.
1251 Die Pflicht zur Auskunft ist noch nicht so gefestigt wie die zum Erlass einer Feststellungsverfügung, vgl. Beatrice Weber-Dürler, Falsche Auskünfte von Behörden, ZBl 92/1991, 4 f.
1252 Weber-Dürler (Vertrauensschutz), 193 ff.; Moor, Bd. II, 110; Mäder, 267. Von der Auskunft ist die informelle Prüfung zu unterscheiden, die in aller Regel unverbindlich und deshalb ohne Grundlage für eine Vertrauensauslösung erfolgt.
1253 So im Verfahren der atomrechtlichen Bewilligung die sogenannte Standortbewilligung, vgl. dazu Rausch (Atomenergierecht), 54 ff.; Rhinow (Kaiseraugst), 79 ff. Anderer Ansicht ist Fritz Gygi, Die rechtlichen Probleme des Baus von Kernkraftwerken in der Schweiz, SJZ 72/1976, 272. Vgl. auch Art. 7 der Verordnung über Begriffsbestimmungen und Bewilligungen auf dem Gebiet der Atomenergie (Atomverordnung; AtV) vom 18. Januar 1984 (SR 732.11).

II. Staatliche Erteilung als Zulassungsvoraussetzung

nicht vergessen werden[1254]. Die Gefahr eines bindenden, in Unkenntnis der gesamten Sachumstände gefällten und die späteren Entscheidphasen präjudizierenden Teilentscheids ist besonders gross[1255].

199. Die *Form* der Erteilung kann gesetzlich geregelt sein[1256] bzw. sich aus weiteren Verfahrensvorschriften ergeben. So wird für die Erteilung einer Konzession je nach Kanton nebst Schriftlichkeit auch die Zustimmung des Parlaments oder der Stimmbürger verlangt[1257]. Auch der Weg der Gesetzgebung ist nicht ausgeschlossen[1258]. Ist die Form der Erteilung nicht geregelt, so fragt es sich, ob eine qualifizierte Form, insbesondere Schriftlichkeit notwendig ist. Abweichend von der Grundregel, wonach die erteilende Behörde bei gesetzlichem Schweigen die Formwahl nach Zweckmässigkeitsüberlegungen frei treffen kann, wird im Blick auf vertragliche Konzessionsabreden die Ansicht geäussert, die Vereinbarung bedürfe immer der Schriftlichkeit[1259]. Diese bereits von GIACOMETTI vertretene[1260], heute wohl durch die deutsche Gesetzgebung[1261] und die neueste Ordnung des Subventionsvertrages[1262] bestärkte Ansicht ist kaum von praktischer Relevanz, da der Inhalt einer Konzession nur schon aus Gründen der Übersichtlichkeit regelmässig einer schriftlichen Fixierung bedarf. Gleich verhält es sich bei Bewilligungen, die aus rechtsstaatlichen Gründen einer Begründungspflicht[1263] unterliegen und mit einer Rechtsmittelbelehrung zu versehen sind. Bedeutsamer dürfte schon die Frage werden, ob nach Aufnahme der Verhandlungen, aber vor Erfüllung einer gesetzlich vorgesehenen oder durch Abrede vorbehaltenen Form bereits Rechtsbindungen entstehen können. Geht man von der zivilrechtlichen Regel aus, wonach die Nichterfüllung einer gesetzlichen bzw. verabredeten Formvorschrift, vorbehalten die Fälle des Ver-

---

1254 Vgl. dazu eingehend Eberhard Schmidt-Assmann, Institute gestufter Verwaltungsverfahren: Vorbescheid und Teilgenehmigung – Zum Problem der Verfahrensrationalität im administrativen Bereich, in: Verwaltungsrecht zwischen Freiheit, Teilhabe und Bindung. Festgabe aus Anlass des 25jährigen Bestehens des Bundesverwaltungsgerichts, hrsg. von Otto Bachof/Ludwig Heigl/Konrad Redeker, München 1978, 569 ff.
1255 Rausch (Atomenergierecht), 59 f. Vgl. auch die Ausführungen zur Koordination im Zulassungsverfahren, N 134 ff.
1256 Vgl. etwa Art. 78 Abs. 1 VRV zu Ausnahmefahrzeugen.
1257 Vgl. auch Moor, Bd. II, 263.
1258 Vgl. Art. 103 LFG als Grundlage für die Swissair-Konzession.
1259 Grisel (Traité), 453; Moor, Bd. II, 264. Vgl. auch Giacometti (Lehren), 386 ff.; Häfelin/Müller, N 887; Rhinow/Krähenmann, Nr. 46 B VI; Sillig, 52 f.; BGE 99 Ib 120 f. Anderer Ansicht Imboden (Vertrag), 100a.
1260 Giacometti (Lehren), 388 Fn. 52.
1261 Vgl. dazu Maurer, § 14 N 29.
1262 Vgl. dazu Vallender (Wirtschaftsfreiheit), 151; Moor, Bd. II, 264; Giacomini, 153 f.; Art. 19 Abs. 1 SuG.
1263 Vgl. dazu eingehend Mark E. Villiger, Die Pflicht zur Begründung von Verfügungen, ZBl 90/1989, 137 ff.

stosses gegen Treu und Glauben[1264], zur Ungültigkeit des Vertrages führt[1265], so würde dies gegen eine Bindungswirkung der Vorverhandlungen sprechen. Im öffentlichen Recht verhält es sich grundsätzlich nicht anders[1266], da ein Formvorbehalt einer möglichen Vertrauensbegründung in aller Regel im Wege stehen muss[1267]; vorbehalten bleibt einzig ein aus der «culpa in contrahendo» ableitbarer, allfälliger Schadenersatzanspruch[1268].

200. Eine ohne Antrag erteilte Bewilligung oder Konzession ist nicht, wie teilweise vertreten, fehlerhaft[1269], sondern überhaupt (suspensiv bedingt) unwirksam[1270], solange Antrag und Zustimmung fehlen. Dies hat für den Adressaten den Vorteil, dass er eine ohne Mitwirkung ergangene Zulassung im Zweifelsfall[1271] nicht erst anfechten muss, wenn er auch den damit auferlegten Pflichten entgehen will. In wenigen Fällen erfolgt die Erteilung in Abweichung von der Grundregel *ex lege* auch ohne Antrag des Adressaten. Es geht dabei um die Wahrung altrechtlicher Besitzstände, indem bei Einführung der Zulassungspflicht allen bisher die Tätigkeit Ausübenden eine Genehmigung erteilt wird[1272]. Ein Erteilungsautomatismus ist auch bei der Erneuerung von kurzbefristeten Bewilligungen zu beobachten[1273]. Eine besondere Erscheinung ist die «modifizierende Auflage». Es handelt sich um die Erteilung einer Zulassung, wobei gegenüber dem Antrag gewisse Änderungen vorgesehen sind. Genau besehen geht es nicht um eine Auflage, sondern um eine Vermischung der Ablehnung des Antrags mit der Gestattung eines anderen, nicht beantragten Vorhabens[1274] zu einem eigenen Rechtsakt. Der Mangel des fehlenden Antrags wird geheilt, wenn sich der Zulassungsempfänger der Modifikation unterwirft[1275].

201. Verweigert der Gesuchsteller seine Mitwirkung bei der Feststellung der Erfüllung der Zulassungsvoraussetzungen, so hat er zu gewärtigen, dass sich dies nachtei-

---

1264 Weber-Dürler (Vertrauensschutz), 42 f.; Häfelin/Müller, N 598 f.; Rhinow/Krähenmann, Nr. 47 B VI; BGE 112 II 111 f.
1265 Art. 11 Abs. 1 und 16 Abs. 1 OR.
1266 Zwahlen, 625a ff.; Grisel (Traité), 453; Moor, Bd. II, 264.
1267 Vgl. Weber-Dürler (Vertrauensschutz), 81 ff.
1268 Moor, Bd. II, 263 f.
1269 Giacometti (Lehren), 358; Forsthoff, 165; Peter Badura, in: Erichsen/Martens, 446.
1270 Grisel (Traité), 427; Moor, Bd. II, 119; Wolff/Bachof, § 48 II; Drews/Wacke/Vogel/Martens, 445; BGE 100 Ib 129.
1271 Über die Frage der Anfechtbarkeit oder Nichtigkeit.
1272 So bei der erstmaligen Erteilung der Hausbrennereikonzession, Reichmuth 104 f.
1273 Vgl. Mangisch, 109 f. für die Gastwirtschaftsbewilligung und Diserens/Rostan, 42 zum Filmkontingent. Die Filmkontingentierung wurde auf den 1. Januar 1993 durch ein über weite Bereiche inhaltlich äquivalentes Bewilligungssystem ersetzt. Vgl. Art. 29 ff. Filmverordnung.
1274 Martens, in Erichsen/Martens, § 13 N 8.
1275 Drews/Wacke/Vogel/Martens, 465 f.

II. Staatliche Erteilung als Zulassungsvoraussetzung

lig bei der Beweiswürdigung auswirken kann[1276]. Die Mitwirkung soll sich im Rahmen des Verhältnismässigkeitsgrundsatzes bewegen[1277]. Zulässig ist die – im Einzelfall gebotene – psychiatrische Begutachtung des Gesuchstellers um eine ärztliche Praxisbewilligung[1278]; zu weit geht es, vom Bauwilligen eine probeweise Fassadengestaltung zu verlangen[1279]. Die Mitwirkung soll sich auf Bereiche beschränken, die im jeweiligen Verfahrensstadium für die Sachverhaltsermittlung unentbehrlich sind[1280]. Wurde die zulassungspflichtige Tätigkeit ohne Einholen einer Zustimmung aufgenommen, so besteht – auch ohne gesetzliche Grundlage[1281] – die Pflicht zur Durchführung eines nachträglichen Zulassungsverfahrens. Die Mitwirkungsbedürftigkeit wandelt sich hier zur Pflicht, denn es geht um die Feststellung der Gesetzeskonformität einer bereits die Aussenwelt berührenden Aktivität. Wird die Mitwirkung verweigert, verbleibt der (kostenpflichtige) Rückgriff auf verwaltungs- und strafrechtliche Sanktionen, als «ultima ratio» auch die Beseitigung[1282].

C. DIE ZULASSUNGSVORAUSSETZUNGEN

1. ÜBERBLICK

202. Die *Zulassungsvoraussetzungen* werden gerne folgendermassen kategorisiert: *Persönlicher* Art sind Voraussetzungen, die an in der Person des Gesuchstellers begründete Eigenschaften anknüpfen[1283], wie Alter, Staatsangehörigkeit, Verbandsmitgliedschaft[1284], Fähigkeiten und Kenntnisse, Bildung, Wohnsitz, Zuverlässigkeit, guter Leumund oder Eignung zur Übernahme eines öffentlichen Dienstes[1285]. *Sachliche* Voraussetzungen[1286] beziehen sich dagegen nicht auf die Tätigkeit, sondern auf einen ins soziale Umfeld aufzunehmenden Gegenstand oder Zustand. Erfasst werden unter anderem Anlage, Einrichtung und Ausstattung, die örtlichen Gegeben-

---

1276 Kölz (Kommentar), § 7 N 48 und 55 f.; Gygi (Bundesverwaltungsrechtspflege), 285; Rhinow/Krähenmann, Nr. 88 B II, VGer Aargau vom 11. Dezember 1986, ZBl 88/1987, 553 f.; RB 1986 Nr. 125.
1277 RB 1986 Nr. 125.
1278 Kölz (Kommentar), § 7 N 53; RB 1986 Nr. 125.
1279 Mäder, 139; PVG 1978 Nr. 36.
1280 So muss der gute Leumund erst bei der Bewilligungserteilung vorliegen, nicht bei der Zulassung zu einem für die Erteilung notwendigen Kurs.
1281 Beeler, 64.
1282 Beeler, 63 ff.; BGE 108 Ia 220.
1283 Schürmann (Wirtschaftsverwaltungsrecht), 53 ff.; Marti, 104 ff.; Gygi (Verwaltungsrecht), 178; Häfelin/Müller, N 1965 f.; Stober, 1075.
1284 Die Zuteilung eines Futtermittelimports bedingt die Mitgliedschaft bei der GGF, vgl. Art. 4 Abs. 1 BB über die GGF.
1285 Dazu Bundesamt für Justiz 30. Oktober 1986, VPB 1988 Nr. 6.
1286 Grisel (Traité), 416; Gygi (Wirtschaftsverfassungsrecht), 92; Vallender (Wirtschaftsfreiheit), 124; Mangisch, 113.

heiten, die stoffliche Beschaffenheit, bauliche und betriebliche Einrichtungen, Produktionsabläufe, Erschliessung und ästhetische Einordnung. Zuweilen sind auch Vermischungen von persönlichen und sachbezogenen Voraussetzungen anzutreffen, vorwiegend dann, wenn die Berufsausübung an bestimmte sachliche Einrichtungen gebunden ist[1287]. Daneben gibt es Zulassungsanforderungen, die sich – zumindest nicht eindeutig – keinem der beiden Kriterienkreise zuordnen lassen, sondern ausserhalb des zulassungspflichtigen Tatbestandes von Drittumständen abhängig sind. Dazu zählen[1288] Bedürfnisklauseln, öffentliche Interessen, Konkurrenzierung bestehender Einrichtungen, Sicherheit und Neutralität der Schweiz, Interessen der Landesverteidigung oder Einspruch der Regierung eines Kantons. Zumeist werden sie anhand des *zweiten* gebräuchlichen Kategorisierungsansatzes erfasst, nämlich anhand der Unterscheidung von *subjektiven* und *objektiven* Zulassungskriterien. Deren – in Abgrenzung zu den persönlichen und sachbezogenen Voraussetzungen nicht ganz geglückte – Bezeichnung beruht auf dem gleichen Gedanken, der zur Unterscheidung von freien und gebundenen Erlaubnissen geführt hat. Subjektive Voraussetzungen liegen im Erreichbarkeitsbereich des Gesuchstellers, objektive hingegen können von diesem nicht beeinflusst werden[1289]. Die Erfüllbarkeit der Zulassungsvoraussetzungen führt aber nicht eo ipso zum Zulassungsanspruch, wenn sich dieser nicht *zudem* aus der Rechtsordnung ergibt.

203. Die dargestellte Aufteilung der Zulassungsvoraussetzungen kann sowohl bei Bewilligungen[1290] wie auch Konzessionen vorgenommen werden, da sich deren Erteilungsanforderungen strukturell weitgehend gleichen. Bei der Konzession ist einzig zu berücksichtigen, dass die gesetzlich nicht geregelten «essentialia» abredebedürftig sind[1291]. Anders strukturiert ist die Ausnahmebewilligung, knüpft diese ja nicht an eine erlaubte, nur vorläufig verbotene Tätigkeit[1292], sondern an ein generelles Verbot an.

Die Kategorisierungsansätze haben vorwiegend theoretisch-systematischen Wert[1293]. Die Unterscheidung von persönlichen und sachlichen Voraussetzungen ist immerhin hinsichtlich der Übertragbarkeit der Zulassung von gewisser Bedeutung.

1287 Etwa beim Gastwirtschaftspatent, der Taxibewilligung oder der Sondernutzung öffentlichen Grundes. Vgl. dazu Koller, 514; Zürcher, 55.
1288 Vgl. etwa Art. 3 Abs. 1 LKV.
1289 Vallender (Wirtschaftsfreiheit), 131; Zenger, 410 f.; Breuer, 994.
1290 Vgl. etwa die Anforderungen an die Erteilung eines Futtermittelkontingentes nach Art. 14 BB über die GGF.
1291 Imboden (Vertrag), 168a ff.; Sillig, 46 f.; Korrodi, 96; BGE 61 I 65.
1292 Auch bei der Konzession ist davon auszugehen, dass die Tätigkeit erlaubt ist. Die Konzessionspflicht ist nur Ausdruck dafür, dass erst im Einzelfall entschieden wird, wer der Tätigkeitsträger ist.
1293 Zenger, 410 f. und 444 f.

II. Staatliche Erteilung als Zulassungsvoraussetzung

Die Trennung von subjektiven und objektiven Anforderungen spielt eine gewisse Rolle bei der Beurteilung des Anspruchs[1294] sowie im Rahmen der deutschen Dreistufentheorie als Ansatz zu Beurteilung der Ausschlussintensität[1295]. Ihre Schwäche offenbart sich aber darin, dass auch vermeintlich als erreichbar konzipierte Erfordernisse im Einzelfall ausserhalb der Möglichkeiten des Gesuchstellers liegen[1296] können, und somit auch dessen Rechtsstellung intensiver beeinflussen können denn subjektiv an sich unerreichbare, sich aber regelmässig erfüllende Voraussetzungen. Nicht entscheidend ist der gesetzgeberische Wille, sondern die konkrete Eingriffsintensität[1297]. Aus verwaltungsdogmatischer Sicht scheint es angebracht, wenn man die Zulassungsschranken danach unterscheidet, ob sie innerhalb oder ausserhalb der persönlichen «Lebens- und Risikosphäre der Betroffenen wurzeln»[1298].

204. Auch wenn die gesetzliche Ordnung meistens zur Aufrechterhaltung des zulassungskonformen Zustandes während der gesamten Ausübungsdauer verpflichtet, wird das Vorliegen der Anforderungen grundsätzlich und primär zum Zeitpunkt des Zulassungsentscheids überprüft[1299]. Der spätere Verlust der Anforderungen wird mittels laufender Aufsicht, hier hauptsächlich auf dem Weg des Entzugs, Widerrufs aber auch der vorgängigen Befristung erfasst. Diese repressiv wirkende Kontrolle weist aber Lücken auf. Die Zulassung wirkt oftmals für unbestimmte Zeit und kann besondere Gefahrenlagen auslösen. Zudem können aufgrund des Entscheids oft dauerhafte Werke errichtet werden. Bei derartigen Konstellationen kann ein Interesse bestehen, zukünftiges Verhalten oder absehbare Rechtsänderungen prospektiv in den (präventiven) Zulassungsentscheid miteinzubeziehen. Bei der Berufsausübungsbewilligung tritt prospektives Ermessen in Form des Erfordernisses des guten Leumunds auf; fehlt dieser, besteht die Vermutung der *künftigen* Unzuverlässigkeit. In die gleiche Richtung zielt die bei neueren Konzessionsregelungen anzutreffende Bestimmung, wonach die Erteilung nur erfolgt, wenn der Bewerber Gewähr bietet, dass er das anwendbare Recht beachtet bzw. die Pflichten dauernd einhalten

---

1294 So gelten objektive Zulassungsanforderungen im Polizeirecht als unzulässig, da sie ausserhalb der Erreichbarkeit des Gesuchstellers liegen und somit auch dessen Rechtsanspruch auf Erteilung einer Polizeibewilligung berühren, Saladin (Grundrechte), 244 Fn. 90; Lyk, 18; Mangisch, 35 und 148 f.; BGE 103 Ia 401; 107 Ia 342. Diese Argumentationsweise nähert sich einem Zirkelschluss, da damit nur gesagt wird, dass eine anspruchsbegründende Polizeibewilligung keine ausserhalb der Möglichkeit des Gesuchstellers liegende Anforderungen aufweisen darf. Nicht entschieden wird aber, ob eine Polizeibewilligung in jedem Fall einen Anspruch zu begründen braucht.
1295 Vgl. N 144.
1296 Z.B. bei einer beschränkten Zahl von Ausbildungs- oder Praktikumsplätzen als Voraussetzung einer Fachprüfung. Vgl. auch Scholz, Art. 12 N 335.
1297 Scholz, Art. 12 N 335.
1298 So Breuer, 988 f.
1299 So etwa zum guten Leumund Marti, 106

kann[1300]. Die gleiche Klausel ist bei der Erteilung einer atomrechtlichen Bewilligung vorgesehen[1301], findet sich aber, teils auf das Verbot des Führens eines Nebengewerbes beschränkt[1302], auch im Gewerberecht[1303]. Künftige Rechtsänderungen werden im Planungs- und Baurecht in Einzelfällen durch die Bausperre[1304], für grössere Gebiete durch die Planungszone[1305] gesichert; entscheidend ist jeweils, dass ein nach bisherigem Recht konformes Bauvorhaben nicht die Durchsetzung künftigen (absehbaren) Rechts verhindert oder negativ präjudiziert[1306].

2. DIE ZULASSUNGSANFORDERUNGEN

205. Die rechtliche Beurteilung der Zulässigkeit einer Zulassungsvoraussetzung erweist sich oft unter dem Blickwinkel des Verhältnismässigkeitsprinzips als schwierig. Dies hängt damit zusammen, dass die Voraussetzungen häufig «offen» formuliert und nur beschränkt justiziabel sind. Zudem greifen polizeiliche wie auch wirtschaftspolitische Bewilligungen und Konzessionen partiell auf das gleiche Zulassungsinstrumentarium[1307] zurück, wobei aber je nach Zulassungsart verschiedene öffentliche Interessen und Abwägungsprozesse zu berücksichtigen sind. Vergleichbare gesetzliche Formulierungen müssen je nach Zulassungsart verschieden beurteilt werden. Nachfolgend geht es nicht darum, einen vollständigen Überblick über die Zulassungsvoraussetzungen zu geben, sondern um eine Übersicht besonders beliebter und/oder problematischer Regelungsbereiche.

a. Fähigkeitsausweis

206. *Berufsausübungsregelungen* zeichnen sich durch eine besonders hohe Regelungsintensität und -varietät aus. Ihre Eckpfeiler sind der Fähigkeitsausweis, moralisch-ethische Qualifikationen (guter Leumund oder Ruf), Wohnsitzerfordernis. Je nach Art seiner Motivation soll der *Fähigkeitsausweis*[1308] die Öffentlichkeit vor den Ge-

---

1300 Vgl. zu dieser oder ähnlichen Formulierungen Art. 11 Abs. 1 lit. f. RTVG; Art. 3 Abs. 1 lit. c LKV; Art. 11 Abs. 1 lit. c Automobilkonzessionsverordnung.
1301 Art. 5 Abs. 2 in fine AtG.
1302 Vgl. etwa Art. 3 Abs. 1 lit. c AVG.
1303 Für das basellandschaftliche Gastwirtschatspatent vgl. Eckstein, 35 ff.
1304 Vgl. dazu das Beispiel in BGE 118 Ia 510 ff.
1305 Art. 27 RPG.
1306 Haller/Karlen, N 344; Mäder, 188 f.; BGE 103 Ia 480 ff.; 110 Ia 163 ff. Zur Rechtsänderung während des laufenden Verfahrens vgl. Kölz (Verwaltungsrecht), 208 sowie BGE 107 Ib 137; 110 Ib 336; RB 1985 Nr. 106.
1307 Etwa den Fähigkeitsausweis, vgl. dazu BGE 112 Ia 325.
1308 Zur Entwicklung des Fähigkeitsausweises im Verhältnis zur HGF vgl. die interessanten Ausführungen bei Zenger, 469 ff. Auch die Konzessionserteilung kann von der Innehabung eines Fähigkeitsausweises oder einem sonstigen Nachweis der Befähigung abhängig gemacht werden, vgl. etwa Art. 102 Abs. 1 lit. d LFV zur Linienverkehrskonzession. Bei der Konzession des öffentli-

II. Staatliche Erteilung als Zulassungsvoraussetzung 183

fahren einer Berufsausübung durch fachlich Unkundige bewahren (polizeiliche Motivation) oder der qualitativen, zahlenmässigen und konkurrenzbezogenen, letztlich existenzerhaltenden Regelung einer Berufsgattung dienen (wirtschaftspolitische Motivation)[1309]. Auch von Konzessionären kann aus Gründen der Gefahrenabwehr oder der Sicherstellung des ordnungsgemässen Betriebes der Nachweis der Befähigung verlangt werden[1310]. Die angesprochene Trennung der Auswirkungen eines Fähigkeitsausweises ist nicht leicht vorzunehmen – sie ist ehrlicherweise oft unmöglich. Auch ein polizeilich motivierter Schutz des Publikums wirkt sich zwangsläufig auf die Wirtschaftsstruktur aus, indem er den Kreis der Ausübenden einschränkt und allgemein das fachliche Niveau der Berufsausübenden anhebt.

Standespolitische Einflüsse sind zu befürchten, wenn die für den Fähigkeitsausweis notwendige Ausbildung, Praxis und Prüfungsabnahme durch Berufsausübende selbst vermittelt und kontrolliert wird. Auf die Motivation der Fähigkeitsprüfung wird man nur schwerlich abstellen können, da sich der Gesetzgeber kaum offen zu einer konkurrenz- oder standespolitisch begründeten Regelung bekennen wird, wenn sie ihm verfassungsrechtlich verboten ist[1311]. Wird ein unzulässiges Motiv vermutet, soll der Rückgriff auf das Verhältnismässigkeitsprinzip zur Lösung führen[1312]. Auf diesem Weg sollen polizeilich *entbehrliche* Massnahmen ausgeschieden werden[1313]. Diese Separationsregel muss aber dann versagen, wenn die Massnahme (auch) aus polizeilichem Blickwinkel tauglich und notwendig erscheint. Erschwerend tritt hinzu, dass die Ablegung einer Fachprüfung nur in sehr engen Grenzen einer gerichtlichen Kontrolle zugänglich ist[1314]. In der Praxis wird dem Erfordernis des Fähigkeitsausweises denn auch nur sehr selten die Anerkennung versagt[1315]. Bei den wissenschaftlichen Berufsarten wird gar unter Hinweis auf Art. 33 BV eine Verhältnismässigkeitsprüfung von einem Teil der Lehre als entbehrlich an-

---

chen Dienstes kann allgemein verlangt werden, dass sich der Private mindestens in gleichem Masse eigne wie der Staat, Bundesamt für Justiz 30. Oktober 1986, VPB 1988 Nr. 6.
1309 Gygi (Wirtschaftsverfassungsrecht), 89; Largier, 42 und 70; Lyk 61.
1310 Dies gilt nicht nur für die Polizeimonopole. Vgl. etwa den Fähigkeitsausweis als Voraussetzung für den Betrieb von Sendeanlagen, Tuason/Romanens, 39.
1311 Vgl. auch BGE 112 Ia 325.
1312 Gygi (Wirtschaftsverfassungsrecht), 89; Hotz, 96 ff. und 111; BGE 112 Ia 325; 117 Ia 446 f.
1313 Etwa das Erfordernis von Philosophiekenntnissen für den Rechtsanwaltsberuf oder Hebung des kulturellen Niveaus von Architekten durch eine kantonale Zusatzprüfung, BGE 73 I 10; 93 I 523.
1314 BGE 113 Ia 286; BGer 16. Dezember 1988, ZBl 90/1989, 310 ff.
1315 Bis anhin nur für die Ausübung des Coiffeurberufes, die gewerbsmässige Vertretung von Gläubigern im Betreibungsverfahren und neuestens des medizinischen Masseurs, BGE 70 I 147 f.; 95 I 335; 117 Ia 446 ff.

gesehen[1316]; dieser Standpunkt widerspricht m.E. zweifellos dem Verhältnis von Art. 33 Abs. 1 zu 31 Abs. 2 BV[1317].

207. Der *polizeiliche Fähigkeitsausweis* gilt als eines der grössten Hindernisse beim Zugang zum betreffenden Gewerbe. Entsprechend werden nur Berufe erfasst, die ohne erhebliche Gefährdung Dritter nur von fachlich Ausgebildeten ausgeübt werden können. Dabei sind ausschliesslich Fachkenntnisse zu prüfen, welche die polizeilichen Güter berühren[1318]. Im Gegensatz zu diesen strengen Anforderungen lässt sich zuweilen ein Überladen des Ausbildungs- und Prüfungsstoffes feststellen, das die Zugangskontrolle über das Notwendige hinaus verschärft. Das Bundesgericht hat es versäumt[1319], hier eine Schranke zu setzen, indem es etwa als zulässig erachtete, von einer Kosmetikerin die Absolvierung eines Ausbildungskurses zu verlangen, der die Verkaufstechnik, Fremdsprachen[1320] und allgemeine kulturelle Ausbildung miteinschloss[1321]. Bedenklich ist weiter die Prüfung kaufmännischer Fähigkeiten beim Gastwirt, der sich in dieser Hinsicht nicht von nichtzulassungspflichtigen Berufen unterscheidet[1322]. Unzulässig ist der Nachweis wissenschaftlicher Fähigkeit (Dissertation) für Rechtsanwaltskandidaten[1323] oder das Verfassen eines Aufsatzes und Redaktion eines Schreibens durch einen Fahrlehrerbewerber, der bereits eine bestandene Abschlussprüfung aus einer Berufslehre aufweisen muss[1324]. Zudem hat das Bundesgericht die Fähigkeitsprüfung für komplexere Berufsgattungen zu Recht erheblich gemildert. Es begnügt sich mit einem Teilfähigkeitsausweis, wenn die nachgesuchte Tätigkeit in klarer und praktikabler Weise in einzelne Zweige gegliedert werden kann, für die es sich aufdrängt, verschiedene Zulassungsbedingungen vorzusehen[1325].

1316 Aubert (Traité), N 1885; Marti, 110; Th. Wagner, 15; VGer Obwalden 26. Oktober 1988, ZBl 90/1989, 442. Anderer Ansicht sind Häfelin/Haller, N 1501; J.P. Müller (Grundrechte), 369 Fn. 92; Bois, Kommentar BV, Art. 33 N 9.
1317 Bois, Kommentar BV, Art. 33 N 9.
1318 Marti, 108; Wolffers, 96; Mangisch, 132; Largier, 53 f.; BGE 100 Ia 175; 103 Ia 262; 112 Ia 325.
1319 Der Entscheid wird verständlicher, wenn man berücksichtigt, dass es sich um einen eidgenössischen Fähigkeitsausweis handelte, von dessen Innehabung der Kanton die Aufnahme der Berufstätigkeit abhängig machte. Vgl. auch BGE 103 Ia 602 zum Sanitärinstallateur.
1320 Hierzu hat sich bereits Largier, 54 – im Blick auf die Skilehrer – kritisch geäussert.
1321 BGE 103 Ia 271.
1322 Largier, 132; Mangisch, 133. Vgl. auch Eckstein, 40. Es ist dem Gastwirt nicht verwehrt, die kaufmännische Seite des Wirtens einem Treuhänder zu überlassen.
1323 J.P. Müller (Funktion), 16; Wolffers, 66.
1324 Vgl. Art. 49 Abs. 2 lit. b und g VZV.
1325 BGE 103 Ia 600; 112 Ia 325 f.; 116 Ia 124 f.; RB 1975 Nr. 105. Zurückhaltender BGer 7. Juli 1984, ZBl 86/1985, 118 ff.; RB 1983 Nr. 119.

II. Staatliche Erteilung als Zulassungsvoraussetzung

208. Ob der Erteilung des Fähigkeitsausweises ein Schul- oder Kursbesuch, eine Fachprüfung oder praktische Betätigung[1326] vorauszugehen hat, ist nach dem Verhältnismässigkeitsprinzip zu entscheiden. Gewöhnlich wird der Gesetzgeber einen tatsächlichen Befähigungsnachweis verlangen dürfen, ohne sich mit dem blossen Kursbesuch begnügen zu müssen[1327]. Allerdings darf man nicht der Versuchung verfallen, den Fähigkeitsausweis isoliert für sich zu betrachten. Untersteht der Gewerbetreibende einer nachträglichen periodischen und an sich effizienten Kontrolle, so ist es denkbar, sich im betreffenden Bereich mit dem Nachweis einer Unterrichtung zu begnügen[1328]. Dies dürfte vor allem dann gelten, wenn für die Gewerbeausübenden eine «Nachdiplom-Ausbildung» verlangt würde[1329]. Prekär kann auch das Verhältnis einer langandauernden, besonders qualifizierten (Hochschul-) Ausbildung zum nachfolgenden Verfahren des Befähigungsnachweises werden. Die Trennung der Fachausbildung und des Praktikums mit anschliessender Fachprüfung führt zu unverhältnismässigen Belastungen[1330], wenn im Anschluss an die Ausbildung kein nahtloser Übergang zum Praktikum möglich ist. Die Folge kann sein, dass der während der Ausbildung erworbene Wissensstand verlorengeht und nochmals – oft unter erschwerten Bedingungen – nach Praktikumsende erst wieder aufgebaut werden muss. Für solche Fälle sollte dem Bewerber die Möglichkeit offenstehen, zumindest den theoretischen Teil der «Fähigkeiten» vorweg prüfen zu lassen[1331].

209. Ausserkantonale Fähigkeitsausweise *müssen* aufgrund von Art. 5 Ueb BV in allen Kantonen anerkannt werden, sofern sie *wissenschaftliche Berufsarten*[1332] betreffen. Die Privilegierung wissenschaftlicher Berufsarten ist im wesentlichen nur eine vermeintliche. Den Kantonen ist es nach der neuesten Rechtsprechung nicht verwehrt, auch den Fähigkeitsausweis für wissenschaftliche Berufsarten inhaltlichen Mindestanforderungen zu unterstellen. Zu diesen gehört eine Prüfung theoretischer und

---

[1326] Gegen das Erfordernis einer praktischen Betätigung für berufsmässige Rechtsberatung, die dem Anwaltsmonopol untersteht, stellt sich neuestens Bois, Kommentar BV, Art. 33 N 11.
[1327] So Mangisch, 125 für das Gastwirtschaftspatent sowie RB 1981 Nr. 157.
[1328] Im deutschen Gaststättenrecht war dies einer der Gründe für die Einführung des blossen Unterrichtungsnachweises.
[1329] Saladin (Status), 152 f. und 165 f. Vgl. auch die Regelung zur beruflichen Weiterbildung der Fahrlehrer in Art. 59 VZV. Gemäss dem Entwurf zum revidierten Krankenversicherungsgesetz sollen sich Ärzte künftig einer nachweisbaren Fortbildung unterziehen, wenn sie weiterhin über die Krankenkassen abrechnen wollen, Neue Zürcher Zeitung 27. Juli 1993, 15.
[1330] Zu fragen ist aber auch, ob die Prüfung praktischer Fähigkeiten zu einer Wiederholung universitärer Fachprüfung geraten darf. Vgl. dazu die lesenswerte Stellungnahme von Peter Gauch, Über die Ausbildung der Juristen, Festgabe 150 Jahre Obergericht Luzern, Bern 1991, 123 ff., insb. 149 ff.
[1331] Bei der Rechtsanwaltsprüfung wäre insbesondere das *Prozessrecht* geeignet, erst *nach* erfolgreichem Praktikum geprüft zu werden.
[1332] Dazu Bois, Kommentar BV, Art. 5 Ueb N 1.

praktischer Kenntnisse[1333]. Aufgrund ihrer Regelungszuständigkeit sind die Kantone bei nichtwissenschaftlichen Berufsarten zwar nicht gehalten, einen ausserkantonalen Fähigkeitsausweis anzuerkennen. Allerdings sind sie aufgrund des Verhältnismässigkeitsprinzips verpflichtet, einen gleichwertigen Ausweis zu berücksichtigen[1334], soweit ein Vergleich der Anforderungen überhaupt möglich ist[1335]. Diese Austauschmöglichkeit besteht nämlich generell für jede Art von Ausweis, unabhängig davon, ob er regional beschränkt ist oder nicht[1336]. Denkbar, und dem Verhältnismässigkeitsprinzip Rechnung tragend, ist auch eine Teilprüfung, die sich auf die kantonalen Eigenheiten, insbesondere die Kenntnis kantonalen Rechts beschränkt. Ausländische Fähigkeitsausweise berechtigen ausserhalb des Staatsvertragsrechts oder einer expliziten gesetzlichen Regelung[1337] nicht zur Berufszulassung[1338]; die Begründung für die Restriktion wird vorab in Praktikabilitätsgründen gefunden[1339]. Dass allerdings nach der herrschenden Gerichtspraxis[1340] nicht einmal der konkrete Nachweis der materiellen Gleichwertigkeit eines ausländischen Ausweises genügt, weist auf protektionistische Beweggründe hin. Zumindest soweit die Zulassungsbehörde in der Lage ist, die Gleichwertigkeit zu verifizieren, ist diese Praxis in Frage gestellt[1341].

b. *Moralische Eigenschaften*

210. Das Erfordernis des *guten Leumunds*[1342] ist an sich retrospektiv ausgerichtet[1343]. Es findet deshalb bei Dauersachverhalten von besonderem Gefährdungsgrad eine Er-

---

1333 BGE 111 Ia 108 ff.; Marti, 111; Bois, Kommentar BV, Art. 5 Ueb N 4; Wolffers, 76. Beim bundesrechtlich geregelten Fähigkeitsausweis haben die Kantone keinen Kontrollspielraum, Vallender (Wirtschaftsfreiheit), 129; BGE 114 Ia 166.

1334 Marti, 97 und 109; Eckstein, 40; ferner Zimmerli (Verhältnismässigkeit), 53. Vgl. auch BGE 53 I 118 f.; 103 Ib 43; BGer 9. Juli 1982, ZBl 84/1983, 305 ff. und 311; VGer Zürich 21. August 1991, ZBl 93/1992, 84.

1335 RB 1981 Nr. 157.

1336 Zimmerli (Verhältnismässigkeit), 53; Jost, 89 f.; BGE 103 Ib 46 ff. Für mich nicht nachvollziehbar ist die Meinung der hier zitierten Autoren, wonach die Austauschmöglichkeit fehlt, wenn der Gesetzgeber einen Ausweis ausdrücklich vorschreibt und diese Vorschrift sich als verhältnismässig erweist. Entweder besteht eine der Verwaltungskontrolle zumutbare Austauschmöglichkeit, und dann ist die gesetzliche Fixierung auf einen bestimmten Ausweistypus eben nicht verhältnismässig, da nicht die mildeste Wahl getroffen wurde, oder es besteht keine Austauschmöglichkeit, was erst die Verhältnismässigkeit impliziert. Aber ein verhältnismässiger numerus clausus von Ausweisen mit gesetzgeberisch nicht realisierter Austauschmöglichkeit ist ein Widerspruch in sich.

1337 Vgl. etwa Art. 60 Abs. 4 RTVV zur Rundfunk-Installationskonzession.

1338 Hug, 211; Wirth, 66 ff. Vgl. auch Thürer (Rechtsstellung), 1431. Zur Anerkennung von ausländischen Diplomen nach EU-Recht vgl. vorne, N 81.

1339 VGer Obwalden 26. Oktober 1988, ZBl 90/1989, 442; LGVE 1987 III Nr. 46 sowie auch BGE 114 Ia 219; 116 Ib 417 f.

1340 Vgl. dazu VGer Obwalden 26. Oktober 1988, ZBl 90/1989, 442 m.w.H.

1341 Vgl. zum ausländischen Führerausweis Schaffhauser (Grundriss), 102.

1342 Zur Berücksichtigung des Verhaltens des Bewerbers um eine fremdenpolizeiliche Niederlassungsbewilligung vgl. Kottusch (Niederlassungsbewilligung), 518 f.

II. Staatliche Erteilung als Zulassungsvoraussetzung

gänzung darin, dass der Bewerber Gewähr für künftiges Wohlverhalten und die Einhaltung gesetzlicher Vorschriften bieten soll. Zutrauenswürdigkeit unterliegt Veränderungen; sie darf demnach erst beim Zulassungsentscheid geprüft werden. So soll die Zulassung zu einem Vorbereitungskurs oder zur Fähigkeitsprüfung nicht bereits am schlechten Leumund scheitern[1344], falls der Fähigkeitsausweis von längerer Gültigkeitsdauer ist und die Möglichkeit der Verbesserung des Leumunds besteht[1345]. Die notwendigen moralischen Eigenschaften sind funktional berufsbezogen[1346] und im Blick auf die Schutzwürdigkeit des Publikums zu beurteilen; sie müssen generell tauglich erscheinen, um über das berufliche Verhalten Aufschluss zu geben[1347]. Ungeeignet ist ein Beurteilungsschematismus, namentlich bei der Berücksichtigung von Vorstrafen. Allerdings soll die Administrativbehörde eine günstige Prognose des Strafrichters über das Wohlverhalten des Berufsausübenden mitberücksichtigen[1348]. Sieht der Strafrichter von einem Berufsverbot nach Art. 54 StGB ab, so muss die Aufsichtsbehörde dessen Begründung auf ihre Relevanz zur nachgesuchten Tätigkeit überprüfen[1349]. Zu beachten ist die verschiedene Zielsetzung des Strafverfahrens und der bewilligungsrechtlichen Fernhaltung Ungeeigneter[1350]. Umgekehrt kann unter dem nämlichen Gesichtspunkt auch strafrechtlich nicht relevantes, berufliches wie ausserberufliches Verhalten[1351] beachtet werden. Im besonderen beim politischen Verhalten handelt es sich um eine nicht leichte Gratwanderung zwischen den Interessen des Publikums und einer das Vertrauensverhältnis tangierenden, wenn auch *grundrechtlich erlaubten* Tätigkeit[1352] des Berufsausübenden. Grundsätzlich sind sehr strenge Massstäbe bei negativer Gewichtung grundrechtlich erlaubten Verhaltens zu stellen, soll die Leumundsprüfung nicht zur Gesinnungsprüfung, der freie Beruf zur Beamtenstelle verkommen. Entscheidend ist letztlich die Schutzbedürftigkeit des Publikums unter Berücksichtigung der Möglichkeiten, über die soziale Stellung des Berufsausübenden Auskunft zu erlangen[1353].

1343 Marti, 106.
1344 Ausser dieser sei so schlecht, dass der Kurs- oder Unterrichtsbetrieb gefährdet wäre.
1345 Mangisch, 130 f.
1346 Besonders hohe Anforderungen werden an die Zutrauenswürdigkeit des Rechtsanwaltes gestellt, Wolffers, 72 ff.
1347 Dieser Zusammenhang fehlt, falls ein den Militärdienst verweigernder Kandidat nicht zur Bergführerprüfung zugelassen wird, BGE 103 Ia 544.
1348 BGE 100 Ia 361.
1349 Vgl. Kölz (Kommentar), § 7 N 15.
1350 RB 1985 Nr. 129; Marco Lehner, Das Berufsverbot als Sanktion im schweizerischen Strafrecht, Diss., Zürich 1991, 22. Etwas zu pauschal Marti, 106.
1351 BGE 111 Ia 106 f.
1352 Vgl. dazu EuGRZ 1984, 121; Wolffers, 74 f.; BGE 106 Ia 105.
1353 Dagegen können sich die Behörden entgegen BGE 106 Ia 105 nicht auf eine Erschütterung der Vertrauenslage berufen, da ihnen im Gegensatz zum Klienten weit bessere Aufsichts- und Kontrollmittel bis hin zu disziplinarischen Zwangsmassnahmen zur Verfügung stehen.

c. *Wohnsitz*

211. Ähnlich wie die beiden vorangehenden Zulassungsvoraussetzungen kann auch das *Wohnsitzerfordernis* zu verschiedenen Zwecken eingesetzt werden. Die schnelle Erreichbarkeit soll polizeilichen Zielen dienen[1354], entpuppt sich allzuoft aber als unzulässiger Schutz des einheimischen Gewerbes[1355] oder als entbehrliche Erleichterung behördlicher Aufsicht[1356]. Allgemein verliert die örtliche Nähe mit der ansteigenden Mobilität und den Möglichkeiten der elektronischen Erreichbarkeit stark an Gewicht und kann nur noch ausnahmsweise beibehalten werden[1357]. Die Definition des Domizils soll im übrigen nicht durch Gebietsgrenzen bestimmt werden; vielmehr ist auf die konkrete Erreichbarkeit abzustellen[1358]. Das Wohnsitzerfordernis kann aber noch vor der Zulassung eingesetzt werden, indem bereits für die Erlangung eines Fähigkeitsausweises ein innerkantonaler Wohnsitz verlangt wird, der zudem oft mit einer Mindestwohnsitzdauer verbunden wird. Es fällt überaus schwer, hier an eine polizeiliche Massnahme und nicht an ein «Abwehrdispositiv» zugunsten des innerkantonalen Gewerbes zu glauben[1359].

d. *Kautionspflicht*

212. Die *Kautionspflicht* kann nicht nur polizeilichen und lenkenden, sondern auch unmittelbar staatlichen Interessen dienstbar gemacht werden. Polizeilich begründete Kautionspflichten sind vor allem bei Berufsarten, die sich mit der Anlage oder Verwaltung von Geld befassen oder deren Publikum besonderen finanziellen Risiken ausgesetzt ist, anzutreffen[1360]. Die Kaution kann auch zur Sicherstellung von Haftpflichtansprüchen geleistet werden[1361]. So kann der Staat bei der Nutzung öffentlicher Sachen auch eine allfällige Schadenersatzleistung für sich sicherstellen, nur darf er dafür die massgebenden Grundsätze des Haftpflichtrechts nicht überschreiten[1362]. Allerdings bildet die Kaution nebst der gebräuchlicheren Versicherungspflicht die Ausnahme.

1354 Vgl. dazu Mangisch, 135 f.; Koller, 531. Unzulässig ist die Verpflichtung zur Wohnsitznahme in der Nähe der Offizin für Apotheker, Wirth, 107.
1355 Vgl. dazu den reichhaltigen Überblick in BGE 106 Ia 128.
1356 BGE 106 Ia 129.
1357 Vgl. die Kritik der Lehre, Aubert (Traité), N 1891; Saladin (Grundrechte), 223; Marti, 105; Schürmann (Wirtschaftsverwaltungsrecht), 59; Hotz, 97.
1358 Mangisch, 136.
1359 Vgl. dazu die Bemerkung von Zenger, 469 ff.
1360 Schürmann (Wirtschaftsverwaltungsrecht), 59; Marti, 107; Koller, 543; Hatz, 36 ff.; BGE 80 I 116 ff. Vgl. auch die detaillierte Regelung der Kautionspflicht für Personalverleiher in Art. 35 ff. AVV.
1361 Art. 71 LFG; Art. 35 Abs. 4 RLG. Vgl. dazu Keller, Bd. I, 214.
1362 BGE 98 Ia 372; kritisch zur Kautionspflicht Rüesch, 301 f.

Entsprechend der (gewerbe-) polizeilichen Ausrichtung der Kaution sollen nicht allein staatliche, sondern an erster Stelle private Forderungen sichergestellt werden[1363]. Dies ist an sich selbstverständlich; dennoch kommt bei sehr tief angesetzten und deshalb als Schutz des Publikums wirkungslosen Kautionen der Verdacht auf, diese würden nur zugunsten des Staates gefordert[1364]. Anders verhält es sich bei Kautionen, die zur Sicherstellung der Erfüllung von Auflagen oder Reversen vorgesehen sind, insbesondere für die Wiederherstellung des rechtmässigen Zustands als Folge das Dahinfallens einer befristeten oder unter Revers erteilten Erlaubnis[1365]. Ausserhalb zulässiger Zwecksetzung bewegt sich dagegen eine Kaution, die sicherstellen soll, dass die bewilligte Baute der Bewilligung entsprechend genutzt wird[1366]. Zu einem selektiv wirkenden Finanzausweis darf die gewerbepolizeiliche Kaution erst dann werden, wenn das mit der zugelassenen Tätigkeit verbundene, an sich nicht mehr verifizierbare finanzielle Risiko breite Publikumskreise treffen kann[1367]. Lenkende Kautions- oder Eigenmittelvorschriften, welche die Sicherung einer genügenden Kapitalgrundlage im betroffenen Gewerbezweig anstreben, sind selten geworden[1368].

e. Mindestkapital- oder Finanzierungsvorschriften

213. *Mindestkapital- oder Finanzierungsvorschriften* sollen einen sinnvollen und auf Dauer angelegten Betrieb des zugelassenen Gewerbes ermöglichen. Dadurch wird einerseits das Publikum vor finanziellen Verlusten geschützt, so ausdrücklich bei der Banken- und Sparkassentätigkeit[1369], bei den Anlagefonds[1370] und den privaten Versicherungseinrichtungen[1371]. Die Erhaltung oder Errichtung einer gewinnbringenden Struktur kann hier gegebenenfalls durch Auflagen mit Androhung des Entzugs verbunden werden[1372]. Anderseits kann die Verpflichtung zur Erhaltung einer finanziell genügenden Grundlage auch durch die Art der zulassungspflichtigen Tätigkeit bedingt sein, indem *staatliches* Interesse an einem dauerhaften, ununterbrochenen und wirtschaftlich ungestörten Betrieb besteht. Zum einen sind hiervon

---

[1363] Hotz, 112; BGE 70 I 234.
[1364] Knapp (Aspects), 287 zur Börsenbewilligung.
[1365] Vgl. dazu Mäder, 261 und 265; Fries, 63 f.
[1366] PVG 1981 Nr. 15.
[1367] Versicherungen, Anlagefonds und Banken. Kritisch zur Verhältnismässigkeit des Finanznachweises bei Banken Ch. Müller, 80 ff.
[1368] Lyk, 62. Vgl. aber neuerdings Art. 14 Abs. 1 lit. e BB über die GGF, wonach ein Kontingentsinhaber über die erforderlichen Mittel für Import, Pflichtbezüge und -lagerhaltung besitzen muss, sowie Art. 105 Abs. 3 lit. c LFV zur Linienverkehrskonzession.
[1369] Art. 3 Abs. 2 lit. b BankG; Art. 4 BankV.
[1370] Art. 4 Abs. 3 AFG.
[1371] Art. 10 VAG.
[1372] BGE 108 Ib 520 ff.

volkswirtschaftlich bedeutende Tätigkeiten (Banken, Versicherungen und Anlagefonds) berührt. Zum anderen besteht ein besonderes Interesse bei öffentlichen Diensten, denn eine für den Betrieb genügende Kapitalbasis ist hier unabdingbare Garantie zur Einhaltung der dem Konzessionär auferlegten Betriebspflicht[1373]. Kultur- und staatspolitisch motiviert ist hingegen das Erfordernis der notwendigen finanziellen Mittel für die Erteilung einer Filmverleih- bzw. -vorführungsbewilligung[1374]. Die Mindestkapitalvorschriften werden gerne durch Konkurrenzbeschränkungen und Exklusivitätsklauseln ergänzt[1375], die der Betriebsrentabilität dienen sollen. Das finanzielle Wohlergehen kann sogar, unabhängig vom auf den Betriebsbeginn hin eingebrachten Kapital, zur alleinigen Erteilungsvoraussetzung erhoben werden: Veranstalter von lokalen und regionalen Rundfunkprogrammen dürfen nur dann tätig werden, wenn in ihrem Verbreitungsgebiet ausreichende Finanzierungsmöglichkeiten für die Veranstaltung des Programms bestehen, unabhängig davon, wie hoch ihre eigenen Betriebsmittel sind[1376]. Auch Kontingentsbewerber müssen sich – zumindest indirekt – auf eine genügende Kapitalbasis stützen können, da von ihnen verlangt wird, dass sie Gewähr für die ihnen obliegende Pflichten, namentlich die Abnahme- und Übernahmepflichten bieten, und dass sie überdies über betriebliche Einrichtungen verfügen, die den gesetzlichen, insbesondere gesundheitspolizeilichen Vorschriften entsprechen[1377]. In Weiterführung dieses Gedankens ist festzuhalten, dass sich polizeiliche Motive indirekt auf die betrieblich-finanzielle Basis auswirken können, allerdings nicht mehr zum unmittelbaren Schutz finanzieller Interessen des Publikums, sondern als Reflex eines für die Betriebsaufnahme und -weiterführung notwendigen Sicherheitsstandards.

f. Technische Normen und Prüfungen

214. Bei sachbezogenen Bewilligungen kann die grösste Hürde in binnenstaatlichen technischen Normen und Prüfverfahren liegen, die das Inverkehrsetzen von Produkten treffen, welche unter Beachtung abweichender ausländischer oder internationaler Normen bzw. Prüfungsverfahren produziert werden. Die Normsetzung kann nebst polizeilichen verdeckt auch kartellistische Züge aufweisen. Die Gefahr interner Absprachen ist gross, wenn sowohl an der Normsetzung wie auch am Zulassungsverfahren Interessenvertreter beteiligt sind[1378]. Ein entscheidender Schritt zur Ermöglichung des freien grenzüberschreitenden Einsatzes ausländischer Er-

---

1373 Art. 104 Ziff. 1 lit. i in Verbindung mit 105 Abs. 2 lit. c LFV; Art. 55 lit. b WRG; Art. 10 Abs. 2 lit. g. LKV.
1374 Art. 31 Abs. 1 lit. b und 35 lit. b Filmverordnung.
1375 Vgl. nachfolgend N 231.
1376 Art. 22 lit. b RTVG.
1377 Z.B. Art. 9 SV; Art. 29 und 31 ALV. Vgl. zu den Abnahmepflichten Spörri, 53 ff.
1378 Vgl. dazu Wolf, 367; Grauer, 112 ff.; Marburger, 268 ff.

II. Staatliche Erteilung als Zulassungsvoraussetzung

zeugnisse (und Dienstleistungen) liegt in der Tätigkeit internationaler und regionaler Normungsorganisationen[1379], deren Normen entweder unmittelbar anwendbar sind, mittelbar durch unbestimmte Rechtsbegriffe[1380] einfliessen oder zumindest die schweizerische Normierungstätigkeit zu beeinflussen vermögen[1381]. Interkantonal wurde für die Heilmittelkontrolle ein ähnlicher Weg eingeschlagen[1382]. Verhältnismässigkeitsdenken verlangt – ähnlich der Zulassung von extraterritorial erlangten Fähigkeitsausweisen – generell nach einer Beachtung ausländischer (wie auch ausserkantonaler) Approbationen, Zertifikate und dergleichen, wenn diese den binnenstaatlichen im Sicherheitsstandard und Kontrollverfahren gleichgestellt werden können. Adressat dieser Forderung dürfte primär der Gesetzgeber sein[1383], da die Verwaltungspraxis nicht generell anerkannte ausländische Zulassungsentscheide gerne und wohl zu Recht am Praktikabilitäts- und Verifizierbarkeitserfordernis abprallen lässt. Zudem ist zu beachten, dass eine zugunsten des Bewilligungsempfängers erfolgte Typengenehmigung nicht durch Dritte nutzbar gemacht werden soll, wenn die Gefahr der Manipulation besteht. Die Zulassungsbehörde soll jedenfalls die Möglichkeit erhalten, das seitens des Dritten eingeführte Zulassungsobjekt nach denselben Kriterien zu kontrollieren[1384]; allenfalls ist dem Zulassungssuchenden der Nachweis der Musterkonformität aufzuerlegen[1385].

1379 Vgl. dazu Marburger, 236 ff.; Grauer, 142 ff.; Wolf, 367; Hans Zürrer, Technische Handelshemmnisse, in: Die Europaverträglichkeit des schweizerischen Rechts, hrsg. von Dietrich Schindler/Gérard Hertig/Jakob Kellenberger/Daniel Thürer/Roger Zäch, Zürich 1990, 135 ff.; Helmut Reihlen, Technische Normung und Zertifizierung für den EG-Binnenmarkt, EuZW 1990, 444 ff.; Stefan Griller, Europäische Normung und Rechtsangleichung, Wien 1990.
1380 «Stand von Wissenschaft, Erfahrung und Technik». Vgl. dazu Rausch (Atomenergierecht), 125 f.; kritisch Wolf, 368.
1381 Vgl. dazu A. Brunner, 1 f., 11 ff. und 76; Grauer, 142 ff.; Vallender (Wirtschaftsfreiheit), 191 f. Ein neueres Beispiel: Nach Art. 35 Abs. 1 FMG soll für die Festlegung der technischen Anforderungen für Teilnehmeranlagen den internationalen technischen Normen Rechnung getragen werden. Nach Art. 36 Abs. 3 lit. a FMG kann der Bundesrat die Anerkennung ausländischer Zulassungen vorsehen. Vgl. auch BBl 1987 III 1357 f. Eine vergleichbare Regelung enthält Art. 3 Abs. 3 und 4 des Bundesbeschlusses für eine sparsame und rationale Energienutzung (Energienutzungsbeschluss; ENB) vom 14. Dezember 1990 (SR 730.0).
1382 Wirth, 169 ff. Der Entscheid der Interkantonalen Kontrollstelle für Heilmittel ist für die Kantone nicht verbindlich.
1383 Vgl. etwa Art. 5 Abs. 3 der Verordnung über elektrische Niederspannungserzeugnisse vom 7. Dezember 1992 (SR 734.26).
Zur Anpassung der Gesetzgebung in Richtung Berücksichtigung ausländischer Zulassungen vgl. Botschaft über das Folgeprogramm nach der Ablehnung des EWR-Abkommens vom 24. Februar 1993 (Sonderdruck), 39 ff.
1384 BGE 97 I 751 f.
1385 Art. 5 Abs. 4 der Verordnung über elektrische Niederspannungserzeugnisse vom 7. Dezember 1992 (SR 734.26).

192 § 5 Strukturmerkmale - ein Versuch der Systematisierung

g. *Bedürfnisklauseln und Kontingente*

215. Die wirtschaftspolitische Bewilligung[1386] wie auch zahlreiche Konzessionen[1387] bauen – ihrem lenkenden Charakter entsprechend – vor allem auf der Bedürfnisklausel[1388] sowie einer Kontingentsordnung auf[1389]. Die Kontingentierung lässt sich nur schwerlich von der Bedürfnisregelung abgrenzen[1390]. Beide simulieren bzw. versuchen es, eine bestimmte, gesetzlich erwünschte soziale, insbesondere wirtschaftliche Situation[1391] zu erreichen, wobei die Lenkungsdirektiven zum voraus festgelegt sind. In der praktischen Durchführung zeigen sich gewisse Unterschiede, da die Kontingentierung eher die Berufs- oder Gewerbeausübung, die Bedürfnisklausel dagegen mehr die Zulassung betrifft[1392]. Ferner zeigt sich, dass die auf den Einzelfall ausgerichtete Bedürfnisklausel flexibler gehandhabt werden kann als eine Kontingentierung, falls letztere nicht in sehr kurzen Abständen revidiert wird. Letztlich sind beide Erscheinungen eines übergreifenderen «numerus clausus», da sie eine zahlenmässige Beschränkung der Zulassungen bewirken[1393].

216. *Bedürfnisklauseln* werden teils offen deklariert[1394], mitunter auch in Verbindung mit einer Verhältniszahl[1395]. Sie erscheinen zuweilen aber auch verdeckt unter

---

1386 Zu den wirtschafts*polizeilichen* Bedürfnisklauseln vgl. die nachfolgenden Ausführungen.
1387 Insbesondere Verkehrs- und Energieerzeugungskonzessionen. Vgl. dazu Gygi (Verwaltungsrecht), 190 f.; Rausch (Atomenergierecht), 71 ff.
1388 Die Bedürfnisklausel wird im Verwaltungsrecht kaum definiert. Die vorfindbaren Umschreibungen orientieren sich vornehmlich an der gastwirtschaftlichen Bedürfnisklausel. Vgl. dazu Aubert, Kommentar, Art. 32 quater N 24: «Die Bedürfnisklausel ist eine Bestimmung, welche eine menschliche Tätigkeit von einer Bewilligung abhängig macht und deren Verweigerung vorschreibt, wenn eine solche Tätigkeit nicht einem öffentlichen Bedürfnis entspricht. Die Tätigkeit ist nicht als solche verboten, sondern sie wird nur innerhalb gewisser, in erster Linie quantitativer, in zweiter Linie qualitativer Schranken bewilligt.» Vgl. zum ganzen auch meinen Aufsatz «Bedürfnis und Bedürfnisklauseln im Wirtschaftsverwaltungsrecht», Festschrift zum Schweizerischen Juristentag 1994, Zürich 1994 (im Erscheinen).
Dagegen befassen sich Philosophie und Volkswirtschaftslehre intensiv mit dem Begriff des «Bedürfnisses». Vgl. dazu die Ausführungen und die Literaturübersicht im Staatslexikon, Erster Band, Stichwort Bedürfnis, hrsg. von der Dörres-Gesellschaft, 7. Aufl., Freiburg/Basel/Wien, 1985-1989 sowie bei Kunio Kozu, Das Bedürfnis der Philosophie, Bonn 1988; Ingrid-Ute Leonhäuser, Bedürfnis, Bedarf, Normen und Standards, Berlin 1986; Clemens Heidack, «Bedarf» - zur Deutung des Begriffes in Wissenschaft und Praxis, Düsseldorf 1992.
1389 Vallender (Wirtschaftsfreiheit), 132; Lyk, 58.
1390 Gygi (Verwaltungsrecht), 181; Lyk, 59 f.
1391 Beschränkungen der Angebots- oder Nachfragesituation, Lyk, 59 f.; Rohner, 54.
1392 Lyk, 60.
1393 Christoph Zenger, Der Numerus clausus an Hochschulen als Grundrechtsfrage, ZSR 102/1983 I, 7 f. Vgl. auch Breuer, 994 f.
1394 Bewilligung für eine Milchsammelstelle nach Art. 8 Abs. 1 Milchbeschluss; atomrechtliche Rahmenbewilligung nach Art. 3 Abs. 1 lit. b BB zum AtG; Art. 11 Abs. 1 lit. a Automobilkonzessionsverordnung; Art. 3 Abs. 1 lit. a LKV; für Flughäfen Art. 38 lit. b LFV; Rodungsbewilligung nach Art. 5 WaG sowie nach dem aufgehobenen Art. 26 Abs. 1 Verordnung betreffend die eidge-

II. Staatliche Erteilung als Zulassungsvoraussetzung

der allgemeinen Formulierung eines Interessenabwägungsverfahrens[1396], als Aspekt eines infrastrukturellen Ungenügens[1397] oder als Konzession im Bereich von Polizeimonopolen[1398]. Die Bedürfnisklausel kann positiv formuliert sein, indem erst ein vorbestimmtes Bedürfnis zur Erteilung berechtigt. In ihrer negativen Fassung werden andere Interessen als unmassgeblich erklärt; denkbar, aber nicht notwendig ist auch eine Kombination negativer und positiver Elemente[1399]. Die Klausel kann aber auch den Sinn eines «Nichtbedürfnisses» haben: Die Energieexportbewilligung wird nur erteilt, wenn im Inland keine Verwendung für die produzierte elektrische Energie besteht[1400], gewerbsmässige Schiffahrten werden vom Personenbeförderungsregal, und damit von der Zulassungspflicht, ausgenommen, wenn das Verkehrsbedürfnis ungenügend ist[1401].

---

nössische Forstpolizei vom 1. Oktober 1965; FPolV (SR 921.01); Abfalldeponiebewilligung nach Art. 30 Abs. 2 USG. Dagegen bietet Art. 27ter BV betreffend die Regelung des Filmwesens nach der in Pra 77/1988 Nr. 11 geäusserten Ansicht des Bundesgerichts keine Grundlage für eine Bedürfnisklausel. Allerdings schränkt das Bundesgericht seine Aussage wiederum – und wohl nicht wissentlich – ein, indem bei ausreichender Sitzplatzzahl nur die *Erhaltung* des bisherigen Filmangebotsniveaus als Grund für die Bewilligungserteilung angesehen wird. Umgekehrt wird damit ein ansteigendes Bedürfnis nach Filmen von tieferem Niveau aus der Interessenabwägung ausgeblendet, was dazu führt, dass die Vergrösserung des Sitzzahlangebotes nur innerhalb eines bestimmten, inhaltlich hohe Ansprüche stellenden Publikumssegmentes vorgenommen werden kann. Vgl. dazu auch Schürmann (Medienrecht), 157 f.; Schürmann/Nobel, 222; Lyk, 135 m.w.H.; BGE 100 Ib 375 ff.

1395 Insbesondere als gastwirtschaftliche Bedürfnisklausel.
1396 Art. 39 WRG («öffentliches Wohl»); Art. 5 Abs. 1 EBG («wenn der Verkehr nicht zweckmässiger und wirtschaftlicher durch ein anderes Verkehrsmittel bedient werden kann»); Art. 11 Abs. 1 lit. g RTVG («der Bewerber die Meinungs- und Angebotsvielfalt nicht gefährdet»). In RB 1979 Nr. 106 ging es um den informativen Wert einer Plakatreklame für das Publikum.
1397 Vgl. als Beispiel Art. 29 Abs. 2 des Berner Gesundheitsgesetzes: «Die Bewilligung zur Führung einer Privatapotheke durch Ärzte beschränkt sich auf Ortschaften, in denen die Notfallversorgung mit Medikamenten nicht durch mehrere öffentliche Apotheken gewährleistet ist.» Mit anderen Worten ist den Ärzten die Selbstdispensation erst dann gestattet, wenn das Bedürfnis nach Notfallversorgung mit Medikamenten nicht durch die Apotheken abgedeckt ist. Vgl. dazu BGE 118 Ia 175 ff.; BGer 12. Juni 1992, BVR 1992, 521.
1398 Vgl. dazu PVG 1984 Nr. 51 sowie vorne, N 130.
1399 So wird etwa in Art. 3 Abs. 1 BB zum AtG festgehalten, dass die Rahmenbewilligung zu *verweigern* ist, wenn im Inland *kein* hinreichender Bedarf an der Anlage oder der damit erzeugten Energie besteht. Mit dieser zweifachen Negierung ist folgendes gemeint: Massgebend ist (positiv) der Inlandbedarf, unmassgeblich (negativ) der Auslandbedarf. Die Abfalldeponiebewilligung nach Art. 30 Abs. 2 USG verlangt (positiv) den Nachweis des Abfallanfalls und (negativ), dass keine andere Möglichkeit der Ablagerung oder zweckmässigeren Beseitigungsmöglichkeit besteht. Vgl. dazu Trösch, Kommentar USG, Art. 30 N 48.
1400 Vgl. dazu Schürmann (Wirtschaftsverwaltungsrecht), 136; Lyk, 121 ff.
1401 Art. 8 Abs. 1 Schiffahrtsverordnung.

Eine Bedürfnisklausel kann sich nach den tatsächlich bestehenden sozialen Bedürfnissen ausrichten[1402]. Soll der lenkende Charakter der Klausel erhalten bleiben, darf dabei zwangsläufig nicht mehr als ein vordefiniertes Bedürfnis*segment* in die Interessenabwägung einbezogen werden. Dagegen kann die Bedürfnisklausel nicht eingesetzt werden, wenn andere als die vorgegebenen Bedürfnissegmente gedeckt werden sollen[1403]. So verhält es sich mit den Bedürfnisklauseln im Gastgewerbe nach Art. 31ter und 32^{quater} BV, welche zur Erteilung einer Bewilligung erst dann berechtigen, wenn das tatsächlich bestehende Bedürfnis mit der Existenzsicherung bestehender Betriebe bzw. der vom öffentlichen Wohl gebotenen Bekämpfung des Alkoholismus vereinbar ist[1404]. Einzig dem Absatz und Ertrag bundeseigener Regiebetriebe dient die Bedürfnisklausel für die Fabrikation von Schiesspulver durch Private[1405]; die Anliegen von Landwirten, Obstproduzenten und Weinbauern berücksichtigt die Bedürfnisklausel bei der Erteilung einer Konzession für die Gewerbebrennerei[1406]. Die Bedürfnisklausel kann aber auch vorweg definierte, vielleicht gar noch nicht bestehende, aber potentiell mögliche Bedürfnisbereiche aus dem Erteilungsentscheid ausklammern[1407]. Sie kann auch dazu eingesetzt werden, bestehende Bedürfnisse vollumfänglich zu befriedigen, wobei einem durch private Aktivitäten verursachten, vorauseilenden Kapazitätsüberschuss mit (vorläufigen) Verweigerungen begegnet wird[1408]. Daneben kann die Bedürfnisklausel indirekt die Funktion einer nicht zum voraus bestimmten Befristung übernehmen. Mit dem Versiegen des Bedürfnisses endet auch die Zulassung[1409]. Auch die Erteilung der Ausnahmebewil-

---

1402 Vgl. etwa das Bedürfnis an Transportmöglichkeiten, Bundesrat 17. Dezember 1954, VPB 1954 Nr. 153 oder das Bedürfnis nach weiteren frei praktizierenden Ärzten, BGE 111 V 366 f.
1403 So darf das gastwirtschaftsgewerbliche Bedürfnis nicht in dem Sinn verstanden werden, dass das Gastwirtschaftspatent auch dann zu erteilen ist, wenn ein Bedürfnis an einer unter denkmalpflegerischen Gesichtspunkten sinnvollen Renovation besteht und diese nur realisiert werden kann, wenn das Gebäude einer wirtschaftlich sinnvollen Nutzung zugeführt wird, Solothurnische Gerichtspraxis (SOG) 1984 Nr. 33. Streng ist auch zwischen dem gesundheitspolizeilichen und den wirtschaftspolitischen Zwecken einer gastwirtschaftlichen Bedürfnisklausel unterschieden werden. Die gesundheitspolizeiliche Bedürfnisklausel darf nicht dazu eingesetzt werden, um Konkurrenten zu schützen. Ebensowenig dient sie dem Schutz der Nachbarschaft vor neuen Immissionen.
1404 Vgl. dazu BGE 108 Ia 226; Mangisch, 151 f.
1405 Bundesrat 6. März 1978, VPB 1978 Nr. 61.
1406 Aubert, Kommentar BV, Art. 32bis N 68.
1407 So orientiert sich die atomrechtliche Rahmenbewilligung am Inlandbedarf, womit gesagt wird, dass ein *allfälliger* Auslandbedarf *nicht* in die Interessenabwägung einbezogen wird. Im Gegensatz dazu wäre etwa eine Bedürfnisformulierung denkbar, welche den Auslandbedarf in Korrelation mit den (inländischen) öffentlichen Interessen bringt.
1408 Strenggenommen handelt es sich um einen Anwendungsfall der ersten Kategorie, nämlich der vollen Berücksichtigung der bestehenden Bedürfnisse im Hinblick auf eine Kapazitätsregelung. Vgl. etwa Art. 4 Abs. 1 LKV: «Ein genügendes Bedürfnis besteht, wenn (...) eine günstige Nachfrageentwicklung erwartet werden kann.». Demgegenüber verlangt Art. 11 Abs. 1 lit. a Automobilkonzessionsverordnung nur ein (bestehendes?) Bedürfnis. Vgl. dazu auch Tuason/ Romanens, 24 f.
1409 Vgl. Art. 17 Abs. 1 ArG.

II. Staatliche Erteilung als Zulassungsvoraussetzung

ligung nach Art. 24 RPG für Bauten und Anlagen ausserhalb von Bauzonen bzw. Landwirtschaftszonen ist von einem Bedürfnis abhängig: Nichtzonenkonformes Bauen ist nach der Bundesgerichtspraxis ausnahmsweise nur bei Standortgebundenheit gestattet. Dabei ist das objektiv begründete Bedürfnis des Antragstellers, ausserhalb der Bauzone Wohnsitz zu nehmen, entscheidend. Reine Wohnbauten rechtfertigen sich nur dann, wenn sie im Hinblick auf die Bedürfnisse der landwirtschaftlichen Bewirtschaftung unentbehrlich erscheinen[1410]. Ähnlich wird auch bei nichtlandwirtschaftlichen Bauten argumentiert[1411].

Insgesamt ist die Bedürfnisklausel ein inhaltsbestimmendes, die Erteilung massgeblich prägendes Element der *Interessenabwägung*, das bestimmte öffentliche oder private Interessen entweder als wesentlich oder unwesentlich erklärt.

217. Nach herrschender Ansicht handelt es sich bei der Bedürfnisklausel um eine wirtschaftspolitische Massnahme, die deshalb nur ausserhalb des Schutzbereiches[1412] der HGF zulässig sei[1413]. Im wesentlichen stellt die Argumentation darauf ab, dass die Bedürfnisklausel *ungeachtet ihrer Motivation immer* eine systemwidrige Massnahme sei, da sie als besonders intensive objektive Zulassungsbedingung den polizeilichen Rahmen sprenge[1414]. Diese auf einer weit zurückreichenden Rechtsprechungspraxis[1415] beruhende Ansicht kann sich zudem auf Art. 32^{quater} Abs. 1 BV stützen, der als ausdrückliche Grundlage einer polizeilichen Bedürfnisklausel und somit als verfassungsrechtlich vorgesehene Ausnahme vom erwähnten Grundsatz angesehen wird[1416].

[1410] Vgl. dazu aus der neueren Rechtsprechung BGE 116 Ib 230. Kritisch dazu Vallender (Ausnahmen), 82 f.
[1411] BGE 111 Ib 217; 115 Ib 302; 116 Ib 230; 117 Ib 267 und 281.
[1412] Verfassungsrechtlich zulässige wirtschaftspolitische Bewilligungen und Konzessionen.
[1413] Fleiner/Giacometti, 284 f.; Häfelin/Haller, N 1415; Gygi (Verwaltungsrecht), 190; J.P. Müller (Grundrechte), 367; Marti, 53; Saladin (Grundrechte), 244 f.; Rhinow, Kommentar BV, Art. 31 N 167; Schürmann (Wirtschaftsverwaltungsrecht), 85; Lyk, 18; Mangisch, 35 und 148 f.; Trösch, Kommentar USG, Art. 30 N 48; BGE 103 Ia 401; 107 Ia 342; 113 Ia 40 f.; VGer Zürich 21. August 1991, ZBl 93/1992, 74 ff.; RB 1979 Nr. 106; Eidgenössisches Gesundheitsamt, 28. Dezember 1972, VPB 1972 Nr. 1.
[1414] Fleiner/Giacometti, 284 f.; Saladin (Grundrechte), 244 f. Fn. 99; Leuch, 51; Mangisch, 148 f.; BGE 107 Ia 340 ff.; VGer Zürich 21. August 1991, ZBl 93/1992, 79. Zur Bedürfnisklausel im deutschen Recht vgl. Breuer, 994 m.w.H.
[1415] Die Ansicht, eine Bedürfnisklausel sei immer wirtschaftspolitisch motiviert, wurde bereits in der bundesrätlichen Rechtsprechung zur HGF begründet und hernach durch das Bundesgericht übernommen.
[1416] Zunehmend ist zu beobachten, dass die gesundheitspolizeiliche Bedürfnisklausel von den kantonalen Verwaltungen und Parlamenten als untauglich angesehen wird, den Alkoholismus einzudämmen. Vgl. zum Kanton Bern den Vortrag der Volkswirtschaftsdirektion an den Regierungsrat zuhanden des Grossen Rates betreffend Gastgewerbegesetz (Totalrevision) vom 28. Januar 1993; im

218. Beide Begründungsansätze versperren jedoch den Weg zu einer neutralen Beurteilung einer polizeilich motivierten Bedürfnisklausel, indem sie die neuere Entwicklung zur HGF unberücksichtigt lassen. Ein Hinweis auf Art. 32^{quater} Abs. 1 BV – der sich gar nicht zur Bedürfnisklausel äussert! – vermag nicht viel auszusagen, da diese Bestimmung ihren Ursprung in einer Epoche hatte, der die heutige Schrankendogmatik und -problematik fremd war; ob die Aufnahme von Art. 32^{quater} Abs. 1 BV in die Bundesverfassung als Ermächtigung zur Einschränkung der HGF notwendig war, ist anzuzweifeln[1417]. Ebenso anachronistisch – angesichts der Vervielfachung staatlicher Regelungsmöglichkeiten und -motive innerhalb gewerblicher Tätigkeit – mutet das Bemühen an, die Bedürfnisklausel a priori mit Systemwidrigkeit gleichsetzen zu wollen[1418]. Das Bundesgericht beurteilt eine berufliche oder gewerbliche Regelung nach einem Raster, der sich im wesentlichen, wenn auch noch nicht in letzter Konsequenz, von der unhaltbaren Begrifflichkeit früherer Rechtsprechungsepochen entfernt hat[1419] hin zur Beurteilung der konkreten Wirkung einer staatlichen Massnahme. Der Erkenntniswert der Unterscheidung von wirtschaftspolitischen, polizeilichen und sozialpolitischen Massnahmen findet hier seine Grenzen und sollte der Verhältnismässigkeitskontrolle des Eingriffs weichen[1420]. Verboten sind nach bundesgerichtlicher Terminologie «Massnahmen mit wirtschaftspolitischer Zielsetzung»[1421]; andere öffentliche, namentlich raumplanerische Interessen dürfen wirtschafts*politische Nebenwirkungen* haben, «sofern die Handels- und Gewerbefreiheit durch die Beschränkungen nicht völlig ihres Gehaltes entleert wird»[1422]. Es ist nicht einzusehen, wieso nicht auch polizeilich oder sozialpolitisch motivierte Bedürfnisklauseln, die ja auch nichts anderes als Ausdruck eines öffentlichen Interesses sind, diesem verfassungsrechtlichen Beurteilungsraster nicht unterliegen sollten, gleich wie es bei raumplanerisch oder energiepolitisch bedingten Bedürfnisregelungen gehandhabt wird[1423]. Auch im bekannt gewordenen Fall der

---

Kanton Zürich läuft zurzeit (Januar 1994) das Vernehmlassungsverfahren zum (undatierten) Revisionsentwurf, der eine Streichung der Bedürfnisklausel vorsieht.

1417 Aubert, Kommentar BV, Art. 32 ^{quater} N 14 und 26.
1418 Der Grund wird u.a. darin liegen, dass die Bedürfnisklausel zu Krisenzeiten zum einen sehr stark im wettbewerbslenkenden Sinn eingesetzt wurde, zum anderen seitens mittelständischer Betriebe auch immer wieder die Forderung nach Bedürfnisklauseln zum Zweck des Konkurrenzschutzes erhoben wurde.
1419 Vgl. dazu Richli (Energiepolitik), 7 ff. und J.P. Müller (Grundrechte), 370.
1420 Vgl. Jörg Paul Müller, Grundrechte und Vertragsautonomie contra Mietpolitik: Verfassungsmässigkeit der Bewilligungspflicht für den Verkauf von Mietwohnungen, an welchen Mangel herrscht, Baurecht 1988, 63.
1421 BGE 102 Ia 114; 110 Ia 172.
1422 BGE 102 Ia 115 f.; 109 Ia 267; 110 Ia 174.
1423 Gl. M. Saladin (Status), 155; Aubert, Kommentar BV, Art. 32^{quater} N 26; Richli (Energiepolitik), 11; Zenger, 79 Fn. 200; François Brutsch/Luzius Mader, La liberté économique et les économies d'énergie, ZBl 83/1984, 60 f.; Peter Saladin/Mario Roncoroni, Staats- und verwaltungsrechtliche Probleme der Erteilung von Leistungsaufträgen an nicht-private Energieversorgungsunternehmen, Studie 7 im Rahmen des Zweiten Energieberichtes, hrsg. von der Direktion für Verkehr,

Waadtländer Bedürfnisklauselregelung für Elektroheizungen hat das Bundesgericht zur Begründung der Verfassungswidrigkeit der Regelung nicht bei der Klausel selbst, sondern bei den öffentlichen Interessen angesetzt[1424]. Es hat damit versteckt angedeutet, dass es eine polizeilich begründete Bedürfnisregelung akzeptiert hätte; auch bei der verdeckten Bedürfnisklausel im Bereich ärztlicher Selbstdispensation begnügt sich das Bundesgericht mit einem gesundheitspolizeilich motivierten Schutz der Apotheken vor ärztlicher Konkurrenz[1425]. Allerdings würden nicht wenige polizeilich begründete Bedürfnisklauseln, zumindest solange sie auch tatsächlich *effizient* eingesetzt würden, wohl derart stark wettbewerbsverzerrend und -erstarrend, privilegierend und im Ergebnis protektionistisch wirken, dass sie wohl nur selten den verfassungsrechtlichen Anforderungen genügen könnten. Eine polizeilich motivierte Bedürfnisklausel lässt sich wohl nur dann rechtfertigen, wenn keine anderen Mittel zur Gefahrenabwehr zur Verfügung stehen[1426]. Hierin deckt sich eine im Sinn des Ausgeführten korrigierte Betrachtung der Bedürfnisklausel denn auch mit der herrschenden Lehre.

219. *Kontingente* sind im Aussenhandels-, Landwirtschafts-, aber auch im Ausländer- und Kulturrecht[1427] anzutreffen. Sie regeln die Begrenzung der Zulassung aufgrund einer zum voraus festgelegten Grösse, in deren Rahmen der Zugelassene frei ist, die Tätigkeit[1428] auszuüben. Kontingente sind politisch stark umstritten[1429] und rechtlich noch unzureichend durchdrungen[1430], was mit ihrer janusköpfigen Rechtserscheinung zusammenhängt: Auf der einen Seite wirken sie stark grundrechtsbeschränkend, privilegieren die Zugelassenen anderseits aber derart stark, dass die

---

Energie und Wasser, Bern 1989, 23. Aus BGE 110 Ia 167 ff., insb. 172 f. wird klar deutlich, dass es um eine Lenkung der Versorgungspolitik anhand der Versorgungs*bedürfnisse* der Bevölkerung ging. Auch andere raumplanerische Bedürfnisse würden einen Eingriff in die HGF rechtfertigen, BGer 29. Oktober 1992, ZBl 94/1993, 429. Vgl. auch Richli (Milchkontingentierung), 9 der (aus dem Blickwinkel der Rechtssicherheit) auf die Vergleichbarkeit von Raumplanung und Kontingentsordnung verweist. Die deutsche Rechtsprechung bewegt sich auf der gleichen Linie, vgl. dazu Scholz, Art. 12 N 354.

1424 BGer 23. Oktober 1981, ZBl 84/1983, 497. In BGE 111 Ia 29 hat das Bundesgericht die sozialpolitischen Bedürfnisse der Bevölkerung nach Erhaltung von Wohnraum als Grund für eine Einschränkung von Art. 31 Abs. 1 BV anerkannt.
1425 BGE 111 Ia 189; BGer 12. Juni 1992, BVR 1992, 523 und 527.
1426 Scholz, Art. 12 N 354.
1427 Filmeinfuhrkontingente sind u.a. kulturpolitisch bedingt. Vgl. dazu Rohner, 54; BGE 98 Ib 110 ff.; 99 Ib 452 ff.
1428 Es wird hier je nach Art der Tätigkeit zwischen Bezug, Herstellung und Absatz unterschieden, Gygi (Einfuhrkontingentierung), 339; Richli (Milchkontingentierung), 2; E.R. Huber, Bd. II, 273.
1429 BBl 1982 I 115 ff.; 1984 III 469 ff. Weitere Hinweise finden sich bei Richli (Wirtschaftspolitik), 232 ff. und Gfeller, 13; Peter Meyer, Kontingente für Getreideimporte?, Neue Zürcher Zeitung 17. November 1993, 41.
1430 Richli (Wirtschaftspolitik), 229 ff.

Kontingentsinnehabung zu einem wirtschaftlichen Sonderwert an sich wird[1431]. Überdies hält sich das Bundesgericht bei der Prüfung einer Kontingentsordnung derart stark zurück, dass ein effektiver, die Rechtsordnung vervollständigender Rechtsschutz illusorisch bleibt[1432]. Es wird versucht, die Kontingentsordnungen nicht mehr als einer Grobprüfung zu unterziehen, die nicht über die Suche nach haltbaren Argumenten hinausgeht[1433]. Als besonders kritisch erweist sich die Erlangung eines Kontingentes[1434], die zwischen den beiden Polen des Anspruchs auf Gleichbehandlung[1435] und Berücksichtigung der Bisherigen schwankt, wobei das Ziel in der Erhaltung der Leistungsfähigkeit der Kontingentsinhaber liegt[1436]. Erstarrungen des Systems wie auch Monopolstellungen[1437] einzelner Kontingentsinhaber sollen – in Anwendung dieser Grundsätze – verhindert werden. Letzterem wurde durch eine Revision der Ordnung der Getreide- und Futtermitteleinfuhrordnung[1438] Rechnung zu tragen versucht[1439], nachdem sich die alte Ordnung in der Frage des Zugangs und der Abschottung der Alt-Kontingentsinhaber nachteilig erwiesen hatte[1440]. Eckpunkte der neuen Regelung[1441] sind die periodische Versteigerung von Kontingentsanteilen unter vorangehender Kürzung der nicht ausgenützten sowie weiterer 5 bis 15 % der Einzelkontingente. Gleichzeitig wird die Monopolisierung verhindert, indem ein Einzelkontingent auf 15 % des Gesamtkontingents beschränkt wird. Um die Effizienz der Lenkungsordnung zu erhalten, wird den Inhabern die Tätigkeit in anderen Handelsstufen oder die Verflechtung mit anderen Inhabern verboten. Neubewerber erhalten darüber hinaus ein gegenüber der alten Ordnung um 50% erhöhtes Anfangskontingent[1442], müssen aber nach wie vor Mitglied[1443] der GGF werden[1444].

1431 Gygi (Einfuhrkontingentierung), 340 ff.; Richli (Wirtschaftspolitik), 237 ff.; Richli (Milchkontingentierung), 7; Spörri, 41.
1432 Gygi (Einfuhrkontingentierung), 345; vgl. BGE 99 Ib 190.
1433 Gygi (Einfuhrkontingentierung), 345; Richli (Milchkontingentierung), 10.
1434 Dazu eingehend Richli (Wirtschaftspolitik), 244 ff.
1435 Vgl. dazu Büchler-Tschudin, 217.
1436 Vgl. dazu BGE 97 I 293 ff.; 99 Ib 185 ff.; 100 Ib 318 ff. Zum Bestandesschutz bei Kontingenten vgl. den Überblick bei Richli (Milchkontingentierung), 4 ff. sowie neuestens Spörri, 111 ff.
1437 Vgl. etwa Art. 12 Abs. 3 Filmgesetz; Rohner, 57. Die Filmkontingentierung wurde durch ein Bewilligungssystem ersetzt, das jedoch auch monopolartige Tendenzen unterbinden soll. Nach Art. 31 Filmverordnung wird die Bewilligung nicht erteilt, wenn der Gesuchsteller bereits über einen Marktanteil von mehr als einem Viertel verfügt.
1438 Vgl. dazu eingehend Richli (Wirtschaftspolitik), 229 ff.; Büchler-Tschudin, 220 ff.; Gfeller, 12 ff.
1439 Dazu Richli (Wirtschaftspolitik), 281 ff. passim.
1440 Gfeller, 13 mit statistischen Angaben.
1441 Vgl. hierzu Art. 14 ff. BB über die GGF.
1442 Gegenwärtig 30 Tonnen.
1443 Nach Art. 4 BB über die GGF kann die Mitgliedschaft von Voraussetzungen abhängig gemacht werden. Zulässig sind nur Voraussetzungen, die im Hinblick auf die Aufgaben der Genossenschaft

3. AUSNAHMEBEWILLIGUNGEN

220. Ausnahmebewilligungen werden in die kleine bzw. echte und die grosse bzw. unechte Ausnahme aufgeteilt[1445]. Der Unterschied liegt darin, dass die kleine Ausnahme an ein generelles Verbot anknüpft, von dem sie in einem nicht abgeschlossenen Umfang – vorab aus Verhältnismässigkeits- oder Willkürverbotsgründen[1446] – Abweichungen zulässt. Die grosse bzw. unechte Ausnahme dagegen geht bereits von der *gesetzgeberischen* Überlegung aus, dass die Grundordnung nicht vorbehaltlos durchgehalten werden kann, was in eine normativ näher definierte und in sich abgeschlossene Fassung der Ausnahmesituationen mündet. Die Voraussetzungen der Erteilung sind hier im wesentlichen aus der gesetzlichen Regelung zu gewinnen[1447]. Regelungstechnisch handelt es sich bei der unechten Ausnahme um ein die Abgrenzung verbotener und erlaubter Tätigkeitsbereiche ergänzendes Normelement. Die echte Ausnahme ist dagegen ein Tribut an die Unvorhersehbarkeit des Lebens, an die Grenzen generell-abstrakter Erfassung komplexer Abläufe und an die unvermeidliche Unflexibilität zunehmend detaillierter werdender Gesetze. Da die echte Ausnahme oft auf einer Blankettnorm beruht, ergibt sich ihre Anwendung primär aus einem im Billigkeitsdenken verwurzelten, in der Praxis stark konkretisierten[1448] Bündel von Voraussetzungen. Zu deren Kern gehören die «besonderen Verhältnisse» oder eine «besondere Härte»[1449], wobei entgegenstehende öffentliche oder private Interessen eine Ausnahme*verweigerung* rechtfertigen können. Auf rechtsstaatlichen Motiven beruht hingegen die Forderung, dass die Ausnahme gesetzlich vorgesehen, den Gesetzeszweck weiterführen und zu keiner Normkorrektur geraten dürfe[1450].

(nach Art. 12) erfüllt sein müssen. Bei Erfüllung der Voraussetzungen besteht Anspruch auf Aufnahme.

1444 Art. 14 BB über die GGF.
1445 Gygi (Verwaltungsrecht), 86; Zimmerli (Ausnahmebewilligung), 32; Vallender (Ausnahmen), 65 ff.; Fries, 50 ff.; Th. Müller, 154 f.; Heiniger, 16 ff.
1446 Vgl. oben N 119. Aus dem Wortlaut der Dispensregelung braucht der Unterschied nicht hervorzuzehen, da sowohl die echte wie unechte Ausnahmebewilligung auf gleiche Formulierungen zurückgreifen können.
1447 Fries, 50.
1448 Vgl. dazu die reiche Kasuistik bei Imboden/Rhinow und Rhinow/Krähenmann, je Nr. 37 B sowie Fries, 177 ff.
1449 Vgl. etwa zur ausländerrechtlichen Härtefallklausel BGE 117 Ib 321 und 119 Ib 40 f.
1450 Vgl. N 119.

§ 5 Strukturmerkmale – ein Versuch der Systematisierung

III. AUSÜBUNGSVORSCHRIFTEN UND -RECHTE

A. ZWECK DER AUSÜBUNGSVORSCHRIFTEN

221. Ausübungsvorschriften stehen in engem Zusammenhang mit den Zulassungsvorschriften, deren Zweck sie fortsetzen, indem sie laufende Kontrollen ermöglichen und allenfalls Ausgangspunkt für Repressivmassnahmen sind. Die Erteilung einer Bewilligung oder Konzession führt denn auch nur selten zur nunmehr «ungestörten» Tätigkeit. Ausübungsvorschriften lassen sich deshalb nicht immer eindeutig von einer Zulassungsregelung trennen. Dies zeigt sich darin, dass ein Verlust der Erteilungsvoraussetzungen während der Ausübungsdauer zum Entzug führen kann oder dass eine Befristung die Anpassung an veränderte Anforderungen erlaubt. Eine regelungstechnische Variante eines fliessenden Übergangs von der Zulassung zur Ausübung liegt in der Gliederung der Erteilungskontrolle in mehrere Schritte, deren letzter die Betriebsbewilligung ist[1451].

222. Die Modalitäten der Ausübung ergeben sich in erster Linie aus dem Gesetz, ferner aus dem Zulassungsakt, der unter Umständen, etwa bei vertraglichen Vereinbarungen[1452] oder behördlicher Ermessensausübung[1453], erst die konkreten Ausübungsbedingungen festhält. Gleich wie beim Anspruch auf Zulassung zeigt sich auch hier, dass weniger das Begriffspaar «Verfügung – Vertrag» für die Ausformung entscheidend ist, als vielmehr der Raum, den das Gesetz der Konkretisierung vorbehält. Generell kann zwischen zulassungsspezifischen und -unspezifischen, d.h. allgemeingültigen, jede Art von Tätigkeit treffenden Regelungen unterschieden werden. Erstere, im folgenden zu untersuchende Vorschriften beziehen ihren Geltungsanspruch aus den aus der Zulassungspflicht fliessenden Anliegen, der Art der Tätigkeit und dem Mass der Einbindung in die staatliche Politik.

223. Die Stellung des Ausübenden kann am zweckmässigsten anhand der (gegenseitigen) Rechte und Pflichten untersucht werden. Deren Dichte und Tragweite wie auch das einzelne Rechte-Pflichten-Verhältnis typisieren über weite Strecken das

---

1451 Z.B. die Betriebsbewilligung für Atomanlagen, Rausch (Atomenergierecht), 55; Seiler, 371. Eine Aufteilung des Zulassungsverfahrens in Plangenehmigung, Baubewilligung und Betriebsbewilligung ist für den Bau und den Betrieb von Anlagen, Einrichtungen und Schiffen der öffentlichen Schiffahrtsunternehmen vorgesehen, Art. 30 ff. Schiffahrtsverordnung. Vgl. auch Art. 7 Abs. 3 ArG und Art. 30 RLG.
1452 Vgl. etwa Konzession für die Schweizerische Radio- und Fernsehgesellschaft vom 5. Oktober 1987, teilweise geändert am 12. Februar 1992, BBl 1987 III 813 und 1992 I 713. Zum vertraglichen Charakter der SRG-Konzession vgl. Rostan, 101 f. sowie BBl 1987 III 721.
1453 Typisch sind die baurechtlichen Ästhetikklauseln, die weitestgehend die Baubewilligung prägen können, und zwar auch in Bereichen, die in den Baugesetzen keine Regelung finden müssen, wie etwa Farb- und Materialwahl.

III. Ausübungsvorschriften und -rechte

Zulassungsinstrument: So überwiegen bei Polizeierlaubnissen die Rechte des Trägers, während die Konzession der öffentlichen Dienste ihre besondere Stellung aus den zahlreichen Betriebspflichten und den damit verbundenen Nebenpflichten ableitet[1454]. Umgekehrt ist die Rechtsstellung des Konzessionärs wirtschaftlich abgesicherter, wenn er sich auf den Schutz wohlerworbener Rechte und auf ein Ausübungsmonopol oder zumindest auf Konkurrenzschutz stützen kann. Allerdings darf diese Kurzcharakteristik auch nicht verabsolutiert werden. Sowohl Bewilligungs- wie auch Konzessionserteilungen werden gleichermassen dazu benutzt, den Zugelassenen zu einer auf staatliche Interessen ausgerichteten Tätigkeit anzuhalten. Bei den Konzessionen des öffentlichen Dienstes ist die Einbindung des Privaten ins Pflichtenkorsett der ursächliche Sinn der Zulassung, bei anderen Zulassungsarten zumindest Nebenzweck. Auch wenn eine «Indienstnahme des Privaten» bei der Polizeierlaubnis statistisch gesehen die Ausnahme ist, so kann man sie nicht einmal hier als atypisch bezeichnen. Im folgenden wird die Ausübungsordnung anhand der gegenseitigen Rechte und Pflichten untersucht, wobei die im Zusammenhang mit der Beendigung (Widerruf und Entzug), staatlicher Aufsicht (Kontrolle und Zwangsmassnahmen), des Verhältnisses zu Dritten (Enteignungsrecht, Übertragung, Benutzungs- und Haftungsverhältnisse, Gebührenerhebung) und den Nebenbestimmungen stehenden Fragen zumeist ausgeklammert bleiben und eingehender in den nachfolgenden Kapiteln behandelt werden.

B. AUFNAHME UND DAUER

224. Mit dem (rechtskräftigen[1455]) Zulassungsentscheid kann die Tätigkeit – falls aus der Zulassung nichts anderes hervorgeht – sofort aufgenommen werden, wobei die Aufnahme unter Umständen noch einer vorgängigen Anmeldung, Abnahme oder Genehmigung bedarf[1456]. Die *Dauer* der Ausübungsberechtigung ergibt sich gewöhnlich aus dem Gesetz oder dem Zulassungsakt. Schweigen beide, so ist die Ausübung zwar nicht befristet, steht aber unter dem allgemeinen Vorbehalt eines Widerrufes bzw. einer Anpassung an veränderte tatsächliche oder rechtliche Gegebenheiten[1457]. Nach einer den Gedanken des Vertrauens-, namentlich des Investitionsschutzes überdehnenden Rechtsprechung stehen die konzessionsrechtlich begründe-

---

[1454] Gygi (Verwaltungsrecht), 199 f.; Sillig, 59.
[1455] Grisel (Traité), 416. Die Rechtskraft braucht nicht abgewartet zu werden, wenn ein Dritter gegen die Zulassung ein Rechtsmittel ergreift, dessen Gutheissung die Tätigkeitsausführung nicht zu beeinflussen vermag, Kölz (Kommentar), § 25 N 7 zur aufschiebenden Wirkung des Nachbarrekurses im Planungs- und Baurecht.
[1456] Vgl. etwa hinsichtlich der Flughafenkonzession Art. 39 LFV.
[1457] Dazu N 338.

ten «wohlerworbenen Rechte» jedoch *ohne Rücksicht auf Dispositionen* des Konzessionärs einer solchen Änderung entgegen[1458].

225. Die Ausübungs*berechtigung* überlässt es deren Träger, die zugelassene Tätigkeit aufzunehmen, ohne ihn hierzu zu verpflichten. Da der Zulassungsentscheid auf der Interessenlage zum Zeitpunkt des Entscheids beruht, kann das Gesetz eine peremptorische Frist für die Aufnahme der Tätigkeit vorsehen oder deren nähere Festlegung auf den Zulassungsentscheid (Befristung) verschieben[1459]. Zu denken ist an die heute verbreitete gesetzliche Befristung der Baubewilligung[1460]; allerdings hat noch FRITZ FLEINER aus der Rechtsnatur der Polizeierlaubnis auf die Unzulässigkeit einer Befristung geschlossen[1461]. Diese Ansicht hat sich aber als praxisfremd erwiesen, denn mit der Befristung wird eine zu weitgehende vertrauensbegründende Fixierung der tatsächlichen und rechtlichen Verhältnisse vermieden.

226. Die *Festlegung der Frist* zur Ausübung der Zulassung kann behördlichem Ermessen anvertraut werden[1462]. Dies ist dann von Vorteil, wenn die genaue Befristungsdauer aus Gründen der Rechtsgleichheit erst aufgrund der konkreten Umstände festgelegt werden kann. Allerdings sollte der Gesetzgeber[1463] aus Gründen der Rechtssicherheit und des einheitlichen Vollzugs eine *Höchstdauer* für die Befristung festlegen. Wo die Zulassung mit Investitionen verbunden ist, kann sich auch die gesetzliche Festlegung einer *Mindestdauer* aufdrängen[1464]. Überlässt das Gesetz die Bestimmung der genauen Aufnahmefrist dem Ermessen der erteilenden Behörde, so kann sich unter Umständen die Ablehnung einer Fristverlängerung als unverhältnismässig erweisen[1465]. Anders verhält es sich bei der Ausübungs*verpflichtung*, wie sie gewöhnlich mit der Konzession des öffentlichen Dienstes, einer wirtschaftspolitischen Bewilligung[1466] oder dem Eigentumserwerb durch Personen im Aus-

---

1458 Vgl. hierzu N 170.
1459 Z.B. Art. 39 Abs. 2 LFV zur Flughafenkonzession: «Bei Erteilung der Konzession setzt das Eidgenössische Verkehrs- und Energiewirtschaftsdepartement die Frist fest, innerhalb welcher die Bauarbeiten zu beginnen und zu vollenden sind.» Zur vergleichbaren Regelung bei der Luftseilbahnkonzession vgl. Küng, 69 f.
1460 Die Befristung durch Verfügung ist selten, vgl. dazu Mäder, 235; Fries, 82.
1461 Institutionen (4. Aufl., Tübingen 1919), 381 Fn. 12.
1462 So etwa bei der Rodungsbewilligung. Vgl. dazu Vera Sonanini, Das neue Waldgesetz und die Raumplanung, Baurecht 1992, 85.
1463 Oder zumindest der Verordnungsgeber. Vgl. etwa Art. 3 Abs. 1 RTVV.
1464 So etwa Art. 30 Abs. 3 Filmverordnung.
1465 Vgl. Eidgenössisches Verkehrs- und Energiewirtschaftsdepartement 14. Januar 1980, VPB 1981 Nr. 18.
1466 So bestimmt z.B. Art. 44 Abs. 1 Milchbeschluss, dass die nach Massgabe dieses Beschlusses erteilte Bewilligung erlischt, wenn nicht innerhalb einer zumutbaren Frist von ihr Gebrauch gemacht wird. Art. 14 Abs. 1 lit. b BB über die GGF verlangt vom Kontingentsinhaber, dass er die Einfuhr «tatsächlich und dauernd» betreibe.

land[1467] verbunden ist. Der Konzessionär kann hier nicht mehr frei über die Aufnahme der Tätigkeit entscheiden, da mit der Übertragung zugleich die Verpflichtung zum Betrieb verbunden ist[1468]. Ihre Verletzung führt erst dann – als «ultima ratio» – zwingend zum Erlöschen der Zulassung, wenn die Realisierung des Betriebs unabsehbar wird oder der Weg der Erfüllungsklage bzw. der Vollstreckungs- oder Zwangsmassnahmen erfolglos bleibt[1469]. Auch wo keine Pflicht zur Aufnahme der zugelassenen Tätigkeit besteht, kann sich ein Zuwarten als nachteilig erweisen. Eine nichtausgenützte Bewilligung, unter Umständen selbst eine als «wohlerworbenes Recht» geschützte Konzession[1470], kann je nach Gegebenheit erleichtert widerrufen werden[1471].

C. INHALTLICHE GESTALTUNG

227. Die Ausübung der Haupttätigkeit kann von verschiedenen Auflagen, Bedingungen oder Verhaltensvorschriften abhängig gemacht werden, die zuweilen auch schon den Zulassungsentscheid inhaltlich mitbeeinflussen. Wenn auch nicht mit letzter Klarheit, so doch in den Grundzügen erkennbar, lassen sich die Vorschriften in polizeiliche sowie andere staatliche Interessen verfolgende Vorschriften einteilen. Die Beobachtung dieser Vorschriften unterliegt der – häufig nur noch repressiven – Kontrolle. Bei Tätigkeiten, die in mehreren Stufen angegangen werden müssen oder komplexer Vorbereitungsmassnahmen bedürfen, setzt die Kontrolle bereits bei den einzelnen Schritten der Ausübungsaufnahme ein[1472] und leitet zur Ausübungskontrolle über.

228. Kern der Vorschriften zur Ausübung einer *polizeilich* motivierten Bewilligung oder Konzession ist die Aufrechterhaltung eines die Allgemeinheit *nicht gefährdenden* Zustandes. Der Sinn der Zulassung als Präventivmassnahme findet hierbei seine Fortsetzung. Dieser Grundsatz wird jedoch nicht immer mit der gleichen Schärfe verfolgt. Im Baurecht besteht eine permanente Pflicht zu laufendem Unterhalt und Erneuerung, und zwar nicht erst als Folge der kantonalen Baupolizeiordnung[1473],

---

1467 BGE 108 Ib 1 ff.; 114 Ib 15 f.
1468 Sillig, 59 f.; Jubin, 95. Art. 7 EBG bestimmt: «Solange die Konzession zu Recht besteht, ist der Inhaber der Konzession berechtigt und verpflichtet, die Bahn mit Einschluss der nötigen Hilfsbetriebe entsprechend den Vorschriften der Eisenbahngesetzgebung und der Konzession zu bauen und zu betreiben.»
1469 Vgl. BGE 108 Ib 4.
1470 Vgl. N 170.
1471 Dazu N 342.
1472 Die Ausführung der Bauarbeiten als Abschluss des Baubewilligungsverfahrens erfordert eine intensive, laufende behördliche Kontrolle. Vgl. dazu Mäder, 253 und 305 ff.
1473 Z.B. § 228 Abs. 1 PBG: «Grundstücke, Bauten, Anlagen, Ausstattungen und Ausrüstungen sind zu unterhalten. Es dürfen weder Personen noch das Eigentum Dritter gefährdet werden.»

sondern bereits aufgrund zivilrechtlicher Sicherungspflichten[1474]. Eine ähnliche Strenge ist auch bei anderen Sachbewilligungen zu beobachten[1475]. Anders verhält es sich mit dem Berufsausübenden. Diesen treffen zwar manche Betriebsführungs- und Kontrollpflichten, doch wird sein Fähigkeitsverlust nach der Zulassung erst in krassen Fällen, nämlich auf dem Weg disziplinarischer Massnahmen oder mittels Entzugs, erfasst. Ist es die Scheu vor einer übermässigen Berufsreglementierung, das Vertrauen in die Auslesekraft des privaten Wettbewerbs und die damit verbundene Weiterbildungsbereitschaft der Berufsausübenden, Verschieben der Problematik auf die Haftungsebene oder sogar der korporative Einfluss der Berufsverbände im Hinblick auf eine Besitzstandswahrung, die von einer nachträglichen, periodischen Kontrolle der Fähigkeiten absehen lassen? Jedenfalls ist festzuhalten, dass die Ausübung von Verkehrskonzessionsrechten, deren Erteilung ebenso von polizeilich motivierten Fähigkeitsbeweisen abhängig gemacht wird, einer weit strengeren nachträglichen, periodischen Fähigkeitskontrolle unterliegt[1476]. Auch Fahrlehrer unterliegen einer laufenden Pflicht zur Erhaltung ihrer Fähigkeiten: Innerhalb von fünf Jahren nach erfolgter Bewilligung sind sie zur beruflichen Weiterbildung verpflichtet[1477]. Vergleichbaren Gefährdungslagen zum Trotz soll bei Ärzten[1478], Apothekern, Architekten, Rechtsanwälten wie auch bei Bergführern oder motorisierten Strassenverkehrsteilnehmern eine einmalige Kontrolle genügen. Damit wird eine fortschreitende Schwächung der Präventivwirkung einer Zulassung in Kauf genommen, die sich angesichts schnell wandelnder Erkenntnisse und Umweltbedingungen, zunehmender Berufsspezialisierung und dem damit verbundenen Bedarf an Weiterbildung unheilvoll auswirken kann[1479].

229. Je nach dem zu schützenden Rechtsgut, den Möglichkeiten einer Schädigung Aussenstehender und der Bedeutung der Zulassungskontrolle können die Ausübungsvorschriften eine andere Ausrichtung wie auch Intensität annehmen. So erschöpft sich die Wirkung der Baubewilligung grossenteils bereits in der Erstellung der Baute; eine Regelung der «Ausübung» beschränkt sich wie bereits bei der Zulassungskontrolle auf die Pflicht der (Weiter-) Beachtung polizeilicher und raumplanerischer Anliegen. Ihre Einhaltung wird in der Regel durch Nebenbestimmungen

---

1474 Art. 59 Abs. 1 OR sowie Art. 679 i.V. mit 684 ZGB.
1475 Vgl. etwa zu den der öffentlichen Schiffahrt dienenden Anlagen, Einrichtungen und Schiffen Art. 29 Abs. 1 Schiffahrtsverordnung.
1476 Vgl. Art. 60 Abs. 1 LFG.
1477 Art. 59 VZV.
1478 Vgl. zu den Möglichkeiten einer Weiterbildungspflicht für Ärzte Saladin (Status), 152 ff. Gemäss dem Entwurf zum revidierten Krankenversicherungsgesetz sollen sich Ärzte künftig einer nachweisbaren Fortbildung unterziehen, wenn sie weiterhin über die Krankenkassen abrechnen wollen, Neue Zürcher Zeitung 27. Juli 1993, 15. Das Schicksal des Entwurfes ist jedoch angesichts des starken Widerstandes der Ärzte ungewiss.
1479 Saladin (Status), 155; Wirth, 54.

III. Ausübungsvorschriften und -rechte

gesichert. Auch der früher wichtige, die Nutzung der Baute einschränkende baurechtliche Immissionsschutz ist weitgehend durch die hier bewilligungsunabhängige Umweltschutzgesetzgebung abgelöst worden[1480].

230. Die Regelungsdichte kann aber auch soweit führen, dass aus *polizeilichen* wie auch *weiteren*[1481] Motiven heraus innerhalb einzelner Berufs- oder Handelsgattungen eigentliche *Sonderrechtsordnungen* entstehen. Banken und Versicherungen, die sich an ein breites, nicht immer sachkundiges Publikum wenden und eine volkswirtschaftlich bedeutende Tätigkeit wahrnehmen, unterliegen nicht nur hinsichtlich ihrer finanziellen Verhältnisse detaillierten, teils recht rigiden Regeln. Typisch für ihren Tätigkeitsbereich sind die besonderen Vorschriften über Organisation[1482], Geschäftsleitung, ausländische Beteiligung, Werbung, Kunden- und Beteiligungspolitik, Reservebildung, Aufsicht, Überwachung, Revision und Rechnungslegung, Betreibung, Verantwortlichkeit und Strafbarkeit. Dieser Vorschriftenkomplex, der über weite Strecken auch den allgemeinen privat-, betreibungs- und strafrechtlichen Normen vorgeht, erhebt die Banken- und Versicherungstätigkeit zu einem öffentlichrechtlich eng durchdrungenen Sonderbereich innerhalb des Handelsrechts. Vergleichbar verhält es sich mit der Anwalts-, Arzt- oder Darleihertätigkeit[1483]. Diese haben sich hinsichtlich Geschäftsgebaren, Mandatsübernahme und -ausführung, Werbung, Treuepflichten, Entschädigung, Berufsgeheimnis und Disziplinarwesen einer beruflichen Sonderordnung anzupassen[1484]. Die Sonderregelungen erschöpfen sich nur selten in staatlichen Vorschriften. Regelmässig kann ein Rückgriff auf die privatrechtlichen Standesregeln beobachtet werden, sei es zur Gesetzesergänzung oder zur Konkretisierung von Generalklauseln[1485]. Derartiges Vorgehen führt nicht zwangsläufig zu falschen Ergebnissen, ist aber gefährlich, wenn man sich bewusst wird, dass standesrechtliche Regeln nicht in einem demokratischen Verfahren ergehen und auch keine rechtsstaatlichen Gesichtspunkte (Publikationspflicht) beachten müssen. Zudem ist zu berücksichtigen, dass sie primär partikulär-egoistischen Verbandszielen und den Interessen der darin Organisierten dienen; öffentliche Anliegen werden nur berücksichtigt, soweit sie sich mit diesen Zielen

---

1480 Art. 16 Abs. 1 USG. Vgl. auch Ulrich Zimmerli, Sanierungen nach dem Bundesgesetz über den Umweltschutz: Grundlagen und Grundsätze, URP 1990, 243 ff.; Schrade, Kommentar USG, Art. 16 N 16; Vallender (Wirtschaftsfreiheit), 260; Trüeb, 123 ff., ferner BGE 114 Ib 218 ff. zum Verhältnis der Umweltschutzgesetzgebung zu den kantonal-baurechtlichen Immissionsvorschriften.
1481 Im Bank-, Börsen-, Anlagefonds- und Versicherungswesen insbesondere auch volkswirtschaftlichen Motiven.
1482 Vgl. dazu Bodmer/Kleiner/Lutz, Art. 3 - 3ter N 10 ff.
1483 Vgl. zum Darleiher VGer Zürich 2. März 1983, ZBl 85/1984, 73.
1484 Marti, 114; Th. Wagner, 77 ff.; Wolffers, 133 ff.
1485 Vgl. BGE 106 Ia 107. Zu den Standesregeln im Bankenwesen vgl. Bodmer/Kleiner/Lutz, Art. 3 - 3ter N 35.

decken und nicht auf die Bedürfnisse aussenstehender Berufsausübender ausgerichtet sind[1486].

Vergleichbare, in sich geschlossene Sonderrechtsbereiche sind auch bei *Verkehrskonzessionen* und der *Konzession zur Veranstaltung von Radio- und Fernsehprogrammen* feststellbar, was nur schon die Vielzahl der auf die besondere Konzessionsordnung ausgerichteten Gesetze aufzeigt[1487]. Der Grund für das Entstehen einer eigenständigen Regelung liegt hier nicht nur in polizeilichen Motiven, sondern vorrangig in der Notwendigkeit verkehrs- oder medienpolitischer, die Tauglichkeit, Effizienz und Aufrechterhaltung des Betriebes sichernder Massnahmen[1488]. Im Mittelpunkt steht die Verkehrs-, Betriebs- und Beförderungspflicht, die durch organisatorische oder innerbetriebliche Vorschriften wie Fahrplan-, Tarif-, Versicherungs-, Geheimhaltungs-, Ausbildungs-, Anzeige-, Personalvorsorgepflichten, Arbeitszeitregelung, Abschreibungsvorschriften und Rechnungslegung sowie sicherheitspolizeiliche und umweltschutzbedingte Anforderungen an Ausstattung, Betrieb und Unterhalt ergänzt werden.

D. DER ÖKONOMISCHE ASPEKT: EXKLUSIVITÄTSRECHTE UND FINANZIELLES GLEICHGEWICHT

231. Die Zulassung berechtigt zur Aufnahme und Fortführung der zugelassenen Tätigkeit, deren Inhalt sich aus dem Gesetz und dem Zulassungsakt ergibt. Ob die Zulassung *Exklusivitäts- oder Konkurrenzschutzansprüche oder andere wirtschaftliche Privilegien* begründet, wie Monopol oder einen Numerus clausus, kann erst im *Einzelfall* entschieden werden[1489]; die absolute und unabdingbare Grenze der konzessionsrechtlichen Ausübungsexklusivität liegt in der Befristung der Zulassung. Einzig für die polizeiliche Bewilligung kann generell gesagt werden, dass sie dem Zugelas-

---

1486 Kritisch zum Rückgriff auf Standesregeln Wolffers, 117 ff., insb. 122 ff.; a.A. Th. Wagner, 87 ff. Vgl. auch die mahnenden Worte von Ursula Brunner, Rechtsetzung durch Private, Diss., Zürich 1982, 165.
1487 Z.B. Verordnung über die Konzessionierung von Luftseilbahnen (Luftseilbahnkonzessionsverordnung) vom 8. November 1978 (SR 743.11); Vollziehungsverordnung zum Bundesgesetz betreffend den Postverkehr (Automobilkonzessionsverordnung) vom 4. Januar 1960 (SR 744.11); Verordnung über die konzessions- und bewilligungspflichtige Schiffahrt vom 9. August 1972 (SR 747. 211.1). Detaillierte Regelung zur Konzessionserteilung und -innehabung finden sich auch im BG über die Trolleybusunternehmungen vom 29. März 1950 (SR 744.21) sowie der VV zum Trolleybusgesetz (Trolleybus-Verordnung) vom 6. Juli 1951 (SR 744.211) und im BG über die Luftfahrt vom 21. Dezember 1948 (SR 748.0) sowie der Verordnung über die Luftfahrt (Luftfahrtverordnung) vom 14. November 1973 (SR 748.01). Vgl. weiter auch BG über den Transport im öffentlichen Verkehr (Transportgesetz) vom 4. Oktober 1985 (SR 742.40).
1488 Vallender (Wirtschaftsfreiheit), 317.
1489 Imboden/Rhinow, Nr. 157 Nr. B I b; Grisel (Traité), 290; Hanhardt, 145; zu allgemein Häfelin/Müller, N 2025 hinsichtlich der Konzession des öffentlichen Dienstes.

III. Ausübungsvorschriften und -rechte

senen keinen *rechtlichen* Anspruch auf (wirtschaftliche) Ausschliesslichkeit oder Abschottung einräumt. Anders verhält es sich bei entsprechend ausgerichteten, hauptsächlich auf Bedürfnisklauseln aufbauenden strukturpolitischen Bewilligungen, wie etwa bei der wirtschaftspolitischen Gastwirtschaftsbewilligung[1490], der Bewilligung zur Errichtung einer Milchsammelstelle[1491] oder zum Betrieb einer Pastmilchanlage[1492]. Verkehrskonzessionen, deren Erteilung ebenfalls durch die Bedürfnis- und Konkurrenzsituation mitbestimmt wird, können gleiche Wirkungen zeitigen[1493]. Eine besondere Situation besteht im Luftverkehr, wo ein ausschliessliches gesetzliches Monopol zugunsten der Swissair errichtet ist[1494]. Monopole können ebenso zur ausschliesslichen Nutzung übertragen werden, so etwa das Jagdregal in der Form der Jagdpacht. Dabei spielt es entgegen anderer Ansicht[1495] keine Rolle, dass nicht das Monopol selbst, sondern nur das Recht zur Ausübung übertragen wird, wenn mit der Übertragung auch ausdrücklich der Schutz vor der Konkurrenz – etwa im Sinn einer wirtschaftlich sinnvollen Ausnützung der Konzession – verbunden ist[1496]. Die Zulassung zur Sondernutzung öffentlichen Grundes impliziert den Ausschluss, wenn mit ihr die Errichtung fester Installationen verbunden ist oder aufgrund der Knappheitslage weitere Berechtigte ausgeschlossen sind. So werden Versorgungskonzessionen für die Verteilung von Wasser, Gas und elektrischem Strom regelmässig mit einer Exklusivitätsklausel verbunden[1497]; die Exklusivität kann zweiseitig sein, wenn sich auch der Konzessionär verpflichtet, nur einem bestimmten Betrieb zu liefern[1498]. Die Einengung des Kreises der Träger polizeilich motivierter Monopolkonzessionen ist nur zulässig, wenn eine Konkurrenzierung deren wirtschaftliche Existenz bedroht und die polizeilichen oder volkswirtschaftlichen (!) Interessen[1499] dadurch unmittelbar betroffen sind; der Schutz der wirtschaftlichen Sonderstellung des Konzessionärs ist hier nicht mehr als Reflex dieser Anliegen. Der wirtschaftliche Schutz kann auch Auswirkung einer primär anders ausgerichteten staatlichen Interessensverfolgung sein: Filmverleihbewilligungen werden nur erteilt, wenn der Gesuchsteller die kulturpolitisch bedingte Angebotsvielfalt und Auswahl-

---

1490 Art. 31ter Abs. 1 BV.
1491 Pra 1992 Nr. 75 E. 6 b; BGer 10. Juli 1986, ZBl 88/1987, 210; vgl. auch BGE 88 I 335 f.
1492 BGE 105 Ib 131 f.
1493 Vgl. etwa Art. 5 LKV; Bundesrat 17. Dezember 1954, VPB 1954 Nr. 153.
1494 Schweickhardt, 25 f.
1495 Pfenninger, 70 f. unter falscher Berufung auf Fleiner (Institutionen), 347. Fleiner formuliert den Grundsatz nur im Sinn einer Zweifelsregel. Bei der Konzessionierung von Luftseilbahnen kann kein Zweifel bestehen, dass die Konzession an ein neues Unternehmen nur dann erteilt werden darf, wenn damit kein bestehendes Unternehmen in seiner wirtschaftlichen Existenz gefährdet wird.
1496 Grisel (Traité), 290; Hanhardt, 145.
1497 Hanhardt, 145 Fn. 365.
1498 Vgl. etwa BGE 61 I 73.
1499 BGer 2. Juni 1976, ZBl 78/1977, 37. Vgl. auch BGE 100 Ia 451 f.

freiheit in der Schweiz weder gefährdet noch beeinträchtigt[1500]. Die Beeinträchtigung wird vermutet, wenn der Inhaber einer Verleihbewilligung bereits über einen Marktanteil von mehr als einem Viertel verfügt[1501]. Auf diesem Weg werden die Bewilligungsträger zwar in ihren wirtschaftlichen Expansionswünschen eingeschränkt, zugleich aber auch vor der Konkurrenz geschützt.

232. Die konkrete Zulassungssituation kann auch gegen eine wirtschaftliche Privilegierung sprechen: Wirtschaftspolitische Bewilligungen führen zu keiner Abschottung, wenn die Zuteilungskriterien *Neubewerbern* den wirtschaftlich sinnvollen, und damit eine Konkurrenzierung ermöglichenden Zugang gestatten[1502]. Auch bei der Erteilung einer Verkehrskonzession ist Rücksichtnahme auf die Konkurrenzsituation nicht zwingend[1503]. Weiter kann das Regal in der Form einer breit gestreuten Bewilligung, etwa als Jagdpatent, zur Ausübung vergeben werden und die Sondernutzung öffentlichen Grundes kann unter Rückgriff auf das Rotationsprinzip oder die Errichtung einer breiter abgestützten Trägerschaft der Konkurrenz geöffnet sein.

233. Eine *Mittelstellung* nimmt die Filmbetriebsbewilligung ein. Nach Art. 18 Abs. 2 Filmgesetz kann die Konkurrenzierung bestehender Kinobetriebe bei der Erteilung mitberücksichtigt werden, allerdings darf dies nicht zu einer Erstarrung der Konkurrenzsituation führen[1504]. Ähnlich verhält es sich mit der Position der Schweizerischen Radio- und Fernsehgesellschaft (SRG) und weiterer Programmkonzessionäre. Die SRG besass bis vor kurzem ein faktisches (kein gesetzliches oder konzessionsrechtliches) Monopol bei der Veranstaltung von Rundfunksendungen[1505]. Seit der Revision des Radio- und Fernsehrechts werden nun auch andere Veranstalter zugelassen, allerdings nur, wenn dadurch die «Möglichkeiten der SRG sowie der lokalen und regionalen Veranstalter, ihre konzessionsgemässen Leistungen zu erbringen, nicht wesentlich beeinträchtigt werden»[1506]. Immerhin besteht zugunsten der SRG ein weitgehendes Gebührenerhebungsmonopol ohne direkte Beteiligungsmöglichkeit Dritter[1507].

1500 Art. 31 Abs. 1 lit. d Filmverordnung.
1501 Art. 35 Abs. 2 Filmverordnung.
1502 Revidierte Ordnung für die Zuteilung von Futtermittelkontingenten, vgl. Art. 15 Abs. 1 lit. c BB über die GGF.
1503 Art. 105 Abs. 4 LFV zur Linienverkehrskonzession; vgl. dazu Bundesrat 21. Dezember 1978, VPB 1978 Nr. 63.
1504 Pra 77/1988 Nr. 11.
1505 Schürmann (Medienrecht), 99 f.; Schürmann/Nobel, 329 f.
1506 Art. 31 Abs. 1 lit. b RTVG.
1507 Art. 17 RTVG.

III. Ausübungsvorschriften und -rechte

234. Zugunsten ausgeschlossener Dritter kann eine technisch bedingte Knappheit an Zulassungsstellen oder eine faktische Marktbeherrschung durch Leistungs- und Kontrahierungspflichten des Konzessionärs ausgeglichen werden. Gleichzeitig werden die Bezugsbedingungen festgelegt. So ist der Rohrleitungskonzessionär gehalten, vertraglich Transporte für Dritte zu übernehmen, wenn sie technisch möglich sowie wirtschaftlich zumutbar sind und der Dritte eine angemessene Gegenleistung anbietet[1508]. Der Radio- und Fernsehveranstalter ist hinsichtlich der Übertragung «öffentlicher Ereignisse» in der Nutzung von Exklusivverträgen eingeschränkt[1509]; zudem können andere Veranstalter vom Bundesrat ermächtigt werden, Fernsehprogramme in Zusammenarbeit mit SRG, lokalen und regionalen Veranstaltern zu gestalten und anzubieten[1510]. Noch weiter geht die Pflicht des Kabelnetzkonzessionärs, der alle unverschlüsselten Programme von schweizerischen Veranstaltern übernehmen und weiterverbreiten muss, ohne dass er hierfür Gebühren erheben könnte[1511].

Einen zumindest *indirekten* wirtschaftlichen Vorteil geniessen schliesslich ausländische Aufenthalter, denen zur Erhaltung des inländischen Lohngefüges und aus sozialpolitischen Gründen dieselben orts- und berufsüblichen Lohn- und Arbeitsbedingungen wie für Schweizer gewährt werden müssen[1512].

235. Eng mit den vorangehenden Ausführungen verbunden ist der Anspruch auf *finanzielles Gleichgewicht*. Danach besitzt der Konzessionär bei dauerhaften, unvorhersehbar und ohne Verschulden des Konzessionärs eingetretenen Veränderungen (von natürlichen, technischen oder gesetzgeberischen Umständen) einen Anspruch auf Erhaltung des finanziellen Gleichgewichts[1513]. Veränderungen, die nicht unter diese Begriffsbestimmung fallen, sind dem Betriebsrisiko des Konzessionärs zuzurechnen. Der Anspruch auf finanzielles Gleichgewicht ist Teil der in der französischen Verwaltungsrechtslehre dem «service public» zugeschriebenen Fundamentalgrundsätze. Er fand, wie es bereits IMBODEN feststellen konnte[1514], bereits recht früh Eingang in die schweizerische Gerichtspraxis und wird hauptsächlich durch die welsche Lehre gepflegt[1515]. Tatsächlich zeigen die schweizerische Gesetzgebung[1516]

1508 Art. 13 Abs. 1 RLG.
1509 Art. 7 RTVG.
1510 Art. 31 Abs. 3 RTVG.
1511 Art. 42 Abs. 3 RTVG.
1512 Vgl. dazu BGE 106 Ib 135.
1513 Vgl. zu den Details die unmittelbar nachfolgenden Ausführungen.
1514 Imboden (Vertrag), 103a.
1515 Zwahlen, 651a ff.; Knapp (collaboration), 391 f.; Grisel (Traité), 291; Knapp (Précis), N 1430; Moor, Bd. II, 272; Sillig, 76 f.; Hanhardt, 151 ff.
1516 Insbesondere im Transportrecht, vgl. dazu Hanhardt, 155 ff. Auch das Wassernutzungsrecht kennt diese Maxime, die sich daraus ableitet, dass die Verpflichtungen des Konzessionärs in ihrer

und Rechtsprechung[1517], zwar spärlich, aber deutlich, dass der Grundsatz auch in unserem Rechtsraum Beachtung findet. Eine vergleichbare Erscheinung, wenn auch mit anderen Zielen, findet sich im übrigen auch im Kontingentsrecht, das Preis- und Absatzgarantien verbunden mit einer periodischen Revision der Kontingentsordnung kennt[1518].

236. Seine besondere Rechtfertigung findet der Anspruch, wenn es gilt, bedeutende Investitionen des Zugelassenen zu schützen bzw. ein finanzielles Gleichgewicht zwischen dessen Leistungspflichten und deren Finanzierung aufrecht zu erhalten. Er schont nicht nur den Zugelassenen, sondern soll auch die Fortführung einer im öffentlichen Interesse liegenden Tätigkeit sichern[1519]. Insgesamt dynamisiert er die ökonomischen Interessen innerhalb einer rechtlich statischen Vertragslage. Das muss keineswegs als Eigenheit des öffentlichen Rechts verstanden werden: Im privatrechtlichen Werkvertrag findet sich eine bemerkenswerte Parallele[1520]. Dogmatisch wird der Anspruch durch Hinweise auf die «clausula rebus sic stantibus»[1521] oder die «Wohlerworbenheit»[1522] der konzessionsrechtlichen Ansprüche untermauert. Tatsächlich geht die Theorie des finanziellen Gleichgewichts über diese beiden Grundsätze hinaus[1523], indem sie nebst externen, unvorhersehbaren Ereignissen auch eine durch öffentliche Interessen gerechtfertigte generelle Revisionsordnung mit vollem Abgeltungs- bzw. Ausgleichsanspruch zulässt; die vertragliche Bindung löst sich von ihrem Inhalt und reduziert sich auf einen Werterhaltungsanspruch[1524].

237. Das finanzielle Gleichgewicht kann sowohl von der Einnahmen- wie von der Ausgabenseite her gefährdet werden. Zu denken ist an die Erhöhung der Leistungspflichten, die Verschärfung gesetzlicher Randbedingungen, welche die wirtschaftliche Nutzung der Tätigkeit einschränken, die inflationsbedingte Entwertung der Benützungsgebühren oder den allgemeinen Rückgang der Nutzungsfrequenz. Die

---

Gesamtheit die «Ausnutzung der Wasserkräfte nicht wesentlich erschweren» dürfen (Art. 48 Abs. 2 WRG).
1517 BGE 110 Ib 164; BGer 11. Juli 1988, ZBl 90/1991, 90 ff.; 16. September 1987, ZBl 89/1990, 279 ff.
1518 Vgl. dazu Gygi (Verwaltungsrecht), 183.
1519 So bestimmt Art. 3 Abs. 1 lit. c LKV, dass die Konzession nur an Unternehmen erteilt wird, die für die dauernde Einhaltung der ihnen obliegenden Pflichten Gewähr bieten. Nach Art. 6 LKV gilt die Einhaltung dieser Pflichten als gewährleistet, wenn die Finanzierung und der voraussichtliche wirtschaftliche Erfolg erwarten lassen, dass der Konzessionär die Bauten, Anlagen und Fahrzeuge nach den Erfordernissen der Betriebssicherheit unterhalten und genügend abschreiben kann.
1520 Art. 373 Abs. 2 OR. Vgl. dazu Zwahlen, 652a.
1521 Grisel (Traité), 291 und 455; Knapp (Précis), N 1432; Moor, Bd. II, 272 f.; Hanhardt, 151; Degiacomi, 80; ablehnend Dubach (Wasserrecht), 45.
1522 Hanhardt, 121.
1523 Vgl. dazu Zwahlen, 643a ff. und 651a ff.
1524 Imboden (Vertrag), 102a f.

Theorie des finanziellen Gleichgewichts verlangt, dass bei einer *dauerhaften* Verschiebung der Gleichgewichtslage, wie sie bei der Zulassung bestand, dem Konzessionär ein Anspruch auf Revision der Ausübungsbestimmungen gewährt wird. Der Anspruch ist selbst dann durchsetzbar, wenn ihn das Gesetz oder der Konzessionsakt nicht vorsehen. Die Revision kann an verschiedenen Punkten ansetzen[1525]. So können etwa Betriebs- und Leistungspflichten vermindert[1526], Ausübungsvorschriften gelockert, die Nutzungsdauer verlängert, die Höhe der Ausübungsabgabe an den Staat gesenkt, Nutzungstarife erhöht, das Nutzungsgebiet ausgedehnt oder der Betrieb subventioniert werden. Als «ultima ratio» verbleibt die staatliche Entschädigung bzw. die Erhöhung der vereinbarten Rückkaufssumme. Welche Lösung die angemessenste ist, muss im Einzelfall aufgrund der gesamten Umstände beurteilt werden. Einer Kürzung der Leistungen des Konzessionärs dürfte regelmässig dessen Leistungspflicht und das öffentliche Interesse an der Fortdauer des Betriebes entgegenstehen. Demgegenüber kann die Erhöhung der Benützungsgebühren an volkswirtschaftlichen Überlegungen oder politischer Räson scheitern. Je nachdem, wo der Grund für die Veränderung anzusiedeln ist, kann die Revision eine teilweise oder vollständige sein. Der Anspruch auf eine *vollständige* Anpassung der Konzession besteht bei einem gezielten, unvorhersehbaren Eingriff der Konzessionsbehörde[1527] in das Konzessionsverhältnis[1528]; er ist nichts anderes als die selbstverständliche Folge der Vertragstreue und des Vertrauensschutzes. Ausgehend vom Gedanken, dass gerade der Konzessionär das Betriebsrisiko tragen muss, wird bei unvorhersehbaren und aussergewöhnlichen Ereignissen seitens Dritter (auch des Gesetzgebers![1529]) der Ausgleich *auf einen Teil* beschränkt. Dieser Teil umfasst nicht den gesamten entgangenen Gewinn, sondern lediglich das Defizit[1530]. Die Revision verliert damit auch ihre Berechtigung, sobald der Konzessionär die Verlustzone verlässt.

238. Die an sich bestechende Theorie des finanziellen Gleichgewichts darf aber nicht in dem Sinn verstanden werden, dass dem Konzessionär als Unternehmer *vorbehaltlos* das wohl einmalige Privileg zugesichert wird, dass sich weder gesellschaftliche noch staatliche Entwicklungen oder Massnahmen nachteilig auf die Wirtschaftlichkeit der Konzessionsnutzung auswirken werden. Die Gefahr einer unbegründeten Privilegierung besteht, wenn die Nutzungsmöglichkeiten zum Zeitpunkt der Konzession – ungeachtet eines möglichen Optimierungspotentials – als Vergleichsmassstab festgehalten werden. Damit wird der Anspruch auf das finanzielle Gleichgewicht von der gesamten *bisherigen* wirtschaftlichen Nutzung und Realisation ge-

---

1525 Grisel (Traité), 291.
1526 Art. 8 EBG.
1527 Und nicht eines anderen Staatsorgans.
1528 Knapp (Précis), N 1425; Hanhardt, 153.
1529 Knapp (Précis), N 1426.
1530 Hanhardt, 154 f.

löst. Es genügt, wenn eine Erhöhung der finanziellen Belastung eintritt. Mit anderen Worten: Im Rahmen dieses Risikoverteilungskonzeptes trägt der Konzedent einseitig die Gefahr wirtschaftlicher Verluste, *unabhängig* von der bisherigen und gegenwärtigen Nutzung und vom möglichen Nutzungspotential. Diese einseitige, durch die Theorie der «wohlerworbenen Rechte» aber bestärkte[1531] Risikoverteilung ist wenig sachgerecht, wenn man das finanzielle Gleichgewicht als Ausdruck einer *zweiseitigen* Vertrauens- und Interessenlage versteht[1532]. Änderungen zugunsten einer erhöhten finanziellen Ausschöpfung des Konzessionsrechts sollten gleich berücksichtigt werden wie spätere, nachteilige Entwicklungen. Der Entscheid über den Ausgleich sollte aufgrund einer umfassenden, die gesamte betriebliche Situation des Konzessionärs einbeziehenden Analyse erfolgen. Diese hätte etwa eine Änderung des sozialen Verhaltens, den technischen Fortschritt oder Möglichkeiten zur innerbetrieblichen Effizienzsteigerung zu berücksichtigen. Erst wenn der Konzessionär den finanziellen Mehraufwand nicht aus *eigener Kraft* ausgleichen kann, wie etwa durch Rückgriff auf (gesetzlich vorzuschreibende[1533]) Reserven oder durch Optimierungsmassnahmen, kann Unvorhersehbares eine Revision bewirken. Umgekehrt darf der Konzessionär nicht unbesehen mit neuen finanziellen Auflagen belastet werden, wenn er mit einer auf lange Amortisationsdauer angelegten Konzession die Verlustzone verlassen hat und nach anfänglich sehr hohen Investitionen Gewinn erzielen kann.

Der Gedanke der *zweiseitigen Anpassungspflicht* hat, wenn auch in anderem Zusammenhang, Eingang ins Wassernutzungsrecht gefunden[1534]: Werden dem Konzessionsbewerber übermässige, die Nutzung wesentlich erschwerende Leistungen an den Konzedenten zugemutet, so legt der Bundesrat deren Obergrenze fest. Für den Fall, dass sich die Umstände wesentlich zugunsten des Wasserkonzessionärs verändern, kann die *Erhöhung* der Leistungen vorbehalten werden. Auch im Transportrecht findet sich der Grundsatz der Anpassung der Tarife, wenn es die «finanzielle Lage der Unternehmung rechtfertigt»[1535].

239. Unübersehbar sind die praktischen Schwierigkeiten bei der gerichtlichen Beurteilung des Anspruchs auf ein finanzielles Gleichgewicht. Abgesehen davon, dass hierzu nur eine bescheidene, kaum aussagekräftige oder gar verallgemeinerungsfähige schweizerische Gerichtspraxis besteht[1536], lässt auch die theoretische Um-

---

1531 Dubach (Wasserrecht), 122 f.; BGE 110 Ib 164; BGer 11. Juli 1988, ZBl 90/1991, 90 ff.; 16. September 1987, ZBl 89/1990, 279 ff.
1532 Kölz (Verwaltungsrecht), 181 f.
1533 Vgl. etwa Art. 22 Abs. 1 LKV.
1534 Vgl. dazu Art. 48 Abs. 3 WRG.
1535 Art. 27 Abs. 3 Automobilkonzessionsverordnung.
1536 Vgl. dazu auch die Botschaft zur Volksinitiative «zur Rettung unserer Gewässer» und zur Revision des Bundesgesetzes über den Schutz der Gewässer vom 29. April 1987, BBl 1987 II 1170 f.

schreibung der Voraussetzungen bislang nur wenig Konkretes erkennen. Wie weit ein Ausgleichungsanspruch besteht, sollte, etwa nach dem Muster der Entgeltung gemeinwirtschaftlicher Leistungen von Transportunternehmungen[1537], dem Gesetzgeber, allenfalls den Konzessionsbehörden zum eingehenderen Entscheid überlassen werden.

240. Dem schweizerischen Konzessionsverständnis bekannter denn der Anspruch auf finanzielles Gleichgewicht ist die *Entschädigung* des Konzessionärs für die Erbringung *gemeinwirtschaftlicher Leistungen* oder für die Übernahme von *Nebenpflichten* zugunsten des Konzedenten. Sie ist jedoch auch ein Indiz für die ungeschriebene Geltung des Anspruchs auf finanzielles Gleichgewicht. Die Entschädigung kann aber darüber hinausgehen, indem die Entschädigung ungeachtet der finanziellen Verhältnisse des Konzessionärs ausgerichtet wird. Es handelt sich dann nicht um einen Ausgleich für Unvorhergesehenes, sondern um die zum voraus geregelte *Entschädigung* für eine zugunsten des Staates ausgerichtete Nutzung des Konzessionsrechts[1538]. Nebst der Entgeltung von Leistungen des Konzessionärs kann, unabhängig von einem Leistungsverhältnis, auch eine eigentliche *Subventionierung* des konzessionierten Betriebs vorgesehen sein[1539]. Unterstützt werden insbesondere das konzessionierte Bahnunternehmen[1540] oder ein lokaler bzw. regionaler Veranstalter von Rundfunkprogrammen[1541]. Im ersten Fall dient die Subvention technischen und betrieblichen Umstellungen, verkehrspolitischen Anliegen oder dem Ausgleich für Schäden aus Naturkatastrophen, im zweiten Fall sollen regionale Finanzierungsengpässe im Medienmarkt ausgeglichen werden, sofern am Programm selbst ein besonderes öffentliches Interesse besteht.

241. Dem Konzessionär wird in der Regel das Recht zustehen, sich durch *Gebührenerhebung* zu finanzieren. Eine wohl einmalige Stellung kommt den Veranstaltern von lokalen oder regionalen Rundfunkprogrammen zu. Ihnen wird nur ausnahmsweise ein Anteil aus den Empfangsgebühren zugewiesen. Damit werden sie sogar schlechter als «gewöhnliche» Gewerbetreibende gestellt, denn es ist ihnen verwehrt, für ihre Sendedienste eine Benützungsgebühr zu erheben. Die Tarifgestaltung un-

---

1537 Vgl. dazu Hanhardt, 155 ff., Art. 49 ff. EBG sowie die Botschaft über einen Rahmenkredit zur Förderung konzessionierter Transportunternehmungen (KTU) vom 1. April 1992, BBl 1992 III 440 ff.
1538 Für das Transportrecht bestimmend sind Art. 49 ff. EBG. Zur postdienstlichen Beförderungspflicht des Konzessionärs vgl. Art. 16 Schiffahrtsverordnung, Art. 19 LKV, Art. 28 Abs. 3 Automobilkonzessionsverordnung und Art. 109 LFV, zu den gemeinwirtschaftlichen Leistungen der Swissair vgl. Thomann, 85 ff.
1539 Rhinow (Subvention), 268 f.
1540 Art. 56 ff. EBG.
1541 Art. 17 Abs. 2 RTVG. Die Unterstützung erfolgt zu Lasten der SRG, da sie aus den Empfangsgebühren entrichtet wird.

terliegt im allgemeinen entweder der Genehmigung durch den Konzedenten[1542] oder wird von diesem direkt festgelegt[1543]; zuweilen ist sie aber auch dem Ermessen des Konzessionärs überlassen[1544], wobei ihm eine Maximalhöhe vorgeschrieben sein kann[1545]. Höchsttarife sind dann notwendig, wenn der Konzessionär ein Ausübungsmonopol innehat oder einer Beförderungspflicht unterliegt[1546].

242. Preis- und Tarifvorschriften finden sich auch ausserhalb des Konzessionsrechts. Wirtschaftspolitische Gründe bedingen die Preisgestaltung für den Verkauf kontingentierter Ware[1547]. Die zweckmässige Nutzung öffentlichen Grundes und polizeiliche Gründe sind Gründe für ein verbindliches Tarifsystem für A-Taxis[1548], Schutz von Treu und Glauben rechtfertigt die Festlegung von Dienstleistungstarifen[1549] oder die Preisaufsicht bei Arzneimitteln[1550]. Wettbewerbspolitisch motiviert ist die Preisüberwachung nach Art. 31^{septies} BV, die alle Unternehmungen und Organisationen unabhängig von ihrer Zugehörigkeit zum öffentlichen oder privaten Recht erfasst[1551].

243. Ist die Aufnahme einer zugelassenen Tätigkeit von der baulichen oder sonstigen Nutzung privaten Grundes oder anderen Vermögensrechten abhängig, so kann dem Berechtigten nebst der Befugnis zur Betriebsaufnahme zusätzlich ein *Enteignungsrecht* eingeräumt werden. Da eine Enteignung ein überwiegendes öffentliches Interesse voraussetzt[1552], wird das Enteignungsrecht nur jenen Ausübungsberechtigten erteilt, die gänzlich oder zumindest überwiegend[1553] altruistische, der Öffent-

---

1542 Art. 30 LFG; Art. 107 LFV; Sillig, 146; Thomann, 114 ff.; Justizabteilung, 8. April 1971, VPB 1970 Nr. 86.
1543 Rundfunkempfangsgebühren, Art. 55 Abs. 3 RTVG.
1544 Art. 9 ff. TG zu den Transportkonzessionen
1545 Art. 49 Abs. 1 WRG; Justizabteilung, 8. April 1971, VPB 1970 Nr. 86.
1546 Justizabteilung, 8. April 1971, VPB 1970 Nr. 86.
1547 Schoch, 72.
1548 Zürcher, 90.
1549 Marti, 113. Kritisch zu den Auswirkungen der Tarifkontrolle bei der Privatversicherung Gerhard Schmid, Staatsaufsicht, Kartelle, Obligatorien und Pools im Bereich der Privatversicherung, in: FG zum Schweizerischen Juristentag 1985, hrsg. von der Juristischen Fakultät der Universität Basel, Basel 1985, 323 ff. zu den neuesten Entwicklungen Stephan Weber, Preisüberwachung und Versicherungsaufsicht, Schweizerische Versicherungs-Zeitschrift 60/1992, 75 ff.
1550 Vgl. dazu René A. Rhinow/Susanne Imbach, Preisaufsicht des Bundes bei Arzneimitteln, WuR 33/1981, 1 ff. Die weiteren Motive für die Preisaufsicht bei Arzneimitteln, wie Schutz der bundesrechtlichen Subventionen, können BGE 109 V 214 ff. entnommen werden.
1551 Vgl. N 363.
1552 Art. 22ter Abs. 2 BV.
1553 Saladin (Grundrechte), 154; BGE 90 I 328 ff.

III. Ausübungsvorschriften und -rechte

lichkeit dienende Ziele verfolgen[1554]. Zu diesen zählen in erster Linie Konzessionäre, die einen öffentlichen Dienst betreiben.

Das Enteignungsrecht kann dem Konzessionär bereits *generell* aufgrund des Gesetzes zustehen[1555]. Es ist nicht immer ein notwendiges Akzessorium der Erteilung, sondern bildet zuweilen auch den Gegenstand eines weiteren, selbständigen Entscheides[1556], der der Konzessionsbehörde zur endgültigen Erledigung zusteht[1557]. Daneben kann das Gesetz eine Spezialordnung aufstellen. Diese ersetzt die allgemeine Enteignungsregelung, indem sie der besonderen Art der Eigentumsbeeinträchtigung Rechnung trägt und dem Konzessionär ein hierauf zugeschnittenes Enteignungsinstrumentarium zur Verfügung stellt[1558].

244. Bewilligungsträger können in der Regel[1559] keinen Anspruch auf Enteignung geltend machen, sondern sind auf den rechtsgeschäftlichen Grundeigentumserwerb angewiesen. Würde die Vollendung bzw. die Aufnahme eines Werkes oder eines Betriebes durch die Eigentumsordnung unverhältnismässig behindert, rechtfertigen sich Ausnahmen. So gewährt bereits das Zivilgesetzbuch bestimmte Erleichterungen, wie das Notweg- und Durchleitungsrecht[1560]. Vergleichbare Bestimmungen kennt auch das öffentliche kantonale[1561] Recht für die Realisierung des Bauprojektes, indem es dem Bauenden das Recht gibt, Nachbargrundstücke zu diesem Zweck vorübergehend und gegen volle Schadloshaltung in Anspruch zu nehmen[1562]. Einen Schritt weiter geht die Regelung der Entsorgung radioaktiver Abfälle, wonach das Enteignungsrecht für vorbereitende Handlungen zur Erstellung eines Lagers «nötigenfalls» an Dritte übertragen werden kann[1563], auch wenn die friedliche Nutzung von Atomenergie grundsätzlich als Aufgabe Privater betrachtet wird und für Errichtung und Betrieb von Atomanlagen kein Enteignungsrecht erteilt werden

---

1554 Vgl. auch den Überblick bei Rolf Germann, Enteignung zugunsten Privater nach den kantonalen Enteignungsgesetzen, Diss. Zürich, Winterthur 1974, 37 ff. und 110 ff.
1555 Art. 3 Abs. 1 EBG; Art. 25 Abs. 1 WRG; Art. 2 Trolleybusgesetz; vgl. dazu Hess/Weibel, Art. 3 N 37 ff., ferner BGE 116 Ib 409.
1556 Vgl. dazu Grisel (Traité), 723 sowie u.a. Art. 50 Abs. 1 LFG; Art. 10 Abs. 3 RLG; Art. 46 WRG; Art. 9 Erdölkonkordat. Zur Zuständigkeit der Erteilung des Enteignungsrechts an den Wasserrechtskonzessionär vgl. BGE 104 Ib 337 ff.
1557 Art. 3 Abs. 3 EntG.
1558 Beschränkungen des Grundeigentums aus dem Betrieb eines konzessionierten Flughafens, Art. 42 ff. LFG.
1559 Die Bundesgesetzgebung macht bereits für den Rohrleitungskonzessionär eine Ausnahme, obschon dieser materiell gesehen den Bewilligungsträgern näher steht als den übrigen Transportkonzessionären. Vgl. Art. 10 Abs. 3 RLG.
1560 Art. 691 und 694 ZGB.
1561 Vgl. auch Art. 695 ZGB.
1562 Vgl. § 229 PBG.
1563 Rausch (Atomenergierecht), 210 f.; Seiler, 253 f. mit weiteren Hinweisen.

kann. Ähnliche Regelungen zugunsten Nichtkonzessionierter kennen das Gewässerschutz-, das Umweltschutzgesetz[1564] sowie das BG über die Anschlussgleise[1565]. Die gesetzliche Entwicklung zeigt, dass die Erteilung des Enteignungsrechts an Private – im Gegensatz zur früheren Praxis – längst nicht mehr auf das Konzessionsverhältnis beschränkt bleibt[1566], sondern jede Form privater Tätigkeit erfasst, an deren Verwirklichung ein öffentliches Interesse besteht. In formeller Hinsicht bleibt zu beachten, dass die Übertragung des Enteignungsrechtes (des Bundes) an Dritte jedenfalls nur in der Form eines Bundesbeschlusses bzw. eine Bundesgesetzes erfolgen kann[1567]. Der Private erhält, ungeachtet seiner Stellung als Konzessionär oder Bewilligungsträger, mit der Erteilung des Enteignungsrechts einen weiteren, nicht zu unterschätzenden Vorteil. Gehen von dessen Betrieb Emissionen aus, so ist es den Nachbarn nur unter recht erschwerten Voraussetzungen möglich, die nachbarrechtlichen Ansprüche aus Art. 679 und 684 ZGB durchzusetzen[1568].

E. PFLICHTEN

1. BETRIEBS- UND ANPASSUNGSPFLICHT

245. Noch deutlicher als bei den Ausübungsrechten, zeigt die *Pflichtenseite* eine klare Akzentuierung hin zur Einbindung des Konzessionärs in die staatliche Aufgabenerfüllung. Die Konzessionierung eines *öffentlichen Dienstes* bestimmt sich wesentlich durch die Vermischung und Angleichung privater und öffentlicher Interessen, wobei gerade öffentliche Interessen die Pflichtenseite dominieren. Die staatliche Aufgabe einer Regietätigkeit zugunsten eines Privaten privilegiert, sichert und verpflichtet diesen zugleich. Der Konzessionär übernimmt einerseits eine dem Staat vorbehaltene Aufgabe, übt diese in eigenem Namen aus, kann auch hoheitliche Funktionen wahrnehmen, wird anderseits auch in eigenem wirtschaftlichen Interesse tätig.

246. Aus dieser Verbindung privater und staatlicher Sphären ergibt sich auch dessen eigenartige rechtliche Stellung, deren Kernstück – wie von der französischen Lehre zum «service public» entwickelt und von der schweizerischen Gesetzgebung[1569] und

---

1564 Art. 68 Abs. 1 GSchG; Art. 58 USG.
1565 Art. 16 Abs. 2 BG über die Anschlussgleise vom 5. Oktober 1990 (SR 742.141.5).
1566 Vgl. dazu etwa Rausch (Atomenergierecht), 211. Nach Jubin, 91 ist das Expropriationsrecht denn auch kein Wesensmerkmal des «service public».
1567 Art. 7 Abs. 2 EntG.
1568 BGE 107 Ib 389; 113 Ib 37. Vgl. N 425.
1569 Art. 2 Abs. 2 Schiffahrtsverordnung bestimmt (Hervorhebungen durch den Verfasser): «Wenn die Verhältnisse die Erteilung einer Konzession nicht rechtfertigen, weil das Bedürfnis für die Übertragung der damit verbundenen *Grundpflichten* fehlt (Betriebs-, Beförderungs-, Fahrplan- und Ta-

III. Ausübungsvorschriften und -rechte

Doktrin[1570] übernommen – die *Betriebspflicht*[1571] und die sich darum gruppierenden Nebenpflichten bilden. Die Betriebspflicht besteht im einzelnen aus den Pflichten zur Aufnahme und zum unterbruchlosen Weiterführen des Betriebes, dessen Anpassung an veränderte Benützerbedürfnisse, der neutralen Erbringung von Leistungen an Dritte, die oft durch einen Kontrahierungszwang gesichert ist, und der allgemeinen Bekanntgabe von Tarifen und Möglichkeiten des Leistungsbezuges. Die Pflicht zur Betriebsaufnahme kann zudem durch eine verschuldensabhängige *Konventionalstrafe* abgesichert werden. Für das Wassernutzungsrecht legt Art. 50 WRG fest, dass während der Baufrist für Wasserkraftwerke kein Wasserzins zu entrichten ist. Demnach kann während dieser Dauer auch kein Wartegeld vereinbart werden[1572].

247. Mit der Aufnahme des konzessionierten Betriebes beginnt zugleich die in Gesetz[1573] oder Konzession[1574] begründete Pflicht zu dessen unterbruchloser Aufrechterhaltung[1575]. Die Pflicht zur *Betriebskontinuität* ist das konzessionsrechtliche Gegenstück zum beamtenrechtlichen Streikverbot[1576] und nichts anderes als die unmittelbare Folge der Monopolstellung des Konzessionärs und dessen Einbindung in die staatliche Interessenpolitik[1577]. Sie gilt aber nicht ausnahmslos: Höhere Gewalt, Notlagen oder andere wichtige Gründe, wie Betriebsunterhalt, aber auch die Verletzung der Betriebsregeln durch den Benützer berechtigen zum Unterbruch bzw. zur Leistungsverweigerung[1578]. Transportkonzessionäre dürfen den Betrieb nur mit

---

rifspflicht), können regelmässige gewerbsmässige Personaltransporte durch Bewilligungen zugelassen werden.» Vgl. auch Art. 101 LFV.

1570 Vgl. dazu die in den nachfolgenden Fussnoten zitierten Autoren.
1571 Knapp (collaboration), 391 f.; Gygi (Verwaltungsrecht), 199 ff.; Sillig, 59; Schweickhardt, 28; BBl 1983 II 172.
1572 Geiser/Abbühl/Bühlmann, 185; Ch. Widmer, 54; BGE 49 I 177 ff.
1573 Z.B. Art. 3 TG und Art. 108 Abs. 1 LFV. Auch der Wassernutzungskonzessionär ist zum Betrieb verpflichtet. Dies ergibt sich nicht ausdrücklich aus dem Gesetz, aber aus dessen Verpflichtung, die unter dem Heimfallrecht stehenden Anlagen in betriebsfähigem Zustand zu erhalten sowie der Berechtigung des Konzedenten, die Verleihung als verwirkt zu erklären, falls der Betrieb für zwei Jahre unterbrochen wurde (Art. 65 lit. b und 67 Abs. 3 WRG).
1574 Art. 39 Abs. 5 lit. b LFV. Auch in der Konzession zur Veranstaltung von Radio- und Fernsehprogrammen kann die Betriebspflicht festgelegt werden, BBl 1987 III 720. Eine Betriebspflicht könnte wohl bereits Art. 55bis Abs. 2 BV sowie den zahlreichen, im BG über Radio und Fernsehen verstreuten Leistungspflichten und der Regelung über den Entzug entnommen werden.
1575 Knapp (collaboration), 391 f.; Grisel (Traité), 292.
Die Betriebspflicht kantonaler bzw. kommunaler Wasser-, Strom- und Gasversorgungskonzessionäre wird, unter Rückgriff auf die fragwürdige Figur des faktischen Bodennutzungsmonopols, zumeist nur auf Konzessionsstufe geregelt. Vgl. dazu Hanhardt, 101 f.; Kilchenmann, 13.
1576 Vgl. dazu Jubin, 95 f. und Art. 28 BtG.
1577 Vgl. Art. 42 zur Verpflichtung des Kabelanlagekonzessionärs hinsichtlich der Weiterverbreitung des Programmangebots.
1578 Art. 3 Abs. 1 TG; Art. 8 EBG; Art. 15 Abs. 1 lit. c RTVG; Knapp (collaboration), 391 f.; ferner Hanhardt, 98.

Zustimmung der Aufsichtsbehörde einschränken oder unterbrechen[1579]; gleiches gilt für den endgültigen Verzicht auf die Weiterführung[1580].

248. Je nach Art des Betriebes kann die Betriebspflicht strenger oder milder gehandhabt werden. Für Transportunternehmungen erfolgt die *erste* Abstufung mit Erstellung des Fahrplans[1581]. Eine *zweite* Differenzierungsmöglichkeit folgt aus der Bedeutung des Betriebs für die Öffentlichkeit. Im Eisenbahnrecht wird zwischen Haupt- und Nebenbahnen unterschieden; nur erstere müssen zur Fortführung des Betriebs bei Betriebsunterbrüchen auf ein alternatives Verkehrsmittel ausweichen[1582]. Nebenbahnen können – selbst bei der Durchführung vorgeschriebener Revisionsarbeiten – auf eine Ersatzbeförderung verzichten[1583]. Automobilkonzessionäre sind wiederum generell gehalten, eine genügende Anzahl von Ersatzfahrzeugen zur Verfügung zu halten[1584]; hingegen besteht für Luftseilbahnunternehmungen überhaupt keine Transportpflicht[1585]. Schiffahrtskonzessionären wird die Verleihung sogar erst dann entzogen, wenn sie das Recht während eines Jahres nicht ausgeübt haben[1586]. Die Weiterverbreitung von ausländischen Radio- und Fernsehprogrammen durch Kabelanlagekonzessionäre kann wiederum in Rand- und Bergregionen (allein) zugunsten eines *schweizerischen* Veranstalters unterbrochen werden[1587]. Die *dritte* Abstufung ergibt sich aus den vorhandenen betrieblichen Mitteln, Einrichtungen und Personalbestand. Diese Kapazitätsgrenzen bilden zugleich die Grenze der Betriebspflicht. Ist der Betrieb jedoch regelmässig überlastet oder ist die Nachfragesteigerung vorhersehbar, ist der Konzessionär zur Anpassung verpflichtet. Eine Verletzung der Betriebspflicht verpflichtet zur Entschädigung des Berechtigten[1588].

249. Die Betriebspflicht besitzt eine dynamische Komponente; diese liegt in der Pflicht zur Anpassung der Leistungserbringung an die laufenden Bedürfnisse[1589] und

---

1579 Hanhardt, 100; Art. 41 Abs. 2 und 108 Abs. 2 LFV. Gleiches gilt für Kabelanlagekonzessionäre im Rundfunkbereich, Art. 49 Abs. 1 RTVG.
1580 Z.B. in Art. 15 Automobilkonzessionsverordnung festgehalten.
1581 Ruffy, 40 und 103; Hanhardt, 98 f.; Jubin, 160 f. Vgl. Art. 4 TG und Art. 25 f. Automobilkonzessionsverordnung.
1582 Art. 38 Abs. 1 EBG.
1583 Art. 38 Abs. 3 EBG.
1584 Art. 37 Automobilkonzessionsverordnung.
1585 Art. 3 Abs. 2 TG; BBl 1983 II 175.
1586 Art. 17 lit. b Schiffahrtsverordnung.
1587 Art. 49 Abs. 1 RTVG.
1588 Art. 3 Abs. 4 TG.
1589 Knapp (collaboration), 391 f. Vgl. dazu Art. 5 Abs. 4 EBG; Art. 12 Automobilkonzessionsverordnung; Art. 41 Abs. 1 und 108 Abs. 3 LFV; Art. 26 Abs. 2 und 41 Abs. 1 RTVG. Zu den Anpassungspflichten in kantonalen Konzessionsregelungen vgl. Hanhardt, 119 ff.

III. Ausübungsvorschriften und -rechte

dient überdies der rechtsgleichen, neutralen Leistungserbringung. Die *Anpassungspflicht* erfasst die quantitative Veränderung bzw. Koordination des Angebots zum einen[1590], die qualitative Hebung der betrieblichen Einrichtungen[1591] und Leistungen[1592] zum anderen. Streng genommen handelt es sich bei der Anpassung an ein *gesunkenes* Bedürfnis auch um ein Recht, das aus dem Anspruch auf die Aufrechterhaltung des finanziellen Gleichgewichts folgt. Die Anpassung wird notwendig, wenn der Betrieb den berechtigten Bedürfnissen der Benützer auf Dauer[1593] nicht zu genügen vermag[1594]. Die Pflicht endet, wenn eine Vergrösserung finanziell untragbar wird[1595] oder «wohlerworbene Rechte» berührt[1596]. Hiervon sind sicherheitsbedingte Unterhalts- und Anpassungspflichten jedoch ausgenommen[1597].

250. Der Konzessionär soll seine Leistungen *rechtsgleich und neutral* erbringen[1598]. Dies wird zum einen durch die Kontrahierungspflicht und eine generelle Ordnung der Leistungserbringung ermöglicht. Der Konzessionär darf den Leistungssuchenden im Rahmen der im voraus bestimmten Leistungsskala nicht ablehnen. Ausnahmen sind gestattet, wenn der Benützer sich seinerseits nicht an die Bezugsregeln hält, den Betrieb, sich selbst[1599] oder Mitbenützer gefährdet oder ein kurzfristiger, nicht auffangbarer Nachfrageüberhang[1600] besteht. Zum anderen wird die rechtsgleiche Leistungserbringung durch ein allgemeines, gegenüber jedermann gleich anzuwendendes[1601] und nach sachlichen Gesichtspunkten strukturiertes Tarif- und Leistungssystem erreicht. Ermässigungen, Vergünstigungen, Tariferleichterungen und qualitative Verbesserungen sind nach gleichen Massstäben allen Benützern zu gewähren[1602], wobei die Bundesverfassung einer Bevorzugung ansässiger Schweizer-

---

1590 Art. 13 f. TG.
1591 Z.B. Art. 17 EBG und Art. 29 Schiffahrtsverordnung.
1592 Rostan, 258; BGE 104 Ib 244.
1593 Art. 3 Abs. 1 lit. b TG geht vom Begriff des «normalen Verkehrs» aus. Vgl. dazu BBl 1983 II 180.
1594 Art. 36 Abs. 1 EBG.
1595 Jubin, 98. Vgl. auch Art. 36 Abs. 2 EBG: «Erfordert das Interesse am duchgehenden Verkehr von einer Bahnunternehmung besondere, billigerweise nicht ihr allein zumutbare Leistungen, so hat, wer die Leistung verlangt, angemessen an deren Kosten beizutragen.»
1596 Hanhardt, 121.
1597 Art. 17 Abs. 2 Satz 2 EBG lässt Betriebs- und Verkehrserleichterungen für Nebenbahnen zu, soweit es die Sicherheit des Betriebes erlaubt. E contrario folgt daraus, dass die Betriebssicherheit weder für Haupt- noch Nebenbahnen Abweichungen zulässt. Vgl. auch Art. 12 und 18 RLG; Art. 39 f. Automobilkonzessionsverordnung.
1598 G. Müller, Kommentar BV, Art. 4 N 24; Grisel (Traité), 302; Imboden/Rhinow, Nr. 157 B II d; Rhinow/Krähenmann, Nr. 157 B V; Jubin, 92 ff.; BGE 103 Ia 552; Justizabteilung, 8. April 1971, VPB 1970 Nr. 86. Vgl. auch Yvo Hangartner, Öffentlich-rechtliche Bindungen privatrechtlicher Tätigkeit des Gemeinwesens, in: FS für Mario M. Pedrazzini, Bern 1990, 144 ff.
1599 Art. 3 Abs. 2 TV.
1600 Vgl. dazu Hanhardt, 112 ff.; BGE 104 Ib 368.
1601 Art. 10 Abs. 1 TG; Hanhardt, 102 ff.
1602 Art. 10 Abs. 2 TG.

bürger gegenüber Auswärtigen nicht im Weg steht, sofern hierfür sachliche Gründe, etwa Kapazitätsengpässe, sprechen[1603]. Kapazitätsengpässe stellen den Konzessionär generell vor schwierige Probleme, da er zwangsläufig eine Auswahl treffen muss. Seine Bindung an die Rechtsgleichheit erlaubt einen *sinngemässen* Rückgriff auf Regeln, wie sie im Umkreis der Zulassung zur anstaltlichen Nutzung entwickelt wurden[1604]. Dabei darf der Zufall als Auswahlmerkmal durch eine entsprechend strukturierte Prioritätsordnung ausgeschaltet werden[1605]. Letztlich soll die quantitative Auswahl aber nicht so weit führen, dass ganze Gruppen von Nutzungsanwärtern auf Dauer ausgeschlossen bleiben[1606]. Die Rechtsgleichheit findet ihre Schranken, wenn die Konzession – zulässigerweise – auf einen bestimmten Zweck hin ausgerichtet ist. Wird eine Wassernutzungskonzession im Hinblick auf die Versorgung eines bestimmten Betriebs eingerichtet, so ist der Konzessionär in seiner Leistungserbringung an diesen und unter Ausschluss Dritter gebunden[1607].

251. Die *Neutralitätspflicht* bindet den Konzessionär in besonderem Mass im politisch-kommunikativen Bereich[1608]. Eine eingehende Regelung und Rechtsprechung besteht für die Rundfunk- und Fernsehkonzessionäre, die zu einer sachgerechten und der Vielfalt der Ansichten angemessenen Darstellung verpflichtet sind[1609]. Allerdings wird ihre Bindung um so schwächer, je mehr sich der Veranstalter einer bestimmten politischen, ideologischen oder konfessionellen Ausrichtung verpflichtet fühlt[1610] und je grösser die Anzahl konkurrierender Veranstalter ist[1611]. Entsprechend spricht das Radio- und Fernsehgesetz in diesem Zusammenhang von einem Auftrag, den Radio und Fernsehen «insgesamt» zu erfüllen hätten[1612], wobei der Zugelassene – und hierin liegt die äusserste Grenze seiner Betätigungsmöglichkeit – die Meinungs- und Angebotsvielfalt nicht gefährden soll[1613]. Im Wahl- und Abstimmungskampf gilt sowohl für die Medien- wie auch für die übrigen Konzessio-

---

1603 Vgl. hierzu aus der Sicht der Benützung öffentlicher, in Regie betriebener Einrichtungen G. Müller, Kommentar BV, Art. 4 N 34; J.P. Müller (Grundrechte), 238; BGE 103 Ia 374.
1604 Vgl. dazu Schön, 163 ff.; Christoph Zenger, Der Numerus clausus an Hochschulen als Grundrechtsfrage, ZSR 102/1983 I, 1 ff.
1605 BGE 104 Ib 369.
1606 Hanhardt, 116; BGE 92 I 143.
1607 BGE 61 I 73.
1608 Vgl. etwa UBI 4. Oktober 1991, VPB 1993 Nr. 49, Ziff. 3.
1609 Art. 55bis Abs. 2 BV. Vgl. hierzu statt vieler J.P. Müller, Kommentar BV, Art. 55bis N 50 ff.; BGer 17. Oktober 1980, ZBl 83/1982, 222 f.
1610 J.P. Müller, Kommentar BV, Art. 55bis N 59.
1611 UBI 8. Juni 1988, VPB 1989 Nr. 44.
1612 Art. 3 Abs. 1 RTVG.
1613 Art. 11 Abs. 1 lit. g. RTVG.

III. Ausübungsvorschriften und -rechte

näre eines «service public» ein weit strikteres Neutralitätsgebot, wie die im Anschluss an die Lehre[1614] kürzlich verschärfte Praxis des Bundesgerichts[1615] aufzeigt.

2. ABGABEN

252. Für die Übertragung der Nutzungsrechte schuldet der Zugelassene eine *Abgabe*. Die Abgabepflicht kann zweigeteilt werden[1616]: zunächst in eine administrative Zulassungs-, Plangenehmigungs-, Kontroll-, Überwachungs-, Erneuerungs-, Übertragungs-, Verlängerungs-, Abänderungs- oder allgemeine Dienstleistungsgebühr[1617], sodann in ein Entgelt für die überlassene wirtschaftliche oder anderweitige[1618] Nutzung. Die Verwaltungsgebühren unterliegen sowohl dem Kostendekkungs- wie auch dem Äquivalenzprinzip[1619], während die Monopolnutzungsgebühr, im besonderen bei fiskalischer Ausrichtung des Monopols[1620], nur dem Äquivalenzprinzip, und dies gemäss neuester bundesgerichtlicher Praxis auch nur bedingt[1621], folgen muss[1622]. Fiskalisch genutzte Regalgebühren dürfen für Auswärtige höher angesetzt werden[1623]; allerdings darf die Belastung nicht soweit gehen, dass nebst den Kantonseinwohnern nur noch vermögende Auswärtige zur Regalnutzung zugelassen werden[1624]. Es darf nicht vergessen werden, dass eine nachträgliche Gebührenerhöhung zudem die «wohlerworbenen Rechte» (oder besser: den Anspruch auf Achtung des finanziellen Gleichgewichts) des Konzessionärs verletzen kann. Die Benützungsgebühren kommen als fiskalische Einnahmequelle den Steuern nahe[1625]. Sollten sie jedoch dem Konzedenten - etwa wegen Verlusts des Konzessionsmöglichkeit - ausfallen, so sind sie als öffentlichrechtliche Abgaben nicht Gegenstand

---

1614 Vgl. dazu G. Müller (Neutralität), 427 ff.; J.P. Müller (Grundrechte), 392; Poledna, 175 ff.; Stephan Widmer, Wahl- und Abstimmungsfreiheit, Diss., Zürich 1989, 210 ff. und 239 ff.
1615 BGer 11. Dezember 1991, ZBl 94/1993, 121 ff. Das Bundesgericht hat hier zwar zur Abstimmungspropaganda der Schweizerischen Bundesbahnen Stellung genommen, doch können die Ausführungen sinngemäss durchaus auch für Konzessionäre beigezogen werden.
1616 Vgl. etwa Art. 4 Gebührenverordnung BAV.
1617 Grisel (Traité), 292; Gygi (Verwaltungsrecht), 269 f.; Hanhardt, 122 ff.
1618 Nutzung öffentlichen Grundes zu ideellen Zwecken.
1619 BGE 114 Ia 12; 109 II 480; 106 Ia 243; 104 Ia 116.
1620 Knapp (Précis), N 2826.
1621 BGE 119 Ia 130.
1622 Vgl. hierzu Knapp (Précis), 2830; Gygi (Verwaltungsrecht), 270 und 274; Häfelin/Müller, N 2054 ff.; Jagmetti, Kommentar BV, Art. 24 N 31; Georg Müller, Gebühren für den Radio- und Fernsehempfang, recht 1985, 130 ff.; BGE 101 Ib 468; 106 Ia 244 und 253; 109 Ia 328; 109 Ib 314; 110 Ia 209; 111 Ia 326; 114 Ia 12.
1623 BGE 119 Ia 130 m.w.H.
1624 BGE 95 I 502; 119 Ia 131.
1625 BGE 100 Ia 140 = Pra 63 Nr. 205. Dies heisst nicht, dass fiskalisch motivierte Benützungsgebühren gleich wie Steuern festzusetzen sind.

eines Enteignungsverfahrens, selbst wenn sie nach dem wirtschaftlichen Wert bemessen werden[1626].

253. Das Legalitätsprinzip gilt demnach allein für die *Benützungs- und Konzessionsgebühren*[1627] nahezu unbeschränkt, da das Äquivalenzprinzip bei monopolisierten Tätigkeiten aufgrund fehlender Vergleichsmöglichkeiten zumeist keinen echten Ersatz bieten kann[1628], und das Kostendeckungsprinzip bei fiskalisch motivierten Konzessionsabgaben keine, das Äquivalenzprinzip nur beschränkte Anwendung findet[1629]. Im Konzessionsverhältnis kann nach der Doktrin und Teilen der Rechtsprechung auch nicht behelfsweise auf die Vereinbarung als Surrogat für die gesetzliche Grundlage ausgewichen werden[1630]. Die Trennung des verfügungsmässigen Teiles der Konzession vom vertraglichen[1631] ist entbehrlich, da das strikte abgaberechtliche Legalitätsprinzip für beide Teile gilt. *Verwaltungs*gebühren können demgegenüber auch durch die Verwaltung festgelegt werden, da sich ihre Höhe nach dem Äquivalenz- und Kostendeckungsprinzip genügend klar bemessen lässt. Noch ein kurzer Hinweis auf ein verwaltungsrechtliches Paradoxon: Die Zulassungspflichtigkeit der Nutzung öffentlichen Grundes bedarf, im Gegensatz zur Gebüh-

---

1626 BGE 109 Ib 34.
1627 Vgl. zu den Benützungsgebühren aus einer konzessionierten Wasserversorgung etwa VGer Bern 12. Juli 1991, BVR 1992, 44 ff. Zur Gestalt(barkeit) des kantonalen Gesetzes vgl. Georg Müller, Legalitätsprinzip und kantonale Verfassungsautonomie, in: FS für Dietrich Schindler, Basel/Frankfurt a.M. 1989, 747 ff., insb. 751.
1628 BGE 100 Ia 140 = Pra 63 Nr. 205. Vgl. dazu kritisch Klaus A. Vallender, Grundzüge des Kausalabgaberechts, Bern/Stuttgart 1976, 55 ff.; L. Widmer, 45.
1629 Häfelin/Müller, N 2049; Rhinow/Krähenmann, Nr. 110 B IV und 113 B II; Jagmetti, Kommentar BV, Art. 24 N 31; BGE 114 Ia 11; 119 Ia 130 f.; unrichtig die gegenteilige Behauptung in RB 1986 Nr. 111.
1630 Imboden (Vertrag), 174a; Knapp (Précis), N 1420; Gygi (Verwaltungsrecht), 211; Rhinow/Krähenmann, Nr. 47 B II c; Moor, Bd. II, 261; L. Widmer, 113; Ch. Widmer, 130; Bundesamt für Justiz 24. September 1987, VPB 1988 Nr. 10; anderer Ansicht Korrodi, 107; BGE 103 Ib 331 f. Im Entscheid von 26. März 1985, BVR 1985, 328 betreffend die vertragliche Regelung einer Mehrwertabschöpfung für Planungsmassnahmen hat das Bundesgericht in fragwürdiger Weise festgehalten, dass sich der Private «gegenüber dem Gemeinwesen rechtsgeschäftlich ohne weiteres zu Leistungen verpflichten» könne, «die ihm das Gemeinwesen mangels gesetzlicher Grundlage durch einseitigen Hoheitsakt nicht hätte auferlegen können».
Vgl. auch schon Imboden (Vertrag), 168a: «Dass das <konzedierte> Recht eine Befugnis des Staates sei, wird zu einer bloss historischen Reminiszenz. Nur deshalb wird auch vom Juristen an ihr noch so zäh festgehalten, um nicht die bei der <Konzessionierung> zu entrichtende Abgabe, soweit sie die Grenzen einer Gebühr übersteigt, als S t e u e r im Rechtssinne deklarieren zu müssen.»
1631 So in BGer 19. März 1969, ZBl 72/1971, 55.

III. Ausübungsvorschriften und -rechte

renerhebung für die Zulassung, nach der herrschenden Praxis keiner gesetzlichen Grundlage[1632].

254. Die Verwaltungsgebühren variieren je nach Objekt. Sie können aus einem Grundbetrag bestehen, der je nach Verwaltungsaufwand durch ein System von Zuschlägen ergänzt wird. Die Transportkonzessionsgebühren beruhen auf einer Basistaxe, die durch nach der Grösse des Betriebsnetzes abgestufte Zuschläge auf ihren Endbetrag aufgestockt werden[1633]. Übertragung oder Abänderung der Konzessionen bedingen wiederum ein anderes System, das die Höhe nach dem zeitlichen Verhältnis der bisherigen Innehabung oder Verlängerung zur Gesamtbelastung bemisst. Wird eine zugelassene Tätigkeit vorzeitig durch eine Gesetzesänderung verboten, so ist die Gebühr pro rata temporis zurückzuerstatten[1634]. Gleich ist zu verfahren, wenn eine Vorleistungspflicht besteht und die Zulassung nicht für die gesamte beantragte Dauer gestattet oder der Antrag gänzlich abgewiesen wird[1635]. Die Nutzungs- oder Monopolgebühren werden regelmässig nach dem Umfang des Nutzungsrechts oder der tatsächlichen Nutzung[1636] bzw. der Höhe des daraus bezogenen Gewinns berechnet. Teilweise kann sich der Konzedent sogar einen Anteil am Umsatz zusichern lassen[1637]. In einigen Bereichen haben sich eigene Entgeltungsmechanismen entwickelt. Speziell beim Erwerb von Grundregalrechten sowie Kontingenten ist das Steigerungsverfahren beliebt und soll der Annäherung an ein (staatlich) unreglementiertes Marktverhalten dienen.

255. Zur eigentlichen Abgabepflicht können auch andere vermögenswerte Nebenpflichten des Konzessionärs treten, wie etwa die Pflicht zur Abgabe verbilligter oder von Gratisenergie an den Konzedenten, die unentgeltliche Benützung von subventionierten Zivilflugplätzen durch Armee, Zoll und Polizei[1638] oder die Auferlegung von Sondersteuern. Für sie gelten ungeachtet ihres Inhalts als Geld- oder Naturalleistungen die gleichen rechtsstaatlichen Grundsätze wie für die Hauptverpflichtung[1639]. Überdies ist bei den Konzessionären des öffentlichen Dienstes darauf zu achten, dass das Gleichgewicht zwischen finanzieller Belastung und möglicher Nutzung nicht gestört wird. Im Wassernutzungsrecht wurde hierfür ein zweistufiges

---

[1632] Vgl. BGE 95 I 250 f.; VGer Zürich 31. März 1978, ZBl 80/1979, 227. Vgl. auch Jagmetti, Kommentar BV, Art. 24 N 31.
[1633] Hanhardt, 123; Art. 17 ff. Gebührenverordnung BAV.
[1634] BGE 105 Ia 217 f.
[1635] Hanhardt, 124.
[1636] Nach Art. 49 Abs. 1 WRG berechnet sich der Wasserzins nach Kilowatt Bruttoleistung, die Konzessionsabgabe beträgt nach Art. 50 RTVG höchstens 1% der (Brutto-)Werbe- bzw. Weiterverbreitungseinnahmen.
[1637] Art. 55 lit. c WRG.
[1638] Art. 38 Abs. 2 LFG.
[1639] Vgl. dazu BGE 109 Ia 142 f.

Verfahren entwickelt[1640]. In der ersten Stufe wird festgelegt, dass der Wasserzins und eine allfällige Sondersteuer einen gesetzlich festgelegten Höchstsatz nicht überschreiten dürfen[1641]. Übersteigt die Gesamtlast durch Übernahme von Nebenpflichten diesen Satz, so kann der Bundesrat die Grenze der wirtschaftlichen Belastbarkeit festlegen[1642].

3. WEITERE PFLICHTEN

256. Den Zugelassenen obliegt eine Vielzahl weiterer Pflichten, die zumeist polizeilicher Natur sind. Teils werden sie erst durch den Zusammenhang mit dem Verhältnis des Zugelassenen zur staatlichen Verwaltung, insbesondere zu weiteren staatlichen Interessen, verständlich[1643]. *Polizeiliche Pflichten* zielen darauf ab, die anlässlich der Zulassung massgeblichen Interessen nicht im Lauf der Ausübung unterlaufen zu lassen. Die Verpflichtung liegt primär darin, für die Aufrechterhaltung des Zustandes, wie er zum Zeitpunkt der Zulassung bestand, zu sorgen. Sie tritt in der Form von Wartungs-, Unterhalts- und Ersatzpflichten[1644] in Erscheinung. Darüberhinaus ist der Zugelassene nahezu immer gehalten, die Betriebseinrichtungen der laufenden Entwicklung anzupassen und sich regelmässigen Inspektionen sowie einer weitgehenden staatlichen Kontrolle zu unterwerfen. Eine dynamische Komponente ergibt sich auch aus der Verpflichtung zur Sanierung von Altanlagen nach Art. 16 USG. Für Atomanlagebetreiber[1645] wie für Eisenbahn-[1646], Schiffahrts-[1647] oder Rohrleitungskonzessionäre[1648] besteht hinsichtlich der Sicherheits- und Betriebsvorschriften die ständige Pflicht, sich dem Stand von Technik (und Wissenschaft) anzupassen. Ergänzend besteht im Bereich der Verkehrskonzessionen, aber auch für Atomanlageinhaber eine Spezialregelung der Haftpflicht, die mit einem

---

1640 BGE 109 Ia 143.
1641 Art. 49 WRG.
1642 Art. 48 Abs. 3 WRG.
1643 Vgl. etwa Art. 8 und 11 TG, wonach die Gemeinwesen von den Unternehmungen des öffentlichen Verkehrs gegen volle Entschädigung weitere Zusatzleistungen vereinbaren und Tariferleichterungen verlangen können, wenn sie ein kulturelles, soziales, umwelt- oder energiepolitisches, volkswirtschaftliches oder sicherheitspolitisches Ziel anders nicht oder nur mit einem wesentlich grösseren Aufwand erreichen können. S. auch Botschaft zur Revision des Eisenbahngesetzes (Abgeltung und Finanzhilfen für den Regionalverkehr) vom 17. November 1993, BBl 1994 I 497.
1644 Vgl. etwa Art. 39 ff. Automobilkonzessionsverordnung. Danach sind die Automobile in gutem Zustand zu halten; zum Unterhalt der Fahrzeuge hat der Konzessionär Garagen erstellen zu lassen, die eine Wartung zulassen. Eine besonders intensive polizeiliche Kontrolle besteht im Wasserbaupolizeirecht und beim Betrieb einer Fluglinie, vgl. dazu Schmid, 28 ff.
1645 Rausch (Atomenergierecht), 116; Schmid, 34; Art. 10 AtG.
1646 Art. 17 EBG.
1647 Art. 29 Abs. 1 Schiffahrtsverordnung.
1648 Art. 18 RLG. Vgl. auch die Legaldefinition der Regeln der Technik in Art. 3 der Verordnung über Sicherheitsvorschriften für Rohrleitungsanlagen vom 20. April 1983 (SR 746.2).

III. Ausübungsvorschriften und -rechte

Versicherungsobligatorium gekoppelt ist[1649]. Der Grundsatz der laufenden Anpassung wird bei den sachbezogenen Voraussetzungen durchwegs strenger gehandhabt als bei der Erhaltung der persönlichen Fähigkeit, einen Beruf ausüben zu können[1650].

257. Konzessionären des öffentlichen Dienstes sind weitere, der Betriebspflicht *beigeordnete Pflichten* auferlegt, die sich aus der besonderen Stellung der übernommenen Aufgabe erklären. Radio- und Fernsehveranstalter haben sich an den verfassungsrechtlichen Leistungsauftrag[1651] zu halten, sollen ihre innere wie äussere Unabhängigkeit bewahren[1652], sind zur Verbreitung amtlicher oder behördlicher Verlautbarungen gehalten, haben bei Beiträgen von nationalem Interesse in der Regel die hochdeutsche Sprache zu verwenden[1653] und dürfen eine allfällige wettbewerbsbedingte Monopolstellung (Exklusivverträge mit Dritten) nicht zu Lasten der anderen Veranstalter missbrauchen[1654]. Weitgehende Beschränkungen gibt es auch hinsichtlich der Finanzierung[1655] und Werbung. Die Werbung ist zeitlich eingeschränkt und darf weder politischen noch religiösen Inhalts sein, noch kann sie für Suchtmittel eingesetzt werden[1656]. Weitere Besonderheiten bestehen für die innere Organisation[1657]. Der öffentlichen Bedeutung der elektronischen Medien entsprechend bestehen weitere zahlreiche Publizitätspflichten[1658]. Zudem können sie verpflichtet werden, Aufzeichnungen wertvoller Sendungen einer nationalen Institution zur unentgeltlichen Aufbewahrung zu überlassen[1659].

258. Transportkonzessionäre sind unter anderem zum Schutz der Umwelt[1660], zu postdienstlichen Leistungen[1661], zur Ausarbeitung und Publikation von Tarifen und Fahrplänen[1662], zur Erstellung und Genehmigung eines Betriebs- und Benützungs-

---

1649 Dazu eingehend unter N 419.
1650 Vgl. N 228.
1651 Art. 55bis Abs. 2 BV; Art. 3 RTVG.
1652 Art. 5 RTVG.
1653 So etwa Art. 4 der Konzession für die AG für die Neue Zürcher Zeitung betreffend Format NZZ vom 4. Oktober 1993, BBl 1993 III 1237 f. Weitere Auflagen gibt es hinsichtlich der Herstellung der Programme und der Herkunft der Auftragsproduktion, vgl. Art. 5 der Konzession.
1654 Art. 7 RTVG.
1655 Art. 17 ff. RTVG.
1656 Art. 18 RTVG.
1657 Art. 16 RTVG.
1658 Art. 68 RTVG.
1659 Art. 69 Abs. 3 RTVG.
1660 Art. 43 Schiffahrtsverordnung; Art. 39 Abs. 5 lit. h LFV.
1661 Z.B. Art. 16 Schiffahrtsverordnung.
1662 Art. 6 TG und Art. 107 Abs. 1 LFV; Art. 26 f. Automobilkonzessionsverordnung.

reglementes[1663], zur unentgeltlichen Erbringungen von Nebenleistungen, wie Wasser-, Gas- oder Stromlieferung[1664], Beförderung der seitens des Konzedenten bezeichneten Personen[1665], zur Wahrnehmung der Betriebspolizei[1666] und zur fachlichen Ausbildung des Personals[1667] verpflichtet. Im Zusammenhang mit der Aufsicht des Konzedenten besteht die Pflicht zur Statuten-[1668] bzw. Beschlussgenehmigung[1669], verschiedene Anzeigepflichten[1670], die Pflicht Inspektionen zu dulden[1671], Auskunft zu erteilen und Einsicht in die Bücher zu gewähren[1672] sowie Geschäftsberichte vorzulegen[1673]. Weiter sind materielle Vorschriften hinsichtlich der Buchführung und Rechnungslegung[1674] zu beachten und Kredit- oder Beitragsgebern Einsitz in der Verwaltung zu gestatten[1675]. Einen eigenen Regelungskomplex bildet das Berufsrecht. Dieses besteht im wesentlichen aus den sozialpolitisch motivierten Bestimmungen über die Stellung des Betriebspersonals, insbesondere dessen sozialer Absicherung[1676] und besonderen Arbeitszeitregelungen. Eher singulär und fragwürdig[1677] sind die Verpflichtungen, im Betrieb nur Personal schweizerischer Nationalität einzusetzen[1678] oder bei Beschaffungen die inländische Industrie zu berücksichtigen[1679]. Ist mit der Beendigung der Konzession die Beseitigung der Werkanlagen verbunden, so kann der Konzessionär nicht nur zur Aufrechterhaltung eines nichtgefährdenden Zustandes nach Betriebsaufgabe[1680], sondern auch zur vollständigen Beseitigung der Anlagen auf eigene Kosten angehalten werden[1681]. In anderen Fällen kann der Konzedent sein Heimfallrecht geltend machen; äussern sich weder Gesetz oder Konzession zum Schicksal der Anlagen nach Beendigung des

---

1663 Z.B. Art. 39 Abs. 5 lit. d LFV; Art. 15 EBG. Vgl. auch Kilchenmann, 53 zur Tarifgenehmigung beim Energiebezug.
1664 Vgl. dazu Hanhardt, 128; PVG 1979 Nr. 65.
1665 Art. 109 Abs. 3 LFV.
1666 Art. 23 EBG. Zu den verkehrspolizeilichen Befugnissen des Flughafenhalters vgl. die Untersuchung von Baltensberger.
1667 Art. 18 Abs. 1 Trolleybus-Verordnung; Art. 39 Schiffahrtsverordnung.
1668 Art. 15 EBG.
1669 Art. 12 EBG; Art. 103 LFG; Richli (Finanzreferendum), 159; Poltier, 209 f.
1670 Art. 110 Abs. 2 LFV; Art. 13 und 26 Schiffahrtsverordnung.
1671 Art. 19 RLG.
1672 Art. 56 WRG; Art. 110 Abs. 1 LFV.
1673 Art. 16 EBG; Art. 20 RLG; Art. 35 Automobilkonzessionsverordnung.
1674 Art. 63 ff. EBG; Art. 56 WRG; Art. 29 Abs. 1 LFG.
1675 Art. 14 EBG.
1676 Art. 80 ff. EBG; Art. 29 Abs. 2 LFG; Art. 15 Schiffahrtsverordnung; dazu eingehend Hanhardt, 128 f.
1677 Zur Vereinbarkeit mit dem europäischen Integrationsrecht siehe N 74.
1678 Art. 30 Abs. 1 Automobilkonzessionsverordnung; Art. 102 Abs. 1 lit. e LFV.
1679 Vgl. dazu die Beispiele bei Hanhardt, 131 f.
1680 Vgl. etwa Art. 66 WRG.
1681 Vgl. etwa Art. 18 LKV.

III. Ausübungsvorschriften und -rechte

Rechtsverhältnisses, so gelangt das privatrechtliche Akzessionsprinzip zum Zug, wonach die Anlagen dem Grundeigentum folgen[1682].

259. Lenkenden, hauptsächlich *wirtschaftspolitischen Bewilligungen* fehlt es an einem derart umfassenden und in sich geschlossenen Pflichtenkatalog, wie er das Konzessionsrecht auszeichnet. Trotzdem können selbst die wenigen Pflichten die wirtschaftliche und rechtliche Stellung der Zugelassenen stark berühren. Erwähnenswert sind zunächst die Pflicht zur gewerblichen Ausübung der zugelassenen Tätigkeit, die Auskunftspflicht und die Unterstellung unter die behördliche Kontrolle[1683]. Bei den lenkenden Bewilligungen im Agrarsektor ist sodann zu beachten, dass diese nur eines von vielen Elementen im Gefüge der Lenkungsmöglichkeiten bilden. Die Verzahnung der Bewilligung mit der Wirtschaftspolitik und ihre Abstimmung auf das gesamte wirtschaftspolitische Instrumentarium bestimmen weitgehend die Pflichtenstellung des Zugelassenen. Hier zählen zu den wichtigsten Pflichten die kompensationsweise Übernahme von Ware und das Verbot der missbräuchlichen Ausnützung des Privilegs eines geschlossenen Marktes. Die *Übernahmepflicht* kann aussenhandelspolitisch motiviert sein[1684] oder dem kostendeckenden Absatz der Inlandproduktion[1685] dienen. Im letzteren Fall erfolgt die Übernahme zu einem festgelegten Mindestpreis[1686]. Die Höhe der Übernahmepflicht soll in einem zumutbaren Verhältnis zur Höhe des Einfuhrkontingents stehen[1687]. Die Übernahmeverpflichtung kann teilweise durch die Leistung einer Ersatzabgabe abgelöst werden[1688]. Die Ersatzabgabe tritt auch an die Stelle der Verpflichtung, falls eine Übernahme aus faktischen Gründen unmöglich ist und die rechtsgleiche Durchsetzung der Ordnung keine Abweichung zulässt[1689]. Die Verletzung der Übernahmepflicht kann zu einem befristeten Ausschluss von der Einfuhrberechtigung führen[1690]. Eine Variante der Übernahmepflicht kennt die Milchwirtschaftsordnung. Kontingentsüberschreitungen können hier eine *Rücknahme*verpflichtung auslösen; ihr Zweck liegt in der Senkung der Kosten der Milchrechnung[1691]. Von der Übernahmepflicht zu unterscheiden ist die *Abnahme*verpflichtung, wie sie etwa den Milchsammelstellen auferlegt ist[1692]. Diese ist nicht Akzessorium eines wirtschaftlichen Privilegs, das die Ver-

---

1682 Vgl. N 309.
1683 Vgl. etwa Art. 3 und 7 f. Warenverkehrsverordnung.
1684 Einfuhr von Futtermitteln, vgl. BBl 1982 I 106 und 136.
1685 Art. 21 und 23 Abs. 1 LwG; Art. 31 ALV; Art. 60 SV.
1686 Art. 32 Abs. 2 ALV; Art. 66 SV.
1687 Art. 31 Abs. 1 ALV; Art. 67 SV; Art. 12 Abs. 1 BB über die GGF.
1688 Art. 31 Abs. 3 ALV.
1689 Vgl. Art. 60 Abs. 2 BB über die GGF.
1690 Art. 32 Abs. 5 ALV; Art. 100 Abs. 1 lit. f SV.
1691 Art. 1 Abs. 2 lit. d MWB 1988.
1692 Art. 6 Abs. 1 Milchbeschluss.

pflichtung erst aufgrund externer wirtschaftlicher Umstände auslöst, sondern die wesentlichste Voraussetzung für das Funktionieren der gesamten Bewilligungsordnung. Ihr Gegenstück findet sich in der Ablieferungspflicht der Milchproduzenten[1693]. Insofern steht sie der Betriebspflicht des Konzessionärs öffentlicher Dienste näher und kann auch nicht durch eine Ersatzabgabe abgelöst werden.

260. Wie erwähnt ist der Träger einer wirtschaftspolitischen Bewilligung verpflichtet, sein Betätigungsprivileg *nicht zu missbrauchen*, indem er sich an weiteren, die bewilligte Tätigkeit umschliessenden, Handelsstufen beteiligt. Damit soll verhindert werden, dass er seine Zulassung zum Nachteil Aussenstehender «doppelt nutzt» und unerwünschte Integrationswirkungen eintreten[1694]. Wer durch das Bewilligungssystem wirtschaftlich geschützt werden soll, dem dürfen auch keine Bewilligungen zugeteilt werden[1695]. Zu Sicherungszwecken wird dem Kontingentsinhaber etwa die Pflicht auferlegt, die eingeführte Ware unverarbeitet oder unvermischt seinen Kunden weiterzugeben[1696]. Die Marktordnung gefährdende Monopoltendenzen werden verhindert, indem es dem Bewilligungsträger verboten ist, sich rechtlich oder wirtschaftlich an der Tätigkeit seiner zugelassenen Konkurrenten zu beteiligen[1697]. Je nach Art der wirtschaftspolitischen Bewilligung können dem Inhaber weitere, mehr oder weniger gewichtige, die Hauptanliegen flankierende Pflichten aufliegen. Dazu zählen namentlich Abgabepflichten zur Aufnung eines die Strukturmassnahmen finanzierenden Rückstellungsfonds[1698], die Verbindlichkeit von Absatzkanälen für die inländische Vermarktung der eingeführten Ware[1699], das Verbot, im Rahmen des Dreiphasensystems importierte Früchte oder Gemüse einzulagern[1700] oder die Pflichtlagerhaltung[1701].

261. *Polizeilich bewilligte* Tätigkeiten oder Zustände werden nur selten mit Pflichten verbunden, die über die Motive der Zulassung hinausgehen. Wie bereits gesehen, liegt die Hauptpflicht darin, den polizeikonformen Zustand, wie er zum Zeitpunkt der Zulassung bestand, weiterzuführen. Dennoch werden Erlaubnisträgern zuweilen Pflichten auferlegt, die in Richtung *«Indienstnahme Privater»* gehen, und eine Parallele in den Betriebs- und Nebenpflichten eines Konzessionärs öffentlicher Dienste

---

1693 Art. 5 Abs. 1 Milchbeschluss. Die Ablieferungspflicht kann auch zu polizeilichen Zwecken eingesetzt werden, so für die konzessionierten Alkoholbrenner nach Art. 32bis Abs. 6 BV.
1694 Vgl. BBl 1982 I 130 f.; Art. 14 Abs. 1 lit. c BB über die GGF.
1695 Art. 3 lit. c Warenverkehrsverordnung.
1696 Art. 14 Abs. 1 lit. d BB über die GGF.
1697 Art. 14 Abs. 1 lit. c BB über die GGF. Vgl. auch Art. 4 lit. g Reglement der Schweizerischen Käseunion über die Mitgliedschaft vom 26. April 1972 (SR 916.356.02).
1698 Art. 9 lit. c und 89 f. SV.
1699 Art. 25 SV.
1700 Engeli, 19; Art. 25 Abs. 5 lit. a ALV.
1701 Art. 14 Abs. 1 lit. e BB über die GGF.

III. Ausübungsvorschriften und -rechte 229

finden. Die «Indienstnahme» geht aber niemals so weit, dem Zugelassenen eine eigentliche Betriebs- oder Weiterführungspflicht auferlegen zu wollen. Sie bleibt in jedem Fall von der Aufnahme und vom Umfang der zugelassenen Tätigkeit abhängig, ohne beides zwingend durchsetzen zu können. Bekanntestes Beispiel ist die polizeilich motivierte Kontrahierungspflicht. Zu dieser gehören die Bewirtungspflicht im Gastwirtschaftsgewerbe, die Beförderung im Taxigewerbe, die anwaltschaftliche Übernahme von Pflichtmandaten und Hilfeleistungspflichten einschliesslich Sonntags- und Notfalldienst durch Apotheken und Ärzte[1702]. Zudem wird die Geheimhaltungspflicht von Ärzten und Apothekern in bestimmten Fällen wie bei übertragbaren Krankheiten oder Medikamentenmissbrauch[1703] durch eine Anzeigepflicht durchbrochen. Die Kontrahierungspflicht wird zuweilen auch von der Verpflichtung zur hauptberuflichen Ausübung bzw. vom Verbot, überhaupt eine weitere, wenn auch nebenberufliche Tätigkeit auszuüben, begleitet. Ein *generelles Verbot jedwelcher* weiterer Betätigung dürfte kaum verhältnismässig sein[1704], da hieraus nur in den seltensten Fällen Gefahren für die ordnungsgemässe Ausübung des zulassungspflichtigen Hauptberufes entstehen[1705]. Die Ausübung eines zweiten Berufes soll nicht anders gehandhabt werden wie die Ausübung des gleichen, bewilligungspflichtigen Berufes an mehreren Orten[1706]. Es genügt, wenn das Gesetz dem Zugelassenen die Pflicht auferlegt, kein weiteres Gewerbe auszuüben, welches (durch Interessenkollisionen oder zeitliche Inanspruchnahme) die Interessen des Publikums berührt[1707]. Eine weitere Art der Indienstnahme besteht, wenn der Erlaubnispflichtige zur Erfassung und Weitergabe *statistischer Daten* gehalten wird, die dann einer beigeordneten staatlichen Politik als Grundlage dienen[1708].

262. In einer eigentümlichen *Mittelstellung* zwischen Pflichtenfreiheit und öffentlichem Dienst befindet sich das Taxiwesen. Dieses kennt eine Beförderungs- und Betriebspflicht sowie staatlich vorgeschriebene Maximal- bzw. Fixtarife, andererseits fehlt es ihm an einem Fahrplan, der Neutralitäts- und Anpassungspflicht, der Be-

---

1702 Vgl. dazu Saladin (Status), 154; Henggeler, 165 ff.; Mangisch, 197 ff. mit Kritik an der Verfassungsmässigkeit einer derartigen Verpflichtung; Wolffers, 47 ff.; Zürcher, 44 ff.; Wirth, 106 ff.
1703 Wirth, 116 und 224.
1704 Mangisch, 138.
1705 Anderer Ansicht RB 1980 Nr. 88; 1985 Nr. 125.
1706 Zur Unzulässigkeit des Verbots, mehr als zwei Zahnarztpraxen führen zu dürfen, vgl. BGE 113 Ia 38 ff.
1707 Vgl. etwa Art. 3 Abs. 1 lit. c AVG.
1708 Vgl. etwa Art. 9 BankG zur Publikation der Bankenstatistiken durch die Nationalbank und Art. 7 Abs. 2 und 18 Abs. 2 AVG zur Beobachtung des Arbeitsmarktes durch Erhebung von Daten bei Arbeitsvermittlern.

triebskontinuität und am Anspruch auf die Erhaltung eines finanziellen Gleichgewichts[1709].

IV. NEBENBESTIMMUNGEN

A. ALLGEMEINES

263. Bewilligungen und Konzessionen beigefügte Nebenbestimmungen stehen in einem engen Verhältnis zum sie tragenden Zulassungsakt. Dies drückt sich *zunächst* darin aus, dass Nebenbestimmungen nur statthaft sind, solange sie die Zwecksetzung der Zulassungsordnung nicht überschreiten[1710]. Diese Eingrenzung der Einsetzbarkeit wird wichtiger, je mehr Spielraum der Verwaltung für die konkrete Ausformung der Zulassung zugestanden ist. Gerne werden in solchen Fällen Verhandlungslösungen getroffen, die ihren Niederschlag gerade in Nebenbestimmungen finden. Dabei wird unter Rücksicht auf eine beiderseits genehme Lösung vergessen, dass dem privatrechtlichen «do ut des» im Verwaltungsrecht engere Schranken gesetzt sind[1711]. Der Zugelassene kann weder zu einer gesetzlich nicht vorgesehenen Leistung verpflichtet[1712] werden, noch auf dem Weg der Erbringung von an sich rechtmässigen Gegenleistungen Anspruch auf eine gewöhnlich nicht erteilbare Zulassung erheben. *Sodann* haben sich Nebenbestimmungen an dieselben verfassungsrechtlichen Vorgaben zu halten wie der Verwaltungsakt selbst. Nebst dem bereits erwähnten Legalitätsprinzip[1713] sind es vor allem das Verhältnismässigkeitsprinzip[1714] und die Achtung der Grundrechte, die hier die Anwendungsgrenzen abstekken. *Schliesslich* sind echte Nebenbestimmungen, dem Hauptverwaltungsakt gleich, nichts anderes als verbindliche, individuell-konkrete[1715] und erzwingbare Rechtsakte, die rechtlich auf den Hauptakt ausstrahlen und zumeist[1716] erst mit der Realisierung des Vorhabens wirksam werden. Damit unterscheiden sie sich von den so-

---

1709 Vgl. dazu Zürcher, 121 ff.
1710 Vgl. statt vieler H.-P. Moser, 398.
1711 Mäder, 240 und 256.
1712 Giacometti (Lehren), 265 f.; Imboden (Vertrag), 110a; Grisel (Traité), 451; Rhinow, (Rechte), 11; Imboden/Rhinow, Nr. 39 B III a; Fleiner-Gerster (Grundzüge), § 22 N 80 und 91; Gygi (Verwaltungsrecht), 211; Küng, 75; BGE 105 Ia 144 und 210.
1713 Siehe N 111.
1714 Imboden/Rhinow, Nr. 39 B III c; Zimmerli (Verhältnismässigkeit), 54; BGE 104 Ib 189; RB 1983 Nr. 112.
1715 Vgl. dazu eingehend Fries, 58 ff. sowie Tobias Jaag, Die Allgemeinverfügung im schweizerischen Recht, ZBl 85/1984, 438 f.
1716 Denkbar ist eine Auflage, die zur Aufnahme der Tätigkeit verpflichtet und deshalb bereits vor der Umsetzung des Hauptaktes bindet. Allerdings stellt sich dann die Frage, ob die Auflage nicht zum Hauptakt selbst wird. Umgekehrt ist eine Auflage, den Betrieb während einer bestimmten Zeit ohne Unterbruch aufrechtzuerhalten, generell von der Betriebsaufnahme abhängig.

IV. Nebenbestimmungen

genannten unechten Nebenbestimmungen[1717] (Anregungen, Wünschen, Ansichtsäusserungen, Hinweisen, Informationen, Ankündigungen, unechten Vorbehalten, Androhungen und Ermahnungen), wie sie einen Zulassungsentscheid regelmässig begleiten. Diese berühren den Hauptakt zwar nicht, sind aber rechtlich dennoch von Bedeutung, soweit sie die Gutgläubigkeit des Adressaten zu zerstören vermögen[1718]. Als unechte Nebenbestimmung einzustufen ist auch der blosse Hinweis auf oder die Wiedergabe von *abschliessenden* gesetzlichen Bestimmungen, selbst wenn diese inhaltlich als Befristung, Bedingung, Widerrufsvorbehalt oder Auflage anzusehen sind. Ihnen fehlt die Wirkung der Modifikation des Hauptverwaltungsaktes, da sie nicht mehr als die gesetzliche Lage reproduzieren[1719]; ihre Erörterung findet sich denn auch im vorangehenden Kapitel über die Ausübungsvorschriften. Anders verhält es sich, wenn das Gesetz der Behörde einen Ermessensspielraum überlässt und diese ihn auch ausnützt. Vom Hauptakt losgelöst zu betrachten sind auch die diesem angefügten, dennoch ein eigenes rechtliches Schicksal führenden Verwaltungsakte, zu denen etwa die administrative Behandlungsgebühr oder die Aufforderung zählen, einen anlässlich der Zulassungsprüfung entdeckten Missstand zu beseitigen[1720].

264. Nebenbestimmungen sind das ausgleichende Element bei sich entgegenstehenden privaten und öffentlichen Interessen. Der verschleiernden Namensgebung zum Trotz regeln «Nebenbestimmungen» nicht Nebensächliches, sondern stehen «neben» dem Hauptakt und geben einer Zulassung in vielen Fällen erst ihre rechtlich fassbaren Konturen[1721]. Das weitverbreitete Zurückgreifen auf Nebenbestimmungen rührt zunächst daher, dass es dem Zulassungssuchenden nur selten gelingt, die gesetzlichen Voraussetzungen der Zulassung vollumfänglich und vorbehaltlos zu erfüllen. Bedingt durch Verhältnismässigkeitsüberlegungen wird die Zulassung nicht verweigert, sondern es werden Nebenbestimmungen zur Mangelbehebung eingesetzt[1722]. Sodann bedarf die generell-abstrakte, oft mit unbestimmten Begriffen operierende Zulassungsordnung gerade bei Tätigkeiten, die auf längere Dauer angelegt sind, grosse Projekte bedingen oder ein weites Publikum berühren, einer präzisierenden, möglichst elastischen Anpassung an die sozialen Verhältnisse und Bedürfnisse des Zulassenden und Zugelassenen[1723].

1717 Imboden/Rhinow, Nr. 55 B I; Mäder, 233; Fries, 54.
1718 Vgl. dazu BGE 108 Ib 384 ff.
1719 Giacometti (Lehren), 372 f.; Engeli, 55; Mäder, 233; Good-Weinberger, 73. Insofern ist die Ansicht von Gygi (Verwaltungsrecht), 288 und Bovay, 161, wonach eine gesetzlich abschliessende Befristungsregelung zu den Nebenbestimmungen zählt, unrichtig.
1720 Fries, 72.
1721 Giacometti (Lehren), 364 f.; Gygi (Verwaltungsrecht), 288; Häfelin/Müller, N 719.
1722 Giacometti (Lehren), 365; Maurer, § 12 N 2.
1723 Giacometti (Lehren), 365.

265. Die einer Bewilligung beigefügten Nebenbestimmungen werden den belastenden Rechtsakten zugerechnet, sofern ein Rechtsanspruch auf deren Erteilung besteht[1724]. Diese Betrachtungsweise stimmt zwar rein formal, ist aber sachfremd, da sie Hauptakt und Nebenbestimmungen voneinander isoliert und verkennt, dass Nebenbestimmungen als Alternative zur vollständigen Erteilungsverweigerung auch begünstigend wirken. Der begünstigende Charakter wird deutlich, wenn anstelle des Widerrufs einer erteilten Zulassung eine Nebenbestimmung angebracht werden muss, falls es Verhältnismässigkeitsüberlegungen erfordern[1725]. Tatsächlich vereinigen Nebenbestimmungen als *Akzessorium des Zulassungsaktes und in Verbindung mit diesem* Begünstigung wie Belastung in sich. Sie bilden die situations- und verhältnismässigkeitsadäquate Mischung, wie sie zwischen den Polen der vollständigen Verweigerung und vorbehaltlosen Zulassung rechtlich erreichbar ist. Entgegen einer verbreiteten Meinung bestehen auch keine qualitativen Unterschiede zwischen Nebenbestimmungen, die einer Polizeierlaubnis und einer Ausnahmebewilligung beigefügt sind. Zwar wird bei der unter Nebenbestimmungen erteilten Ausnahmebewilligung lehrbuchhaft von einer Teilrücknahme einer Begünstigung gesprochen, doch handelt es sich auch hier im Ergebnis um nichts anderes denn eine Belastung des Erteilungssuchenden. In beiden Fällen ist der gesetzlich maximal erreichbare Zustand an Betätigungsmöglichkeit und -freiheit massgeblich; jede diesen Zustand einschränkende Abweichung ist als belastendes Minus anzusehen.

266. Nebenbestimmungen werden – in Anlehnung an die privatrechtliche Systematik[1726] – grob in *Bedingung, Auflage* und *Befristung* unterschieden. Der auflösenden Bedingung vergleichbar ist der *Widerrufsvorbehalt*, wogegen der baurechtliche *Revers* eine eigenständige, die Elemente verschiedenster Nebenbestimmungen in sich vereinigende Ausprägung erhalten hat[1727]. Der Widerrufsvorbehalt ist vom *Auflagenvorbehalt* zu unterscheiden, der nicht die Beendigung, sondern nur die Anpassung des Verwaltungsaktes vorsieht[1728]. Die in der Lehre gerne betriebene Kategorisierung findet in der Praxis nur geringen Widerhall[1729]. Der Grund liegt unter anderem darin, dass eine durchgehende Trennung von Auflage und Bedingung praktisch undurchführbar ist. Wird dem Zulassungssuchenden nämlich eine Tätigwerden auferlegt, so ist der Entscheid zwischen Auflage und Potestativbedingung ausserordentlich schwierig, wenn nicht gar unmöglich[1730]. Welche dieser Nebenbestimmun-

---

1724 Giacometti (Lehren), 351; Haller/Karlen, N 560; Erichsen, in: Erichsen/Martens, § 13 N 10; Good-Weinberger, 67.
1725 Mäder, 254.
1726 Erichsen, in: Erichsen/Martens, § 13 N 1.
1727 Vgl. dazu eingehend Fries, 37 ff., ferner Haller/Karlen, N 565 ff.; Mäder, 262 f.
1728 Erichsen, in: Erichsen/Martens, § 13 N 6.
1729 Vgl. dazu Mäder, 232; Bovay, 162; Fries, 94.
1730 Erichsen, in: Erichsen/Martens, § 13 N 7.

IV. Nebenbestimmungen 233

gen nun genau vorliegt, ist keineswegs belanglos, da von der genauen Zuordnung das rechtliche Schicksal der Zulassung abhangen kann. Wird eine Potestativbedingung nicht erfüllt, so berührt dies direkt die Wirksamkeit der Zulassung. Anders verhält es sich mit der Auflage, deren Nichterfüllung sich grundsätzlich nicht auf den Hauptakt auswirkt, sondern auf der Ebene der Vollstreckung gelöst wird. Die Unterschiede verwischen sich aber, wenn die Nichterfüllung der Auflage den Widerruf des Hauptaktes – als letzte Stufe des Zwangs – auslösen kann[1731]. Immerhin bedingt der Widerruf behördliches Handeln, wogegen der resolutive Bedingungseintritt *eo ipso* das Ende des Hauptaktes auslöst. Dies zeigt, dass je nach Art der Nebenbestimmung auch hinsichtlich des Eintritts der Rechtswirkungen Differenzen bestehen. Der Bedingungseintritt wie auch der Fristablauf bedürfen keiner weiteren hoheitlichen Umsetzung, im Gegensatz zum Widerrufsvorbehalt, der auch im Widerrufsfall nicht notwendigerweise ausgeübt werden muss. Ähnliche Zuordnungsschwierigkeiten werfen ausserdem die immer wieder anzutreffenden gemischten Nebenbestimmungen auf, deren Inhalt zwar den Wirkungen nach theoretisch getrennt, in seiner Gesamtheit aber kaum eingeordnet werden kann.

267. Ist die Natur der Nebenbestimmung zweifelhaft, zieht die Lehre mehrere Abgrenzungskriterien bei, die weiterhelfen sollen[1732]. Die Benennung ist wohl ein erstes, aber angesichts der weitverbreiteten Unklarheit über die Terminologie ein nur mit Bedacht anzuwendendes Indiz. Entscheidender ist der objektivierte Wille der erteilenden Behörde, bei Verhandlungslösungen auch jener des Erteilungsersuchenden. Dessen Ermittlung soll Aufschluss darüber geben können, ob mit der Nebenbestimmung das Schicksal des Hauptverwaltungsaktes untrennbar verbunden werden sollte. Als Hilfsindiz kann die gesetzliche Regelung dienen, da man davon ausgehen kann, dass die Behörde keine rechtswidrige Anordnung habe treffen wollen. Bleibt der Wille immer noch unklar, so ist nach der Zweifelsregel vorzugehen, wonach zugunsten der für den Bürger milderen Massnahme zu entscheiden ist. Dabei wird gewöhnlich die Auflage als weniger belastend angesehen.

268. Die Verbindung von Hauptverwaltungsakt und echten Nebenbestimmungen wirkt sich in verschiedene Richtungen aus. Im Mittelpunkt steht der *Sachzusammenhang* zwischen Hauptakt, Nebenbestimmung und der angestrebten Verbesserung. Damit wird nicht nur ein Damm gegen eine behördliche Ausnützung der tolerierten Lockerung des Legalitätsprinzips errichtet[1733], sondern auch der Gesetzge-

---

1731 Mäder, 222; Good-Weinberger, 74.
1732 Vgl. zum Ganzen Maurer, § 12 N 17; Erichsen, in: Erichsen/Martens, § 13 N 11; Drews/Wacke/Vogel/Martens, 465.
1733 Vgl. dazu Imboden/Rhinow, Nrn. 39 B III b und 59 B II c; Grisel (Traité), 408 f.; Zimmerli (Bedingung), 11 f.; Gygi (Verwaltungsrecht), 293; Häfelin/Müller, N 721; Saxer, 300; Mäder, 239; BGE 117 Ib 176; BGer 17.Dezember 1985, ZBl 87/1986, 490; RB 1990 Nr. 103.

ber selbst an Willkürverbot und Rechtsgleichheitsgebot gebunden. Nebenbestimmungen, die sich nicht als sachgerecht oder sachbezogen[1734] erweisen, sind unabhängig von ihrer *gesetzlichen Verankerung* und vom *Ermessensspielraum* verfassungsrechtlich unhaltbar; nicht selten verletzen sie zudem das Verhältnismässigkeitsgebot. Der Sachzusammenhang fehlt namentlich dann, wenn die mit einer Nebenbestimmung verbundenen Verhältnisse auch nicht Inhalt einer Zulassungsverweigerung sein könnten[1735]. Als sachwidrig erweist sich eine baurechtliche Auflage in einer Bundeskonzession, da sie die kantonale Bauhoheit berührt[1736]. Umgekehrt hat eine Haftungsauflage in einer kantonalen oder kommunalen Sondernutzungsgestattung keinen Platz, falls der Haftungstatbestand bundesrechtlich abschliessend geregelt ist[1737]. Die Sachwidrigkeit kann sich auch nachträglich einstellen, indem die Sachumstände, die für eine Nebenbestimmung massgeblich waren, sich nicht verwirklichen bzw. wegfallen[1738]. Gehen vereinbarte Nebenbestimmungen über den gesetzlichen Zweck hinaus, stellt sich zu Recht die Frage, ob subsidiär die Regeln über den verwaltungsrechtlichen Vertrag beizuziehen sind[1739]. Dabei sind zum einen die für den verwaltungsrechtlichen Vertrag geltenden Schranken[1740] zu beachten. Zum anderen soll der Beizug nicht dazu dienen, dem Zulassungssuchenden *kompensatorisch* Verpflichtungen aufzuerlegen, wenn er *Anspruch* auf eine verpflichtungsfreie Erteilung hätte.

Aus der Konnexität folgt weiter, dass der Mangel ohne besondere Schwierigkeiten rechtlich und tatsächlich behebbar sein muss[1741]. Können die zu erwartenden Nachteile durch Nebenbestimmungen nicht entscheidend gemildert werden[1742] oder gehen die Mängel so weit, dass das Vorhaben in seinen wesentlichen Grundzügen überarbeitet werden muss[1743], bleibt nur der Weg der Verweigerung.

1734 Vgl. dazu Giacometti (Lehren), 370; Imboden/Rhinow, Nr. 39 B III b; Grisel (Traité), 408 f.; Häfelin/Müller, N 721; Moor, Bd. II, 49; Mäder, 248; Bovay, 164, Fries, 73 f.; BGE 99 Ia 489; 117 Ib 176 f.
1735 Imboden/Rhinow, Nr. 39 B III b.
1736 Küng, 80.
1737 Saxer, 301; BGE 98 Ia 371.
1738 Vgl. dazu RB 1985 Nr. 120.
1739 Zimmerli (Bedingung), 164.
1740 Vgl. etwa BGE 81 I 87.
1741 Zimmerli (Bedingung), 21; Bovay, 163; Mäder, 241 f.; RB 1982 Nr. 155.
1742 BGer 26. September 1984, ZBl 85/1984, 535.
1743 Zimmerli (Bedingung), 11; Mäder, 242 f. mit zahlreichen Hinweisen auf die baurechtliche Praxis.

B. BEDINGUNG UND AUFLAGE

269. Die *Bedingung* hat im Bewilligungs- und Konzessionsrecht, namentlich als auflösende Bedingung, eine vergleichsweise geringe Bedeutung erlangt[1744]: Sie erweist sich ihrem Wesen nach als starr; zudem bezieht sie sich auf Unvorhersehbares und kann so den bei Zulassungen häufig auftretenden Vertrauenslagen nur selten gerecht werden[1745]. Eine Ausnahme bilden die Konzessionen des öffentlichen Dienstes. Sie können von der Bedingung begleitet sein, dass eine nicht fristgerechte Vollendung der Werkerstellung die Konzession beende. Allerdings erlischt die Konzession in Abkehr von den allgemeinen Regeln nicht eo ipso mit Bedingungseintritt, sondern, ähnlich einem Revers, erst aufgrund einer behördlichen Erklärung[1746]. Diese gesetzliche Ordnung lässt vermuten, dass die Auflösung nur als letztes Mittel eingesetzt werden soll. Bereits das Verhältnismässigkeitsprinzip würde eine derartige Schranke setzen, denn eine resolutive Bedingung, die grössere Werte beseitigen soll, ist nur schlecht durchsetzbar und dürfte damit kaum zwecktauglich sein[1747]. Verbreiteter sind aufschiebende Bedingungen, wie etwa die Erstellung einer genügenden Erschliessung[1748] bzw. der Abbruch bestehender Gebäude vor Aufnahme der Bauarbeiten oder die Erlangung eines Fähigkeitsausweises vor Beginn der Berufsausübung[1749].

270. *Auflagen* gelten im Vergleich zur Bedingung als die mildere Alternative, da ihre Nichterfüllung nicht den Bestand der Zulassung berührt und die Handhabung der Auflage flexibler gehandhabt werden kann. Daraus folgt auch die Regel, dass bei Zweifeln über die Rechtsnatur der Nebenbestimmung das Vorliegen einer Auflage vermutet wird[1750]. Umgekehrt dürfen Auflagen nicht auferlegt werden, wenn der Mangel des Gesuches derart schwer wiegt, dass seine Nichtbeseitigung notwendig auch das Dahinfallen der Zulassung mit sich bringen muss.

271. Die Auflage besitzt – im Vergleich mit der Befristung oder Bedingung – einen recht eigenständigen Charakter[1751], da sie selbständig erzwingbar ist. Im Unterschied zur Bedingung ist der Widerruf jedoch nicht erste und einzige, sondern erst letzte Folge der Nichterfüllung[1752]. Die Zulässigkeit der Auflage beurteilt sich im

---

1744 Giacometti (Lehren), 366; Zimmerli (Bedingung), 25; Gygi (Verwaltungsrecht), 291; Mäder, 252; Fries, 82.
1745 Vgl. die Beispiele bei Fries, 83 f.
1746 Vgl. zur Flughafenkonzession Art. 39 LFV.
1747 Fries, 88 mit weiteren Hinweisen.
1748 Haller/Karlen, N 563.
1749 Grisel (Traité), 408.
1750 Gygi (Verwaltungsrecht), 291; Drews/Wacke/Vogel/Martens, 465; Mäder, 256; Fries, 93.
1751 Grisel (Traité), 408; Häfelin/Müller, N 734; Drews/Wacke/Vogel/Martens, 465; Fries, 88.
1752 Gygi (Verwaltungsrecht), 290; BGE 106 Ib 292 f.; 108 Ib 4;

wesentlichen nach dem Sinn der Zulassung bzw. der ratio des Gesetzes: Vergrösserungen der Gastwirtschaft, die nicht einen erhöhten Alkoholkonsum bewirken sollen, fallen nicht unter die Bedürfnisklausel. Demnach kann bei der Bewilligungserteilung verlangt werden, dass die neuen betrieblichen Teile der Einnahme von Speisen vorbehalten werden sollen[1753]. Die Errichtung von Bauten, deren Benutzung mit Emissionen verbunden ist, kann mit allen Auflagen verbunden werden, die geeignet sind, diese zu verhindern oder zu senken. Dazu gehören nicht nur Vorschriften über die Materialwahl, sondern auch über die betriebliche Nutzung[1754]. Die Rodungsbewilligung kann mit einer inhaltlich genau definierten Aufforstungspflicht verbunden werden[1755]. Monopolkonzessionären kann die Bildung eines Pikettdienstes und eine Weiterbildungspflicht auferlegt werden[1756], Konzessionären öffentlicher Dienste gar jede Verpflichtung, die sicherstellt, dass der Konzessionär die übertragene Tätigkeit gleich verrichtet, wie es der Konzedent tun würde[1757]. Dazu gehören Sicherheits- und Transportauflagen wie auch Tarifbegünstigungen Einheimischer. Die Sondernutzungskonzession kann mit der Auflage verbunden werden, dass der beanspruchte öffentliche Grund als Verkehrsanlage erhalten bleibt, unter Berücksichtigung öffentlicher Verkehrsinteressen[1758]. Dagegen schliesst es die Nutzungsordnung aus, dass eine auf öffentlichem Grund stattfindende politische Demonstration generell mit einem Lautsprecherbenützungsverbot belegt wird, da damit die Appellwirkung zu stark eingeschränkt würde[1759]. Auflagen, die mit Berufsausübungsbewilligungen verbunden sind, dürfen ihrerseits nicht soweit führen, dass sie unter Überschreitung der polizeilichen Zwecksetzung auch innerbetriebliche, organisatorische oder ökonomische Bereiche regeln[1760]. Zulässig ist hingegen die Verpflichtung zur Einrichtung eines 24-stündigen Dienstes für Halter von A-Taxibewilligungen[1761].

272. Die Auflage kann bestehende Mängel beheben wie auch präventiv künftiges Verhalten steuern. Im Baurecht besteht ein ausgeprägtes Bedürfnis nach präventiven Auflagen, wenn eine verbotene bauliche Nutzung wahrscheinlich, eine vollständige Ablehnung des Gesuchs aber unverhältnismässig wäre[1762]. Bei Ausnahmebewilligungen besteht ein vergleichbares Interesse an sichernden Auflagen, da bei Ausnah-

---

1753 RB 1980 Nr. 91.
1754 RB 1980 Nr. 128.
1755 BGer 17. Dezember 1985, ZBl 87/1986, 490 ff.
1756 BGE 95 I 153 f.
1757 Küng, 76.
1758 RB 1990 Nr. 103.
1759 Saxer, 303; BGE 107 Ia 303.
1760 Vgl. dazu die Beispiele bei Zürcher, 47 ff. und 68 ff.
1761 BGE 99 Ia 401 f.
1762 Mäder, 244 f.

IV. Nebenbestimmungen 237

men die Gefahr eines späteren Missbrauchs besonders gross ist[1763]. In beiden Fällen muss die Gefahr eines Missbrauchs jedoch wahrscheinlich sein, ansonsten die Auflage als unverhältnismässig einzustufen ist[1764]. Ob die Wahrscheinlichkeit besonders naheliegend sein muss oder auch eine entferntere genügt, wird je nach der mit der Auflage verbundenen Belastung und der Art und Aussenwirkung des möglichen Missbrauchs anders zu beurteilen sein.

273. Von der Auflage zu unterscheiden ist der *Auflagenvorbehalt*, der es der Verwaltung ermöglicht, den Zulassungsakt nachträglich den veränderten Verhältnissen anzupassen, ohne hierfür eine Entschädigung zahlen zu müssen[1765]. Seine rechtsdogmatische Einordnung ist unklar[1766]. Für den Auflagenvorbehalt sprechen praktische Bedürfnisse, wenn die Zulassung generell möglich, einzelne Auswirkungen aber noch ungeklärt sind. So kann die Bewilligung für eine Arealüberbauung erteilt werden, ohne dass die Farb- und Materialwahl beurteilt worden ist. Aus Kosten- und Praktikabilitätsgründen ist die äussere Gestaltung der Bauten am zweckmässigsten nach Rohbauerstellung möglich[1767]. Zugleich wird der Bauherr verpflichtet, die Farb- und Materialwahl mit der Verwaltung abzusprechen. Deren Entscheid kann wiederum Inhalt einer Auflage sein. Die verfahrensrechtliche Aufspaltung besitzt praktische Vorteile; trotzdem ist sie bei einem Verfahrens, das grundsätzlich hinsichtlich Tatbestand und Rechtsfolge als ein einheitliches verstanden wird[1768], nicht ohne Tücken. Verfahrensrechtliche Probleme stellen sich, wenn das Gesetz eine Aufspaltung nicht vorsieht und die auferlegte Tätigkeit für sich allein gar nicht bewilligungspflichtig ist[1769]. Zudem wird die Stellung des rekursberechtigten Nachbarn erschwert, der sich nun mit mehreren Verfahren zu befassen hat. Faktisch wird der Entscheidungsspielraum der Behörde überdies um so mehr eingeschränkt, je später der Vorbehalt ausgenützt wird und je mehr Dispositionen der Zugelassen bereits getroffen hat. Gerade bei starker Ungewissheit über die künftige Entwicklung kann sich ein Auflagenvorbehalt als unvorteilhaft erweisen, falls sich später zeigt, dass ein Widerrufsvorbehalt angebrachter gewesen wäre.

1763 BGE 108 Ib 8; RB 1985 Nr. 99.
1764 Imboden/Rhinow, Nrn. 39 B III c und 58 B IV c; Zimmerli (Verhältnismässigkeit), 55; Mäder, 244; BGE 108 Ib 8.
1765 Erichsen, in: Erichsen/Martens, § 13 N 6.
1766 Maurer, § 12 N 14.
1767 Vgl. dazu RB 1989 Nr. 83 in Abweichung von der früheren vorbehaltsfeindlichen Praxis in RB 1980 Nr. 128.
1768 Bovay, 159; differenzierend Mäder, 225 f.
1769 So im Sachverhalt, wie er RB 1989 Nr. 83 zugrunde lag.

C. BEFRISTUNG

274. *Befristungen* sind bei auf Dauer ausgelegten Zulassungen – etwa bei der Baubewilligung – selten. Eine gewisse Verbreitung haben sie bei Bauten erlangt, die ihrer Natur oder Zwecksetzung nach als Provisorien gelten[1770] und deren Errichtung nicht mehr als eine vorübergehende Rechtsverletzung bedingt. Wird eine polizeiliche Berufsausübungsbewilligung befristet, besteht die Gefahr, dass die Befristung eine wirtschaftspolitische Dimension erhält: Die Nichterneuerung kann zur Marktlenkung oder berufsständischen Beschränkung eingesetzt werden; dies gilt selbst dann, wenn die Zulassung in Form einer Ausnahme erfolgte[1771]. Grundsätzlich stellt sich überhaupt die Frage, ob *polizeilich* motivierte Befristungen notwendig sind nebst einer ständigen staatlichen Aufsicht über die Gewerbetreibenden, der bei groben Missständen der jederzeitige Bewilligungsentzug zur Verfügung steht. Je nach Art und Intensität der Aufsicht, den zur Verfügung stehenden Kontrollmöglichkeiten, der Effizienz des Kontrollapparates und den berührten Rechtsgütern fällt die Antwort aber anders aus.

275. Geläufiger sind Befristungen bei den übrigen Zulassungsarten. Sie sind typisch für Konzessionsverhältnisse, da die konzessionsrechtlich übertragenen staatlichen Befugnisse nicht endgültig aufgegeben werden dürfen. Bei Zulassungen, die knappe Güter betreffen, dient die Befristung einem Ausgleich zwischen konkurrierenden Interessen[1772], bei wirtschaftspolitischen Bewilligungen einer laufenden Neuausrichtung auf die staatliche Wirtschaftspolitik. Ähnlich verhält es sich bei der ausländerrechtlichen Aufenthaltsbewilligung, die stets befristet ist[1773]. Auch bei Ausnahmebewilligungen kann sich die Befristung als zweckmässig erweisen, vor allem wenn es gilt, vorübergehende Sonderlagen oder -bedürfnisse zu erfassen oder die negativen Auswirkungen einer Ausnahme einzuschränken. Unabhängig von der Zulassungsart werden Befristungen auch dann eingesetzt, wenn es gilt, eine staatliche Entschädigungspflicht beim Dahinfallen der Zulassung zu verhindern[1774].

276. Mit Ablauf der Frist erlischt die Zulassung, die Tätigkeit wird ohne weiteres Zutun rechtswidrig. Untätigkeit oder Schweigen der Behörde kann nicht als Verlängerung des bisherigen Zustands aufgefasst werden, ausser weitere Umstände – wie beharrliche Nichtbeantwortung mehrerer Verlängerungsanträge und längerandauerndes Dulden des gesetzwidrigen Zustandes – würden eine andere Folgerung

---

1770 Mäder, 259 f.; Fries, 85.
1771 LGVE 1987 III Nr. 46; VGer Obwalden 26. Oktober 1988, ZBl 90/1989, 443.
1772 BGE 102 Ia 448 f.; 108 Ia 139. Auch im Aufstellen von Parkuhren liegt implizit eine Befristung, Drews/Wacke/Vogel/Martens, 470.
1773 H.P. Moser, 396 f.; Art. 5 ANAG.
1774 Erichsen, in: Erichsen/Martens, § 13 N 11.

nahelegen[1775]. Mit Fristablauf ist die Zulassungsbehörde gehalten, die Voraussetzungen für die Erteilung einer neuen Zulassung zu überprüfen[1776]. Dabei kann der Entscheid an sich frei und ohne Rücksicht auf die bisherige Rechtsposition oder einen Anspruch auf Entschädigung ausgeübt werden[1777]. Dennoch kann sich aus der gesetzlichen Ordnung[1778] oder aus den Umständen ein Anspruch auf Verlängerung bzw. Entschädigung ergeben. Wenn ein Missverhältnis zwischen der Frist und den notwendig gewordenen Dispositionen vorliegt oder wenn eine gleichförmige Verlängerungspraxis ohne Änderung der tatsächlichen oder rechtlichen Verhältnisse bestand, kann der Zugelassene eine Berücksichtigung der bisherigen Innehabung verlangen[1779]. Über die Verlängerung, Anpassung oder Verweigerung kann erst aufgrund einer Interessenabwägung entschieden werden. Je nach Interessen- und Vertrauenslage kann die vollständige Verweigerung durch eine Übergangsfrist gemildert werden[1780]. Erweist sich, dass die Befristung den Zugelassenen einzig zur *Anzeige* der Fortführung seiner Tätigkeit anhalten soll und somit nur der behördlichen Aufsicht dient und im wesentlichen gar keine erneute Prüfung der Zulassungsvoraussetzungen bezweckt, besteht jedenfalls ein Anspruch auf Verlängerung.

Von der Befristung zu unterscheiden ist der zeitlich befristete Aufschub des Widerrufs einer Zulassung, der aus Verhältnismässigkeitsüberlegungen heraus dem Betroffenen eine angemessene Übergangsfrist einräumt. Die befristete Zulassung wirkt resolutiv, der befristete Widerruf suspensiv.

D. WIDERRUFSVORBEHALT

277. Der *Widerrufsvorbehalt* verfolgt ähnliche Ziele wie die Befristung, nämlich das «freie» Dahinfallen der Zulassung ohne Entschädigungspflicht[1781]. Eine besondere Unterart des Widerrufsvorbehalts bildet der *Anpassungsvorbehalt*, der sich nicht auf die Vernichtung der Zulassung, sondern auf ein Dahinfallen einzelner Modalitäten und deren Ersatz durch eine neue Ordnung bezieht. Der Widerrufsvorbehalt wird

---

1775 Drews/Wacke/Vogel/Martens, 470.
1776 Fries, 78; BGE 102 Ia 438; 112 Ib 134.
1777 Vgl. dazu Imboden/Rhinow, Nr. 45 B II b 1; Weber-Dürler (Vertrauensschutz), 192; Rhinow/Krähenmann, Nr. 74 B X d; Mäder, 262; Fries, 78; BGE 102 Ia 448; 112 Ib 133 sowie auch RB 1979 Nr. 96.
1778 Art. 69 Abs. 2 WRG.
1779 Weber-Dürler (Vertrauensschutz), 191 ff.; Rhinow/Krähenmann, Nr. 74 B X d; Moor, Bd. II, 235; BGE 112 Ib 134.
1780 Weber-Dürler (Vertrauensschutz), 193; Rhinow/Krähenmann, Nr. 74 B X f.; BGE 102 Ia 449 ff.; 104 Ia 30.
1781 Imboden/Rhinow, Nr. 41 B 1 b; Moor, Bd. II, 48; Fries, 79; Drews/Wacke/Vogel/Martens, 478 ff.; BGE 101 Ia 192; 109 Ia 132.

zuweilen den resolutiven Bedingungen zugerechnet[1782], was nicht ganz zutrifft, da die Verwirklichung des Widerrufsgrundes nicht den automatischen Untergang des Hauptaktes auslöst, sondern ein Zwischenverfahren bedingt[1783]. Die Aufhebung muss in einem weiteren Rechtsakt förmlich verfügt werden[1784], wobei der Entscheid erst aufgrund einer Interessenabwägung getroffen wird[1785]. Das Dahinfallen bedeutet auch hier nicht zwangsläufig das endgültige Ende der Zulassung; vielmehr kann (und soll) ein neuer Entscheid unter Berücksichtigung der geänderten rechtlichen oder tatsächlichen Umstände getroffen werden[1786]. Anders als bei der Befristung ist nicht der Zeitablauf entscheidend, sondern der Eintritt bzw. Nichteintritt zum voraus definierter Umstände.

278. Ein Widerrufsvorbehalt bei Zulassungen, auf deren Erteilung ein Anspruch besteht, ist nicht gestattet, ausser das Gesetz sehe ihn ausdrücklich vor[1787]. Die Sicherstellung der Voraussetzungen einer Zulassung durch den Vorbehalt ist ebenfalls nicht möglich, da sie auf der Annahme beruht, die Zulassung könnte ohne Erfüllung der Zulassungsanforderungen erteilt werden[1788]. Die schweizerische Praxis neigt aber in fragwürdiger Weise[1789] dazu, bei ernsthaften Zweifeln über die Erfüllung der Zulassungserfordernisse das Anbringen des Widerrufsvorbehalts als zulässig anzusehen. Zur Begründung wird vorgebracht, die Erteilung unter Vorbehalt des Widerrufs sei selbst ohne gesetzliche Verankerung möglich, wenn die Zulassung gänzlich verweigert werden könnte. Die Begründung wird darin gesehen, dass die eingeschränkte Zulassung das *mildere Mittel* sei[1790]. Diese aus der prozessualen Optik verständliche Folgerung darf nicht zur verwaltungsdogmatischen Folgerung führen, die mit Vorbehalt verknüpfte Zulassung sei im Recht zur gänzlichen Verweigerung «inbegriffen». Damit wird – jedenfalls bei *gebundenen* Zulassungen – verkannt, dass die Rechtsposition des Antragstellers und der Ermessens- und Handlungsbereich der Verwaltung *gesetzlich abschliessend determiniert*[1791] sind und ein Widerrufsvorbehalt einen möglichen Mangel gar nicht beheben kann[1792]. Entweder wird die Zulassung erteilt oder nach gesetzlicher Ordnung verweigert. Ein Vorbehalt ist ausge-

---

1782 Vgl. Maurer, § 12 N 7; Erichsen, in: Erichsen/Martens, § 13 N 5; BGE 99 Ia 458; 109 Ia 131.
1783 Gl. M. Moor, Bd. II, 48.
1784 Gygi (Verwaltungsrecht), 293.
1785 Rhinow/Krähenmann, Nr. 41 B 1 b; Fries, 79; BGE 101 Ia 191; 109 Ia 132 f.
1786 Gygi (Verwaltungsrecht), 294; BGE 109 Ia 132.
1787 Gygi (Verwaltungsrecht), 294; BGE 93 I 675; 96 I 313; 104 Ib 162.
1788 Vgl. dazu Drews/Wacke/Vogel/Martens, 478.
1789 Vgl. dazu eingehend N 113.
1790 Wegleitend BGE 109 Ia 131.
1791 Vgl. dazu Regierungsrat Aargau 6. September 1976, ZBl 78/1977, 129; VGer Basel-Stadt 14. April 1978, BJM 1978, 209.
1792 Vgl. zum Erfordernis der Behebbarkeit des Mangels Zimmerli (Bedingung), 21; Bovay, 163; Mäder, 241 f.; RB 1982 Nr. 155.

schlossen, wenn der Verwaltungsakt überhaupt nicht erlassen werden darf[1793]. Im übrigen stellt man sich zusammen mit dem Bundesgericht[1794] die etwas ketzerische Frage nach dem Sinn des Vorbehalts: Da bei Dahinfallen der gesetzlichen Zulassungsvoraussetzungen die Zulassung widerrufen werden kann[1795], braucht es keinen Vorbehalt. Von theoretischer Bedeutung ist zudem die Überlegung, eine provisorische Zulassung – mit der Folge einer für den Zugelassenen unsicheren und unbeständigen Rechtslage[1796] – sei im Vergleich zu einer gänzlichen Verweigerung milder. Erst aufgrund der Überprüfung konkreter Umstände kann geklärt werden, ob der Zulassungssuchende nicht durch eine *abschliessende Prüfung* seiner Anspruchsituation besser gestellt wäre. Insbesondere wäre abzuklären, inwiefern ihn eine provisorische Zulassung zu weitgehenden, im Widerrufsfall nicht ausgleichungspflichtigen Dispositionen anhält oder von anderweitigen Dispositionen abhält. Abgesehen von den vorstehenden Bedenken kann auch bei Zulassungen, auf die grundsätzlich *kein Anspruch* besteht, kein freier Widerrufsvorbehalt angefügt werden, wenn er sich mit dem Sinn der Zulassung nicht vertragen würde. So wäre etwa die Erteilung einer wasserrechtlichen Konzession unter freier, entschädigungsloser Widerrufbarkeit ein Widerspruch in sich selbst[1797].

279. Weder bei der Anordnung noch bei der Ausübung des Widerrufsvorbehalts ist die Behörde «frei». Sie ist an die gesetzlichen Vorgaben, das Verhältnismässigkeitsprinzip und Grundregeln über die Ermessensausübung gebunden[1798]. Der Vorbehalt soll hinsichtlich Inhalt, Gegenstand, Zweck und Ausmass genügend bestimmt sein[1799]; machen es Rechtssicherheitsgründe notwendig, ist er auch zu befristen[1800]. Nach ständiger Praxis sollen «wohlerworbene Rechte» einem (teilweisen) Widerruf im Weg stehen, soweit sich dieser auf das Inkrafttreten neuer Gesetze stützt und den wirtschaftlichen Kern des Konzessionsverhältnisses berührt[1801]. Diese an sich fragwürdige, aus der Praxis zum Wassernutzungsrecht stammende Regel ist kaum verallgemeinerungsfähig. Vielmehr gilt für Konzessionsverhältnisse nichts anderes, als dass gesetzlich zulässige Widerrufs- bzw. Anpassungsvorbehalte auch den durch die

---

1793 Hangartner (Widerruf), 157.
1794 BGE 101 Ia 191.
1795 Vgl. Regierungsrat Aargau 6. September 1976, ZBl 78/1977, 129.
1796 Siehe BGE 109 Ia 132 f.
1797 Sintzel, 23; RB 1986 Nr. 109.
1798 Hangartner (Widerruf), 162 f.; Gygi (Rechtsbeständigkeit), 249 f.; Weber-Dürler (Vertrauensschutz), 181; Gygi (Verwaltungsrecht), 294; Rhinow/Krähenmann, Nr. 41 B I b 1; Fries, 79; BGE 96 I 290; 101 Ia 91; 109 Ia 131 f.; Bundesamt für Justiz 7. Juni 1979, VPB 1980 Nr. 31.
1799 Drews/Wacke/Vogel/Martens, 480.
1800 Rhinow/Krähenmann, Nr. 41 B I b 1; BGE 109 Ia 132; Bundesamt für Justiz 7. Juni 1979, VPB 1980 Nr. 31.
1801 Rhinow/Krähenmann, Nr. 45 B II a; BGE 107 Ib 146; 110 Ib 163; BGer 16. September 1987, ZBl 89/1988, 277 ff.

«Wohlerworbenheit» gebotenen Schutz einschränken können. Die «Wohlerworbenheit» ist nichts fest Vorgegebenes, sondern das Ergebnis einer konkreten Zulassung. Wie weit die Schwächung des Konzessionärs reichen darf, beurteilt sich in erster Linie nach der gesetzlichen Ordnung, sodann nach den aus der Theorie des finanziellen Gleichgewichts abgeleiteten Grundsätzen[1802] und anhand der verfassungsrechtlichen Rahmenbedingungen, namentlich des Willkürverbots und des Prinzips von Treu und Glauben. Der Befristung gleich kann der Widerruf erst als letztes Mittel eingesetzt werden; vorgängig ist zu klären, ob nicht eine Androhung oder eine modifizierte Zulassung genügen. Eventuell kann dem Widerruf eine Übergangs- oder Schonfrist beigefügt werden[1803].

V. BEENDIGUNG UND BESTAND

A. ALLGEMEINES

280. Die zeitliche Wirkung einer Bewilligung oder Konzession ist rechtlich oder praktisch immer beschränkt; eine «ewige» Zulassung, heute etwa noch in der Gestalt «ehehafter Rechte» bekannt, ist die Ausnahme. Auffallend ist die Ähnlichkeit der öffentlichrechtlichen Rechtsverhältnisse mit dem privatrechtlichen Vertrag, der auch nicht auf «ewige» Zeiten, sondern nur innerhalb der Grenzen von Art. 2 und 27 Abs. 2 ZGB abgeschlossen werden kann. Das Motiv für die zeitliche Eingrenzung von Bewilligung und Konzession variiert je nach Zulassungsart. Bei Konzessionen ist es das den Staat bindende Unveräusserlichkeitsdogma[1804], bei der Nutzung öffentlichen Grundes (auch) die rechtsgleiche Berücksichtigung weiterer Bewerber, bei Polizeibewilligungen die ungehinderte Neubeurteilung der Gefahrenlage[1805], also die repressive Ergänzung des präventiven Kontrollinstruments, und bei wirtschaftspolitischen Bewilligungen das besondere Bedürfnis nach Reaktionsfähigkeit auf wirtschaftliche Veränderungen. Abgesehen von solch spezifischen Vorbehalten bleibt jede Zulassung grundsätzlich abänder- und beendbar, wenn es öffentliche Interessen erfordern[1806]. Dem sind nicht einmal die vertraglichen oder «wohlerworbenen» Ansprüche entzogen, nur wird hier die Verletzung der berechtigten Beständigkeitserwartung durch einen Schadenersatzanspruch ausgeglichen.

281. Beendigungsgründe werden nachfolgend in *zwei Beendigungsgruppen* geteilt: die ordentlichen, jede Zulassung gewöhnlich früher oder später treffenden Gründe und

---

1802 Vgl. N 235.
1803 Gygi (Rechtsbeständigkeit), 253; Fries, 79; BGE 97 I 761; 103 Ib 36. Vgl. auch Kölz (Verwaltungsrecht), 233 ff.
1804 Rhinow/Krähenmann, Nr. 122 B IV; Graf, 48; Augustin, 29; O. Wieland, 122; PVG 1986 Nr. 37.
1805 Hangartner (Widerruf), 124; Saladin (Widerruf), 196; Mangisch, 165 f.
1806 Knapp (Précis), N 1422.

die ausserordentlichen, die erst aufgrund besonderer, nicht zwangsläufig eintretender Umstände zum Untergang führen. Zur *ersten* Kategorie zählen die gesetzliche Befristung, teilweise mit Heimfallfolge, die erschöpfende, beendigungsbegründende Ausübung sowie bei personenbezogenen Zulassungen Tod der natürlichen oder Auflösung der juristischen Person, bei sachbezogenen Zulassungen der Untergang der Sache. Zur *zweiten* Kategorie gehören die den gesetzlichen oder tatsächlichen Gegebenheiten nicht oder nicht mehr entsprechenden Zulassungslagen. Diese werden zum einen durch typisierte Beendigungssituationen, zum anderen durch eine generell anwendbaren Beendigungsformel erfasst. Die Beendigungskategorien und die allgemeine Beendigungslehre stehen in einem engen, sich ergänzenden und korrigierenden Wechselverhältnis, weshalb Überschneidungen möglich sind. Zu den typisierten, regelmässig gesetzlich oder durch Abrede erfassten Gründen einer ausserordentlichen Beendigung zählen: Verwirkung durch Nichtausübung oder Betriebsunterbruch, Rückkauf, Heimschlag, Verzicht, Übereinkunft, Willensmängel, Vertragsverletzung und Enteignung[1807].

282. Noch kurz zu den hier nicht aufgeführten Beendigungsgründen: Auf den Entzug als Beispiel eines administrativen Rechtsnachteils – der nicht immer klar vom Widerruf getrennt werden kann – wird im nachfolgenden Kapitel über die staatliche Aufsicht und Kontrolle eingegangen[1808]. Dagegen wird der Entzug infolge Vertragsverletzung – trotz der miterfassten disziplinarischen Elemente – im vorliegenden Zusammenhang behandelt. Die Beendigung als Folge einer resolutiven Nebenbestimmung wurde bereits im vorangehenden Kapitel erörtert. Ebenso ist die nicht erbrechtlich oder durch Unternehmensnachfolge bedingte Übertragung der Zulassung auf Dritte – strenggenommen auch gar kein Beendigungsgrund[1809] – Gegenstand des letzten Kapitels.

B. BEENDIGUNG ALS ERGEBNIS EINES ABWÄGUNGSPROZESSES

283. Die Beendigung einer Zulassung erfolgt in einem nur schwierig auflösbaren Entscheidungsprozess, da es gilt, zwei an sich gleichwertige, aber auseinanderstrebende Handlungsmaximen in Einklang zu bringen[1810]. Auf der einen Seite erwartet der Zugelassene eine gewisse Rechtssicherheit und -beständigkeit, auf der anderen Seite sind Gesetzgeber und Verwaltung gehalten, die sich wandelnden öffentlichen Interessen und Bedürfnisse zu berücksichtigen und auch rechtsgleich durchzusetzen[1811]. Zur Lösung des Konflikts zwischen statischen und dynamischen Interes-

---

1807 Knapp (Précis), N 1433.
1808 N 384.
1809 Grisel (Traité), 294. Vgl. auch Hanhardt, 165.
1810 Weber-Dürler (Vertrauensschutz), 116 f.; Grisel (Traité), 432.
1811 Kölz (Verwaltungsrecht), 191.

senselementen haben die Lehre und die ihr folgende Rechtsprechung eine Fülle von Grundsätzen entwickelt, die alle unabhängig von ihrem positivrechtlichen Fundament[1812] und der näheren Qualifikation der Rechtsbeziehung auf der *Abwägung* von Interessen beruhen.

284. Sowohl Lehre als auch Rechtsprechung neigen dazu, das Ergebnis dieser *Interessenabwägung* kategorisieren zu wollen. Dem steht entgegen, dass sich die Abwägung unabdingbar immer nach der konkreten Interessenlage ausrichten muss[1813]. Tatsächlich sollte jede Regelbildung zurückhaltend gewertet und vorerst nur der Anschaulichkeit wegen verwendet werden, da sonst der Abwägungsprozess zu erstarren droht[1814]. Ungeachtet der dogmatischen Einordnung eines Rechtsverhältnisses besteht eine Verpflichtung zur Ausleuchtung der tatsächlichen Positionen und zu einem (im Idealfall) die Zulassungskategorien überschreitenden, fliessenden Übergang zwischen Beständigkeit und Abänderbarkeit. So verweist die klassische Doktrin zur Begründung der Trennung von Polizeierlaubnis und Konzession auf die Unterschiede bei der Anpassung an veränderte rechtliche oder tatsächliche Umstände. Tatsächlich zeigt sich, dass die Abweichungen zumeist recht gering sind[1815]. Differenzen bestehen insoweit, als bei einer konzessionsvertraglichen Festlegung des Zulassungsinhalts eine Beständigkeit *ex nunc et pro futuro* eintritt[1816], ungeachtet nachfolgender Dispositionen des Zugelassenen[1817]. Immerhin kann oder soll der Konzedent eine Übergangsfrist verabreden, innerhalb derer der Konzessionär die Tätigkeit aufzunehmen hat, ansonsten die Konzession verwirkt[1818]. Damit nähert sich die konzessionsrechtliche Beständigkeitslage der bewilligungsrechtlichen. Im Bewilligungsverhältnis kann der Zugelassene in der Regel erst im Anschluss an eine Disposition auf die Unveränderbarkeit des Bewilligungsentscheids vertrauen. Erfolgte die Zulassung dagegen aufgrund eines umfassenden Prüfungsverfahrens, so ist die Beständigkeit zwar gesichert, findet aber eine wichtige Grenze an zukünftigen Rechts- oder Tatsachenänderungen bzw. einer begründeten Praxisänderung[1819]. Doch auch ausserhalb vertraglicher Abreden kann ein *sofortiger* Unabänderlichkeitsanspruch entstehen, wenn er dem Zugelassenen gesetzlich zugesichert wurde. Bezeichnenderweise greift das Bundesgericht beim Schutz der wasserrechtlichen

---

1812 Weber-Dürler (Vertrauensschutz), 170.
1813 Knapp (Précis), N 1283; Grisel (Traité), 431 ff.; Gygi (Rechtsbeständigkeit), 259; Weber-Dürler (Vertrauensschutz), 127; Moor, Bd. II, 226; BGE 115 Ib 155 m.w.H.
1814 Vgl. BGer 17. Februar 1971, ZBl 72/1971, 478; ferner BGE 100 Ib 302 f.; 103 Ib 244; 107 Ia 197.
1815 Aubert (Traité), N 1893; Dubach (Wasserrecht), 11; Gygi (Verwaltungsrecht), 204 f.; U. Müller, 106 ff.; Trüeb, 26.
1816 Klett, 24 f.; BGE 107 Ib 144.
1817 Vgl. dazu N 342.
1818 Vgl. etwa Art. 54 lit. e i.V. mit 65 lit. a WRG.
1819 BGE 106 Ib 256.

V. Beendigung und Bestand

Konzession vor Abänderungen nicht auf deren vertraglichen Elemente, sondern auf die gesetzliche Zusicherung zurück[1820].

285. Ein wichtiger Unterschied zwischen dem vertraglich oder durch Verfügung begründetem Vertrauen besteht insoweit, als die vertragliche Abrede auch seitens der *Behörde* ein schützenswertes Interesse begründet. Bei verfügungsweiser Regelung kann ein Vertrauensschutz nur in Ausnahmefällen, so etwa bei Irreführung durch den Zugelassenen, entstehen[1821]. Von Bedeutung wird das zweiseitige Vertrauen, wenn der Staat seine vertraglichen Leistungen vollumfänglich und unwiederbringlich erbracht, also in der Terminologie des Vertrauensschutzes «disponiert» hat, der Private sich hernach auf die Rechtswidrigkeit der Abrede beruft[1822]. Im Überblick gesehen treten Diskrepanzen in der Beständigkeit von Konzessionen und Bewilligungen jedoch erst auf, wenn die *konkrete* Interessen- oder Vertrauenslage[1823] die Beständigkeitserwartung nicht zu rechtfertigen vermag. Dies ist jedoch eine Selbstverständlichkeit, die an sich nichts mit der Zuordnung des Rechtsverhältnisses zu einer bestimmten Rechtsaktkategorie zu tun hat.

286. Im *Baurecht* besteht insofern eine Besonderheit, als die Beständigkeitserwartung nicht erst mit der Baubewilligung anfängt, sondern bereits an raumplanerische Entscheide – die Vorstufe des Bewilligungsentscheides – anknüpfen kann. Dabei ist zunächst zu prüfen, ob der Plan überhaupt eine vertrauenerweckende Zusicherung enthält[1824]. Bei der Prüfung der *Beständigkeit von Raumplänen* wird in einigen Punkten von der generellen, auf individuell-konkrete Rechtsverhältnisse zugeschnittenen Beständigkeitsdogmatik abgewichen. Zunächst ist einmal darauf hinzuweisen, dass der Plan als Rechtsgebilde eigener Prägung je nachdem, ob er dem Rechtssatz oder der Verfügung näher liegt, freier oder eingeschränkter abänderbar ist[1825]. Unabhängig vom Rechtscharakter des Planes im einzelnen bilden die Gebote der Rechtssicherheit und des Vertrauensschutzes die äussersten Schranken, welche der Staat nicht überschreiten darf.

287. Wie das Bundesgericht im Zusammenhang mit Zonenplanänderungen wiederholt festgestellt hat, gibt die Eigentumsgarantie dem Grundeigentümer keinen un-

---

1820 Vgl. BGer 11. Juli 1988, ZBl 90/1989, 90; vgl. zur prozessualen Tragweite der Unterscheidung BGE 109 II 77.
1821 Skeptisch Weber-Dürler (Vertrauensschutz), 10 ff.; wie hier Alfred Kölz, Diskussionsvotum, ZSR 96/1977 II, 455.
1822 BGE 112 II 111 ff.; BGer 26. März 1985, BVR 1985, 326.
1823 BGE 101 Ia 446 zur Selbstbindung des Gesetzgebers.
1824 Vgl. etwa BGer 19. August 1992, ZBl 94/1993, 174 betreffend die Waldfeststellung in einem Zonenplan. Wenn im Wald eine Waldfläche nicht als solche eingezeichnet ist, so kann dies nicht als Zusicherung der Überbaubarkeit verstanden werden. Vgl. auch Sameli, 366.
1825 Weber-Dürler (Vertrauensschutz), 257 f.; Jaag (Rechtssatz), 212 ff.; BGE 102 Ia 333.

bedingten Anspruch darauf, dass sein Land dauernd in der Zone bleibt, in die es einmal eingewiesen worden ist[1826]. Die verfassungsmässige Gewährleistung des Eigentums steht einer nachträglichen Änderung oder Beschränkung der aus einer bestimmten Zoneneinteilung folgenden Nutzungsmöglichkeiten nicht entgegen[1827]. Anders ausgedrückt begründet der Plan in der Regel keine «wohlerworbenen» Rechte[1828]. Planung und Wirklichkeit müssen bei Bedarf in Übereinstimmung gebracht werden. Davon geht auch Art. 21 Abs. 2 RPG aus, wonach Nutzungspläne überprüft und nötigenfalls angepasst werden, wenn sich die Umstände erheblich geändert haben. Allerdings ist bei Planänderungen dem Gebot der Rechtssicherheit Rechnung zu tragen. Ein Zonenplan kann seinen Zweck nur erfüllen, wenn er eine gewisse Beständigkeit aufweist. Er ist daher nur aus entsprechend gewichtigen Gründen abzuändern; je neuer ein Plan ist, um so mehr darf mit seiner Beständigkeit gerechnet werden, und je einschneidender sich die beabsichtigte Änderung auswirkt, um so gewichtiger müssen die Gründe sein, die für eine Planänderung sprechen. So ist eine Änderung zwei Jahre nach Inkrafttreten des Planes nur aus gewichtigen Gründen möglich, wozu die gewandelte Auffassung über die planerische Nutzungsart nicht zählt[1829]. Das Gebot der Planbeständigkeit ist bei Änderungen nach sieben bzw. neun Jahren Plandauer hingegen gewahrt[1830]. Die bei Planungsmassnahmen unter dem Titel der Eigentumsgarantie vorzunehmende umfassende Abwägung der öffentlichen und privaten Interessen ist deshalb nur vollständig, wenn auch dem Gebot der Rechtssicherheit gebührend Rechnung getragen wird[1831].

288. Nur erhebliche Änderungen in den Verhältnissen führen überhaupt zur Revidierbarkeit der Nutzungspläne. Eine solche erhebliche Änderung liegt vor, wenn die Verhältnisse das Gemeinwesen nach allgemeiner Erfahrung zu anderem Verhalten veranlasst hätten, wären sie zur Zeit der Nutzungsplanung Wirklichkeit gewesen[1832]. Die Veränderungen in den Verhältnissen können sowohl rechtlicher als auch tatsächlicher Natur sein[1833]. Genügend gewichtige Gründe liegen nach der Rechtsprechung des Bundesgerichts immer dann vor, wenn ein Zonenplan mit überdimensionierter Bauzone an die Planungsgrundsätze von Art. 15 RPG angepasst werden soll[1834]. Die Verwirklichung einer den gesetzlichen Grundsätzen ent-

---

1826 BGE 109 Ia 113; 113 Ia 455; 116 Ib 187; BGer 10. Dezember 1987, ZBl 90/1989, 366.
1827 BGE 109 Ia 113 m.w.H.; BGer 10. Dezember 1987, ZBl 90/1989, 366.
1828 Jaag (Rechtssatz), 213; Haller/Karlen, N 464 ff.; BGE 94 I 344; 102 Ia 336; 107 Ia 36.
1829 BGE 109 Ia 115.
1830 BGE 114 Ia 33 f.; BGer 19. Dezember 1979, BVR 1980, 176 (10 Jahre).
1831 BGE 109 Ia 114 f.; 113 Ia 444 f.
1832 Erläuterungen EJPD/BRP, Art. 21 N 8.
1833 BGE 107 Ib 335; 109 Ia 115; 111 Ia 22 Erw. 2d und 140 Erw. 7a; BGer, 8. Februar 1978, ZBl 79/1978, 358.
1834 BGE 107 Ib 335; 111 Ia 22 und 140.

sprechenden Planung hat Vorrang vor dem Gebot der Beständigkeit eines Plans. Die Frage der Rechtssicherheit und der Planbeständigkeit stellt sich deshalb nach der bundesgerichtlichen Rechtsprechung nur für bundesrechtskonforme Pläne[1835]; unter Umständen können auch bereits aufgrund des Raumplanungsgesetzes erlassene Pläne neuen Verhältnissen angepasst werden[1836]. Anders verhält es sich, wo die für die Planänderung zuständige Behörde die Unabänderbarkeit des Planes verspricht[1837]. Hier wird der Private in seinem Vertrauen auf den Planbestand geschützt, sofern er dadurch zu nicht wieder rückgängig zu machenden Dispositionen veranlasst wurde[1838]. Die Zusicherung kann durch konkrete individuelle oder generelle Zusagen, wie auch durch verwaltungsrechtlichen Vertrag erfolgen[1839]. Ungenügend ist aber die vertragliche Verpflichtung zur Einzonung eines bestimmten Grundstückes, ohne dass damit die Zusicherung der *Unabänderbarkeit* der planerischen Festlegung verbunden wäre[1840].

C. Fristablauf

289. Mit *Fristablauf* endigt die Zulassung von selbst und (grundsätzlich) unabhängig von den bisherigen Aktivitäten. Ein weiterer Verwaltungsakt ist entbehrlich[1841]. Die Befristung weist den Zugelassenen darauf hin, dass er, zumindest dem Grundsatz nach, nicht auf eine uneingeschränkte Weiterführung des Rechtsverhältnisses vertrauen darf[1842]; folglich kann er auch keinen Anspruch auf Weiterführung oder Beibehalt erheben. Umgekehrt begründet die Befristung für ihre Dauer eine schützenswerte Beständigkeitserwartung, die bis hin zum Status der «Wohlerworbenheit» reicht. Die Befristung der Zulassung ist von der Frist, die zur Ausführung der zugelassenen Tätigkeit zur Verfügung steht, zu unterscheiden. Letztere ist als Verwirkungsgrund anzusehen[1843]. So ist etwa die bekannte Befristung der Geltung einer Baubewilligung keine Befristung im vorliegenden Sinn, da sie lediglich einen Zeitrahmen setzt, innerhalb dessen mit der Bauerrichtung zu beginnen ist[1844]. Denkbar ist es, eine befristete Zulassung mit einer Frist zur Aufnahme der Tätigkeit oder des

---

1835 BGE 114 Ia 33 f.; Karl Spühler, Der Rechtsschutz von Privaten und Gemeinden im Raumplanungsrecht, ZBl 90/1989, 107 f.
1836 Regierungsrat Bern, 28. Oktober 1987, BVR 1988, 20.
1837 Weber-Dürler (Vertrauensschutz), 259; Jaag (Rechtssatz), 214; BGE 94 I 351.
1838 BGE 112 Ib 255 m.w.H.; BGer 20. April 1988, BVR 1989, 167.
1839 Weber-Dürler (Vertrauensschutz), 259; BGE 103 Ia 514; BGer 20. April 1988, BVR 1989, 167.
1840 BGer 20. April 1988, BVR 1989, 167.
1841 Knapp (concessions), 139; von Werra, 5; Augustin, 58.
1842 Weber-Dürler (Vertrauensschutz), 191.
1843 Gisler, 159 f.; Mäder, 211.
1844 Vgl. auch Art. 65 WRG, der unter dem Randtitel der Verwirkung auch die Nichtaufnahme der Bautätigkeit regelt.

Betriebs zu koppeln, wie etwa im Wassernutzungsrecht vorgesehen[1845]. Sinnvoll ist diese doppelte Befristung, wenn die Befristung des Zulassungsaktes erst mit der Betriebsaufnahme zu laufen beginnt[1846].

290. Die Befristung[1847] kann sich aus einer ausdrücklichen, Beginn und Dauer regelnden gesetzlichen Anordnung ergeben. Sie lässt sich zum Teil auch der konkreten Regelung der Zulassung (Nebenbestimmung) oder den darin festgehaltenen Umständen entnehmen[1848]. Wird die Bewilligung zur Durchführung einer Demonstration auf öffentlichem Grund erteilt, so kann und braucht das Ende nicht in jedem Fall zum voraus festgelegt zu werden, sondern muss erst aufgrund des Demonstrationsablaufs ermittelt werden. Erst aus dem Münzeinwurf in eine Parkuhr ergibt sich, für welche Zeit die Nutzung öffentlichen Parkraumes beansprucht wird. Die Befristung für Rodungsbewilligungen ist den raumplanerischen Gegebenheiten anzupassen[1849].

291. Je nach Art der Zulassung ermöglicht die Befristung das Erreichen unterschiedlicher Anliegen. Bewilligungen werden in der Regel dann befristet, wenn es um eine laufende Neukontrolle der Zulassungsbestimmungen und die Neuanpassung an veränderte Verhältnisse oder an eine veränderte Verwaltungspraxis[1850] geht. Ihrem Wesen nach dient die Befristung einer Polizeibewilligung vorrangig der Rationalisierung, Vereinfachung und Wirkungserhöhung der Verwaltungskontrolle. Diese Anliegen könnten vor Fristablauf allein schon aufgrund der allgemeinen Regel erreicht werden, wonach der Wegfall einer Zulassungsvoraussetzung zum Entzug einer Polizeibewilligung berechtige. Bedingung wäre allerdings eine unabsehbare und unverhältnismässige Vergrösserung des behördlichen Kontrollapparates, wie er ansonsten nur bei höchsten oder besonderen Gefahrenpotentialen ansatzweise vorgesehen und auch sinnvoll ist[1851]. Die sehr kurz bemessene Befristung einer wirtschaftspolitischen Bewilligung flexibilisiert die staatlichen Lenkungs- und Handlungsmöglichkeiten. Die Befristung einer Konzession ist zwar rein äusserlich Folge der Unveräusserlichkeit staatlicher Hoheit, eröffnet aber immer dann, wenn eine Verlängerung die sinnvolle Regel bildet, auch den Weg zur Anpassung an veränderte

---

1845 Art. 54 lit. e und 58 Abs. 1 WRG.
1846 Vgl. N 297.
1847 Vgl. auch zur Befristung in Form einer Nebenbestimmung, N 274.
1848 Knapp (Précis), N 1231 ff.
1849 Peter M. Keller, Rechtliche Aspekte der neuen Waldgesetzgebung, AJP 1993, 147.
1850 Vgl. dazu RB 1985 Nr. 126.
1851 Z.B. bei Talsperren und Luftfahrzeugen. Zur Risikokontrolle bei Atomanlagen vgl. Rausch (Atomenergierecht), 131 ff., zu den Talsperren das Rechtsgutachten des Bundesamtes für Justiz vom 30. Juli 1991 zur Oberaufsicht über die Sicherheitskontrollen der Talsperren, VPB 1993 Nr. 6. Es ist jedoch zu beachten, dass das Aufsichtssystem durch eine Selbstkontrolle der Zugelassenen ergänzt ist.

rechtliche und tatsächliche Verhältnisse. Die Befristung einer Ausnahmebewilligung schränkt die Wirkungen einer Ausnahme ein oder ist durch die nähere Ausnahmesituation bedingt. Werden die Ladenöffnungszeiten in Tourismusgebieten verlängert, so ist die Ausnahme auf die Hochsaison zu beschränken; gleich verhält es sich für vorübergehende Ausnahmen vom Verbot der Nachtarbeit, die für die Dauer eines dringenden Bedürfnisses zu gestatten sind[1852]. Wird eine Tätigkeit verboten oder eine Baute ohne Erlaubnis erstellt, so kann es sinnvoll sein, eine befristete Ausnahme zu erteilen. Funktional nimmt die befristete Ausnahmebewilligung dann die Aufgabe einer Übergangsregelung wahr. Zudem ist eine Befristung der Ausnahmebewilligung immer dann angemessen, wenn eine periodische Neuüberprüfung der Ausnahmesituation notwendig ist[1853].

292. Selbst an sich unbefristete Zulassungen, wie etwa zahlreiche Berufsausübungsbewilligungen[1854] oder die Baubewilligung, sind indirekt zeitlich begrenzt. Verletzt der Berechtigte die Pflicht zur Aufrechterhaltung des zulassungskonformen Zustandes, so kann ihm die Zulassung in einem letzten Schritt endgültig entzogen werden. Ebenso sind unbefristete personen- oder sachbezogene Zulassungen generell an den Bestand seines Trägers oder der zugelassenen Sache gebunden; sie erlöschen mithin mit deren Untergang, Auflösung oder Tod.

293. Die Dauer der *direkten Befristung* variiert stark. Sie nimmt tendenziell jedoch zu, je eher sich das Interesse an einer längeren Zulassung zur privaten Seite hin verlagert. Eine längere Zulassung kann auch im öffentlichen Interesse liegen, insbesondere wenn mit der Zulassung eine Betriebspflicht einhergeht. Da die staatliche Reaktionsfähigkeit auf Marktveränderungen erhalten werden soll, sind für landwirtschaftliche Kontingente und Einfuhrbewilligungen sehr kurze Zulassungsfristen vorgesehen. So wird etwa im landwirtschaftsrechtlichen Dreiphasensystem die Einfuhrbewilligung je nach Ware auf höchstens drei Monate beschränkt und kann überdies nicht mehr als zweimal verlängert werden[1855]. Dieselbe Höchstdauer gilt für die Einfuhrbewilligung für Schlachttiere; immerhin kann sie beliebig oft verlängert werden[1856]. Die Futtermittelkontingente sind demgegenüber zeitlich nur insoweit beschränkt, als sie zuhanden der alle drei Jahre stattfindenden Versteigerung um 5 bis 15 % gekürzt werden[1857]. Der Lernfahrausweis für das Führen von Motor-

---

1852 Art. 17 Abs. 1 ArG.
1853 Vgl. etwa Art. 10 Abs. 1 Höchstbestandsverordnung.
1854 Vgl. etwa Art. 15 Abs. 1 AVG.
1855 Art. 28 Abs. 2 ALV. Eine gleiche Regelung sieht Art. 17 Abs. 2 Weinstatut vor.
1856 Art. 22 Abs. 5 SV.
1857 Art. 15 Abs. 3 BB über die GGF. Die Kürzung betrifft die Einzelkontingente.

fahrzeugen ist auf die für das Aneignen praktischer Fähigkeiten notwendige Dauer begrenzt; diese beträgt je nach Fahrzeugart drei bis zwölf Monate[1858].

294. Ist der Zugelassene berechtigt oder gar verpflichtet, bedeutende Dispositionen zu treffen, so verlängert sich die Befristung oder erwächst zumindest ein Anspruch auf Verlängerung. Unter dem Einfluss des neueren Wassernutzungsrechts werden Konzessionen, die einen hohen Investitionsbedarf bedingen, wie etwa die Erdölschürfungs- und -ausbeutungskonzession[1859], die Eisenbahnkonzession[1860] und natürlich die Wassernutzungskonzession auf eine Höchstdauer von 80 Jahren beschränkt[1861]. Rohrleitungskonzessionen, in mehrfacher Hinsicht eher den polizeilichen Bewilligungen ähnlich, werden aus denselben Motiven auf 50 Jahre befristet[1862]. Längerdauernde konzessionsrechtliche Übertragungen staatlicher Zuständigkeitsbereiche an Private sind nur aus altrechtlichen Verhältnissen, so in den noch weit verbreiteten, vor dem 22. Dezember 1916 erteilten Wassernutzungskonzessionen[1863], bekannt und haben nurmehr intertemporalrechtliche Bedeutung[1864].

295. Unbefristete und unkündbare altrechtliche Konzessionsverhältnisse können in analoger Anwendung der privatrechtlichen Regeln über die Beendigung «ewiger» Rechtsverhältnisse zeitlich eingeschränkt werden[1865]; die Unveräusserlichkeit staatlicher Hoheit schützt hier vor unbeschränkter Selbstbindung. Ob allerdings eine konzedierte Tätigkeit unveräusserlich ist, entscheidet sich nach der konkreten verfassungsrechtlichen und gesetzlichen Lage. Verzichtet der Gesetzgeber im Rahmen der verfassungsrechtlichen Gegebenheiten auf die Monopolbeherrschung und lässt er grundsätzlich auch private Dritte zur Ausübung zu, so wandelt sich die Monopolkonzession zur Aufsichtskonzession. Damit wird auch eine unbefristete Konzessionserteilung denkbar, wie sie für die Erstellung und den Betrieb von Fernmeldenetzen vorgesehen ist[1866] und deren Dauer – vorbehältlich des Eintritts von Entzugs- oder Widerrufsgründen – unbeschränkt ist.

1858 Art. 15 Abs. 1 VZV.
1859 Art. 3 Abs. 3 Erdölkonkordat.
1860 Vgl. Staeblin, 220 ff. Die Befristung erfolgt in den Konzessionen, da das Eisenbahngesetz selbst zwar eine Befristung, aber keine Mindest- oder Höchstfristen vorsieht, Art. 6 Abs. 1 lit. b EBG.
1861 Art. 58 Abs. 1 WRG.
1862 Art. 7 RLG.
1863 Vgl. Knapp (concessions), 131.
1864 Knapp (concessions), 127 ff.; Sintzel, 73; Augustin, 28 ff.
1865 In PVG 1986 Nr. 37 wurde die Dauer auf 100 Jahre beschränkt.
1866 Art. 29 Abs. 1 FMG, wobei eine Befristung im Rahmen der Konzessionsbestimmungen möglich bleibt.

V. Beendigung und Bestand

296. Erheblich kürzer ist die Maximaldauer der Konzessionen für Personenbeförderung mit Luftseilbahnen (30 Jahre, bis 1978 nur 20 Jahre)[1867] Schiffen (20 Jahre)[1868], Motorfahrzeugen (10 Jahre)[1869] und Trolleybussen (10 Jahre)[1870]. Die kürzeren Fristen sind zum einen auf den (teilweise) geringeren Investitionsbedarf zurückzuführen. Zum anderen besteht im Verkehrsbereich die Notwendigkeit, die Konzession an die neuen Verkehrsbedürfnisse sowie Veränderungen in der Konkurrenzsituation anpassen zu können. Eine besondere Regelung wurde im Fall der Konzessionierung der Swissair getroffen. Sie ist auf 15 Jahre beschränkt. Da die Konzession nach Ablauf von 3 Jahren auf Gesuch der Konzessionärin um 3 Jahre verlängert wird[1871], ist eine Restdauer von mindestens 12 Jahren gewährleistet. Die an sich verhältnismässig kurze Befristung erklärt sich mit der periodischen Erneuerung der Konzession und dem Erwerbsrecht des Bundes[1872], das gemäss Konzessionsabrede 12 Jahre zum voraus anzumelden ist[1873].

297. Der *Fristenlauf* kann mit Rechtskraft der Zulassung oder ab Aufnahme der zugelassenen Tätigkeit beginnen; im Rahmen der gesetzlichen Möglichkeiten ist auch eine besondere Festlegung im Zulassungsakt möglich. Aus Gründen der Rechtssicherheit sollte die Frist frühestens mit dem Eintritt der Rechtskraft des Zulassungsaktes zu laufen beginnen. Die Tätigkeits- oder Betriebsaufnahme rechtfertigt sich als Stichtag, wenn der Fristenlauf eine wesentliche Grundlage für die Amortisationsberechnungen des Zugelassenen, etwa des Wasserrechtskonzessionärs[1874], bildet. Allerdings erscheint es aus Rechtssicherheitsüberlegungen und zur Verhinderung von Missbräuchen erforderlich, eine Verwirkungsfrist für die Betriebsaufnahme vorzusehen[1875].

298. Mit *Fristeintritt* endigt die Zulassung von selbst. Der Zugelassene hat sich, will er die Tätigkeit fortsetzen, um eine rechtskräftige Neuerteilung vor Fristablauf bemühen; ein alleiniger Antrag genügt an sich nicht. Besondere Umstände vorbehalten bedeutet stillschweigendes Dulden der Behörde keine Neuzulassung[1876]. In einigen Fällen ist gesetzlich vorgeschrieben, innerhalb welcher Frist vor Beendigung des

---

1867 Art. 9 LKV; Küng, 74.
1868 Art. 9 Abs. 1 Schiffahrtsverordnung.
1869 Art. 11a Abs. 1 Automobilkonzessionsverordnung.
1870 Herdener, 70. Art. 4 Trolleybusgesetz sieht eine Befristung vor, ohne eine Höchstdauer festzulegen.
1871 Art. 2 der Swissair-Konzession vom 19. Dezember 1966.
1872 Art. 31 Abs. 1 LFG.
1873 Vgl. Thomann, 105 f.
1874 Art. 58 Abs. 1 WRG.
1875 Art. 54 lit. e WRG.
1876 Drews/Wacke/Vogel/Martens, 470.

Rechtsverhältnisses das Erneuerungsgesuch zu stellen ist[1877]. Umgekehrt kann sich aus dem Zulassungsakt ergeben, dass die Zulassungsbehörde verpflichtet ist, die Nichterneuerung innerhalb einer bestimmten Zeitspanne vor Fristablauf bekanntzugeben, ansonsten sich das Rechtsverhältnis automatisch um eine im voraus festgelegte Laufzeit verlängert. Schweigt das Gesetz, so erscheint es überhaupt zweckmässig, in der Zulassung auf die Möglichkeit der fristgerechten Einreichung des Erneuerungsgesuches zu verweisen, zumindest dann, wenn die Neuzulassung die Regel ist[1878]. Auch wo die routinemässige Neuerteilung die Regel ist, muss die erteilende Behörde die seit der Ersterteilung eingetretenen Veränderungen prüfen, würdigen und dem Neuentscheid zugrunde legen[1879]. Demnach ist sie auch nicht gehalten, das Erstzulassungsverfahren in vollem Umfang zu wiederholen.

299. Je nach verfassungsrechtlicher oder gesetzlicher Lage[1880] beziehungsweise der Regelung im konkreten Zulassungsakt kann mit Fristablauf ein Anspruch auf «Neuerteilung» entstehen. Genauer besehen ist bei der «Neuerteilung» zwischen unveränderter *Verlängerung* des bisherigen Zulassungsaktes und dessen *Erneuerung* zu unterscheiden. Nur im zweitgenannten Fall kann die Zulassungsbehörde das Verhältnis neuen rechtlichen und tatsächlichen Verhältnisse anpassen[1881]; die einzige Bindung besteht hinsichtlich der Person des Zugelassenen und der Pflicht zur Zulassung. Die Praxis verwendet zum Teil eine abweichende Terminologie, indem sie die Erneuerung als Oberbegriff für die veränderte wie auch unveränderte Fortsetzung wählt[1882].

300. In der Regel kann nur der Zugelassene einen Neuerteilungsanspruch geltend machen, zumindest soweit ihm ein unabdingbares gesetzliches Verzichtsrecht eingeräumt wird[1883]. Fehlt es, so ist bei Konzessionsverhältnissen ein *gegenseitiges* Erneuerungsversprechen denkbar. Das konzedierende Gemeinwesen darf sich freilich nicht im vornherein in einer Art und Weise binden, die den öffentlichen Interessen zuwiderlaufen würde. Namentlich bei der Nutzung knapper Güter darf die Vorzugsklausel nicht zu einer über längere Zeiträume wirkenden, wettbewerbsverzerrenden und gleichheitsverletzenden Ausschaltung von Konkurrenten führen[1884]. Ausgeschlossen sind Optionsklauseln ferner, wenn das Gesetz die Zulassungsdauer

---

1877 Hanhardt, 160 f.
1878 Knapp (Précis), N 1236.
1879 BGE 112 Ib 134.
1880 Vgl. etwa Art. 58 Abs. 2 WRG. Zum hier verwendeten Begriff des «Gemeinwesens» vgl. Knapp (concessions), 135 f.
1881 Knapp (concessions), 134 f.; Augustin, 120.
1882 Vgl. BGer 11. Juli 1988, ZBl 90/1989, 87.
1883 Graf, 53.
1884 VGer Zürich 11. März 1986, ZBl 88/1987, 139.

abschliessend regelt und dem Gemeinwesen bei der Neuerteilung volle Freiheit einräumen möchte. Der Ausschluss kann auch nicht damit umgangen werden, dass dem Konzedenten ein inhaltliches Neugestaltungsrecht vorbehalten wird, er aber weiterhin an die Person des Konzessionärs gebunden bleibt[1885]. Zulässig und geboten kann eine konzessionsrechtliche Abrede sein, die Verhandlungen über die Verlängerung der Konzession innert einer bestimmten Frist vor Ablauf der alten Konzession aufzunehmen. Ob die vertragliche *separate* Verlängerung der bisherigen Konzession während deren Laufzeit erlaubt ist, ist nicht zweifelsfrei geklärt. Wohl spricht einiges für eine derartige Verlängerungsmöglichkeit[1886], doch bleibt im Einzelfall jeweils abzuklären, ob sich der Konzedent nicht in einer dem Selbstbindungsverbot widersprechenden Weise für die Zukunft verpflichtet hat und ob er nicht in Verletzung öffentlicher Interessen zu früh Verpflichtungen eingegangen ist.

301. Der Anspruch auf fortgesetzte Zulassung ist selbstverständlich dann gegeben, wenn der bis anhin Zugelassene auch die für Neubewerber geltenden anspruchsbegründenden Voraussetzungen erfüllt. Allerdings befindet er sich in derselben Lage wie die Neubewerber, was gleichbedeutend mit einer vorbehaltlosen Unterstellung unter eine veränderte Verwaltungspraxis oder Rechtslage ist[1887]. Der Bisherige muss also mit Anpassungen oder gar mit einer Nichtverlängerung rechnen[1888], wenn auch nicht ohne gewichtige *Vorbehalte*: Die Warnfunktion der Befristung[1889] versagt, wenn die Interessenlage in Ausnahmefällen zugunsten einer Verlängerung des abgelaufenen Zulassungsverhältnisses spricht. Damit wird die Zulassungsinstanz – in Einschränkung ihres Zulassungsermessens – verpflichtet, in jedem Fall eine Interessenabwägung vorzunehmen[1890]. Auch ohne positiv-rechtliches Fundament kann der Bisherige somit die Verlängerung verlangen, wenn die Befristung als ein staatliches «venire contra factum proprium» anzusehen ist. Davon kann insbesondere dann ausgegangen werden, wenn die Frist derart kurz angesetzt wurde, dass mit der zugelassenen Tätigkeit unabdingbar verbundene Dispositionen gar nicht vernünftig

---

1885 Knapp (concessions), 134 f.; von Werra, 5 und 7.
1886 Vinzens Augustin, Verlängerung von Wasserrechtskonzessionen zum Zweck ihrer Harmonisierung, SJZ 85/1989, 334 ff. Augustins Begründung ist keineswegs zwingend, da der von ihm angeführte Ersatz der bisherigen, laufenden Konzession durch eine neue auf einem neuen, freien Entschluss basiert und nicht auf einer vorausgehenden Abrede. Die Konzession kann zugegebenermassen länger als 80 Jahre Bestand haben, da ihre Befristung erst mit der Betriebsaufnahme zu laufen anfängt. Dabei handelt es sich jedoch um eine *gesetzlich* vorgesehene, *alle* Konzessionsverhältnisse bindende Konzessionsfolge. Hieraus ein freies, individuelles Abrederecht über die Verlängerung der Höchstdauer abzuleiten, scheint mir verfehlt.
1887 Kölz (Recht), 93; Weber-Dürler (Vertrauensschutz), 191; Sameli, 370; RB 1979 Nr. 96.
1888 Weber-Dürler (Vertrauensschutz), 191 ff.; Hanhardt, 161 f.; BGE 112 Ib 133; BGer 19. Mai 1989, RDAF 1990, 66.
1889 Vgl. Weber-Dürler (Vertrauensschutz), 191.
1890 Knapp (Précis), N 1026; Weber-Dürler (Vertrauensschutz), 193; BGE 112 Ib 132 f.; BGer 19. Mai 1989, RDAF 1990, 66.

amortisiert werden können[1891]. Der Private darf sich allerdings nur auf «berechtigtes» Vertrauen stützen. Das bedeutet, dass er Investitionen in Bereichen, deren Zulässigkeit durch eine absehbare Änderung öffentlicher Interessen in Zukunft berührt werden könnte, oder Tätigkeiten, deren Auswirkungen objektiv nicht abklärbar waren, auf eigenes Risiko vornimmt[1892]. So vermag auch eine gleichförmige Verlängerungspraxis der Behörde die Beständigkeitserwartung des Zugelassenen nur bei gleichbleibenden rechtlichen und tatsächlichen Verhältnissen zu wecken[1893].

302. Allerdings kann sich unabhängig von der Amortisation der Disposition eine Nichtverlängerung als rechtlich unhaltbar erweisen, wenn die Verweigerung willkürlich oder aufgrund sachfremder Kriterien erfolgt. Wird etwa einem Bewerber ohne polizeilich motivierten Fähigkeitsausweis ausnahmsweise eine Berufsausübungsbewilligung erteilt und hat sich dieser zwischenzeitlich bewährt, so kann eine Nichtverlängerung wohl nur standespolitischen Charakter haben[1894]. Besonders heikel ist die Interessenabwägung bei der Verteilung knapper Güter, da hier auch die Interessen der Ausgeschlossenen zu berücksichtigen sind. Wie bei jeder Interessenabwägung ist vom Rückgriff auf schematische Behelfskriterien, wie etwa das Ancienitätsprinzip, möglichst Abstand zu nehmen[1895]. Stehen sich Bisherige und Neubewerber als gleichwertig gegenüber, so verdient der Bisherige nur dann eine Bevorzugung, wenn eine Abweisung des Neubewerbers im Vergleich zur Nichtverlängerung der laufenden Zulassung weniger belastend erscheint[1896]. Gesetzliche Vorschriften, wonach im Regelfall der bisherige Inhaber zu bevorzugen ist[1897], sind in dieser Hinsicht zu ergänzen.

D. HEIMFALL

303. Im Unterschied zu anderen Beendigungsarten wird die endgültige Beendigung eines *Nutzungsverhältnisses* typischerweise durch eine Regelung über das Schicksal der mit dem Benützungsrecht verbundenen Anlagen und Einrichtungen begleitet. Die Auseinandersetzung über deren weiteren Bestand und eine mögliche Über-

---

1891 Weber-Dürler (Vertrauensschutz), 191 f.; Moor, Bd. I, 364 f.; BGE 102 Ia 438 ff.; 108 Ia 139; 112 Ib 133; BGer 22. März 1978, ZBl 79/1978, 275 ff.; BGer 19. Mai 1989, RDAF 1990, 66; Bundesrat 19. Dezember 1975, VPB 1976 Nr. 38.
1892 Weber-Dürler (Vertrauensschutz), 192; RB 1990 Nr. 83. Vgl. auch BGE 97 I 748 ff.
1893 BGer 19. Mai 1989, RDAF 1990, 66.
1894 Hans Peter Moser, Redaktionelle Bemerkung zum Entscheid des Aargauer Regierungsrates vom 28. Mai 1984, ZBl 86/1985, 315; VGer Obwalden 26. Oktober 1988, ZBl 90/1989, 441 ff.; ferner LGVE 1987 III Nr. 46.
1895 Siehe N 167.
1896 Vgl. Hanhardt, 162; BGE 117 Ib 394 ff.
1897 Siehe etwa den Hinweis bei von Werra, 7.

nahme durch das Gemeinwesen wird erheblich, sobald es um grössere Werte geht. Ohne Verbindung mit dem Nutzungsrecht reduziert sich ihr Marktwert erheblich. Allein das zulassende Gemeinwesen hat es in der Hand, den latenten wirtschaftlichen Wert wiederaufleben zu lassen, entweder durch Verlängerung mit dem bisherigen Nutzungsinhaber oder durch Übernahme der Anlagen mit Wahlmöglichkeit zwischen Regiebetrieb und Nutzungsgestattung an einen neuen Bewerber. Umgekehrt kann das Erlöschen eines mit Grund und Boden des Zugelassenen verbundenen Nutzungsrechts dazu führen, dass er das Interesse am Grundeigentum verliert. Demgegenüber steigt unter diesen Umständen das wirtschaftliche Interesse des Konzedenten am Grunderwerb. In jedem Fall sind die interessenschonende Wahrung der betrieblichen Einheit und die Erhaltung der bestehenden Werte Anliegen, die eine Nachfolgeordnung nicht übergehen darf.

304. Besonders bedeutsam ist die durch Zeitablauf ausgelöste Beendigungs- und Nachfolgeregelung im Wassernutzungsrecht. Hier können zum einen bedeutende wirtschaftliche Werte berührt sein. Zum anderen ist die genaue Regelung der Beendigung wichtig, da das rechtliche Schicksal der Anlagen nach Ablauf der Konzessionsdauer wesentlich für die Ausgestaltung des gesamten Konzessionsverhältnisses ist. Über das rechtliche Interesse hinaus hat der Ablauf der Wasserrechtskonzessionen wirtschaftliche und politische Sprengkraft[1898]. Es erwartet uns nämlich in den nächsten dreissig bis vierzig Jahren eine Heimfallwelle[1899], die eine Umgestaltung der Kontrolle über die Elektrizitätsproduktion mit sich bringen könnte. Die gesetzliche Regelung erlaubt es dem Konzedenten – selbstredend im Rahmen bisheriger Abreden und intertemporalrechtlicher Abweichungen – frei je nach wirtschaftlicher, politischer und finanzieller Lage zwischen mehreren Weiterbetriebsvarianten zu wählen. Als wichtigste zu nennen sind[1900] die integrale Ausübung des Heimfallrechts mit alleinigem Weiterbetrieb durch den Konzedenten, eine Nutzungspartnerschaft mit dem bisherigen Konzessionär und dessen alleiniger Betrieb auf der Grundlage einer neuen, inhaltlich veränderten oder unveränderten Konzessionsabrede.

305. Die gesetzliche Ordnung, in deren Zentrum der *Heimfall*[1901] steht, gilt *subsidiär*, nämlich soweit die Konzessionsabrede oder die kantonale Gesetzgebung nichts Abweichendes vorsehen[1902]. Ebenso ist die Entstehung des Heimfallrechts von einer

---

1898 Vgl. von Werra, 1 f.
1899 Vgl. Baumeler, 66 ff.
1900 Vgl. dazu eingehend von Werra, 6 und 12 ff.; Augustin 138 ff. Aus betriebswirtschaftlicher Sicht Baumeler, 419 ff.
1901 Zur geschichtlichen Entwicklung und Aufnahme des Begriffs ins Wassernutzungsrecht vgl. Ch. Widmer, 2 ff.
1902 Art. 66 f. und 69 WRG.

Abrede oder einer kantonalgesetzlichen Regelung abhängig. Die Bedeutung der gesetzlichen Regelung ist allerdings beschränkt, da mehr als 50 Pferdestärken (PS) betreffende Konzessionsabreden das Heimfalls- oder Rückkaufsrecht ausdrücklich regeln müssen[1903]. Das Heimfallrecht als verwaltungsrechtliches Institut wird zwar gesetzlich nicht definiert, doch lassen sich dessen Grundzüge ohne weiteres aus der normativen Ordnung ableiten[1904]: Das gesetzliche Heimfallrecht erlaubt es dem Konzedenten, mit Ablauf der Konzessionsdauer die hydraulischen Anlagen und – soweit es fremden Grund betrifft – auch den zum Betrieb des Wasserwerks dienenden Boden unentgeltlich an sich zu ziehen[1905]. Der Anspruch wird zusätzlich durch eine Unterhaltspflicht des Konzessionärs gesichert[1906]. Im Unterschied dazu kann das Rückkaufsrecht des Konzedenten nur während der Konzessionsdauer und gegen volle Entschädigung ausgeübt werden[1907]. Die Unterscheidung von Rückkauf und Heimfall ist demnach wesentlich für die Auslegung der konzessionsrechtlichen Abreden[1908]. Elektrische Anlagen[1909] unterstehen gleichfalls dem Heimfall, können aber nur gegen «billige Entschädigung» übernommen werden. «Billige» Entschädigung ist keine «volle» Entschädigung, wie die gesetzliche Terminologie zeigt[1910]. Über die Bemessung der Entschädigung herrscht wenig Klarheit[1911]. Einigkeit besteht insoweit, dass bei der Berechnung Anlagen und Boden vom Nutzungsrecht getrennt werden müssen[1912], da sonst eine Entschädigung für das kostenlose Dahinfallen der Konzession zu entrichten wäre. Nach dem historischen Willen des Gesetzgebers sollen nur die tatsächlichen Anlagekosten abzüglich der Amortisation entrichtet werden, nach der herrschenden Lehre sollen die Anlagekosten mit dem Geldentwertungsfaktor vervielfacht werden[1913]. Der Doktrin kann beigepflichtet werden, sofern damit ein unbilliges Ergebnis verhindert wird. Doch darf die Berücksichtigung der Inflation nicht zu einem starren Prinzip verkommen, da ein Billigkeitsentscheid immer Rücksicht auf die Verhältnisse im Einzelfall nehmen

---

1903 Art. 54 lit. f WRG; Ch. Widmer, 12.
1904 Vgl. von Werra, 8; Augustin, 73.
1905 Art. 67 WRG; von Werra, 8.
1906 Art. 67 Abs. 3 WRG.
1907 Grisel (Traité), 293; Knapp (concessions), 153 f.; Augustin, 36 ff.
1908 Ch. Widmer, 27 f.
1909 Zur wichtigen Abgrenzung hydraulischer, elektrischer und anderen Zwecken dienender Anlagen vgl. Knapp (concessions), 162 ff.; von Werra, 10 ff.; Augustin, 77 ff.; Ch. Widmer, 19 ff.
1910 Vgl. Art. 43 Abs. 2 WRG zur Enteignung des «wohlerworbenen Rechts»; Knapp (concessions), 164; von Werra, 12.
1911 Ein Beispiel der Berechnung findet sich im Walliser Gesetz über die Nutzbarmachung der Wasserkräfte vom 28. März 1990, Art. 56 Abs. 2. Danach berechnet sich die billige Entschädigung nach dem Sachwert zum Zeitpunkt des Heimfalls, das heisst nach dem Neuwert abzüglich der Wertverminderung für die der Lebensdauer dieser Anlagen entsprechende Abnutzung und für die technische und wirtschaftliche Alterswertung.
1912 Geiser/Abbühl/Bühlmann, 204; von Werra, 12.
1913 von Werra, 12; Augustin, 82; Ch. Widmer, 24 f.

muss. Dabei ist darauf zu achten, dass die Entschädigung des Gemeinwesens für die Überlassung der Anlagen eine von vielen, nur als ausgewogene Einheit zu verstehenden Konzessionsleistungen ist[1914]. War es dem Konzedenten etwa verwehrt, den Wasserzins ohne gesetzliche Änderung der Geldentwertung anzupassen[1915], so wäre es nunmehr unbillig, umgekehrt den Anspruch des Konzessionär auf Berücksichtigung der inflationären Entwicklung (in vollem Umfang) gelten zu lassen.

306. Nicht weniger problematisch ist die lückenhafte Regelung des Zeitpunktes der Ausübung des Heimfallrechts. Klar ist einzig, dass der Heimfall als Folge des Konzessionsablaufs geltend gemacht und erst auf diesen Zeitpunkt hin wirksam werden kann[1916]. Über den Zeitpunkt der Erklärung schweigt die eidgenössische Gesetzgebung, was bei der Entflechtung der Rechtsbeziehungen problematisch werden kann. Eine frühzeitige Ankündigung des Heimfalls ist nur schon aufgrund der knappen gesetzlichen Regelung des Heimfallrechts und der oft schwer überblickbaren betrieblichen Verhältnisse notwendig. Insbesondere die genaue Trennung von hydraulischen, elektrischen und anderen Anlageteilen kann nicht innert kurzer Frist bewältigt werden. Die Nachfolgeregelung wird zusätzlich erschwert, wenn der einheitliche Wassernutzungskomplex auf mehreren selbständigen Konzessionen beruht oder keine Übereinstimmung über die nach Billigkeit zu bemessende Entschädigung besteht[1917]. Richtigerweise tendieren die neueren kantonalen Erlasse auf die Festlegung eines Zeitrahmens von 5 bis 10 Jahren vor Ablauf der Konzession, der zur Regelung der Beendigungsfragen zur Verfügung stehen soll[1918].

307. Umstritten ist, ob mit dem Heimfall die Erneuerung der abgelaufenen Konzession verbunden werden kann. Wird diese Möglichkeit verneint, bedeutet es, dass der heimfallausübende Konzedent die Anlage nur selbst oder durch einen neuen Konzessionär nutzen (lassen) könnte. Die Neuerteilung an den bisherigen Konzessionär mit Einschluss der Heimfallausübung wäre ausgeschlossen[1919], mit Ausnahme von dessen indirekter Teilnahme als Minderheitsmitglied einer neu zu errichtenden Betriebsgesellschaft. Begriffliche Gründe sprechen für diese Ansicht, scheinen sich

---

1914 Vgl. Kölz (Verwaltungsrecht), 181.
1915 Vgl. BBl 1984 III 1148 und 1450.
1916 Knapp (concessions), 27; von Werra, 8; Augustin, 81; Ch. Widmer, 28.
1917 von Werra, 13; Ch. Widmer, 28 f.
1918 Ch. Widmer, 28 ff.
1919 So O. Wieland, 140; Gadient, 114; Ch. Widmer, 30 ff. Entgegen Ch. Widmer, 31 Fn. 112 äussert sich von Werra nicht sinngemäss zum Ausschluss der Erneuerung und Ausübung des Heimfallrechts. Vielmehr führt er nach eigenen Ausführungen nur einige mögliche Betriebsformen auf. Dass er wahrscheinlich von der Zulässigkeit der Verbindung von Heimfall und Erneuerung ausgeht, zeigen seine Ausführungen auf Seite 6 unten, insbesondere die Gegenüberstellung von lit. b bis d. Anderer Ansicht Graf, 60; Zurbrügg, 306, Sintzel, 124; Augustin, 124.

doch Heimfall und Weiterführung des Betriebs auszuschliessen. Ebenso wird damit die gesetzgeberisch angestrebte Einheit von Nutzungsrecht und Eigentum an den Anlagen gestört[1920]. Der Sinn des Heimfalls ist jedoch, dem Konzedenten den Genuss einer wirtschaftlichen Gegenleistung für das Überlassen des Nutzungsrechts zu gewähren. Umgekehrt kann der Konzessionär während der Konzessionsdauer Anspruch auf die Erhaltung der wirtschaftlichen Substanz seines Nutzungsrechts erheben. Der Anspruch besteht nur schon deshalb, weil die Gleichgewichtslage bei Konzessionsabschluss die vollständige Amortisation der heimfallbelasteten und -bedrohten Investitionen ermöglichen soll. Nun kann es dem Konzedenten nicht verwehrt werden, die heimfallbetroffene Substanz wirtschaftlich zu realisieren[1921], nur weil er die Konzession mit dem Bisherigen verlängern und auf einen Regiebetrieb oder die Konzessionierung eines Dritten verzichten möchte. Es spricht nichts dagegen, die bisherige Konzession auslaufen zu lassen und durch eine neu ausgehandelte zu ersetzen; dabei wird eine «logische Sekunde» für die Heimfallausübung dazwischengeschaltet. Eine Störung der Einheit von Nutzungsrecht und Anlageneigentum ist unter dieser Vorgabe nur von theoretischer Natur. Vom Heimfall braucht auch nicht abgesehen zu werden, wenn ein mit Erneuerungsanspruch ausgestattetes Gemeinwesen Konzessionär ist[1922], da der Erneuerungsanspruch eine inhaltliche Neugestaltung nicht ausschliessen will. Dies zeigen Art. 58 Abs. 3 WRG, der Einigungsverhandlungen über die Bedingungen der neuen Konzession voraussetzt, und die Entstehungsgeschichte der Norm klar auf[1923].

308. Nach einer anderen Konstruktion kann die Konzession erneuert und das Heimfallrecht auf das Ende der neuen Konzession hin *aufgeschoben* werden[1924]; man spricht in der weitverbreiteten Praxis vom «Heimfallverzicht»[1925]. Danach muss die Entschädigung für den Verzicht als eine Ersatzabgabe[1926] angesehen werden, für die eine gesetzlichen Grundlage fehlt[1927]. Tatsächlich geht es aber um den vertraglich vereinbarten Verzicht auf die Erhebung von Benützungsgebühren für die heimfallbelasteten Anlagen; aufgrund und im Rahmen des nach gesetzlichen Vorgaben bere-

---

1920 So Ch. Widmer, 30 ff. und 49.
1921 Baumeler, 257; Augustin, 125.
1922 Augustin, 124 ff. Anderer Meinung Gadient, 114.
1923 Vgl. dazu Graf, 50 f.; Augustin, 120.
1924 Siehe Ch. Widmer, 48 f.
1925 Vgl. dazu Ch. Widmer, 46 ff.
1926 Ch. Widmer, 88 ff. Der Autor weist aber nicht nach, inwiefern der Heimfall eine Verpflichtung des Konzessionärs ist. Vielmehr ist der Heimfall ein Gestaltungsrecht des Konzedenten, das er auch ohne Mitwirkung des Konzessionärs durchsetzen kann. Im übrigen entspricht es nicht dem Wesen des Heimfalls, ihm einen nicht-finanziellen Charakter zusprechen zu wollen, da wie gesehen der Heimfall eine finanziell bedeutende Rolle im Rahmen der Konzessionsleistungen einnehmen kann.
1927 Ch. Widmer, 124 ff.

chenbaren Heimfallwertes (Äquivalenzprinzip) kann hier ausnahmsweise auf eine strikte Durchsetzung des Legalitätsgrundsatzes verzichtet werden[1928]. In Abkehr von der Doktrin lässt es das Bundesgericht zudem unter Hinweis auf die Verzichtbarkeit der eigentumsrechtlichen Stellung in pragmatischer Weise zu, dass sich der Private «gegenüber dem Gemeinwesen rechtsgeschäftlich ohne weiteres zu Leistungen verpflichten» könne, «die ihm das Gemeinwesen mangels gesetzlicher Grundlage durch einseitigen Hoheitsakt nicht hätte auferlegen können»[1929]. Die absolute Grenze für die Gesamtbelastbarkeit des Konzessionärs liegt auch hier darin, dass ihm die verlängerte Ausnutzung der Wasserkräfte nicht wesentlich erschwert werden darf[1930].

309. Mit der konzessionsrechtlichen Heimfallregelung wird das privatrechtliche Akzessionsprinzip (superficies solo cedit)[1931] durchbrochen: Werden die Anlagen auf dem Boden des konzedierenden Gemeinwesens errichtet, so fallen sie mit Ablauf der Nutzungsberechtigung nicht automatisch an den Konzedenten, sondern erst durch dessen ausdrückliche Heimfallerklärung[1932]. Stehen die Anlagen auf dem Grund des bisherigen Konzessionärs, der ihn in der Regel durch Enteignung erworben hat, so unterliegen sie zwar formal dem Akzessionsprinzip, was aber nicht die Heimfallmöglichkeit des Gesamtkomplexes ausschliesst. Das privatrechtliche Akzessionsprinzip ist demnach allein *ausserhalb* des Heimfallrechts wirksam. Verzichtet das Gemeinwesen auf dessen Ausübung oder besteht es gar nicht, so folgen die Anlagen dem rechtlichen Schicksal des Bodens, auf dem sie errichtet wurden[1933].

Die grundsätzliche Abkehr vom Privatrecht kann auch in anderer Hinsicht beobachtet werden. Im Gegensatz zu EUGEN HUBERS Vorentwurf zum Zivilgesetzbuch[1934] und im Unterschied zum privatrechtlichen Heimfall infolge Baurechtsuntergangs[1935] bleibt der öffentlichrechtliche Heimfall – mit Ausnahme der elektrischen Anlagen – *ohne Entschädigungsfolge*. Allerdings reduziert sich die Bedeutung der Abweichung, wenn die entschädigungspflichtige Übernahme der elektrischen Anlagen die finanziellen Mittel des Konzedenten übersteigt oder sich ein Alleinbetrieb als zu risikoreich erweist.

1928 Vgl. N 252.
1929 Entscheid vom 26. März 1985, BVR 1985, 328.
1930 Art. 48 Abs. 3 WRG.
1931 Art. 667 Abs. 2 ZGB.
1932 von Werra, 8; Augustin, 74.
1933 Art. 69 Abs. 1 WRG.
1934 Vgl. dazu Eberle, 54; Ch. Widmer, 6 ff.
1935 Art. 779c ff. ZGB.

E. EINMALIGE HANDLUNGEN

310. Aus der Eigenart der Zulassung kann sich ergeben, dass die Aufnahme der zugelassenen Tätigkeit zugleich deren Beendigung auslöst. Tätigkeiten, die sich gewöhnlich in einer *einmaligen Handlung* erschöpfen, beenden zugleich das sie zulassende Rechtsverhältnis. Zu ihnen gehören etwa die (einmalige) Einfuhrbewilligung, die Demonstration auf öffentlichem Grund oder das Verwenden lebender Tiere zur Werbung[1936]. Die Beendigung durch zulassungserschöpfende Ausübung ist allerdings nur selten in Reinform anzutreffen. Die meisten Zulassungsakte erlauben nämlich mehr als nur die Aufnahme der zugelassenen Tätigkeit, da sie bei näherer Betrachtung auch den damit zusammenhängenden Rechts*zustand* billigen. Die Mehrstufigkeit bedingt eine Aufspaltung des Zulassungsinhalts. Die Baubewilligung gestattet nicht nur die Errichtung einer Baute, sondern auch deren Bezug und dauernden Gebrauch[1937]. Die Baubewilligung geht mit der Errichtung unter, die damit geschaffenen Werte stehen dagegen unter dem Bestandesschutz[1938]. Denkbar bleibt, dass die Ausübung mit einer Befristung derart verbunden wird, dass *alternativ* entweder die Aufnahme der Tätigkeit oder der Fristenlauf das Rechtsverhältnis beendet[1939], je nachdem welcher Beendigungsgrund als erster eintritt.

F. ENDE DER PERSÖNLICHKEIT

311. *Tod* einer natürlichen Person beendet das Zulassungsverhältnis, falls es das Gesetz vorsieht oder die Natur der Zulassung es gebietet. Bei einer juristischen Person ist zu differenzieren zwischen der *Auflösung* mit und ohne Rechtsnachfolge. Nur bei unübertragbaren Rechtsverhältnissen bedeutet die Auflösung auch das Ende der Zulassung. Übertragbare Rechtsverhältnisse können bei der Auflösung ohne Rechtsnachfolge mittels Liquidation auf Dritte übertragen, bei der Auflösung mit Rechtsnachfolge auf den Nachfolger überführt werden. Unübertragbarkeit liegt vor, wenn die Zulassung auf die besonderen Eigenschaften des Trägers ausgerichtet war[1940]. Es handelt sich hier um nichts anderes als um die spezifische Anwendung der allgemeinen Regel, wonach bei Dahinfallen der Zulassungsvoraussetzungen auch die Zulassung entzogen werden darf. Stand die Person bei der Zulassung im Vordergrund – vorab deren fachlichen, moralischen und finanziellen Eigenschaften, Fähigkeiten und Verhältnisse – so können sich ihre Rechtsnachfolger nicht auf eine Übertragung

---

1936 Art. 48 TSchG.
1937 Gisler, 150 ff.; Mäder, 229
1938 Vgl. N 344.
1939 Z.B. die Ausnahmebewilligung, an insgesamt 7 Tagen während der Sommersaison ein Verkaufslokal über die Ladenöffnungszeiten hinaus offenzuhalten.
1940 Grisel (Traité), 627; Erichsen, in: Erichsen/Martens, § 10 N 68; Püttner, 87.

V. Beendigung und Bestand

berufen. Die Rechtsnachfolger werden nicht anders gestellt als beliebige Dritte bei der Übertragung zu Lebzeiten des Zugelassenen.

312. Ausnahmen sind anzutreffen, wenn aufgrund der Zulassung Vermögenswerte errichtet oder betriebliche Einrichtungen geschaffen wurden, die ihrerseits aber nicht unbedingt zulassungspflichtig sind. Ein schonungsloser sofortiger Abbruch des Betriebes wäre unter ökonomischen Aspekten wenig sinnvoll. Fehlen entgegenstehende zwingende öffentliche Interessen, so kann der Rechtsnachfolger zuweilen einen geeigneten Stellvertreter benennen, der den Betrieb auf bestimmte oder unbestimmte Zeit fortführt. Erfüllt der Stellvertreter alle Voraussetzungen, die auch für einen Neubewerber gelten, und besteht ein Anspruch auf Erteilung, so handelt es sich um eine Neubegründung des Zulassungsverhältnisses. Eine Begünstigung erfahren die Erben erst, wenn sie in Abweichung von der gesetzlichen Regel Anspruch auf eine Erteilung erheben können[1941] oder ihnen mit oder ohne Beizug eines geeigneten Stellvertreters die *Fortführung* des bisherigen Rechtsverhältnisses erlaubt ist[1942]. In letzterem Fall spricht man anschaulich vom «Witwen- oder Hinterbliebenenprivileg»[1943]. Dieses ermöglicht es, die Voraussetzungen für eine neue Zulassung zu erwerben oder während einer Übergangsfrist den weiter funktionierenden Betrieb nahtlos – und damit möglichst schonend – durch Veräusserung auf einen Dritten zu überführen. Eine Variante besteht insoweit, als der Tod nicht zur automatischen Auflösung des Zulassungsverhältnisses führt, aber sowohl den Rechtsnachfolgern wie auch der Zulassungsbehörde das Recht zusteht, das Verhältnis sofort aufzulösen[1944].

Eigentlich nicht in diesem Zusammenhang zu erörtern, interessenhalber dennoch zu erwähnen ist die Bindung der Erben an einen noch nicht rechtskräftigen oder vollzogenen Widerruf einer Zulassung. Aufgrund der veränderten Interessenlage ist die Widerrufsinstanz gehalten, neu zu entscheiden, da der Widerruf den Rechtsnachfolger stärker belasten und sich ihm gegenüber als ungerechtfertigt erweisen kann[1945]. Umgekehrt muss dieser aber damit rechnen, dass die durch die Rechtsnachfolge veränderten tatsächlichen Verhältnisse einen Widerruf auslösen können.

1941 Z.B. für die Konzessionierung einer gewerblichen Brennerei. Vgl. dazu Häfelin/Müller, N 671; Reichmuth, 83.
1942 Vgl. zum basellandschaftlichen Gastwirtschaftspatent Eckstein, 91 f.
1943 Stober, 1144; Püttner, 87.
1944 Willi Hämmerli, Das zürcherische Jagdrecht unter besonderer Berücksichtigung der Jagdgesetzgebung des Bundes und der übrigen Kantone, Diss., Zürich 1940, 141.
1945 Grisel (Traité), 634.

G. ÜBETRAGUNG UND UNTERGANG VON SACHBEZOGENEN ZULASSUNGEN

313. Im Unterschied zu personenbezogenen sind *sachbezogene* Zulassungen regelmässig übertragbar und vom Schicksal ihres Inhabers unabhängig[1946]. Geht die Sache unter, so kann dies auch den Untergang der Zulassungsrechtsverhältnisses bedeuten. Bei technischen Typenbewilligungen etwa bezieht sich die Zulassung nicht auf einen einzelnen Gegenstand, sondern auf einen Sachtypus. Hier berührt der Untergang der Sache die Zulassung nicht. Bei der Sachübertragung ist insbesondere im Bau-, Planungs- und Forstrecht zu beachten, dass derjenige, der ein Grundstück erwirbt, sich auch die früheren Handlungen seines Rechtsvorgängers anrechnen lassen muss. Hat dieser etwa die Erklärung abgegeben, eine baurechtswidrige Baute zu entfernen, so kann dies den Rechtsnachfolger binden[1947].

314. Dagegen sind stark individualisierte, eng auf einen bestimmten Sachverhalt eingegrenzte, realbezogene Zulassungsakte unter Umständen vom Bestand der Sache abhängig. Delikate Probleme stellen sich hauptsächlich im Baurecht. Hier haben sich einerseits die raumplanerischen Grundwerte in den letzten zwanzig Jahren stark verändert. Anderseits errichten Private auf der Grundlage einer Baubewilligung für sie bedeutende Werte. Wurde die Baute nach altrechtlicher Ordnung rechtmässig errichtet, unter Umständen auch schon über eine Ausnahmeerteilung, und steht sie zwischenzeitlich aufgrund neuer raumplanerischer Massnahmen in Widerspruch zum geltenden objektiven Recht, so stellt sich die Frage, ob mit dem Untergang der Baute der Rückgriff auf die altrechtlich begründete Rechtsposition ausgeschlossen wird. Das Bundesrecht unterscheidet zwischen Bauten innerhalb und ausserhalb der Bauzonen. Befindet sich die Baute auch nach der Planänderung noch innerhalb einer Bauzone, so ist es dem kantonale Recht überlassen, Ausnahmen vorzusehen[1948]. Für Bauten ausserhalb der Bauzone kann es das kantonale Recht gestatten, Bauten und Anlagen wieder aufzubauen, wenn dies mit den wichtigen Anliegen der Raumplanung vereinbar ist[1949]. Inhaltlich wird damit ein Abwägungsprozess zwischen raumplanerischen und privaten Interessen vorgezeichnet, der zwar formell unter dem Randtitel «Ausnahmen» figuriert, materiell aber die intertemporalrechtliche Frage nach dem Weiterwirken der altrechtlichen Bewilligung aufwirft[1950]. Der Bundesgesetzgeber hat damit den Kantonen eine Lösung vorgezeichnet, die sich bereits aus der allgemeinen Widerrufs- und Beständigkeitsdogmatik ergibt. Da diese auf übergesetzliche Grundwerte, namentlich den Schutz einer be-

---

1946 So geht etwa die Konzession für eine Milchsammelstelle mit dem Verkauf auf den Erwerber über; diesem obliegt die Erfüllung der Milchannahmepflicht, Spörri, 54.
1947 Offengelassen in BGer 18. August 1992, ZBl 94/1993, 78 f.
1948 Art. 23 RPG.
1949 Art. 24 Abs. 2 RPG.
1950 Kölz (Verwaltungsrecht), 194 f.; Haller/Karlen, N 784 ff.

V. Beendigung und Bestand

rechtigt erworbenen und weiterhin nutzbaren vermögenswerten Disposition vor nachträglicher Rechtsänderung zurückgreift[1951], schadet dem Betroffenen eine Gesetzgebungslücke im kantonalen Recht nicht[1952]. Der lückenfüllende Rückgriff auf die Interessenabwägung folgt den allgemeinen Richtlinien für die Lösung von Kollision von altrechtlich begründeten Besitzesständen mit den sich wandelnden öffentlicher Interessen. Auf seiten des Privaten ist dabei auf die Bedeutung der Baute für dessen bisherige und künftig absehbare Lebensführung, wirtschaftliche Existenz und allfällige ideelle Bedeutung abzustellen. Wurde die Baute ausschliesslich gewerblich genutzt, so wird die Amortisation eine, wenn auch nicht ausschliessliche Rolle spielen; ebenso wichtig dürfte die Substituierbarkeit des bisherigen Standplatzes werden. Entscheidendes Gewicht kommt der Art des Untergangs und der Intensität der bisherigen Nutzung zu. Freiwilliger Abbruch bzw. eine tiefe Nutzungsintensität oder -frequenz sprechen gegen eine Wiedererrichtung.

H. NICHTAUSNÜTZUNG UND DAUERHAFTER UNTERBRUCH

315. Die *nichtausgenutzte* oder *dauerhaft unterbrochene Zulassungstätigkeit* wird sinnvollerweise mit einer Beendigungsandrohung verbunden, wenn rasch wandelnde Verhältnisse eine Klärung der tatsächlichen Lage bedingen und eine länger andauernde, Gesetzgeber und Verwaltung bindende Präjudizierung verhindert werden soll. Dem Bürger bleibt es somit verwehrt, eine Zulassung auf «Vorrat» zu erwerben, nur um einen für ihn günstigen Rechtszustand zu konservieren[1953]. Zwar könnte die Verwaltung bei Rechts- oder Tatsachenänderungen auf die allgemeinen Widerrufsregeln ausweichen, was aber einen umfassenden Einzelfallentscheid bedingen würde und zudem der Rechtssicherheit und Transparenz der Zulassungssituation abträglich wäre. Die Verwirkungsandrohung ist nur bei langfristigen Zulassungen sinnvoll, namentlich dann, wenn die Befristung der Zulassung erst ab Tätigkeitsaufnahme zu laufen beginnt[1954]. Die bekannteste Verwirkungsfrist stammt aus dem Baubewilligungsrecht; bereits von Bundesrechts wegen ist die Baubewilligung

---

[1951] Kölz (Verwaltungsrecht), 193 ff.; Grisel (Traité), 702; Haller/Karlen, N 786; Peter Karlen, Das abgebrannte Badehäuschen, Urteilsanmerkung öffentliches Recht, recht 1991, 102; BGE 113 Ia 122 unter Hinweis auf die Eigentumsgarantie; anderer Ansicht EJPD/BRP, Art. 24 N 32; Pfisterer, 81 und 85; BGE 107 Ia 236 f.
[1952] Mit Kölz (Verwaltungsrecht), 195 ist aus Rechtssicherheitsüberlegungen eine gesetzlich exakte Regelung zu verlangen. Vgl. auch Haller/Karlen N 786.
[1953] Knapp (concessions), 150.
[1954] So im Wassernutzungsrecht, Art. 58 Abs. 1 WRG.

befristet zu erteilen[1955]. Die meisten Kantone haben die Gültigkeitsdauer auf ein Jahr angesetzt[1956].

316. Die Verwirkung einer ungenutzten oder unterbrochenen Zulassung kann allerdings auch aufsichtsrechtlich-disziplinarischen bzw. allgemein exekutorischen Charakter besitzen, wenn der Zugelassene Betriebs- und Kontinuitätspflichten[1957] übernimmt oder wenn der Zulassung eine langwierige Evaluation vorausging[1958]. Vor allem wenn das Gesetz vom Zugelassenen Gewähr für die Verwirklichung gesetzlicher Anliegen und mit der Zulassung verbundener Pflichten verlangt, drängt sich deren präventive Sicherung mittels Verwirkungsdrohung auf. Bei Monopol- und Sondernutzungszulassungen kann ein weiterer Beweggrund entdeckt werden: Ist die Zulassung auch noch mit wirtschaftlichen Privilegien verbunden oder stellt sie auf eine Bedürfnisabklärung ab, wäre es stossend, die Nichtausnützung zu Lasten nichtberücksichtigter Konkurrenten oder des eine nicht substituierbare Dienstleistung erwartenden Publikums tolerieren zu wollen[1959]. Je nach Motivation der Verwirkungsandrohung braucht ein unverschuldeter Nichtantritt oder Unterbruch nicht zur zwingenden Beendigung des Rechtsverhältnisses zu führen, sondern kann durch eine Erstreckung ersetzt werden[1960].

317. Die Verwirkungsfolgen können sich unmittelbar aus dem Gesetz oder einer darauf beruhenden Zulassungsbestimmung ergeben. Daneben kann auch höhere Gewalt das Rechtsverhältnis beenden[1961]. Gesetzlich fixierte Fristen sind ungewöhnlich, da nur selten voraussehbare Umstände vorliegen, die eine abschliessende Regelung ermöglichen würden[1962]. Die nähere Festlegung erfolgt demnach in der Regel erst im Zulassungsakt selbst[1963], wobei auch eine gesetzliche Höchstdauer als

---

1955 Erläuterungen EJPD/BRP, Art. 22 N 20; Mäder, 210, Anm. 8.
1956 Der Kanton Zürich kannte ein Gültigkeitsdauer von zwei, ab 1. Februar 1992 von 3 Jahren, Mäder, 211.
1957 Sillig, 78.
1958 Knapp (concessions), 147 f.
1959 Knapp (concessions), 150; Hanhardt, 169; Zürcher, 64 zur Taxibewilligung A.
1960 O. Wieland, 137; Augustin, 53. Anders verhält es sich im Baurecht, Mäder, 211.
1961 Grisel (Traité), 294.
1962 Art. 17 lit. b Schiffahrtsverordnung und Art. 16 Abs. 2 AVV beschränken die Nichtausübung auf 1 Jahr; Art. 43a LFV die Bauarbeiten für die Erstellung eines Flugfeldes auf 5 Jahre als verkürzbare Maximalfrist. Der durch Art. 29 ff. Filmverordnung ersetzte Art. 13 Filmgesetz erlaubte die Herabsetzung der Filmkontingente, welche während drei aufeinanderfolgenden Jahren nicht genügend ausgenützt wurden. Bei den Taxibewilligungen A sind recht kurze Fristen anzutreffen, die zwischen 30 Tagen und 6 Monaten liegen. Vgl. Zürcher, 64.
1963 Vgl. Art. 6 Abs. 1 lit. a EBG; Art. 54 lit. e WRG; Art. 9 Abs. 1 RLG; Art. 15 Abs. 1 lit. b RTVG; Art. 39 Abs. 2 und 3 LFV; Art. 17 lit. b Schiffahrtsverordnung; Art. 44 Abs. 1 lit. a Milchbeschluss.

V. Beendigung und Bestand 265

Rahmen vorgegeben sein kann[1964]. Der Behörde kann es auch bei Schweigen des Gesetzes nicht verwehrt werden, eine entsprechende Klausel in den Zulassungsakt aufzunehmen, wenn die Folge der Verwirkung aus dem Gesetzeszweck, genauer aus einem mit der Bewilligung oder Konzession verfolgten öffentlichen Interesse hervorgeht[1965]. Ist etwa der Automobilkonzessionär daran gehindert, den Betrieb ohne ausdrückliche Ermächtigung einzustellen[1966], so kann er auch angehalten werden, ihn innerhalb einer zumutbaren Frist aufzunehmen. Die Verwirkungsklausel nimmt damit die Funktion eines Widerrufsvorbehalts wahr, weshalb ihre Wirkung und Zulässigkeit nach denselben Regeln zu beurteilen sind[1967].

318. Ob sich der Zugelassene während der Frist zur Tätigkeitsaufnahme auf die *Beständigkeit* des Zulassungsaktes berufen kann, ist primär anhand der konkreten gesetzlichen Lage, subsidiär aufgrund einer Interessenabwägung zu entscheiden[1968]. Keinesfalls kann *generell* gesagt werden, die Befristung diene nur dem Rechtssicherheitsinteresse des Zugelassenen; umgekehrt sollte die Fixationswirkung auch nicht von vornherein ausgeschlossen werden. Eine gesicherte Beständigkeitserwartung kann zumindest bei vertraglicher Zusicherung oder vergleichbaren Vertrauenslagen erwartet werden.

319. Je nach gesetzlicher oder regelungstechnischer Lage kann die Nichtausübung zur Folge haben, dass die Zulassungsberechtigung eo ipso oder nach dem Ermessen der Behörde dahinfällt. Soll die Behörde über die Verwirkung entscheiden, so ist sie zur Einzelfallabklärung angehalten[1969]. Insbesondere soll sie die Umstände untersuchen, die zur Nichtaufnahme der Tätigkeit geführt haben und abklären, inwieweit öffentliche Interessen dadurch berührt werden. Vor Fristablauf sollte der Zugelassene zudem auf die drohende Beendigung des Zulassungsverhältnisses aufmerksam gemacht und zur Tätigkeitsaufnahme angehalten werden. Lässt das Gesetz jedoch keinen Spielraum offen, so stellt sich zumindest die Frage, ob der Fristenlauf unterbrochen oder gehemmt werden kann. Gibt das Gesetz keine Antwort[1970], so muss man sich nach dem Zweck der Aufnahmebefristung orientieren. Stehen Rechtssicherheitsüberlegungen und die vorbehaltlose Erhaltung staatlicher Handlungsmöglichkeiten im Vordergrund, wie etwa im Baurecht[1971], so sind Friststillstand oder –

1964 Art. 43a LFV für Flugfelder.
1965 Vgl. dazu Hanhardt, 169 f.; Anton Hagenbüchle, Das Bergrecht mit besonderer Berücksichtigung der Erdölschürfung, ZSR 76/1957 II 148a.
1966 Art. 15 Automobilkonzessionsverordnung.
1967 Vgl. dazu N 277.
1968 Vgl. zur Verlängerung einer durch wiederholte Verlängerung der Frist für den Baubeginn nicht «genutzten» Wasserrechtskonzession im Sinn einer Neuerteilung BGE 119 Ib 254 ff.
1969 Vgl. etwa BGE 97 I 84 zum Entzug einer Bankbewilligung.
1970 Vgl. Moor, Bd. II, 56.
1971 Bovay, 195; Mäder, 211. Anderer Ansicht Moor, Bd. II, 57.

unterbrechung ausgeschlossen; vorbehalten bleibt die Fristwiederherstellung aufgrund falscher behördlicher Auskunft[1972]. Hat die Frist hingegen mehr aufsichtsrechtlich-disziplinarischen Charakter, soll sie den Zugelassenen zur Erfüllung der ihm obliegenden Pflichten anhalten, so wäre es unhaltbar, nicht auf die näheren Umstände der Verzögerung eingehen zu wollen. Bei Naturkatastrophen, Drittverschulden oder dem Eintritt unvorhersehbarer Ereignisse kann sich eine Fristverlängerung aufdrängen[1973]. Vorausgesetzt ist jedenfalls, dass der Zugelassene nach wie vor Sicherheit für eine Aufnahme der Tätigkeit bietet. Wurde die Tätigkeit zwar vor Fristablauf aufgenommen, aber das zugelassene Werk nicht erstellt oder der Betrieb nicht eröffnet, so kann das unter Umständen als Fristeinhaltung angesehen werden. Zusätzlich müssen zumindest Anhaltspunkte für eine vollständige Realisierung des Projekts bestehen[1974].

320. Unter Umständen wird nicht nur der Baubeginn, sondern auch die Bauvollendung gesetzlich befristet[1975]. Bei grösseren Werken wird die Projektverwirklichung zuweilen etappiert und jeder Errichtungsabschnitt mit einer Frist verbunden. Bei der Wasserrechtskonzession kann der Konzessionär angehalten werden, innert Frist einen Ausweis über genügend Baukapital beizubringen, den Bau zu beginnen und den Betrieb aufzunehmen[1976]. Ähnlich ist der Flughafenkonzessionär an zwei Fristen gebunden: Baubeginn und Bauvollendung[1977]. Sinn der Etappierung ist es, nicht nur den Beginn der Errichtung, sondern vor allem den Zeitpunkt der vollständigen Betriebsaufnahme verbindlich festzulegen. Aus Verhältnismässigkeitsgründen darf die Nichteinhaltung einer letzten Etappenfrist nicht nach den gleich strengen Gesichtspunkten gehandhabt werden wie die Verletzung der ersten Teilfrist. Vielmehr sind die Umstände der Fristversäumnis, das Ausmass der bisherigen Dispositionen und die Wahrscheinlichkeit der Vollendung zu beachten.

I. RÜCKKAUF

321. Durch den *Rückkauf* wird die Zulassungsbehörde ermächtigt, die Weiterführung der Tätigkeit einschliesslich der dazugehörigen Werk- und Betriebsteile und aller damit zusammenhängenden Rechte und Pflichten[1978] während der Konzessi-

---

1972 Weber-Dürler (Vertrauensschutz), 137; Moor, Bd. II, 57; BGE 105 Ib 154; 106 Ib 231.
1973 Vgl. zur Regelung im Wassernutzungsrecht Knapp (concessions), 150; Geiser/Abbühl/Bühlmann, 201; Gadient, 46 f.; Augustin, 52 f.
1974 Zum Baurecht vgl. Bovay, 198; Mäder, 213 f.; PVG 1977 Nr. 18; RB 1987 Nr. 85 = ZBl 89/1988, 256 ff.
1975 Z.B. Art. 92 Abs. 2 Baugesetz der Bündner Gemeinde Grüsch vom 21. April/6. Oktober 1978.
1976 Vgl. Augustin, 52.
1977 Art. 39 Abs. 2 LFV.
1978 Zur Schuldübernahme durch Rückkauf vgl. detailliert Knapp (concessions), 158 f.

V. *Beendigung und Bestand* 267

onsdauer einseitig und ohne Mitwirkung des Rückkaufsbelasteten an sich zu ziehen bzw. über deren weiteres Schicksal (Einstellung, Regiebetrieb oder Übertragung an Dritte) zu entscheiden. Der Rückkauf hat demnach zwei Folgen: vorzeitige Beendigung des Zulassungsverhältnisses zum einen und Übertragung von Eigentum und Rechten sowie Pflichten zum anderen. In Anlehnung an die französische Doktrin wird der Verstaatlichungszweck des Rückkaufs hervorgehoben[1979]. Historisch gesehen kann dem für die Eisenbahnkonzession beigepflichtet werden[1980]; im Wassernutzungsrecht stand der Regiebetrieb jedoch bis anhin weit weniger im Vordergrund[1981]. Anderseits kann aber beobachtet werden, dass auch im Wassernutzungsrecht regionalpolitische Überlegungen zunehmend in Richtung Eigenbetrieb drängen[1982]. Gesetzlich ist der Rückkauf allerdings nirgends an ein Verstaatlichungsinteresse gebunden; der Rückkaufsberechtigte hat die freie Wahl, die Nutzungsart nach Zweckmässigkeitsgesichtspunkten zu bestimmen.

322. Der Rückkauf ist ein *spezifisch konzessionsrechtliches* Instrument, da er an eine *Rück*übertragung an den Konzedenten, das heisst an dessen originäre und unverzichtbare Innehabung der betroffenen Tätigkeit anknüpft[1983]. Irreführenderweise wird etwa im Landwirtschaftsrecht von einem «Kontingentsrückkauf» gesprochen. Richtig besehen handelt es sich um einen entgeltlichen Verzicht, und zwar nicht deshalb, weil der Staat das Kontingent gar nicht «verkauft» habe[1984], sondern weil er die zulassungspflichtige Tätigkeit von Gesetzes wegen gar nicht ausüben kann. Im Gegensatz zu anderen Zulassungsformen ist beim «echten», d.h. konzessionsrechtlichen Rückkauf die angesprochene Möglichkeit des Eigenbetriebes eingeschlossen. Im Unterschied zum Heimfall muss beim Rückkauf zwar das Ende des Zulassungsverhältnisses nicht abgewartet werden[1985], doch bleibt eine Entschädigung geschuldet. Anders als bei der Enteignung muss sich der rückkaufende Konzedent nicht auf das Glatteis des fiskalischen öffentlichen Interesses[1986] hinauswagen: Sowohl der Eintritt des Rückkaufsfalls wie auch die Ermittlung der Entschädigung können *vorweg* in Gesetz oder durch *Abrede* geregelt werden. Die Rückkaufsberechtigung selbst kann sich ebenfalls aus Gesetz oder Zulassung ergeben, wobei eine auf Abrede beruhende Rückkaufsklausel keiner ausdrücklichen gesetzlichen Regelung bedarf[1987]; auch hierin unterscheidet sich der Rückkauf von der Enteignung. Die we-

---

1979 Vgl. dazu Knapp (concessions), 152 f.; Wettstein, 38 ff., Gadient, 38; Graf, 62 f.; Augustin, 42 f.
1980 Vgl. dazu Fleiner (Bundesstaatsrecht), 468 ff.; Staeblin, 363 ff.
1981 Augustin, 41 f.; Baumeler, 291 ff.
1982 Vgl. Baumeler, 299 ff. zur Lungernseekonzession.
1983 Vgl. Knapp (concessions), 152 f.; Grisel (Traité), 293; Gadient, 35.
1984 So Bundesrat 14. September 1988, VPB 1989 Nr. 9 (S. 53).
1985 Die Wasserrechtskonzession ist frühestens nach Ablauf eines Drittels der Konzessionsdauer rückkaufbar, Art. 63 WRG.
1986 Vgl. G. Müller, Kommentar BV, Art. 22ter N 34; Knapp (concessions), 153; Graf, 62.
1987 Grisel (Traité), 293; Knapp (concessions), 153; Korrodi, 118; Hanhardt, 164; BGE 81 I 87.

nigsten Gesetze kennen eine nähere Regelung der Rückkaufsabwicklung, insbesondere fehlt ihnen nebst der eigentlichen Definition des Rückkaufs auch die Festlegung der rückkaufsbelasteten Anlagen und der Bemessung der Entschädigung. Eine historischen Gegebenheiten entsprungene[1988] Ausnahme bildet das Eisenbahngesetz, das dem Rückkauf einen ganzen Abschnitt widmet[1989]. Andere Gesetze begnügen sich mit dem blossen Hinweis auf die Rückkaufsmöglichkeit[1990]; entsprechend finden sich in den Konzessionsabreden zum Teil recht detaillierte Rückkaufsmodalitäten oder zumindest der Vorbehalt der Streiterledigung vor einem Schiedsgericht oder durch Expertise[1991]. In einigen Fällen weist das Gesetz die Streiterledigung bei Differenzen über die Entschädigungshöhe dem Bundesgericht zu[1992].

323. Der *Gegenstand des Rückkaufs* kann entweder dem Gesetz oder der Konzession entnommen werden. Während das Eisenbahngesetz die Erwerbsteile einzeln aufzählt[1993], sind die Wasserrechtsparteien auf eine abredeweise Regelung angewiesen. Soweit sich Wasserrechtskonzessionen zum Rückkauf äussern, lehnen sie sich stark an die gesetzliche Regelung des Heimfalls an[1994]. Ist lediglich das Rückkaufsrecht ohne inhaltliche Festlegung vorbehalten, so fallen alle Anlageteile darunter, die der Rechtsnutzung dienen oder damit in notwendigem Zusammenhang stehen[1995]. Die Grenze wird zwischen dem hydraulisch-elektrischen Teil der Stromerzeugungsanlage und dem Verteilnetz gezogen[1996]; letzteres kann nur aufgrund einer spezifischen Unterstellung unter die Rückkaufsvereinbarung miteinbezogen werden. Ansonsten steht es dem Konzedenten frei, es durch nachträgliche Vereinbarung oder Enteignung zu erwerben. Ähnlich den expliziten Abreden wird auch hier das Rückkaufs- dem Heimfallobjekt angenähert.

324. Auch bei der *Rückkaufsentschädigung* ist der normative Graben zwischen der Eisenbahn- und der Wasserrechtskonzession auszumachen. Die detaillierte Eisenbahngesetzgebung beruht auf dem Grundsatz der Ertragswertermittlung, wobei der (näher definierte) Bilanzwert nicht überschritten werden soll[1997]. Im Wassernutzungsrecht hingegen kann die Höhe frei vereinbart werden; sie kann tiefer, gleich oder höher als eine Enteignungsentschädigung liegen[1998]. Als Berechnungsgrundla-

---

1988 Vgl. Fleiner (Bundesstaatsrecht), 468 ff.
1989 Art. 75 bis Art. 79 EBG.
1990 So etwa Art. 31 LFG.
1991 Vgl. Hanhardt, 164 f.
1992 Art. 31 LFG; Art. 79 EBG.
1993 Art. 76 Abs. 1 EBG.
1994 Augustin, 43 f.
1995 Knapp (concessions), 156; Hanhardt, 165; Augustin, 44; BGE 81 I 90.
1996 Ruck (Elektrizitätsrecht), 100; Knapp (concessions), 155 ff.; Augustin, 45 Fn. 49; BGE 81 I 90.
1997 Art. 77 EBG.
1998 Knapp (concessions), 155; Graf, 63; Augustin, 47.

gen finden sich in den Konzessionen alternativ die um die Amortisation verminderten Anlagekosten, der Reingewinn und der Verkehrswert[1999]. Schweigt die Konzession, so hat der Konzessionär Anspruch auf Ersatz der um die Geldentwertung erhöhten und um die Amortisation verminderten Anlagekosten, was dem Sachwert der Anlagen entspricht[2000]. Damit wird berücksichtigt, dass die Anlagen vom Heimfall betroffen sein können[2001]. Zur Gesamtsumme hinzuzurechnen ist die Entschädigung für entgangenen Gewinn aus der ungenutzten Restkonzessionsdauer; diese berechnet sich nach dem Durchschnitt der letzten Betriebsjahre vor Rückkaufsankündigung[2002].

J. HEIMSCHLAGSRECHT

325. Das *Heimschlagsrecht* bildet im Raumplanungsrecht das Gegenstück der Enteignung. Es gibt dem Grundeigentümer das Recht, vom Gemeinwesen unter bestimmten Vorgaben die Übernahme seines Grundstücks zu verlangen[2003]. In diesem Rahmen können auch mit dem Grundstück zusammenhängende Bewilligungen oder Konzessionen indirekt vom Heimschlagsrecht betroffen werden. Im Konzessionsrecht ist das Heimschlagsrecht wenig verbreitet. Zum einen gilt es als Annex des Heimfallrechts: Tritt der Heimfall ein, so kann der Konzessionär verlangen, dass der Konzedent über die hydraulischen Anlageteile hinaus auch noch die elektrischen gegen «billige Entschädigung» übernimmt, wenn er «sie für die fernere Ausnutzung der Kraft vorteilhaft verwenden kann.»[2004]. Heimschlagswirkung kann auch erreicht werden, indem der Konzessionär vor Ablauf der Konzessionsdauer auf die Ausnützung des Wasserrechts verzichtet: Nach dem Akzessionsprinzip fallen die auf öffentlichem Grund errichteten Anlagen an das Gemeinwesen. Benutzt es diese weiter, so schuldet es dem ehemaligen Konzessionär eine Billigkeitsvergütung[2005]. Eine eingeschränktere Regelung ist für die SRG-Konzession vorgesehen: Bei Verzicht übernimmt der Bund die Liegenschaften, Einrichtungen, Mobilien und weiteren Werte sowie die Forderungen und Verpflichtungen gegen angemessene Vergütung[2006]; die Tätigkeitsübernahme ist ihm aufgrund der Vorschrift von Art. 55bis BV verwehrt.

[1999] Wettstein, 59 ff.; Gadient, 40; Korrodi, 118; Augustin, 46 f.
[2000] Vgl. dazu Knapp (concessions), 154; Augustin, 47 sowie den von ihm zitierten Entscheid des Bundesgerichts vom 18. Oktober 1963.
[2001] Sintzel, 127.
[2002] Knapp (concessions), 154; Augustin, 48.
[2003] Haller/Karlen, N 478.
[2004] Art. 67 Abs. 2 WRG.
[2005] Art. 69 Abs. 2 WRG.
[2006] Art. 30 RTVG.

K. VERZICHT UND ÜBEREINKUNFT

326. Der *Verzicht* ist im vorliegenden Zusammenhang als einseitige, ein Rechtsverhältnis beendende Willenserklärung des Zugelassenen zu verstehen. Er ist vom Verzicht auf die Verlängerung eines bereits beendeten Rechtsverhältnisses zu unterscheiden, ausser der Zugelassene habe sich vorweg zu dessen Verlängerung verpflichtet. Der Verzicht gilt als gestaltende Willenserklärung; demnach soll er hinsichtlich der Rechtswirkungen und des Rechtsobjekts unzweideutig ausgesprochen werden, frei von Willensmängeln sein und in voller Kenntnis der relevanten Sachumstände erfolgen[2007]. Die Verzichtserklärung muss jedenfalls für die Aussenwelt bemerkbar sein; eine Erklärung gegenüber Dritten genügt, falls nicht das Gesetz die Zulassungsbehörde als Adressaten bestimmt.

327. Ob eine Willensäusserung als Preisgabe des Rechtsverhältnisses einzuordnen ist, beurteilt sich nach den gesamten Umständen. Der Verzicht wird zwar grundsätzlich nicht vermutet, doch kann er auch durch konkludentes Handeln erklärt werden. Wird ein zweites, vom ersten Rechtsverhältnis abweichendes Zulassungsgesuch – etwa ein überarbeitetes Bauprojekt – gestellt, so kann darin unter Umständen ein Verzicht auf das frühere Gesuch erblickt werden[2008]. Kein Verzicht liegt jedenfalls vor, wenn das zweite Gesuch nur deshalb eingereicht wird, weil das erste Gesuch infolge eines hängigen Rechtsmittelverfahrens noch nicht in allen Punkten rechtskräftig geworden ist. Untätigkeit kann nur dann als Verzicht eingestuft werden, wenn ihr das Gesetz diese Wirkung zuschreibt oder die unterbruchlose Tätigkeit aus Gründen einer lückenlosen Kontrolle notwendig ist[2009]. Umgekehrt kann das Gesetz «ausdrücklichen» Verzicht fordern und damit Stillschweigen als Erklärung ausklammern[2010]. Zudem kann es bestimmten Handlungen die Bedeutung eines Verzichts beimessen. So erlischt die fremdenpolizeiliche Niederlassungsbewilligungen nicht nur bei ausdrücklicher Abmeldung ins Ausland, sondern auch dann, wenn sich der nicht abgemeldete Ausländer tatsächlich mehr als sechs Monate im Ausland aufgehalten hat[2011]. Faktisches Verhalten wird hier in Abkehr von der Grundregel als unwiderlegbares Anzeichen für einen Verzicht gewertet.

328. Die *Zulässigkeit* des Verzichts ist oft ein Spiegelbild des Zulassungsanspruchs. Besteht aufgrund der verfassungsrechtlichen oder gesetzlichen Lage ein Anspruch auf Zulassung, so steht an und für sich auch nichts einer jederzeitigen Beendigung

---

2007 Grisel (Traité), 653; Moor, Bd. II, 61 f.
2008 Vgl. dazu Mäder, 215.
2009 So etwa bei der Bankbewilligung, Juri, 45 ff. Vgl. zur Beendigung durch Nichtausübung vorne, N 315.
2010 Art. 64 lit. b WRG.
2011 Kottusch (Niederlassungsbewilligung), 542.

V. Beendigung und Bestand

des Verhältnisses durch einseitige Erklärung entgegen[2012]. Die Regel gilt aber nicht vorbehaltlos und bedarf mehrfacher Präzisierung: Öffentliches Interesse an der Ausnützung/Ausübung und am Weiterbestand des Zulassungsverhältnisses spricht gegen eine einseitige Verzichtbarkeit[2013]. Ein Verzicht ist demnach nur möglich, soweit die Begründung der Rechtsposition im ausschliesslichen Interesse des Zugelassenen liegt[2014] und Dispositionsbefugnis besteht[2015]. Dispositionsbefugnis im Blick auf die Aufgabe einer Rechtsstellung ist nicht zu verwechseln mit deren Übertragbarkeit. Übertragbarkeit impliziert zwar geradezu Verzichtbarkeit[2016], jedoch nicht umgekehrt[2017]. Das Verzichtsrecht kann zudem grundsätzlich zugelassen, aber zeitlich begrenzt sein, indem der Verzicht nur unter Einhaltung einer Frist erklärt werden kann[2018].

329. Der Verzicht wird ausgeschlossen, wenn seine Wirkungen nicht auf den privaten Bereich des Zugelassenen beschränkt bleiben, sondern auch externe, das soziale Zusammenleben berührende Folgen haben kann[2019]. Vor allem wenn aufgrund des Verzichts Gefährdungslagen entstehen könnten, wird er von staatlicher Zustimmung abhängig gemacht, d.h. einem erneuten Zulassungsverfahren unterstellt. Auf die Errichtung einer bewilligten Baute kann nur vor Baubeginn verzichtet werden, hernach bedarf es einer Abbruchbewilligung[2020]. Eine weitere Grenze ergibt sich aus dem Rechtsmissbrauchsverbot: Der Verzicht soll nicht eingesetzt werden, um einen drohenden Zulassungsentzug zu verhindern, sofern der Betroffene durch den Verzicht im Vergleich zur drohenden Sanktion bessergestellt wäre[2021]. Gesetzgeberisch kann das Problem elegant gelöst werden, indem bei jeder Neuzulassung das bisherige Verhalten des Gesuchstellers berücksichtigt werden muss[2022]. In der Doktrin wird die Lösung auch durch eine künstlich scheinende Konstruktion des Verzichts als *zustimmungsbedürftiger Antrag auf Widerruf* der Zulassung[2023] gesucht. Hierbei

---

2012 Vgl. Knapp (Précis), N 772 und 776 ff.
2013 Rhinow/Krähenmann, Nr. 30 B III a; Wolff/Bachof, § 43 IV; Bussfeld, 766.
2014 Maurer, § 14 N 34.
2015 Knapp (Précis), N 775; Grisel (Traité), 654 f.; Häfelin/Müller, N 649; Moor, Bd. II, 60 f.; Wolff/Bachof, § 54 I c 2; Erichsen, in Erichsen/Martens, § 10 N 72
2016 Imboden/Rhinow, Nr. 30 B III a; Häfelin/Müller, N 649; Moor, Bd. II, 61; BGE 92 I 240.
2017 Grisel (Traité), 655.
2018 Art. 29 Abs. 2 FMG; Art. 63 und 98 RTVV.
2019 Knapp (Précis), N 779.
2020 Dogmatisch wird hier vorausgesetzt, dass mit der Baubewilligung auch die Erlaubnis zum Benützen der Baute verbunden ist. Vgl. auch Mäder, 215.
2021 Imboden/Rhinow, Nr. 132 B V; Moor, Bd. II, 61; Dubach (Disziplinarrecht), 44a f. und 101a ff.; anderer Ansicht Wolffers, 192 f.
2022 Vgl. auch Dubach (Disziplinarrecht), 44a.
2023 Bussfeld, 766; Moor, Bd. II, 61. Vgl. auch den Hinweis bei Wolffers, 193 Anm. 9 auf die entsprechende Praxis der rechtsanwaltschaftlichen Disziplinarbehörden im Kanton Zürich.

ist zu berücksichtigen, dass Teile der Gesetzgebung die Zustimmung der Zulassungsbehörde als «Verzichts»voraussetzung ausdrücklich erwähnen[2024]; gesetzliches Schweigen spricht demnach eher gegen dieses Rechtsgebilde. Die flexiblere Lösung der Verzichtsmöglichkeit über das Rechtsmissbrauchsverbot ist vorzuziehen.

330. Das wichtigste Argument gegen die Verzichtsmöglichkeit liegt in der mit der Zulassung verbundenen Betriebs- und Kontinuitätspflicht[2025]. Auch wenn in solchen Fällen das Gesetz den Anschein erweckt, es würde den «Verzicht» zulassen, so ist der Anspruch auf Beendigung der Tätigkeit nur ein scheinbarer. Der konzessionierte Betrieb kann oft nur mit Zustimmung des Konzedenten aufgegeben werden[2026]; der «Verzicht» ist nicht mehr als ein für den Konzedenten unverbindlicher Antrag auf Aufhebung des Konzessionsverhältnisses. Einseitig und ohne weitere Einschränkungen verzichtbar sind dagegen die Wasserrechtskonzession und die Konzession zur Veranstaltung von Radio- und Fernsehprogrammen. Nachteilige Folgen der Aufgabe der konzedierten Tätigkeit werden durch das Eintritts- bzw. Übernahmerecht des Konzedenten gemildert, das allerdings bei der Radio- und Fernsehkonzession stark eingeschränkt ist[2027]. Ferner kann die Verzichtbarkeit im Wassernutzungsrecht – nach wohl richtiger, allerdings stark bestrittener Meinung[2028] – durch Abrede ausgeschlossen werden[2029]. Es erscheint dem gesetzlichen Zweck der Nutzbarmachung der Wasserkräfte keineswegs abträglich, wenn sich das konzedierende Gemeinwesen eine über das Gesetz hinausgehende Betriebskontinuität zusichern lässt.

331. Eng mit den vorstehenden Ausführungen verbunden ist die Beendigung durch *Übereinkunft*. Unterliegt der Zugelassene einer Betriebs- und Kontinuitätspflicht, so kann er in den mitunter als «Verzicht» bezeichneten Fällen eine Übereinkunft über die Beendigung des Betriebs zu erreichen versuchen. Dabei soll abgeklärt werden, ob die Aufgabe der Tätigkeit überhaupt zur Disposition steht. Die Initiative zur Erzielung einer Beendigungsvereinbarung kann durchaus auch von der Zulassungsbehörde ausgehen, vor allem wenn keine rechtlichen Entzugs- oder Widerrufsgründe vorliegen, die Weiterführung aber politisch inopportun geworden ist. Die Vereinbarung tritt damit funktional an Stelle der unsichereren und langsameren Gesetzgebung. Bekanntestes Beispiel aus neuerer Zeit ist die «Vereinbarung betreffend die

---

2024 Vgl. dazu die nachfolgenden Ausführungen.
2025 Hanhardt, 171.
2026 Art. 6 Abs. 2 lit. a EBG; Art. 41 Abs. 2 LFV; Art. 17 LKV; Art. 9 Abs. 2 lit. c RLG; Art. 17 Schiffahrtsverordnung; Art. 15 Automobilkonzessionsverordnung.
2027 Vgl. Art. 30 RTVG sowie die Ausführungen zum Heimschlagsrecht N 325.
2028 Vgl. dazu Knapp (concessions), 145; Zurbrügg, 305; Trümpy, 17; BGE 65 I 305 ff.
2029 Gadient, 41 ff.; Augustin, 57 f.

V. *Beendigung und Bestand* 273

Nichtrealisierung des Kernkraftwerks Kaiseraugst»[2030]. Der Kaiseraugst AG wurde sowohl die Standort- als auch die Rahmenbewilligung erteilt, letztere im Jahre 1985. Aufgrund der atomgesetzlichen Ordnung bestand für die Gesuchstellerin ein Rechtsanspruch auf Erteilung der Bau- und Betriebsbewilligung bei Einhaltung der sicherheits- und entsorgungsrechtlichen Voraussetzungen. Mit der Vereinbarung verzichtete sie Ende 1988 auf die beiden bereits erteilten und auf das Gesuch um Erteilung der noch benötigten Bewilligungen. Der Nichtrealisierungsschaden wurde mit rund 1,3 Milliarden Franken beziffert; davon übernahm der Bund 350 Millionen Franken unter dem Titel nutzlos gewordener Projektierungsarbeiten. Der Rest verblieb bei der Bewilligungsträgerin unter Hinweis auf ein «unternehmerisches Risiko», das die Realisierung eines Kernkraftwerkes beinhalte.

Eine Verhandlungslösung kann auch getroffen werden, wenn der Enteignungsweg als langwierig erscheint oder die Voraussetzungen für eine Enteignung fehlen. Inhaltlich wird damit eine nachträgliche Rückkaufvereinbarung abgeschlossen.

L. WILLENSMÄNGEL UND VERTRAGSVERLETZUNG

332. Unabhängig von der rechtlichen Qualifikation des Zulassungsverhältnisses oder von Teilen desselben kann sich jede der am Rechtsverhältnis beteiligten Parteien grundsätzlich nach denselben Gesichtspunkten auf einen *Willensmangel*, insbesondere den Irrtum berufen[2031]. Dabei wird zwischen dem Rechts- und den Tatsachenirrtum unterschieden. Der Tatsachenirrtum ist nur erheblich, wenn das Gesetz die betreffende Tatsache zu einer unerlässlichen Voraussetzung für die Zulassung erklärt[2032]. Spricht sich das Gesetz nicht über die Folgen eines erheblichen Willensmangels aus, so liegt ein Interessenkonflikt vor, der nach den allgemeinen Regeln über den Widerruf von Verwaltungsakten aufzulösen ist[2033]. Beruft sich die Zulassungsbehörde auf einen Willensmangel, so hat sie zu berücksichtigen, dass sie in zwei Schritten vorgehen muss: Zunächst wird in einem auf verwaltungsrechtliche Bedürfnisse modifizierten Rückgriff auf obligationenrechtliche Regeln die Zulässigkeit der Berufung auf einen Willensmangel abgeklärt. Sodann folgt die Abwägung zwischen Beendigung und Weiterführung des Verhältnisses auf der Grundlage der sich entgegenstehenden Interessen[2034]. Beim behördlichen Irrtum, speziell beim

---

2030 Vgl. BBl 1988 III 1253 ff. und Bundesbeschluss über eine Vereinbarung betreffend Nichtrealisierung des Kernkraftwerks Kaiseraugst vom 17. März 1989 (SR 732.10).
2031 Dicke, 545; Häfelin/Müller, N 901; Giacomini, 144; BGE 105 Ia 211.
2032 Dicke, 537.
2033 Dicke, 527 f. und 534 f.; Gygi (Verwaltungsrecht), 209; Moor, Bd. II, 264.
2034 Imboden (Vertrag), 97a; Zwahlen, 619a; Imboden/Rhinow, Nr. 2 B V d; Häfelin/Müller, N 901; Moor, Bd. II, 264; BGE 105 Ia 211.

Rechtsirrtum, ist nicht zu vergessen, dass er auch seitens Dritter in einem Rechtsmittelverfahren vorgebracht werden kann.

333. Gesetzlich besonders geregelt ist oftmals das Erschleichen einer Zulassung durch unwahre oder täuschende Angaben sowie Verschweigen wesentlicher Tatsachen[2035]. Trifft die Zulassungsbehörde die Pflicht, nach den massgeblichen Verhältnissen zu forschen, so entsteht ein Konflikt zwischen der amtlichen Ermittlungspflicht und dem Verschweigen durch den Gesuchsteller. Das Bundesgericht gewichtet die behördlichen Pflichten höher und verlangt zumindest, dass dem Gesuchsteller konkret bewusst sei, dass es sich bei der verschwiegenen um eine «wesentliche Tatsache» handle[2036]. Ruft der Gesuchsteller den Irrtum der Zulassungsbehörde durch aktives Tun hervor, so ist dessen Eignung zur Irreführung zu klären[2037]. Im Gegensatz zum Verschweigen soll hier das Wissen um die Unrichtigkeit der Angaben ohne Bedeutung sein[2038]; es soll demnach gar genügen, dass der Irrtum unabsichtlich durch den Gesuchsteller hervorgerufen worden ist. Damit wird dem Gesuchsteller das Risiko einer für ihn unvorhersehbaren Beendigung des Rechtsverhältnisses überbunden, das zumindest dann ungerechtfertigt ist, wenn der Zulassungsbehörde eine Sachverhaltsermittlungspflicht oblag[2039] und die irrtumsauslösenden Annahmen ohne grossen Aufwand korrigierbar gewesen wären. Der Gesuchsteller soll sich mit der Zulassung darauf verlassen können, dass seine Angaben verifiziert und als korrekt eingestuft wurden. Hat etwa die Zulassungsbehörde zum Zeitpunkt der Zulassung von Tatsachen Kenntnis gehabt, die einer Erteilung im Weg stehen könnten, ohne deren nähere Klärung abzuwarten, so kann sie mit dem alleinigen Hinweis auf diese nicht auf den Entscheid zurückkommen[2040].

334. Noch eine Randbemerkung zur Irrtumsanrufung im öffentlichrechtlichen Zulassungsverhältnis: Im Gegensatz zum Privatrecht, wo die Frage der Relevanz des Irrtums über zukünftige Entwicklungen strittig ist, bleibt die Zulassung an künftige Entwicklungen gebunden, soweit sie die Voraussetzungen der Erteilung berühren und deren Dahinfallen eine Beendigung der Zulassung rechtfertigt. Ein Prognose-«irrtum» schadet der Behörde nicht, soweit er keine Vertrauenspositionen des Privaten berührt.

335. Die *Verletzung vertraglicher* Konzessionspflichten wird gewöhnlich durch die spezialgesetzliche Ordnung erfasst, so etwa in Form der bereits erwähnten Verlet-

---

2035 Vgl. etwa Art. 9 Abs. 4 lit. a ANAG und Kottusch (Niederlassungsbewilligung), 546.
2036 BGE 102 Ib 99.
2037 BGE 93 I 395; 98 Ib 251.
2038 BGE 93 I 395; 98 Ib 251.
2039 Vgl. Moor, Bd. II, 218.
2040 BGE 110 Ib 367.

zung von Betriebspflichten oder bei der Aufnahme der Tätigkeit[2041]. Die Beendbarkeit kann sich auch generell aus der gesetzlichen Pflicht des Konzessionärs ergeben, für die dauernde Einhaltung der übernommenen Verpflichtungen besorgt zu sein. Daneben statuieren die meisten Gesetze den Entzug bei «schwerer oder wiederholter Zuwiderhandlung gegen dieses Gesetz, seine Vollzugsvorschriften oder gegen die Bestimmungen der Konzession»[2042]. Von dieser Entzugsmöglichkeit kann der Konzedent übrigens auch ohne ausdrückliche gesetzliche oder abredeweise Regelung Gebrauch machen[2043]. Unabhängig von der Festlegung ist jedenfalls zu fordern, dass – vorbehalten Fälle ohne Aussicht auf Verbesserung, schwerster Pflichtverletzung oder zeitlicher Dringlichkeit – dem Entzug eine Aufforderung zur Pflichterfüllung mit Nachfristansetzung vorausgeht. Diese Entzugsmöglichkeiten machen einen Rückgriff auf privatrechtliche Regeln entbehrlich, aber nur soweit die Verletzung vom Konzessionär ausgeht. Verletzt der Konzedent die Abrede, so lässt sich den konzessionsregelnden Gesetzen hierzu nicht viel entnehmen, weshalb hier eine Lückenfüllung sinnvoll sein kann. Dabei ist in Abweichung von der Verzugsregelung nach Art. 107 OR zu beachten, dass im öffentlichen Recht, speziell im auf Dauer angelegten Konzessionsverhältnis, allein der Verzug und die Nichteinhaltung der angesetzten Nachfrist noch nicht zum Rücktritt berechtigen[2044]. Der Konzessionär ist gehalten, zunächst die ihm zur Verfügung stehenden Rechts- und Aufsichtsmittel einzusetzen; der schnellere Rücktritt wird höchstens in den Fällen von Art. 108 OR aktuell werden können.

M. ENTEIGNUNG

336. Die *Enteignung* bietet die Möglichkeit, ein durch die Eigentumsgarantie geschütztes Zulassungsverhältnis zu beenden. Sie besteht im Rahmen von Art. 22ter BV, also nach Massgabe einer gesetzlichen Grundlage, eines überwiegenden öffentlichen Interesses, Achtung der Verhältnismässigkeit und gegen volle Entschädigung[2045]. Unter den verfassungsrechtlichen Eigentumsbegriff fallen einzig «wohlerworbene» Zulassungsverhältnisse[2046]. Ausgeschlossen werden damit polizeilich oder wirtschaftspolitisch motivierte Zulassungen, denen die Rechtsordnung keinen eigentumsrechtlichen Schutz angedeihen lässt; sie können «nur» widerrufen werden. Dennoch ist der Graben zwischen den beiden Zulassungskategorien nicht derart tief, wie es der erste Anschein vermuten liesse. Strukturell ist das Vorgehen zur Been-

---

2041 Vgl. etwa Art. 65 WRG.
2042 Art. 90 EBG. Mit ähnlichem Wortlaut Art. 65 lit. c WRG; Art. 93 LFG; Art. 15 Abs. 1 lit. d RTVG; Art. 9 Abs. 1 lit. e RLG; Art. 41 Abs. 1 LFV; Art. 62 Automobilkonzessionsverordnung.
2043 Grisel (Traité), 293; Eugster, 24; Hanhardt, 140; Degiacomi, 80 f.
2044 Vgl. Imboden (Vertrag), 105a; Zwahlen, 641a f.
2045 Vgl. etwa BGE 112 Ib 278 m.w.H.
2046 Vgl. dazu BGE 107 Ib 140; 117 Ia 38 f.; 119 Ia 162.

digung hier wie dort ähnlich: Die «gewöhnlichen» Zulassungen können nur entzogen werden, wenn ihr Träger keine Beständigkeitserwartung hegen darf, überwiegendes, besonders gewichtiges öffentliches Interesse vorliegt und nur unter Entschädigungsfolge. Ein weiterer Bezug zwischen Zulassung und Eigentumsordnung besteht bei der materiellen Enteignung; hier begründet unter Umständen bereits die Wahrscheinlichkeit der Erteilung einer Baubewilligung einen Vermögenswert[2047].

337. Die Enteignungsmöglichkeit muss gesetzlich besonders vorgesehen sein. Die sich auf Art. 22ter BV stützenden allgemeinen Enteignungsgesetze des Bundes und der Kantone können eine spezialgesetzliche Lösung der Enteignung nicht ersetzen[2048]. Eine explizite Enteignungsregelung ist meines Wissens nur im Wassernutzungsrecht vorgesehen, wobei nicht nur der Konzedent, sondern auch der Bund für seine Verkehrsbetriebe die Enteignung beanspruchen darf[2049]. Die relative Bedeutungslosigkeit der Enteignung als Beendigung des Konzessionsverhältnisses erklärt sich aus der Verbreitung der Rückkaufsklausel, die es dem Konzedenten ohne Umweg über die unsicherere Expropriation ermöglicht, den konzessionierten Betrieb an sich zu ziehen. Grössere Bedeutung kommt der Einschränkung der Konzession vor (etwa durch die Verleihung einer neuen, mit der alten Konzession kollidierenden Konzession oder durch eine gesetzliche Einschränkung der Nutzungsmöglichkeiten), die bei Eingriffen in «wohlerworbene Rechte» einen vermögensrechtlichen Ausgleich auf dem Enteignungsweg bedingt[2050].

N. DIE ALLGEMEINE WIDERRUFSLEHRE

1. ÜBERBLICK

338. Nebst den auf charakteristische Beendigungssituationen zugeschnittenen Lösungen des Gesetzgebers hat sich eine generelle *Widerrufslehre* gebildet, die mitunter wiederum Eingang in gesetzliche Widerrufsformulierungen gefunden hat[2051]. Die Widerrufslehre[2052], auf die nachfolgend nur in den wesentlichsten Aspekten einge-

---

2047 Vgl. auch U. Müller, 95 ff. Im Kanton Bern wird die Entschädigung für die Aufhebung der Baubewilligung nach den Grundsätzen der materiellen Enteignung bemessen, Baudirektion des Kantons Bern vom 19. Januar 1989, BVR 1991, 259 sowie zu Recht kritisch Schorer, 130 ff.
2048 Häfelin/Müller, N 1628.
2049 Art. 12 Abs. 2 und 43 Abs. 2 WRG.
2050 BGE 119 Ib 28; 119 Ia 162.
2051 Vgl. etwa BGE 107 Ib 38 f.
2052 Die Terminologie zum Widerruf ist unklar. In der deutschen Gesetzgebung, Rechtsprechung und Lehre wird als Oberbegriff die «Aufhebung» verwendet. Rücknahme und Widerruf sind Unterfälle der Aufhebung, wie sie ausserhalb des Rechtsmittelverfahrens erfolgt. Die Rücknahme bezieht sich auf ursprünglich rechtswidrige, der Widerruf auf ursprünglich rechtmässige Verwaltungsakte. Vgl. dazu Maurer, § 11 N 11; Erichsen, in Erichsen/Martens, § 15 N 3. Die schweizerische Judikatur schreitet sowohl bei ursprünglich wie nachträglich rechtswidrigen Verwaltungsak-

V. Beendigung und Bestand

gangen werden kann, versteht sich als ausgleichende Vermittlerin zwischen statischen privaten und dynamischen öffentlichen Interessen, wobei bei richtiger Betrachtung auch die Beständigkeitserwartung des Bürgers den öffentlichen Interessen zuzurechnen ist. Die Widerrufslehre ergänzt die gesetzliche Ordnung: Das Gesetz selbst kann die Unabänderbarkeit des Zulassungsaktes vorsehen; bekanntestes Beispiel ist das wasserrechtliche «wohlerworbene Recht» der Wassernutzung[2053]. Genauso kann es die Anpassung, Aufhebung oder Abänderung gestatten. Der Rohrleitungskonzessionär hat sich dem technischen Fortschritt ebenfalls ausserhalb konzessionsrechtlicher Bestimmungen und Abreden anzupassen[2054], ebenso wie der Flughafenhalter[2055], der auch den Anforderungen des Umweltschutzes Rechnung tragen muss. Das Umweltschutzgesetz verpflichtet allgemein zur Sanierung umweltbelastender Anlagen, auch ausserhalb eines Umbaus oder einer Erweiterung[2056].

339. Ausgangspunkt der Widerrufslehre ist die Interessenabwägungsformel, wie sie vom Bundesgericht unter Berufung auf FLEINER und BURCKHARDT als «Gelehrtenrecht» rezipiert[2057] und seither in einer reichen Kasuistik bestätigt und ausgebaut worden ist. Dabei gehen Bundesgericht[2058] und Lehre[2059] nach wie vor von der «freien» Widerrufbarkeit des (ursprünglich oder nachträglich) fehlerhaften Verwaltungsaktes aus, um sie in folgenden drei Fällen einzuschränken (nicht aufzuheben!): Begründung eines subjektiven Rechts, Gebrauchmachen von der Zulassung sowie Zulassung aufgrund eines eingehenden Ermittlungs- und Einspracheverfahrens. Die erwähnten Einschränkungen haben nach zwei Seiten hin nur beispielhaften Charakter: Sie vermögen weder die – keine Einschränkung duldenden – besonders wichtigen öffentlichen Interesse zu überwiegen, noch sind sie von abschliessender Natur. Auch ausserhalb der auf den «Normalfall» zugeschnittenen[2060] Trias können in – zur Kategorisierung ungeeigneten – Einzelfällen schützenswerte Beständigkeitserwartungen auftreten. Grundsätzlich kann auch nicht zwischen Konzessionen und Bewilligungen differenziert werden[2061]: Unabhängig von der Einordnung gilt, dass

---

ten zur Interessenabwägung, weshalb eine Zweiteilung entbehrlich ist. Vgl. Weber-Dürler (Vertrauensschutz), 180; Häfelin/Müller, N 831; Moor, Bd. II, 217 f.
2053 Art. 43 Abs. 1 WRG.
2054 Art. 18 RLG.
2055 Art. 39 Abs. 6 LFV.
2056 Art. 16 ff. USG. Vgl. dazu statt vieler Hänni, 265 f.
2057 Hangartner (Widerruf), 64 f.; Saladin (Widerruf), 36; Weber-Dürler (Vertrauensschutz), 179; U. Müller, 32; BGE 56 I 194.
2058 Aus der neueren Praxis: BGE 107 Ia 197; 109 Ib 252; 115 Ib 155.
2059 Aubert (limites), 10; Grisel (Traité), 431; Knapp (Précis), N 1281; Gygi (Rechtsbeständigkeit), 243 f.; Moor, Bd. II, 215 f.
2060 Aubert (limites), 11; Gygi (Rechtsbeständigkeit), 245.
2061 Vgl. auch Weber-Dürler (Vertrauensschutz), 112 ff. und 224 sowie Giacomini, 162 und 176 f. zur Aufhebbarkeit eines verwaltungsrechtlichen Vertrages. Anderer Ansicht Fritz Gygi, Verwaltungsrecht und Privatrecht, Bern 1956, 23; Rhinow (Rechte), 5 f.

nur eine berechtigte Erwartung geschützt wird. Trägt der Zugelassene Schuld an der Fehlerhaftigkeit oder hat er die Zulassung erschlichen, verletzt er die ihm obliegenden Pflichten, erfüllt sich der Widerrufsvorbehalt, läuft die Zulassungsfrist ab oder liegt ein Revisionsgrund vor, wird seine Position in aller Regel mehr oder weniger erschüttert sein[2062].

2. SUBJEKTIVE RECHTE

340. Die Kategorie der *subjektiven Rechte* ist nach verbreiteter Lehrmeinung entbehrlich[2063] oder wird zumindest als tautologisch angesehen[2064]. Eine nähere Analyse der Rechtspraxis offenbart zudem ihre praktische Bedeutungslosigkeit bzw. Substituierbarkeit durch überzeugendere Argumentationsmuster[2065]. Dass die «wohlerworbenen» Rechte den subjektiven Rechten angehören, bringt ebenfalls keine Klärung, da die «Wohlerworbenheit» gleich begründeten Zweifeln unterliegt. Immerhin taucht vor dem Hintergrund der subjektiven Rechte immer wieder die Feststellung auf, die Konzession verhelfe im Gegensatz zur polizeilichen und – nicht ohne Ausnahmen – wirtschaftspolitischen Bewilligung[2066] zu dieser privilegierenden Rechtsposition. Dies lässt eine nähere Untersuchung lohnend erscheinen. Tatsächlich fördert die Sichtung der neueren Judikatur aber einiges an Widersprüchen zutage, die zunächst verwirren, im Ergebnis aber die bereits früher gewonnenen Ergebnisse bestätigen. So hat das Bundesgericht in seiner jüngsten Rechtsprechung zur Wasserrechtskonzession festgehalten, deren «Wohlerworbenheit» sei durch das Gesetz gesichert und schütze sogar vor nachträglichen Aufhebungen oder Änderungen durch das Gesetz[2067]. Zwar wird der Konzessionsinhalt auch durch vertragliche Abreden festgelegt, deren Kern, die wirtschaftliche Nutzbarkeit, wird letztlich erst durch Art. 43 Abs. 1 WRG vor Änderungen gesichert[2068]: Der gesetzlichen «Wohl-

---

2062 Weber-Dürler (Vertrauensschutz), 182 f.; Moor, Bd. II, 222.
2063 Saladin (Widerruf), 73 ff.; Hangartner (Widerruf), 87; Kölz (Legitimation), 739 ff.; Weber-Dürler (Vertrauensschutz), 177; Häfelin/Müller, N 614; Moor, Bd. II, 223; ferner U. Müller, 95 ff.
2064 Saladin (Widerruf), 73 ff.; Gygi (Rechtsbeständigkeit), 259; Gygi (Verwaltungsrecht), 312. Vgl. auch Saladin (Verwaltungsprozessrecht), 339.
2065 Weber-Dürler (Vertrauensschutz), 176; Moor, Bd. II, 223.
2066 Kölz (Recht), 66 und 69; Grisel (Traité), 434; Häfelin/Müller, N 773 f.; Rhinow/Krähenmann, Nrn. 41 B III und 122 Nr. B IV; U. Müller, 106 ff.; BGE 101 Ib 321; 103 Ib 208 f.; 112 Ia 277 f.; 113 Ia 361; Bundesamt für Justiz 24. Februar 1988, VPB 1989 Nr. 53. Zur wirtschaftspolitischen Bewilligung, insbesondere zu den Kontingenten vgl. Rhinow (Rechte), 4; Grisel (Traité), 595; Schürmann (Wirtschaftsverwaltungsrecht), 128; Richli (Milchkontingentierung), 4 ff.; Lyk, 41; BGE 92 I 235.
2067 BGE 107 Ib 144 ff.; 110 Ib 163 f.
2068 Wörtlich in BGE 110 Ib 163 E. 5a: «Danach sind die Wassernutzungsrechte, die der Beschwerdegegnerin in den Jahren 1962 bis 1964 erteilt wurden, von Gesetzes wegen wohlerworbene Rechte (Art. 43 Abs. 1 des Bundesgesetzes über die Nutzbarmachung der Wasserkräfte vom 22. Dezember 1916, WRG)».

V. *Beendigung und Bestand* 279

erworbenheit» wird zwingender Charakter zugeschrieben, so dass sie sogar als *abredebeständig* gilt. Unter Berufung auf eben diese Rechtsprechung hat das Bundesgericht zur Frage, ob eine Privatgrabkonzession als Sondernutzungskonzession «wohlerworben» sei, in zwei neuesten Fällen festgehalten, es entspreche seiner Praxis, «diejenigen Rechte innerhalb einer Konzession als wohlerworben einzustufen, welche nicht durch einen Rechtssatz, sondern aufgrund freier Vereinbarung der Parteien entstanden sind»[2069].

341. Ähnlich widersprüchlich ist die Rechtsprechung zur polizeilichen – und teilweise auch wirtschaftspolitischen – Gewerbebewilligung, der die «Wohlerworbenheit» grundsätzlich abgesprochen[2070], in einzelnen Fällen jedoch zugebilligt wird[2071]. Die Inkongruenz lässt sich nur zum Teil mit der unklaren und höchst strittigen dogmatischen Einordnung des «wohlerworbenen Rechts» erklären. Untersucht man die Motive für den Verweis auf die «Wohlerworbenheit», so wird deutlich, dass es um Investitionsschutz geht, der sich bei Dauerrechtsverhältnissen[2072] leichter auf diesem Weg erklären lässt. Auch wenn sich das Bundesgericht in einigen Fällen ausdrücklich und wohl unter dem Eindruck der zunehmend ablehnend eingestellten Doktrin[2073] von der «Wohlerworbenheit» distanziert, so erreicht es auf Umwegen über andere Begründungsmuster einen vergleichbaren Beständigkeitseffekt[2074].

342. Vergleicht man die angeführte Kasuistik, so wird deutlich, dass sich die Frage der «Wohlerworbenheit» immer dann stellt, wenn es – allgemein ausgedrückt – um den wirtschaftlichen Schutz bedeutender Dispositionen geht. Wenn nun gesagt wird, «wohlerworbene Rechte» seien «genuin vertragliche Rechte»[2075], so ist das zumindest für Zulassungsverhältnisse ergänzungsbedürftig. Es ist die sich hinter der «Wohlerworbenheit» verbergende Erwartungshaltung und ihre durch die Rechtswirklichkeit anerkannte Schutzwürdigkeit[2076], die das eigentliche Fundament der «Wohlerworbenheit» bilden. Der Vertrag, genauer die ihm zugeschriebene Fixationswirkung, ist nicht mehr als das lange Zeit zur Sicherung der Rechtsposition am tauglichsten angesehene Instrument, die Hülse der Erwartungshaltung[2077]. Wie bereits dargelegt, kann die Beständigkeitserwartung jedoch auch durch Gesetz[2078] ge-

---

2069 BGE 113 Ia 361; BGer 10. April 1985, ZBl 86/1985, 500.
2070 Vgl. BGE 87 I 424; 94 I 344; 100 Ib 303; 101 Ib 321; 103 Ib 208 f. m.w.H.; 106 Ib 256.
2071 Vgl. Kölz (Recht), 89; Klett, 40 ff. und 48; U. Müller, 108 f.
2072 Vgl. Weber-Dürler (Vertrauensschutz), 185; BGE 100 Ib 303.
2073 Vgl. dazu BGE 100 Ib 303; 103 Ib 209.
2074 BGE 100 Ib 303; 102 Ia 448 E. 7 b; BGer 22. März 1978, ZBl 79/1978, 276.
2075 Rhinow (Rechte), 14; Kölz (Verwaltungsrecht), 181; Hänni, 267; Klett, 102.
2076 Jaag (Rechtssatz), 173; Kämpfer, 360.
2077 Vgl. vorne N 170.
2078 Vgl. auch Weber-Dürler (Vertrauensschutz), 176 ff. mit Betonung der Gesetzesgebundenheit der subjektiven Rechte.

schützt werden, unabhängig vom Rechtscharakter der Zulassung[2079] und das sogar gegen vertragliche Abreden. Versagen sowohl Vertragstheorie wie Gesetz, so bleibt noch der in letzter Zeit immer öfter beschrittene Ausweg über den Vertrauensschutz[2080]. Nahtlos fügt sich hier ein, dass sich das Bundesgericht zuletzt nicht immer mit der blossen Feststellung der «Wohlerworbenheit» oder der Vertragsnatur des Rechtsverhältnisses begnügt, sondern nach weiteren vertrauensbegründenden Anknüpfungen sucht. Die Beständigkeitserwartung des Taxihalters, der trotz befristeter Bewilligung zu nicht amortisierbaren Anschaffungen gezwungen ist[2081], wird damit derjenigen des Wasserrechtskonzessionärs gleichgestellt, der sich einem allgemein gehaltenen, die wirtschaftliche Nutzbarkeit der Konzession berührenden Gesetzesvorbehalt unterworfen hat[2082]. Dem Bewilligungsträger vergleichbar kann der *disponierende* Konzessionär, der ja bereits mit Begründung des Konzessionsverhältnisses geschützt ist, mit einem *verstärkten* Bestandesschutz rechnen[2083].

3. GEBRAUCHMACHEN

343. Die Kategorie des *Gebrauchmachens* von der Zulassung ist auf die Baubewilligung zugeschnitten, jedoch auf andere Rechtsverhältnisse übertragbar. Aus dem Baurecht stammt auch die zwar praktikable, aber stark vereinfachende «Spatenstichtheorie»[2084], die sehr plastisch den Wirkungsbeginn des Vertrauensschutzes nennt. Mehr als nur einen Anhaltspunkt sollte der «Spatenstich» nicht hergeben[2085]. Ist das Gebrauchmachen Ausdruck einer bestimmten Beständigkeitserwartung, so kann sich diese je nach konkretem Aufwand, den der Betroffene bis zur Widerrufserklärung betrieben hat, als mehr oder weniger resistent erweisen. Der alleinige «Spatenstich» oder geringfügige und nicht besonders kostspielige Bauarbeiten belasten den Bauwilligen noch nicht übermässig und können keinen Unabänderbarkeitsanspruch begründen[2086]. Umgekehrt ist zu berücksichtigen, dass die Baubewilligung ein wichtiger Faktor bei der Nutzbarmachung des als Lebensgrundlage dienenden Bodens[2087] ist. Deshalb sollte der Vertrauensschutz – im Gegensatz zur

---

2079 Vgl. BGE 87 I 424.
2080 Vgl. dazu Kölz (Recht), 89; Weber-Dürler (Vertrauensschutz), 219 ff.; Klett, 201 ff.; U. Müller, 108 f. und 164.
2081 BGE 102 Ia 448.
2082 BGE 107 Ib 164.
2083 BGE 107 Ib 164; ferner 103 Ia 516. Vgl. auch Kölz (Verwaltungsrecht), 180 f.
2084 Forsthoff, 205 Anm. 4; Hangartner (Widerruf), 149 Anm. 149. Zur schweizerischen Praxis vgl. Imboden/Rhinow und Rhinow/Krähenmann, Nr. 41 B V; Jaag (Rechtssatz), 170 f.; Schorer, 90 ff.; Gisler, 295 ff.; Mäder, 220 f.; RB 1987 Nr. 83.
2085 Vgl. BGer 17. Februar 1971, ZBl 72/1971, 478 zum Kriterium des Baubeginns.
2086 Mäder, 221.
2087 Vgl. G. Müller (Privateigentum), 89.

V. Beendigung und Bestand

strengen Praxis[2088] – bereits *vor* dem eigentlichen Baubeginn einsetzen, falls der Zugelassene seine Lebenshaltung oder wichtige Lebensentscheidungen auf den Bau ausgerichtet hat[2089]. Zu denken ist etwa an die Aufgabe der bisherigen Wohnung, betriebliche oder unternehmerische Dispositionen[2090], Aufgabe der bisherigen und Aufnahme einer neuen Berufstätigkeit im Zusammenhang mit der Wohnsitzverlegung oder familiäre Entscheidungen. Bedingung ist jedenfalls, dass die Dispositionen unwiderrufbar bzw. unverwertbar oder zumindest nur durch unzumutbare Vorkehren[2091] rückgängig gemacht werden können.

344. Betrifft der Widerruf ein *Dauerverhalten*, so versagt nach geläufiger Ansicht der Dispositionsschutz[2092]; gerne wird in diesem Zusammenhang zudem auf die Wirkung «ex nunc et pro futuro» im Sinn der unechten Rückwirkung verwiesen[2093]. Diese Grundregel ist zu differenzieren nach Rechts- und Sachverhaltsänderungen und gilt, wie sich zeigen soll, auch dann nur unter Vorbehalt bedeutender Ausnahmen: Eigenartigerweise wird als Beispiel einer *einmaligen* Befugnis immer wieder die Baubewilligung genannt[2094], obschon sie nicht nur die Errichtung einer Baute, sondern auch deren dauernde Nutzung gestattet[2095]. Diese Erscheinung wird unter dem Stichwort der *Besitzstandsgarantie* erfasst und schützt den Disponierenden in seinem Vertrauen auf Fortgeltung der bestehenden *Rechts*ordnung[2096]. Es geht dabei um mehr als nur um Schutz rein wirtschaftlicher Güter, da der Bestandesschutz nicht von der Amortisationsdauer abhängt. Faktische und ideelle Werte, die dem Zugelassenen nicht minder wichtig sind, rechtfertigen ein von ökonomischen Überlegungen gelöstes Überdauern unter neuer Rechtsherrschaft. Stehen einzig wirtschaftliche Interessen auf dem Spiel, so wird die Beständigkeitserwartung auch bei Dauersachverhalten über den Zeitpunkt der Tätigkeitsaufnahme ausgedehnt, und zwar nunmehr auf die Dauer der Amortisation der mit der Zulassung zusammenhängenden Dispositionen[2097]. Nicht anders verhält es sich bei begründeten Praxisänderungen, die aus Gründen der Rechtsgleichheit zwar einen Einbezug der fortlaufenden Rechtsverhältnisse fordern, jedoch nur unter Berücksichtigung der Situation des

---

2088 Vgl. Moor, Bd. II, 224; BGE 103 Ib 209.
2089 Vgl. dazu Gygi (Rechtsbeständigkeit), 260; Weber-Dürler (Vertrauensschutz), 184 f.
2090 Vgl. etwa BGE 103 Ia 516.
2091 So etwa BGE 103 Ib 209.
2092 Imboden/Rhinow, Nr. 41 B V; Fleiner-Gerster (Grundzüge), § 26 N 26; Grisel (Traité), 438 f.; Jaag (Rechtssatz), 170 f.; Häfelin/Müller, N 779; Moor, Bd. II, 224; Rhinow/Krähenmann, Nr. 41 B V; BGE 101 Ib 321; 105 II 141; 106 Ib 256.
2093 Gygi (Rechtsbeständigkeit), 264; Rhinow/Krähenmann, Nr. 45 B II 3 c.
2094 Vgl. etwa BGE 100 Ib 303; 101 Ib 321.
2095 Vgl. Gygi (Rechtsbeständigkeit), 253; Kölz (Verwaltungsrecht), 192 Anm. 362
2096 Kölz (Verwaltungsrecht), 193.
2097 Grisel (Traité), 438 f.; Weber-Dürler (Vertrauensschutz), 185; Moor, Bd. II, 224; BGE 101 Ib 321; 106 Ib 256; BGer 19. Mai 1989, RDAF 1990, 64 ff.

bisher Zugelassenen[2098]. Bei Ausnahmebewilligungen ist zu berücksichtigen, dass nicht der durch die Ausnahmeerteilung sanktionierte Widerspruch zur Rechtsordnung, sondern nur der Widerspruch der Ausnahmebewilligung zu *anderen* Rechtsnormen Gegenstand des Widerrufs sein kann[2099].

345. *Sachverhalts*änderungen stellen sich der Praxis zumeist in Form des Dahinfallens der Erteilungsvoraussetzungen, wobei damit nach althergebrachter Ansicht zulässigerweise auch Bewilligungsänderung bzw. -entzug einhergehen soll[2100]. Diese etwas pauschale Feststellung beruht auf dem Gedanken, dass die Zulassungsvoraussetzungen während der Ausübungsdauer permanent vorhanden sein sollten[2101]. Verwaltungsrechtlich gesehen wandelt sich damit die präventive Kontrolle zu einer repressiven. Trotzdem ist die Behörde bei der Widerrufserklärung nicht mehr gleichermassen frei wie bei einer Neuerteilung. Es ist zu berücksichtigen, dass sich die Lage eines Gesuchstellers wesentlich von derjenigen des bis anhin Tätigen unterscheidet, der aufgrund der Zulassung Vermögenswerte errichtet oder seine Lebensführung anderweitig eingerichtet hat. Zudem darf nicht vergessen werden, dass sich hinter den Zulassungsvoraussetzungen nicht selten ein Sammelsurium von Anforderungen höchst unterschiedlicher Bedeutung verstecken kann: Berücksichtigenswert ist allein der Wegfall *wesentlicher* Erteilungsvoraussetzungen[2102]. In der Regel dürfte es erst dann zum Entzug kommen, wenn hochrangige, keine Gefährdung duldende öffentliche oder private Interessen Dritter von der ungehinderten Fortführung berührt wären[2103]. So ist es zulässig, an die Fahrtüchtigkeit des Taxichauffeurs höhere Anforderungen zu stellen als an die eines gewöhnlichen Strassenverkehrsteilnehmer, da der beruflich tätige Taxichauffeur ein grösseres Gefährdungspotential schafft[2104].

346. Die Bindung der Zulassung an den Sachverhaltsfortbestand ist aufgrund der zumeist spezialgesetzlichen oder durch Abrede getroffenen und eine Vielzahl von anderweitigen Gründen vorsehenden Beendigungsordnung im Konzessionsrecht weniger wichtig, in einigen Erlassen dennoch vorgesehen[2105]. Jedenfalls kann die Konzession ähnlich der Bewilligung auch ohne gesetzliche Grundlage entzogen werden, wenn die persönlichen Voraussetzungen, namentlich die Bereitschaft zur

---

2098 Rhinow/Krähenmann, Nr. 45 B III; BGE 106 Ib 256; RB 1985 Nr. 126; 1984 Nr. 132.
2099 Schorer, 107.
2100 Imboden/Rhinow, Nr. 45 B II 3; Fleiner-Gerster (Grundzüge), § 26 N 20; Gygi (Rechtsbeständigkeit), 264; BGE 98 Ia 601; 102 Ib 363; kritisch Hangartner (Widerruf), 123 f.; Weber-Dürler (Vertrauensschutz), 190.
2101 Hangartner (Widerruf), 124.
2102 So etwa Art. 15 Abs. 2 RTVG; BGE 98 Ia 601.
2103 Knapp (Précis), N 1290 f.; Drews/Wacke/Vogel/Martens, 475.
2104 BGE 103 Ib 34.
2105 Art. 15 Abs. 2 RTVG; Art. 12 Abs. 1 Automobilkonzessionsverordnung; Art. 41 Abs. 2 und 113 Abs. 2 LFV.

V. *Beendigung und Bestand* 283

Einhaltung der gesetzlichen und konzessionsrechtlichen Bestimmungen, eine bestimmende Rolle bei der Zulassung spielten[2106]. Anderseits kann aber eine Sachverhaltsänderung dem Konzessionär nicht entgegengehalten werden, wenn Gesetz oder Abrede den Bestand in Gestalt des «wohlerworbenen Rechts» garantieren.

4. QUALIFIZIERTES ERTEILUNGSVERFAHREN

347. Zur letzten Kategorie gehören Zulassungen, die einem *besonders qualifizierten Erteilungsverfahren* entstammen[2107]. Dessen Elemente sind ein Einsprache- oder Ermittlungsverfahren mit umfassender Interessenermittlung und -abwägung, kurz die vertiefte Auslotung rechtlicher und tatsächlicher Umstände[2108]. Da an und für sich jede behördliche Verfügung auf sorgfältiger Abklärung beruhen sollte und die Verwaltungsverfahren mit dem Vordringen prozessualer Minimalgarantien kaum noch nach verfahrensqualitativen Gesichtspunkten unterschieden werden können, wird der Eigenwert des besonders qualifizierten Verfahrens vielfach zu Recht in Frage gestellt[2109]. Teile der Doktrin begründen ihre Ablehnung damit, dass auf die Qualität des Verfahrens nicht abgestellt werden könne, wenn eben aus ihr ein den Widerruf verursachender Rechtsakt hervorgehe[2110]. Damit verkennen sie allerdings die Interessenlage, denn die Beständigkeitserwartung des Privaten ist Folge der behördlichen Abklärungs- und Handlungspflichten und des in sie gesetzten Vertrauens. Der begründete Anschein der Korrektheit der Zulassung soll und muss dem Privaten genügen.

348. Seine besondere Bedeutung behält das qualifizierte Verfahren sicherlich bei der Nachsteuererhebung, wo die Unveränderbarkeit der Steuerverfügung besonders strikt verwirklicht ist[2111]. Doch auch im vorliegenden Zusammenhang lohnt es sich, bei ihm zu verweilen: Zulassungen beruhen auf dem Gedanken der behördlichen Abklärung der Übereinstimmung privater Tätigkeit mit öffentlichen Interessen, seien sie etwa polizeilicher, wirtschaftspolitischer, kultureller, raumplanerischer, verkehrs-, energie- oder versorgungspolitischer Art. Damit steht das Zulassungsverfahren im Gegensatz zum Anzeige- oder Meldeverfahren, welches vom Privaten die

---

2106 BGE 103 Ib 362 m.w.H.
2107 Imboden/Rhinow, Nr. 41 B IV; Grisel (Traité), 434; Knapp (Précis), N 1283; Häfelin/Müller, N 777; Moor, Bd. II, 224 f.; BGE 94 I 344 f.; 98 Ib 249 f.; 100 Ib 97 und 302; 103 Ib 209 f. und 244; 105 Ia 316; 106 Ib 256; 107 Ib 37; 109 Ib 252.
2108 Moor, Bd. II, 225.
2109 Saladin (Verwaltungsprozessrecht), 336 f.; Fleiner-Gerster (Grundzüge), § 26 N 8; Gygi (Rechtsbeständigkeit), 259 f.; Gygi (Verwaltungsrecht), 312; Moor, Bd. II, 226; U. Müller, 64 f. Differenzierend Jaag (Rechtssatz), 173 f.
2110 Gygi (Rechtsbeständigkeit), 259 f.; U. Müller, 65.
2111 Vgl. Hangartner (Widerruf), 135 ff. und den Praxisüberblick bei Imboden/Rhinow und Rhinow/Krähenmann, Nr. 41 B IV a.

Kontrolle der (Rechts-)Konformität seines Tuns verlangt, ihm aber im Gegenzug im Anschluss an die Anzeige die sofortige Aufnahme der Tätigkeit erlaubt. Das Risiko des Entzugs wegen unrichtiger Sachverhalts- oder Rechtseinschätzung liegt hier vollständig beim Meldepflichtigen. Dieser kann zwar vor der Tätigkeitsaufnahme eine behördliche Auskunft verlangen, verliert dadurch aber den Vorteil rein repressiver Administrativkontrolle und bleibt nach wie vor der Gefahr ausgesetzt, dass er den der Behörde unterbreiteten Sachverhalt nicht korrekt ermittelt oder mitgeteilt hat. Es ist das Besondere an den Zulassungsarten, dass der Antragsteller, der sich der Mühsal und der Ungewissheit administrativ-präventiver Kontrolle und dem Risiko einer prozessualen Auseinandersetzung mit Dritten aussetzt, dann aber nach erfolgreicher Zulassung auf die endgültige Erledigung der zur Abklärung obliegenden rechtlichen und tatsächlichen Umstände soll vertrauen können.

349. Vertrauensbegründung bildet die eine Seite des qualifizierten Erteilungsverfahrens; daneben schützt die Prozessualisierung vor willkürlichem Verhalten. Die Behörde, die gegen eine Zulassung sprechende Anhaltspunkte besitzt und diese nicht abklärt bzw. die für einen Widerruf ausreichenden Abklärungen vorgenommen hat, ist von deren späterer Anrufung ausgeschlossen[2112]. Kann dem besonders qualifizierten Verfahren unter diesen Prämissen ein Eigenwert zugestanden werden, so nur wenn das Verfahren in den relevanten Punkten eine umfassende Prüfung ermöglicht hätte. Ausscheiden dürften jedenfalls schematisierte Massenzulassungen wie alle Zulassungsverfahren, in denen der (mitwirkungspflichtige) Antragsteller aufgrund eines eklatanten Wissens- und Erfahrungsvorsprung ein derart argumentatives wie auch (indirekt) prozessuales Übergewicht besitzt[2113], dass eine behördliche Prüfung zur nicht mehr als unreflektierten Zusammenfassung seiner Belege geraten muss.

350. Das besonders qualifizierte Verfahren kann nur rechtlich und tatsächlich Bekanntes erfassen. Es schützt somit nicht bei nachträglichen Rechts- oder Sachverhaltsänderungen[2114], nach neuester Rechtsprechung auch nicht vor begründeten Praxisänderungen[2115]. Immerhin stellt sich die Frage, ob eine Behörde, welche die Unrichtigkeit ihrer bisherigen Praxis bewusst in Kauf genommen hat, berechtigt sein soll, darauf zum Nachteil der Bisherigen zurückzukommen.

2112 BGE 100 Ib 304; 110 Ib 364 ff.
2113 Zur Problematik des Informations- und Erfahrungsvorsprungs im Risikorecht vgl. Schmid, 33 ff.; Urs Jaisli, Katastrophenschutz nach «SCHWEIZERHALLE» unter besonderer Berücksichtigung des Risikomanagements im Kanton Basel-Landschaft, Liestal 1990, 30 und 280 ff.
2114 Grisel (Traité), 434; Moor, Bd. II, 226; BGE 97 I 752; 101 Ib 321; 103 Ib 209 f.; 106 Ib 256.
2115 BGE 106 Ib 256; anders noch BGE 91 I 218; 100 Ib 305 f. Vgl. auch Fleiner-Gerster (Grundzüge), § 26 N 22.

5. ENTSCHÄDIGUNGSPFLICHT BEI ANPASSUNG ODER WIDERRUF

351. Je nach Interessenlage rechtfertigt sich eine mehr oder weniger starke Anpassung des Zulassungsakts, unter Umständen in Kombination mit einer Übergangsfrist, bis hin zum letzten Mittel des vollständigen Widerrufs. Erfolgt der Widerruf unter Zerstörung von vermögenswerten Positionen des Zugelassenen, stellt sich die Frage der *Widerrufsentschädigung*[2116]. Bedingt durch die Tradition des Entschädigungspositivismus[2117] wurde lange um die Anerkennung einer Entschädigungsleistung als Ersatz für den Vertrauensschaden gerungen[2118]. Für Teile der Doktrin ist ihre Rechtsgrundlage weiterhin nicht vollständig geklärt[2119]. Dies trifft insoweit zu, als sich das Bundesgericht *im Zusammenhang mit dem Widerruf* noch nicht mit der erwünschten Deutlichkeit zum eigentums- und gesetzesunabhängigen Entschädigungsanspruch geäussert[2120] hat. Ferner ist die Gerichtspraxis zurückhaltend mit der Anerkennung von Entschädigungsansprüchen ohne *ausdrückliche* gesetzliche Grundlage. Die Vorzüge der Entschädigung als Alternative zwischen Stabilität und Dynamik des Rechtsverhältnisses sind im Schrifttum unbestritten[2121] und tauchen auch in der bundesgerichtlichen Rechtsprechung immer wieder auf[2122]. Nicht zufällig hat sich im Bereich der «concession de service public» der Grundsatz des wirtschaftlichen Gleichgewichts als dynamisierendes Element etabliert; eine analoge Entwicklung bahnt sich nun beim Bewilligungsrecht an. Die Rechtsanknüpfung für die Ausrichtung der Entschädigungsleistung wird im Vertrauensgrundsatz, also Art. 4 BV gefunden[2123]. Soweit «wohlerworbene Rechte» berührt sind, kann zusätzlich

---

2116 Zur Schadenersatzbemessung vgl. Weber-Dürler (Vertrauensschutz), 140 ff.; U. Müller, 190 ff.
2117 Vgl. dazu statt vieler Imboden (Gesetz), 27; Kölz (Herkunft), 608.
2118 H. Huber (Vertrauensschutz), 324; Kölz (Verwaltungsrecht), 146 f.; Weber-Dürler (Vertrauensschutz), 128 und 140.
2119 Haefliger, 221; Gygi (Verwaltungsrecht), 314.
2120 Haefliger, 221; Gygi (Verwaltungsrecht), 314; Häfelin/Müller, N 585. Vgl. auch BGE 88 I 228; 100 Ib 302 f.; 101 Ia 331; 102 Ia 252; 105 Ia 343 f.; 107 Ia 36 f. und 197; 107 Ib 37; 108 Ib 358; BGer 1. Juni 1983, ZBl 85/1984, 131, ferner BGE 115 Ia 356; 116 Ib 187.
2121 Rhinow (Rechtsetzung), 274; Fleiner-Gerster (Grundzüge), § 26 N 40; Kölz (Verwaltungsrecht), 146 f.; Weber-Dürler (Vertrauensschutz), 141; Gygi (Verwaltungsrecht), 314; Rhinow/Krähenmann, Nr. 41 B II; U. Müller, 175 ff.
2122 BGE 100 Ib 302 f. 101 Ia 328;; 107 Ib 37 und 197; 109 Ib 253; BGer 1. Juni 1983, ZBl 85/1984, 131.
2123 Rhinow (Subvention), 172 f.; Imboden/Rhinow, Nr. 130 B II c; Rhinow (Rechtsetzung), 274 ff.; Fleiner-Gerster (Grundzüge), § 26 N 40; Kölz (Verwaltungsrecht), 150; Weber-Dürler (Vertrauensschutz), 140 ff.; Weber-Dürler (Grundsatz), 299; U. Müller, 178 ff. und 190; Gisler, 308 ff.; Mäder, 222; Urs Gueng, Zum Stand und Entwicklungstendenzen im öffentlichen Entschädigungsrecht, ZBl 69/1968, 375 ff.; BGE 116 Ib 187.

auf die Eigentumsgarantie abgestellt werden, mit dem unbestreitbaren Nachteil der Entschädigungslosigkeit bei nicht besonders schwer wiegenden Eingriffen[2124].

352. Auch wenn Doktrin und Praxis den Anschein entstehen lassen, rechtspolitisch präferierte[2125] gesetzgeberische Regelungen der Entschädigung bei Widerruf seien selten, zeigt die Rechtswirklichkeit mitunter ein anderes Bild. Generelle Regelungen finden sich in den Verwaltungsprozessordnungen von 10 Kantonen[2126], so etwa in Art. 32 Abs. 2 des *Walliser* Verwaltungsrechtspflegegesetzes[2127]: «Die Partei hat Anspruch auf billige Entschädigung, sofern sie durch den Widerruf oder die Abänderung einen Schaden erleidet, für den sie die Verantwortung nicht zu tragen hat.»[2128]. Spezialgesetzliche Ausgleichsregelungen kennen einige kantonale Bauordnungen[2129] und verschiedene bundesrechtliche Erlasse. So erlaubt bereits das frühverwaltungsrechtlich geprägte Wassernutzungsrecht den Widerruf einer Bewilligung für die Ausfuhr von Wasser oder Strom ins Ausland nur gegen eine Entschädigung nach Massgabe der Bewilligung oder nach billigem Ermessen[2130]. Der Träger einer atomrechtlichen Bewilligung, deren Widerruf aus Gründen eingetreten ist, für die er nicht einstehen muss, hat Anspruch auf Leistung einer angemessenen Bundesentschädigung[2131]. Einen gleich begründeten Anspruch besitzen Rohrleitungs-[2132], Automobil-[2133] sowie Radio- und Fernsehprogrammveranstaltungskonzessionäre[2134].

2124 Kölz (Verwaltungsrecht), 190. Zu den polizeilichen Einschränkungen vgl. Weber-Dürler (Grundsatz), 296 f.; Rhinow/Krähenmann, Nr. 130 B II c; U. Müller, 205 ff.
2125 Vgl. dazu Kölz (Verwaltungsrecht), 151 ff.
2126 Vgl. die Zusammenstellung bei U. Müller, 85.
2127 Vom 6. Oktober 1976. Vgl. dazu BGer 1. Juni 1983, ZBl 85/1984, 130.
2128 Zur Auslegung der «billigen Entschädigung» vgl. U. Müller, 200 ff.
2129 Gisler, 312 f.; Schorer, 130 ff.; Mäder, 222 Anm. 79.
2130 Art. 8 Abs. 3 WRG.
2131 Art. 9 Abs. 5 AtG, ferner Art. 12 Abs. 3 und 4 BB zum AtG. Vgl. dazu eingehend Rausch (Atomenergierecht), 161 ff.
2132 Art. 9 Abs. 3 RLG.
2133 Art. 16 Abs. 2 Automobilkonzessionsverordnung.
2134 Art. 14 Abs. 2 RTVG. Es fehlt hier der Hinweis auf Umstände, für die der Konzessionär nicht einzustehen hat. Schürmann/Nobel, 112 sehen in der Regelung des RTVG einen Beleg dafür, dass der Konzessionär ein «wohlerworbenes Recht» erworben habe. Diese Begründung erscheint mir überflüssig.

VI. AUFSICHTS- UND SANKTIONSSYSTEM

A. ÜBERBLICK

353. Das staatliche Aufsichts- und Sanktionssystem dient der vergleichenden Ist-Soll-Kontrolle, spiegelt also die bewilligungs- und konzessionsrechtliche Zulassungssituation wider und erlaubt die notfalls zwangsweise Durchsetzung der Pflichten des Zugelassenen bzw. den Schutz des Publikums. Eine sachgerechte und zugleich effiziente Aufsicht kann an das Verhalten des Zugelassenen Anforderungen setzen, welche die Prüfung der Zulassungsvoraussetzungen weit übertreffen. So fällt die Prüfung der fachlichen und moralischen Qualitäten[2135] der Bankleitung im Augenblick der Bewilligungserteilung wesentlich leichter als während der schwer überblickbaren laufenden Geschäftstätigkeit[2136]. Die Aufsicht erstreckt sich auch nicht allein auf die Zulassungssituation, sondern erfasst zugleich die Einhaltung der mit der Zulassung *neu hinzugekommenen Pflichten*. Auch darin liegt eine Erschwernis für die Aufsichtsbehörde, die nicht selten bereits als Zulassungsinstanz fungierte. Es erstaunt deshalb nicht weiter, dass für Konzessionsverhältnisse originelle und teils singuläre Kontrollsysteme errichtet werden, die sich erst durch die Eigenart der konkreten Rechtsbeziehungen erklären lassen[2137].

354. Die Kontrolltätigkeit kann an Verbände delegiert und auch – unter Umgehung verwaltungsrechtlicher Behelfe – über die Verbandsmitgliedschaft des Zugelassenen gelenkt werden. Der Staat kann sich weiter gesellschaftsrechtlicher Einflusswerkzeuge bedienen. Im Vordergrund stehen die Beteiligung an einer durch den Zugelassenen betriebenen Gesellschaft oder besondere Revisions-, Rechnungslegungs- und Genehmigungsvorschriften. Der Genehmigungsvorbehalt sollte aber nicht so weit führen, dass es dem Gemeinwesen zustehen würde, ein Veto gegen die Beschlüsse oberster Körperschaftsorgane einlegen zu können[2138]. Ein Vorbehalt besteht für das öffentliche Recht des Bundes, welches Bundeszivilrecht derogiert: Es sieht etwa bei Verkehrskonzessionen und der landwirtschaftlichen Kontingentierung mehrfache Genehmigungsvorbehalte vor[2139]. Dagegen müssen die Kantone die elementarsten

---

2135 Vgl. dazu die Kasuistik bei Rhinow/Bayerdörfer, 28 ff. sowie Bodmer/Kleiner/Lutz, Art. 3 – 3ter N 27 ff.
2136 B. Müller, 493; vgl. auch Bodmer/Kleiner/Lutz, Art. 3 – 3ter N 7.
2137 Zum deutschen System und Instrumentarium der Wirtschaftsaufsicht vgl. Stober, 628 ff.; Schmidt, 342 ff.; Mösbauer, passim.
2138 J. Meylan, 442 ff.; Wolfhart F. Bürgi, Zürcher Kommentar zum Schweizerischen Zivilgesetzbuch, V. Band: Obligationenrecht, Die Aktiengesellschaft, Zürich 1979, Art. 762 N 18; Richli (Finanzreferendum), 159; Degiacomi, 142 f.
2139 Richli (Finanzreferendum), 159; Poltier, 209 f.; Art. 12 EBG; Art. 103 LFG; Art. 3 Abs. 2 BB über die GGF; Bundesamt für Justiz 10. November 1989, VPB 1990 Nr. 36.

privatrechtlichen Garantien hinsichtlich der Willensbildung achten[2140]. Bei derartigen Verbindungen von verwaltungsrechtlicher Aufsicht mit gesellschaftsrechtlichen Beschluss- und Teilhaberechten ist zu beachten, dass sich damit die klassisch-verwaltungsrechtliche *Fremd*kontrolle der *Selbst*kontrolle nähert. Die Unbefangenheit des kontrollierenden Gemeinwesens wird durch Beteiligung an der beaufsichtigten Institution und an deren Willensbildung beeinträchtigt[2141].

355. Die direkte konzessionsrechtliche Aufsicht kann durch eine parlamentarische Oberaufsicht ergänzt werden. Eine besondere Rolle spielt hier die Finanzaufsicht, die im Bund in Form der Eidgenössischen Finanzaufsicht eingerichtet wurde. Ihr unterstehen alle Körperschaften, Anstalten und Organisationen ausserhalb der Bundesverwaltung, denen der Bund öffentliche Aufgaben übertragen oder finanzielle Zuwendungen erbracht hat[2142]. Die ordentliche Verwaltungsaufsicht kann sodann durch ein auf die Situation des Konzessionärs und der Leistungsbezüger zugeschnittenes Überwachungssystem überlagert werden, was besonders im Bereich der elektronischen Medien und des Landwirtschaftsrechts augenfällig ist. Eine besondere Erscheinung ist die staatliche Stiftungsaufsicht, der ein besonderes Aufsichtsinstrumentarium zur Verfügung steht und die etwa bei den bewilligungspflichtigen Spendensammlungen die ordentliche Verwaltungskontrolle ergänzt[2143].

356. Grundsätzlich ist zu beobachten, dass die einen Zugelassenen treffenden Massnahmen an Eigenständigkeit verlieren, je mehr er sich vom parastaatlichen Bereich entfernt und je weniger lenkenden Einfluss das Gemeinwesen auf ihn ausüben kann. Dennoch können ausnahmsweise auch ausserhalb des Konzessionsrechts eigenständige Ausprägungen des Aufsichts- und Sanktionsrechts angetroffen werden. Zu denken ist etwa an die Ersatzvornahme im Baurecht oder die disziplinarischen Massnahmen im Berufsausübungsrecht.

357. Verwaltungsrechtliche Sanktionen werden ihrem Zweck nach in exekutorische und repressive Massnahmen unterteilt[2144]. Erste dienen der unmittelbaren Durchsetzung von verwaltungsrechtlichen Pflichten und Zielen, zweite sollen nur Druck auf den Adressaten ausüben, um diesen zur Einhaltung der gesetzlichen Vorgaben anzuhalten. Um eine Verwechslung mit den präventiv wirkenden Zulassungsarten und den repressiven Verboten zu vermeiden, soll hier nur von Sanktionen mit di-

---

2140 Poltier, 209 f.
2141 Bundesamt für Justiz 10. November 1989, VPB 1990 Nr. 36.
2142 Art. 8 EFK. Vgl. auch Art. 55 Abs. 3 ALV; Art. 32 EV.
2143 Vgl. Jäggi, 82 f.; BGE 105 II 70.
2144 Gygi (Verwaltungsrecht), 318; Häfelin/Müller, N 914 f. Vgl. auch Wolffers, 174, der zu Recht darauf hinweist, dass eine Ermahnung (auch) präventiven Charakter hat.

VI. Aufsichts- und Sanktionssystem

rekter (exekutorische Sanktionen) und indirekter Wirkung (repressive Sanktionen) die Rede sein.

B. BEIZUG PRIVATER

358. Aufsicht und Sanktionsvollzug kann sowohl staatlichen Organen, ausgegliederten Verwaltungseinheiten, öffentlichrechtlichen Körperschaften wie auch Privaten auferlegt werden. Der *Beizug Privater* ist im Landwirtschaftsrecht infolge der frühen Selbsthilfebemühungen der Verbände weit verbreitet[2145], hat aber auch im berufsständischen Aufsichtsrecht ein – historisches – Standbein. Auch ausserhalb dieser Bereiche ist eine Aufsicht durch Private denkbar: Noch heute wird in kleineren Gemeinwesen etwa die Kontrolle der Bauausführung privaten Baubüros übertragen[2146]. Nicht weiter institutionalisiert ist die auf dem Anzeigerecht beruhende «nachbarliche Baukontrolle»; dennoch ist sie teilweise weit effizienter als die behördliche. Ähnlich verhält es sich mit der «Konkurrentenkontrolle», die etwa im Bereich der Ausverkaufsordnung als besonders wirksam gilt. Weitere Beispiele des Beizugs Privater finden sich bei den technischen Kontrollen[2147], im Umweltschutzrecht[2148], bei der gewerblichen Aufsicht[2149] und der beruflichen Weiterbildung[2150].

Private können indirekt Einfluss auf die staatliche Aufsichtsführung nehmen, indem staatliche Organe Mitglieder der privaten Aufsichtsorganisation werden und

---

2145 Vgl. Grisel (Traité), 299; Knapp (Précis), N 2731 ff.; Schürmann (Wirtschaftsverwaltungsrecht), 153 f., 162 und 170; Rhinow, Kommentar BV, Art. 32 N 57 ff. und 74; Vallender (Wirtschaftsfreiheit), 169 ff. und 187 ff.; Lendi/Nef, 29 f.; Beat Hotz, Die Zusammenarbeit von Staat und Verbänden bei der Erfüllung wirtschaftspolitischer Aufgaben, DISP 54, 40. Die verfassungsrechtliche Grundlage findet sich in Art. 31bis und 32 Abs. 3 BV.
2146 Vgl. Rhinow/Krähenmann, Nr. 157 B I b; Beeler, 51; Mächler, 153; Mäder, 314.
2147 Knapp (collaboration), 7; Grisel (Traité), 299. Vgl. auch Art. 17 Abs. 1 RLG zur Aufsicht über die Rohrleitungskonzessionäre: «Die Aufsicht obliegt dem Bundesrat, der hierfür die Kantone und private Fachverbände zuziehen kann.» sowie Art. 2 der Verordnung betreffend die Aufsicht über die Kernanlagen vom 14. März 1983 (SR 732.22): «Das Bundesamt kann Aufgaben und Befugnisse der Aufsichtsbehörde durch öffentlich-rechtlichen Vertrag an Organisationen der Wirtschaft übertragen».
2148 Vgl. U. Brunner, 51 ff., 173 ff. und 204 ff. sowie Art. 43 USG: «Die Vollzugsbehörden können öffentlichrechtliche Körperschaften oder Private mit Vollzugsaufgaben betrauen, insbesondere mit der Kontrolle und Überwachung.» Vgl. dazu U. Brunner, Kommentar USG, Art. 43 N 1 ff.
2149 Aufsicht über die gewerblichen Alkoholbrennereien, Reichmuth, 89 f.
2150 Art. 59 Abs. 2 VZV zur beruflichen Weiterbildung von Fahrlehrern, die auch durch Berufsverbände oder Berufsschulen durchgeführt und bestätigt werden kann.

sich – vorab aus verwaltungsökonomischen Gründen – an deren Praxis ausrichten[2151].

359. Der Beizug öffentlich- bzw. privatrechtlicher Körperschaften hat im *Landwirtschaftsrecht* besondere Tradition und geht weit über eigentliche Aufsichtsmassnahmen hinaus[2152]. Je nach Landwirtschaftssektor und geschichtlicher Entwicklung unterscheiden sich die Aufgaben der Körperschaften und deren Aufsichtsmöglichkeiten, doch sind einige gemeinsame, tragende Gesichtspunkte erkennbar. Beispiel einer öffentlichrechtlichen Körperschaften ist die Schweizerische Genossenschaft für Getreide und Futtermittel (GGF), Beispiel einer privatrechtlichen Körperschaft die Schweizerische Genossenschaft für Schlachtvieh- und Fleischversorgung (GSF).

Als erstes fällt die Anknüpfung der Aufsicht an die Migliedschaft der Zugelassenen auf. Damit kann der Verlust der Zulassungsberechtigung über den verbandsrechtlichen Ausschluss erfasst werden[2153]. Besteht jedoch kein Beitrittszwang und damit auch keine Ausschlussmöglichkeit, findet sich eine generelle, mitgliedschaftsunabhängige Ausschlussregelung[2154]. Wichtigste Aufsichtsinstrumente sind das Zutritts- und Einsichtsrecht der Körperschaftsorgane und die Auskunftspflicht der Mitglieder[2155]. Die Ausübung der Aufsicht hat grundrechtskonform, d.h. vor allem neutral und nichtdiskriminierend zu erfolgen[2156]. Die Kosten der Aufsicht sind grundsätzlich durch die Mitglieder zu tragen, sei es in Form von Gebühren[2157] oder als Mitgliedschaftsbeiträge[2158]. Die Körperschaften selbst unterstehen der Oberaufsicht der Bundesverwaltung[2159], die über Statutengenehmigung, Berichts- und Auskunftspflicht, Weisungsrecht, Recht zur Teilnahme an Verhandlungen, Ernennung von Organmitgliedern bis hin zu Ersatzvornahmen reicht[2160]. Der Rechtsschutz gegen die Verfügungen der Körperschaften richtet sich nach den allgemeinen Be-

---

2151 So etwa bei der Überwachung der Spendensammler. Die Zentralauskunftstelle für Wohlfahrtsunternehmungen, ein privatrechtlicher Verein, hat nahezu alle Kantone als Mitglied. Vgl. dazu Jäggi, 78, 81 und 126.
2152 Vgl. Vallender (Wirtschaftsfreiheit), 169 ff. und 187 ff. Vgl. auch Art. 55 ALV und ferner P.R. Müller, 171 ff. mit Beispielen.
2153 Vgl. Art. 12 Abs. 5 BB über die GGF.
2154 Art. 93 Abs. 4 und 100 SV.
2155 Art. 5 BB über die GGF; Art. 99 SV. Vgl. auch den Grundsatz in Art. 38 LwG.
2156 Vgl. dazu BGE 103 Ia 551 f. sowie N 399.
2157 Art. 5 Abs. 3 BB über die GGF.
2158 Art. 95 Abs. 2 SV, wobei hier Bundessubventionen nicht ausgeschlossen sind.
2159 Vgl. zur staatlichen Oberaufsichtspflicht BGE 103 Ia 551.
2160 Art. 93 Abs. 2 und 96 SV; Art. 18 f. BB über die GGF.

stimmungen über die Bundesrechtspflege[2161]; die Verantwortlichkeit folgt dem Verantwortlichkeitsgesetz[2162].

360. Die früher verbreitete *Standesaufsicht* Privater als Vorläufer und Ersatz staatlicher Aufsicht über Berufs- und Gewerbetreibende ist heute verschwunden, zumindest in ihrer direkten Form. Die an und für sich mögliche[2163] Standeskontrolle versteht sich heute primär als Ergänzung und nicht als Surrogat staatlicher Aufsicht. Sie dient zunächst Standes- und Verbandszielen sowie den Interessen der Mitglieder und erfasst staatliche Interessen nur als Reflex[2164]. Standesrecht dient der Rechtspraxis jedoch immer wieder als Anhaltspunkt für die disziplinarische Beurteilung des Verhaltens, indem das Gesetz entweder direkt auf die standesrechtliche Regelung verweist oder Disziplinar- und Rechtsmittelbehörden Ermessens- und Auslegungsprobleme durch Rückgriff auf Standesrecht lösen[2165]. Aufgrund der Verschiedenheit der Anliegen von Standesrecht und öffentlichem Disziplinarrecht ist beides höchst problematisch[2166]. Schwierigkeiten entstehen, wenn die Standesvorschrift (auch) Beziehungen unter den Berufskollegen erfasst[2167], die wirtschaftlichen Interessen der Gewerbetreibenden berührt sind oder das Standesrecht der grundrechtlichen[2168] Rechtsentwicklung nicht angepasst wurde. Die Problematik wird verschärft, wenn die staatlichen Aufsichts- und Disziplinarinstanzen mit Standesmitgliedern besetzt werden. Das ermöglicht zwar einen Praxisbezug, leistet aber zugleich der Verwischung zwischen öffentlichen und Standesinteressen Vorschub. Mit Berechtigung wird deshalb von zwei *unabhängigen* Rechtskreisen gesprochen[2169], die sich überschneiden, aber nur unvollständig decken. Eine gewisse Orientierung des Gesetzgebers an den Standespraktiken kann billigenswert und auch erwünscht sein. Da die Trennung staatlicher und privater Interessen schwierig und unvorhersehbar werden kann, sollte sie zumindest nicht auf die Stufe der Rechtsanwendung verschoben werden.

2161 Art. 98 SV; Art. 20 BB über die GGF. Allgemein vgl. Art. 1 Abs. 1 lit. e in Verbindung mit Art. 5 VwVG.
2162 Kuhn, 170 ff.; Art. 96 Abs. 34 SV.
2163 Vgl. J.P. Müller (Funktion), 15; Bois, Kommentar BV, Art. 33 N 20.
2164 Dubach (Disziplinarrecht), 123a f.; Wolffers, 126 ff.
2165 Vgl. N 230.
2166 Bois, Kommentar BV, Art. 33 N 19; Dubach (Disziplinarrecht), 123a f.; Wolffers, 126 ff.
2167 Die Förderung kollegialer Beziehung kann aber durchaus im öffentlichen Interesse liegen. Vgl. J.P. Müller (Funktion), 16 f.
2168 J.P. Müller (Funktion), 15; Wolffers, 127; BGE 106 Ia 100 ff.
2169 Wolffers, 127.

C. STAATLICHE BETEILIGUNGEN AN DER BETRIEBSGESELLSCHAFT

361. Im Verkehrs- und Energierecht verbreitet ist die indirekte Aufsicht über den Konzessionär durch staatliche *Beteiligungen an der Betriebsgesellschaft*[2170]. Nebst mitgliedschaftsrechtlichen Kontrollmöglichkeiten ist es die Einsitznahme in den obersten Verwaltungsorganen und der Kontrollstelle, die eine spezifische Aufsicht ermöglichen soll[2171]. Nach der wasserrechtlichen lex specialis von Art. 55 lit. c WRG kann die Beteiligung des Konzedenten an der Verwaltung auch durch die Verleihungsvereinbarung vorgesehen sein[2172]. Andere, der ordentlichen Verwaltungskontrolle näherstehende[2173] Wege werden beschritten, wenn der Konzessionär eine juristische Person öffentlichen Rechts (Anstalt oder Körperschaft) ist[2174] oder wenn er gar als unselbständige Anstalt des öffentlichen Rechts in die staatliche Aufsichtshierarchie eingegliedert ist[2175].

362. Die staatliche Aufsicht über gemischtwirtschaftliche konzessionierte Gesellschaften kann sich demnach auf drei Grundlagen stützen: Gesetz, Konzession und Gesellschaftsbeteiligung[2176]. So untersteht die Swissair – um das prominenteste Beispiel anzuführen – der gesetzlichen Aufsicht des Bundesamtes für Luftverkehr und hat ihm die hierfür notwendigen technischen und wirtschaftlichen Angaben zu liefern[2177]. In Art. 11 der Konzession[2178] werden die dem Bundesamt zu übermittelnden Unterlagen im Detail aufgeführt. Überdies ist die Konzessionärin verpflichtet, «über Beschlüsse, die für die künftige Entwicklung der Unternehmung von grundlegender Bedeutung sind, zu unterrichten»[2179], und hat sie den Beamten der Bundesaufsicht «zu dienstlichen Zwecken jederzeit freie(n) Zutritt zu allen Anlagen und Luftfahrzeugen zu gewähren»[2180]. Nach den Swissair-Statuten haben Vertreter öffentlichrechtlicher Körperschaften ein Einsitzrecht im Verwaltungsrat, Verwal-

---

2170   Vgl. Grisel (Traité), 295; Krähenmann, 33 ff. und 71 ff.; Weltert, 92 ff. und 101.
2171   Vgl. Art. 762 und 926 OR; Poltier, 274 ff. Eingehend zur Einflussmöglichkeit des Staates am Beispiel der Swissair vgl. Thomann, 292.
2172   Vgl. dazu Geiser/Abbühl/Bühlmann, 192.
2173   Vgl. Arnold Hünerwadel, Über die Organisation und Rechtsstellung der selbständigen öffentlichen Unternehmungen des Kantons Zürich, Diss. Zürich, Winterthur 1945, 71 ff.
2174   Vgl. dazu die Darstellung bei Weltert, 117 ff.
2175   Der bundesrechtlich konzessionierte Flughafen Zürich ist eine unselbständige Anstalt des kantonalen öffentlichen Rechts, Kölz (Kommentar), § 1 N 33.
2176   Vgl. auch Krähenmann, 36.
2177   Art. 3 Abs. 2 und 30 LFG; Art. 110 LFV. Vgl. auch Thomann, 103 f.
2178   Vom 19. Dezember 1966.
2179   Art. 11 Abs. 2 der Konzession.
2180   Art. 15 der Konzession.

VI. *Aufsichts- und Sanktionssystem*

tungsratsausschuss und der Kontrollstelle[2181] mit allen daraus fliessenden gesellschaftsrechtlichen Kontroll- und Überwachungsmöglichkeiten.

D. MARKT- UND PREISÜBERWACHUNG

363. Gemäss Art. 31septies BV kann der Bund zur Verhinderung von Missbräuchen in der Preisbildung Vorschriften für eine Überwachung der Preise und Preisempfehlungen erlassen für Waren und Leistungen marktmächtiger Unternehmungen und Organisationen, insbesondere von Kartellen und ähnlichen Gebilden des öffentlichen und privaten Rechts. Bei Erforderlichkeit können solche Preise herabgesetzt werden. In Ausführung der Verfassungsvorschrift ist das Preisüberwachungsgesetz vom 20. Dezember 1985 ergangen[2182]. Die Erfassung von marktmächtigen Unternehmungen und Organisationen des öffentlichen Rechts führt u.a. dazu, dass auch die Verteiler leitungsgebundener Energie diesen zugerechnet werden, unabhängig davon, welchen rechtlichen Status sie besitzen[2183]. Eine weitergehende wettbewerbspolitische Aufsichtsbefugnis des Bundes, die sich gleichfalls nicht am rechtlichen Status des Wettbewerbsteilnehmers orientiert, liegt im Kartellartikel[2184].

364. Einer intensiven Preisaufsicht können Rechtsanwälte hinsichtlich ihrer Honorarforderung unterliegen; ihre Bedeutung zeigt sich daran, dass die Honorarüberprüfungsgeschäfte den übrigen Disziplinargeschäften zahlenmässig sehr nahe kommen[2185]. Im Moderationsverfahren kann die Aufsichtsinstanz nicht nur die Unangemessenheit der Forderung feststellen, sondern auch direkt die Honorarhöhe verbindlich festlegen[2186].

E. KONTROLLE DURCH VERWALTUNGSEXTERNE FACHKOMMISSIONEN

365. Erfordern es besondere Umstände, wie besonderes Fachwissen[2187] und/oder hinreichende Unabhängigkeit[2188] des Kontrollorgans von staatlicher Einflussnahme, so wird die Kontrolle mitunter *verwaltungsexternen Fachkommissionen* übertragen. Die Kommissionen sind in der Regel nicht einziger, aber der oberste Teil der Kontrollstruktur. So ist die Aufsicht über die Banken kaskadenartig in vier Stufen or-

---

2181 Art. 12 Abs. 3, 14 Abs. 2 und 15 Abs. 1 der Statuten.
2182 Vgl. Rhinow, Kommentar BV, Art. 31septies N 50 ff.; Vallender (Wirtschaftsfreiheit), 296.
2183 Dazu und zu der näheren Bestimmung des Preismissbrauchs Kilchenmann, 48 ff.
2184 Art. 31bis Abs. 3 lit. d BV. Vgl. dazu Rhinow, Kommentar BV, Art. 31bis N 205 f.; Vallender (Wirtschaftsfreiheit), 285.
2185 Sterchi, Vorb. zu Ziff. 3 N 2.
2186 Wolffers, 168 f.; Sterchi, Vorb. zu Ziff. 3 N 1 ff.
2187 Vgl. etwa zur Überwachung der Atomanlagen Rausch (Atomenergierecht), 131 ff.
2188 Vgl. Art. 55bis Abs. 5 BV; Art. 23 Abs. 1 BankG. Vgl. auch Hauri, 323 f.

ganisiert[2189]: bankinterne Kontrolle, bankinternes Inspektorat, bankexterne Revisionsstelle und Eidgenössische Bankenkommission. Der Übergang von der privatrechtlichen zur *öffentlichrechtlichen* Aufsichts- und Kontrollfunktion wird bei der bankengesetzlichen Revisionsstelle – noch unter Vermischung mit auftrags- und gesellschaftsrechtlichen Komponenten[2190] – sichtbar und leitet über zur rein mit öffentlichrechtlichen Aufgaben betrauten Eidgenössischen Bankenkommission. Die Befugnisse der Bankenkommission sind sehr weitreichend[2191]. Sie führt die laufende Überwachung mittels Entgegennahme vorgeschriebener Meldungen, Verlangen von Auskünften und Unterlagen, darunter Revisionsstellenberichte, Genehmigung verschiedener Geschäfts- und Informationsvorgänge. Sie kann generell zum Zweck des Gesetzesvollzugs «die zur Herstellung des ordnungsgemässen Zustandes und zur Beseitigung der Missstände notwendigen Verfügungen»[2192] treffen; bei Nichtbefolgung ist sie zur Ersatzvornahme und zur Veröffentlichung der Nichtbefolgung der vorausgehenden Anordnung im Schweizerischen Handelsamtsblatt berechtigt. Als letztes Mittel steht ihr der Bewilligungsentzug zu Verfügung[2193] – mit der Nebenfolge der Auflösung bzw. Löschung der Gesellschaft. Die Bankenkommission ist, mit ähnlichen Aufsichtsmitteln ausgestattet, zudem Aufsichtsbehörde über Anlagefonds[2194]. Dagegen wird die Aufsicht über die privaten Versicherungseinrichtungen durch eine verwaltungsinterne Stelle geführt, das Eidgenössische Versicherungsamt[2195], da hier, anders als im Bankenwesen[2196], weniger Bedenken hinsichtlich einer direkt-staatlichen Kontrolle bestehen[2197].

F. AUFSICHT ÜBER RADIO UND FERNSEHEN

366. Den *Radio- und Fernsehbereich* beherrscht ein Mischverhältnisses von Leistungsauftrag, Unabhängigkeit und Autonomie der Programmgestalter, grundrechtlichen Einflüssen und Leistungsansprüchen des Konsumenten[2198]. Hier hat sich eine

---

2189 Vgl. dazu Hauri, 322.
2190 B. Müller, 326 ff.; Hauri, 323.
2191 Vgl. zum nachfolgenden André Grisel, La commission fédérale des banques sous le regard du juriste, in: Jubiläumsschrift 50 Jahre eidgenössische Bankenaufsicht, hrsg. von der Eidgenössischen Bankenkommission, Zürich 1985, 151 ff.; Bernhard Müller, Die Praxis der Eidgenössischen Bankenkommission, in: Jubiläumsschrift 50 Jahre eidgenössische Bankenaufsicht, hrsg. von der Eidgenössischen Bankenkommission, Zürich 1985, 281 ff.; Bodmer/Kleiner/Lutz, Art. 23bis und die nachfolgenden Artikel; Rhinow/Bayerdörfer, 13 ff. mit Kritik auf 44 ff.; Hauri, 324 ff.
2192 Art. 23ter Abs. 1 BankG.
2193 Art. 23^{quinquies} Abs. 1 BankG.
2194 Art. 40 ff. AFG. Vgl. dazu Dallo, 111 ff.
2195 Art. 43 Abs. 1 VAG.
2196 Vgl. dazu BBl 1934 I 179 f.; Hauri, 322.
2197 Vgl. Hatz, 3 ff.
2198 Vgl. dazu Schürmann/Nobel, 109 ff.

VI. Aufsichts- und Sanktionssystem

mehrschichtige, den jeweiligen spezifischen Anforderungen Rechnung tragende Aufsichts- und Kontrolltätigkeit entwickelt und etabliert[2199]. Man versucht, den vielfach auseinanderstrebenden Anforderungen, Anliegen und Interessen durch ein differenziertes Aufsichtsinstrumentarium gerecht zu werden, ein Versuch, der manchenorts der Quadratur des Kreises gleicht. Bestimmte, in anderen Verwaltungsbereichen selbstverständliche Aufsichtsmittel sind wiederum ausgeschlossen: Grundrechtliche Vorbehalte und die staatliche Verpflichtung zur Neutralität verbieten *laufende* Überwachungsmassnahmen (Vorzensur) und Ersatzvornahmen[2200]. Allgemein bilden präventive Massnahmen die Ausnahme und sind höchstens Nebenfolge des repressiven Vorgehens[2201]. Zur allgemeinen Aufsicht zählt die Finanzkontrolle, der allerdings nur Veranstalter unterstehen, die Gebührenanteile und Finanzhilfen beziehen, in der Regel also nur die SRG[2202]. Die technische Kontrolle, wie Frequenzverteilung und Sendestärke, wird von den PTT-Betrieben geführt.

367. Die *Programm*aufsicht[2203], unverfänglicher auch *Rechts*aufsicht genannt[2204], ist ebenfalls keine laufende, sondern eine nur auf Anstoss der Programmkonsumenten einsetzende Kontrolle. Das Aufsichtsverfahren verläuft in zwei Schritten. Als erstes hat der Veranstalter eine Ombudsstelle einzurichten und mit einer Person zu besetzen, die weder in einem Arbeitsverhältnis zu ihm steht noch regelmässig an dessen Sendungen mitwirkt[2205]. Die Ombudsperson hat keine Entscheidungs- oder Weisungsbefugnis, sondern kann nur vermittelnd wirken und darf höchstens Empfehlungen abgeben[2206]. Anschliessend an das ombudsrechtliche Verfahren kann die Unabhängige Beschwerdeinstanz für Radio und Fernsehen (UBI) angegangen werden. Diese ist ein aus verwaltungsinternen Strukturen hervorgegangenes[2207], durch den Bundesrat gewähltes, von der Verwaltung unabhängiges, quasi-

---

2199 J.P. Müller, Kommentar BV, Art. 55bis N 70 ff.; Schürmann (Medienrecht), 136 ff.; Schürmann/Nobel, 92 f. und 185 ff.; Charles Poncet, La surveillance de l'état sur l'information radiotélévisée en régime de monopole public, Diss., Basel/Frankfurt a.M. 1985, 126 ff.; BBl 1987 III 720 f. und 748 ff.
2200 Art. 56 Abs. 1 RTVG; BBl 1987 III 748 f.
2201 Vgl. Art. 67 ff. RTVG.
2202 Art. 56 Abs. 2 in Verbindung mit Art. 17 RTVG.
2203 Vgl. den Wortlaut von Art. 65 RTVG: «Die Beschwerdeinstanz stellt in ihrem Entscheid fest, ob Programmbestimmungen dieses Gesetzes, seiner Ausführungsvorschriften oder der Konzession verletzt worden sind.» Zum Umfang der Programmaufsicht im Hinblick auf Werbung vgl. BGE 118 Ib 361; UBI 4. Oktober 1991, VPB 1993 Nr. 49, Ziff. 2.
2204 Schürmann (Medienrecht), 137; vgl. auch Schürmann/Nobel, 188 und 191.
2205 Art. 57 RTVG.
2206 Art. 61 RTVG.
2207 J.P. Müller, Kommentar BV, Art. 55bis N 72; Schürmann (Medienrecht), 137 f.; Schürmann/Nobel, 188.

richterliches Aufsichtsorgan[2208]. Nebst Privaten sind auch alle in ihrer Tätigkeit betroffenen Behörden sowie das Departement zur Beschwerde befugt[2209]. Die Beschwerdeinstanz kann die Verletzung der Programmbestimmungen feststellen und den Veranstalter zu deren Behebung und künftiger Vermeidung auffordern. Im Weigerungsfall muss sie die Durchsetzung dem Departement überlassen, wobei diesem hierfür nur die Abänderung bzw. Aufhebung der Konzession zur Verfügung steht. Die übrigen[2210] Aufsichtsbehörden können die gleichen Vorkehren treffen bzw. verlangen. Zusätzlich besteht für sie die Möglichkeit, die Ablieferung der aus der Rechtsverletzung resultierenden Einnahmen des Konzessionärs an den Bund zu verlangen[2211]. Es zeigt sich, dass die schweizerischen[2212] elektronischen Medien einer recht weitgehenden Sonderaufsichtsordnung unterstehen, die keine Parallelen in den übrigen Medienbereichen findet; ob sie vor der Menschenrechtskonvention Bestand haben kann, erscheint fraglich und wäre näher abzuklären[2213].

368. Eine laufende Kontrolle ermöglichen sollen die klassischen Aufsichtsmittel der Auskunft und der Aufzeichnung sowie der Berichterstattung. Letztere gerät zur breiteren Öffentlichkeitsaufsicht, indem etwa Geschäftsberichte, Reglemente, Zuwendungen Dritter, die Erfolgsrechnung und Bilanz öffentlich zugänglich gemacht werden sollen. Im Einzelfall kann das Departement zuhanden der Öffentlichkeit weitere Unterlagen einverlangen[2214].

G. LEGALITÄTSPRINZIP UND VERHÄLTNISMÄSSIGKEIT IM AUFSICHTSRECHT

369. Wie kaum an anderem Ort erleidet das *Legalitätsprinzip* im Aufsichtswesen Einbrüche, verliert es an Substanz[2215]. So soll die Aufsicht über den Konzessionär des «service public» auch ohne ausdrückliche gesetzliche Grundlage möglich sein. Die Begründung findet sich in der Notwendigkeit laufender Überwachung der durch den Konzessionär wahrgenommenen staatlichen Aufgaben[2216]. Auch der Einsatz verschiedener Aufsichtsmittel, so etwa des Einsichts- und Auskunftsrechts,

---

2208 J.P. Müller, Kommentar BV, Art. 55bis N 70. Zur Praxis der UBI vgl. neuestens Dumermuth, 261 ff.; Schürmann/Nobel, 192 ff.
2209 Art. 63 RTVG.
2210 Also unter Ausschluss der Beschwerdeinstanz.
2211 Art. 67 Abs. 1 lit. b RTVG.
2212 Die UBI beaufsichtigt nur Radio- und Fernsehsendungen schweizerischer Veranstalter, UBI 30. August 1991, VPB 1993 Nr. 11.
2213 Art. 10 in Verbindung mit 14 EMRK.
2214 Art. 68 Abs. 1 und 2 RTVG.
2215 Vgl. zu den hier nicht aufgeführten Einbrüchen auch Cottier, 61 ff.; Gygi (Verwaltungsrecht), 318 ff.
2216 Grisel (Traité), 292; Hanhardt, 134; BGE 50 I 404 f.

VI. Aufsichts- und Sanktionssystem

der Ersatzvornahme[2217] oder des unmittelbaren Zwangs[2218], soll ohne gesetzliche Grundlegung statthaft sein. Der Ersatz wird in der Pflicht der Aufsichtsbehörde zur direkten Durchsetzung der gesetzlich festgelegten Ordnung gefunden[2219]. Hier wird die Nähe zum «besonderen Gewaltverhältnis» spürbar[2220], was zwar rechtsstaatlich bedenklich, angesichts der Annäherung des Konzessionärs an die staatliche Verwaltung aber plausibel erscheint, wird doch damit der an sich selbstverständliche Charakter einer Aufsichtskonzession hervorgehoben[2221]. In der älteren bundesgerichtlichen Rechtsprechung wird das «besondere Gewaltverhältnis» sogar als explizite Begründung für polizeilich motivierte Kontrollen einer bewilligungspflichtigen Berufsausübung beigezogen[2222]. Reste dieser historischen und heute grundsätzlich überwundenen[2223] Verbindung von Berufsausübung und Sonderstatus sind aber nach wie vor im Aufsichts- und Disziplinarwesen aufzufinden. Wie bereits ausgeführt, werden bei der Kontrolle der Berufsausübung aus dem Wesen der Zulassung Grenzen abgeleitet, die keinen gesetzlichen Anhalt zu finden brauchen[2224]: Wedie Anknüpfung einer Sanktion an ein Verhalten noch die Sanktionsmassnahme bedürfen einer gesetzlichen Regelung.

370. Problematisch sind ferner die im Verwaltungsstrafrecht verbreiteten Blankettstrafandrohungen, denen es an Tatbestandsbestimmtheit fehlt[2225]. Hält das Gesetz lapidar fest, dass alle Widerhandlungen gegen das Gesetz und die Verordnung(en) strafbar seien, so hat der Gesetzgeber den Entscheid auf den Rechtsunterworfenen und den Rechtsanwender verschoben. Es ist kaum denkbar, dass die Verletzung jedwelcher Zulassungsvorschrift strafwürdig ist[2226]. Dessen wird sich auch der Zugelassene bewusst sein und eine Abgrenzung vornehmen wollen. Der Entscheid zwischen genereller Strafwürdigkeit und Straflosigkeit wird dadurch in unvorhersehbarer und den Zugelassenen unzumutbar belastender Weise auf die Anwendungsebene verschoben, was auch nicht durch ein Ausweichen auf die genauso unbestimmten Verhältnismässigkeitsprinzipien korrigiert werden kann[2227]. Unbeachtet bleibt, dass das Bestimmtheitsgebot nach Art. 7 EMRK (nulla poena sine lege) unabdingbar

---

2217 Vgl. N 381.
2218 Vgl. dazu Grisel (Traité), 643; Moor, Bd. II, 76; H. A. Müller, 113; BGE 103 Ib 122.
2219 Vgl. etwa Gygi (Verwaltungsrecht), 327.
2220 Vgl. Hangartner (Staatsrecht), Bd. I, 206.
2221 Gygi (Wirtschaftsverfassungsrecht), 53; BGE 93 I 231.
2222 BGE 81 I 128 f. unter Hinweis auf Fleiner (Institutionen), 167; 73 I 290. Vgl. ferner Cottier, 62.
2223 Vgl. dazu statt vieler J.P. Müller (Elemente), 109 f.
2224 Vgl. BGE 98 Ia 597 ff. sowie meine Bemerkungen in N 116. Kritisch dazu Cottier, 62.
2225 Gygi (Verwaltungsrecht), 338.
2226 Vgl. Stratenwerth, 49 ff.
2227 Anderer Meinung Gygi (Verwaltungsrecht), 338.

auch den Tatbestand mitumfassen soll[2228]. Anders verhält es sich mit den Verwaltungsmassnahmen ohne Strafcharakter. Ist die Sanktion nichts anderes als Konversion der Pflichten des Zugelassenen, um zum gleichen Ziel zu gelangen, so genügt es nach der herrschenden Ansicht bereits, wenn für die originäre Verpflichtung als solche eine klare gesetzliche Grundlage besteht[2229]. Bekanntestes Beispiel ist die Ersatzvornahme[2230]. Demgegenüber wird für administrative Rechtsnachteile eine ausdrückliche gesetzlichen Grundlage gefordert[2231]; eine bedeutende Ausnahme gilt ausgerechnet für deren strengste Art, den Bewilligungs- bzw. Konzessionsentzug[2232].

371. Die *Aufsichts-, Kontroll- und Sanktionsmittel* und deren Intensität variieren je nach Zulassungsverhältnis, der Art der berührten Rechtsgüter und der Nähe der Tätigkeit zu den staatlichen Interessen erheblich. Der Transportkonzessionär und der Betreiber einer Atomanlage müssen sich eine weit intensivere Kontrolle gefallen lassen als der Bojenkonzessionär oder der Eigentümer einer Wohnbaute[2233]. Angesichts des über weite Bereiche gelockerten Legalitätsprinzips und der den Aufsichtsorganen zustehenden Ermessensräume kommt dem *Verhältnismässigkeitsgrundsatz* eine tragende Rolle bei der Handhabung des Aufsichts- und Sanktionssystems zu[2234]. Generell werden die Kontroll- und Eingriffsmöglichkeiten der Eingriffsintensität nach gruppiert, wobei Verhältnismässigkeitsdenken auch die nähere Handhabung des einzelnen Instruments prägt. So darf das Zutritts-, Einsichts- und Auskunftsrecht nur soweit ausgeübt werden, als es für die gesetzlich umschriebenen Aufsichtsfunktionen unumgänglich ist[2235]. Die Abbruchverfügung kann genauso wie der unbefristete Entzug der Zulassung nur als «ultima ratio» eingesetzt werden[2236]. Obschon der bösgläubig Handelnde eigentlich nicht auf den Bestand seiner

---

2228 Vgl. dazu Joachim Abr. Frowein/Wolfgang Peukert, Europäische Menschenrechtskonvention: EMRK-Kommentar, Kehl/Strassburg/Arlington 1985, Art. 7 N 4.
2229 Fleiner (Institutionen), 221; Häfelin/Müller, N 918; Rhinow/Krähenmann, Nr. 49 B III; Moor, Bd. II, 65; H. A. Müller, 113; BGE 100 Ia 345 und 352; 101 Ib 313; 105 Ib 273. Anderer Ansicht Giacometti (Lehren), 539 ff. und zum unmittelbaren Verwaltungszwang Grisel (Traité), 643.
2230 Vgl. Fleiner (Institutionen), 221; Häfelin/Müller, N 961; Rhinow/Krähenmann, Nr. 52 B II; H. A. Müller, 16 f.; BGE 105 Ib 345; Bundesamt für Justiz 2. Juli 1984, VPB 1986 Nr. 62; PVG 1984 Nr. 53.
2231 Vgl. dazu BGE 108 Ib 165.
2232 Grisel (Traité), 293; Bois, Kommentar BV, Art. 33 N 18; Hanhardt, 140; Plotke, 471 unter Hinweis auf die polizeiliche Generalklausel; Juri, 32; anderer Ansicht anscheinend Gygi (Verwaltungsrecht). Vgl. auch BGE 98 Ia 601; 100 Ib 310. Vgl. dazu auch eingehend N 116.
2233 Vgl. Grisel (Traité), 292; Gygi (Verwaltungsrecht), 335.
2234 Vgl. Imboden/Rhinow, Nr. 56 B I; Kölz (Kommentar), § 30 N 40; Zimmerli (Verhältnismässigkeit), 100 ff.; Moor, Bd. II, 66; Pierre Muller, 253 ff.; H. A. Müller, 125 f.; B. Müller, 494 ff.; Heer, 129 ff.; Mäder, 343.
2235 Hanhardt, 136; BGE 71 I 200.
2236 Vgl. Imboden/Rhinow, Nr. 49 B V b; Beeler, 76 ff.; kritisch: Zimmerli (Verhältnismässigkeit), 106 f.; Kölz (Kommentar), § 30 N 17. Auf den Entzug ist zu verzichten, wenn der gesetzmässige

VI. *Aufsichts- und Sanktionssystem*   299

Zulassung vertrauen darf, wird er hierin nach der neueren Rechtsprechung[2237] aus Verhältnismässigkeitsüberlegungen zumindest formell dem Gutgläubigen gleichgestellt[2238]. Berücksichtigen kann die Behörde allerdings die der Rechtsordnung erwachsenden Nachteile, wie Verletzung der Rechtsgleichheit und der Zulassungsordnung; sie kann das Interesse an der Wiederherstellung höher als die dem Privaten zufallenden Nachteile einstufen[2239]. In der Praxis dürften nur geringfügige Verstösse diese Interessenabwägung überstehen[2240].

372. Als Faustregel[2241] für einen verhältnismässigen Mitteleinsatz gilt, dass ihm zunächst eine warnende Ermahnung vorausgehen soll[2242]; Abweichungen sind bei zeitlicher Dringlichkeit und bei objektiver oder subjektiver Unmöglichkeit[2243] der Durchsetzung der Verpflichtung zulässig[2244]. Das Verhältnismässigkeitsprinzip ist noch in ganz anderem Zusammenhang von Bedeutung: Im verwaltungsrechtlichen Disziplinarrecht wird Abstand vom Rückgriff auf strafrechtliche Grundsätze genommen; dies gilt namentlich für das Prinzip von «ne bis in idem»[2245]. Droht dem Disziplinierten eine Kumulation von Sanktionen, so entscheidet sich nach dem Erforderlichkeitsmassstab, inwiefern eine zweite Massnahme notwendig erscheint[2246].

H. MITTEL DER AUFSICHT UND KONTROLLE

373. Einige der wichtigsten *Aufsichts- und Kontrollmittel* wurden bereits erwähnt. Nachfolgend stehen das *Zutritts-, Einsichts- und Auskunftsrecht* im Mittelpunkt; sie bilden den Kern der Aufsichts- und Kontrollmittel bei den Konzessionären des «service public» und bei Trägern wirtschaftspolitischer Bewilligungen[2247]. Auch bei polizeilichen Bewilligungen bestehen ähnliche Kontrollinstrumente, so etwa bei der

---

Zustand mittels Auflagen wiederhergestellt werden kann, vgl. dazu Art. 34 Abs. 3 Filmverordnung.
2237 Zur früheren Praxis vgl. Kölz (Kommentar), § 30 N 18 sowie die Kritik bei Sameli, 382 f.; Zimmerli (Verhältnismässigkeit), 105 ff.
2238 Beeler, 79 f.; Bovay, 179; Mäder, 344; BGE 101 Ib 317; 104 Ib 77; 108 Ia 218; 111 Ib 213; BGer 15. März 1978, ZBl 79/1978, 393 f. Bei der Verhältnismässigkeitsprüfung wird jedoch dem bösen Glauben Rechnung getragen, weshalb im Ergebnis keine Gleichstellung erfolgt.
2239 Grisel (Traité), 651; Beeler, 80; Mäder, 344; BGE 108 Ia 218.
2240 Vgl. Mäder, 344.
2241 Vgl. dazu Bendel, 290.
2242 Imboden/Rhinow, Nr. 56 B I; Kölz (Kommentar), § 30 N 40; Moor, Bd. II, 76; BGE 105 Ib 345 f.
2243 Hier zurückhaltender Kölz (Kommentar), § 30 N 19.
2244 Heer, 93; BGE 105 Ib 345 f.
2245 Dubach (Disziplinarrecht), 16a; H. A. Müller, 119 f.; Henggeler, 46; BGE 97 I 835; 98 Ib 306; 108 Ia 232.
2246 BGE 102 Ia 28 ff.; 108 Ia 233.
2247 Nebst den bereits angeführten Beispielen vgl. etwa Art. 20 Höchstbestandsverordnung.

Kontrolle der Bauausführung[2248] oder Bausicherheit[2249], Atomanlagen[2250], Giften[2251], Apotheken[2252], Tierversuchen, Tierhaltung und -handel[2253], Arbeitsbetrieben[2254], Arbeitsvermittlern[2255], Banken[2256], Versicherungen[2257] und Anlagefonds[2258]. Kulturpolitisch bedingt ist die Verpflichtung des Filmverleihers, ohne Aufforderung über alle erheblichen Tatsachen, speziell die Beteiligungsverhältnisse Aufschluss zu geben[2259]. Schweigt das Gesetz, so können entsprechende Verpflichtungen des Zugelassenen aus dessen Mitwirkungspflicht abgeleitet werden[2260]; dabei ist darauf zu achten, dass das Zutrittsrecht nur unter strenger Achtung des Verhältnismässigkeitsgebots verlangt werden kann. Nennt das Gesetz nur das Auskunfts- und Einsichtsrecht und schweigt es zum Zutrittsrecht, so ist aufgrund der Auslegung zu ermitteln, ob der Gesetzgeber dadurch die Mitwirkungspflicht nicht einschränken wollte.

374. Die laufende staatliche Kontrolle wird durch die *Selbstkontrolle* des Zugelassenen ergänzt und erleichtert. Dazu zählen Aufzeichnungs- und Buchführungspflichten, Verpflichtungen zu technischen Kontrollen und verschiedene Anzeigepflichten. Taxifahrer haben einen Fahrtschreiber zu installieren, ein Fahrtenbuch bzw. eine Kontrollkarte zu führen und das Taxi zu kennzeichnen[2261], Spendensammler sind verpflichtet, ein Sammelheft zu führen[2262]. Dass wichtigste Kontrollmittel von Hausbrennereikonzessionären ist die in Eigenverantwortung geführte Brennereikarte[2263]. Der Heilmittelhersteller ist zur systematischen Protokollierung des Herstellungsvorgangs verpflichtet[2264], der Leiter einer Flugveranstaltung zur Ausweis- und Zeugniskontrolle der teilnehmenden Luftfahrzeuge und des sie bedienenden

---

2248 Vgl. die Beispiele bei Mäder, 317 Fn. 39.
2249 Art. 8 Talsperrenverordnung.
2250 Vgl. dazu Rausch (Atomenergierecht), 132.
2251 Art. 28 Giftgesetz.
2252 Vgl. dazu Wirth, 98 f.
2253 Art. 34 TSchG. Vgl. dazu Goetschel, Art. 18 N 2 und Art. 34 N 2 mit richtiger Ausdehnung der Kontrollbefugnisse über die strafprozessuale Hausdurchsuchung hinaus auf verwaltungsrechtliche Kontrollbehelfe.
2254 Art. 45 ff. ArG.
2255 Art. 6 AVG.
2256 Nur Auskunfts- und Einsichtsrechte sowie Anordnung von Revisionen, Art. 23bis BankG.
2257 Nur Auskunfts- und Einsichtsrechte, Art. 23 VAG.
2258 Nur Auskunfts- und Einsichtsrechte sowie Anordnung von Revisionen, Art. 42 Abs. 4 AFG.
2259 Art. 33 Filmverordnung.
2260 Gygi (Bundesverwaltungsrechtspflege), 284 f.; Kölz (Kommentar), § 7 N 48 ff., insb. N 53; Beeler, 53; Mäder, 317 f.
2261 Zürcher, 110 ff.
2262 Jäggi, 104.
2263 Reichmuth, 110.
2264 Vgl. dazu Imbach, 84; Schlegel, 210.

VI. Aufsichts- und Sanktionssystem

Personals[2265], der Betreiber von Stauanlagen hat diese durch erfahrene Bauingenieure kontrollieren zu lassen[2266]. Der Tierversuchsleiter hat über jeden bewilligungspflichtigen Versuch ein Protokoll zu führen, dieses während zwei Jahren aufzubewahren und den Aufsichtsorganen zur Verfügung zu halten[2267], und der Atomanlagebetreiber muss näher definierte periodische technische Kontrollen durchführen[2268]. Der Bauende hat die verschiedenen Phasen des Baufortschritts mitzuteilen, der Atomanlagebetreiber jede Änderung an der Anlage zu melden[2269], der Eierimporteur die monatlichen Eiereinfuhren[2270], Banken und Revisionsgesellschaften unaufgefordert der Bankenkommission bestimmte Risikoindikatoren anzuzeigen[2271], der Energielieferant seine Tarife und deren Änderung[2272] und der Flugplatzhalter alle Umstände, welche die Benützbarkeit eines Flugplatzes einschränken oder aufheben[2273]. Eine besondere Form der Eigenkontrolle begründet die Pflicht zur periodischen Berichterstattung zuhanden der Aufsichtsbehörde[2274]. Die Selbstkontrolle wird zudem durch Aufzeichnungs- und Buchführungspflichten ergänzt[2275], die in Einzelfällen auch dem Publikum zur Einsicht offenstehen[2276]. Noch weiter in Richtung Öffentlichkeitskontrolle gehen amtliche Veröffentlichungen der Kontrollergebnisse[2277] oder Anweisungen an Spendensammler, das Sammelergebnis und die Sammlungskosten im Amtsblatt zu veröffentlichen[2278].

375. Verfahrenstechnisch kann die Kontrolle durch eine Aufgliederung des Zulassungsverfahrens in mehrere sich bedingende und zeitlich ablösende Schritte erreicht werden[2279]. Nach erfolgter Zulassung kann für wichtige Handlungen, so für Änderungen von Anlageteilen oder Ersatz technischer Einrichtungen, überdies eine gesonderte Bewilligungspflicht vorgesehen sein, die über eine reine Anzeige oder Mel-

---

2265 Art. 90 LFV.
2266 Art. 28 Abs. 1 Talsperrenverordnung.
2267 Art. 17 TSchG.
2268 Rausch (Atomenergierecht), 133.
2269 Art. 8 Abs. 3 AtG.
2270 Art. 29 Abs. 3 lit. b EV.
2271 Hauri, 324 f.; Juri, 24 f.
2272 Kilchenmann, 53.
2273 Art. 46 Abs. 2 LFV.
2274 Vgl. etwa Art. 22 VAG; Art. 28 Abs. 2 LFV betreffend Schulen für die Ausbildung von Luftfahrtpersonal.
2275 Vgl. etwa Art. 17 AVV; Art. 15 AFG; Art. 30 Talsperrenverordnung.
2276 Art. 15 Abs. 3 AFG; Art. 68 Abs. 1 und 2 RTVG.
2277 Art. 47 Abs. 1 USG.
2278 So im Kanton Genf vorgesehen, Jäggi, 104.
2279 Vgl. N 198. Ähnlich verfahren wird, wenn eine bestimmte Zulassung an eine erfolgreich ausgeübte Zulassungstätigkeit anknüpft. So verhält es sich mit dem Führerausweis für das Lenken von Motorfahrrädern *über* 125 ccm. Die Zulassung zur Fahrprüfung setzt eine zweijährige Fahrpraxis mit einem Motorrad *unter* 125 ccm voraus.

dung hinausgeht[2280]. Damit verwandt ist die Genehmigung von innerbetrieblichen oder Benutzungsreglementen[2281]. Eine eher informelle, aber nicht weniger wirksame und der Rechtsgleichheit dienende Kontroll- und Koordinationsmöglichkeit besteht im Versand von Rundschreiben[2282].

376. Wichtigste Quellen für ein aufsichtsrechtliches Einschreiten sind – wie bereits ausgeführt – die verwaltungsinterne Aufsichtstätigkeit, institutionalisiertes Wirken Dritter[2283] und freiwillig erhobene Anzeigen aussenstehender Dritter. Daneben besteht die Möglichkeit, dass die Aufsichtsbehörde durch andere staatliche Behörden oder Organe auf Unregelmässigkeiten aufmerksam gemacht wird. Allerdings sind Drittbehörden nur selten spezialgesetzlich[2284] zur Meldung verpflichtet[2285]. Zu denken ist an Meldungen aus zulassungsnahen Kontrollbereichen, etwa an Berichte der Feuerpolizei zuhanden der Baubehörde oder der Forstpolizei über Erstellung von baurechtswidrigen Bauten im Waldabstandsbereich[2286]. Zivilstreitigkeiten in Anlagefondssachen sind durch die Gerichte unverzüglich der Bankenkommission mitzuteilen[2287]. Strafrechtliche Verfahren bilden mitunter den Ausgangspunkt für ein aufsichtsrechtliches Einschreiten, so etwa für das bekannte Administrativverfahren im Strassenverkehr[2288] oder berufsrechtliche Disziplinarmassnahmen[2289]. Forensische Tätigkeit von Rechtsanwälten untersteht gar einer permanenten Kontrolle durch eine Drittbehörde, falls Gerichte allgemein zur Meldung der Verletzung beruflicher Pflichten verpflichtet sind[2290].

I. KONTROLLE ÜBER NICHTZUGELASSENE DRITTE

377. Unter staatlicher Aufsicht stehen nicht nur der Zugelassene, sondern gelegentlich auch dessen *Angestellte* oder *Hilfspersonen*. Die Überwachung der Bauarbeiten

---

2280 So etwa Art. 17 Abs. 3 EBG; Art. 32 Schiffahrtsverordnung; Art. 13 Trolleybusgesetz. Vgl. auch Hanhardt, 136 f.; Reichmuth, 91.
2281 Art. 39 Abs. 5 lit. d LFV; Art. 15 EBG; Art. 39 Abs. 5 Schiffahrtsverordnung.
2282 B. Müller, 506; Hauri, 326. Zur Rechtsnatur der Rundschreiben der Bankenkommission vgl. Rhinow/Bayerdörfer, 15 f.; Dallo, 113.
2283 So etwa im Bankenrecht die Revisionsstellen, hinsichtlich der Radio- und Fernsehprogrammveranstalter die UBI.
2284 Eine allgemeine Meldepflicht besteht für die Bundesverwaltung und die polizeilichen Organe der Kantone und Gemeinden nach Art. 19 Abs. 2 VStrR. Zur Auskunfterteilung und Aktenweitergabe an Drittbehörden vgl. Art. 28 BtG.
2285 Vgl. zur Geheimhaltungspflicht der Behörden eingehend Häner, 325 ff.
2286 Vgl. Beeler, 52.
2287 Art. 42 Abs. 3 AFG.
2288 Art. 123 VZV.
2289 Henggeler, 213; Wolffers, 196.
2290 Vgl. etwa § 40 lit. a des Zürcher Gesetzes über den Rechtsanwaltsberuf vom 3. Juli 1938 (GS 215.1).

etwa bedingt eine Kontrolle aller damit betrauten Personen, unabhängig davon, ob sie im Zulassungsverhältnis zum Staat stehen[2291]. Ist die Betriebsführung des Zugelassenen von persönlichen und beruflichen Qualitätsanforderungen des für ihn tätigen, insbesondere leitenden Personals abhängig, wie etwa bei Banken[2292], Privatschulen oder Personalvermittlern, so muss er sich auch deren Überwachung gefallen lassen[2293]. Teilweise ist die Verpflichtung Dritter zur Auskunftserteilung gesetzlich vorgesehen[2294]; von Bedeutung wird die Auskunftspflicht, wenn das Verwaltungsverfahren die Zeugeneinvernahme nicht gestattet[2295]. Die Überwachung kann auch weitere, über die eigentliche Tätigkeit für den Zugelassenen hinausgehende Aktivitäten erfassen, soweit sie aufsichtsrechtlich von Relevanz sind[2296]. Der direkte Durchgriff auf die (nichtzugelassenen) Angestellten besteht in Form von Ermahnungen, Erteilung von Weisungen, Strafandrohung[2297] oder gegebenenfalls unmittelbarem Zwang. Eine indirekte Durchgriffsmöglichkeit liegt in an den Zugelassenen gerichteten Weisungen betreffend die Personalführung; diese können sich zwischen Aufforderungen bewegen, die Angestellten zur Einhaltung der Zulassungsbestimmungen zu ermahnen, bis hin zur Verpflichtung, diese zu entlassen bzw. ihrer Funktion zu entheben. Die Entlassungsaufforderung ist vereinzelt gesetzlich oder durch Abrede vorgesehen[2298], gehört aber auch bei Fehlen derartiger Regelungen – als mildere Massnahme – immer dann zum Kreis der Aufsichtsmittel, wenn das Verhalten des Angestellten sogar den Entzug der Zulassung rechtfertigen würde[2299].

378. Dritte können schliesslich auch nach dem *Störerprinzip* belangt werden. Dies ist bei einer baurechtswidrigen Nutzung von Gebäuden von Bedeutung, wo Mieter bzw. Pächter oder Liegenschaftsverwalter nebst dem Eigentümer als (Verhaltens-) Störer erfasst werden können[2300]. Zur Wiederherstellung des rechtmässigen Zustandes können alternativ wie kumulativ der Verhaltens- als auch der Zustandsstörer verpflichtet werden[2301], wobei die anordnende Behörde hier ein bestimmtes Auswahlermessen besitzt[2302]. Verletzen Mieter oder Pächter die Nutzungsordnung, so kann die Behörde zwar den Eigentümer zur Wiederherstellung verpflichten, aller-

---

2291 Mäder, 314.
2292 Vgl. die Kasuistik bei B. Müller, 496 f.
2293 Vgl. dazu Juri, 25; Plotke, 471; Art. 15 Abs. 2 AVV.
2294 So bei der baselstädtischen Ausverkaufsordnung, Lehmann, 325.
2295 Vgl. dazu Kölz (Kommentar), § 7 N 12.
2296 BGE 108 Ib 201 f.
2297 Verletzung des Berufsgeheimnisses durch Hilfspersonen nach Art. 321 Abs. 1 StGB.
2298 Art. 89 Abs. 1 EBG; Art. 51 Abs. 2 Schiffahrtsverordnung; Hanhardt, 141 f.
2299 Anderer Ansicht Hanhardt, 142, der immer eine gesetzliche oder abredeweise Regelung fordert.
2300 Vgl. RB 1984 Nr. 118.
2301 Vgl. dazu statt vieler Thürer (Störerprinzip), 471 ff.
2302 Thürer (Störerprinzip), 482; Urs Gueng, Zur Haftungskonkurrenz im Polizeirecht, ZBl 74/1973, 257 ff.

dings nur soweit dieser nicht bereits die ihm zur Verfügung stehenden miet- oder pachtrechtlichen Rechtsbehelfe, insbesondere das Ausweisungsverfahren, ergriffen hat[2303].

J. KOSTEN DER AUFSICHT UND KONTROLLE

379. Die *Kosten* für die Aufsichtsführung und die Durchsetzung verwaltungsrechtlicher Massnahmen sollten nach dem Verursacherprinzip dem Zugelassenen bzw. dem störenden Dritten überbunden werden[2304]. Im Konzessionsrecht und bei polizeilichen Bewilligungen verbreitet ist die Gebührenerhebung für den Verwaltungs- und damit auch den Kontrollaufwand[2305]. Soweit private Organisationen zur Aufsicht beigezogen werden, kann die Kostenüberwälzung durch Erhebung von Mitgliedschaftsbeiträgen[2306] erreicht werden; mitunter ist auch eine Verbindung mit der – dem tatsächlich verursachten Aufwand entsprechenden – Gebührenerhebung möglich[2307]. Bei der Ersatzvornahme kann nach herrschender Ansicht die Kostenüberwälzung auch ohne besondere gesetzliche Grundlage vorgenommen werden[2308]; das ist die Folge dessen, dass schon die Ersatzvornahme keiner besonderen gesetzlichen Regelung bedarf und die Kostenüberbindung das Surrogat für die unerfüllte gesetzliche Primärpflicht ist. Anders wird beim unmittelbaren Zwang verfahren: Hier besteht die Vermutung, die Kosten seien vom Gemeinwesen zu tragen, ausser das Gesetz habe eine entgegengesetzte Regelung getroffen[2309]. Ähnlich der Nutzung öffentlichen Grundes führt dies zur paradoxen Erscheinung, dass jeweils die Grundfragen (Zulassung oder Zwangsmittel) zwar keiner, die aus ihrer Anwendung folgende Kostenregelungen aber durchaus einer gesetzlichen Grundlage bedürfen.

K. DURCHSETZUNG DER VERWALTUNGSRECHTLICHEN ORDNUNG

380. Es gibt zahlreiche Wege und Mittel zur *Durchsetzung* der verwaltungsrechtlichen Ordnung. Es ist unmöglich, sie an dieser Stelle vollständig und in ihren Schattierungen darzustellen. Es geht nachfolgend auch weniger darum, den zahlreichen dogmatischen Streitfragen nachzugehen, als eher einen für Zulassungsverhältnisse

---

2303 Vgl. dazu Heer, 39 ff.; VGer Aargau 4. Januar 1974, ZBl 75/1974, 441 f.; AGVE 1971, 236 ff. sowie zur Androhung der Ungehorsamsstrafe Bendel 298 f.
2304 Kölz (Kommentar), § 30 N 24; H. A. Müller, 34. Aus den gesetzlichen Regelungen vgl. etwa Art. 2, 48 Abs. 1 und 59 USG; Art. 54 GschG; Art. 58 Abs. 2 ALV.
2305 Vgl. Art. 50 Abs. 4 RTVG; Art. 24 VAG; Art. 38 Abs. 1 lit. f und Abs. 2 lit. b FMG; Art. 140 LFV; Art. 55 GschG. Zum Baurecht vgl. Mäder, 207.
2306 Art. 95 Abs. 2 SV; Art. 32 Abs. 3 ALV; Art. 18 Abs. 4. MWB 1988.
2307 Art. 5 Abs. 3 BB über die GGF; Art. 56 ALV.
2308 Imboden/Rhinow, Nr. 52 B V; Grisel (Traité), 640; Gygi (Verwaltungsrecht), 325; Heer, 144 f.
2309 Gygi (Verwaltungsrecht), 331; anderer Meinung Kölz (Kommentar), § 30 N 24; mit rechtspolitischem Ausblick H. A. Müller, 34.

VI. Aufsichts- und Sanktionssystem

bildlich-beispielhaften Überblick zu bieten. Dabei sollen zunächst die zwei wichtigsten Möglichkeiten der unmittelbaren Sanktionen, die Ersatzvornahme und der unmittelbare Zwang, danach die administrativen Rechtsnachteile betrachtet werden. Die disziplinarischen Massnahmen, die zum Teil auch der Durchsetzung der verwaltungsrechtlichen Ordnung dienen, werden im Anschluss daran in einem separaten Kapitel dargestellt.

1. ERSATZVORNAHME

381. Die *Ersatzvornahme* gehört zu den wichtigsten direkten Sanktionsmitteln, um eine vertretbare, d.h. nichtpersönliche, Pflicht des Zugelassenen unter staatlicher Kontrolle und auf Kosten des Pflichtigen durchzusetzen[2310]. Die Primärverpflichtung des Zugelassen wird in eine Geldzahlungspflicht umgewandelt und durch den subsidiären behördlichen Gesetzesvollzug ersetzt. Allerdings kann das Gesetz selbst auf die Realdurchsetzung verzichten und eine sofortige ersatzweise Abgabepflicht einführen[2311]. Der umittelbare Zwang wandelt sich dadurch zum mittelbaren, da der Abgabe verhaltenslenkender Charakter zukommt.

382. Die herrschende, wenn auch mit gewichtigen Argumenten bekämpfte[2312] Lehre und Praxis begnügt sich damit, dass allein die durchzusetzende Pflicht gesetzlich geregelt ist. Eine *besondere* gesetzliche Fixierung der Ersatzvornahme gilt unter diesem Umstand als entbehrlich[2313]. Inwieweit das zulässig sein soll, ist heute angesichts der nahezu lückenlosen Verankerung der Ersatzvornahme in den Verwaltungsprozessordnungen über weite Strecken von theoretischer Bedeutung[2314]. Eine allfällige spezialgesetzliche Erwähnung der Ersatzvornahme dürfte nebst der generellen Ordnung kaum rechtlichen Eigenwert aufweisen. Dennoch lohnt sich ein näherer Blick, zumindest soweit die Einsatzmöglichkeiten der Ersatzvornahme präziser umschrieben sind[2315] oder eine die Generalklausel spezifizierende Praxis besteht. So berechtigen sicherheitstechnische Unterlassungen oder Vernachlässigung von Unterhalts- und Kontrollpflichten des Automobilkonzessionärs die Behörde, an

---

2310 Imboden/Rhinow, Nr. 52 B I; Zimmerli (Verhältnismässigkeit), 108; Kölz (Kommentar), § 30 N 10; Mäder, 348.
2311 So etwa bei der Milchkontingentierung, Art. 3 MWB 1988 oder der Beseitigung von nichtbewilligten Stallbauten. Vgl. zum letzteren Huser, 101 ff.
2312 Insbesondere Giacometti (Lehren), 539 ff.; Ernst Blumenstein, Das Recht der Verwaltungstätigkeit im Grundriss, posthum Bern 1969, 119 f.; Walther, 16 ff.
2313 Fleiner (Institutionen), 221; Imboden/Rhinow, Nr. 52 B II; Grisel (Traité), 640; Häfelin/ Müller, N 931; Moor, Bd. II, 65; Rhinow/Krähenmann, Nr. 52 B II; H. A. Müller, 16 f.; BGE 100 Ia 343; 105 Ib 345; Bundesamt für Justiz 2. Juli 1984, VPB 1986 Nr. 62; PVG 1984 Nr. 53.
2314 Zu den gesetzlichen Grundlage vgl. Heer, 2 ff. und 82; H. A. Müller, 16; Beeler, 99 f.; kritisch Walther, 16 ff.
2315 Bei neueren Gesetzen fällt zunehmend das Fehlen spezieller Regelungen auf, nachdem seit mehr als 20 Jahren eine positivrechtliche Grundlage in den meisten Verfahrensordnungen besteht.

dessen Stelle zu handeln[2316]. Ähnliche Bestimmungen bestehen bei Energielieferungskonzessionen[2317] und bei der Anordnung von Schutzmassnahmen bei Atomanlagen[2318]. Im Baurecht bedeutet die Ersatzvornahme Beseitigung des baurechtswidrigen Zustandes. Dabei kann der Bestand der Baute nur partiell erfasst werden, wie bei der Zufahrt[2319], Gestaltung, Ausstattung, Errichtung eines sichernden Gerüstes oder der zonenwidrigen Nutzung[2320], kann aber bis hin zum vollständigen Abbruch der Baute[2321] einschliesslich Wiederherstellung des ursprünglichen Terrainzustandes[2322] führen. Zuweilen genügt es bereits, den Unterhalt der Baute oder einer Anlage sicherzustellen[2323]. Verletzt der Kontingentsinhaber die ihm auferlegte Übernahmepflicht, so kann die zu übernehmende Ware anderen Zugelassenen zugewiesen werden. Die Beseitigung von widerrechtlich gepflanzten Reben kann durch das Versprühen von Gift durchgesetzt werden[2324]. Eine wichtige Möglichkeit der Bankenkommission, zum Gläubigerschutz eingreifen zu können, liegt in der ersatzweisen Benachrichtigung des Richters nach Art. 725 Abs. 2 OR über die eingetretene Zahlungsunfähigkeit der Bank[2325].

2. UNMITTELBARER ZWANG

383. Gegen Personen oder Sachen gerichteter, *unmittelbarer Zwang* ist zwar nicht von der Art der Verpflichtung abhängig[2326], dürfte aber vorab bei unvertretbaren Handlungen zur Anwendung gelangen, da hier die Ersatzvornahme ausscheidet. Im Unterschied zur Ersatzvornahme kann das Recht zur Zwangsausübung nicht Privaten übertragen werden[2327]. Der Zwang kann die verschiedensten und vielfältigsten Formen annehmen[2328]; traditionell wird zwischen Zwang gegen Sachen und Vermögen sowie gegen Personen unterschieden. Zwang gegenüber Sachen besteht in

---

2316 Art. 40 Automobilkonzessionsverordnung.
2317 Vgl. Hanhardt, 137 f.
2318 Art. 39 Abs. 2 AtG.
2319 Vgl. das Beispiel eines Landerwerbs durch die Gemeinde für die Erschliessung einer bewilligten Baute auf Kosten eines Privaten, der einer entsprechenden Auflage in der Baubewilligung nicht nachkam, Verwaltungsgericht Obwalden 5. November 1991, ZBl 94/1993, 272 ff.
2320 Vgl. die Beispiele bei Bendel, 289; Mäder, 349 Anm. 46.
2321 Vgl. dazu eingehend Beeler, 94 ff.
2322 BGE 100 Ia 352 f.
2323 Vgl. etwa Art. 44 des Berner Gesetzes über die Nutzung des Wassers (WNG) vom 3. Dezember 1950 (GS 752.41); Art. 55 des Walliser Gesetzes vom 28. März 1990 über die Nutzbarmachung der Wasserkräfte (GS 1282).
2324 Gygi (Verwaltungsrecht), 324 f.; BGE 99 Ib 393 f.
2325 Bodmer/Kleiner/Lutz, Art. 23ter N 13; Juri, 27.
2326 Grisel (Traité), 643.
2327 Kölz (Kommentar), § 30 N 21 und 23; H. A. Müller, 23.
2328 Vgl. dazu Grisel (Traité), 642; Kölz (Kommentar), § 30 N 22; Gygi (Verwaltungsrecht), 326 f.; Moor, Bd. II, 75 f.; H. A. Müller, 24 ff.

VI. Aufsichts- und Sanktionssystem

der Schliessung von nichtzugelassenen Anlagen und Betrieben oder von die Ausverkaufsordnung verletzenden Verkaufslokalen[2329], dem Einzug oder der Beschlagnahme nichtzugelassener Ware oder Schlachtung von Tieren. Vermögen kann eingezogen werden, so etwa die erschlichenen oder nicht zweckentsprechend verwendeten Spendengelder, die sodann einem verwandten Ziel zugeführt oder den Spendern zurückerstattet werden[2330]. Bei Bauten ist zuweilen ein gemischter Zwangseinsatz, d.h. gleichzeitiges Vorgehen gegen Sachen wie Personen erforderlich. Paradebeispiele sind die Räumung und Siegelung, die meist mit einem Nutzungsverbot gekoppelt werden. Praktisch bedeutsam ist auch die Verbindung von baurechtlicher Ersatzvornahme und Zwangsanwendung. Zwang gegen Personen ist im Bewilligungs- und Konzessionsrecht seltener. Von einiger Bedeutung ist er im ausländerrechtlichen Aufenthalts- und Niederlassungswesen[2331], bei Strassenverkehrskontrollen oder bei der Nutzung öffentlichen Grundes, etwa in Form der gewerblichen Nutzung oder von Demonstrationen.

3. ADMINISTRATIVE RECHTSNACHTEILE

384. Unter dem Sammelbegriff des *administrativen Rechtsnachteiles* verbirgt sich eine kaum überblickbare Vielfalt von verwaltungsrechtlichen Aufsichts- und Durchsetzungsmitteln, von denen anschliessend nur die beiden wichtigsten Unterkategorien betrachtet werden: Zulassungsentzug und Disziplinarmassnahmen. Der Zweck dieser Administrativmassnahmen ist ein zweifacher. Unmittelbar soll zunächst ein die Zulassungsordnung bedrohender Zustand beseitigt werden, was oft einzig durch den Entzug der Zulassung erreicht werden kann. Sanktionscharakter besitzt der Entzug allerdings nur soweit, als der Zugelassene den Eintritt der Entzugslage zu verantworten hat[2332]. Mittelbar soll sodann der Betroffene ermahnt, erzogen und angehalten werden, die Ordnung zu achten. Diese Unterscheidung hat mehr als nur ordnende Bedeutung[2333]. Je nach Massnahmezweck wird dem Verschulden andere Bedeutung zugemessen, besteht oder entfällt die Möglichkeit des Aufschubs des Vollzugs[2334] bzw. des Versetzens in ein «Provisorium» oder kann die Massnahme befristet angesetzt werden. Besonders bekannt und reiches Anschau-

---

2329 Lehmann, 329 ff.
2330 Jäggi, 105.
2331 Vgl. Kottusch (Niederlassungsbewilligung), 539 ff.
2332 Zimmerli (Verhältnismässigkeit), 102; Walther, 83 f. Vgl. ferner Dubach (Disziplinarrecht), 34a ff.
2333 Vgl. dazu Schaffhauser (Entwicklung), 28; ferner Gygi (Verwaltungsrecht), 332; Rhinow/Krähenmann, Nr. 49 B VIII; anderer Ansicht anscheinend BGE 115 Ib 331.
2334 Vgl. BGE 104 Ib 47; 106 Ib 116 f.; 107 Ib 398.

ungsmaterial bietend sind Warnungs- und Sicherungsentzüge von Führerausweisen im Strassenverkehr[2335].

385. Der *Entzug* einer Zulassung kann auf einer Generalklausel beruhen oder kasuistisch-enumerativ geregelt sein. Die gängigste und legislatorisch wohl einfachste Möglichkeit besteht darin, den Entzug an das Dahinfallen der Zulassungsvoraussetzungen zu koppeln[2336]; ergänzend rechtfertigt auch eine Verletzung der neu mit der Zulassung verbundenen Pflichten den Entzug[2337]. Auch wo der Entzug nicht direkt an den Weiterbestand der Zulassungsvoraussetzungen anknüpft, kann zwischen Zulassung und Ausübung insoweit ein Zusammenhang bestehen, als vom Zugelassenen gefordert wird, er habe Gewähr dafür zu bieten, dass er die gesetzlichen oder durch Zulassung begründeten Pflichten *dauernd* erfüllen könne[2338]. Damit wird jedenfalls dem an sich leicht fassbaren Gedanken Rechnung getragen, wonach sich in der Zulassung reflektierende öffentliche Interessen auch nicht durch die Ausübung berührt werden sollen[2339]. Nicht zu Unrecht spricht die ältere Verwaltungsrechtslehre beim Entzug einer Zulassung von einer «spiegelnden Strafe»[2340]. Allerdings erweist sich eine allgemeine Entzugsregelung öfters als unbestimmt, wenn sie die Art und Anordnung der Massnahme der Aufsichtsbehörde überlässt. Die Zulassungsvoraussetzungen bilden ein Konglomerat von Anforderungen unterschiedlichster Bedeutung, deren Zusammenfassung bei der Zulassungsprüfung zwar einen Sinn ergibt, deren Dahinfallen (oder Verletzung) für sich allein jedoch einen Entzug nicht immer rechtfertigt. Im Unterschied zur Zulassungsprüfung ist beim Entzug zudem auf die veränderte persönliche bzw. wirtschaftliche Situation des (disponierenden) Zugelassenen abzustellen[2341]. Dem Rechtsanwender wird bei Schweigen des Gesetzes die nicht leichte Aufgabe übertragen, im Rahmen der Verhältnismässigkeit und der Interessenabwägung über den Entzug zu entscheiden. Lehre und Praxis haben behelfsmässig eine nach Verhältnismässigkeitsgesichtspunkten strukturierte Skala von Sanktionen entwickelt, die einem Entzug der Zulassung

---

2335 Gygi (Verwaltungsrecht), 332; Rhinow/Krähenmann, Nr. 49 B VIII; Schaffhauser (Entwicklung), 17 und 28 f.; BGE 96 I 771 f.; 104 Ib 47; 105 Ib 120 ff. und 259; 106 Ib 116 f.; 107 Ib 398.
2336 Vgl. etwa Art. 44 Abs. 1 AFG; Art. 16 Abs. 1 SVG; Art. 9 Abs. 2 AtG; Art. 113 Abs. 2 LFV; Art. 15 lit. c Filmgesetz (ersetzt durch Art. 34 Filmverordnung); Art. 15 Abs. 2 RTVG. Zur Gastwirtschaftsgesetzgebung vgl. Mangisch, 167 ff.
2337 Art. 23^{quinquies} Abs. 1 BankG; Art. 44 Abs. 1 AFG; Art. 29 Abs. 3 lit. a FMG; Art. 40 Abs. 1 VAG.
2338 Art. 3 Abs. 1 lit. c LKV; Art. 1 Abs. 1 lit. c Automobilkonzessionsverordnung. Vgl. auch Knapp (concessions), 151; Hanhardt, 139; Dallo, 115.
2339 Vgl. etwa BGE 108 Ib 64 zum Führerausweis.
2340 Giacometti (Lehren), 546; Julius G. Lautner, System des Schweizerischen Kriegswirtschaftsrechts, Zürich 1944, 73.
2341 Bosshardt, 244; Hotz, 113.

VI. Aufsichts- und Sanktionssystem

vorauszugehen haben[2342]. Dabei ist Bedacht auf die Schwere der Widerhandlung, die Bedeutung der Durchsetzung der Zulassungsordnung und die Bedeutung der Sanktion für den Betroffenen zu nehmen, wobei auch dessen bisheriges Verhalten Berücksichtigung findet[2343]. Als mildere Massnahmen finden sich die förmliche Ermahnung[2344], die nachträgliche Auflage[2345], Verbote und Gebote, der lediglich befristete oder teilweise Entzug, die Durchführung eines neuen Zulassungsverfahrens[2346] wie auch die, zurückhaltend zu handhabende[2347], Erteilung einer Ausnahme[2348]. Teils sieht das Gesetz unmittelbar auch einen bloss befristeten Entzug bzw. eine Befristung der Nichterteilung *neuer* Zulassungen vor[2349] oder beschränkt den Entzug auf Fälle schwerer, grober oder wiederholter Pflichtverletzung[2350]. Weitere Hilfestellung kann der Gesetzgeber leisten, indem er die generelle Entzugsregelung durch eine nicht abschliessende, beispielhafte Entzugskasuistik ergänzt[2351].

386. Äussert sich das Gesetz nur rudimentär zum Entzug und dessen Voraussetzungen, so stellt sich zumeist auch die für den Betroffenen schicksalhafte Frage, inwieweit die Beendigung der Zulassung zwingender Natur[2352] ist und ob es der Behörde zusteht, mildere Anordnungen zu treffen. Wie bereits erwähnt gilt der Entzug aus Verhältnismässigkeitsüberlegungen als «ultima ratio» der Verwaltungsaufsicht und kann entsprechend nur bei besonders qualifizierten Umständen ausgesprochen wer-

---

2342 Imboden/Rhinow und Rhinow/Krähenmann, Nr. 56; Zimmerli (Verhältnismässigkeit), 102 f.; Hotz, 113; P. Müller, 241; H. A. Müller, 125 ff.; Walther, 193 ff.; Mangisch, 168 f.; BGE 103 Ib 129; 108 Ib 166.
2343 BGE 101 Ib 438; 103 Ib 130 und 362 ff.
2344 Rhinow/Krähenmann, Nr. 56 B II e; PVG 1973 Nr. 29; 1983 Nr. 41. Die förmliche Ermahnung zur Wiederherstellung des gesetzeskonformen Zustandes als obligatorische Vorstufe des Entzugs findet vermehrt ausdrückliche Erwähnung in den neueren Gesetzen, vgl. etwa Art. 5 Abs. 2 AVG sowie Mühlebach/Geissmann, Art. 25 N 8. Vgl. als Beispiel einer älteren gesetzlichen Bestimmung Art. 65 lit. c WRG.
2345 Vgl. etwa BGE 98 Ib 119.
2346 BGE 108 Ib 4.
2347 Vgl. RB 1981 Nr. 125.
2348 Beeler, 68 ff.
2349 Art. 36 Abs. 1 und 2 EV; Art. 32 Abs. 5 ALV; Art. 100 SV; Art. 53 Abs. 1 ArG; Art. 4 Abs. 1 Warenverkehrsverordnung. Zum Tierschutzgesetz vgl. Goetschel, Art. 24 N 6.
2350 Art. 65 lit. c WRG; Art. 23^{quinquies} Abs. 1 BankG; Art. 44 Abs. 1 AFG; Art. 9 Abs. 2 lit. e RLG; Art. 12 Abs. 5 BB zum GGF; Art. 27 LKV; Art. 62 Abs. 1 Automobilkonzessionsverordnung; Art. 17 Abs. 2 Trolleybusgesetz; Art. 93 LFG; Art. 41 Abs. 2 und 113 Abs. 1 LFV; Art. 90 EBG; Art. 15 Abs. 1 lit. d RTVG; Art. 5 Abs. 1 lit. b AVG. Vgl. auch Grisel (Traité), 293; Knapp (concessions), 151 f.; Häfelin/Müller, N 2036; Hanhardt, 139 ff.; Augustin, 53 f.
2351 Vgl. etwa Art. 100 SV; Art. 16 SVG. Vgl. zum letzteren Schaffhauser (Entwicklung), 22 ff., insb. 27.
2352 So ist die Bankenkommission nach ständiger Praxis des Bundesgerichts verpflichtet, bei Vorliegen von Entzugsgründen die Bankenbewilligung auch tatsächlich zu entziehen. Vgl. dazu BGE 105 Ib 408 f.; 115 Ib 58; 116 Ib 197 sowie die Bemerkungen von Marie-Therese Müller und Rolf Watter zum Entscheid des Bundesgerichts vom 20. November 1991, AJP 1992, 527 f.

den; Schematisierungen haben der Würdigung der Einzelfallumstände zu weichen[2353]. Zu berücksichtigen sind *Art und Intensität* der Abweichung vom Idealzustand. Vereinfacht gesagt rechtfertigt weder eine schwere Verletzung einer untergeordneten noch eine marginale Verletzung einer primären Pflicht den Entzug. Weiter stellt sich die Frage, ob ein Aufschub des Entzugs unter gleichzeitiger Ermahnung zur Wiederherstellung des gesetzeskonformen Zustandes im Einzelfall genügen würde. Lässt die an sich zwingend zu verstehende Entzugsregelung keinen Raum für derartige Überlegungen, so tendieren die neuere Lehre und – wenn auch nicht immer mit erwünschter Klarheit – Praxis richtigerweise dahin, der Behörde ungeachtet der gesetzlichen Bindung die Pflicht zur Verhältnismässigkeitsprüfung aufzuerlegen[2354]. Die Verhältnismässigkeitskontrolle kann an zwei Punkten ansetzen: bei der Suche nach anderen, milderen Massnahmen und bei der Beurteilung der Frage, ob überhaupt die Voraussetzungen des Entzugs erfüllt seien[2355]. Bei letzterem kann sich die Behörde zwar formal an den gesetzlichen Spielraum halten, allerdings besteht nur beim ersten Punkt Gewähr für die ungeschmälerte Berücksichtigung öffentlicher Interessen, sofern als Alternative zum Entzugsverzicht allein Sanktionslosigkeit besteht.

L. DISZIPLINARISCHE AUFSICHT

387. Unter *disziplinarischer Aufsicht* stehen die freien Berufe; ihr Ziel ist es, die gute Ordnung innerhalb des Berufsstandes zu erhalten, indem der Betroffene an die Einhaltung seiner Pflichten erinnert wird[2356]. Indirekte Aufsicht ist möglich, wenn der Aufsichtsbehörde das Recht zusteht, den Zugelassenen zu innerbetrieblichen Disziplinaranordnungen anzuhalten[2357].

388. Einige wichtige Aspekte disziplinarischer Aufsicht wurden bereits erörtert[2358]; von besonderem Interesse ist noch das Verhältnis von Disziplinar- und Strafsanktion. Die Disziplinarmassnahmen haben eine heftig diskutierte Entwicklung vom gemeinen Strafrecht über ein abgespaltenes Disziplinarstrafrecht hin zum Kreis der spezifisch verwaltungsrechtlichen Massnahmen hinter sich[2359]. Obwohl die Diszi-

---

2353 BGE 108 Ib 63.
2354 Zimmerli (Verhältnismässigkeit), 102 f.; Bodmer/Kleiner/Lutz, Art. 23[quinquies] N 8; H. A. Müller, 112; B. Müller, 494 ff.; Mühlebach/Geissmann, Art. 25 N 9; Juri, 41; Hauri, 328; Diskussionsvotum B. Müller, ZSR 97/1978, 539 ff.; Dallo, 117. Anderer Ansicht Ch. Müller, 182 ff. Vgl. auch BGE 96 I 480; 98 Ib 269 ff.; 99 Ib 513 f.; 101 Ib 437 ff.; 103 Ib 355; 108 Ib 4 und 166.
2355 Vgl. BGE 98 Ib 272 sowie Juri, 41 mit Hinweisen auf unveröffentlichte Entscheide.
2356 Gygi (Verwaltungsrecht), 333 f.; Bois, Kommentar BV, Art. 33 N 17; Häfelin/Müller, N 961; Moor, Bd. II, 84; Wirth, 154 f.
2357 Siehe N 377.
2358 Vgl. N 353.
2359 Vgl. Dubach (Disziplinarrecht), 6a ff.; Imboden/Rhinow, Nr. 54 B I.

VI. Aufsichts- und Sanktionssystem

plinierung vom Zugelassenen durchaus auch als Strafe empfunden wird[2360], wird ihr verwaltungsrechtlich-präventiver Ordnungscharakter heute als Grund für eine Trennung vom Strafrecht angeführt[2361]. Der tiefere Grund dürfte im politisch bedingten Vorbehalt verwaltungsrechtlicher Aufsichtsprärogative und der Abschirmung gegenüber der verwaltungsexternen Gerichtsbarkeit liegen, wie er im frühverwaltungsrechtlichen «besonderen Gewaltverhältnis» seine dogmatische Rechtfertigung fand[2362]. Die Folgen der Abtrennung sind erheblich, da damit die rechtsstaatlichen Fundamentalgarantien des Strafrechts – wie «nulla poena sine lege» oder «ne bis in idem» – im Verwaltungsrecht wie auch im Verhältnis von verwaltungsrechtlichem Disziplinarrecht und Strafrecht nicht gelten[2363]. Immerhin kann das Verhältnismässigkeitsgebot einer mehrfachen Anordnung von Disziplinarmassnahmen oder ausnahmsweise gar einer Kumulation von Strafe und Disziplinarmassnahme entgegenstehen[2364]. Weiter sind die Verwaltungsbehörden nicht an die strafrechtliche Sachverhaltsfeststellung und deren rechtliche Qualifikation gebunden[2365]; doch werden sie feststehende Sachverhaltsdarlegungen aus Praktikabilitätsüberlegungen wohl nur in besonderen Fällen durch eigene Ermittlungen erweitern oder ersetzen wollen[2366].

389. Die *Separation* von Strafe und verwaltungsrechtlicher Massnahme wurde häufig in Zweifel gezogen[2367] und wird wohl aufgrund der immer wieder unumgänglichen Überschneidungen von Strafe und Massnahme strittig bleiben. *Berührungspunkte* bestehen nebst dem bereits erwähnten, gewollten oder ungewollten Strafcharakter auch beim Schuldprinzip, da nur verschuldete Verstösse eine Disziplinar-

---

2360 Fleiner (Bundesstaatsrecht), 268 f.; Fleiner/Giacometti, 692; Dubach (Disziplinarrecht), 14a; Bois, Kommentar BV, Art. 33 N 3; Henggeler, 9 f.; Wolffers, 174; BGE 103 Ia 426; 104 Ib 106; Generaldirektion PTT 26. Oktober 1977, VPB 1978 Nr. 43. Vgl. auch BGE 102 Ia 29; 106 Ia 121 und demgegenüber 108 Ia 232.
2361 Fleiner (Bundesstaatsrecht), 268 f.; Fleiner/Giacometti, 291; Stratenwerth, 53; Rhinow/Krähenmann, Nr. 54 B I; Henggeler, 6; Wolffers, 173; BGE 108 Ia 232. Vgl. dagegen noch BGE 76 I 180 und 102 Ia 29, wo noch auf den Strafcharakter der Disziplinarmittel hingewiesen wurde. Zur vergleichbaren Lage bei den Disziplinarmassnahmen des Beamtenrechts vgl. Moor, Bd. III, 242 f.; Peter Bellwald, Die disziplinarische Verantwortlichkeit der Beamten, Diss., Bern 1985, 27 ff.; Walter Hinterberger, Disziplinarfehler und Disziplinarmassnahmen im Recht des öffentlichen Dienstes, Diss., St.Gallen 1986, 48 ff.; Felix Hafner, Öffentlicher Dienst im Wandel, ZBl 93/1992, 496 ff.
2362 Vgl. Fleiner (Institutionen), 167.
2363 Imboden/Rhinow, Nr. 54 B II; Knapp (Précis), N 1747 f.; Stratenwerth, 53; Bois, Kommentar BV, Art. 33 N 17; Häfelin/Müller, N 962; Wolffers, 175 f.; BGE 108 Ia 232 und 321; RB 1982 Nr. 52.
2364 Vgl. BGE 101 Ia 175 f.; 108 Ia 233; ferner Wirth, 158.
2365 Vgl. statt vieler Imboden/Rhinow, Nr. 54 B III.
2366 Rhinow/Krähenmann, Nr. 54 B III; BGE 101 Ia 307 f.; RB 1982 Nr. 52.
2367 Vgl. dazu den Überblick bei Dubach (Disziplinarrecht), 6a ff.; Stratenwerth, 53; Wolffers, 174 ff.

sanktion rechtfertigen können[2368]. Allerdings geht man nicht soweit, dass sich die Massnahmeart und -intensität primär nach dem Verschulden richten würde. Entscheidend ist das Verhältnismässigkeitsprinzip gemessen am Zweck der Disziplinarmassnahme[2369]: Es ist die mildeste Massnahme zu wählen, die den Zweck der Disziplinaraufsicht noch sichert. So ist etwa ein befristetes Berufsverbot bei einer besserungsfähigen Person herabzusetzen, wenn es sich aufgrund ihres Alters wie ein lebenslängliches Verbot auswirken müsste[2370]. Erst an zweiter Stelle sind Verschulden, Vorleben und Schwere wie auch Unrechtsgehalt der Rechtsverletzung sowie die Massnahmeempfindlichkeit zu würdigen[2371]. Schematisierungen bei der Massnahmeverhängung sind erlaubt, dürfen allerdings nicht unter Ausserachtlassung der objektiven und subjektiven Verhältnisse des Betroffenen erfolgen[2372].

390. *Verfahrensrechtlich* ist das Disziplinarverfahren dem Strafverfahren gleichzustellen, soweit der Massnahme der Charakter einer «strafrechtlichen Anklage» nach Art. 6 Abs. 1 EMRK zukommt. Nach feststehender Praxis der Konventionsorgane wie auch des Bundesgerichts wird die Gleichstellung von disziplinarischer Sanktion mit einer Strafe nach folgenden Kriterien beurteilt: Zunächst ist danach zu fragen, ob die Rechtsnorm, welche die strafbare Handlung regelt, nach dem Rechtssystem des betroffenen Staates dem Strafrecht, dem Disziplinarbereich oder beiden angehört, sodann ist das Wesen der strafbaren Handlung selber zu untersuchen und endlich die Schwere der angedrohten Sanktion in Betracht zu ziehen[2373]. So wurde unlängst eine potentiell für die gesamte Bevölkerung geltende prozessuale Disziplinarsanktion, welche im Gesetz mit dem Wort «peine» (Strafe) bezeichnet ist und die als Folge eine in Freiheitsstrafe umwandelbare Busse von bis Fr. 500.– androht, als Strafe qualifiziert[2374]. Dagegen gelten die Disziplinarsanktionen im Bereich der freien Berufe nicht als «strafrechtlichen Anklage»[2375]. Es sei am Rande bemerkt, dass ein befristetes Berufsverbot als Disziplinarstrafe oder die Entziehung einer Berufsausübungsbewilligung zu den «zivilrechtlichen Ansprüchen und Verpflichtungen» zählen können, was (auch) aus diesem Blickwinkel eine Beachtung der Garantien

---

2368 Imboden/Rhinow und Rhinow/Krähenmann, Nr. 54 B III und IV c; Knapp (Précis), N 1748; Gygi (Verwaltungsrecht), 334; BGE 110 Ia 95; RB 1985 Nr. 27.
2369 Gygi (Verwaltungsrecht), 334; Rhinow/Krähenmann, Nr. 54 B VIII c; Moor, Bd. II, 84 f.; Wolffers, 190.
2370 RB 1970 Nr. 66.
2371 Rhinow/Krähenmann, Nr. 54 B VIII c; Wolffers, 190; BGE 103 Ib 132; 106 Ia 121.
2372 BGE 103 Ib 132.
2373 Kölz, Kommentar BV (Stand Dezember 1990), Art. 58 N 44; BGE 117 Ia 188; BGer 11. Juli 1988, SJIR 1989, 312; BGer 16. November 1983, SJIR 1985, 263; Europäische Kommission für Menschenrechte 8. Juli 1980, VPB 1983 Nr. 158; 9. Mai 1977, EuGRZ 1977, 367.
2374 Europäischer Gerichtshof für Menschenrechte [Weber] 22. Mai 1990, VPB 1990, Nr. 56 = EuGRZ 1990, 265 f.
2375 Kley-Struller, N 15.

von Art. 6 Abs. 1 EMRK bedingt[2376]. Anders hat das Bundesgericht bei einem disziplinarisch bedingten Ausschluss vom Studium und von den Prüfungen an einer Universität entschieden[2377]. Folge der Gleichstellung ist es, dass auch im Disziplinarverfahren die Garantien von Art. 6 EMRK zu beachten sind, zu deren wichtigsten die Verfahrensfairness, die Unabhängigkeit und Unparteilichkeit des Gerichts[2378], Öffentlichkeit des Verfahrens, eine angemessene Verfahrensdauer, (unter Umständen) die Unschuldsvermutung und eine ganze Reihe weiterer verfahrensorientierter Mindestgarantien[2379] gehören. Der schweizerische Vorbehalt zu Art. 6 Abs. 1 EMRK hinsichtlich der (Nicht-)Öffentlichkeit des Verwaltungsverfahrens wurde von den Konventionsorganen als den Anforderungen von Art. 64 EMRK nicht genügend angesehen und deshalb unwirksam erklärt[2380]. Diese aus dem angelsächsischen Rechtskreis stammende Konzentration auf das «fair trial» hat der schweizerischen Verwaltungspraxis Mühe bereitet und ist auch im Schrifttum nicht immer auf Gegenliebe gestossen. Dabei ist nicht zu verkennen, dass sich auch der schweizerische Rechtskreis bereits aus eigenem Antrieb in gleiche Richtung entwikkelte: Bei schweren Disziplinarverstössen wurde – ohne Rückgriff auf das Konventionsrecht – vorab in der kantonalen Verwaltungspraxis generell von einer formalen und inhaltlichen Angleichung des Verwaltungs- und Strafverfahrens gesprochen[2381].

VII. VERHÄLTNIS ZU DRITTEN

A. RECHTSNATUR DER BEZIEHUNGEN ZU DRITTEN

391. Das Verhältnis des Zugelassenen zu Dritten – hier unter Ausschluss des Verhältnisses zum Staat[2382] und den verfahrensrechtlichen Beziehungen betrachtet – ist vielschichtig und facettenreich. Zudem kann dessen rechtliche Zuordnung, bedingt durch die oftmals besondere Verankerung des Zugelassenen im Schnittbereich zwischen privat- und öffentlichrechtlicher Ordnung, im Einzelfall schwierig werden. Im Überblick fällt zunächst auf, dass recht häufig – und unabhängig von der näheren rechtlichen Qualifikation des Rechtsverhältnisses zu Dritten – eine besondere

---

2376 Kölz, Kommentar BV (Stand Dezember 1990), Art. 58 N 43 m.w.H. Zur strengeren österreichischen Praxis vgl. EuGRZ 1988, 186 ff. betreffend Entzug einer Apothekenkonzession und EuGRZ 1991, 171 betreffend Entzug einer Gewerbekonzession.
2377 BGE 109 Ia 214.
2378 Vgl. dazu auch Kölz, Kommentar BV (Stand Dezember 1990), Art. 58 N 25 und 39 ff.; neuestens BGE 117 Ia 408 ff.
2379 Vgl. Art. 6 Abs. 1 und (eingeschränkt) Abs. 2 EMRK.
2380 Europäischer Gerichtshof für Menschenrechte [Weber] 22. Mai 1990, VPB 1990 Nr. 56 = EuGRZ 1990, 266.
2381 BGE 76 I 180; 98 Ia 132 f.; RB 1981 Nr. 32; RB 1967 Nr. 76; 1985 Nr. 27; AGVE 1986, 139; PVG 1986 Nr. 13.
2382 Vgl. dazu die Kapitel über Rechte und Pflichten des Zugelassenen und die staatliche Aufsicht.

Akzente setzende *Partikularordnung* besteht. Diese umfasst die inhaltliche Gestaltung der Rechtsbeziehungen zwischen dem Zugelassenen und seinem Publikum bzw. Angestellten; es geht insbesondere um die Fragen der Aufnahme der Zulassung, deren Ausgestaltung und Modifikation und die Haftung.

392. Die *Zuordnung des Rechtsverhältnisses* zwischen dem Konzessionär «de service public» und Dritten gilt als unsicher. Ob die Rechtsbeziehung privatem oder öffentlichem Recht unterliegt, ist nicht nur von theoretischem Interesse, da von der Qualifikation etwa Vollzug, Verfahren, Rechtsschutz, Gebührenerhebung, Beständigkeit oder Haftung abhangen. Auf der anderen Seite dürfen die Folgen der Zuordnung nicht überschätzt werden, da bei Zulassungsverhältnissen eine inhaltliche Angleichung zwischen öffentlichem und privatem Recht zu beobachten ist[2383].

393. Der herrschende Methoden*pluralismus* ist mit ein Grund für die Unsicherheit beim Entscheid, ob ein Rechtsverhältnis dem privaten oder öffentlichen Recht untersteht. Zudem ist nur schon die Rechtsstellung des Konzessionärs oft unzureichend geklärt. Überdies können sich – nicht immer klar ersichtliche – historische Gründe dogmatischen Erwägungen entgegenstellen[2384] und eine übergreifende Systematisierung erschweren. Schwierigkeiten bestehen nicht nur, wenn der Konzessionär eine natürliche Person oder eine juristische Person des Privatrechts ist, sondern auch dann, wenn ein öffentlichrechtlich konstituierter Träger als Konzessionär auftritt. Unabhängig von der Rechtsform ist es bekanntlich beiden Trägerschaftstypen im Rahmen gesetzlich zwingender Vorschriften nicht verwehrt, das Benutzungs- oder Leistungsbezugsverhältnis (auch) privatrechtlich auszugestalten[2385]; die neuere Lehre drängt hier allerdings zur Zurückhaltung.

394. Letztlich ist die Frage nach der Rechtsnatur der Beziehungen deshalb so schwierig zu lösen, weil der Konzessionär häufig im öffentlichen Interesse liegende Tätigkeiten übernimmt, die er zwar formal in privatrechtlichem Gewand erledigt, aber zumeist unter Einräumung einer weitgehenden Monopolstellung. Unklarheiten verursacht zuweilen auch das Verhältnis von egoistischen und altruistischen Elementen bei der Aufgabenerfüllung. Zudem wird man sich immer bewusster, dass wesentliche Begriffsmerkmale des privatrechtlichen Vertragsrechts, wie Vertrags-

---

2383 Vgl. dazu nachfolgend N 399.
2384 Vgl. dazu Rodolphe Lorétan, Droit public et Droit privé dans le Service public, Diss. Lausanne 1937, 65.
2385 Ruck (Elektrizitätsrecht), 111 f.; Imboden/Rhinow, Nr. 1 B III; Knapp (relation), 450; Weltert, 339; BGE 76 II 104 f.; 105 II 236; VGer Basel-Stadt 3. Februar 1978, ZBl 79/1978, 208; LGVE 1983 III Nr. 29; RB 1980 Nr. 24; unrichtig Eugster, 28.

freiheit oder Gleichstellung der Vertragsparteien, kaum noch den tatsächlichen sozialen Gegebenheiten entsprechen[2386].

395. Grundsätzlich gilt, dass der *Gesetzgeber* oder die durch ihn betraute Zulassungsbehörde das Verhältnis zwischen Konzessionär und Dritten dem öffentlichen oder privaten Recht zuweisen kann, unabhängig davon, ob der Konzessionär ein Subjekt des öffentlichen oder privaten Rechts ist[2387]. Schweigen sich Gesetz, Verordnung, Reglemente oder Zulassungsakt aus, so geht die herrschende Lehre von einem privatrechtlichen Verhältnis zwischen dem in privatrechtlicher Form organisierten Konzessionär und dem Benutzer aus[2388]; Einschränkungen werden bei offensichtlicher Wahrnehmung hoheitlicher, hauptsächlich polizeilicher Befugnisse durch den Konzessionär gemacht. Allerdings hat die Vermischung formeller wie materieller privat- und öffentlichrechtlicher Elemente auch verschiedene Lösungsversuche provoziert, die sich von der Dualität der Rechtsordnung abwenden und sich mehr in Richtung «Gemeinrecht», «Verwaltungsprivatrecht» oder ungetrübter verwaltungsrechtlicher Prädominanz bewegen[2389].

396. Im Gegensatz zu den theoretischen, auf der Zweiteilung der Rechtsordnung beruhenden oder sie zu überwinden trachtenden Erklärungsversuchen[2390] fällt auf, dass sich die *Rechtsprechungspraxis* eher pragmatisch an den Einzelfallverhältnissen orientiert. In der älteren Rechtsprechung dominiert noch der rechtsstaatliche Gedanke. Genauer geht es um das Bestreben, dem Dritten bei Streitigkeiten mit dem Konzessionär ein verwaltungsunabhängiges *gerichtliches* Verfahren zur Auseinandersetzung bieten zu können[2391]. Da das öffentliche Recht bis in die jüngere Zeit keine verwaltungsunabhängige Streiterledigungsmöglichkeit bot, wurde das Rechtsverhältnis konsequenterweise nach Möglichkeit als ein zivilrechtliches konstruiert. Eine Parallele findet sich bei der Beurteilung der Rechtsnatur der Konzession: Wasserrechtliche Streitigkeiten zwischen Konzedent und Konzessionär wurden vor der eidgenössischen Kodifizierung der Wassernutzung vom Bundesgericht als zivil-

---

2386 Zäch, 18 ff.; Hanhardt, 176 f.; Eugster, 30 ff.; Panchaud, 250 f.; Giacomini, 28 ff. und 53 ff.; anderer Ansicht Rey, 142 f. Vgl. auch Rhinow (Verfügung), 297 und 300 f.
2387 Gygi (Verwaltungsrecht), 41; Panchaud, 254; BGE 103 II 318; 105 II 239 f. Vgl. etwa Art. 13 RLG über die Transportpflicht des Rohrleitungskonzessionärs, über deren Durchsetzung (Pflicht zum Vertragsschluss) ein Spezialverwaltungsgericht, über die daraus fliessenden zivilrechtlichen Ansprüche und die Ansprüche aus einer unerlaubten Verweigerung des Vertragsabschlusses die Zivilgerichte entscheiden.
2388 Grisel (Traité), 289; Gygi (Verwaltungsrecht), 201; Moor, Bd. III, 133; Zwahlen, 563a; Sillig, 64; Ruffy, 126.
2389 Vgl. den Überblick bei Eichenberger (Verwaltungsprivatrecht), passim.
2390 Vgl. dazu Eugster, 48 ff.; Hanhardt, 178 ff.
2391 Vgl. dazu Ruck (Elektrizitätsrecht), 112; Kölz (Kommentar), § 1 N 14; Grisel (Traité), 231; Gygi (Verwaltungsrecht), 37; Kilchenmann, 32; Andreas von Tuhr/Hans Peter, Allgemeiner Teil des Schweizerischen Obligationenrechts, Zürich 1979, 281; BGE 105 II 239 f.

rechtlicher Art qualifiziert, im Bestreben, den Parteien das Bundesgericht zumindest als zivilrechtliches Streiterledigungsforum zu eröffnen[2392]. Mit dem Durchbruch der eidgenössischen und kantonalen Verwaltungsgerichtsbarkeit hat sich das argumentative Gewicht denn auch mehr in Richtung Funktions- und Subordinationstheorie verlagert. Überdies wird neuestens gar eine gegenläufige Tendenz weg von der Zivilrechtspflege hin zum Verwaltungsrichter diagnostiziert. Die Gründe für die Verlagerung liegen teils in den besseren Kenntnissen der Verwaltungsgerichte, teils in der Möglichkeit, auch privatrechtliches Handeln der Träger öffentlicher Aufgaben besser kontrollieren zu können[2393]. Mitverantwortlich für die Verlagerung ist ferner der Umstand, dass für den Rechtsuchenden das Beschreiten des verwaltungsrechtlichen Rechtsweges zunehmend billiger, bequemer und zeitsparender wird als der Weg der Privatklage[2394]. Das Bundesgericht stellt jedenfalls in letzter Zeit vermehrt ab auf die «unmittelbare Verfolgung öffentlicher Zwecke»[2395], die im Vergleich zur Gewinnerzielung überwiegen soll, sowie die einseitige, unabänderliche Regelung des Rechtsverhältnisses, wenn es auf öffentlichrechtlichen Charakter der Beziehung schliesst.

397. Lässt das Gesetz freien Raum für die Ausgestaltung des Rechtsverhältnisses[2396], so muss weiter untersucht werden, ob eine verwaltungsrechtliche oder privatrechtliche Abrede vorliegt[2397]. Die Scheidelinie dürfte – in Anlehnung an die bundesgerichtliche Rechtsprechung[2398] – zwischen der unmittelbaren Verfolgung öffentlicher und dem Anstreben anderer Interessen verlaufen[2399]. Sind am Rechtsverhältnis ausschliesslich Private beteiligt, so spricht auch dies nicht gegen die verwaltungsrechtliche Natur der Vereinbarung, sofern die geregelte Materie durch öffentliches Recht beherrscht wird[2400]. Entgegen anderer Ansicht muss das Gesetz solche Verträge nicht *ausdrücklich* vorsehen[2401]; es genügt, wenn es einer verwaltungsrechtlichen Vereinbarung zumindest Raum lässt und sie nicht – explizit oder implizit – ausschliesst.

2392 Vgl. dazu eingehend N 34.
2393 Rhinow (Verfügung), 313 f. Vgl. auch Eichenberger (Verwaltungsprivatrecht), 85 Anm. 22.
2394 Knapp (relation), 458; Brückner, 46.
2395 BGE 105 II 236.
2396 Vgl. dazu Rhinow/Krähenmann, Nrn. 139 B I d und 46 B XI c; BGE 109 Ib 146 ff.; BGer 10. Juli 1986, ZBl 88/1987, 207; LGVE 1983 III Nr. 29; Bezirksrat Pfäffikon 7. Juni 1984, ZBl 87/1986, 412 f.; anders BGE 105 II 240.
2397 Imboden (Vertrag), 61a f.; Rhinow (Verfügung), 302 ff.; Rhinow/Krähenmann Nr. 46 B XI c; Maurer, § 14 N 56; OGer Zürich 16. November 1984, ZBl 87/1986, 417 ff. mit der anschliessenden redaktionellen Anmerkung von Georg Müller, 420 f.
2398 Insbesondere BGE 105 II 239 f.; vgl. auch OGer Zürich 16. November 1984, ZBl 87/1986, 417 ff.
2399 Vgl. dazu die Analyse des Energielieferungsverhältnisses bei Weltert, 363 ff.
2400 Vgl. BGE 103 Ib 337 sowie Panchaud, 253 ff.
2401 So Häfelin/Müller, N 885 unter Berufung auf Grisel (Traité), 452; vgl. auch BGE 93 I 235 f.

398. Angesichts des Variationsreichtums der gesetzlich, reglementarisch und durch die Konzessionsbedingungen festgelegten Ordnung der Beziehungen von Konzessionär und Dritten fällt es schwer, ein übergreifendes, jedwelches Rechtsverhältnis erklärendes Theoriegebäude zu errichten. Eine befriedigende und für alle Beteiligten voraussehbare Lösung der Ausgestaltung dieses heterogenen Rechtsgeflechts kann nur ein gesetzgeberischer Entscheid bringen[2402]. Überzeugender denn theoretische Erklärungsversuche – und wohl vorderhand noch unumgänglich – ist der auf den Einzelfall ausgerichtete Zugang des Bundesgerichts, auch wenn er bei normativen Lücken, hauptsächlich bei der Festlegung des «öffentlichen Zwecks» der zugelassenen Tätigkeit, auf Schwierigkeiten stossen muss[2403]. Allerdings halten sich die praktischen Konsequenzen der Qualifikation des Rechtsverhältnisses in Grenzen. Man muss sich vergegenwärtigen, dass die Konzessionspflichten den Konzessionär regelmässig dazu anhalten, seine Beziehungen zu Dritten im wesentlichen nach öffentlichrechtlichen, insbesondere grundrechtlichen Grundsätzen auszugestalten[2404]. Auch zeigt die nähere Analyse der Ausgestaltung des Rechtsverhältnisses zwischen Konzessionär und Dritten, dass sich privat- wie öffentlichrechtliche Lösungen in wesentlichen Punkten gleichen. Ein Grund für diese Angleichung liegt darin, dass auf der öffentlichrechtlichen Ebene die einseitig-hoheitliche Verfügung zunehmend konsensual-kooperative Elemente aufnimmt, da sich diese als sachgerechter zur Festlegung des Rechtsverhältnisses erweisen können[2405].

399. Eine erhebliche Nivellierung zwischen privatem und öffentlichem Recht bewirken die Fundamentalsätze des öffentlichen Dienstes, im besonderen die Betriebs- und Kontrahierungspflicht sowie das Gebot der Gleichbehandlung und Neutralität[2406]. Zusätzlich ist der Konzessionär bei der Erfüllung der ihm übertragenen öffentlichen Aufgaben zur Achtung der Grundrechte und allgemeiner Grundsätze des öffentlichen Rechts gehalten[2407]; die vorhin angetroffene Problematik der inhaltlichen Unbestimmtheit des Begriffs der «öffentlichen Aufgabe» stellt sich jedoch auch

---

[2402] Rhinow (Verfügung), 322; Eichenberger (Verwaltungsprivatrecht), 86 ff. Vgl. weiter auch Knapp (Précis), N 1417; Kilchenmann, 31.
[2403] Vgl. Knapp (collaboration), 365 ff.; Gygi (Verwaltungsrecht), 39 sowie die rechtstheoretischen Erörterungen bei Eichenberger (Aufgabenverteilung), 517 ff. mit weiteren Hinweisen auf die Lehre.
[2404] Rey, 142; Eichenberger (Verwaltungsprivatrecht), 78; Grisel (Traité), 116 f.; Saladin (Grundrechtsprobleme), 74 f.; Moor, Bd. III, 134; Georg Müller, Das Verhältnis zwischen einem privatrechtlichen Vertrag über die Abtretung von öffentlichem Grund zu einer verwaltungsrechtlichen Erschliessungsvereinbarung, recht 1988, 27. Vgl. auch Kilchenmann, 33 ff.
[2405] Vgl. dazu die Übersicht bei Kilchenmann, 34 f.
[2406] Vgl. dazu eingehend N 245.
[2407] Saladin (Grundrechtsprobleme), 74; Rhinow (Verfügung), 300; Knapp (collaboration), 397; J. Meylan, 448 ff.; Mächler, 169; U. Brunner, Kommentar USG, Art. 43 N 21; BGE 93 I 228; 95 I 336; 100 Ia 169; 109 Ib 155. Vgl. dazu neuestens auch Georg Müller, Zur Problematik der Drittwirkung von kantonalen Grundrechtsgarantien, ZBJV 129/1993, 153 ff.

hier. Im Vordergrund der Grundrechtsbindung stehen das Gleichheits- und Neutralitätsgebot sowie das Willkürverbot. Wieweit der Konzessionär auch an die ideellen und wirtschaftlichen Grundrechtsgarantien gebunden ist, harrt noch näherer Klärung. Anhaltspunkte für eine Lösung dürften darin liegen, dass man Art und Qualität der Monopolstellung des Konzessionärs in die Abwägung miteinbezieht sowie untersucht, inwieweit ein – zumindest faktisches – Abhängigkeitsverhältnis zwischen Dritten und Konzessionär besteht, namentlich in welchem Mass dessen Leistungen für die Lebensgestaltung des Dritten unentbehrlich sind. Weniger Probleme – zumindest auf den ersten Blick[2408] – bereitet die Eigentumsgarantie, die Eigentumseingriffe des Zugelassenen nur auf dem Weg der Verleihung des Enteignungsrechts gewährleistet[2409].

400. In zwei, als Lehrbuchbeispiele[2410] bekannten, Fällen hat der Gesetzgeber die Rechtsbeziehungen von Konzessionär und Dritten ausdrücklich in privat- oder öffentlichrechtliche Bahnen gelenkt. Beide stammen aus dem Bereich der Verkehrskonzessionen, genauer den Beziehungen des Eisenbahnkonzessionärs zu seinen Fahrgästen. Die Beziehungen des Eisenbahnkonzessionärs zu seinen Benutzern werden auf privatrechtlicher Ebene gelöst[2411] in Form des Personen- und Gepäcktransportvertrages. Diese historisch bedingte, «schon immer anerkannte Regel»[2412] ist auch mit Verbindlichkeit für alle Unternehmungen des öffentlichen Verkehrs, unter Ausschluss von Transporten mit Luftfahrzeugen und Rohrleitungen, ins neue Transportgesetz übernommen worden. Die Berechtigung für das Festhalten an der an sich ungewöhnlichen Erscheinung findet sich darin, dass mit dem Transportgesetz auch die unternehmerische Freiheit der Transportbetriebe vergrössert werden soll.

Demgegenüber besitzt der Eisenbahnkonzessionär über die privatrechtlichen Beziehungen hinausgehende verkehrspolizeiliche Befugnisse. Im Gegensatz zum Flugplatzkonzessionär, dem die polizeilichen Kompetenzen erst durch den Konzessionsakt[2413] bzw. aufgrund einer Anordnung der Aufsichtsbehörde[2414] zugewiesen werden, sind der Eisenbahnkonzessionär oder der eine Konzessionslinie betreibende

---

2408 Vgl. die nachfolgenden Ausführungen zur nachbarrechtlichen Stellung des Konzessionärs unter N 425.
2409 Vgl. dazu Saladin (Grundrechtsprobleme), 79 sowie N 243.
2410 Vgl. etwa Häfelin/Müller, N 1060 und 1063.
2411 Art. 50 TG; Häfelin/Müller, N 1060; BGE 102 Ib 314.
2412 BBl 1983 II 195.
2413 Baltensberger, 100.
2414 Art. 122a Abs. 3 LFV betreffend besondere Sicherheitsmassnahmen auf den schweizerischen Flugplätzen.

VII. Verhältnis zu Dritten

Schiffsführer bereits kraft gesetzlicher Anordnung deren Träger[2415]. Gerne wird in diesem Zusammenhang anstatt von der konzessionsrechtlichen Verleihung auch von der «Beleihung» gesprochen, in der Absicht, das privatrechtsorientierte Zulassungsverhältnis von der Erfüllung von Verwaltungsbefugnissen abgrenzen zu können[2416]. Diese mit der deutschen Verwaltungsrechtsentwicklung verbundene, sprachlich recht missglückte Unterscheidung ist entbehrlich. Das schweizerische Recht hat hier einen anderen Weg eingeschlagen[2417] und bezeichnet die in der Konzession begründete Verbindung von privatrechtlicher Subjektivität, privaten Interessen und öffentlichrechtlichen Hoheitsbefugnissen in Anlehnung an das französische Recht treffender als «concession de service public» bzw. als konzessionierten öffentlichen Dienst[2418].

401. Leichter fällt die Bestimmung des Verhältnisses zwischen Zugelassenem und Dritten, soweit die Tätigkeit des Zugelassenen den Kreis öffentlicher Aufgaben *verlässt*. Zwar findet man auch hier ein Konglomerat von Vorschriften über das Verhältnis zu Dritten, jedoch bestimmen diese in erster Linie das Verhältnis von Zulassungsbehörde und Zugelassenem und vermögen deren privatrechtliches Grundverhältnis nicht zu verändern[2419]. Solche Verschränkungen werden unter dem Begriff des privatrechtsgestaltenden Verwaltungsrechts erfasst, so etwa, wo ein privatrechtliches Rechtsgeschäft einer behördlichen Bewilligung bedarf, ohne die es unwirksam bleibt und bei Ablehnung nichtig wird[2420]. Unverkennbar ist jedoch, dass das öffentliche Recht in einigen Bereichen für die Gestaltung der gesamten, also auch privatrechtlichen Rechtsbeziehungen weitaus mehr Gewicht besitzt als eine allgemeine und nur rudimentäre privatrechtliche Ordnung. So sind etwa das (öffentliche) Raumplanungs- und Baurecht sowie das Umweltschutzrecht für die Beziehungen zwischen Nachbarn faktisch weitaus wichtiger geworden als das mehr individualistisch verstandene private Nachbarrecht[2421]. Querverbindungen zwischen öffentlichem und privatem Recht bestehen insoweit, als das öffentliche Recht Zu-

---

2415 Vgl. dazu Art. 12 BG vom 18. Februar 1878 betreffend Handhabung der Bahnpolizei (SR 742.147.1); Art. 45 Abs. 1 Schiffahrtsverordnung.
2416 Gygi (Verwaltungsrecht), 56 f.; P.R. Müller, 199 ff. und 204; Mächler, 168 f.
2417 Vgl. dazu N 54.
2418 Vgl. dazu Imboden/Rhinow und Rhinow/Krähenmann, je Nr. 157 B I und III; Knapp (Précis), N 1395 ff.; Grisel (Traité), 285 und 289; Häfelin/Müller, N 1195 f.; BGE 89 I 329; 106 Ib 36. Dagegen ist der Rechtsfigur des «Beliehenen» bei der extrakonzessionsrechtlichen Delegation von Verwaltungsaufgaben eine gewisse Berechtigung nicht abzusprechen, auch wenn damit die Gefahr der sprachlich unpräzisen Trennung vom konzessionsrechtlichen Begriff der «Verleihung» nicht gebannt ist.
2419 Vgl. auch Knapp (relation), 454 ff.
2420 Statt vieler Gygi (Verwaltungsrecht), 187.
2421 Vgl. dazu Peter Liver, Privates und öffentliches Baurecht, in: Rechtliche Probleme des Bauens, hrsg. von der Rechts- und Wirtschaftswissenschaftlichen Fakultät der Universität Bern, Bern 1969, 10 ff.

lässigkeit und Inhalt vertraglicher Beziehungen bestimmt, so etwa bei Höchstpreisvorschriften[2422], Festlegung der Zinsobergrenze bei Darlehen[2423] bzw. eines Mindestlohnes als Voraussetzung der Erteilung einer Aufenthaltsbewilligung[2424] oder die Handelbarkeit eines bestimmten Gutes[2425]. Nach Art. 20 OR führt ein Verstoss gegen eine solche Vorschrift des öffentlichen Rechts zur vollständigen oder teilweisen Nichtigkeit des privatrechtlichen Rechtsgeschäfts[2426]. Allerdings kann (und sollte) eine spezialgesetzliche Regelung auch eine andere Rechtsfolge vorsehen, wo die Nichtigkeit eine inadäquate Folge der Rechtswidrigkeit wäre[2427]. Ferner kann das Verwaltungsrecht dem Zugelassenen die Möglichkeit geben, den abgeschlossenen Vertrag aufzulösen oder den Dritten vom Leistungsbezug auszuschliessen, wenn eine Vertragserfüllung die Parteien schädigen könnte[2428]. In den neueren Bundesordnungen ist das Bestreben festzustellen, die öffentlichrechtliche Zulassungsregelung mit der privatrechtlichen Tätigkeit des Zugelassenen zu einem Ganzen zu verbinden, so etwa bei der Tätigkeit des Personalverleihers[2429] oder eines Anlagefonds[2430]. Allerdings kann der «Zusammenzug» Unklarheiten hinsichtlich der Rechtsnatur einer Regelung auslösen. So gilt etwa die Aussonderung von Sachen und Rechten im Konkurs der Fondsleitung zugunsten der Fondsanleger nach Art. 17 AFG, die über die allgemeinen Regeln von Art. 401 Abs. 2 und 3 OR hinausgeht, je nach Standpunkt einmal als polizeilich[2431] motiviert, ein andermal wird sie als dinglich modifizierter schuldrechtlicher Anspruch eingestuft[2432].

402. Das öffentliche Recht kann die privatrechtliche Ausgestaltung der Rechtsbeziehungen *überschreiten*, indem es dem Zugelassenen darüber hinausgehende Pflichten auferlegt. So ist der Rechtsanwalt im Vergleich zum gewöhnlichen Beauftragten[2433] einer erhöhten Sorgfaltspflicht in der Mandatführung unterworfen[2434] und

---

2422 Rechtsanwälte oder Taxifahrer. Vgl. dazu auch Sterchi, Art. 39 N 10d. Eine gesundheits- und sozialpolitische Höchstpreisvorschrift findet sich auch im Gastgewerbe, BGE 109 Ia 38 f.
2423 Art. 73 Abs. 2 OR sowie das Interkantonale Konkordat über Massnahmen zur Bekämpfung von Missbräuchen im Zinswesen vom 8. Oktober 1957 (SR 221.121.1).
2424 Vgl. BGE 106 Ib 125 ff.
2425 Grundstücke, Betäubungsmittel, Gifte oder Medikamente.
2426 Vgl. dazu Knapp (relation), 460.
2427 Vgl. dazu eingehend Knapp (relation), 461 ff.
2428 Z.B. berechtigt Art. 2 der Bündner Vollziehungsverordnung zum Gesetz über das Bergführer- und Skisportwesen vom 26. Februar 1991 (GS 947.110) den Bergführer, den Vertrag einseitig aufzulösen, wenn ihn der Gast zu einer nicht verantwortbaren Tour veranlassen will.
2429 Art. 12 ff. und 18 ff. AVG.
2430 Vgl. dazu Dallo, 5 ff.
2431 Dallo, 156.
2432 Meier-Hayoz, Vorbem. zu Art. 646 ff. N 32; Peter Forstmoser, Zum schweizerischen Anlagefondsgesetz, Bern/Stuttgart 1972, 37.
2433 Art. 398 OR.
2434 Sterchi, Art. 11 N 1.

soll auch die Haftung für leichte Fahrlässigkeit nicht vertraglich ausschliessen können[2435]. Dem Mandanten steht es im weiteren offen, die Honorarforderungen in einem dem Aufsichtsbereich zuzuordnenden Moderationserfahren auf Tarifkorrektheit hin überprüfen zu lassen[2436]. Ein weiteres Beispiel bieten die öffentlichrechtlichen Kontrahierungspflichten[2437], wobei diese sogar die Gestalt eines unentgeltlichen Leistungsbezugs annehmen können[2438]. Hier zeigt sich, dass auch Tätigkeiten mit einer gewissen Bedeuung für die Allgemeinheit und einem minimalen Öffentlichkeitsbezug um öffentlichrechtliche Komponenten angereichert werden können, die zwar die Qualifikation der Grundbeziehung zum Dritten nicht zu verändern vermögen, wohl aber eine partielle Annäherung an eine öffentlichrechtliche Stellung bewirken können[2439]. Eine grundsätzliche Veränderung vollzieht sich jedoch immer dann, wenn der Zugelassene die üblicherweise auf privatrechtlicher Basis vorgenommene Tätigkeit in amtlicher Funktion wahrnimmt. Die herrschende Praxis nimmt an, mit der Übernahme einer staatlichen Aufgabe wandle sich auch das Verhältnis zum Dritten zu einem öffentlichrechtlichen. Bekannteste Beispiele sind der amtliche Verteidiger[2440] und der Amtsarzt.

B. ÜBERTRAGUNG DES ZULASSUNGSVERHÄLTNISSES AUF DRITTE

403. Die *Übertragung des Zulassungsverhältnisses* auf – bisher unbeteiligte – Dritte folgt ähnlichen Gesichtspunkten, wie sie die Erteilung bzw. die Beendigung durch Aufgabe der Tätigkeit beherrschen. Stehen die Person des Zugelassenen, die Kontinuität der Tätigkeit oder die Verhinderung von Monopolen im Vordergrund, so ist eine Übertragung grundsätzlich ausgeschlossen, selbst wenn das Gesetz den Übergang nicht explizit verbietet[2441]. Auch die Teilübertragung in Form einer Beteiligungsveränderung an der Trägerschaft des Zugelassenen kann gleich beurteilt werden[2442]. Allerdings ist ein absoluter Ausschluss der Übertragbarkeit in der Regel[2443]

2435 Sterchi, Art. 11 N 2.
2436 Wolffers, 168 f.; Sterchi, Vorb. zu Ziff. 3 N 1 ff.
2437 Vgl. N 234.
2438 Art. 42 Abs. 3 RTVG hinsichtlich der unentgeltlichen Weiterverbreitungspflicht von Kabelnetzkonzessionären für schweizerische Programme.
2439 Saladin (Status), 162 spricht hinsichtlich des freiberuflich praktizierenden Arztes von einem «spezifischen rechtlichen Status».
2440 Vgl. dazu Wolffers, 46 f.; Henggeler, 111; Sterchi, Art. 12 N 6; Karl Spühler, Zur verfassungsmässigen Stellung des amtlichen Verteidigers, in: Verfassungsrechtsprechung und Verwaltungsrechtsprechung. Sammlung von Beiträgen, veröffentlicht von der I. öffentlich-rechtlichen Abteilung des schweizerischen Bundesgerichts, Zürich 1992, 262; BGE 95 I 411; 105 Ia 71; 109 Ia 108 f.; 113 Ia 71.
2441 Grisel (succession), 309; Knapp (Précis), N 787. Ein ausdrückliches Übertragungsverbot besteht etwa in Art. 28 Abs. 1 FMG.
2442 So ausdrücklich Art. 13 Abs. 1 RTVG; Art. 8 RTVV.

nur dann anzutreffen, wenn die Zulassung *besonders eng* mit den persönlichen Eigenschaften des Berechtigten oder der berechtigten Trägerschaft verbunden ist[2444]; in erster Linie sind davon Berufsausübungsbewilligungen und die «concessions de service public»[2445] betroffen. Das Gesetz weicht nahezu immer von der Unübertragbarkeitsregel ab, wenn eine Weiterführung der Tätigkeit durch Dritte denkbar und faktisch möglich ist, jedoch einer vorgängigen Kontrolle der Zulassungs- oder Aufsichtsbehörde bedarf[2446]. Materiell wandelt sich damit die Genehmigung der Übertragung zur inhaltlich enger eingegrenzten Neuzulassung, die sich im wesentlichen auf die Änderungspunkte beschränkt. Auch wenn damit kein Anspruch auf Billigung der Übertragung begründet wird, so darf die mitwirkende Behörde ihre Zustimmung nur aus sachlichen Gründen und im Anschluss an eine Interessenabwägung verweigern[2447].

404. Dagegen kann die Zulassung frei übertragen werden, wenn ein Wechsel des Berechtigten die Zulassungssituation nicht tangiert, insbesondere bei Realzulassungen, wie der Bau- oder (nur die Lokalität betreffenden) Gastwirtschaftsbewilligung[2448]. Allerdings besteht gerade bei den Gastwirtschaftsbewilligungen die Vorschrift, dass auch die Bedürfnisklausel bei einem Handwechsel neu überprüft wird, was einen freien Übergang unter Privaten ausschliesst[2449]. Dennoch hat die Verwaltungspraxis lange Zeit eine Kompensationspraktik gebilligt, die auf der Aufgabe eines alten, unrentabel gewordenen Wirtschaftspatentes gegen Erteilung eines neuen, für eine andere Gastwirtschaft geltenden Patentes beruhte, ohne dass die Bedürfnisfrage bei der Neuerteilung überprüft wurde[2450]. Die Kompensationsstrategie war auch das Vehikel für den an sich verbotenen Patenthandel. Diese Erscheinungen vermögen jedoch nicht darüber hinwegzutäuschen, dass die Übertragbarkeit einer dinglich verschränkten Zulassung gewöhnlicherweise begrenzt ist: Sie ist mit dem Schicksal des zugelassenen Objekts verbunden und kann nicht ohne weiteres auf ein anderes Objekt übertragen werden.

2443   Eine Ausnahme betrifft atomrechtliche Bewilligungen, die nicht übertragbar sind. Vgl. Art. 9 Abs. 1 AtG.
2444   Grisel (Traité), 627; Häfelin/Müller, N 666; Moor, Bd. II, 39.
2445   Vgl. etwa Art. 12 RTVG.
2446   Art. 42 Abs. 1 WRG; Art. 9 Abs. 1 EBG; Art. 39 Abs. 1 LFV (Flughafenkonzession); Art. 44 Abs. 1 LFV (Flugfeldbewilligung); Art. 112 Abs. 1 LFV (Linienverkehrskonzession); Art. 2 Trolleybus-Verordnung; Art. 13 Abs. 1 LKV; Art. 14 Abs. 1 Automobilkonzessionsverordnung; Art. 8 RLG; Art. 13 Abs. 1 RTVG (Radio- und Fernsehveranstalungskonzessionen); Art. 3 Abs. 5 Erdölkonkordat; Art. 4 BG über die Konzessionierung der Hausbrennerei vom 23. Juni 1944 (SR 680.1); Art. 17 Abs. 3 Weinstatut. Vgl. auch Grisel (succession), 310 f.; Grisel (Traité), 628; Häfelin/Müller, N 668.
2447   So etwa Art. 42 Abs. 2 WRG. Vgl. auch Moor, Bd. II, 40.
2448   Grisel (Traité), 632; Häfelin/Müller, N 676.
2449   Mangisch, 174.
2450   Mangisch, 178 ff.

405. Hinzuweisen ist auf den seltenen Fall, bei dem erst die Rechtsnachfolge die Zulassungspflichtigkeit auslöst. Anzutreffen ist dies im Baurecht, wo eine vom Gemeinwesen ohne Baubewilligung errichtete Baute einem Privaten veräussert wird und die Nachfolge einer Nutzungsänderung gleichkommt[2451]. Eine gewisse Bedeutung besitzt auch die Umnutzung einer aufgrund von Art. 24 RPG errichteten Baute durch den Rechtsnachfolger[2452].

406. Auch wo die Person des Zugelassenen im Vordergrund steht, ist der *Beizug von Hilfspersonen ohne Übertragung der Zulassungsberechtigung* nicht ausgeschlossen. Diese stehen unter der Aufsicht und Verantwortung des Zugelassenen und übernehmen Teile der zugelassenen Tätigkeit. Zu denken ist insbesondere an die sich in Ausbildung befindlichen Rechtsanwaltssubstituten[2453] oder Vertreter von Gastwirten[2454]. Auch Transportkonzessionäre können einen Teil des Transportnetzes durch Dritte betreiben lassen[2455], Versicherungseinrichtungen dürfen ihren Versicherungsbestand teilweise oder ganz auf andere der Aufsicht unterstellte Einrichtungen übertragen. In beiden Fällen bedarf es jedoch einer Genehmigung der Aufsichtsbehörde[2456]. Ein eigentlicher Rechtsübergang findet nicht statt, da der Träger der Zulassung nicht wechselt, sondern nur einzelne Rechte und Pflichten übergehen, sei es dauernd oder nur zeitweise. Zuweilen wird jedoch der rein wirtschaftliche, die rechtliche Trägerschaft nicht berührende Handwechsel verboten[2457], einem Rechtsübergang gleichgeordnet[2458] oder einer zusätzlichen Bewilligungs-[2459] und Meldepflicht[2460] unterstellt. Ist eine Kontrolle des wirtschaftlichen Handwechsels nicht vorgesehen, so kann eine damit verbundene Störung des Zulassungsverhältnisses gewöhnlich über aufsichtsrechtliche Massnahmen – nachträgliche Auflagen oder Entzug der Zulassung – erfasst werden.

407. Ein weiterer Grund für die Unübertragbarkeit liegt in der *faktischen Privilegierung* des Zugelassenen, der eine wirtschaftliche Sonderstellung innehat. Hier tritt neben das staatliche Bestreben, die Zulassungsverhältnisse fortlaufend kontrollieren zu können, der Gedanke, dass die Privilegierung nicht vom Zulassungsakt verselb-

---

2451 Mäder, 99; BGE 101 Ia 314.
2452 Moor, Bd. II, 40.
2453 Sterchi, Art. 6 N 3.
2454 Vgl. dazu Peter P. Theiler, Der Gerantenvertrag, Diss. Zürich, Bern 1992, 56 f.
2455 Hanhardt, 167. Allerdings geht hier die Haftung nach EHG auf den Dritten über, falls der Dritte den Betrieb auf eigene Rechnung und Gefahr betreibt. Vgl. dazu Oftinger/Stark, Bd. II/3, 19.
2456 Art. 9 Abs. 2 EBG; Art. 11 Abs. 3 Schiffahrtsverordnung; Art. 112 Abs. 2 LFV; Art. 14 Abs. 2 Automobilkonzessionsverordnung; Art. 13 Abs. 3 LKV; Art. 39 Abs. 1 VAG.
2457 Art. 12 Abs. 4 Filmgesetz (ersetzt durch Art. 34 Filmverordnung); BGE 99 Ib 455.
2458 Art. 13 Abs. 2 RTVG.
2459 Art. 3ter Abs. 2 BankG.
2460 Art. 8 RTVV als Meldepflicht vorgängig der Erteilung der Genehmigung.

ständigt und als Eigenwert handelbar gemacht werden soll[2461]. Aus Gründen der Rechtsgleichheit sollen die bis anhin Ausgeschlossenen die gleiche Möglichkeit erhalten, in den Genuss der Privilegierung zu gelangen. Demnach können etwa eine Bewilligung zur Errichtung eines Marktstandplatzes, eine Taxibetriebsbewilligung A oder eine Jagd- bzw. Fischereipacht als unübertragbar erklärt werden. Ausnahmen sind zulässig, soweit der Handwechsel auf den Zusammenschluss zu einer neuen Betriebsform zurückgeht und der bisherige Inhaber aktiv bleibt[2462].

408. Gleichheitsüberlegungen können ferner durch staatliche Lenkungsmassnahmen ergänzt werden, die aus anderweitigen Gründen eine faktische Monopolisierung des Zulassungsbereichs zu verhindern suchen. So wird aus kulturpolitischen Überlegungen die Übertragung einer Filmverleihbewilligung ausgeschlossen[2463]. Durch Unübertragbarkeit von Einfuhrbewilligungen[2464] soll eine zumindest beschränkte Konkurrenzsituation, eine Art marktähnliches Geschehen unter den Einfuhrberechtigten erreicht werden. Allen Rechtsvorstellungen und dem drohenden Zulassungsentzug zum Trotz hat der Handel mit Kontingentsquoten Bedeutung erlangt[2465]. Allerdings deutet sich hier ein Gesinnungswandel an. Ungeachtet der Nachteile[2466] soll der Kontingentshandel zunehmend rechtlich verankert werden, da er als verwaltungsrechtliches Lenkungsinstrument «entdeckt» wurde[2467] und auch seitens der Kontingentsinhaber ein Bedürfnis nach sinnvoller Nachfolgeregelung ohne Verlust wirtschaftlicher Substanz bei Geschäftsaufgabe oder Todesfall besteht[2468]. Verwirklicht wurde der Kontingentshandel bereits im Bereich der Futtermitteleinfuhr, unter der Voraussetzungen, dass der Kontingentskäufer das Unternehmen mit Aktiven und Passiven übernimmt und selbst Inhaber eines Einzelkontingents ist oder zumindest die Voraussetzungen für die Mitgliedschaft in der GGF und für ein Einzelkontingent erfüllt[2469]. Ausserhalb der Geschäftsübernahme kann ein Einzelkontingent durch einen anderen Kontingentsberechtigten übernommen werden, doch ist für die Weiterveräusserung eine Sperrfrist von 5 Jahren vorgese-

---

2461 Knapp (Précis), N 795; BGer 22. März 1978, ZBl 79/1978, 277.
2462 BGer 22. März 1978, ZBl 79/1978, 278.
2463 Art. 30 Abs. 3 Filmverordnung; (aufgehobener) Art. 14 Abs. 1 Filmgesetz; Diserens/Rostan, 40.
2464 Z.B. Art. 22 Abs. 4 SV; Art. 28 Abs. 2 ALV; Art. 11 Abs. 3 EV; Art. 6 Abs. 1 Warenverkehrsverordnung.
2465 Gygi (Einfuhrkontingentierung), 349; Gygi (Verwaltungsrecht), 184; BGE 100 Ib 424. Zum Handel mit Gastwirtschaftspatenten vgl. Mangisch, 176 ff.
2466 Richli (Milchkontingentierung), 11 f.
2467 Richli (Milchkontingentierung), 11; Vernehmlassungsentwurf zur Änderung des Milchwirtschaftsbeschlusses, Neue Zürcher Zeitung 14. Mai 1992, 22.
2468 Gygi (Einfuhrkontingentierung), 349; Richli (Milchkontingentierung), 11; Knapp (Précis), N 795; Lyk, 41.
2469 Art. 16 Abs. 1 BB zum GGF.

hen[2470]. Aus Gründen der Wettbewerbsgleichheit und Markttransparenz mag es innerhalb des Kontingentsbereichs gar angehen, den Übertragungspreis einer staatlichen Angemessenheitskontrolle zu unterwerfen[2471]. Dagegen ist die allgemeine Verweigerung der Übertragung eines Gastwirtschaftspatents auf Dritte unter Berufung auf einen übersetzten Kaufpreis verfassungswidrig[2472], gleich verhält es sich mit einem kantonal angeordneten Einfrieren der Preise für Wohneigentum[2473] oder deren Begrenzung auf die nach dem Lebenshaltungskostenindex indexierten Investitionskosten[2474].

C. HAFTUNG DES ZUGELASSENEN

1. HAFTUNGSARTEN

409. Wesentlich für die Gestalt der Rechtsbeziehungen zwischen Zugelassenem und Dritten sind Form und Tragweite der *Haftung des Zugelassenen*. Je nach Art der Tätigkeit und Intensität der staatlichen Sonderregelung kann man alle Haftungsspielarten zwischen der obligationenrechtlichen Haftung nach Art. 41 ff. und 97 OR[2475], einer darauf aufbauenden spezialgesetzlichen Regelung bis hin zur ausschliesslichen Haftung nach öffentlichrechtlichem Verantwortlichkeitsrecht erkennen.

410. Die Verschuldenshaftung nach Art. 41 ff. OR sowie die im Obligationenrecht und Zivilgesetzbuch geregelten gewöhnlichen Kausalhaftungen gelten als subsidiäre Haftungsarten, die erst dann zum Zug kommen, wenn sie nicht durch eine speziellere Haftungsart verdrängt wurden[2476]; eine Ausnahme gilt für die Kernenergiehaftpflicht, wo ein die spezialgesetzliche Regelung überschreitender Rückgriff auf das obligationenrechtliche Deliktsrecht ausdrücklich ausgeschlossen ist (sogenannte Kanalisation der Haftung)[2477]. Gleiches gilt für das Verhältnis von allgemeinen Haftpflichtregeln des vertraglichen Zivilrechts zur spezielleren Zulassungsordnung. Bemerkenswert ist die besondere Regelung des transportrechtlichen «Verspätungsschadens», der aus der Nichteinhaltung des Fahrplans entsteht. Dieser kann nicht bei jedwelcher Verspätung geltend gemacht werden, sondern nur, wenn der letzte

---

2470 Art. 16 Abs. 2 BB zum GGF.
2471 Gygi (Einfuhrkontingentierung), 349.
2472 Eckstein, 78; Mangisch, 174.
2473 Pra 77/1988 Nr. 158.
2474 BGE 113 Ia 140 f.
2475 Oder anderen die vertragliche Haftung regelnden Normen des Obligationenrechts oder Zivilgesetzbuches. Vgl. als Beispiel Wirth, 181 ff.
2476 Vgl. etwa zum Verhältnis von ELG zu den obligationsrechtlichen Haftungsarten Oftinger/Stark, Bd. II/3, 131 ff.
2477 Rausch (Atomenergierecht), 221; Oftinger/Stark, Bd. II/1, 2 f. und Bd. II/3, 194; Keller, Bd. I, 263; Schaffhauser/Zellweger, 28 und 31; Art. 3 Abs. 6 KHG.

fahrplanmässige Anschluss infolge der Verspätung verpasst wurde[2478]. Gerade bei konzessionierten Transportunternehmungen ist ein dichtes und nicht durchwegs abgestimmtes Nebeneinander der Haftungen nach EHG bzw. SVG sowie nach dem Transportgesetz zu beachten[2479], bei internationalen Transporten sind zusätzlich auch die entsprechenden zwischenstaatlichen Übereinkommen zu berücksichtigen. Ein noch klareres Auseinanderfallen der Haftungsgrundlagen ist im Luftverkehr anzutreffen, was offensichtlich mit dessen besonderem internationalem Charakter zusammenhängt[2480]. Die innerstaatliche Haftungsregelung nach dem Luftfahrtsgesetz gilt nur gegenüber Personen und Sachen auf der Erde, dagegen werden die Benützer auf Staatsverträge und sonstige Abkommen verwiesen[2481].

411. Regelt der *Kanton* die Zulassung, so wird die Haftungsfrage gerne wieder – mit Vorliebe im Zulassungsakt – aufgeworfen. Unproblematisch ist die als Hinweis zu wertende Wiederholung bundesrechtlicher Haftungsnormen. Dagegen ist eine konkrete Haftungsveränderung nur ausnahmsweise zulässig: Das vertragliche wie ausservertragliche Haftungsrecht sind zumeist bundesrechtlich abschliessend geregelt und können demnach weder durch (kantonale) Normen noch durch den Zulassungsakt eingeengt, erweitert, verschärft oder gemildert werden[2482]. Die Bezeichnung des Trägers einer Bewilligung zur Nutzung öffentlichen Grundes als Verantwortlichen für alle im Zusammenhang mit der Nutzung stehenden Schäden verstösst ebenso gegen Bundesrecht[2483] wie die Einführung einer kantonal begründeten Kausalhaftpflicht[2484]. Dagegen dürfen die Kantone eine Kautionspflicht einführen, wenn die Kaution der Sicherung einer bundesrechtlich konformen Haftungsforderung dient[2485]. Gleich verhält es sich mit einem Versicherungsobligatorium. Allerdings wird – «wenn auch mit Bedenken» – toleriert, dass in Abweichung vom Elektrizitätshaftpflichtrecht in Konzessionen für den Bau von Elektrizitätswerken verschärfte Vorschriften aufgestellt werden[2486]. Hingegen ist eine Verschärfung der Haftung einer Transportunternehmung[2487] durch Konzessionsabrede aufgrund der ausdrücklichen Bestimmung in Art. 21 EHG möglich; gemeint ist die bundesrechtlich geordnete Eisenbahnkonzession und nicht die kantonalrechtliche Sondernut-

---

2478 Art. 17 Abs. 1 TG. Vgl. aber auch den Vorbehalt in Art. 17 Abs. 2 TG.
2479 Vgl. zu den Details Oftinger/Stark, Bd. II/3, 28 ff. und 102 ff.
2480 Keller, Bd. I, 214.
2481 Art. 69 und 75 LFG.
2482 Vgl. dazu eingehend Oftinger, Bd. I, 29 ff.; H. Huber (Kommentar), Art. 6 N 173; BGE 92 II 357.
2483 Saxer, 301.
2484 BGE 98 Ia 371.
2485 BGE 98 Ia 372 ff.
2486 Oftinger/Stark, Bd. II/3, 168.
2487 Natürlich soweit sie unter den Anwendungsbereich des EHG fällt.

VII. Verhältnis zu Dritten

zungskonzession[2488]. Freilich ist die Möglichkeit der Haftungsverschärfung bis anhin toter Buchstabe geblieben[2489].

2. SPEZIALGESETZLICHE REGELUNGEN UND IHRE STRUKTUR

412. *Spezialgesetzliche Regelungen* bestehen nicht nur – wie vermutet – für Konzessionäre «de service public», sondern vereinzelt auch in Bereichen, die keinen besonders engen Bezug zu öffentlichen Aufgaben oder Anliegen besitzen. Zu diesen zählen die Volkswirtschaft und weite Teile der Bevölkerung berührende bzw. besonders gefährliche gewerbliche Tätigkeiten, wie Bankbetrieb[2490], der nichtlinienplanmässige Personen- oder Güterflugverkehr[2491], der Betrieb von Kernkraftanlagen sowie – nicht a priori gewerbliche – Tätigkeiten von hohem Gefährdungsgrad, wie etwa der motorisierte Strassenverkehr[2492], der Betrieb einer Anlage, die mit besonderen Gefahren für die Gewässer verbunden ist[2493] oder die Jagd[2494]. Weitaus häufiger sind Sonderregeln im Bereich des konzessionierten Verkehrswesens, was auch damit zusammenhängt, dass die historisch dem Eisenbahnverkehr entstammenden Regelungen älter als die gemeinrechtlichen Zivilrechtserlasse sind[2495] und den Nährboden für die später folgenden Gefährdungshaftungen bildeten. Eigentümlicherweise ist der Wassernutzungskonzessionär keiner besonderen Haftungsregelung unterworfen[2496], sondern untersteht, soweit der Schaden vom elektrischen Teil der konzessionierten Anlage ausgeht, dem Elektrizitätsgesetz[2497], für den übrigen Teil der allgemeinen Werkeigentümerhaftung nach Art. 58 OR[2498]. Beim Trolleybuskonzessionär besteht die Besonderheit, dass er haftungsrechtlich grundsätzlich dem Strassenverkehrsgesetz – und nicht dem Eisenbahnhaftpflichtrecht – unterliegt, zudem aber auch vom Elektrizitätshaftpflichtrecht erfasst ist, falls der Schaden durch

---

2488 BGE 92 II 356.
2489 Oftinger/Stark, Bd. II/3, 101; Staeblin, 378; BGE 92 II 356.
2490 Art. 38 ff. BankG.
2491 Art. 123 und 137 LFV.
2492 Art. 58 SVG.
2493 Art. 69 Abs. 1 GschG.
2494 Art. 15 JSG.
2495 Oftinger/Stark, Bd. II/3, 2; zur Situation in Deutschland vgl. Ogorek, 61 ff.
2496 Vgl. dazu und zur Notwendigkeit einer umfassenderen Reform der spezialgesetzlichen Haftungsregeln in Richtung eines allgemeineren Gefährdungs- und Katastrophenhaftungsrechts Pierre Tercier, La responsabilité civile des centrales hydroélectriques, ZSR 105/1986 I, 297 ff.
2497 Art. 27 ff. ElG.
2498 Vgl. auch den Hinweis bei Oftinger/Stark Bd. II/1, 186 Fn. 134 auf Bluntschlis kommentierende Bemerkung zu § 1885 des Privatrechtlichen Gesetzbuches für den Kanton Zürich, wonach zu den «Werken» auch Wasserwerke gehörten.

den Betrieb einer elektrischen Anlage oder die Einwirkung elektrischen Stromes verursacht wurde[2499].

413. Der gesetzgeberische *Rückgriff auf besondere Haftungsregelungen* begann mit dem Eisenbahnhaftpflichtgesetz[2500] und setzte sich aufbauend auf den damit gemachten Erfahrungen und mit der Entwicklung der Technik fort über Dampfschiffe, elektrische Anlagen, motorisierten Strassenverkehr, Gebrauch von Schusswaffen bei der Jagd, Trolleybusbetrieb, Seilbahnen, Flugzeugverkehr, Rohrleitungen, Gewässer berührende Anlagen bis hin zu Atomanlagen[2501]. Allerdings wird der kasuistisch-partiellen Ordnung der Gefährdungshaftungen mit Berechtigung angelastet, dass sie jeweils an eine Zulassungslage anknüpfend erlassen werden, ähnlich gefährdende, aber nicht zulassungsbedürftige Situationen nicht erfassen[2502] und untereinander wenig Kohärenz aufweisen[2503]. Auch wenn jede dieser Haftungsregelungen ausgeprägt eigenständige Züge aufweist, so beruhen alle im wesentlichen doch auf ähnlichen Grundvorstellungen. Auffallend sind einzig einige Besonderheiten im Bereich der ursprünglichen Ordnung der Kernenergiehaftpflicht, die jedoch im wesentlichen auf die gesetzgeberischen Bestrebungen zurückgehen, die Entwicklung der Atomindustrie nicht behindern zu wollen[2504]. Mit Erlass des Kernenergiehaftpflichtgesetzes im Jahre 1983 hat einerseits eine Annäherung an die übrigen Haftungsordnungen stattgefunden, anderseits wurden angesichts der besonderen Problemlage neue Lösungswege beschritten[2505].

2499 Art. 15 Trolleybusgesetz; Oftinger/Stark, Bd. II/3, 12.
2500 Zur Entwicklung der Kausalhaftung vgl. Karl Oftinger, Der soziale Gedanke im Schadenersatzrecht und in der Haftpflichtversicherung, SJZ 39/1943, 545 ff., insb. 548 ff., ferner Zäch, 17.
2501 Zur hier nicht weiter verfolgten Haftung des Bewilligungsempfängers nach dem Sprengstoffgesetz vgl. Oftinger/Stark, Bd. II/3, 407 ff.
2502 Vgl. aus dem Blickwinkel des Katastrophenrechts Pierre Tercier, L'indemnisation des préjudices causés par des catastrophes en droit suisse, ZSR 109/1990 II, 231 ff.; Oftinger/Stark, Bd. II/3, 359 sprechen im Zusammenhang mit der Haftung nach dem Rohrleitungsgesetz von den «Gefährdungshaftungen als Anhängsel an Administrativgesetze». Nicht erfasst ist etwa der Verkehr mit Giften, die Fabrikation von Pharmazeutika oder die (nichtzulassungspflichtige) gentechnologische Forschung. Vgl. dazu Rainer J. Schweizer, Grundrechtsfragen der Gentechnologie, ZBl 90/1989, 397 ff. sowie Andreas Trösch, Die Gentechnologie im öffentlichen Recht des Bundes, ZBl 90/1989, 377 ff. Zur Gefährdungshaftung für Heilmittel vgl. Wirth, 198 ff. Zur gleich angesetzten Kritik aus deutscher Sicht vgl. Ogorek, 138 ff.
2503 Vgl. den Überblick über den Stand der Auseinandersetzung bei Stark, 365 ff., ders., Probleme der Vereinheitlichung des Haftpflichtrechts, ZSR 86/1967 II, 157 ff. Vgl. auch Rochus Gassmann-Burdin, Energiehaftung: Ein Beitrag zur Theorie der Gefährdungshaftung, Diss., Zürich 1988.
2504 Vgl. dazu Rausch (Atomenergierecht), 219 ff.; Oftinger/Stark, Bd. II/3, 171; BBl 1980 I 167.
2505 Oftinger/Stark, Bd. II/3, 184.

414. Strukturell gesehen unterliegen die Zugelassenen im allgemeinen der *Gefährdungshaftung*[2506], die als strengste Haftungsart angesehen wird[2507]. Die Strenge der Haftung liegt darin, dass der Zugelassene auch ohne Verschulden, also selbst bei korrektem Handeln und Verhalten, ersatzpflichtig wird. Der Verzicht auf das Verschulden als Voraussetzung der Haftung ist Ausgleich für die Gestattung einer erfahrungsgemäss potentiell und unvermeidbar gefährlichen Tätigkeit und ein Zugeständnis daran, dass ein völliges Verbot sozial (und rechtlich) nicht toleriert würde und überdies öffentliche Interessen an der Tätigkeit bestehen[2508]. Einzig die Gewässerhaftpflicht wich vom klassischen Schema der Gefährdungshaftung ab, indem die Haftung jeden einschloss, der durch seinen Betrieb, seine Anlagen oder durch seine Handlungen oder Unterlassungen Gewässer verunreinigte[2509]. Diese Ausdehnung in Richtung Erfolgshaftung, die eine Kausalhaftung «sui generis» entstehen liess[2510], sorgte für Konsternation und fand nur wenig Anklang. Mit der Revision des Gewässerschutzgesetzes wurde die Haftungsfrage neu aufgeworfen und schliesslich dem bundesrätlichen Vorschlag folgend den Gefährdungshaftungen zugewiesen[2511]. Haftpflichtig ist nunmehr der Inhaber eines Betriebs oder einer Anlage, mit denen besondere Gefahren für die Gewässer verbunden sind, für den Schaden, der durch entsprechende Einwirkungen entsteht[2512].

415. Der Zugelassene ist regelmässig, aber nicht notwendigerweise *Haftungssubjekt*. Das hängt damit zusammen, dass nebst der Möglichkeit des Regiebetriebs zum Teil nicht auf die (konzessions-)rechtliche, sondern auf die tatsächliche Verfügungsgewalt abgestellt wird[2513]. Haftungsbegründend ist die Betriebsführung auf eigene Rechnung und Gefahr[2514]. Daraus folgt, dass der tatsächliche Anlageinhaber bereits vor Konzessionserteilung haftet[2515] und ebenso aus der Haftung ausscheidet, wenn er den konzessionierten Betrieb verpachtet[2516] oder durch Betriebsvertrag Dritten

---

2506 Art. 1 Abs. 1 EHG; Art. 3 Abs. 1 KHG; Art. 69 GschG; Art. 64 Abs. 1 LFG; Art. 15 Abs. 1 JSG; Art. 27 Abs. 1 ElG; Art. 58 Abs. 1 SVG; Art. 33 Abs. 1 RLG.
2507 Zu den Lücken der Gefährdungshaftungsarten vgl. Remigius Küchler, Haftpflichtrecht, in: Schweizerisches Umweltschutzrecht, hrsg. von Hans-Ulrich Müller-Stahel, Zürich 1973, 436 ff.
2508 Oftinger/Stark, Bd. II/3, 40
2509 Art. 36 Abs. 1 alt GschG.
2510 Oftinger/Stark, Bd. II/1, 478; vgl. auch Keller, Bd. I, 271.
2511 BBl 1987 II 1160 ff.
2512 Art. 69 Abs. 1 GschG.
2513 Nach Art. 33 RLG ist der Anlage- und nicht der Betriebsinhaber haftpflichtig.
2514 Vgl. zur Eisenbahnunternehmung nach Art. 1 EHG Oftinger/Stark, Bd. II/3, 16 ff.
2515 Die Haftung nach EHG beurteilt sich aufgrund der Konzessionspflichtigkeit, Keller, Bd. I, 190; Oftinger/Stark, Bd. II/3, 6.
2516 Oftinger/Stark, Bd. II/3, 366 zum Rohrleitungskonzessionär.

überlässt[2517]. Anders kann nebst dem betriebsführenden Zugelassenen auch der Eigentümer der Anlage haften, soweit beide nicht identisch sind[2518]. Bei der Kernenergiehaftung wird die Haftpflicht kanalisiert. Die Bedeutung der Kanalisierung liegt darin, dass nur die gesetzlich genannten Personen haftbar gemacht werden können. Nichterwähnte Dritte (Lieferanten, Werkunternehmer, Angestellte oder Saboteure) sind von der Haftung befreit, selbst wenn diese nach anderen spezial- oder gemeinrechtlichen Bestimmungen gegeben wäre; vorbehalten bleiben allein Regressansprüche[2519].

416. *Haftungsauslösend* ist ein Schaden, der durch den zugelassenen *Betrieb* oder dessen *Errichtung* (Bau) verursacht wurde; verallgemeinernd und unscharf wird auch von der Betriebshaftung gesprochen[2520]. Wie erwähnt hat sich auch die Haftungsregelung für Gewässereinwirkungen neuestens diesem Grundsatz angeschlossen. Der Begriff des Betriebs ist jedoch kein einheitlicher[2521] und muss für jede einzelne Haftungsart ermittelt und eingegrenzt werden. Die Haftung des Luftfahrzeughalters scheint von der Betriebsanknüpfung abzurücken, wird sie doch durch den Flug definiert. Dessen gesetzliche Umschreibung, die das Ankunfts- und Abflugmanöver mitumfasst, kommt aber dem geläufigen Betriebsbegriff wiederum recht nahe[2522]. Einzig bei der Jagd kann nicht vom Betrieb gesprochen werden, da hier nicht die Beziehung zum Betrieb die Haftung auslöst, sondern bereits und direkt eine bestimmte Tätigkeit[2523].

417. *Entlastungsgründe* können die Haftung ausschliessen. Gewöhnlich werden höhere Gewalt, (grobes) Drittverschulden und (grobes) Selbstverschulden zu den Entlastungsgründen gerechnet[2524]. Nach geläufiger Ansicht führen jedoch die hoheitliche Kontrolle der Zulassungsvoraussetzungen, der eigentliche Zulassungsakt und die laufende Kontrolle des Betriebes zu keiner Haftungsbefreiung[2525]. Die spezialgesetzlichen Regelungen der Entlastung erweisen sich jedoch teilweise als unvollständig,

---

2517 So für die Haftung der Transportkonzessionäre nach EHG Oftinger/Stark, Bd. II/3, 19; Keller, Bd. I, 196; BGE 102 II 24 betreffend Luftseilbahnkonzession. Zum Luftfahrtskonzessionär vgl. Keller, Bd. I, 219 f.
2518 Art. 33 RLG; Art. 3 Abs. 4 KHG.
2519 Art. 3 Abs. 6 KHG; Rausch (Atomenergierecht), 221; Oftinger/Stark, Bd. II/3, 200; Keller, Bd. I, 263.
2520 Allgemein und kritisch zum Betriebsbegriff Oftinger/Stark, Bd. II/2, 6.
2521 Stark, 366.
2522 Keller, Bd. I, 215. Vgl. auch den Titel des Zweiten Teils des LFG, der auch die Haftpflicht umfasst: «Rechtsbeziehungen aus dem Betrieb der Luftfahrt.»
2523 Keller, Bd. I, 208.
2524 Art. 1 Abs. 1 EHG; Art. 69 Abs. 2 GschG; Art. 59 Abs. 1 SVG; Art. 27 Abs. 1 ElG.
2525 Oftinger, Bd. I, 151 f.; Oftinger/Stark, Bd. II/1, 207 f. und Bd. II/3, 378. Vgl. aber Rausch (Atomenergierecht), 230 und BBl 1980 I 195.

zum Teil sehen sie eine Entlastung gar nicht vor. So wäre der Eisenbahnkonzessionär dem Gesetzeswortlaut nach bei jeder Art von Selbst- bzw. Drittverschulden befreit, der Rohrleitungskonzessionär könnte sich nur auf das Selbstverschulden, nicht aber auf das Drittverschulden berufen, dem Halter eines Luftfahrzeuges wäre sogar jeder Hinweis auf einen Entlastungsgrund verwehrt.

Aufgrund der Lückenhaftigkeit der Gesetze liesse sich annehmen, die Entlastung sei einmal unter besonders erleichterten Voraussetzungen möglich, ein andermal müsse der Haftpflichtige aber sogar für nichtadäquate Ursachen einstehen[2526]. Einer solchen Annahme steht die allgemeine Lehre vom adäquaten Kausalzusammenhang entgegen, der Vorrang vor spezialgesetzlichen Unzukömmlichkeiten zukommt[2527]. Ihr Korrektiv liegt in der Intensität des Unterbrechungsgrundes, deren erforderliches Ausmass wiederum in Proportion zur Betriebsgefahr stehen muss. Die Folgen sind mannigfaltig: Auch wenn das Gesetz nur von Dritt- bzw. vom Selbstverschulden schlechthin spricht, genügt ein leichter Verschuldensgrad noch keineswegs zur Entlastung[2528]. Umgekehrt befreit ein besonders intensives Selbst- oder Drittverschulden den Haftpflichtigen, selbst wenn solches vom Gesetz nicht erwähnt wird[2529]. Allerdings gilt die Korrektur des Gesetzes nicht vorbehaltlos. Allgemein-dogmatische Überlegungen werden jeweils mit der konkreten gesetzlichen Regelung verknüpft, um letztere auf ihre Berechtigung hin zu überprüfen. Erwähnt das Gesetz einen oder zwei Entlastungsgründe nicht, so wird auf ein (wohl dogmatisch nicht überprüf- und korrigierbares) Werturteil des Gesetzgebers geschlossen: Danach ist die haftungsbegründende Ursache als derart intensiv anzusehen, dass sie unter diesen Gesichtspunkten überhaupt nicht unterbrochen werden kann[2530]. Zurückhaltender wird mit der höheren Gewalt verfahren. Dass das Luftverkehrsrecht sie nicht als Entlastungsgrund anführt, hat keine weiteren Folgen; dem Luftverkehr ist ein derart hohes Betriebsrisiko eigen, dass die Möglichkeit einer den Kausalzusammenhang unterbrechenden höheren Gewalt bereits durch die Theorie ausgeschlossen wird[2531]. Gleich verhält es sich mit der Haftung des Inhabers

---

2526 Oftinger, Bd. I, 112.
2527 Oftinger, Bd. I, 110 ff.; Oftinger/Stark, Bd. II/3, 55 und 57; Keller, Bd. I, 186.
2528 Oftinger, Bd. I, 110 ff.; Oftinger/Stark, Bd. II/3, 55 und 57; Keller, Bd. I, 180.
2529 Vgl. etwa zur Haftpflicht des Luftfahrzeughalters Oftinger, Bd. I, 112; differenzierend Keller, Bd. I, 221 f. Vgl. auch Art. 64 Abs. 2 lit. b LFG zum Verhalten von Personen an Bord.
2530 So etwa für die Kernenergiehaftpflicht. Vgl. dazu Oftinger/Stark, Bd. II/3, 250 f.
2531 Oftinger, Bd. I, 115; Keller, Bd. I, 220 f.

einer Kernanlage[2532]. Selbst wo das Gesetz die Anrufung der höheren Gewalt vorsieht, hat sie geringe Bedeutung erlangt[2533].

418. *Umfangmässig* kann zwischen begrenzter und unbegrenzter Ersatzpflicht unterschieden werden. Diese ist nicht mit der summenmässig begrenzten oder unbegrenzten Versicherungspflicht zu verwechseln, die der Sicherstellung der Ersatzpflicht dient. Die Regel bildet das betragsmässig unbegrenzte Einstehenmüssen für den gesamten Schaden[2534]. Eingeschrankt ist die Ersatzpflicht des Luftfahrzeughalters für Schäden, die durch eine an Bord befindliche, nicht zur Besatzung gehörende Person verursacht werden[2535]. Eine Einschränkung bestand, bis zum Inkrafttreten des Kernenergiehaftpflichtgesetzes auf den 1. Januar 1984, auch hinsichtlich der Ersatzpflicht des Inhabers einer Kernanlage[2536]. Nebenbei: Aufgrund internationaler Gepflogenheiten ist im vertraglichen Transportrecht die Festlegung von Haftungshöchstgrenzen gebräuchlicher; immerhin schreibt das Transportgesetz die volle Ersatzpflicht für vorsätzliche oder grobfahrlässige Schadensverursachung vor[2537].

419. Das *Versicherungsobligatorium* dient nicht nur der Sicherstellung der Ersatzpflicht und der Erleichterung der Einführung einer strengen Gefährdungshaftung, sondern ist auch von verwaltungsrechtlicher Relevanz, da der Abschluss einer Versicherung zumeist zur Zulassungsvoraussetzung erhoben wird[2538]. Eine Ausnahme bildet die Versicherung für Kernenergieschäden durch den Bund nach Art. 12 f. KHG, deren Entstehung keinen Vertragsschluss bedingt, da es sich hier um die Entstehung eines Versicherungsverhältnisses ex lege handelt[2539]. Der Bund erhebt dafür von den Zugelassenen «bestmöglich nach dem Kostendeckungsprinzip» bemessene Beiträge[2540]. Erwähnt sei, dass das Versicherungsobligatorium nicht auf die der Gefährdungshaftung unterliegenden Zulassungsverhältnisse beschränkt ist, son-

---

2532 Oftinger/Stark, Bd. II/3, 250 f.
2533 Vgl. zu den verschiedenen Fällen der Anrufung höherer Gewalt Oftinger/Stark, Bd. II/2, 185 ff.; Bd. II/3, 54, 155 und 384 ff. Allgemeine Ausführungen zur Relevanz der höheren Gewalt finden sich bei Oftinger, Bd. I, 118 ff.
2534 Oftinger, Bd. I, 284.
2535 Auf die Höhe der hinterlegten Kaution nach Art. 70 f. LFG. Vgl. dazu Art. 64 Abs. 2 lit. b LFG.
2536 Vgl. dazu die Kritik bei Rausch (Atomenergierecht), 222 ff.
2537 Art. 41 TG; BBl 1983 II 193 f. Zum internationalen Lufttransport vgl. Oftinger, Bd. I, 284 Fn. 107; Keller, Bd. I, 217 f. sowie BBl 1991 III 634 f.
2538 Art. 70 LFG; Art. 5 Abs. 2 AtG; Art. 63 SVG; Art. 31 Abs. 1 BG über die Binnenschiffahrt; Art. 21 Abs. 3 LKV; Art. 48 Abs. 1 Automobilkonzessionsverordnung; Art. 16 Abs. 3 Trolleybusgesetz; Art. 30 Abs. 2 lit. c RLG, der allerdings nicht für die Konzessionserteilung, sondern erst für die Betriebsbewilligung eine Versicherungspflicht vorschreibt.
2539 Oftinger/Stark, Bd. II/3, 326 f.
2540 Art. 14 Abs. 1 KHG.

VII. Verhältnis zu Dritten

dern auch die übrigen Zulassungsarten erfassen kann, sei es als gesetzliche Vorschrift oder in Form einer Nebenbestimmung[2541].

420. Keiner Versicherungspflicht unterliegen, an sich erstaunlich, die Inhaber einer Stark- oder Schwachstromanlage und eines Eisenbahnbetriebs; letzterer im Gegensatz zu den übrigen Verkehrskonzessionären[2542]. Der Inhaber einer gewässergefährdenden Anlage ist zur Versicherung nur aufgrund der Vollzugsgesetzgebung gehalten[2543]. Ein Obligatorium ist - wie bereits unter dem alten Recht - für Tankrevisionsunternehmen vorgesehen[2544], wobei dessen jederzeitige Ausdehnung möglich bleibt[2545] und für Mineralöllager sowie chemische Industrie angebracht wäre[2546]. Die Versicherungshöhe ist gewöhnlich betragsmässig begrenzt[2547]. Sinnvollerweise sollte jedoch die Höhe der Begrenzung auf Verordnungsstufe festgelegt[2548] oder zumindest eine gesetzlich fixierte Mindesthöhe durch Konzessionsabrede heraufgesetzt werden können, falls es öffentliche Interessen gebieten[2549]. Luftseilbahnkonzessionären gar kann die Aufsichtsbehörde einseitig die Erhöhung der Versicherung vorschreiben, «wenn diese offensichtlich ungenügend ist»[2550]. Eine eigentümliche und nicht leicht erfassbare Ordnung besteht hinsichtlich der Versicherung des Kernanlageinhabers bzw. des Transporteurs von Kernmaterialien[2551]. Diese ist dadurch gekennzeichnet, dass der private (Rück-)Versicherungsmarkt die politisch erwünschte und durch das reale Schadenpotential vorgezeichnete Höhe der Versicherungssumme anscheinend nicht zeichnen kann[2552]. Nebst den privaten Versicherern tritt der Bund als subsidiär-komplementärer Versicherer auf. Private Versicherer haben eine Versicherungssumme von insgesamt 550 Millionen Franken je Kernanlage bzw. 55 Millionen Franken je Transport zu übernehmen; der Bund versichert den Haftpflichti-

---

2541 Oftinger, Bd. I, 454.
2542 Oftinger/Stark, Bd. II/3, 92. Die Privatbahnen machen anscheinend alle von der freiwilligen Versicherung Gebrauch.
2543 Art. 69 Abs. 5 GschG.
2544 Art. 47 lit. d Verordnung über den Schutz von Gewässern vom 28. September 1981 (SR 814.226.21).
2545 BBl 1987 II 1164.
2546 Oftinger/Stark, Bd. II/1, 523.
2547 Art. 64 SVG; Art. 125 und 133 LFV; Art. 35 Abs. 2 RLG; Art. 16 Abs. 1 Trolleybusgesetz; Art. 48 Abs. 1 Automobilkonzessionsverordnung; Art. 21 Abs. 1 und 4 LKV; Art. 31 Abs. 3 BG über die Binnenschiffahrt; Art. 16 Abs. 1 JSG.
2548 Z.B. Art. 16 Abs. 1 JSG; Art. 64 SVG; Art. 74 LFG und 125 LFV; Art. 31 Abs. 3 BG über die Binnenschiffahrt.
2549 Vgl. Art. 35 Abs. 3 RLG.
2550 Art. 21 Abs. 4 LKV.
2551 Hier folgt nur eine stark geraffte Übersicht. Zu den Details vgl. Art. 11 KHG und Oftinger/Stark, Bd. II/3, 301 ff.
2552 Oftinger/Stark, Bd. II/3, 302. Kritisch zu dieser Argumentation Rausch (Atomenergierecht), 226 f.

gen gegen Nuklearschäden bis zu einer Höhe von 1,1 Milliarde Franken, soweit diese Schäden die Deckungssumme des privaten Versicherers übersteigen oder von ihr ausgeschlossen sind. In gleicher Höhe versichert der Bund zudem Spätschäden, d.h. Schäden, die wegen Ablaufs der 30jährigen Verjährungsfrist gegen den Haftpflichtigen nicht mehr geltend gemacht werden können. Treten Schäden auf, welche die Mittel des Haftpflichtigen wie auch die durch private Versicherer und den Bund übernommene Deckungshöhe überschreiten (sogenannte Grossschäden), so stellt die Bundesversammlung in einem allgemeinverbindlichen, dem Referendum nicht unterstehenden Bundesbeschluss eine Entschädigungsordnung auf[2553]; nicht ausgeschlossen ist der Einbezug rückwirkender Regelungen[2554]. Die Sonderordnung dient der «gerechten Verteilung»[2555] aller zur Verfügung stehenden Mittel, wobei von den gesetzlichen Bestimmungen des KHG abgewichen werden darf[2556]. Nach Art. 16 KHG trifft den Bund überdies eine subsidiäre Haftung für die Fälle, dass der Haftpflichtige nicht ermittelt werden kann, er nicht versichert ist, der Versicherer den Schaden wegen Zahlungsunfähigkeit nicht decken kann und auch der Haftpflichtige hierzu nicht in der Lage ist. Weiter ist der Bund haftbar für inländische Schäden, soweit sie durch ein im Ausland eingetretenes Ereignis verursacht wurden und in jenem Staat keine dem inländischen Recht vergleichbare Entschädigung erlangt werden kann. Eine ähnlich interessante Entwicklung bahnt sich im Luftrecht an. Da hier nicht nur abstürzende, sondern immer mehr auch vorbeifliegende Luftfahrzeuge Schäden verursachen können[2557], lässt sich der Verursacher in solchen Fällen nur selten ermitteln. Mit der Revision des Luftfahrtgesetzes soll die Möglichkeit gegeben werden, dass - im Anschluss an das Strassenverkehrsrecht - eine Regelung bezüglich solcher Schäden erlassen werden kann[2558]. Im Gegensatz zur früheren Regelung decken im motorisierten Strassenverkehr nicht mehr der Bund, sondern die Haftpflichtversicherer durch einen unbekannten oder nicht eruierbaren Dritten verursachte Schäden, wobei Versicherungsnehmer die Deckung finanzieren[2559].

421. Das Versicherungsobligatorium wird im modernen Haftpflichtrecht durch ein *direktes Forderungsrecht* des Geschädigten ergänzt, das es diesem ermöglicht, sich hinsichtlich seiner Ersatzansprüche direkt an den Versicherer zu halten und diesen

---

2553 Art. 29 Abs. 1 KHG.
2554 Oftinger/Stark, Bd. II/3, 332.
2555 Dazu Oftinger/Stark, Bd. II/3, 337 ff.
2556 Art. 29 Abs. 2 KHG.
2557 Praktisch wichtig ist die Schädigung durch sogenannte «Randwirbelschleppen». Diese treten wie instationäre Horizontalwinde bzw. in Art eines «Minitornados» auf und können in An- und Abflugschneisen von Flughäfen grössere Schäden an Gebäuden, insbesondere an Dächern verursachen. Vgl. dazu Otto Weber/Rolf Ulken, Analyse des Einflusses von Wirbelschleppen auf Dachabdeckungen im Anflugbereich des Verkehrsflughafens Düsseldorf, Braunschweig 1981.
2558 BBl 1991 III 635.
2559 Art. 76 f. SVG.

VII. Verhältnis zu Dritten

auch einklagen zu können. Ziel der Durchgriffsmöglichkeit ist es, renitente und lavierende Haftpflichtige auszuschalten[2560]. Verstärkt wird sie durch den *Einredenausschluss*, der es dem Versicherer verunmöglicht, dem Geschädigten Einreden aus dem VVG[2561] oder dem Versicherungsvertrag entgegenzuhalten; das Risiko der Zahlungsunfähigkeit des Haftpflichtigen wird dadurch auf den Versicherer abgewälzt. Ausgehend vom Strassenverkehrsrecht[2562] haben das direkte Forderungsrecht und der Einredenausschluss Eingang in einige neuere Gefährdungshaftungsordnungen[2563] gefunden, darunter die Kernenergiehaftpflicht[2564], die Haftung des Rohrleitungskonzessionärs[2565] und des Jagdberechtigten[2566]. Bei rein freiwilliger Versicherung besteht kein direktes Forderungsrecht des Geschädigten[2567], doch ist er durch das gesetzliche Pfandrecht nach Art. 60 VVG gegen die Zahlungsunfähigkeit des Haftpflichtigen gesichert.

422. In Abweichung vom gemeinen Recht wird die *Verjährung* bei den Gefährdungshaftungen zumeist in dem Sinn geregelt, dass die Verjährungsfrist verlängert wird. Die relative Verjährungsfrist von einem Jahr nach Art. 60 Abs. 1 OR ist für den Verkehrskonzessionär[2568], den Inhaber einer Schwach- oder Starkstromanlage, den Rohrleitungskonzessionär sowie den Motorfahrzeughalter[2569] auf zwei Jahre verlängert worden, für den Kernenergiehaftpflichtigen auf drei Jahre[2570]. Die absolute Verjährungsfrist von 10 Jahren ist bei letzterem gar bei 30 Jahren angesetzt worden, wobei es sich hier um eine nicht unterbrechbare Verwirkungsfrist handelt[2571]. Keiner absoluten Frist unterliegt die Leistungspflicht des Bundes für Spätschäden nach Art. 13 KHG, jedoch sind sie innerhalb der relativen Frist von drei Jahren geltend zu machen[2572]. Aus der Reihe fällt die Dauer der absoluten Verjährung der Luftfahrzeughalterhaftung, die lediglich auf drei Jahre begrenzt ist[2573]. Mit der all-

---

2560 Oftinger/Stark, Bd. II/3, 403.
2561 Bundesgesetz über den Versicherungsvertrag vom 2. April 1908 (SR 221.229.1).
2562 Art. 65 SVG. Vgl. zur Entstehung des direkten Forderungsrechtes Oftinger, Bd. I, 458 f.
2563 Ausdrücklich ausgeschlossen ist das direkte Anspruchsrecht gegenüber dem Versicherer des Luftfahrzeughalters, Art. 131 Abs. 2 LFV.
2564 Art. 19 KHG.
2565 Art. 37 RLG.
2566 Art. 16 Abs. 2 und 3 JSG.
2567 Vgl. aber Art. 16 Abs. 2 JSG.
2568 Art. 14 Abs. 1 EHG oder 83 Abs. 1 SVG.
2569 Art. 83 Abs. 1 SVG.
2570 Art. 10 Abs. 1 KHG.
2571 Oftinger/Keller, Bd. II/3, 286.
2572 Oftinger/Keller, Bd. II/3, 289.
2573 Art. 68 Abs. 2 LFG.

gemeinen obligationsrechtlichen Lösung identisch ist die Verjährung von Schäden aus Gewässereinwirkungen[2574] und von Jagdschäden[2575].

3. ÖFFENTLICHRECHTLICHES VERANTWORTLICHKEITSRECHT

423. Die Haftung des Zugelassenen nach dem *öffentlichrechtlichen Verantwortlichkeitsrecht* ist in zwei Konstellationen denkbar. Zum einen kann es sich beim Schädiger um eine juristische Person öffentlichen Rechts handeln. In diesem Zusammenhang ist allerdings zu beachten, dass eine Staatshaftung ausscheidet, wenn die Zulassungsordnung ihre besondere Haftungsregelung auch auf Gemeinwesen bezieht[2576]. So verhält es sich mit der Haftung für Rohrleitungen[2577], Kernenergieanlagen[2578], Schwach- oder Starkstromanlagen[2579], Gewässerbeeinträchtigungen[2580], Transportdienste[2581], Militärflugzeuge[2582] und Motorfahrzeuge[2583]. Immerhin werden die haftpflichtigen öffentlichrechtlichen Subjekte durch die Sonderordnung zuweilen vom Versicherungsobligatorium ausgenommen[2584]. Von Relevanz kann die Verantwortlichkeit einer eine zugelassene Tätigkeit betreibenden Aktiengesellschaft mit öffentlichrechtlicher Beteiligung werden. Hier ist die Regel von Art. 762 Abs. 4 OR zu beachten, wonach für die abgeordneten Mitglieder einer Körperschaft des öffentlichen Rechts ausschliesslich diese selbst haftet. Ansonsten geniessen bei gewerblicher Tätigkeit des (zugelassenen) kantonalen Gemeinwesens – nicht des Bundes![2585] – obligationsrechtliche Regeln unbedingten Vorrang[2586]. Der Bund darf privatrechtliche Haftungsregeln abändern, wovon er durch den Ausschluss der persönlichen zivilrechtlichen Haftung des fehlbaren Beamten[2587] und mit der Regelung des Personen-

---

2574 Art. 69 Abs. 3 GschG.
2575 Art. 15 Abs. 2 JSG.
2576 Art. 3 Abs. 2 VG. Vgl. dazu im einzelnen Gygi (Verwaltungsrecht), 249 und 251; Häfelin/Müller, N 1733; Kuhn, 80 ff., Schwarzenbach-Hanhart (Haftung), 105 f.; ferner Knapp (collaboration), 36.
2577 Oftinger/Stark, Bd. II/3, 359.
2578 Oftinger/Stark, Bd. II/3, 194.
2579 Art. 27 Abs. 1 ElG.
2580 Art. 69 Abs. 4 GSchG.
2581 Art. 1 und 24 EHG.
2582 Art. 106 Abs. 1 LFG.
2583 Art. 73 Abs. 1 SVG.
2584 So etwa in Art. 35 Abs. 5 RLG; Art. 69 Abs. 4 GSchG; Art. 17 Abs. 2 KHG (betrifft nur den Bund); Art. 73 Abs. 1 SVG.
2585 Vgl. dazu Kuhn, 73 und Art. 11 Abs. 2 VG.
2586 Art. 61 Abs. 2 OR. Vgl. dazu Imboden/Rhinow und Rhinow/Krähenmann, Nr. 101 B V; Gygi (Verwaltungsrecht), 252 ff.; Häfelin/Müller, N 1769 ff.; Schwarzenbach-Hanhart (Haftung), 114 ff.
2587 Art. 11 Abs. 2 VG. Vgl. den kritischen Hinweis auf die dabei entstehenden Lücken im Haftungssystem bei Kuhn, 101 ff.

und Gütertransportes im Bereich des öffentlichen Verkehrs[2588] Gebrauch gemacht hat.

424. *Zum anderen* können formal ausserhalb der staatlichen Verwaltung stehende natürliche oder juristische Personen des Privatrechts öffentliche Aufgaben des Gemeinwesens erfüllen. Auch sie unterstehen, soweit sie «unmittelbar» mit diesen «öffentlichrechtlichen Aufgaben des Bundes betraut sind»[2589], bei der «Ausübung der mit diesen Aufgaben verbundenen Tätigkeit»[2590] dem Staatshaftungsrecht. Zu ihnen zählen Konzessionäre «de service public»[2591], die in diesem Zusammenhang unnötigerweise auch Beliehene[2592] genannt werden. Primär ersatzpflichtig ist der Schädiger, erst subsidiär der Bund[2593]. Allerdings ist der Anwendungsbereich des bundesrechtlichen Staatshaftungsrechts aufgrund der Fülle spezialgesetzlicher Regeln eng. Ob kantonale Regelungen einen anderen Schluss zulassen, hängt nicht nur davon ab, wieweit Aussenstehende ins Verantwortlichkeitsrecht einbezogen sind[2594], sondern schwergewichtig auch, wie die Grenzen zwischen gewerblicher und hoheitlicher Tätigkeit gezogen werden[2595]. Zudem ist zu beachten, dass die bundesrechtliche Verantwortlichkeitsregelung ausscheidet, wenn eine bundesrechtlich geordnete Konzession und mit ihr eine Bundesaufgabe einem kantonalen Gemeinwesen übertragen, und in die kantonale Organisationsstruktur eingebettet vollzogen wird[2596]; es fehlt hier an der unmittelbaren Betrauung mit Bundesaufgaben. So ist der Kanton Zürich Träger der Flughafenkonzession Zürich-Kloten; er lässt die damit verbundenen Aufgaben[2597] durch die als unselbständige Anstalt eingerichtete Flughafendirektion erledigen[2598]. Die Haftung des Kantons als Bundeskonzessionär beurteilt sich in solchen und ähnlichen Fällen – im Rahmen von Art. 61 Abs. 2 OR – nach kantonalen Vorschriften.

2588 Vgl. Art. 40 ff. TG.
2589 Art. 1 Abs. 1 lit. f VG.
2590 Art. 19 Abs. 1 VG. Vgl. dazu etwa BGE 108 Ib 389 ff.
2591 Knapp (collaboration), 36; Grisel (Traité), 289 und 802; Knapp (Précis), N 2460; Hanhardt, 185.
2592 Gygi (Verwaltungsrecht), 56 ff.; differenzierend P.R. Müller, 203 f.
2593 Art. 19 Abs. 1 lit. a VG. Vgl. dazu Knapp (collaboration), 36; P.R. Müller, 267; BGE 94 I 637
2594 Zur Zürcher Regelung vgl. Schwarzenbach-Hanhart (Haftung), 168.
2595 Vgl. die Beispiele bei Hanhardt, 186 f.
2596 Kuhn, 111 f.; Schwarzenbach-Hanhart (Haftung), 172; BBl 1956 I 1399.
2597 Vgl. Art. 39 LFV.
2598 Kölz (Kommentar), § 1 N 33.

D. NACHBARRECHTLICHE BEZIEHUNGEN

1. DER BESONDERE IMMISSIONSSCHUTZ GEGENÜBER KONZESSIONÄREN

425. Im Umfeld der hier skizzierten haftungsrechtlichen Beziehungen zwischen Zugelassenem und Dritten sticht die Regelung des *nachbarrechtlichen Immissionsschutzes* durch ihren besonderen Inhalt hervor. Die Beziehungen zwischen Nachbarn sind unter anderem in den Art. 679 und 684 ZGB geregelt, deren Vorschriften grundsätzlich auch für das Gemeinwesen als Nachbar gelten, und zwar unabhängig davon, ob es als Privatrechtssubjekt auftritt oder kraft des ihm zustehenden Hoheitsrechts handelt[2599]. Im nachbarrechtlichen Verhältnis verboten sind alle schädlichen, nach Lage und Beschaffenheit der Grundstücke oder nach Ortsgebrauch nicht gerechtfertigten Einwirkungen durch Rauch oder Russ, lästige Dünste, Lärm oder Erschütterungen[2600]. Wird das Nachbarrecht in der beschriebenen Weise überschritten, so kann der betroffene Nachbar, falls er geschädigt oder mit Schaden bedroht wird, auf Beseitigung der Schädigung oder Schutz gegen drohenden Schaden und auf Schadenersatz klagen[2601]. Im Verhältnis zur Unterlassungs- und Beseitigungsklage ist das Schadenersatzbegehren subsidiär; dem Nachbar ist es nicht verwehrt, eigene Schutzvorkehren vorzunehmen und auf Ersatz der Aufwendungen zu klagen[2602]. Weiter hat der Nachbar bei hoher Wahrscheinlichkeit des Schadenseintritts die Möglichkeit der Präventivklage[2603].

426. Gehen die Immissionen jedoch von einem Werk aus, das im *öffentlichen Interesse* liegt und dessen Werkeigentümer das *eidgenössische Enteignungsrecht* zusteht oder auf dessen Erteilung er Anspruch hat[2604], so wird der Anspruch des Nachbarn auf Schutz vor Immissionen erheblich zurückgedrängt. Unter dieser Prämisse gilt die Einschränkung des Abwehrrechts für Grundstücke, unabhängig davon, ob sie zum Verwaltungsvermögen eines (konzessionierten) Gemeinwesens gehören oder ins Eigentum eines konzessionierten Privaten fallen[2605]. Die Einschränkung greift, wie nachfolgend ausgeführt, auf zwei Ebenen: Als erstes kann der Nachbar nur in Ausnahmefällen gegen die Werkerstellung oder den -betrieb vorgehen; sein An-

---

[2599] Imboden/Rhinow, Nr. 102 B I; Schwarzenbach-Hanhart (Haftung), 171; Hess/Weibel, Art. 5 N 13.
[2600] Art. 684 ZGB.
[2601] Art. 679 ZGB.
[2602] Meier-Hayoz, Art. 684 N 207.
[2603] Meier-Hayoz, Art. 679 N 111.
[2604] Grisel (Traité), 722 f.; Hess/Weibel, Art. 5 N 14; W. Müller, 128 f.; Karl Oftinger, Lärmbekämpfung als Aufgabe des Rechts, Zürich 1956, 125; Bernhard Staehelin, Die Rechtsstellung des Flugplatznachbarn, Bulletin Schweizerische Vereinigung für Luft- und Raumrecht (ASDA-SVLR) 1985/1, 9; BGE 98 Ib 420; 106 Ib 244 f.; 111 Ib 24; 113 Ib 37.
[2605] Vgl. Art. 3 Abs. 2 EntG und dazu Hess/Weibel, Art. 3 N 27 ff.; W. Müller, 107.

spruch wird auf den Schadenersatz zurückgebunden. Doch auch dieser kann – als zweites – nur unter sehr restriktiv gehandhabten Voraussetzungen durchgesetzt werden. Eine bescheidene Aufwertung erfährt die Rechtsstellung des Nachbarn durch die Pflicht des Werkbetreibers zur Erstellung von Schutzmassnahmen.

427. Ausgehend von der Überlegung, wonach es nicht auf dem Weg der nachbarrechtlichen Rechtsbehelfe möglich sein sollte, die *Errichtung und den Betrieb* eines öffentlichen Werkes zu verunmöglichen, hat das Bundesgericht in stetiger Rechtsprechung festgehalten, dass der privatrechtliche Immissionsschutz weichen müsse, soweit die Einwirkungen mit dem bestimmungsgemässen Gebrauch des Werkes verbunden sind und nicht oder nur mit einem unverhältnismässigen Kostenaufwand vermieden werden können[2606]. Wo diese beiden Voraussetzungen vorliegen, kann der Nachbar nicht die Unterlassung bzw. Beseitigung der Immissionen fordern, sondern ist einzig auf die Schadenersatzklage angewiesen. Den Schadenersatz hat er auf dem Weg der Enteignungsentschädigung zu fordern – gestützt auf Art. 5 EntG, wonach auch Nachbarrechte enteignet werden können[2607]. Demnach kann der Nachbar den Zivilrichter einzig dann anrufen, wenn er geltend macht, die Immissionen seien nicht notwendige oder doch leicht vermeidbare Folge der Werkerstellung oder des -betriebes.

428. Wo der Immissionsbelastete die nachbarrechtlichen Ansprüche nach Art. 684 ZGB nicht durchsetzen kann, muss ihm das unterdrückte Nachbarrecht auf dem Weg der *formellen Enteignung* entzogen werden[2608]; solange die bisherige Nutzung bestehender Gebäude weiterhin zugelassen wird, fällt die Zusprechung einer Entschädigung aus materieller Enteignung ausser Betracht[2609]. Im Ergebnis wird auf dem Nachbargrundstück eine Grunddienstbarkeit auf Duldung der Immission errichtet[2610]. Der Nachbar kann nicht zivilrechtlich auf Beseitigung der Schädigung oder Schutz gegen drohenden Schaden sowie auf Schadenersatz klagen, sondern nur unter Anrufung von Art. 5 EntG Entschädigung verlangen. Dieser Weg wird nicht versperrt mit Ausrichtung einer Entschädigung aus materieller Enteignung, wie sie Art. 44 LFG (Sicherheits- und Lärmzonen) vorsieht[2611]. Für ansteigende, neue oder andere Immissionen ist die kumulative Ausrichtung von Entschädigungen nach Art. 44 LFG und Art. 5 EntG möglich.

2606 BGE 34 I 694 f.; 36 I 627; 40 II 290 f.; 49 I 387; 62 I 269; 66 I 140 ff.; 79 I 203; 93 I 300 ff.; 94 I 297; 96 II 348 f.; 100 Ib 195; 102 Ib 351; 106 Ib 244; 107 Ib 389; 113 Ib 37.
2607 BGE 107 Ib 389; 113 Ib 37.
2608 BGE 111 Ib 24.
2609 BGE 110 Ib 371 f.; 116 Ib 15. Kritisch G. Müller, Kommentar BV, Art. 22ter N 64.
2610 BGE 106 Ib 244 f.; 111 Ib 24.
2611 BGE 110 Ib 377.

429. Die entschädigungspflichtige *Übermässigkeit* der Immissionen beurteilt sich im Enteignungsverfahren anders als vor dem Zivilrichter. Nach der im Entscheid «*Werren*»[2612] eingeleiteten und seither mehrfach bestätigten bundesgerichtlichen Rechtsprechung gibt eine Einwirkung Anspruch auf Schadenersatz, wenn sie für den (betroffenen) Grundeigentümer nicht voraussehbar war, ihn in spezieller Weise trifft und einen schweren Schaden verursacht[2613]. Diese drei Voraussetzungen müssen kumulativ vorliegen. Dass der Nachbar eines dem Gemeinwesen gehörenden Grundstücks schlechter gestellt ist als gegenüber dem privaten benachbarten Grundeigentümer, hat breite Kritik der Lehre ausgelöst[2614], das Bundesgericht jedoch bis anhin kaum beeindruckt[2615]. Es hat in zumindest jüngst festgehalten, dass die für den Strassen- und Schienenverkehr geltenden Regeln nicht auf Bauarbeiten übertragen werden könnten; hier solle das Übermass im Sinn der zivilrechtlichen Regeln zu Art. 684 ZGB ermittelt werden[2616]. Ob eine ähnliche Abkehr bei der Luftverunreinigung erwartet werden kann, ist zurzeit noch offen[2617].

430. Die dargelegte Rechtsprechung ist in erster Linie aufgrund der von Nationalstrassen und Eisenbahnbetrieben ausgehenden Immissionen entstanden[2618]; von anderen Werken[2619] – etwa Flughäfen – ausgehende Auswirkungen musste das Bundesgericht – soweit ersichtlich – bis anhin noch nicht auf ihr Übermass hin untersuchen. Allerdings hat es auch ausgeführt, es sei nicht sicher, dass sich seine Rechtsprechung unbesehen auf die Lärmimmissionen aus dem Flugbetrieb übertragen liessen[2620]; jedoch lässt sich den Erwägungen auch nicht entnehmen, welche Modifikationen angebracht wären. Ungeklärt ist auch die Frage, ob für die Annahme der Übermässigkeit von Schadstoff-Immissionen die gleichen Voraussetzungen gelten sollen wie bei den Lärm-Immissionen[2621]. Die Motive für das Zurückweisen der Schadenersatzansprüche sind nach der bundesgerichtlichen Rechtsprechung darin zu

---

2612 BGE 94 I 286.
2613 Aus der neuesten Rechtsprechung: BGE 110 Ib 48 ff. und 346; 111 Ib 234; 112 Ib 529; 116 Ib 21; 117 Ib 18.
2614 Vgl. den Überblick bei Jaag (Enteignung), 107 Fn. 3 sowie die Nachweise bei Meier-Hayoz, Art. 684 N 244 ff.; Hess/Weibel, Art. 5 N 15.
2615 Vgl. BGE 110 Ib 48.
2616 BGE 117 Ib 16 ff.; 118 Ib 205.
2617 BGE 118 Ib 205.
2618 BGE 117 Ib 18.
2619 Nicht erfasst sind Immissionen, die von Bauarbeiten ausgehen. Vgl. dazu die vorangehenden Ausführungen und BGE 117 Ib 16 ff.
2620 BGE 110 Ib 380. Vgl. auch Hess/Weibel, Art. 5 N 15.
2621 BGE 118 Ib 203 ff.

sehen, dass der Werkeigentümer «eine rechtmässige und im öffentlichen Interesse liegende Tätigkeit ausübt»[2622].

431. Sofern die von einem Grundstück (in der Regel von einem sich darauf befindlichen Betrieb oder Werk) ausgehende Immission nicht vom bestimmungsgemässen Gebrauch herrührt oder vermeidbar ist, kann sich der Nachbar auf den zivilrechtlichen Schutz berufen; er braucht nicht den strengeren Voraussetzungen unterliegenden Weg der Entschädigung aus formeller Enteignung zu beschreiten. Ob ein Gebrauch *bestimmungsgemäss* ist, beurteilt sich nach dem Zweck des öffentlichen Werkes, wie er gesetzlich und allenfalls in der Konzession umschrieben ist. Das ergibt sich bereits daraus, dass eine Enteignung nur dann gestattet ist, wenn sie im öffentlichen Interesse liegt. *Unvermeidbar* ist eine Immission, wenn sie die unausweichliche Folge der Erfüllung des öffentlichen Interesses ist[2623]. Als unvermeidbar gilt nicht nur eine Einwirkung, die überhaupt nicht vermieden werden kann, sondern bereits eine solche, die nur mit unverhältnismässigem Aufwand beseitigt werden kann[2624]. Als Massnahmen zur Vermeidung der Immissionen gelten nicht nur solche der Emissions-, sondern auch die der Immissionsminderung bzw. -vermeidung[2625]. Eine Emission gilt bereits dann als unvermeidbar, wenn alle technisch möglichen immissionssenkenden Massnahmen getroffen wurden[2626]. Das Bundesgericht hat sich bis anhin nicht dazu geäussert, wann der Aufwand als unverhältnismässig anzusehen ist; es hielt einzig fest, die Vermeidbarkeit könne nicht damit begründet werden, dass das öffentliche Werk an einem anderen Ort errichtet werde[2627]. Indessen schimmert im *leading case* «Werren» der Grund für die finanzielle Komponente der Unvermeidbarkeitsschranke durch: Das Bundesgericht stellte hier mit realpolitischer Nüchternheit fest, das Gemeinwesen könne nicht gehalten sein, allen Schaden («tous les dommages») zu bezahlen, der mit dem Nationalstrassenbau verbunden sei, da dadurch die Werkerrichtung in der Mehrzahl der Fälle verunmöglicht würde[2628]. Dass die bundesgerichtliche Rechtsprechung nicht nur unbestimmt, sondern auch inkonsistent ist, zeigt sich dann, wenn es in anderen Fällen Entschädigungsansprüche von Nachbarn mit der Begründung abweist, die Immission könne «ohne unzumutbaren Aufwand selbst ausgeschlossen oder wenigstens erheblich verringert werden»[2629]. Das heisst aber nichts anderes, als dass die Immission vermeidbar ist und

---

2622 So oder ähnlich BGE 94 I 297; 96 II 348 f.; 100 Ib 195; 102 Ib 351; 106 Ib 244; 110 Ib 50; 111 Ib 234.
2623 Hess/Weibel, Art. 19 N 145.
2624 BGE 107 Ib 387; 110 Ib 371; 113 Ib 37.
2625 Fahrländer, 28; W. Müller, 130 f.
2626 BGer 8. Juli 1981, ZBl 83/1982, 444 ff.
2627 BGE 107 Ib 390.
2628 BGE 94 I 300 f.
2629 BGE 104 Ib 83.

somit auch nicht nach den restriktiveren Regeln zu Art. 5 EntG beurteilt werden müsste.

432. Auch in der Lehre finden sich keine praktikablen Vorschläge zur Festlegung des verhältnismässigen Aufwandes[2630]. Der Ausgangspunkt sollte jedenfalls in einer Interessenabwägung zwischen dem öffentlichen Interesse am Werkbetrieb und dem privaten Interesse an der Durchsetzung der Nachbarrechte gesucht werden. Dabei geht es um die Frage der Verträglichkeit von technischen Massnahmen mit der Verwirklichung des Zwecks des konzessionierten Werkes. Hiervon ausgehend sollte weiter auch nach der Art der Immission und des von ihr betroffenen Rechtsgutes differenziert werden. Je schwerer die Immission wiegt und je eingreifender die Rechtsgutverletzung ist, um so eher rechtfertigen sich auch kostenintensive(re) Massnahmen seitens des Werkbetreibers. Mit in Betracht gezogen werden sollte, wie weit der Konzessionär die Kosten auf Dritte, namentlich auf die Benutzer, abwälzen kann und wie es mit dem Werkgewinn bestellt ist.

433. Auch wenn der Nachbar auf den Enteignungsweg verwiesen ist, so führt nicht jede, sondern erst die *übermässige Immission* zur Verpflichtung des Gemeinwesens, eine Entschädigung aus formeller Enteignung auszurichten. Kumulativ müssen die folgenden drei Voraussetzungen erfüllt sein:

Besondere Schwere und Intensität des Eingriffs. Die Voraussetzung der Schwere und Intensität des Eingriffs kann nicht abstrakt definiert werden, sondern ist im Einzelfall zu beurteilen[2631]. Ausgeschlossen ist die Entschädigung für geringfügigen Schaden; diesen hat der Eigentümer des betroffenen Grundstücks zu tragen[2632]. Das Bundesgericht hat einen (Grundstück)Minderwert von 15% sowie einen solchen von 10% als erheblich betrachtet[2633]. Als zu gering im Verhältnis zum Grundstückwert wurde der Schaden aus der Installation einer schallgedämpften Lüftung des Schlafzimmers angesehen (wobei hier der genaue Kostenanteil in den Erwägungen unerwähnt blieb)[2634]. Aber diese Grenzen sind keineswegs starr zu handhaben; vielmehr ist immer nach den Umständen des Einzelfalles abzuwägen, ob die «Beeinträchtigung eine erhebliche sei»[2635]. So sind etwa auch die finanziellen Verhältnisse des Immissionsbelasteten in Betracht zu ziehen, die es ihm nicht gestatten, aus eigenen Mitteln das Nötige vorzukehren, um die störenden Einwirkungen zu

---

2630 Vgl. immerhin W. Müller, 130.
2631 Hess/Weibel, Art. 19 N 148.
2632 G. Müller, Kommentar BV, Art. 22ter N 63; W. Müller, 113; BGE 94 I 302.
2633 BGE 98 Ib 331; 101 Ib 409;
2634 Pra 74/1985 Nr. 126, 366.
2635 BGE 101 Ib 409; Pra 74/1985 Nr. 126, 358.

dämpfen[2636]. Bei der Schadenshöhenermittlung ist zu beachten, dass dem Bundesgericht bis anhin nur Fälle vorlagen, wo es um den Schaden aus dem Minderwert des Grundstücks ging. Inhalt des Schadenersatzanspruchs nach Art. 679 und 684 ZGB kann auch ein – bereits entstandener[2637] – Personenschaden sein[2638]. In diesem Fall ist der Schaden nach richterlichem Ermessen festzusetzen[2639].

Spezialität des Eingriffs. Ein Eingriff ist speziell, wenn die Einwirkung ausserhalb des Normalen, Üblichen und Zumutbaren liegt[2640]. Das Unübliche der Immission kann sich aus dieser selbst ergeben, aus der Art und Weise der Nutzung des belasteten Grundstücks[2641], aus dessen Standort oder der Art der emittierenden Anlage[2642]. Es spielt keine Rolle, ob von der speziellen Immission ein oder mehrere Grundeigentümer betroffen sind; ein weiter Kreis von Belasteten macht aus einer unzumutbaren Belastung noch keine zumutbare[2643]. Die Frage der Spezialität hat sich bis anhin vorwiegend bei Lärmbelästigungen gestellt; danach ist ein stochastischer und die Grenzwerte übersteigender Lärm als unüblich anzusehen[2644]. Seit Inkrafttreten der Umweltschutzgesetzgebung wird behelfsmässig auf die darin festgelegten Grenzwerte gegriffen[2645]. Anders als die Schwere der Immission bezieht sich die Spezialität nur auf die Intensität der Einwirkung und nicht auf die damit verbundene Schädigung[2646].

Unvorhersehbarkeit. Nicht jeder Immissionsschaden ist zu entschädigen, sondern nur derjenige, der seitens des Belasteten nicht vorausgesehen werden konnte. Dies leitet das Bundesgericht aus der allgemeinen Pflicht zur Schadensminderung ab[2647]. Daraus folge, dass der Eigentümer keinen Anspruch auf Immissionsentschädigung erheben könne für ein Grundstück, das er erst nach Bekanntwerden der Strassenbaupläne gekauft oder überbaut habe. Die Voraussehbarkeit der Immission beurteilt sich im wesentlichen nach der Lage der betroffenen Parzelle. Liegt diese im

---

2636 BGE 101 Ib 409.
2637 BGE 113 Ib 37.
2638 Oftinger/Stark, Bd. II/1, 171. Unrichtig W. Müller, 146 bei Anm. 291, der die Gesundheitsbeeinträchtigung nicht zu den enteignungsfähigen Objekten zählt. Richtigerweise wird aber nicht die Gesundheitsbeeinträchtigung, sondern der Abwehranspruch enteignet.
2639 Hess/Weibel, Art. 19 N 149.
2640 G. Müller, Kommentar BV, Art. 22ter N 63; Hess/Weibel, Art. 19 N 149; BGE 110 Ib 346 ff.; 116 Ib 21.
2641 BGE 94 I 301 betr. eine Nervenklinik.
2642 Hess/Weibel, Art. 19 N 149.
2643 BGE 102 Ib 275.
2644 W. Müller, 111 f.; BGE 110 Ib 350.
2645 BGE 116 Ib 22 f.; 117 Ib 18.
2646 BGE 110 Ib 340.
2647 BGE 110 Ib 50; 111 Ib 234 f.; 112 Ib 529; 117 Ib 19.

Bereich einer städtischen Agglomeration, an einer Hauptverkehrsader oder im Ortskern, durch die der Verkehr topographisch bedingt notwendigerweise hindurchführt, so ist auch eine Verkehrszunahme voraussehbar[2648]. Zuweilen stellt sich die Frage, ob auch ein Immissionsanstieg oder das Auftreten neuer Immissionsarten oder Emissionsquellen (vor allem Anstieg des Personen- und Lastverkehrs auf den Strassen) der Voraussetzung der Voraussehbarkeit unterliege. Für den Flugverkehr wird in Teilen der Lehre der Standpunkt vertreten, dass zwar die Zunahme der Flugbewegungen voraussehbar sei, hingegen nicht das Auftreten neu entwickelter Flugzeugtypen[2649], eine wesentliche Erweiterung des Flugbetriebs, Bau neuer Pisten oder die Verlegung der An- und Abflugwege[2650]. Das Bundesgericht ist zumindest der Ansicht entgegengetreten, wonach auch das Ausmass der Lärmimmissionen in einzelnen voraussehbar sein soll. Es hat (für Immissionen aus dem Betrieb von Nationalstrassen) festgehalten, ausschlaggebend sei einzig, dass der Betroffene ein an einer Hauptverkehrsader liegendes Grundstück erworben und damit die übliche Verkehrsentwicklung und die sich daraus ergebenden Belästigungen in Kauf genommen hat[2651]. Somit bleibt die Voraussehbarkeit von Art und Ausmass der Immission belanglos, soweit deren Anwachsen Folge einer üblichen Verkehrs- oder Werknutzungsentwicklung ist. Der für die Voraussehbarkeit massgebende Zeitpunkt ist die Erteilung der Baubewilligung, ansonsten das Datum des Grundstückkaufs oder die Zuführung zur neuen Nutzungsart, die durch die Immission nun eingeschränkt wird[2652]. Erben treten in die Rechtsstellung des Erblassers ein[2653]. Daraus erhellt, dass Neuerwerber bzw. Neunutzer, die erst nach Bekanntwerden des Bauprojekts Grundeigentum erwerben oder einer neuen Nutzung zuführen, abgesehen von einer unüblichen Immissionsentwicklung, keinen Anspruch auf Entschädigung erheben können, selbst dann, wenn es deren Rechtsvorgängern möglich gewesen wäre.

434. Nach Art. 7 Abs. 3 EntG ist der Enteigner verpflichtet, die geeigneten Vorrichtungen zu erstellen, um die Öffentlichkeit und die benachbarten Grundstücke gegen *Gefahren und Nachteile sicherzustellen*, die mit der Erstellung und dem Betrieb seines Unternehmens notwendig verbunden und nicht nach Nachbarrecht zu dulden sind. Es geht hier demnach nicht um die Enteignung von Nachbarrechten, sondern um den Schutz der Öffentlichkeit und der Nachbargrundstücke[2654]. Es ist zu

---

2648 W. Müller, 116; BGE 110 Ib 51; 116 Ib 22.
2649 Die Aussage bezieht sich auf die Umstellung vom Propeller- auf den Düsenbetrieb. Gegenwärtig ergibt das Auftreten neuer Flugzeugtypen deshalb wenig Probleme, weil mit jeder Flugzeuggeneration eine Verminderung an Emissionen verbunden ist.
2650 W. Müller, 147 ff.; Roduner, 129.
2651 BGE 110 Ib 51; 116 Ib 22. Zurecht kritisch dazu Jaag (Enteignung), 109.
2652 W. Müller, 116; Roduner, 124.
2653 BGE 111 Ib 235.
2654 Hess/Weibel, Art. 7 N 38.

beachten, dass die Öffentlichkeit oder die Nachbargrundstücke durch eine nicht nach Nachbarrecht zu duldende und durch Sicherheitsvorkehren abwendbare Gefahr oder anderweitige Nachteile bedroht sein müssen, die mit Erstellung oder Betrieb des Werkes notwendig verbunden sind. Ausgeschlossen ist die Verpflichtung bei Gefahren oder Nachteilen, die nach Nachbarrecht zu dulden sind, oder bei polizeilich motivierten Eigentumsbeschränkungen. Während die Forderung der belasteten Nachbarn nach immissionsbegrenzenden Massnahmen früher praktisch ohne Bedeutung war[2655], hat das Bundesgericht festgehalten, das Enteignungsrecht nach Art. 1 Abs. 2 EntG dürfe nicht für vermeidbare Immissionen beansprucht werden; vielmehr sei die Enteignung «ultima ratio», der alle zweckmässigen und ohne unverhältnismässige Kosten realisierbaren technischen Vorkehren zur Immissionsbekämpfung vorgingen[2656]. Es ist demnach vom Primat von Art. 7 Abs. 3 EntG (Schutzmassnahmen) gegenüber dem Enteignungsrecht auszugehen. Der Enteigner soll als erstes alle Schutzvorkehren angehen, um eine Enteignung zu verhindern. Allerdings können Schutzmassnahmen nur für solche Einwirkungen gefordert werden, die dem Schutz öffentlicher, polizeilicher Güter dienen, nicht jedoch für solche, die ausschliesslich im privaten Interesse des betroffenen Grundeigentümers liegen und sich zum Nachteil anderer auswirken könnten[2657]. Noch offen ist die Frage, inwieweit der Nachbar verpflichtet werden kann, auf Kosten des Werkbetreibers Schutzvorkehren auf eigenem Grundstück vorzunehmen oder zu dulden[2658].

435. Anders als die zivilrechtlichen Ansprüche nach Art. 679 und 684 ZGB unterliegt der Entschädigungsanspruch aus Enteignung strengeren *Verwirkungs- und Verjährungsvorschriften*. Sofern eine Planauflage bzw. eine persönliche Anzeige erfolgte, können nachträgliche Entschädigungsbegehren nach Art. 41 Abs. 1 lit. b EntG nur innert einer Verwirkungsfrist von 6 Monaten geltend gemacht werden. Die Fristberechnung folgt den Regeln von Art. 20–24 VwVG[2659]. Als Verwirkungsfrist ist sie nicht nach den Regeln von Art. 135 OR unterbrechbar, als gesetzliche Frist ist sie nicht erstreckbar[2660]. Weiter ist die Einhaltung der Verwirkungsfrist von Amtes wegen zu beachten[2661]. Die Frist beginnt aber nicht zu laufen, wenn der Enteigner den Grundeigentümer von der Eingabe abgehalten hat (indem er den Ein-

---

2655 Vgl. dazu Fahrländer, 28 ff.
2656 BGE 105 Ib 355; 108 Ib 508. Vgl. auch Hess/Weibel, Art. 7 N 38.
2657 BGE 114 Ib 35.
2658 BGE 118 Ib 206. Eine ausdrücklich Regelung besteht für die Lärmschutzmassnahmen nach Art. 20 Abs. 2 USG. Vgl. auch § 19 des Zürcher Gesetzes über den Bau und Unterhalt der öffentlichen Strassen (Strassengesetz) vom 27. September 1981 (GS 722.1), der den Strassennachbar zur Duldung des Einbaus von Schallschutzfenstern verpflichtet, falls dadurch die Schadenersatzpflicht des Enteigners vermieden oder erheblich verringert werden kann.
2659 Art. 110 EntG.
2660 Hess/Weibel, Art. 41 N 19.
2661 BGE 106 Ib 233 f.

druck erzeugte, der Schaden lasse sich vermeiden), Vergleichsgespräche mit ihm geführt hat oder den Anschein erweckte, er trete auf seine Ansprüche ein[2662]. Der Aufschub des Fristenlaufs ist hier Folge des Verbots rechtsmissbräuchlichen Verhaltens. Muss überhaupt erst ein Enteignungsverfahren eingeleitet werden, so entfällt die Verwirkungsfrist. Allerdings ist eine 5-jährige *Verjährungs*frist zu beachten, deren Beginn bei der objektiven Erkennbarkeit des Schadens anzusetzen ist[2663]. Der Ablauf der Verjährungsfrist wird – soweit der Staat Schuldner ist – nur auf dessen Einsprache hin durch den Enteignungsrichter berücksichtigt[2664]. Wie beim Ablauf der Verwirkungsfrist beginnt die Verjährungsfrist solange nicht zu laufen, als der Enteigner den Grundeigentümer (rechtsmissbräuchlich) von der Verfahrenseinleitung abhält[2665].

2. ZIVILRECHTLICHE BEHELFE

436. Bei vermeidbaren oder aus nichtbestimmungsgemässem Gebrauch stammenden Immissionen kann der Nachbar die *zivilrechtlichen Ansprüche* aus Art. 679/684 ZGB geltend machen, ohne den strengeren Voraussetzungen der Entschädigung aus formeller Enteignung zu unterliegen. Im wesentlichen ist der Nachbar in zwei Belangen bessergestellt: hinsichtlich der Definition der Übermässigkeit einer Immission und der bereits erörterten Verjährung. Bei der Beurteilung der Übermässigkeit ist unbeachtlich, ob die Immission voraussehbar war oder nicht. Die Priorität des Emittenten verschafft kein Privileg, der Nachbar braucht keine Rücksicht auf vorbestehende oder in Aussicht stehende Emissionen zu nehmen[2666]. Demgegenüber ist die (wandelbare) Ortsüblichkeit der Immission, die sich aus Lage und Nutzung des Grundstücks ergibt, einschliesslich des Anstiegs, den eine massvolle Betriebserweiterung bewirkt, zu berücksichtigen[2667]. Nicht zu dulden sind hingegen in der Umgebung unübliche Immissionen[2668]. Die Abwehr- und Schadenersatzansprüche stehen bei jeder Schädigung zu, nicht nur bei einer schweren. Ferner ist es nicht notwendig, dass die Immission das Erfordernis der Spezialität erfüllt. Schliesslich kann das nachbarliche Abwehrrecht nicht gegen Entschädigung (sogenannter Ausgleichungsanspruch) entzogen werden[2669]; demgegenüber steht es den beiden Nach-

---

2662 BGE 83 II 98; 88 I 199; 106 Ib 235; 111 Ib 284; 113 Ib 38.
2663 Hess/Weibel, Vorbemerkungen zu Abschnitt III, N 10; BGE 108 Ib 487.
2664 Imboden/Rhinow, Nr. 34 B II; W. Müller, 162; BGE 106 Ib 364.
2665 W. Müller, 162.
2666 Meier-Hayoz, Art. 684 N 137 ff.
2667 Meier-Hayoz, Art. 684 N 140.
2668 Meier-Hayoz, Art. 684 N 141.
2669 Meier-Hayoz, Art. 684 N 220.

barn frei, über den Ausschluss der Geltendmachung des Abwehrrechts einen obligatorischen oder dinglichen Vertrag abzuschliessen[2670].

437. Entgegen kritischen Voten hat die bundesgerichtliche Rechtsprechung an der Schwächung der Rechtsposition von Nachbarn öffentlicher Werke festgehalten; diese Praxis kann als gefestigt gelten[2671]. Einige Bemerkungen aus spezifisch konzessionsrechtlicher Sicht scheinen trotzdem angebracht. Wie gesehen hat sich der Gedanke, nachbarrechtliche Abwehransprüche nach Art. 5 EntG und den daraus abgeleiteten strengen Voraussetzungen enteignen zu können, im Zusammenhang mit dem Nationalstrassenbau und dem Eisenbahnwesen entwickelt[2672] und wurde durch die damit zusammenhängenden Umstände – wie enormer Finanzbedarf und Realisierungseuphorie[2673], die sich durch die Immissionsfeindlichkeit des Zivilgesetzbuches[2674] und die prozessualen Verzögerungsmöglichkeiten[2675] bedroht sahen – nachhaltig beeinflusst[2676]. Mit dem Hinweis darauf, dass der Werkbetreiber rechtmässig und im öffentlichen Interesse handle, wird demzufolge vom Nachbarn Opferbereitschaft verlangt. Vergessen wurde nur, dass Art. 22ter Abs. 1 BV sich nicht mit der Rechtmässigkeit des Handelns und dem daran bestehenden öffentlichen Interesse begnügt, sondern bei Enteignung zudem volle Entschädigung verlangt. Deutlich wird hier die Nähe zur materiellen Enteignung[2677], auch wenn es das Bundesgericht anders sieht[2678]. Die Verbannung des Nachbarn in die äusseren Zonen der «Sozialpflichtigkeit» des Eigentums[2679] wird durch das Argument untermauert, dieser habe sich so zu verhalten, dass er den Schaden nicht vergrössere. Daran lässt sich rechtlich nichts bemängeln, ausser dass dem Werk wenig konsistent zugleich das Recht zugebilligt wird, seine Emissionen im Rahmen des Vorhersehbaren (und damit auch den Schaden des Nachbarn) steigern zu können.

438. Die systematische Besserstellung des emittierenden «Staates als Nachbar» kann aus verschiedenen Blickwinkeln kritisiert werden; sie beruht im wesentlichen dar-

---

2670 Meier-Hayoz, Art. 684 N 233.
2671 Vgl. dazu die vorangehenden Ausführungen und Rausch (Standortbestimmung), 150 f.
2672 BGE 117 Ib 18.
2673 Vgl. dazu Rausch (Standortbestimmung), 148 f.; Felix Schöbi, Zur Unterscheidung von formeller und materieller Enteignung am Beispiel von Immissionsstreitigkeiten, recht 1985, 128 f.
2674 Dazu Heinz Rey, Genereller Immissionsschutz, in: Schweizerisches Umweltschutzrecht, hrsg. von Hans-Ulrich Müller-Stahel, Zürich 1973, 194 ff.
2675 Vgl. Art. 69 EntG. Vgl. dazu Hess/Weibel, Art. 69 N 5; BGE 94 I 299; 102 Ib 351; 108 Ib 494.
2676 Finanzielle Motive liegen auch der Bevorteilung der Verkehrskonzessionäre im Umweltschutzrecht zugrunde. Vgl. dazu Ettler, Kommentar USG, Art. 25 N 37.
2677 G. Müller, Kommentar BV, Art. 22ter N 64; Hänni, 275.
2678 BGE 116 Ib 14 ff.
2679 Vgl. dazu G. Müller, Kommentar BV, Art. 22ter N 64; Hänni, 275. Zur Eingrenzung Riva, 287 ff.

auf, dass dem Gemeinwesen ein Schädigungsrecht zusteht, wobei auf der *gleichen gedanklichen Ebene*[2680] die Abwehr des Nachbarn eingeschränkt ist. Die Rechtsprechung kann dogmatisch immer wieder auf die unbestimmte, in der Schweiz leider noch kaum thematisierte[2681] Formel der rechtfertigenden «Sozialpflichtigkeit» des Eigentums zurückgeführt werden[2682]. Deren Anwendungsbereich ist hinsichtlich eines Konzessionärs jedoch eng zu ziehen. Der Konzessionär «de service public» versieht zwar eine Aufgabe von öffentlichem Interesse und kann zu ihrer Durchsetzung auf das Enteignungsrecht greifen. Gleichzeitig wird er jedoch auch in eigenen, wirtschaftlichen Interessen tätig. Diese Durchmischung öffentlicher und privater Interessen sollte Anlass genug sein, um die Befreiung des Konzessionärs aus der Schadenersatzpflicht nur unter strengeren, wieder mehr an Art. 679/684 ZGB angelehnten Voraussetzungen zuzulassen. Wesentlich dürfte das Verhältnis von öffentlichen und egoistischen Interessen bei der Werknutzung sein, das sich am ehesten anhand der Gewinnerzielung beurteilen lässt. Dem gewinnorientierten Konzessionär sind hinsichtlich der Vermeidbarkeit und dem Ausgleich für einen Emissionsanstieg grössere Opfer zuzumuten. Mit in die Betrachtung einbezogen werden sollten ebenso die Benutzer des Werkes unter Einschluss der Frage, wieweit Entschädigungszahlungen mittels Gebührenerhebung überwälzt werden könnten. Zusammengefasst sollte der vorwiegend eigene pekuniäre Interessen verfolgende Konzessionär keineswegs darauf vertrauen dürfen, dass er unbehelligt von den nachbarlichen Ansprüchen und finanziellen Forderungen, also auf der Basis eines einzigartigen wirtschaftlichen Privilegs, tätig sein kann.

3. Umweltschutzrecht

439. Auch das *Umweltschutzrecht* regelt die Beziehungen zwischen Nachbarn, zwar nicht auf der direkten Ebene des privatrechtlichen Immissionsschutzes[2683], sondern nur mittelbar auf dem Umweg der staatlichen Mitwirkung. Unmittelbare Folgen für die Rechtsbeziehungen zwischen konzessionierten Emittenten und deren Nachbarn haben aber Regelungen über die Kostenübernahme für Massnahmen des Immissionsschutzes[2684]. Da sich das Umweltschutzgesetz grundsätzlich auch an enteignungsberechtigte Konzessionäre richtet, ist zu erwarten, dass dadurch die soeben

---

2680 Ein Beispiel: Die Tätigkeit des Werkbetreibers liegt im öffentlichen Interesse und ist rechtmässig, wohingegen der zivilrechtliche Abwehranspruch des Nachbarn nur ausnahmsweise durch dessen privates Interesse getragen wird und deshalb als nicht schützenswert sowie (implizit) unrechtmässig gilt.
2681 Vgl. den Überblick bei Hänni, 270.
2682 Vgl. auch die Kritik bei Jaag (Enteignung), 109.
2683 Vgl. dazu C. Zäch, Kommentar USG, Art. 20 N 37 ff.; B. Wagner, 370 ff.; Petitpierre, 470 ff.
2684 Zur verfahrensrechtlichen Durchsetzung der nachbarlichen Ansprüche auf Kostenübernahme vgl. C. Zäch, Kommentar USG, Art. 20 N 36.

dargelegte Eindämmung des privatrechtlichen Abwehranspruchs partiell aufgewogen wird[2685].

440. Nach Art. 1 USG sollen Menschen, Tiere und Pflanzen, ihre Lebensgemeinschaften und Lebensräume gegen schädliche oder lästige Einwirkungen geschützt werden; dabei sind im Sinne der Vorsorge solche Einwirkungen frühzeitig zu begrenzen (*Vorsorgeprinzip*). Schädliche Einwirkungen sind solche, die durch direkte Beeinträchtigungen (wie Veränderungen der Beschaffenheit von Luft, Wasser und Boden und sonstige Eingriffe in das Naturgeschehen) wie auch indirekte Eingriffe die Lebensbedingungen nachteilig verändern und somit u.a. die physische und psychische Gesundheit von Menschen beeinträchtigen[2686]. Lästige Einwirkungen trüben demgegenüber die Lebensfreude, das Gefühl der Ungestörtheit und das Privatleben überhaupt[2687]. Lästig können Lärmeinwirkungen oder unangenehme (und als solche unschädliche) Gerüche sein. Das Vorsorgeprinzip nach Art. 1 Abs. 2 USG ist als verbindlicher Rechtssatz formuliert; bei der Abwägung der sich entgegenstehenden (wirtschaftlichen und umweltrelevanten) Interessen ist die Behörde – unter Wahrung des Verhältnismässigkeitsprinzips – in ihrem Ermessensspielraum eingeschränkt, sofern das Vorsorgeprinzip verletzt ist[2688]. Besondere Bedeutung hat das Vorsorgeprinzip im Zusammenhang mit der Emissionsbegrenzung und der Festlegung der Immissionsgrenzwerte[2689].

441. Nach Art. 2 USG trägt der Verursacher von Massnahmen «nach diesem Gesetz» die Kosten dafür (*Verursacherprinzip*)[2690]. Gemeint sind damit die Kosten, die mit der Vermeidung, Beseitigung oder Duldung von Umweltbelastungen verbunden sind[2691]. Wie der Wortlaut zeigt, sind nur die Kosten für Massnahmen, wie sie das Umweltschutzgesetz (einschliesslich der Ausführungsgesetzgebung) fordert, vom Verursacher zu tragen. Keine Kostentragungspflicht besteht für fakultative Massnahmen sowie für Schäden, die nicht mit der Verhinderung bzw. Minderung von Emissionen und Immissionen im Zusammenhang stehen, wie etwa die Landentwertung[2692] sowie die Duldungskosten. Der Entschädigunganspruch aus Nachbarrecht (Art. 679/684 ZGB) tritt kumulativ zur Kostentragungspflicht des Verursachers, soweit mit dem privatrechtlichen Entschädigungsanspruch etwas anderes entgolten

---

2685 Vgl. dazu C. Zäch, Kommentar USG, Art. 20 N 37 m.w.H.
2686 Rausch, Kommentar USG, Art. 1 N 17.
2687 Rausch, Kommentar USG, Art. 1 N 17.
2688 Rausch, Kommentar USG, Art. 1 N 19.
2689 Art. 11 Abs. 2 und Art. 13 bis 15 USG.
2690 Zur Abgrenzung vom Störerprinzip nach Art. 59 USG vgl. Matter, Kommentar USG, Art. 59 N 8; B. Wagner, 365 f.
2691 Rausch, Kommentar USG, Art. 2 N 1.
2692 Rausch, Kommentar USG, Art. 2 N 2.

werden soll[2693]. Der privatrechtliche Schutz vor Immission und derjenige nach der Umweltschutzgesetzgebung sind voneinander völlig unabhängig[2694].

442. Als *Verursacher* gilt derjenige, dem die zu verhindernde oder zu beseitigende Umweltbelastung zuzurechnen ist[2695]. Geht die Umweltbelastung von einer konzessionierten Verkehrsanlage (wie etwa einem Flugplatz) aus, so gilt der Konzessionär als Verursacher, und nicht etwa der Halter der die Anlage benutzenden Verkehrsmittel[2696]. Jeden Konzessionär – nicht nur das konzessionierte Gemeinwesen[2697] – trifft nach Art. 2 USG aber die Pflicht, die Kosten auf das letzte Glied in der Verursacherkette (Halter bzw. Benützer des Verkehrsmittels) zu überwälzen, wozu es allerdings in jedem Fall einer gesetzlichen Grundlage bedarf[2698].

443. Der eine *ortsfeste Anlage* betreibende Konzessionär ist hinsichtlich der Überschreitung der Lärm- und Erschütterungsalarmwerte im Vorteil. Ist die Überschreitung unvermeidbar, so kann ihm der *Weiter*betrieb nach Art. 20 Abs. 1 USG nicht verwehrt werden[2699]. Er ist zur Übernahme der Kosten für damit zusammenhängende Schallschutzmassnahmen an den betroffenen Gebäuden verpflichtet. Doch kann er sich von dieser Pflicht und in Abweichung vom Verursacherprinzip befreien, wenn ihm der Nachweis gelingt, dass zum Zeitpunkt der Baueingabe die Immissionsgrenzwerte schon überschritten waren, oder das Anlageprojekt bereits öffentlich aufgelegt war[2700]. Ist die *Neuerrichtung* von konzessionierten Anlagen unvermeidbar mit der Überschreitung von Planungswerten[2701] verbunden, so kann sie aus diesem Grund ebensowenig verhindert werden[2702]. Allerdings ist der Neuerrichter hier zur Übernahme der Schalldämpfungskosten verpflichtet[2703]. Eine allgemeine Abweichung vom Verursacherprinzip besteht dann, wenn neue Gebäude errichtet werden und baulicher Schutz gegen Lärm oder Erschütterungen notwendig ist. Hier hat nicht der Emittent die Kosten zu übernehmen, sondern in allgemeiner Anwendung des Prioritätsprinzips der später Bauende[2704]. Gleich behandelt werden zusätz-

---

2693 C. Zäch, Kommentar USG, Art. 20 N 37 ff.
2694 Bundesrat 24. Oktober 1989, VPB 1990 Nr. 44.
2695 Rausch, Kommentar USG, Art. 2 N 13; B. Wagner, 359.
2696 Rausch, Kommentar USG, Art. 2 N 15; B. Wagner, 359.
2697 So B. Wagner, 362.
2698 B. Wagner, 362 f.
2699 Vgl. dazu auch C. Zäch, Kommentar USG, Art. 20 N 40 f.; kritisch Rausch (Standortbestimmung), 152 f.
2700 Art. 20 Abs. 2 USG.
2701 Vgl. dazu C. Zäch, Kommentar USG, Art. 20 N 11.
2702 Art. 25 Abs. 3 USG.
2703 Art. 25 Abs. 3 USG.
2704 Art. 21 USG.

VII. Verhältnis zu Dritten

liche Lärmschutzmassnahmen bei Neubauten nach Art. 22 Abs. 2 USG wie auch Anforderungen an neue oder neu erschlossene Bauzonen nach Art. 24 USG[2705].

444. Der *Begriff* der konzessionierten Anlage nach Art. 20 Abs. 1 und 25 Abs. 3 USG ist enger gefasst als der allgemein-verwaltungsrechtliche Konzessionsbegriff. Er bezieht sich einzig auf jene Konzessionsanlagen, an denen ein öffentliches Interesse besteht. Im wesentlichen sind es die mit Betriebspflichten und den damit zusammenhängenden Obliegenheiten verbundenen Konzessionen «de service public»[2706], deren Aufrechterhaltung bereits durch konzessionsrechtliche Vorgaben präjudiziert scheint. Wie im privatrechtlichen Immissionsschutz kann auch die Innehabung des Enteignungsrechts Grund für die Privilegierung sein. Diese schematische Regelung, die im wesentlichen auf Entscheiden beruht, die unter Ausblendung der umweltschutzrechtlichen Optik gefällt wurden, erinnert an die Einengung des privatrechtlichen Immissionsschutzes. Hier wie dort wird das Interesse an einem vorab kostengünstigen Anlagebetrieb höher gewichtet als nachbarliche Unversehrtheitsinteressen. Immerhin differenziert das Umweltschutzgesetz in einem Punkt: Öffentliches Interesse am Betrieb der konzessionierten Anlage wird nur in Art. 20 Abs. 1 USG (bestehende Anlagen) als gegeben und unverrückbar vorausgesetzt. Die Errichtung neuer, die Planungswerte überschreitender konzessionierter Anlagen nach Art. 25 USG rechtfertigt sich nur bei «überwiegendem öffentlichen Interesse». Für neue wie bestehende Anlagen ist weiter danach zu unterscheiden, ob die emissionsverursachende Tätigkeit notwendig mit der konzessionierten Tätigkeit verbunden ist, oder ob sie lediglich als *Begleittätigkeit* – und demnach nicht zwingend im öffentlichen Interesse liegend – anzusehen ist.

445. Ergibt sich aus der Massnahme für den Nachbarn ein *Mehrwert*, so stellt sich die Frage, wie dieser zu behandeln ist. Eine Richtlinie gibt Art. 11 Abs. 2 der Lärmschutz-Verordnung[2707], der sich mit der Kostentragung für Schallschutzmassnahmen (Schalldämmung von Fenstern) beschäftigt, und insofern das Verursacherprinzip nach Art. 2 USG konkretisiert. Danach hat der Inhaber der emittierenden Anlage die ortsüblichen Kosten für die Projektierung, für die notwendige Schalldämmung der Fenster und die hierfür notwendigen Anpassungsarbeiten, die Finanzierungskosten sowie allfällige Gebühren zu übernehmen. Der anlässlich der Beratung des Umweltschutzgesetzes zunächst im Nationalrat und danach im Ständerat eingebrachte Antrag, die Eigentümer sollten mittels 10 bis 20 % Kostenübernahme den mit den Massnahmen entstandenen Mehrwert ausgleichen, wurde ausdrücklich verworfen[2708]. Die Ablehnung entspricht auch der allgemeinen Vorschrift von Art.

2705 Vgl. dazu Rausch, Kommentar USG, Art. 2 N 21.
2706 C. Zäch, Kommentar USG, Art. 20 N 18.
2707 SR 814.331.
2708 C. Zäch, Kommentar USG, Art. 20 N 10.

2 USG: Zu den Kosten gehört eben jeglicher Aufwand, der dem Verpflichteten im Zusammenhang mit einer gesetzlichen Massnahme erwächst[2709]. In der Lärmschutzverordnung nicht vorgesehen ist demnach die Anrechnung eines allfälligen Mehrwerts auf seiten des Gebäudeeigentümers. Dafür hat er – zumindest in teilweiser Abweichung vom Verursacherprinzip – für den Unterhalt und die Erneuerung der Schallschutzmassnahmen aufzukommen[2710].

[2709] Anders verfährt das Haftpflichtrecht, das einen Ausgleichungsanspruch in der Höhe des Mehrwertes vorsieht. Vgl. dazu statt vieler Roland Brehm, Berner Kommentar, Bd. VI, 1. Abt., 3. Teilband, Art. 41 – 61 OR, Bern 1990, Art. 42 N 41 ff.
[2710] C. Zäch, Kommentar USG, Art. 20 N 11; B. Wagner, 362.

§ 6 Zusammenfassende Thesen

I. Rechtsdogmatisches

1. Konzession und Bewilligung sind Gebilde älterer Verwaltungs- und Privatrechtsepochen, hinter welchen sich zahlreiche, teils recht unterschiedliche Rechtserscheinungen verbergen. Die strengen Systematisierungsbestrebungen der frühen Verwaltungsrechtslehre haben diese Vielfalt mit einer *einfachen Begrifflichkeit* zu erfassen versucht.

2. Die schweizerischen Bewilligungen und Konzessionen vereinigen die Einflüsse der deutschen und französischen Verwaltungsrechtslehre in sich; sie weisen aber auch viele Eigenarten auf, die mit dem schweizerischen Regal- und Monopolsystem und der Art der Wirtschaftslenkung zusammenhängen. Die Rechtsstruktur der Konzession als «komplex strukturiertes» Gebilde ist auf verwaltungsprozessuale Umstände zurückzuführen.

3. Die Vervielfachung der staatlichen Aufgaben und ihre zunehmende Bewältigung mittels Übertragung auf Private haben ein *differenziertes* Instrumentarium an Zulassungsformen nach sich gezogen. Dieses lässt sich nicht mehr widerspruchslos im bipolaren Feld von Bewilligung und Konzession unterbringen.

4. Die Begrifflichkeit der frühen Verwaltungsrechtslehre beruht in erster Linie auf der *Gegensätzlichkeit* von Bewilligung und Konzession und erweist sich zunehmend als starr. Sie erschwert insbesondere die Integration von Änderungen im verfassungs- und verwaltungsrechtlichen Umfeld. Als nutzbringender erweist sich, den Kern der Bewilligung und Konzession zu ermitteln und darauf aufbauend *gemeinsame Strukturmerkmale* zu suchen.

5. Der gemeinsame Kern der Bewilligungen und Konzessionen liegt darin, dass sie *verschieden motivierte* «Endstufen» einer übergreifenderen staatlichen Politik bilden. Mit der Zulassung wird die polizeiliche Ungefährlichkeit konstatiert, die fiskalische Ausnutzung erlaubt, die Marktlenkung angestrebt, die Übernahme von infrastrukturellen Aufgaben verlangt, die Vermeidung einer Härte erzielt, gesetzgeberische Vergröberungen dem Einzelfall angepasst, die Unterstellung unter eine besonders intensive Kontrolle ermöglicht oder das eingegrenzte Befriedigen eines Bedürfnisses erlaubt.

6. Die Annäherung von Bewilligung und Konzession ist zum grössten Teil auf die *Entwicklung der Grundrechte* und der damit zusammenhängenden *verwaltungsrechtlichen Grundsätze* zurückzuführen. Von besonderer Bedeutung ist die Ausdehnung des Vertrauensschutzes auf die Bewilligungsverhältnisse und der zunehmende

Einbezug grundrechtlicher Anliegen bei der Zulassung zu monopolisierten Tätigkeiten und bei ihrer Ausübung. Die *europäische Integration* wird den Angleichungsprozess allem Anschein nach verstärken; zudem ist es absehbar, dass zunehmend ausländische Zulassungsentscheide anerkannt werden müssen und staatliche Monopole zunehmend in Frage gestellt werden.

7. Bewilligung und Konzession als Zulassungsinstrumente können rechtlich nur aufgrund der sie prägenden verfassungs- und verwaltungsrechtlichen Lage und des konkreten Zulassungsverhältnisses erfasst werden. Allgemein gefasste Überlegungen zur Rechtsnatur der Bewilligung oder Konzession helfen hier kaum weiter. Die Untersuchung der zulassungsrelevanten Rechtsstrukturen und ihr Vergleich kann aufgrund der Entstehung, Wirkung und Beendigung des Zulassungsverhältnisses sowie der Rechtsbeziehungen des Zugelassenen zu Dritten erfolgen.

II. VERFASSUNGSRECHT

1. Das Verfassungsrecht setzt die wichtigsten Rahmenbedingungen für Gestalt, Inhalt und Anwendbarkeit der jeweiligen Zulassungsart. Die verfassungsrechtliche Entwicklung im Bereich der gesetzlichen Grundlage, grundrechtlicher Ansprüche und des Vertrauensschutzes ist die massgebliche Ursache für eine Angleichung der verschiedenen Zulassungsformen. In verwaltungsrechtlich besonders resistenten Restbereichen des Zulassungsrechts vermochten sich die verfassungsrechtlichen Grundsätze noch nicht durchzusetzen.

2. Bewilligung und Konzession haben als Gefässe für eine Kontroll- und Lenkungstätigkeit die verschiedensten Staats-, Verfassungs- und Wirtschaftsepochen überstanden, wobei sich ihr Inhalt den jeweiligen Bedürfnissen anpasste. Art und Intensität staatlicher Aufsicht und Lenkung werden in nächster Zeit anhand des Rufes nach Deregulierung beurteilt. Die Deregulierung, als allgemeines Postulat verstanden, beinhaltet in erster Linie verfassungs- und rechtspolitische Anliegen und berührt die (historisch sehr beständigen) verwaltungsrechtlichen Zulassungsformen nicht unmittelbar. Eine unter diesen Voraussetzungen als notwendig erachtete Deregulierung im Bereich von Bewilligungen und Konzessionen lässt sich am raschesten durch eine striktere Handhabung und Kontrolle der vorhandenen verfassungsrechtlichen Randbedingungen erreichen. Öffentliche Interessen, Verhältnismässigkeitsüberlegungen, insbesondere eine periodische und zwingende Notwendigkeitsprüfung der bestehenden Zulassungen sowie die Ausarbeitung eines Inventars an Alternativen, und eine vermehrte Anwendung offener Normen bzw. von Verhandlungslösungen bilden hierfür die geeigneten Ansätze. Zudem kann eine verstärkte und breitere Achtung der Grundrechte bei der Erbringung staatlicher Leistungen (Konzessionsbereiche) in die gleiche Richtung wirken. Eine notwendige Ergänzung

liegt in der – hier nicht untersuchten – Beschleunigung der Zulassungsverfahren und im Ausbau der Verwaltungs- und Verfassungsgerichtsbarkeit.

3. Die Zulassung zur Nutzung öffentlicher Sachen sollte einzelfallgerechter und nach Möglichkeit ohne Rückgriff auf die starren Nutzungsformen (Gemeingebrauch – gesteigerter Gemeingebrauch – Sondernutzung) gelöst werden. Besondere Schwierigkeiten bietet die Nutzung knapper Güter; zu deren Lösung besteht eine Reihe von Zuteilungs- und Kürzungsprinzipien.

4. Die dogmatisch umstrittene Figur des «wohlerworbenen Rechtes» sollte - am besten durch eine verfassungsrechtliche und gesetzliche Regelung - aufgegeben, den sich gewandelten öffentlichen Interessen angepasst und der ihr zugrundeliegende Gedanke im Vertrauensschutz, der Widerrufslehre bzw. den Grundprinzipien des «service public» (insbesondere Anspruch auf Achtung des finanziellen Gleichgewichts) untergebracht werden.

5. Lücken in der demokratischen Legitimation bedeutender Konzessions- und Bewilligungsakte wurden wiederholt erkannt; es ist zu erwarten, dass diese Lücken - der Tradition der Ausweitung politischer Rechte von den Kantonen hin zum Bund folgend - zunächst in den Kantonen und vermutlich später auch im Bund gefüllt werden.

III. Entstehung, Beendigung, Rechte und Pflichten

1. Ob ein Anspruch auf Zulassung besteht, ist zunächst aufgrund der verfassungsrechtlichen und gesetzlichen Regelung zu untersuchen. Entscheidend werden in vielen Fällen jedoch der den Zulassungsbehörden zustehende Ermessensbereich sein sowie die Möglichkeiten, den Zulassungsentscheid gerichtlich überprüfen zu lassen (verwaltungsgerichtliche Ermessenskontrolle).

2. Bei den Ausübungs- und Kontrollvorschriften besteht die Tendenz, in sich abgeschlossene Sonderrechtsbereiche zu errichten. Diese erfassen nebst dem Zugang die Art der Tätigkeit, deren Inhalt, die Verantwortlichkeiten und die Zwangsmittel. Sonderrechtsbereiche können insbesondere bei wissenschaftlichen Berufsarten, gewerblichen Tätigkeiten von volkswirtschaftlicher Bedeutung und den öffentlichen Diensten angetroffen werden. Für letztere wurde auf der Grundlage der französischen Verwaltungsrechtslehre eine Reihe von Fundamentalgrundsätzen erarbeitet. Diese umfassen den Anspruch auf finanzielles Gleichgewicht, die Betriebs- und Anpassungspflicht sowie die rechtsgleiche Erbringung der Leistungen.

3. Die Beendigung einer Zulassung kann durch eine besondere Beendigungsregelung wie auch die Grundsätze der allgemeinen Widerrufslehre erfasst werden. Im

Bereich der Konzessionen des öffentlichen Dienstes besteht eine Reihe besonderer Beendigungsgründe, was mit der Art der Tätigkeiten und dem Ausmass der notwendigen Investitionen seitens des Zugelassenen und der Achtung des Investitionsschutzes zusammenhängt. Soweit die spezialgesetzlichen Regelungen noch Raum für eine Beendigung nach den Grundsätzen der allgemeinen Widerrufslehre lassen, gibt es keine strukturellen Unterschiede zwischen Bewilligung und Konzession. Bei beiden erfolgt die Beendigung nach Massgabe einer Interessenabwägung vor dem Hintergrund der Ermittlung der Berechtigung der Beständigkeitserwartung des Zugelassenen.

4. Je grösser das öffentliche Interesse an einer richtigen Erfüllung der zugelassenen Tätigkeit ist, umso strenger und differenzierter sind die staatlichen Aufsichts- und Sanktionsmittel. Besonders eingehende Regelungen bestehen im Radio- und Fernsehbereich sowie für die Konzessionäre öffentlicher Dienste. Der Einfluss Privater auf das Verhalten der Zugelassenen hat seine Domäne im Landwirtschafts- und Aussenwirtschaftsrecht, ist aber auch im Berufsausübungsrecht noch indirekt spürbar.

IV. VERHÄLTNIS ZU DRITTEN

1. Im Verhältnis zu Dritten bestehen die auffälligsten Unterschiede zwischen Konzessionen und Bewilligungen. Nahezu alle Konzessionäre öffentlicher Dienste unterstehen einer besonderen Haftungsregelung. Für die übrigen Zugelassenen gelten weitgehend die allgemeinen Haftungsregeln des Obligationenrechts. Allerdings herrscht in der privatrechtlichen Deliktslehre die Ansicht vor, die spezialgesetzlichen Haftungsregelungen müssten durch eine allgemeine (obligationenrechtliche) Haftungsordnung ersetzt werden. Sollte sich diese Ansicht durchsetzen, so würde die heutigen Unterschiede vermutlich weitgehend eingeebnet.

2. Im nachbarrechtlichen Verhältnis wird der eine öffentliche Aufgabe wahrnehmende Konzessionär dem Staat gleichgestellt. Dadurch wird es dem Nachbarn praktisch verunmöglicht, seine Ansprüche nach Art. 679 und 684 ZGB einem Konzessionär gegenüber durchzusetzen; er wird auf den strengeren Weg der Enteignung verwiesen. Abgesehen von den dogmatischen und praktischen Schwierigkeiten, die damit verbunden sind, erweist sich die schematische Gleichstellung von Staat und Konzessionär als problematisch.

3. Eine besondere Behandlung erfahren im öffentlichen Interesse tätige Konzessionäre im Umweltschutzrecht, indem das Verursacherprinzip nach Art. 2 USG mehrfach zu ihren Gunsten durchbrochen ist. Selbst eine Überschreitung festgelegter Emissions- bzw. Immissionswerte (Alarm- bzw. Planungswerte) vermag die Errichtung oder den Weiterbetrieb des konzessionierten Werkes nicht zu verhindern.

SACHREGISTER

(die Zahlen beziehen sich auf die Randnummern, mit Fn. bezeichnete Zahlen auf die entsprechende Fussnote)

— A —

Abbruch
269, 312, 314, 329, 371, 382

Abgaben
171, 252 ff., 259 f., 308, 381

Absprachen s. Vertrag

Abtretung s. Enteignung

Alkohol
74, 216, 271

Angemessenheit s. Ermessen

Anschlussgebühren s. Abgaben

Anspruch auf Zulassung
6, 8, 11, 14, 17 f., 22 ff., 34, 37, 44, 61, 64, 74, 130, 133, 139, 155 ff., 167, 188 ff., 202 f., 222, 263, 265, 268, 278, 301, 312, 328, 330 f., 426

Anstalt
7, 53, 55 f., 109, 193, 361, 424

Anstösser s. Nachbar

Antennen
150

Anzeigevorbehalt
46, 64, 82, 112, 138, 144 f., 187, 276, 348, 375

Anzeigepflicht
187, 195, 197, 230, 258, 261, 374

Arbeitnehmer
61, 63, 79, 377, 391, 415

Arealüberbauung
273

Arzneimittel
242, 261

Atomenergiebewilligung s. Bewilligung

Auflage
128, 146, 200, 212 f., 227, 264, 266 f., 385, 406

Aufsicht
13, 39 ff., 60, 66 f., 81, 84, 102 f., 117, 154, 158, 187 ff., 204, 210 f., 223, 230, 242, 258, 274, 276, 316, 335, 353 ff., 384 ff., 406, 420

Ausbildungsausweis
61, 74, 81, 84 f., 188, 206 ff., 230, 258, 406

Ausländer
79, 85, 162, 219, 275, 327, 383

Ausnahmebewilligung
4, 11, 13 f., 19 f., 24, 64, 69, 101, 113, 116, 119 ff., 133 f., 141, 165, 187, 189, 197, 203, 216, 220, 265, 272, 275, 291, 344

Aussenantennen s. Antennen

— B —

Bahnbetrieb
100, 420, 430

Banken
82, 184, 213, 230, 353, 365, 373 f., 376 f., 382, 412

Baubeginn
320, 329, 343, Fn. 2081

Baubewilligung s. Bewilligung

Baupolizeirecht
134, 228

Bausperre
204

Bauzone
101, 216, 288, 314, 443

Bedingung
146, 263, 266, 269 ff.

Bedürfnisklausel
11, 15, 116, 130, 150, 165, 202, 215 ff., 231, 271, 404

Beendigung, des Zulassungsverhältnisses
- einmalige Handlung
310

- Enteignung
171, 281, 322 ff., 331, 336 f.
- Entschädigungspflicht
351 ff.
- Fristablauf
289 ff.
- Heimfall
303 ff.
- Heimschlag
325
- Nichtausnützung
315 ff.
- Rückkauf
321 ff.
- Tod/Auflösung
311 f.
- Übetragung auf Dritte
313 f.
- Unterbruch, dauernder
315 ff.
- Untergang
313 ff.
- Vertragsverletzung
332 ff.
- Verzicht
326 ff.
- Widerrufslehre
338 ff., s. auch Widerrufsvorbehalt
- Willensmängel
332 ff.

Befristung s. Beendigung, Fristablauf

Bekanntmachung
230, 258, 365

Beleihung
9, 22, 49, 53 f., 66 ff., 73, 173, 400, 424

Benutzergebühr s. Gebühr

Bergbau
28, 67, 184, 262, Fn. 398, Fn. 1105

Berufsausübungsbewilligung s. Bewilligung

Beseitigung
146, 148, 201, 258, 365, 382, 425, 427 f., 441

Besitzstandsgarantie s. Bestandesgarantie, weiter auch: Beendigung, wohlerworbene Rechte

Bestandesgarantie
171, 174, 344, s. auch wohlerworbene Rechte

Bestimmtheitsgebot
116, 370
s. auch Legalitätsgrundsatz

Betriebspflicht
16, 213, 223, 246, 248 f., 257, 259, 262, 293, 335, 444

Beweislast
45, 195

Bewilligung
- Anspruch auf s. Anspruch auf Zulassung
- Atomenergiebewilligung
15, 93, 183 ff., 204, 244, 256, 331, 352, 371, 373 f., 382, 410, 413, 415, 418 ff., 422 f.
- Ausnahmebewilligung s. dort
- Baubewilligung
43, 100, 103, 124, 135, 197, 225, 229, 274, 286, 289, 292, 310
- Berufsausübungsbewilligung
43, 82, 116, 130, 144, 162, 174, 202, 204, 206, 210, 230, 269, 271, 274, 292, 302, 356, 369, 403
- Empfangsbewilligung
24
- Gastwirtschaftsbewilligung
95, 231, 261, 404, 408
- gesteigerter Gemeingebrauch s. dort
- polizeiliche Bewilligung
7, 11, 13, 20 f., 43, 47, 66 f., 71, 86 f., 91, 116, 121, 124, 130, 134, 141, 150, 161 f., 166, 187, 205 ff., 211 ff., 218, 230 f., 242, 256, 271, 291, 294, 327, 340 f., 373, 379
- Rechtsnatur
48 ff., 93 f., 225
- Typenbewilligung
214, 313
- wirtschaftspolitische Bewilligung
11, 14 ff., 20, 24, 42 f., 91, 95, 116, 129, 141, 152, 165, 187, 205, 215, 226, 231 f., 259 f., 275, 280, 291, 336, 340 f., 373

Bewilligungsgesuch
103, 146, 193 ff., 270, 272, 296, 298, 327, 331, 333

Börse
Fn. 876, Fn. 1214

Bösgläubigkeit
371, Fn. 782

— C —

clausula rebus sic stantibus
173, 236, Fn. 1080

— D —

Dauersachverhalt
210, 334
Demokratie
41, 109, 110 f., 179 ff.
Deutschland, Bewilligung und Konzession
5 ff., 22 ff., 37 f., 48, 54, 64 ff., 69 f., 105, 108 ff., 155, 400
Dispens, s. Ausnahmebewilligung
Disziplinarmassnahmen
228, 230, 282, 316, 319, 356, 360, 364, 369, 372, 376, 380, 384, 387 ff.
Dritte
195, 198, 207, 214, 223, 233 f., 244, 246, 250, 257, 282, 295, 307, 311 f., 321, 326, 345, 376 ff., 379, 391 ff.

— E —

EG-Recht s. EU-Recht
Eigentumsgarantie s. Bestandesgarantie, Enteignung und wohlerworbene Rechte
Einwirkung s. Immission
Eisenbahn
8 ff., 26, 29 ff., 36, 38, 62, 66, 74, 93, 97, 101, 183 f., 248, 256, 294, 321, 322 ff., 400, 411 ff., 417, 420, 430, 437
Emissionen s. Immissionen und Umweltschutzrecht

Energie
15, 64, 93, 160, 193, 216, 218, 255, 348, 361, 364, 374, 382
Enteignung
171, 223, 243 f., 252, 281, 309, 322 ff., 331, 336 ff., 399, 426 ff., 439, 444
Expropriation s. Enteignung
Entschädigung s. Schadenersatz
Erben
312, 433
Ermessen
6, 11, 14, 16 f., 20, 24, 45 f., 64, 109, 115, 117 f., 138, 140 ff., 156 ff., 160, 179, 186, 188 ff., 204, 222, 226, 241, 263, 268, 278 f., 301, 319, 352, 360, 371, 378, 433, 440
Ersatzabgabe
259, 308
Ersatzvornahme
356, 359, 365 f., 369 f., 379, 381 ff.
EU-Recht
71 ff.
Europäische Menschenrechtskonvention
370, 390
EWR s. EU-Recht

— F —

Fähigkeitsausweis
85, 116, 206 ff., 210 f., 214, 269, 302
Fahrlässigkeit
402, 418
s. auch Haftung
Fahrplan
230, 248, 262, 410
Filmwesen
213, 231, 233, 373, 408
Fischerei
28, 74, 134, 407
Formvorschriften
199

Frankreich, Bewilligung und Konzession
6, 9, 13, 19 f., 22 f., 30, 48, 50, 54, 57 ff., 65 f., 69 f., 174, 235, 246, 321, 400

Freiheitsrechte s. Grundrechte

Frist s. Beendigung

— G —

Gastgewerbe s. Bewilligung

Gastwirtschaftspatent s. Bewilligung

Gebühr s. Abgaben

Gemeingebrauch
11, 19, 21, 55 f., 67, 109, 111, 154, 156 ff., 190

Genehmigung s. Bewilligung

Genossenschaft
- für Getreide und Futtermittel (GGF)
359 f.
- für Schlachtvieh und Fleischversorgung (GSF)
359 f.

Gesetz s. Legalitätsgrundsatz

Gesetzmässigkeit s. Legalitätsgrundsatz

gesteigerter Gemeingebrauch s. Gemeingebrauch

Gesuchsteller s. Bewilligungsgesuch

Gewässer s. Konzession

Gläubigerschutz
382

Gleichbehandlungsgrundsatz s. Rechtsgleichheit

Gleichgewicht, finanzielles
63, 173, 235 ff., 249, 255, 262, 279, 307, 351

Grundeigentümerhaftung
425 ff.

Grundsätze des öffentlichen Dienstes s. Konzession

Grundrechte
9, 11, 24, 41, 43 f., 56, 66, 69, 92, 102 ff., 114, 116, 122, 128 f., 133, 139, 149, 151 ff., 189, 210, 219, 263, 359 f., 366, 398 ff.

Güter, knappe
164 ff., 275, 300, 302

Gutgläubigkeit
263, 371

— H —

Haftung
268, 391 f., 402, 409 ff.

Handels- und Gewerbefreiheit
25, 98, 163, 217 f.

Heimfall s. Beendigung

Heimschlagsrecht s. Beendigung

Herkunft, von Bewilligung und Konzession
26 ff., 57 ff., 64 ff., 69 ff.

Hilfsperson
377, 406, s. auch Arbeitnehmer

— I —

Immission
229, 425 ff. s. auch Umweltschutzrecht

Impropriation s. Beendigung, Heimschlagsrecht

Initiative s. Demokratie

Interesse, öffentliches
14, 21, 24, 30 f., 33, 51, 61, 89, 92, 94, 98, 103, 106, 112, 116, 120 ff., 140, 142, 145, 155, 158 ff., 161, 165 ff., 171 ff., 187, 190, 202, 205, 213, 223, 227, 231, 236 ff., 243 ff., 256, 264, 275, 280, 283, 288, 293, 300 ff., 312, 314, 317, 319, 323, 328, 336, 338 f., 348, 360, 371, 385 f., 394, 397, 414, 420, 426, 430 ff., 437 f., 440, 444

Interessenabwägung
116, 120, 131 ff., 145, 155, 158 f., 167 f., 174 f., 190, 216, 276 f., 284,

301 f., 314, 318, 339, 371, 385, 403, 432
intertemporales Recht
294, 304, 314

— J —

Jagdpacht
231

Jagdpatent
232

— K —

Kartell
214, 363

Kaution
212, 411

Kernenergie s. Bewilligung

Kino s. Filmwesen

Kompetenzaufteilung, zwischen Bund und Kantonen
41, 95 ff.

Konkurrenz
14, 73, 202, 206, 213, 218, 223, 231 ff., 260, 296, 300, 316, 358, 408

Kontingent
11, 76, 79, 111, 144, 162, 165 ff., 213, 215, 219, 235, 242, 254, 259 f., 293, 322, 354, 382, 408

Kontrahierungspflicht
234, 246, 250, 261, 399, 402

Kontrolle s. Aufsicht

Konzession
- Abgabe s. dort
- Alkoholkonzession s. Alkohol
- Anspruch auf Erteilung s. Anspruch auf Zulassung
- Aufsichtskonzession
11, 16, 42, 187, 295, 369
- Automobilkonzession
248, 317, 352, 382
- Begriff s. Herkunft von Bewilligung und Konzession
- Beendigung s. dort
- Eisenbahnkonzession s. Eisenbahn
- Erdölkonzession
294, Fn. 180, Fn. 398, Fn. 982, Fn. 3207, Fn. 3213
- Flughafenkonzession
320, 339, 424
- Geschichte s. Herkunft von Bewilligung und Konzession
- Grundsätze des Dienstes
70, 235 f., 279
- Installationskonzession
160
- Kabelnetzkonzession
134, s. auch Konzession, Sondernutzungskonzession
- Luftseilbahn
248, 296, 420, s. auch Konzession, Verkehrskonzession
- Luftverkehrskonzession
93, 231, s. auch Konzession, Verkehrskonzession
- Monopolkonzession
13, 21, 42, 69, 187, 231, 271, 295, s. auch Monopole
- öffentlicher Dienst
94, 111, 259, 261, 271, s. auch service public
- polizeiliche s. Monopole
- Popularkonzession
90
- Rechte und Pflichten s. dort
- Rechtsnatur
9, 25, 29 f., 33, 37, 48 ff., 63, 93 f., 169, s. auch Herkunft von Bewilligung und Konzession
- Rohrleitungskonzession
15, 25, 185, 234, 256, 294, 338, 352, 413, 417, 421 ff., s. auch Konzession, Verkehrskonzession
- Rückkauf s. Beendigung
- Rundfunkkonzession
24, 168, 213, 233, 240 f., 251
- Schiffahrtkonzession
248, 256, s. auch Konzession, Verkehrskonzession
- Sondernutzungskonzession
11, 13, 16, 18, 21, 54, 67, 94, 104 f., 109, 156 ff., 187, 231 f., 268, 271, 316, 340, 411
- Trolleybuskonzession
296, 412 f., s. auch Konzession, Verkehrskonzession

- Übertragung s. Beendigung
- Untergang s. Beendigung
- Verkehrskonzession
91, 93, 97, 228, 230 ff., 256, 354, 400, 420, 423
- Wasserrechtskonzession
32, 49, 169, 171, 183, 297, 304, 320, 323 f., 330, 340, 342
- wohlerworbene Rechte s. dort

Koordination von Zulassungsverfahren
135 ff.

— L —

Landwirtschaft
74, 216, 219, 293, 322, 354 f., 358 f.

landwirtschaftliches Kontingent s. Kontingent

Legalitätsgrundsatz
33, 105, 108 ff., 132, 139, 174, 186, 253, 263, 268, 308, 369 ff.

Leistungsauftrag, des Konzessionärs
236 f., 257, 366

Leumund
202, 204, 206, 210

Lückenfüllung
119, 130, 179, 314, 335

Luftverkehr s. Konzession

— M —

Mangel s. Güter, knappe

Massnahmen, strafrechtliche
116, 146, 201, 370, 376, 388, 390, s. auch Aufsicht, Repressivmassnahmen

materielle Enteignung, s. Enteignung

materielle Rechtskraft, s. Beendigung, Bestandesgarantie, wohlerworbene Rechte

Meldepflicht
46 f., 76, 138, 141, 159, 197, 348, 406

Mitwirkungspflicht
195, 197, 200 f., 321, 349, 373

Monopol
- Abgabe s. dort
- Bundesmonopol
101 f.
- EU
73 ff.
- Geschichte
9, 23 f., 28, 39
- Grund und Boden s. Konzession, Sondernutzung
- Legalitätsgrundsatz
105, 109, 253
- Monopolkonzession
11, 13, 16, 18, 20 f., 42, 163, 231, 272
- öffentliches Interesse
125 ff., 247
- polizeiliches
42, 86, 116, 143, 187, 216
- sozialpolitisches
111
- Verhältnismässigkeit
141 ff., 144

— N —

Nachbar
244, 273, 358, 401, 425 ff.

Nachbargrundstück
244, 428, 434

Nachbarrecht s. Nachbar

Nationalbank
184

Nationalität s. Ausländer

Nationalstrasse
97, 100, 430 f., 433, 437

Nebenbestimmungen s. Auflage, Bedingung, Beendigung

Neutralität, wettbewerbsrechtliche
61, 165 ff., 251, 262, 366, 399

Nichtigkeit
196, 401

Normen s. technische Normen

numerus clausus
215, 231, s. auch Bedürfnisklausel, Kontingente

Nutzung s. Konzession, Sondernutzung

— O —

öffentlicher Dienst s. Konzession

öffentlicher Grund s. Gemeingebrauch, Konzession, Sondernutzung und Wasserrechtskonzession

Ordnungsstrafe s. Aufsicht, Massnahmen

Österreich, Bewilligung und Konzession
38, 67 ff.

— P —

Pflichten, der Zugelassenen
19, 21, 25, 37, 53, 63, 66, 81, 93, 146, 177, 200, 204, 212 f., 223, 225, 228, 230, 236, 240, 245 ff., 308, 316, 319, 321, 335, 339, 353, 357, 370, 374, 382, 385, 387, 398, 402, 406, 444

Plan (Raum- und Zonenplan)
42, 286 ff.

Polizei s. Bewilligung, Konzession, Monopol, Präventivmassnahmen, Repressivmassnahmen

Polizeibewilligung s. Bewilligung

Polizeierlaubnis s. Bewilligung

Popularkonzession s. Konzession

Praktikabilität
45, 209, 214, 273, 388

Präventivmassnahmen
20, 22, 42, 45, 64, 112, 129, 152, 154, 157 f., 187, 204, 228, 272, 280, 316, 345, 348, 357, 366

Praxisänderung
196, 284, 344, 350

private Kontrolle s. Aufsicht

Privatrecht
- und Konzessionen
26 ff., 30 ff., 58 ff., 67, 169 f., 173, 400 ff. s. auch Haftung

- Wirkungen auf das Zulassungsverhältnis
230, 236, 258, 263, 266, 280, 295, 309, 334 f., 354, 365, 393 ff., 400 ff.

Prüfungen s. Fähigkeitsausweis

— R —

Raumplan s. Plan

Recht, subjektives
11, 64, 340 ff.

Rechte, der Zugelassenen
223 ff. s. auch Pflichten, wohlerworbene Rechte

Rechtsanspruch, auf Zulassung s. Anspruch auf Zulassung

Rechtsanwalt
4, 83 ff., 162, 207, 402, 406

Rechtsbeständigkeit s. Bestandesgarantie, Beendigung, wohlerworbene Rechte

Rechtsgleichheit
8, 61, 118, 120, 152, 155, 159, 164 ff., 226, 250, 268, 300, 344, 371, 375, 399, 407 f.

Rechtskraft s. Bestandesgarantie, Beendigung, wohlerworbene Rechte

Rechtsmissbrauch
99, 146, 173, 177, 329, 435

Rechtsnachfolge
311 ff., 405

rechtswidrige Baute
313

Referendum s. Demokratie

Regale s. Monopol

Repressivmassnahmen
22, 42, 64, 112 f., 138, 141, 144, 204, 221, 227, 280, 345, 348, 356, 366

Resolutivbedingung s. Bedingung

Revers
212, 266, 269

Rohrleitung s. Konzession

Rücknahme s. Beendigung

— S —

Sanierung
172, 256, 338

Sanktionen s. Aufsicht, Repressivmassnahmen

Schadenersatz
181, 199, 212, 280, 425 ff., s. auch Beendigung, Haftung

Schiffahrt s. Konzession

Schriftlichkeit s. Formvorschriften

Seilbahn s. Konzession

service public
9, 11, 16, 19 ff., 23, 48, 50, 53 f., 58 ff., 66, 69 f., 160, 235, 246, 251, 351, 369, 373, 392, 400, 403, 412, 424, 438, 444, s. auch Konzession, öffentlicher Dienst

Sonderbewilligung s. Ausnahmebewilligung

Sondernutzung s. Konzession

Spatenstichtheorie
343

Staatshaftung
423 f.

Störer
378

Strassen s. Gemeingebrauch, Konzession, Sondernutzungskonzession

Suspensivbedingung s. Bedingung

Swissair s. Konzession, Luftverkehrskonzession

— T —

Tarif
230, 237 f., 241 f., 246, 250, 258, 262, 271, 374, 402

Taxiwesen
242, 261 f., 271, 342, 345, 374, 407

technische Normen
111, 214

Todesfall s. Beendigung

Treu und Glauben s. Vertrauensschutz

Typengenehmigung s. Bewillligung

— U —

Umweltschutzrecht
134, 137, 358, 401, 439 ff.

Unangemessenheit s. Ermessen

— V —

Verhältnismässigkeit
41, 46, 81, 106 f., 112 f., 117 f., 120 f., 128, 131, 138 ff., 161, 163, 192, 195, 197, 201, 205 f., 208 f., 214, 218, 220, 226, 244, 261, 263 ff., 268 f., 272, 276, 278, 291, 296, 320, 336, 370, 371 ff., 385 f., 388 f., 427, 431 f., 434, 440, s. auch Interessenabwägung

Verjährungsfrist
420, 422, 435 f.

Verlängerung
- der Befristung
226, 291, 299 ff., 319
- der Zulassung
276, 291, 294, 299 ff., 303, 326
- Verlängerungsgebühr
252

Vernehmlassungsverfahren, kantonales
183

Veröffentlichung
374

Versicherungen
82, 212 f., 230, 256, 365, 373, 406, 411, 418 ff.

Vertrag und Zulassung
13, 15 f., 30 f., 33, 36, 42, 48 ff., 61, 63, 70, 94, 112, 169 ff., 176 ff., 195,

199, 222, 234, 236 f., 253, 268, 280 ff., 284 f., 288, 300, 308, 318, 335, 340, 342, 394, 400 ff., 410 f., 418 f., 421, 436

Vertrauensschutz
24, 33, 36, 52, 64, 107, 118, 132, 152, 159, 164, 167, 169 ff., 181, 197, 237, 286, 342 f.

Verursacherprinzip
379, 441, 443, 445

Verwaltungsgebühr s. Gebühr

Verwaltungsökonomie
92, 147, 157, 196, 358

Verwaltungszwang s. Aufsicht, Präventivmassnahmen, Repressivmassnahmen

Viehkontingent s. Kontingent

Vorentscheid
136, 197

— W —

Weinkontingent s. Kontingent

Wettbewerbsneutralität s. Neutralität, wettbewerbsrechtliche

Widerrechtlichkeit s. Haftung und Staatshaftung

Widerruf s. Beendigung

Widerrufsvorbehalt
112 f., 263, 266, 273, 277 ff., 317, 339

Widmung
158 f., s. auch Gemeingebrauch, Konzession, Sondernutzungskonzession

Willensmängel
326, 332 ff.

Willkürverbot
107, 116, 118 ff., 139, 149, 155, 164, 190, 220, 268, 279, 399

wirtschaftspolitische Bewilligung s. Bewilligung

wissenschaftliche Berufsarten s. Bewilligung, Berufsausübungsbewilligung, Rechtsanwalt

wohlerworbene Rechte
13 f., 24, 31, 34, 36 f., 48, 51 f., 94, 159, 169 ff., 223 f., 226, 238, 249, 252, 279 f., 287, 336 ff., 340 ff., 346, 351

Wohnsitzerfordernis
74, 84, 202, 206, 211, 216, 343

— Z —

Zensur
153 f., 366

Zivilrecht s. Privatrecht

Zulassung, Begriff
4

Zulassungsbeschränkung s. Bedürfnisklausel, Kontingent, numerus clausus

Zumutbarkeit s. Interessenabwägung

Zustimmung
44, 89, 108, 155, 157, 184, 195, 199 ff., 247, 329 f., 403

Zutrittsrecht
359, 362, 371, 373

Zwangsmassnahmen
223, 226, s. auch Aufsicht, Ersatzvornahme, Massnahmen, strafrechtliche, Präventivmassnahmen, Repressivmassnahmen